『十一五』國家重點出版規劃項目

主編　陳智超

陳垣全集

CHENYUAN QUANJI

第十三册

廿二史劄記批注

廿二史劄記考正

北京师范大学出版集团
BEIJING NORMAL UNIVERSITY PUBLISHING GROUP
安徽大学出版社

圖書在版編目(CIP)數據

陳垣全集.第13册,廿二史劄記批注、廿二史劄記考正/陳垣著.一合肥:安徽大學出版社,2009.8(2021.3重印)
ISBN 978-7-81110-388-5

Ⅰ.①陳… Ⅱ.①陳… Ⅲ.①陳垣(1880～1971)—全集②中國—古代史—紀傳體—研究 Ⅳ.①C52 ②K204.1

中國版本圖書館CIP數據核字(2009)第155324號

陳垣全集 第十三册

廿二史劄記批注　廿二史劄記考正

(清)趙　翼 著　陳　垣 批注
陳　垣 考正　陳智超 主編

安徽大學出版社出版發行
(合肥市肥西路3號 郵編230039 電話0551-65107716
網址 www.ahupress.com.cn)
合肥遠東印務有限責任公司印製
責任總編輯 楊應芹　彭君華
本册編輯 程中業　　封面設計 孟獻輝
開本 880×1230　1/32　　印張 26.875　　字數 523千
2009年12月第1版　2021年3月第3次印刷
ISBN 978-7-81110-388-5
定價 2480.00圓(全二十三册)

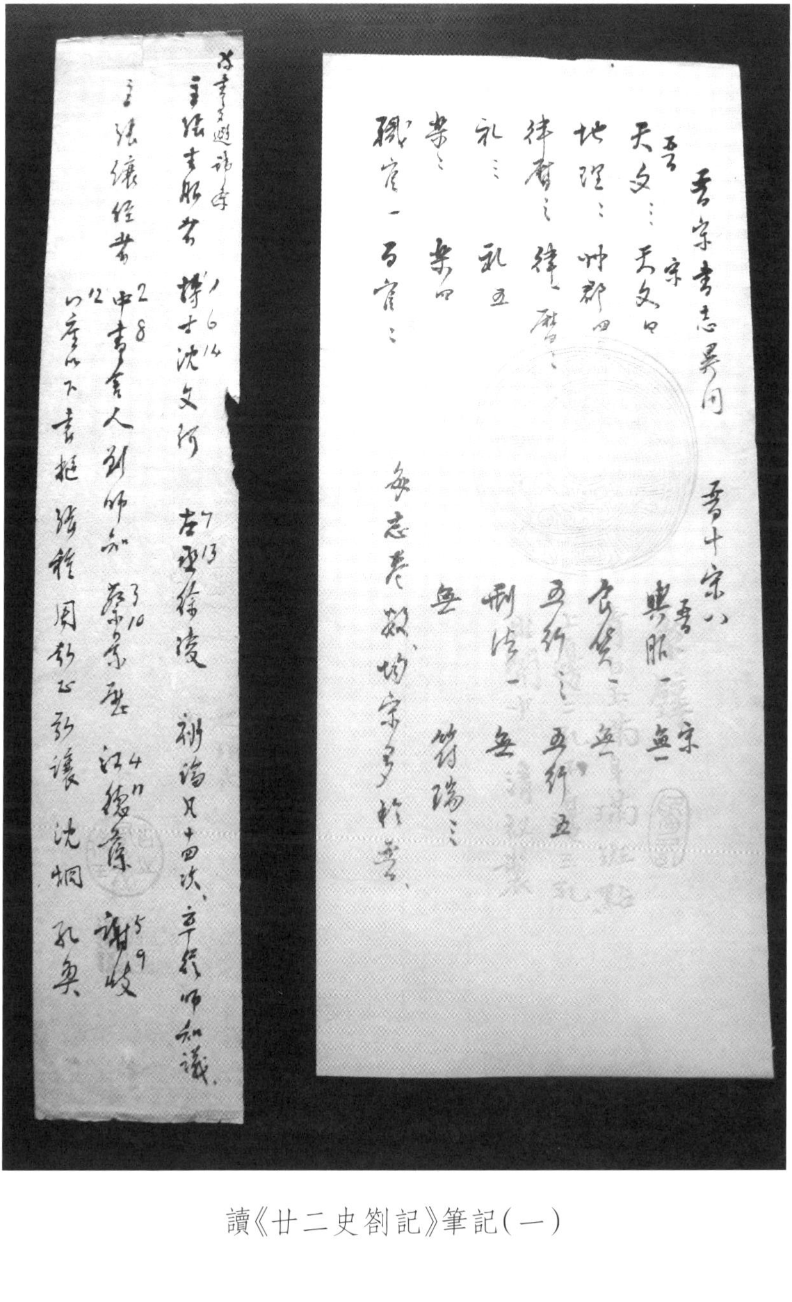

讀《廿二史劄記》筆記(一)

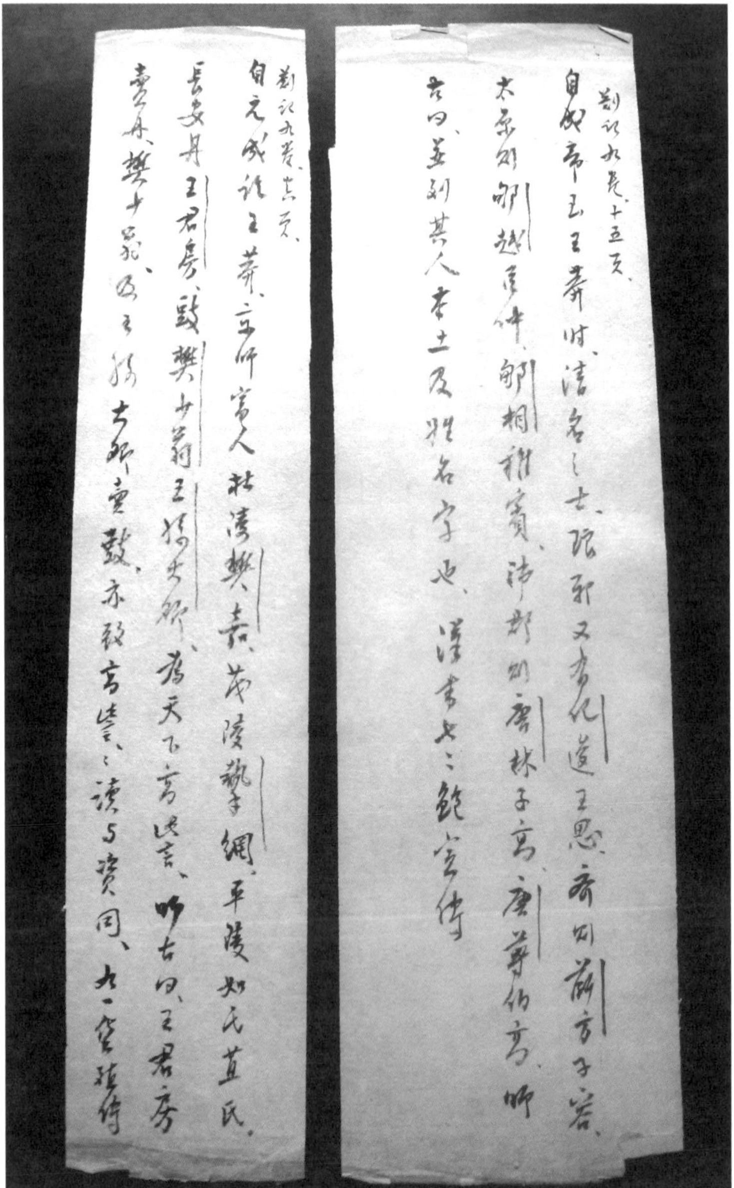

讀《廿二史劄記》筆記(二)

目次

目次

史事之屬

廿二史劄記考正

陳垣全集之二十二

廿二史劄記批注

安徽大學出版社

廿二史劄記錢序

甌北先生早登館閣，出入承明，碩學淹貫，通達古今，當時咸以公輔期之。既而出守粤徼，分臬黔南，從軍瘴癘之鄉，布化苗、瑶之域，盤根錯節，游刃有餘。中年以後，循陔歸養〔一〕，引疾辭榮，優游山水間，以著書自樂。所撰甌北詩集、陔餘叢考，久已傳播士林，紙貴都市矣。今春訪予吴門，復出近刻廿二史劄記三十有六卷見示。讀之竊歎其記誦之博，義例之精，論議之和平，識見之宏遠，洵儒者有體有用之學，可坐而言，可起而行者也。乃讀其自序，有質鈍不能研經，唯諸史事顯而義淺，爰取爲日課之語，其撝謙自下如此。雖然，經與史豈有二學哉。昔宣尼贊修六經，而尚書、春秋實爲史家之權輿。漢世劉向父子校理秘文爲六略，而世本、楚漢春秋、太史公書、漢著紀列於春秋家，高祖傳、孝文傳列於儒家，初無經史之别。厥後蘭臺、東觀，作者益繁，李充、荀勖等創立四部，而經史始分，然不聞陋史而榮經也。自王安石以猖狂詭誕之學要君竊位，自造三經新義，驅海内而誦習之，甚至詆春秋爲斷爛朝報。章、蔡用事，祖述荆舒，屏棄通鑑爲元祐學術，而十七史皆束之高閣矣。嗣是道學諸儒，講求心性，懼門弟子之汎濫無所歸也，則有訶讀史爲玩物喪志者，又有謂讀史令人心粗者。此特有爲言之，而空疏淺薄者託以藉口，由是説經者日多，治史者日少。彼之言曰，經精而史粗也，經正而史雜也。予謂經以明倫，虚靈玄妙之論，似精實非精也。經以致用，迂闊刻深之談，似正實非正也。太史公尊孔子爲世家，謂：「載籍極博，必考信於六藝。」班氏古今人表尊孔、孟而降老、莊。皆卓然有功於聖學，故其文與六經並傳而不媿。若元、明言經者，非勦襲稗販，則師心妄作，即幸而廁名甲部，亦徒供後人覆瓿而已，奚足尚哉。先生上下數千年，安危治忽之幾，燭照數計，而持論斟酌時勢，不蹈襲前人，亦不有心立異，於諸史審訂曲直，不掩其失，而亦樂道其長，視鄭漁仲、胡明仲專以詬駡炫世者〔二〕，心地且遠過之。又謂稗乘脞説間與正史歧互者，本史官棄而不采，今或據以駁正史，恐爲有識所譏，此論古特識，顔師古以後未有能見及此者矣。予生平嗜好與先生同，又少於先生二歲〔三〕，而衰病久輟鉛槧，索然意盡，讀先生書，或冀涊然汗出而霍然病已也乎。

嘉慶五年歲次庚申六月十日嘉定錢大昕序〔四〕。

〔一〕束皙補亡詩：「循彼南陔，言采其蘭。」陔，殿階次序。
〔二〕胡寅，字明仲，安國弟之子，安國以爲子，號致堂，有讀史管見卅卷。
〔三〕趙雍正五年十月廿二日，即一七二七年十二月四日生；錢雍正六年正月七日，即一七二八年二月十六日生。錢少七十四日，應云「少於先生一歲」。趙十六歲館於黄，歲六金，除買紙筆外，悉以養家。卅五中進士，四十七歸田，八十八卒。趙後卒於錢者十年。
〔四〕先生七十四歲，竹汀先生七十三歲。日本有安政三年（咸豐六）、文久二年（同治元）刻本。

廿二史劄記李序

經者治之理，史者治之跡。三代以上明於理而經立，三代以下詳於跡而史興。世愈積，事愈多，其於天下之情變，古今之得失，蓋有不可枚舉者矣。立乎今日以泝古人，遼闊數千年，世盡狃於目前之近，沿流既遠，前後迥判，不特封建井田之制爲夐乎其不可返也。昔三代忠、質、文之運，遞相救也，亦遞相因，往往有此一代之所趨而前代已啟其端，有彼一代之所開而後代遂衍其緒。世第紛然交眩於成敗廢興之跡，回惶變易，而卒不得其所以致之者。後之讀史者，排比事類，商榷倫物，不過取一人一事而予奪之毁譽之，蓋皆未離乎經生之見也。陽湖趙甌北先生以經世之才，具冠古之識，自太史出守，擢觀察，甫中歲即乞養歸，優游林下者將三十年，無日不以著書爲事，輯廿二史劄記三十六卷。方先生屬稿時，每得與聞緒論，及今始潰於成，竊獲從編校之役，反覆卒讀之。嗟夫！自士大夫沈湎於舉業，局促於簿書，依違於格令，遇國家有大措置，民生有大興建，茫然不識其沿革之由，利病之故，與夫維持補救之方。雖使能辨黃初之僞年〔一〕，收蘭臺之墜簡，於以稱博雅，備故實足矣，烏足以當經世之大業哉。然則使先生翺翔木天，徑簉青雲，以備經筵之啓沃，必能援古證今，指陳貫串，否則敭歷外臺，建牙仗節，斟酌時宜，折衷往昔，其所裨於斯世者不少，而惜乎其僅託之此書以傳也。昔趙中令自謂以論語一部理天下，夫中令則何能，然讀是書而有會焉，洵乎其得史學之大且重者，舉而措之，天下無難也。世嘗謂宰相須用讀書人，豈不諒哉。爰承先生之督序，而謹述之如此。

嘉慶五年五月寶山後學李保泰拜書〔二〕。

〔一〕見舊五代史十八張策傳。

〔二〕李乾隆四十五年進士。越縵堂日記十三册，言此書爲一宿儒所作。仰視千七百二十九鶴齋叢書三集周中孚鄭堂札記屢詆趙甌北，謂爲詞章之士。

廿二史劄記小引

閒居無事，翻書度日。而資性粗鈍，不能研究經學，惟歷代史書，事顯而義淺，便於流覽，爰取爲日課，有所得輒劄記別紙，積久遂多。惟是家少藏書，不能繁徵博採，以資參訂。間有稗乘脞説與正史歧互者，又不敢遽詫爲得間之奇。蓋一代修史時，此等記載無不蒐入史局，其所棄而不取者，必有難以徵信之處，今或反據以駁正史之訛，不免貽譏有識。是以此編多就正史紀、傳、表、志中參互勘校，其有牴牾處，自見輒摘出，以俟博雅君子訂正焉。至古今風會之遞變，政事之屢更，有關於治亂興衰之故者，亦隨所見附著之。自惟中歲歸田〔一〕，遭時承平，得優游林下，寢饋於文史以送老，書生之幸多矣。或以比顧亭林日知録，謂身雖不仕，而其言有可用者，則吾豈敢。陽湖趙翼謹識。

乾隆六十年三月〔二〕。

〔一〕四十七歸田。

〔二〕先生六十九歲。一七九五至一九三六凡一百四十二年。

題　記〔一〕

趙甌北劄記廿二史，每史先考史法，次論史事。其自序云：「此編多就正史紀、傳、表、志中參互勘校，其有牴牾處，自見輒摘出」，所謂史法也。又云：「古今風會之遞變，政事之屢更，有關於治亂興衰之故者，亦隨所見附著之」，所謂史事也。今將原本史法之屬隸於前，史事之屬隸於後，各自分卷，以便檢閱焉。癸卯六月十一日記。

〔一〕超案：此爲援庵在小引後之題記。癸卯爲光緒二十九年，即一九〇三年。時年二十四。

廿二史劄記批注　史法之屬

卷一　史記　漢書

司馬遷作史年歲

司馬遷報任安書謂身遭腐刑而隱忍苟活者，恐没世而文采不表於後世也〔一〕。論者遂謂遷遭李陵之禍始發憤作史記，而不知非也。其自序謂父談臨卒，屬遷論著歷代之史。父卒三歲，遷爲太史令，即紬石室金匱之書。爲太史令五年〔二〕，當太初元年，改正朔，正值孔子春秋後五百年之期〔三〕，於是論次其文。會草創未就，而遭李陵之禍，惜其不成，是以就刑而無怨〔四〕。是遷爲太史令即編纂史事。五年爲太初元年，則初爲太史令時，乃元封二年也〔五〕。元封二年至天漢二年遭李陵之禍〔六〕，已十年〔七〕。又報任安書内謂安抱不測之罪，將迫季冬，恐卒然不諱，則僕之意終不得達，故略陳之。安所抱不測之罪，緣戾太子以巫蠱事斬江充，使安發兵助戰，安受其節而不發兵〔八〕。武帝聞之，以爲懷二心，故詔棄市。此書正安坐罪將死之時，則征和二年間事也〔九〕。自天漢二年至征和二年又閱八年。統計遷作史記前後共十八年。況安死後，遷尚未亡，爲更有删訂改削之功，蓋書之成凡二十餘年也。其自叙末謂自「黄帝以來至太初而訖」，乃指所述歷代之事止於太初，非謂作史歲月至太初而訖也。李延壽作南、北史凡十七年〔十〕，歐陽修、宋子京修新唐書亦十七年〔十一〕，司馬温公作資治通鑑凡十九年〔十二〕，遷作史之歲月更有過之。合班固作史之歲月並觀之，可知編訂史事，未可聊爾命筆矣。元末修宋、遼、金三史不過三年〔十三〕，明初修元史，兩次設局，不過一年〔十四〕，毋怪乎草率荒謬，爲史家最劣也。

〔一〕見漢書六二遷傳、文選四一。

〔二〕自序無「爲太史令」四字，見史記一三〇並漢書六二，此四字乃集解李奇所加。此「五年」，父卒後五年，抑爲太史後五年？

〔三〕魯哀十四年，西紀前四八一，孔子作春秋，太初元年爲西紀前一〇四，相隔三七七年。

〔四〕史記一三〇，漢書六二。

〔五〕追溯。三年亦可。

〔六〕據徐廣注，爲天漢三年。李陵以二年降，遷之得罪在三年也。陵以九月發，北行三十日至浚稽山止營，見漢書五四陵傳。

〔七〕十一年滿。

〔八〕因其受太子節而棄市，非因其不發兵而棄市，故不發兵句應删。見漢書六六劉屈氂傳，又見史記一〇四褚補任安傳。

〔九〕安得罪在二年，而被殺在三年正月行幸雍以後。

〔十〕應爲十六年。舊唐書七三、新唐書一〇二延壽傳不載。見北史一百自序末。

〔十一〕見曾公亮進新唐書表。

〔十二〕見胡三省新注通鑑序，元文類卷卅二。宋史三三六光傳不載，東都事略八七光傳末載之。

〔十三〕應作「不過二年」。遼史一年，宋史二年，見圭齋集十三進表。進金史表未明年月，但進表在至正四年十一月，奉詔在三年三月，共二十個月完成。元史四一順帝紀，至正三年六月，詔修遼、金、宋三史。

〔十四〕見宋學士文集一，進元史表及元史目録後記。

班固作史年歲

漢書武帝以前紀、傳、表多用史記文，其所撰述，不過昭、宣、元、成、哀、平、王莽七朝君臣事跡〔一〕，且有史遷創例於前，宜其成之易易。乃考其始末，凡經四人手，閲三四十年，始成完書，然後知其審訂之密也。據後漢書班固傳〔二〕，固父彪接遷書太初以後，繼採遺事，傍貫異聞，作後傳數十篇。是彪已有撰述也。固以父書未詳，欲就其業。會有人告其私改國史，明帝閱其書而善之，使固終成之。固乃起高祖，終於孝平、王莽之誅，十有二世，二百三十年〔三〕，爲紀、表、志、傳凡百篇。自永平始受詔，積二十餘年，至建初中乃成〔四〕。是固成此書已二十餘年。其八表及天文志尚未就而固已卒，和帝又詔其妹昭就東觀藏書閣踵成之〔五〕。是固所未成又有妹爲之卒業也。漢書始出，多未能通，馬融伏於閣下，從昭受讀。後又詔融兄續繼昭成之〔六〕。是昭之外又有馬續也。百篇之書，得之于史遷者已居其半，其半又經四人之手而成〔七〕。其後張衡又條上漢書與典籍不合者十餘事〔八〕。盧植、馬日磾、楊彪、蔡邕、韓説等校書東觀，又補續漢記〔九〕。則是書亦尚有未盡善者，益信著書之難也。

〔一〕前漢十二帝，高、惠、文、景、武。

〔二〕應作「班彪傳」。事見卷七十上彪傳。固附彪傳。

〔三〕乙未至癸未，二百卅九年。

〔四〕事見後漢書七十上固傳。

〔五〕事見後漢書一一四曹世叔妻班昭傳。

〔六〕後漢書九十上馬融傳不載，此事亦見昭傳。

〔七〕班彪、班固、班昭、馬續。

〔八〕見卷八九張衡傳末。

〔九〕補續漢記事，後漢書九十上末附馬日磾傳、八四楊彪傳、九十蔡邕傳、一一二下韓説傳均不載，只見九四盧植傳。

各史例目異同

古者「左史記言，右史記事，言爲尚書，事爲春秋」〔一〕。其後沿爲編年、記事二種。記事者，以一篇記一事而不能統貫一代之全。編年者，又不能即一人而各見其本末。司馬遷參酌古今，發凡起例，創爲全史。本紀以序帝王，世家以記侯國，十表以繫時事，八書以詳制度，列傳以誌人物，然後一代君臣政事，賢否得失，總匯於一篇之中。自此例一定，歷代作史者遂不能出其範圍，信史家之極則也。魏禧序十國春秋〔二〕，謂遷僅工於文，班固則密於體，以是爲史、漢優劣。不知無所因而特創者難爲功，有所本而求精者易爲力，此固未可同日語耳。至於篇目之類，固不必泥於一定。或前代所有而後代所無，或前代所無而後代所有，自不妨隨時增損改換。今列二十二史篇目異同於左。

〔一〕四語見漢書三十藝文志春秋類序。然玉藻云「動則左史書之，言則右史書之」，與此相反。宋書四十百官志秘書郎條，亦云周世左史記事，右史記言。

〔二〕康熙十一年八月。百十四卷。

本紀：古有禹本紀〔一〕、尚書、世紀〔二〕等書，遷用其體以叙述帝王。惟項羽作紀，頗失當，故漢書改爲列傳。三國志亦但有魏紀，而吴、蜀二主皆不立紀，以魏爲正統故也。後漢書又立皇后紀，蓋仿史、漢呂后紀之例。不知史遷以政由后出，故高紀後即立后紀，至班固則先立孝惠紀，孝惠崩始立后紀，其體例已截然，以少帝既廢，所立者非劉氏子，故不得以僞主紀年而歸之於后也〔三〕。若東漢則各有帝紀，即女后臨朝而用人行政已皆編在帝紀内，何必又立后紀？新唐書，武后已改唐爲周，故朝政則編入后紀，宫闈瑣屑事，仍立后傳，較有斟酌。宋史度宗本紀後附瀛國公〔四〕及二王〔五〕，不曰帝而曰瀛國公、曰二王，固以著其不成爲君，而猶附於紀後，則以其正統緒餘，已登極建號，不得而没其實也。至馬令、陸游南唐書作李氏本紀〔六〕，吴任臣十國春秋爲僭大號者皆作紀，殊太濫矣。其時已有梁、唐、晉、漢、周稱「紀」，諸國皆偏隅，何得亦稱紀耶？金史於太祖本紀之前先立世紀，以叙其先世，此又仿尚書、世紀之名，最爲典切。

〔一〕見史記一二三大宛傳贊。

〔二〕見史記十三三代世表序，云「於是以五帝繫諜、尚書，集世紀黄帝以來訖共和爲世表」。

〔三〕漢書十二帝紀，有高后，無孺子嬰。
〔四〕㬎，即「顯」字。
〔五〕昰，即「是」字；昺，即「昞」字。
〔六〕陸書十八卷，稱本紀；馬書三十卷，只稱先主書、嗣主書。述古堂鈔、藏修堂、翠琅玕館有南唐書。四庫在載記類。

世家：史記衛世家〔一〕贊，「余讀世家言」云云，是古來本有世家一體，遷用之以記王侯諸國。漢書乃盡改爲列傳。按班固傳〔二〕，改世家爲列傳，係其父彪變例。傳者，傳一人之生平也，王侯開國，子孫世襲，故稱「世家」。今改作「傳」，而其子孫嗣爵者，又不能不附其後，究非體矣。然自漢書定例後，歷代因之。晉書於僭僞諸國數代相傳者，不曰「世家」而曰「載記」，蓋以劉、石、苻、姚諸君，有稱大號者，不得以侯國例之也。歐陽修五代史則於吳、南唐、前蜀、後蜀、南漢、北漢〔三〕、楚、吳越、閩、南平皆稱「世家」。宋史因之，亦作十國世家〔四〕。遼史於高麗、西夏則又變其名曰「外紀」。

〔一〕卷三七。
〔二〕應爲「班彪傳」。後漢書七十上彪傳曰：「今此後篇，慎覈其事，整齊其文，不爲世家，唯紀傳而已。」

〔三〕歐史作「東漢」，宋史作「北漢」。
〔四〕歐史作「十國」，宋史作「列國」。

表：史記作十表，昉於周之譜牒，與紀、傳相爲出入。凡列侯將相、三公九卿，功名表著者，既爲立傳，此外大臣無功無過者，傳之不勝傳，而又不容盡没，則於表載之。作史體裁，莫大於是。故漢書因之，亦作七表〔一〕。以史記中三代世表、十二諸侯年表、六國表，皆無與於漢也。其餘諸侯皆本史記舊表，而增武帝以後沿革以續之，惟外戚恩澤侯表，史記所無。又增百官公卿表，最爲明晰。另有古今人表，既非漢人，何煩臚列，且所分高下，亦非定評，殊屬贅設也。後漢、三國、宋、齊、梁、陳、魏、齊、周、隋及南、北史皆無表〔二〕。新唐書宰相、方鎮、宗室世系三表〔三〕。薛五代史無表。歐五代史亦無表，但有十國世家年譜〔四〕。宋史有宰相、宗室二表〔五〕。遼史立表最多〔六〕，有世表、皇子表、公主表、皇族表、外戚表、遊幸表、部屬表〔七〕、屬國表。表多則傳可省，此作史良法也。金史宗室、交聘二表，元史后妃、宗室世系、諸王、公主、三公、宰相六表。明史諸王、功臣、外戚、宰輔、七卿共五表〔八〕。後人有因各史無表而補之者〔九〕。「伏无忌、黄景作諸王、王子、功臣、恩澤侯表，邊韶、崔寔、延篤作百官表〔十〕，皆不傳。袁希之又有漢表，熊方有後漢表，李燾作歷代宰相年表，皆所以補前人之缺〔十一〕。近時萬斯同又取歷

代正史之未著表者，一一補之，凡六十篇，益以明史表十三篇〔十二〕，最爲詳贍〔十三〕。

〔一〕蓋未計古今人表。

〔二〕晉書、舊唐書亦無表。

〔三〕尚有宰相世系表。

〔四〕無表名，亦表之類。

〔五〕應作「宰輔、宗室世系二表」，凡三十二卷。

〔六〕漢書、遼史均八表。遼史八表不得爲最多。

〔七〕應作「部族表」。

〔八〕十五史無表，九史有表。

〔九〕此下至「益以明史表十三篇」，語出朱彝尊序萬斯同歷代史表。朱又本之史通十二正史篇。

〔十〕作百官表者崔寔、曹壽、延篤。無邊韶，邊韶之誤，因史通上文言邊作皇后傳。趙沿朱誤。伏、黄、崔、曹、延表，見史通正史篇。此係東觀漢記之散篇，非因無表而補之也。

〔十一〕袁希之漢表十卷，見舊唐書四六、新唐書五八雜史類。熊方後漢表，四庫本十卷。李燾表卅三卷，見宋史二〇三藝文志史鈔類。

〔十二〕萬斯同歷代史表，四庫本五十三卷，不全。廣雅本五十九卷。

〔十三〕超案：參見援庵廿二史劄記一補表條所本一文。

書志：八書乃史遷所創，以紀朝章國典。漢書因之，作十志：律曆志則本於律書、曆書也；禮樂志則本於禮書、樂書也；食貨志則本於平準書也；郊祀志則本於封禪書也；天文志則本於天官書也；溝洫志則本於河渠書也。此外又增刑法、五行、地理、藝文四志。其後律曆、禮樂、天文、地理、刑法，歷代史皆不能無〔一〕。後漢書〔二〕改地理爲郡國，又增禮儀、祭祀、百官、輿服四志。三國無志。晉、宋、齊書大概與前書同，惟宋書增符瑞志，齊書亦有祥瑞志。梁、陳書及南史無志。魏書改天文爲天象、地理爲地形、祥瑞爲靈徵，餘皆相同，而增官氏、釋老二志。齊、周及北史皆無志。隋書本亦無志，今志乃合梁、陳、齊、周、隋並撰者，其藝文則改爲經籍〔三〕。新唐書增儀衛、選舉、兵制〔四〕三志。薛五代史志類有減無增。歐五代史另立司天、職方二考，亦即天文、地理而變其名也。宋史諸志與前史名目多同。惟遼史增營衛、捺鉢、部族〔五〕、兵衛諸志，其國俗然也。金、元二史，志目與宋史同，惟少藝文耳〔六〕。明史志目與宋史同，其藝文志内專載明人著述，而前代書流傳於世者不載。

〔一〕續漢書、宋書、齊書皆無刑法志。
〔二〕應作「續漢書」。

〔三〕宋書志上溯魏晉，隋書志並包梁、陳、齊、周，於是各史皆有志。
〔四〕「制」字衍。
〔五〕「捺鉢」、「部族」，乃營衛志中之子目。
〔六〕元史有祭祀志，宋、金史無。

列傳：古書凡記事、立論及解經者，皆謂之傳，非專記一人事跡也。說見陔餘叢考〔一〕。其專記一人爲一傳者，則自遷始。又於傳之中，分公卿將相爲列傳，其儒林、循吏、酷吏、刺客、游俠、佞幸、滑稽、日者、龜策、貨殖等，又別立名目，以類相從。自後作史者，各就一朝所有人物傳之，固不必盡拘遷史舊名也。如漢書少刺客、滑稽、日者、龜策四傳，而增西域傳〔二〕。蓋無其人不妨缺，有其事不妨增。至外夷傳，則又隨各朝之交兵、通貢者而載之，更不能盡同也。惟貨殖一款，本可不立傳，而漢書所載貨殖，又多周、秦時人，與漢無涉，殊亦贅設〔三〕。後漢書於列傳，儒林、循吏、酷吏外，又增〔四〕宦者、文苑、獨行、方術〔五〕、逸民、列女等傳。三國志名目有減無增。晉書〔六〕改循吏爲良吏〔七〕，方術爲藝術〔八〕，不過稍易其名。又增孝友、忠義二傳〔九〕，其逆臣則附於卷末，不另立逆臣名目。宋書但改佞幸爲恩倖〔十〕，其二凶亦附卷末。齊書改文苑爲文學，良吏爲良政，隱逸爲高逸，孝友、忠義爲孝義〔十一〕，恩倖爲倖臣，亦稍變其名。其降敵國者亦附卷末。梁書改孝義爲孝行〔十二〕，又增止足一款，其逆臣亦附卷末。陳書及南史亦同，惟侯景等〔十三〕另立賊臣名目。後魏書改孝行爲孝感，忠義爲節義〔十四〕，隱逸爲逸士〔十五〕，宦者爲閹宦〔十六〕，亦稍變其名，其劉聰、石勒，晉、宋、齊、梁俱入外國傳。北齊各傳名目無所增改。周書增附庸一款〔十七〕。隋書改忠義爲誠節〔十八〕，孝行又爲孝義，餘皆與前史同，而以李密、楊玄感次列傳後，宇文化及、王世充附于卷末。北史各傳名目大概與前史同〔十九〕，增僭僞〔二十〕一款。舊唐書諸傳名目，亦與前史同，其安禄山等亦附卷末，不另立逆臣名目。新唐書增公主、藩鎮、姦臣三款，逆臣中又分叛臣、逆臣爲二，亦附卷末。薛五代史增世襲一款〔二一〕。歐五代史另立家人、義兒、伶官等傳，其歷仕各朝者，謂之雜傳。又分忠義爲死節、死事二款，又立唐六臣傳。蓋五代時，事多變局，故傳名亦另創也。宋史增道學一款及周三臣傳，餘與前史同。遼史改良吏爲能吏，餘與前史同。另有國語解。金史無儒學，但改外戚爲世戚，文苑爲文藝〔二二〕，餘與前史同。亦另有國語解。元史增釋老，餘亦與前史同。明史各傳名目亦多與前史同，增閹黨、流賊及土司傳。

〔一〕卷五第一條。
〔二〕西域傳本於史記大宛傳，不能謂之增。

〔三〕成書先後：三國志、後漢書、宋書、南齊書、魏書、梁書、陳書、北齊書、周書、隋書、晉書、隋書志、南史、北史。超案：援庵在廿二史劄記一列傳名目沿革條正誤一文中指出：「各史朝代之先後，與成書之先後不同。序各史類傳名目之因革，自應按成書先後，不應按朝代先後。劄記未注意此點，故所述多誤。如謂晉書改循吏爲良吏，方術爲藝術，又增孝友、忠義；齊書改孝友、忠義爲孝義；魏書改孝行爲孝感，忠義爲節義；皆誤之尤者也。若按成書先後，當謂宋書改循吏爲良吏；周書改方術爲藝術；宋書孝義，魏書分爲孝感、節義；晉書分爲孝友、忠義，庶不至倒果爲因。」

〔四〕漏「黨錮」。

〔五〕方伎之名始於三國志，有目無文，蓋後人所加。後漢書名方術，魏書名術藝，北齊書名方伎，周書名藝術。

〔六〕撰於宋、齊、魏、隋書之後。

〔七〕史記、漢書名循吏，宋書名良吏，南齊書名良政，晉書名良吏。

〔八〕始於周書。

〔九〕宋書始有孝義，魏書分孝義爲孝感、節義，晉書分孝義爲孝友、忠義。

〔十〕改逸民爲隱逸，並增孝義傳。

〔十一〕謂齊書改孝友、忠義爲孝義，有語病，因齊書先成於晉書也。倒果爲因。

〔十二〕「高逸」作「處士」。

〔十三〕南史。

〔十四〕孝行始於梁書，忠義始於晉書，節義實始於魏書。當謂魏書分孝義爲孝感、節義。外戚亦始於魏書，與漢書之外戚名同而實異。

〔十五〕「方術」爲「術藝」。

〔十六〕應爲「閹官」。

〔十七〕當謂「增南人北附一款而無專名」。

〔十八〕忠義始於晉書，節義始於魏書，當謂「改節義爲誠節」。

〔十九〕南史 良吏，北史 循吏，不可解。

〔二十〕附庸。

〔二一〕漏僭僞傳。

〔二二〕「文藝傳」始於新唐書。

史記編次

史記列傳次序，蓋成一篇即編入一篇，不待撰成全書後，重爲排比〔一〕。故李廣傳〔二〕後忽列匈奴傳〔三〕，下又列衛青霍去病傳〔四〕。朝臣與外夷相次，已屬不倫，然此猶曰諸臣事皆與匈奴相涉也。公孫弘傳〔五〕後忽列南越、東越、朝鮮、西南夷〔六〕等傳，下又列司馬相如傳〔七〕，相如之下又列淮南衡山王傳〔八〕。循吏〔九〕後忽列汲黯鄭當時傳〔十〕，儒林〔十一〕、酷吏〔十二〕後又忽入大宛傳〔十三〕，其次第皆無意義，可知其隨得隨編也。

〔一〕自卷一〇九以下如此，一〇九以前不亂也。
〔二〕一〇九。
〔三〕一百十。
〔四〕百十一。
〔五〕百十二。
〔六〕百十三、百十四、百十五、百十六。
〔七〕百十七。
〔八〕百十八。
〔九〕百十九。
〔十〕百廿。
〔十一〕百廿一。
〔十二〕百廿二。
〔十三〕百廿三。

褚少孫補史記不止十篇

漢書司馬遷傳謂，史記内十篇有録無書，顔師古注引張晏曰：「遷没後，亡景紀、武紀、禮書、樂書、兵書〔一〕、漢興以來將相年表、日者列傳、三王世家、龜策列傳、傅靳蒯成列傳〔二〕，凡十篇。元、成間褚少孫補之，文詞鄙陋，非遷原本也。」是少孫所補祇此十篇。然細按之，十篇之外尚有少孫增入者。如外戚世家，增尹、邢二夫人相避不相見〔三〕，及鉤弋夫人生子，武帝將立爲太子，而先賜鉤弋死。又衛青本平陽公主騎奴，後貴爲大將軍，而平陽公主寡居，遂以青爲夫等事。田仁傳後，增仁與任安皆由衛青舍人選入見帝，二人互相舉薦，帝遂拔用之等事。又張蒼、申屠嘉傳後，增記征和以後爲相者，車千秋之外，有韋賢、魏相、丙吉、黃霸，皆宣帝時也；韋玄成、匡衡則元帝時也。此皆少孫別有傳聞，綴於各傳之後，今史記内〔四〕各有「褚先生曰」以別之。其無「褚先生曰」者〔五〕，則于正文之下另空一字，以爲識別。此少孫所補顯然可見者也〔六〕。又有就史遷原文而增改者。楚元王世家後，叙其子孫有至地節二年者，則宣帝年號也。齊悼惠王世家後，叙朱虚侯子孫有至建始三年者，則成帝年號也。此亦皆在遷後，而遷書内見之，則亦少孫所增入也。又史記匈奴傳，太初四年，且鞮侯單于立。其明年，浞野侯亡歸。又明年，漢使李廣利擊右賢王於天山，又使李陵出居延，陵敗，降匈奴，則天漢二年也。又二年，漢使廣利出朔方，與匈奴連戰十餘日，廣利聞家已族滅，遂降匈奴，則應是天漢四年事〔七〕。然漢書武帝紀，天漢二年，李陵降匈奴，與此傳同。而廣利之降則在征和三年，距天漢四年尚隔七年，殊屬歧互。不知者必以史遷爲及身親見，與班固事後追書者不同，自應以史記爲準。然征和元年巫蠱事起，二年太子斬江充，戰敗自殺，而廣利之降，則以太子既死之明年。廣利出擊匈奴，丞相劉屈氂餞於郊外，廣利以太子既死，屬屈氂勸上立昌邑王爲太子。昌邑王者，廣利妹李夫人所生子，廣利甥也。此語爲人所告發，帝遂誅其家，廣利聞之，乃降匈奴。是廣利之降在衛太子死後，而太子之死實在征和二年。此等大事，漢書本紀編年記載，斷無差誤，則廣利之降必不在天漢四年明矣。再以漢書匈奴傳核對，則李陵降匈奴以前，皆與史記匈奴傳同。陵降後二年，廣利出兵，與單于連戰十餘日，無所得，乃引還，並未降匈奴也。又明年，匈奴且鞮侯單于死，狐鹿姑單于立，是爲漢太始元年。狐鹿姑立六年，遣兵入寇上谷、五原、酒泉，漢乃又遣廣利出塞，戰勝追北，至范夫人城，聞妻子坐巫蠱事被收，乃降匈奴。計其歲年，正是征和三年之事，與武帝紀相合。則知史記匈奴傳末所云天漢四年廣利降匈奴者〔八〕，非遷原本也。遷是時目擊其事，豈有錯誤年歲至此！蓋遷所作傳，僅至李陵降後二年，廣利出塞，不利引還，便止。遷自叙謂訖於太初，則并在陵降匈奴之前。而褚少孫於數十年後，但知廣利降匈奴之事，不復細考年代，即以係於天漢四年出兵之下，故年代錯誤也。可知史記十篇之外，多有少孫所竄入者。

〔一一〕今史有律書，無兵書。

〔二〕傅寬、靳歙、蒯成侯周緤，晏注無「蒯成」二字。
〔三〕原文爲「有詔不得相見」。
〔四〕外戚世家、田仁傳後。
〔五〕張蒼、申屠嘉傳後。
〔六〕只可謂爲後人所增入，不一定是褚少孫也。
〔七〕「天漢四年」，史無明文，趙先生以「明年」及「後二歲」等詞推測之，不足據。
〔八〕一百十匈奴傳并未言天漢四年。只在太初四年後有「其明年」、「其明年」、「後二歲」云云。

按史公自叙，十二本紀〔一〕、八書、三十世家、七十列傳，共百三十篇，五十二萬六千五百字。是史公已訂成全書，其十篇之缺乃後人所遺失，非史公未及成，而有待於後人補之也。班固作遷傳，但云十篇有録無書，而不言少孫所補。然班書内燕王旦等封策及平陽公主以衛青爲夫等事，皆採少孫語入列傳〔二〕，則知少孫所補久附史記並傳矣。

〔一〕漏「十表」。
〔二〕漢書所採，不一定出於褚。

又按史公自序作武帝紀，謂：「漢興五世，隆在建元，外攘夷狄，内修法度，舉封禪，改正朔，易服色，故作今上本紀〔一〕。」是遷所作武紀，凡征匈奴，平兩越，收朝鮮，開西南夷，以及修儒術，改夏正等事，必按年編入，非僅侈陳封禪一事也。今少孫所補，則係全取封禪書下半篇所叙武帝事，遂以作武帝本紀。凡封禪書中所云今上，皆改曰武帝。中〔二〕尚有一「今上」字未改。 其文字稍異者，惟亳人謬忌，武紀改云「薄誘忌」；少翁以書置牛腹中，天子識其手書，武紀改云「天子疑之，有識其手書者」而已〔三〕。武紀贊亦全用史公封禪書後文，無一字改易。因思少孫所補，大概多鈔録舊文，不必自作。如龜策傳内，宋元王與衛平論龜之文，皆是韻語，此必掌故中本有此文字。其後所云「首仰、首俛，足開、肣開」之類，亦是當時龜卜成法，特少孫鈔入以補缺耳。至扁鵲倉公傳，雖非少孫所補，然淳于意答文帝詔問之語，所治何人，所療何症，自成一篇，亦必當時有此現成文字而鈔入者，使史遷爲之，必不如此瑣屑。竊意扁鵲傳史遷原文也，倉公傳亦少孫鈔入者也〔四〕。

〔一〕今殿本目作孝武帝本紀，謬。

〔二〕應作「末」。

〔三〕傳寫異同，不一定有意改。

〔四〕無確據。

褚少孫，沛人。嘗受詩于王式，後應博士弟子選〔一〕，由是魯詩有張、唐、褚氏之學。張長宏〔二〕、唐長賓，與少孫同受業王式，漢書儒林傳。

〔一〕應作「後爲博士」。先應博士弟子選，後爲博士也。

〔二〕「宏」應作「安」。

史記有後人竄入處

史記田儋傳贊，忽言蒯通辨士，著書八十一篇，項羽欲封之而不受。此事與儋何涉而及之？司馬相如傳贊謂，「相如雖多虚詞濫説，然其要歸，引之節儉〔一〕。楊雄以爲靡麗之賦，勸百諷一，猶馳騁鄭、衛之音，曲終而奏雅，不已虧乎。余采其語可論者著於篇」云云。按雄乃哀、平、王莽時人，史遷何由預引其語？此并非少孫所補，而後人竄入者也。漢書相如傳贊正同，豈本是班固引雄言作贊，而後人反移作史記傳贊耶？外戚世家叙衛子夫得幸之處，不曰「今上」，而曰「武帝」，此或是少孫所改耳〔二〕。

〔一〕此三句可不引。「楊雄」以下始爲班固語，此三句固史公語也。

〔二〕此必旁記誤入正文。

史記律書即兵書

史記所缺十篇，張晏謂禮書、樂書、兵書〔一〕，顏師古據史記目録，但有律書而無兵書，以駁張晏之誤，不知律書即兵書也。遷自序云：「非兵不强，非德不昌。司馬法所從來尚矣，太公、孫、吴、王子徐廣曰：王子成甫。能紹而明之，故作律書」云云。是遷所作律書，即兵書也。今褚少孫所補序亦云「六律爲萬事根本，其於兵械尤重」。遂極論秦時黷武，漢定天下，偃兵息戰等事。是亦尚見兵律相關之意，而其傳則又專序律吕上生下生之法，與兵事毫不相涉。此篇最無頭緒，蓋少孫補作時，見遷序目有「司馬法」、「太公」、「孫」、「吴」字樣，故其序以兵律相關爲言。至其正文，則以律書爲名，遂專取律吕以實之，而與兵事不相涉也。張晏謂兵書者，專指史遷序目而言；顏師古駁之者，專據少孫所補律吕而言。度史遷原文，必有兵與律相應之故，惜不可考矣。

〔一〕張晏，字子博，中山人，見顏注漢書叙例。當是曹魏時人。晏語見漢書六二遷傳注。

史記變體

史記曹參世家，叙功處，絶似有司所造册籍〔一〕。自後樊噲、酈商、夏侯嬰、灌嬰、傅寬、靳歙、周緤等傳記功〔二〕，俱用此法，并細叙斬級若干，生擒若干，降若干人，又分書身自擒斬若干，所將卒擒斬若干，又總叙攻得郡若干，縣若干，擒斬大將若干，裨將若干，二千石以下若干，纖悉不遺，另成一格。蓋本分封時所據功册，而遷料簡存之者也。張良傳〔三〕，以諸將未定封，上急趣丞相、御史定功行封。是必先有功册。然亦可見漢初起兵，即令諸將各立簡牘，以紀勞績，無枉無濫，所以能得人死力，以定大業也。又張蒼、任敖、周昌合爲一傳〔四〕，竇嬰、灌夫、田蚡亦合爲一傳，似斷不斷，似連不連，此又是一體。漢書皆全用之。漢書韓安國傳，下半篇全載王恢與安國辨論擊匈奴事，一難一答，至十餘番〔五〕，不下斷語，亦一奇格。

〔一〕參功凡下二國，縣一百廿二，得王二人，相三人，將軍六人，大莫敖、郡守、司馬、侯、御史各一人。大莫敖，楚之卿號。

〔二〕周緤傳無此記。

〔三〕應作「留侯世家」。

〔四〕任敖應在周昌後。

〔五〕王恢發言四次，主擊；韓安國三次，反對。僅四番。卷二漢書多載有用之文條誤同。

漢王父母妻子〔一〕

高祖稱漢王之二年，定三秦〔二〕，將五諸侯〔三〕兵破彭城。尋爲項羽所敗，西奔過沛，使人求家室，家室已亡去。道遇孝惠、魯元公主，載以行，而家屬反遇楚軍〔四〕，爲羽所得，常置軍中爲質。據史記謂是時羽取漢王父、母、妻、子置軍中〔五〕；漢書則但謂取太公、吕后，而不言父母妻子〔六〕。其後羽與漢王約中分天下，以鴻溝爲界，遂歸漢王家屬。據史記謂歸漢王父、母、妻、子〔七〕；而班書亦但言歸太公、吕后〔八〕，而不言父母妻子，蓋以高祖之母久已前死，高祖起兵時，母死於小黄〔九〕。羽所得者，但有太公、吕后，而以史記所云父母妻子者，不過家屬之通稱，非真有母與子在項羽軍中，故改言太公、吕后也。不知高祖母雖已前死，而楚元王爲高祖異母弟〔十〕，則高祖尚有庶母也。史記謂同母少弟〔十一〕，漢書則謂同父少弟。顔師古注：「言同父則知其異母也。」〔十二〕按吴王濞傳，鼂錯曰：「高帝大封同姓，庶弟元王王楚四十餘城。」則元王乃異母弟無疑。陸機漢高功臣頌：「侯公伏軾，皇媪來歸。」〔十三〕正指侯公〔十四〕説項羽，羽歸漢王家屬之事。曰皇媪來歸，明言漢高之母也。孝惠帝尚有庶兄肥，後封魯〔十五〕爲悼惠王。當高祖道遇孝惠時，與孝惠偕行者但有魯元公主，則悼惠未偕行可知也。悼惠既未偕行，又別無投歸高祖之事，則必與太公、吕后同爲羽所得，故高祖有子在項軍也。然則史記所謂父、母、妻、子，乃無一字虚設，而漢書改云太公、吕后，轉疏漏矣〔十六〕。

〔一〕超案：可參看援庵廿二史劄記一漢王父母妻子條書後。
〔二〕三秦，指羽所封秦三將雍、塞、翟三王也。
〔三〕樵隱昔寱卷二有項羽本紀五諸侯考。漢書卷一注五諸侯，有數説不同。陔餘卷五有楚漢五諸侯。
〔四〕「家屬」二字，史記、漢書無。
〔五〕史記八高紀二年言取漢王父母妻子於沛。
〔六〕漢書一高紀上言二年太公、吕后遇楚軍。
〔七〕史記卷八高紀四年。
〔八〕漢書卷一上末高紀四年。
〔九〕史記八，正義引漢儀注云。
〔十〕此據漢書。
〔十一〕卷五十。
〔十二〕卷三六。
〔十三〕文選四七、陸士衡文集九。日知録卷廿一有陸機文誤條。
〔十四〕侯公無名，見史記七項紀、漢書一高紀上之末，爲漢高功臣卅一人之一。

〔十五〕應作「齊」，見史記五二、漢書三八。

〔十六〕漢書係採月表語，與雍齒奔魏條同。史記七項紀二年言太公、吕后遇楚軍，四年言歸漢王父母妻子，史記八高紀元年末言迎太公、吕后於沛，二年言取漢王父母妻子於沛，四年言歸漢王父母妻子，史記十六月表亦言太公、吕后歸自楚，史記五十六審食其傳亦言西楚取太上皇、吕后爲質。漢書四十審食其傳同。漢書一高紀上二年言太公、吕后遇楚軍，四年言歸太公、吕后，漢書卅一項羽傳二年言太公、吕后遇楚軍，四年言歸漢王父母妻子。史記言七次，三次言父母妻子；漢書言五次，一次言父母妻子。趙僅以兩書高紀二年、四年之語相比較，而未將全書比較，不得謂之通。

五世相韓

史記稱張良以五世相韓，故爲韓報仇〔一〕。然五世指韓王而言，謂韓王五世皆張氏爲相，非張氏五世皆相韓也。良大父開地相韓昭侯及宣惠王、襄哀王，良父相釐王及悼惠王，是爲五世。顔師古注〔二〕，從昭侯至悼惠王，凡五君也〔三〕。

〔一〕卷五五。

〔二〕漢書卷四十。

〔三〕韓五世。張二世：大父、父。

過秦論三處引用

賈誼過秦論，大指謂秦尚法律，不施仁義，以至一夫作難，天下土崩。史遷用之秦本紀後〔一〕，最爲切當。乃褚少孫又引之於陳涉世家後〔二〕，則以其中有「陳涉甕牖繩樞之子」數語，故牽用之，然已非正旨矣。班固又於陳涉項羽傳後引此〔三〕及史遷所論項羽者，以作二人傳贊，未免數典而忘其祖也。再，漢書武帝以前紀傳多用史記文，而即以爲已作，未嘗自言「引用史遷」云云。所引過秦論及戰國策、陸賈新語之文，亦即以爲己作，未嘗自言「引用某人」〔四〕。蓋古人著述往往如此，不以鈔竊爲嫌也。漢書五行志記秦始皇滈池君遺璧之事〔五〕，却書明引用史記之文〔六〕。

〔一〕卷六。云：「善哉乎賈生推言之也。」

〔二〕卷四八。云：「吾聞賈生之稱曰。」

〔三〕卷卅一。云：「昔賈生之過秦也。」

〔四〕三處引過秦，皆明言係賈生之言，何云「未嘗言某人」？史記九七陸賈傳論，言曾讀陸生新語書十二篇，然史記并無引新語語。四庫提要儒家一新語條亦誤謂遷引新語。漢書六二遷傳贊，言遷據左氏、國語，采世本、戰國策，述楚漢春秋，未嘗言其采陸賈新語。

〔五〕卷廿七中之上。漢書廿七五行志一卷，但分爲五卷：上、中上、中下、下上、下下。

〔六〕史記，史所記也，非指太史公書。史記六十三王世家末，褚先生曰：「臣好觀覽太史公之列傳」，亦不稱史記。漢紀十四，司馬子長既遭李陵之禍，遂著史記，始自黄帝，以及秦漢，爲太史公記。又曰，太史公記凡百三十篇。參廿二史考異七駁顔注及考異五末。漢書五行志「史記」二字凡十八見，皆作「史所記」解。

史記自相歧互處

史記田儋傳，項梁趣齊進兵，共擊章邯，儋欲楚殺田假，然後出兵〔一〕。據項羽紀〔二〕，項梁曰：「假，與國之王，窮來歸我，殺之不義。」而田榮傳〔三〕則以此語爲楚懷王之言。

〔一〕卷九四。「儋」應作「榮」，儋從弟。

〔二〕卷七。

〔三〕榮附田儋傳。

齊悼惠王傳〔一〕，悼惠子哀王將發兵誅諸吕，乃先誘燕王劉澤入齊，使祝午至燕發其國兵〔二〕，并將之。澤不得歸，乃願往長安議立哀王爲帝，哀王遂資其行。而澤傳〔三〕不言被誘入齊事，但云太后崩，澤即曰：「帝少，諸吕用事，劉氏孤弱。」遂與齊合兵，而澤先至長安。漢書亦同〔四〕。

〔一〕卷五二。「傳」應作「世家」。
〔二〕兩「燕」均應作「琅邪」。是時澤封琅邪王，後乃封燕。稱燕王可説追稱，至燕國，則時無燕。
〔三〕卷五一。「傳」應作「世家」。
〔四〕漢書卅五澤傳亦同，師古注已疑其誤。前段是歧異，此段只可謂詳略不同，非歧異。

朱建傳〔一〕謂，黥布欲反，建諫之不聽，布誅，建得不誅，事在黥布傳〔二〕中云云。今布傳無此語〔三〕。

〔一〕卷九七。
〔二〕卷九一。
〔三〕裴駰集解已言之。

佞幸傳序，高祖有籍孺，孝惠有閎孺〔一〕。而朱建傳又云孝惠有閎籍孺〔二〕，是并二人爲一人〔三〕。漢書亦云閎籍孺〔四〕。

〔一〕卷一二五。

〔二〕卷九七。

〔三〕此段建傳索隱已言之，漢書師古注亦言，誤衍「籍」字耳。

〔四〕卷四三朱建傳。籍、閎二人名孺，幼小也。漢書因襲史記而誤。漢書九三佞幸傳仍作二人，與史記同。

酈食其傳〔一〕既叙食其見高祖之事，而朱建傳〔二〕又重叙酈生見高祖之事，與彼傳小異〔三〕。

〔一〕卷九七。

〔二〕卷九七。

〔三〕此係另一史料，附於傳末，與朱建無涉也。

周仁傳〔一〕，仁以不潔清得幸。景帝崩，仁尚爲郎中令，終無所言，景帝以此再自幸其家。按既云「景帝崩」，乃又云「景帝再幸其家」，文義不順，漢書删「景帝崩」三字便明〔二〕。

〔一〕卷一〇三周文傳。名仁，目以周文標名。

〔二〕漢書卷四六。史記「至景帝崩，仁尚爲郎中令」二句十字，當係旁記，誤入正文，非漢書所删。

田仁傳〔一〕，戾太子斬江充，發兵與丞相劉屈氂戰之事，既云「丞相令司直田仁閉守城門，因縱太子，下吏誅死」，下又云「仁發兵，長陵令車千秋上變，仁族死陘城」〔二〕。文既繁複，且不可解〔三〕。

〔一〕卷一〇四。
〔二〕當有錯簡，殿本考證亦言之。漢書卅七仁傳無此。
〔三〕全條有歧異，有詳略不同，有失檢照，有衍文，有附録，有旁注誤入正文，有錯簡，共七段。

史漢不同處

一代修史，必備衆家記載，兼考互訂，而後筆之於書。觀各史藝文志所載各朝文士著述，有關史事者何啻數十百種，當修史時，自必盡取之，彼此校核，然後審定去取。其所不取者，必其記事本不確實，故棄之。而其書或間有流傳，好奇之士往往轉據以駁正史〔一〕，此妄人之見也。即如班固作漢書，距司馬遷不過百餘年，其時著述家豈無別有記載？倘遷有錯誤，固自當據以改正。乃今以漢書比對，武帝以前，如高祖紀及諸王侯年表、諸臣列傳，多與史記同，并有全用史記文，一字不改者。然後知正史之未可輕議也。其間有不同者，張泌有漢書刊誤〔二〕，朱子文有漢書辨正〔三〕，劉巨容有漢書纂誤〔四〕，今皆不傳。現存者惟劉攽漢書刊誤〔五〕，吴仁傑兩漢刊誤補遺〔六〕，皆不過就本書中穿穴訂正，非於此二書外別有援據，以資辨駁也。劉辰翁有班馬異同〔七〕，蓋亦就史記、漢書歧互處分別指出。今少有其本，姑以二書比對，摘其不同者列於後。

〔一〕「正史」之名見於隋志。

〔二〕一卷。宋人「漢書刊誤」有四家，一張、一劉、一余靖、一亡其名，均見宋志。

〔三〕見慶元本所採十四家説之一，南監嘉靖本同。南監本即本於慶元本，趙所據當係監本。鮚埼亭集外編四十八有辨宋祁漢書校本云「朱子文者陋儒也，其論漢書最可惡。雖不知其時代，然出於南渡以後」云云。

〔四〕二卷。

〔五〕原四卷，散在注中耳。

〔六〕十卷。

〔七〕或題倪思撰。卌五卷。

韓信擊魏豹，史記在漢三年〔一〕，漢書在二年〔二〕。韓信襲殺龍且，史記在三年，漢書在四年〔三〕。諸侯會垓下，史記在四年〔四〕，漢書在五年〔五〕。項羽使海春侯曹咎守成皋，爲漢王所虜〔六〕，史記在劉、項同軍廣武之後〔七〕，漢書在同軍廣武之前〔八〕。徙王韓信於楚，史記在漢王即帝位後〔九〕，漢書在殺羽未即位前〔十〕。蕭何造未央宮，史記在八年，漢書在七年〔十一〕。黥布封九江王後，史記謂七年朝陳，八年朝洛陽，漢書謂六年朝陳，七年朝洛陽〔十二〕。二書紀事，每差一年〔十三〕。

〔一〕史記八高紀在三年，九二信傳在二年，十六月表亦在二年，九十豹傳在元年。
〔二〕漢書一高紀在二年，卅四信傳亦在二年，卅三豹傳不記年。七説中四説作「二年」。
〔三〕史記八高紀、漢書一高紀。兩書信傳不記年。
〔四〕卷八高紀在四年，卷七羽紀在五年。
〔五〕卷一高紀、卅一羽傳均在五年。
〔六〕史記八高紀在四年，漢書一高紀在三年。
〔七〕卷七項紀。
〔八〕卷卅一羽傳。
〔九〕卷八高紀，五年。
〔十〕卷一下高紀，五年。
〔十一〕史記八高紀，漢書一下高紀。
〔十二〕史記九一布傳，漢書卅四布傳。

〔十三〕據一、二、三節，史記亦自相矛盾。共七節，前六節趙只以兩高紀對照。

項羽、陳涉二人，史記稱項王、陳王，漢書改爲列傳，故皆稱名。

史記，項羽立田都爲齊王，田榮怒，乃殺都，自立爲齊王。漢書謂榮攻都，都走降楚〔一〕。

〔一〕史記一事四載。七羽紀、九四田儋傳、十六月表皆云田榮擊都，都亡走楚，惟八高紀謂榮殺田都而反楚。漢書卅一羽傳、卅三田儋傳、一上高紀，謂榮攻都，都走降楚。兩書則七載矣。榮所殺者齊王市，都則亡走楚，六説皆同，惟史記八高紀獨言殺都，是史記自相歧異。此爲漢元年事。

史記項紀、高紀，皆言項羽徙義帝長沙，都郴，使衡山王、臨江王擊殺義帝〔一〕。漢書高紀則云，羽使九江王布擊殺義帝於郴〔二〕。顔師古注謂，衡山、臨江、九江三王，羽皆使殺義帝，而擊殺者乃九江王也。

〔一〕而不言使九江王黥布。但九一布傳言布使將擊殺義帝，十六月表注亦言布殺之。亦是史記自相歧異，二紀與黥布傳異也。

〔二〕卅一羽傳、卅四布傳亦云。

史記項紀，楚軍敗於定陶，項梁死，楚懷王恐，乃從盱眙徙彭城，并項羽、呂臣軍自將之。漢書謂羽與沛公等聞項梁死，乃徙懷王都于彭城〔一〕。

〔一〕漢書一上高紀。並云「懷王并呂臣、項羽軍自將之」。一自動，一被動。

項羽分王諸將，史記先叙諸將分王畢，方叙徙楚懷王於長沙〔一〕。漢書則先叙徙懷王，然後分王諸將〔二〕。

〔一〕卷七項紀、八高紀。
〔二〕卷一上高紀、卅一羽傳。

史記，分王諸將，韓王成都陽翟〔一〕。漢書無「都陽翟」三字〔二〕，以成雖有此封，實未至國也。案史記，成無軍功，羽不使之國，與俱至彭城，殺之〔三〕。

〔一〕卷七項羽紀。但卷八高紀無此句。

〔二〕卷一高紀、卅一項羽傳皆無「封韓王成」語，非只無此三字。

〔三〕史記七羽紀。漢書高紀上同。

史記，田榮擊殺濟北王田安，并王三齊〔一〕；漢書，彭越擊殺田安，榮遂王三齊〔二〕。

〔一〕見卷七羽紀、九四田儋傳、十六月表。卷八高紀不載。

〔二〕見卷一上高紀、卅一羽傳。但卅三田儋傳亦言榮攻殺濟北王田安，盡並三齊之地。是彭越受榮令擊安也。是詳略不同。漢書亦互有詳略。漢元年事。

史記，項羽美人名虞，漢書謂姓虞氏〔一〕。

〔一〕史記卷七、漢書卷卅一。婦人以姓爲名，如阿劉、阿張。

史記，漢騎將追項羽，爲羽所叱，人馬俱驚者爲赤泉侯，而不著姓名。漢書則曰楊喜。

然史記羽死後分其四體者有楊喜，又不言即赤泉侯。〔一〕

〔一〕以上各段，均高紀、羽傳等互勘。

史記張耳傳，外黄富人女嫁庸奴，亡其夫，去抵父客，謂所嫁者乃庸奴，故逃之至父客處也。漢書謂庸奴其夫，亡抵父客，則富人女以夫爲庸奴，故去之也。

史記盧綰、陳豨分兩傳，漢書兩人合爲一傳〔一〕，以綰之反因陳豨事見疑而起也。

〔一〕史記九三、漢書卅四。陳豨目無名，提行與不提行耳。

荆王劉賈，史記謂不知其何屬，漢書謂高祖從父兄。

燕王劉澤，史記謂諸劉遠屬，漢書謂高祖從祖兄弟。

任敖傳，史記謂高后崩，敖不與大臣共誅諸吕，故免官。漢書謂與大臣共誅諸吕，後坐事免官。

史記，倪寬在儒林尚書條内〔一〕，董仲舒在儒林春秋條内，漢書皆改入列傳〔二〕。

〔一〕卷百廿一伏勝後。兒寬目無名。

〔二〕兒五八、董五六。

史記循吏傳載周、秦間人孫叔敖、子産、公儀休、石奢、李離。漢書所載則文翁、王成、王〔一〕霸、朱邑、龔遂、召信臣，皆漢人也。

〔一〕當作「黄」。卷八九循吏傳。

史記張湯在酷吏傳。漢書以其子孫多爲名公卿，乃以湯另入列傳〔一〕。其他酷吏、游俠、佞幸内較史記各有所增，則皆遷以後人也，惟貨殖傳多仍史記之舊，列入白圭、猗頓、烏氏倮、巴寡婦清等，但去子貢耳〔二〕。試思漢書也，而叙周、秦間人耶？

〔一〕史記百廿二杜周與張湯同在酷吏傳，漢書杜周亦另入卷六十列傳。

〔二〕漢書九一貨殖傳並未去子貢，子貢傳文且多於白圭、猗頓等。蓋傳序，而後人以之提行耳。假定趙先生生在吾人五六百年前，不幾疑趙所見之漢書貨殖傳無子貢一條耶？

史記儒林傳以詩爲首，次尚書，次禮，次易，次春秋。漢書儒林傳以易爲首，次尚書，次詩，次禮，次春秋〔一〕。

〔一〕史記今文家說，漢書古文家說。

史記，高祖爲亭長，以竹皮爲冠，令求盜之薛治之。求盜者，亭長之副也〔一〕。薛有作冠師，故令其副至薛，使冠師治之。漢書但云令求盜之薛治。删一「之」字便不明〔二〕。

〔一〕「副」應作「卒」，見應劭注。
〔二〕下「之」字未必班固有意删，或偶脱落耳。

史記，秦始皇以東南有天子氣，乃東游以厭之。高祖即自疑〔一〕，隱於芒碭山澤之間，呂后以其所居處常有雲氣，求輒得之。漢書删却「即自疑」三字〔二〕。高祖以匹夫而以天子自疑，正見其志氣不凡也，漢書删此三字，便覺無意。

〔一〕卷八高紀，後尚有「亡匿」二字。
〔二〕卷一高紀。應作删却「即自疑亡匿」五字。

史記，沛公破豐，命雍齒守之，齒以豐降魏。沛公攻之不能下，項梁益沛公五千兵攻豐，而不言攻之勝負。漢書則云，攻豐拔之，雍齒奔魏〔一〕。

〔一〕漢書一上。「拔之雍齒奔魏」六字，本史記十六月表，史記徐廣注已言之。此可見漢書亦字字有來歷也。秦二年四五月事。

史記，漢王敗入關，又東出，袁生説漢王出武關，令滎陽、成皋間且得休息。漢書作轅生〔一〕。

〔一〕史記八、漢書一上。隸省異同。

陳涉傳〔一〕，漢書改伍徐曰伍逢〔二〕，朱房曰朱防。

〔一〕史記四八陳涉世家。

〔二〕卷卅一陳勝傳。「徐」、「逢」二字形相似。今殿本漢書「伍逢」作「五逢」，人名。

史記，項羽燒秦宮室東歸，説者譏其沐猴而冠〔一〕。漢書，説者乃韓生也。

〔一〕卷七羽紀。集解案：楚漢春秋、揚子法言，云説者是蔡生。

吴王濞傳，史記高祖封兄仲爲郃陽侯，漢書作合陽侯。

韓信傳，史記漢王之敗彭城，信收兵與漢王會滎陽，漢書謂信發兵與漢王會滎陽。按是時信未有分地，從何發兵？蓋收集潰卒耳，「收」字得實〔一〕。

〔一〕漢書一高祖紀亦謂「韓信亦收兵與漢王會」。漢書高紀與信傳亦不同。漢二年事。

張良傳〔一〕，史記載其所致四皓姓名：東園公、甪里先生、綺里季、夏〔二〕黄公。漢書但云四人，不著氏名。

〔一〕史記爲留侯世家。卷五五。

〔二〕「夏」字有連上讀者。

周勃傳，史記沛公拜勃爲虎賁令，漢書作襄賁令。史記周文，漢書作周仁； 張叔，漢書作張歐〔一〕。

〔一〕史記一〇三，曰周文名仁，張叔名歐。

史記 梁平王傳〔一〕，有告變者曰類犴反〔二〕，漢書作犴反〔三〕。又史記告變後驗實，削梁八城，梁尚有十城，漢書則云削五縣，尚有十城〔四〕。

〔一〕卷五八，原作梁孝王世家。 梁平王係梁孝王孫，傳目無名。
〔二〕類犴反，人姓名。
〔三〕卷四七梁孝王傳，梁平王亦傳目無名。
〔四〕原作「尚有八城」。

史記 田蚡傳，景帝後三年，封蚡爲武安侯，漢書則云武帝初即位，蚡以舅封武安侯。案景帝後三年正是武帝即位之歲，蚡乃武帝所封，特是時尚未改元故耳〔一〕。

〔一〕徐廣注已言之。即位明年乃改元。

李廣傳，史記廣爲匈奴所得，絡而盛兩馬間，廣佯死，睨其旁一胡兒騎善馬，乃忽騰而上，推墮兒，乘其馬歸。漢書謂抱胡兒，鞭馬南馳〔一〕。

〔一〕徐廣注已言之。

李陵傳，史記陵降匈奴，漢聞單于以女妻陵，遂族其母妻子。漢書謂漢聞李陵教匈奴爲兵，遂族其母妻子，後乃知教兵者李緒，非李陵也。

史漢互有得失

垓下之戰，史記高祖紀叙韓信、孔將軍、費將軍等戰頗詳，漢書高紀但撮叙數語〔一〕。然殺項羽是漢王一大事，漢書略之，殊失輕重。

〔一〕史記約多百餘字。

高祖紀末，史記但記其諸子。漢書獨總叙高祖之明達好謀，雖日不暇給，而規模弘遠，史記少此議論。又史記高紀既叙高祖八男，而吕后紀内又叙之，殊複。漢書兩紀俱不叙，另立高五王傳〔一〕。

〔一〕惠帝、文帝有紀，淮南王自有傳：史、漢同。史記齊悼惠王有世家，漢書在五王内。

孝文紀，史記於後六年忽總叙帝之節儉寬厚，下方叙後七年六月帝崩，殊屬非法，總叙自應在帝崩後也。漢書取此語作贊。

吴王濞傳，史記，鼂錯議削諸王地，楚王戊以在薄太后服中有姦，削東海郡，因削吴之豫章、會稽二郡。及前二年削趙王河間郡，膠西王六縣。漢廷臣方議削吴，吴王恐削地無已，因此發謀。按是時廷臣所議削者，即豫章、會稽也，故下文云，及削豫章、會稽書至，吴王遂反。今先云削吴之豫章、會稽，下又云方議削吴，是又於二郡外再議削矣，則下文所謂及削豫章、會稽書至者，又何説耶？漢書先删去削豫章、會稽字，但云削楚及趙、膠西地，廷臣方議削吴，及削豫章、會稽書至，吴王遂反，較爲明晰。

七國反時〔一〕，史記謂膠西王聽吴王計，約同反，遂發使約齊、臨菑〔二〕、膠東、濟南、濟北，皆許諾〔三〕。漢書獨無濟北〔四〕。按齊孝王傳〔五〕，是時孝王狐疑不同反，尋被臨菑等三國圍急〔六〕，陰與三國通謀，會路中大夫來告漢兵且至，遂堅守。及漢將欒布等解三國圍後，聞齊亦通謀，將伐之，孝王懼，自殺。而濟北王以城壞未完，郎中令劫守其王，不得發兵，故亦不同反。後聞齊王自殺，濟北王亦欲自殺，梁孝王爲之辨雪，乃得不坐。鄒陽傳〔七〕。據此則齊與濟北二王亦非必能堅守之人，史記謂膠西來約同反時，齊、濟北皆許諾，從其實也。漢書獨無濟北，則以其未成反也〔八〕。然以其未成反而遂不列於約反之内，則齊王不惟不反，且有堅守之功，何以轉列於從反之内乎〔九〕？豈以齊王自殺，遂坐以反謀；濟北免罪，則并其先欲從而不得反之處概爲隱諱耶〔十〕？

〔一〕吴、楚、趙、膠西、濟南、菑川、膠東，謂七國。

〔二〕應作「菑川」，下同。臨菑是齊都，非國。三國圍臨菑，即圍齊也。

〔三〕史記一〇六吴王濞傳。

〔四〕卷卅五濞傳。

〔五〕史記五二齊悼惠王世家，漢書三八齊悼惠王傳。

〔六〕三國，張晏謂膠西、菑川、濟南也。但「膠西」應作「膠東」。

〔七〕史記八三鄒陽傳不載，則「鄒陽傳」上應有「漢書」二字。

〔八〕漢書卅五吳王濞傳約反之内無濟北，偶遺之，非以其未成反也。

〔九〕齊固不在七國内，史記吳王濞傳制詔可據。史記五二齊悼惠王世家、漢書三八高五王傳，帝遂爲齊立後，并未坐以反謀。

〔十〕漢書鄒陽傳既著之，何謂隱諱？齊與濟北，與約而不同反，故不在七國之内。超案：參見援庵廿二史劄記一七國反條考證文。

四國攻臨菑時，史記謂膠西爲渠率，與膠東、菑川、濟南共攻臨菑。漢書則云，膠西、膠東爲渠率，與菑川、濟南共攻臨菑。按膠西聽吳王之謀，使人約諸王反，則主兵者膠西也，漢書增膠東爲主謀亦非。

淮南厲王傳，史記，高帝過趙，趙王獻美人，帝幸之，有身。會貫高等謀反，帝令盡捕趙王家屬繫之，美人亦在繫中，告吏曰：「得幸上，有身。」吏以聞，上方怒未理。及美人生厲王，即自殺。吏奉厲王詣上，上令呂后母之。漢書敘事亦同，而改美人告吏曰：「得幸上，有子。」按是時厲王尚未生也，何得先言有子？史記以爲有身較穩。

厲王以罪廢徙蜀，史記謂一路傳送者皆不聽發車封〔一〕。王謂侍者曰：「吾以驕故，不聞過至此。人生一世間，安能邑邑如此！」乃不食死。至雍，雍令發封，以死聞。按既不發封，則王在車中與誰語？若有人共語，則餓死後豈不聲言，直待雍令發封始知耶？漢書先敘王語，方敘傳送者不敢發封，以致餓死，文義較明〔二〕。

〔一〕史記一一八淮南厲王傳原文爲「皆不敢發車封」。

〔二〕疑史記係錯簡，可以漢書四四淮南厲王傳校之。

廿二史劄記批注　史法之屬

卷二　史記　漢書

漢書移置史記文〔一〕

漢書武帝以前紀傳，多用史記原文，惟移換之法別見翦裁。如鴻門之會，沛公危急，賴項伯、張良、樊噲等得免；彭城之敗，漢王道逢孝惠、魯元，載以俱行；陳平間楚，使去范增；鴻溝解兵，張良、陳平勸漢王追楚；漢王至固陵，彭越、韓信兵不至，用張良策，分地王之，遂皆會兵等事：史記皆詳於項羽本紀中，漢書則項羽傳略叙數語，而此等事皆詳於高祖紀内。蓋史記爲羽立紀，在高紀前，故大事皆先載羽紀，使閲者得其大概，而其下諸紀傳自可了然。漢書則項羽改作列傳，次於帝紀世家之後〔二〕，而高紀則在首卷，故此等事必先於高紀詳之，而羽傳不必再叙也。

〔一〕此條各段多言材料分配法，甚可學。

〔二〕漢書豈有世家？假令趙生吾數百年前，不幾疑趙所見漢書有世家邪？

呂后殺戚夫人及趙王如意，史記載呂后紀內，而外戚傳〔一〕叙呂后處不複載。漢書呂后紀專載臨朝稱制之事，而殺戚姬等事則入外戚傳中。蓋紀以記朝政，傳以詳細事，固各有所當也。

〔一〕應作「外戚世家」，卷四九。

齊悼惠王來朝，惠帝庶兄也，帝以家人禮使坐上坐。呂后怒，欲酖之。帝起取卮爲壽，呂后恐，急自起泛卮。此事史記在呂后紀內，漢書則入於齊悼惠傳，而呂紀不載。

韓信從至漢中，不見用，亡走。蕭何自追之，薦於漢王，遂拜大將。史記在信傳內，漢書已詳其事於高紀，故信傳不復叙。

蒯通説范陽令降武信君〔一〕，又説武信君以侯印封范陽令。史記在張耳陳餘傳內，漢書另立通傳詳其事，故耳餘傳僅摘叙數語〔二〕。

〔一〕武臣，陳人，號武信君。

〔二〕史記無蒯通傳。

盧綰反，高祖親擊邯鄲，即用趙人爲將。史記詳於綰傳，漢書入高紀，故綰傳不載。史記韓信傳贊另提出，信貧時葬母，度其旁可置萬家，以見其志度不凡〔一〕。漢書則以此叙入信傳。

〔一〕餘料。

韓信將擊齊，聞酈食其〔一〕已説下齊，欲止。蒯通曰：「將軍受詔擊齊，寧有詔止將軍乎？何得無行也。」史記詳信傳内，漢書另入通傳〔二〕。

〔一〕酈食其，音厲異幾，史記九七、漢書四三。

〔二〕史記無通傳。

蒯通説信三分鼎足之計，至數千言〔一〕。史記在信傳内，漢書亦另入通傳〔二〕。

〔一〕史記不過千二百言，漢書不過千言。
〔二〕卷四五。漢書蒯通傳即以史記張耳陳餘及韓信傳材料造成。

吴、楚反，袁盎對景帝以爲不足憂，鼂錯在旁善其語。上問盎計安出，盎請屏人語，惟錯尚在。盎又謂「臣所言人臣不得知」，乃并屏錯，避入東廂。盎遂請斬錯以謝七國，上因斬錯。史記以此事叙在吴王濞傳内，漢書叙入錯傳，而濞傳删之。

淮南王安與伍被謀反，被先諫之，繼又爲畫策，其文甚麗。史記載入淮南王世家〔一〕内，漢書另立伍被傳〔二〕載此文，而安傳删之。

〔一〕應作「淮南王傳」，卷百十八。
〔二〕卷四五，與蒯通同卷。

田叔傳，史記載高祖過趙，嫚罵趙王〔一〕，王之臣趙午、貫高等不平，謀逆，後事發，收捕趙王等。漢書以此事叙入趙王傳，故田叔傳不復詳叙。

〔一〕趙王張敖，耳子，魯元公主夫也。

漢書多載有用之文〔一〕

晉張輔論史、漢優劣〔二〕，謂司馬遷敘三千年事惟五十餘萬言〔三〕，班固敘二百年事〔四〕乃八十餘萬言，以此分兩人之高下。然有不可以是爲定評者，蓋遷喜敘事，至於經術之文，幹濟之策，多不收入，故其文簡。固則於文字之有關於學問，有繫於政務者，必一一載之，此其所以卷帙多也。今以漢書各傳與史記比對，多有史記所無而漢書增載者，皆係經世有用之文，則不得以繁冗議之也。摘開于後。

〔一〕下兩條言增傳、增事，此則增文。
〔二〕見晉書六十輔傳。
〔三〕此「餘」字及下文「餘」字，晉書原文無。
〔四〕「二百」，今晉書作「三百」，宋本作「二百」。實二二九年。

賈誼傳，史記與屈原同傳，以其才高被謫，有似屈原，故列其弔屈賦、鵩鳥賦，而治安策竟不載。按此策皆有關治道，經事綜物，兼切於當日時勢，文帝亦多用其言，何得遺之？漢書全載。

鼂錯傳載其教太子一疏，言兵事一疏，募民徙塞下等疏，賢良策一道，皆有關世事國計。

路温舒傳載尚德緩刑疏〔一〕。

〔一〕史記無傳。

賈山傳載其至言〔一〕。

〔一〕史記無傳。

鄒陽傳載其諷諫吳王濞邪謀一書。

枚乘傳載其諫吳王謀逆一書〔一〕。

〔一〕史記無傳。

韓安國傳載其與王恢論伐匈奴事，恢主用兵，安國主和親，反覆辨論，凡十餘番〔一〕，皆邊疆大計。

〔一〕僅三番半，則「十餘番」句可删。已見卷一史記變體條。

公孫弘傳載其賢良策，并待詔時上書一道，帝答詔一道。

以上皆史記無而漢書特載之者〔一〕。其武帝以後諸傳，亦多載有用章疏。

〔一〕内有並無傳者。

韋玄成傳〔一〕載其宗廟議禮之文，原本經義，可爲後世法，而并及匡衡、王舜、劉歆等所論廟制。按匡衡等皆元、成以後之人，與玄成何涉〔二〕？以其於禮制互相發明，故并載玄成傳内。

〔一〕卷七三。玄成，宣帝時人。

〔二〕此段「元成」二字凡四見，其三應作「玄成」。「元成以後」者，元帝、成帝也；「元成何涉」者，「玄成」也。避清諱改「玄成」爲「元成」，則與元帝、成帝混。超案：原本「韋玄成」之「玄成」，均避清康熙帝諱改爲「元成」，故本段四次出現「元成」二字。

匡衡傳載其所上封事，元帝時論教化之原，成帝時論燕私之累，皆有關君德。

總計漢書所載文字皆有用之文。至如司馬相如傳所載子虚賦、喻蜀文、諫獵疏、宜春宫賦、大人賦，史記亦載〔一〕。楊雄傳載其反離騷、河東賦、校獵賦、長楊賦、解嘲、解難、法言序目，此雖無關於經術政治，而班固本以作賦見長，心之所好，愛不能捨，固文人習氣，而亦可爲後世詞賦之祖也。

〔一〕此五文史記亦全載。

漢書增傳〔一〕

〔一〕蒯通、伍被、路温舒、賈山、枚乘、王陵、吴芮。

漢書武帝以前王侯公卿皆用史記舊文，間有史記無傳而增立者，今列於後。

史記無吴芮傳，蒯通則附韓信傳内，伍被則附淮南王傳内，漢書俱另立傳。

史記有齊悼惠王世家，而趙隱王如意、趙共王恢、燕靈王建，皆無傳，趙幽王友附于楚元王世家内。然皆高帝子也，何得闕之？漢書皆立傳〔一〕。

〔一〕見卅八高五王傳。

景帝子爲王者十三人，史記以同母者爲一宗，作五宗世家。漢書則十三王各立傳〔一〕，而河間獻王傳詳叙其好古愛儒，所積書與漢朝等；魯共王傳〔二〕叙其好治宫室，壞孔子宅，廣其宫，因得壁中古書。史記皆不載〔三〕。史記張騫附衛青傳後，寥寥數語，而詳其事于大宛傳，漢書另立騫傳。

〔一〕卷五三，景十三王傳。
〔二〕漢書作「共」，又作「恭」。
〔三〕史記太近，故不詳。以下爲另一段，應另行。

史記李陵附李廣傳後，但云陵將步騎五千人出居延，與單于戰，殺傷萬餘人。兵食盡欲歸，匈奴圍陵，陵降匈奴，其兵遂没，得還者四百餘人。蓋遷以陵事得禍，故不敢多爲辨雪也〔一〕。漢書特爲陵立傳，詳叙其戰功，極有精采，并述司馬遷對上之語，爲之剖白。

〔一〕史記時尚未論定。

史記無蘇武傳，蓋遷在時武尚未歸也。漢書爲立傳，叙次精采，千載下猶有生氣，合之李陵傳，慷慨悲涼，使遷爲之，恐亦不能過也。魏禧謂固密於體，而以工文專屬之遷〔一〕，不知固之工於文蓋亦不減子長耳。

〔一〕見魏撰十國春秋序，魏叔子文集外編卷八。

漢書增事跡

韓信傳，信貧時葬母，營高燥地，度其旁可置萬家。史記以此事作贊，漢書則叙於傳内〔一〕。又增漢王使信擊魏豹，信問酈生：「魏得無用田叔爲將乎？」曰：「柏直也。」信曰：「竪子耳。」遂進兵。又增信既虜豹，使人請漢王，願益兵三萬，北舉趙，東擊齊，絶楚糧道，與大王會滎陽，漢王即與兵三萬〔二〕。史記但云漢王遣張耳與信北擊趙、代。

〔一〕已見漢書移置史記文條。

〔二〕所增不過六十餘字。

楚元王傳，史記但載其封國生卒，及子孫承襲之事。漢書增元王少時嘗與穆生〔一〕、申生受詩於浮邱伯，後隨高祖軍中，出入卧内。及封楚王，又遣子郢〔二〕至長安，與申公仍從浮邱卒業。申公好詩，爲魯詩；元王次之，其詩傳號曰元王詩。并其孫戊襲位，初爲穆生設醴〔三〕，後竟胥靡申公等事〔四〕。

〔一〕漏「白生」。

〔二〕脱「客」字。郢客，元王子夷王名。漢書十四諸侯王年表作「郢客」。史記五十元王世家，及史記百廿一、漢書八八儒林傳並脱「客」字，餘俱作「郢客」。

〔三〕醴，甘酒也。穆生不嗜酒，故另爲設醴。後竟忘設，穆生去，申公、白生獨留。

〔四〕聯繫囚徒使之服役，謂之胥靡。

蕭何傳，漢書增項羽負約，封沛公於巴蜀爲漢王。漢王怒，欲攻羽，蕭何力言不可，乃之國。

王陵傳，史記吕后欲王諸吕，問陵，陵曰「不可」。問陳平，平曰「可」〔一〕。漢書增陵責平負先帝約，及平自解之語。

〔一〕史記無王陵傳，語見卷九吕后紀。此段應移前增傳條内。

淮南王安好文學及神仙之事，其始固賢王也。史記世家〔一〕開首即叙其以父厲王死，怨望欲叛，初不述其賢行，并其諫伐南粤〔二〕一書最可傳者，亦但載入嚴助傳，而安世家内不載〔三〕。漢書則增其好學，作内書二十一篇，外書甚多，中書八篇，言神仙黄白之事。武帝好文，每作報書，必令司馬相如等視草。及安入朝，獻賦頌等事。

〔一〕史記淮南王是「傳」，非「世家」。漢書移置史記文條亦誤作「世家」。不幾疑趙所見本史記與今不同耶？

〔二〕應作「閩越」。

〔三〕史記無嚴助傳，此誤以漢書爲史記也。應云：「其諫伐閩越一書，漢書載入嚴助傳而安傳則不載。」

石慶傳，漢書增武帝責丞相一詔。

李廣傳，漢書增廣斬霸陵尉自刎，武帝不責，反加獎譽一詔〔一〕。

〔一〕此二段乃增文。

衛青傳，漢書〔一〕增青初爲平陽公主騎奴，及後貴爲大將軍，而平陽主以夫曹壽〔二〕有惡疾，當另嫁，問左右列侯誰賢，左右皆以大將軍對，主笑曰：「是常騎從我，奈何用爲夫。」左右曰：「於今尊貴無比。」遂以青尚主。按此事本在褚少孫外戚世家遺事内，史遷是時目擊其事，而不載入傳，蓋其時青正貴盛，不敢直書以取怨也。漢書蓋即取少孫所補〔三〕。

〔一〕卷五五衛青霍去病傳末。

〔二〕「壽」，史記五四曹參世家末作「時」，參曾孫，病癘。

〔三〕少孫不補，班亦能知。

公孫弘傳，漢書增弘没後爲相者，李蔡等十餘人盡誅，惟石慶得善終〔一〕，正以見弘之能得君也。

〔一〕應作：「弘没後爲相者李蔡、嚴青翟、趙周、石慶、公孫賀、劉屈氂六人，惟石慶得善終，餘盡誅。」

鄭當時傳末，漢書增翟公罷官，賓客皆散，後復官，舊時賓客又將來，乃署其門，有「一貴一賤，交情乃見」等語。此本史記引之作贊語，已無甚關涉，而漢書增入當時傳中，尤覺無謂〔一〕。

〔一〕疑係後人據史記添入。

漢書書恒山王〔一〕

漢書吕后紀，孝惠帝張后無子，取後宫美人子，殺其母，名之，立爲太子。惠帝崩，太子立，太后稱制。立孝惠後宫子强爲淮陽王，不疑爲恒山王，弘〔二〕爲襄城侯，朝爲軹侯，武爲壺關侯。四年，帝自知非皇后子，而所生母被殺，出怨言，太后乃廢之，以幽死，更立恒山王弘爲帝。太后崩，大臣以弘及三弟皆非孝惠子，共誅之〔三〕。恩澤表、五行志並云，皆吕氏子〔四〕。周勃傳亦云，吕后以計詐名他人子，殺其母，令孝惠子之〔五〕。由前所書，則强等孝惠後宫子也；由後所書，則皆非孝惠子也，此已屬歧互〔六〕。且先所書恒山王則不疑也，弘則襄城侯也，後忽云立恒山王弘爲帝，更不明晰〔七〕。據史記則襄城侯本名山，因常山王即恒山王。不疑薨，以山改封常山王，更名義，後立爲帝，又名弘，始覺了了〔八〕。此雖小節，亦見史記之密〔九〕。

〔一〕恒山，漢高帝置。避文帝諱改「常山」，今史記作「常山」。漢書作「恒山」，已祧不諱也。

〔二〕「弘」，趙避清諱作「宏」。

〔三〕惠帝立七年。后稱制八年，立一太子，廢而殺之。又立恒山王，是爲少帝。后崩後，爲大臣所殺。

〔四〕卷二七中下五行志云「建立非嗣」，不見得皆爲弟。

〔五〕卷四十勃傳語本之史記九吕后紀。

〔六〕前後所書，史、漢同。首立之，故謂爲後宫子；後欲殺之，故謂非惠帝子：不歧互。

〔七〕漢書卷三吕后紀晉灼注已言其誤。吕紀漏書以襄城侯山爲常山王一節。

〔八〕一人三名：侯時一名，王時一名，帝時一名。

〔九〕超案：參援庵廿二史劄記二漢書書恒山王條書後一文。

廿二史劄記批注　史法之屬

卷四　後漢書

後漢書編次訂正

光武紀開首即稱光武，至即位後稱帝，此仿班書高祖紀，初稱高祖，繼稱沛公，稱漢王，即位稱帝之例也。惟光武曾封蕭王，此紀乃省却稱蕭王一節，稍不同耳。列傳例皆稱名，獨光武兄縯則書其字伯升，此亦本班書王莽傳内已稱伯升故也。至其編次卷帙，如循吏、酷吏、宦者、儒林、文苑、獨行、方術、逸民、外戚〔一〕等傳，既各以類相從矣，其他列傳自應以時代之先後分別編次，乃范書又有不拘時代，而各就其人之生平以類相從者。此亦本之史記，如老子與韓非同傳，屈原與賈誼同傳，魯仲連與鄒陽同傳，但以類相從，不拘時代〔二〕。漢書，黄霸爲丞相，朱邑爲大司農，而皆入循吏傳，以其長於治郡也。夏侯勝治尚書，京房治易，宜入儒林傳，而另爲列傳〔三〕，與眭弘等同卷，以其皆精於占驗也。蒯通、伍被、江充、息夫躬，或國初人，或中葉末造人，而列爲一卷，以其皆利口也〔四〕。後漢書亦仿此例，如卓茂本在雲臺圖像内，乃與魯恭、魏霸、劉寬等同卷，以其皆以治行著也。郭伋、杜詩、孔奮、張堪、廉范，皆國初人；王堂、蘇章，皆安帝時人；羊續、賈琮、陸康，皆桓、靈時人，而同爲一卷，亦以其治行卓著也。張純，國初人；鄭康成，漢末人，而亦同卷，以其深於經學也。張宗、法雄，國初人；度尚、楊璇〔五〕，漢末人，而亦同卷，以其皆爲郡守能討賊也。王充，國初人；王符、仲長統，漢末人，而亦同卷，以其皆著書恬於榮利也。鄧彪、張禹、徐防、胡廣等同卷，以其皆和光取容，人品相似也。袁安、張酺、韓陵、周榮、郭躬、陳寵等同卷〔六〕，以其皆明於法律，決獄平允也。班超、梁慬同卷，以其立功絶域也。楊終、李法、翟酺、應奉同卷，以其文學也。杜根、劉陶、李雲同卷，以其皆仗節能直諫也。樊宏、樊謙〔七〕、樊準、陰識、陰興、陰就〔八〕同卷，以其皆外戚，而有功績可紀，故不入外戚，而仍列一卷也〔九〕。蘇竟、楊厚、郎顗、襄楷同卷，以其皆明於天文，能以之規切時政也。周燮、黄憲、徐稺、姜肱、申屠蟠同卷，以其皆高士也。此編次之用意也。至崔寔傳載其政論一篇，桓譚傳載其陳時政一疏，馮衍傳載其説廉丹一書，説鮑宣一書，王符傳載其潛夫論中五篇，仲長統傳載其樂志論及昌言中二篇，張衡傳載其客問一篇，上疏陳事一篇，請禁圖讖一篇，蔡邕傳載其釋誨一篇，條陳所宜行者七事，皆以有關於時政也。至如崔駰傳載崔篆慰志賦一篇，駰達旨一篇，班固傳載其兩都賦、明堂辟雍詩及典引篇，杜篤傳載其論都賦，傅毅傳載其迪志詩，崔琦傳載其外戚箴，趙壹傳載其窮鳥賦，劉梁傳載其和同論，邊讓傳載其章華賦，皆以其文學優贍，詞采壯麗也。郎顗傳載占驗七事，郭太傳載其遺事九條，此又略仿史記扁鵲等傳體。儒林傳，五經各先載班書所記之源流，而後以東漢習經者著爲傳，尤見各有師法。卓茂傳叙當時與茂俱不仕莽者孔休、蔡勳、劉宣、龔勝、鮑宣等五人，來歷傳叙同諫廢太子者祋諷、劉瑋、薛皓、閭邱弘〔十〕、陳光、趙代、施延、朱倀、第五頡、曹成、李尤、張敬、龔調、孔顯、徐崇、樂闓〔十一〕、鄭安世〔十二〕等十七人，此等既不能各立一傳，而其事可傳，又不忍没其姓氏，故立一人傳，而同事者用類叙法，盡附見於此一人傳内，亦見其簡而該也。又有詳簡得宜，而無複出疊見之弊者。吴漢傳叙其破公孫述之功，則述傳不復詳載。耿弇傳叙其破降張步之功，則步傳亦不復詳載。宦者孫程以張防誣搆虞詡，上殿力争，事見詡傳，則程傳不復載。張儉奏劾中常侍侯覽，籍没其家，事見覽傳，則儉傳不復載。儉避難投孔褒，褒弟融藏之，後事泄，褒兄弟争相死，事見融傳，則儉傳不復載。張讓矯殺何進，事見進傳，則讓傳不復載。劉虞以十萬衆攻公孫瓚，事見虞傳，而瓚傳不復載。袁紹盡誅宦官二千餘人，無少長皆死，事見何進傳，則紹傳不復載。此更可見其悉心核訂，以避繁複也〔十三〕。又其論和熹后終身稱制之非，而后崩後則朝政日亂，以見后之能理國。論隗囂謂其晚節失計，不肯臣漢，而能得人死力，則亦必有過人者。論李通雖爲光武佐命，而其初信讖記之言起兵，致其父及家族皆爲王莽所誅，亦不可謂智。此皆立論持平，褒貶允當，足見蔚宗之有學有識，未可徒以才士目之也。

〔一〕後漢書無外戚傳。
〔二〕以上史記。
〔三〕京房，儒林傳亦有傳，專著傳易之事，并云自有傳。
〔四〕以上漢書。
〔五〕「璇」應作「琁」，中無「方」。
〔六〕「輔」應作「酺」，「陵」應作「棱」。前四人傳在卷七五，後兩人傳在卷七六，不能謂之同卷，只可謂兩卷相連。
〔七〕後漢書原本作「儵」，同「倏」。劉攽曰：應作「鯈」，音攸，字長魚，魚部。
〔八〕就，目無名。
〔九〕後漢書無外戚傳。
〔十〕「邱」應作「丘」。
〔十一〕「闡」應作「闓」。
〔十二〕安世，雙名。

〔十三〕此爲史、漢所不及。

後漢書間有疏漏處

光武本紀，建武十六年，郡國大姓及兵長羣盜，處處並起，攻劫在所，害殺長吏，討之則解散，去又屯結，青、徐、幽、冀四州尤甚。乃遣使者下郡國，聽羣盜自相糾擿，五人斬一人者除其罪。其牧、守、令、長坐界内有盜賊及棄城者，皆不以爲罪，但取獲賊多少爲殿最，惟蔽匿者罪之。於是更相追捕，並解散。按是時天下初定，民方去亂離而就安平，豈肯又生變亂？此必有激成其禍者，而本紀全不著其根由。但上文有河南尹張伋及諸郡守十餘人，坐度田不實，皆下獄死。則是時民變，蓋因度田起釁也。案劉隆傳，天下户口墾田多不以寔〔一〕，户口年紀互有增減。建武十五年，有詔覈檢，而刺史太守多不平均，優饒豪右，侵刻羸弱，百姓嗟怨。帝見陳留吏牘有云：「潁州〔二〕、弘農可問，河南、南陽不可問。」帝怒，不得其故。時明帝年十二，在側曰：「河南帝城多近臣，南陽帝鄉多近親。」帝更詰吏，吏對果如明帝所言。于是遣謁者考寔，具知姦狀，守令等十餘人皆死。據此則十六年之民變，必因十五年之檢覈户口田畝不均而起釁也。其解散亦非令盜賊自相捕斬遂能净盡，蓋因守令皆以檢覈不實坐死，遣謁者爲更正，然後解散耳。而范書略不見起滅之由〔三〕。

〔一〕卷五二隆傳無「户口」二字。

〔二〕「州」隆傳原作「川」。唐、五代、金、元、明有潁州，漢無潁州。

〔三〕凡在本書能尋出證據者，皆不能謂之疏漏。

光武紀書帝崩，年六十二。然紀又書帝起兵時年二十八〔一〕，下有更始元年破王尋、王邑，持節北渡河，鎮慰州郡，二年誅王郎，更始拜帝爲蕭王，明年六月始即位，改元建武，是帝年已三十一矣。建武凡三十二年，又加以中元二年始崩，則應是六十四歲〔二〕。本紀所云六十二，殊不符也。按前漢書，漢王四年幸薄姬，生文帝，年八歲，立爲代王〔三〕，十七年入爲帝，則應是二十五歲〔四〕。而臣瓚注謂，文帝二十三即位〔五〕，在位二十三年，壽四十六。是文帝年歲亦不符〔六〕。

〔一〕地皇三年壬午。

〔二〕建武卅二年四月改中元元年，趙先生忘記了一年有二元。應是六十三歲。

〔三〕卷九七上外戚傳。「八歲」立爲代王，應作「七歲」。

〔四〕七加十七，應爲廿四，但實得廿三，其中有一年兩用也。趙作八加十七，故云廿五。

〔五〕趙先生所據係監本。南監本作「年廿三即位」。今殿本作「年廿二即位」，更誤。應作「廿三歲即位，壽四十六」。

〔六〕超案：參援庵廿二史劄記四光武及漢文年歲考證一文。

安帝以延光元年〔一〕三月崩，閻后立北鄉侯懿即位，是年十月薨。計北鄉侯在帝位已閲八月，應有本紀，乃范書無之，蓋以未逾年未改元故耳〔二〕。然殤帝在位僅一年〔三〕，沖帝在位并只半年〔四〕，皆爲立紀，此不應獨缺也〔五〕。

〔一〕應作「四年」。
〔二〕北鄉侯無謚，無陵，稱薨，不改元。
〔三〕改元延平。
〔四〕改元永嘉。
〔五〕靈帝子辯於中平六年四月即位，九月被廢爲弘農王，曾改元光熹，又改昭寧，見靈帝紀。亦不立紀。

班書王莽傳，長安士民攻莽，三日死，獨未央宫燒，其餘仍安堵如故。及赤眉至，遂燒長安宫室至市里。又外戚傳，莽女爲平帝后，帝崩，莽篡位，號后爲黄皇室主，及漢兵誅莽，燔燒未央宫，后投火中死。范書更始傳〔一〕，王莽敗，惟未央宫被焚，其餘宫殿一無所毁，更始至，居長樂宫。董卓傳亦言，赤眉之亂，宫室營寺焚滅無餘，惟有高廟及京兆府舍〔二〕。是未央宫當莽死時已被焚，赤眉之亂則長安爲墟，并不特未央宫無存而已。乃獻帝紀，董卓劫帝西遷，車駕至長安，幸未央宮。董卓傳亦云，帝之長安，移於未央宮。尋帝以病愈，大會諸臣於未央宮〔三〕。此宮已被焚於王莽之敗，何以獻帝西遷又有未央宮以駐蹕耶？按順帝紀，永和元年，帝西巡，幸未央宮。想王莽時被焚之後，東漢諸帝又曾修葺也〔四〕。然范書不經見，而先則被焚，後則駐蹕，殊不明晰。

〔一〕原作「劉玄傳」，趙避清諱故稱「更始傳」。
〔二〕卓傳本有「後移未央宮」語。
〔三〕原作「未央殿」。
〔四〕卷一下光武紀，建武十九年末云，是歲「修西京宮室」。

皇后紀，董卓弑弘農王，其妃唐姬歸鄉里。及李傕、郭汜破長安，遣兵鈔略關東，掠得姬，傕欲妻之，固不聽，而終不自名。賈詡知之，以告獻帝，帝乃下詔迎姬，置園中，使侍中持節拜爲弘農王妃〔一〕。初平元年二月，葬弘農王於故常侍趙忠成壙中。此文殊不明晰。卓以初平元年正月弑弘農王，二月即遷都長安，而葬弘農王亦以是月，蓋將遷時草草瘞之也。傕、汜之亂則在初平三年，其掠得姬，而獻帝迎還册拜，自是在長安時事，而叙于葬弘農王之前，已屬倒置，而又曰置園中，所謂園者安在耶〔二〕？漢時凡諸王葬處曰園陵，其姬妾守園陵者曰某園貴人。桓帝尊孝崇王夫人曰孝崇園貴人〔三〕。靈帝尊孝仁皇妃曰慎園貴人〔四〕。今弘農王妃所居之園，即弘農王葬處耶？則是時妃在長安，而葬處在洛陽，時方擾亂，不能送往也。或即宮内之園以居之耶？

〔一〕唐姬事附卷十下何皇后紀。「唐姬潁川人也」至「拜爲弘農王妃」凡八十五字，應係小注雙行，後人傳寫誤爲大字。

〔二〕當然是洛陽之園，故曰「下詔迎姬置園中」也。

〔三〕卷七桓帝紀，建和二年，原文爲「尊孝崇皇夫人馬氏爲孝崇園貴人」。

〔四〕應作「尊孝仁皇夫人董氏爲慎園貴人」。見卷八靈帝紀，建寧元年，及卷十下董皇后紀。

吴漢傳，漢伐公孫述，去成都二十里，阻江北爲營，造浮橋，使副將劉尚屯于江南，相去二十里。帝聞之大怒，詔曰：「賊若出兵綴公，以大衆攻尚，尚破，公必敗矣。」以其與尚相隔二十里，不及相救援也。後漢引還廣都，留劉尚拒述。以狀奏上，帝曰：「公還廣都，甚合其宜，述必不敢略尚而擊公也。若先攻尚，公從廣都五十里赴之，適當其危，破述必矣。」按先以相距二十里，謂不足相及，今又云五十里赴救，正可破賊，語似矛盾。蓋漢先營江北，尚營江南，恐述斷浮橋，則彼此不能相救耳，而傳未分别言之〔一〕。

〔一〕一加解釋即明，不得云疏漏。

史傳叙事皆書名，未有以字行文者，范書惟光武兄縯字伯升，凡紀傳皆書其字，蓋帝之親兄，舂陵首事，其功最大，且班書王莽傳内已書伯升，故范書仍之也〔一〕。乃范式、張劭合傳，前半篇叙劭事則稱元伯，叙式事則稱巨卿，皆其字也，殊非史體〔二〕。蓋本當時人爲張、范作合傳，蔚宗即鈔入史，不復改訂耳。

〔一〕本卷後漢書編次訂正條已言之。
〔二〕叙事稱名，入口氣稱字。傳中郅君章、殷子徵、陳平子，皆字。

三國魏志有方技傳，備載華陀、管輅等，而道士于吉尤有異術。據江表傳，謂吉制符水治病，吴人争事之。孫策在城樓會諸將，吉適過，諸將争下樓迎拜。策怒，令收之。諸將咸爲之請，策曰：「此子妖妄惑衆。昔張津在交州，常著絳帕頭，燒香讀道書，卒爲南夷所殺。此甚無益，諸君但未悟耳。」遂斬之。搜神記謂，策殺吉後，偶出行，爲許貢客射傷〔一〕，歸治瘡，嘗獨坐，彷彿見吉在左右，意惡之。後照鏡，忽見吉在鏡中，因大叫，瘡裂而死。是吉乃漢末一技術之士，陳壽吴志不爲立傳，蓋以魏志有方技一門，吴志不立方技，故遺之也。蔚宗作後漢書，既以華陀入方技〔二〕矣，于吉在順帝時，已有琅邪人宮崇者，以吉所得神書上之，則其人與華陀同時，而年壽在陀之前，蔚宗既傳陀，何以不傳吉耶〔三〕？按范書襄楷傳，順帝時，宮崇上其師于吉所得神書一百七十卷，皆縹白素、朱介、青首、朱目，號太平清領書，其言以陰陽五行爲宗，而多巫覡雜語〔四〕。有司奏其書妖妄不經，乃收藏之。蔚宗或以于吉名已見於楷傳，故不復有傳耳。

〔一〕許貢客擊傷孫策，係策傳語。策傳注引搜神記無此語。

〔二〕後漢書卷百十二下，爲方術傳，非「方技」。

〔三〕于吉究與華陀不同。

〔四〕宮崇上書事見志林，策傳注已引之。范書蓋本於志林耳。順帝至策時，當有百歲，無怪策謂此子已死也。章懷注。

廿二史劄記批注　史法之屬

卷六　三國志

後漢書三國志書法不同處

後漢書與三國志，論時代則後漢在前，而作史則三國志先成，且百餘年也。自三國志魏紀創爲迴護之法，歷代本紀遂皆奉以爲式，延及舊唐書、舊五代史，猶皆遵之。其間雖有習鑿齒欲黜魏正統，蕭穎士欲改書司馬昭弑君〔一〕，而迄莫能更正。直至歐陽公作五代史及修新唐書，始改從春秋書法，以寓褒貶。而范蔚宗于三國志方行之時，獨不從其例，觀獻帝紀，猶有春秋遺法焉。雖陳壽修書於晉，不能無所諱，蔚宗修書於宋，已隔兩朝，可以據事直書，固其所值之時不同，然史法究應如是也。陳壽魏紀，書天子以公領冀州牧，蔚宗獻帝紀則曰曹操自領冀州牧〔二〕。魏紀，漢罷三公官，置丞相，以公爲丞相，獻紀則曰曹操自爲丞相。魏紀，天子使郗慮〔三〕策命公爲魏公，加九錫，獻紀則曰曹操自立爲魏公，加九錫。魏紀，漢皇后伏氏，坐與父完書，云帝以董承被誅怨恨公，后廢黜死，兄弟皆伏法，獻紀則曰曹操殺皇后伏氏，滅其族及其二子。魏紀，天子進公爵爲魏王，獻紀則曰曹操自進號魏王。魏紀，韋晃等反，攻許，燒丞相長史王必營，必與嚴匡〔四〕討斬之，獻紀則曰耿紀、韋晃起兵誅曹操，不克，夷三族。至禪代之際，魏紀書漢帝以衆望在魏，乃召羣公卿士，使張音奉璽綬禪位，獻紀則曰魏王丕稱天子，奉帝爲山陽公。他如董承、孔融等之誅，皆書操殺，此史家正法也。至漢末諸臣，如董卓、袁紹、劉表、吕布、袁術、公孫瓚、陶謙、劉焉等，二書各有傳〔五〕。今兩相比較，繁簡互有不同，大概同作一傳，則後人視前人所有者必節之，前人所無者必增之，以見其不雷同鈔襲。如袁紹傳，范書增〔六〕陳琳作討操一檄，劉表勸袁譚勿降操一書，審配勸譚兄弟相睦一書。劉表傳，增表遣韓嵩使許，嵩不肯行一事，劉琦問諸葛亮自安之策一事。董卓傳，增卓先從張溫討邊章、韓遂，及不肯就徵等事；增卓〔七〕請追理陳蕃、竇武一疏〔八〕；增遷都長安，驅洛陽數百萬人，及發掘諸陵等事；增卓被誅後，又殺其弟及母妻子於郿塢一事；增獻帝東歸，段煨以服御及公卿資儲來迎，爲楊定所誣〔九〕，仍不缺于供一事。袁術傳，增術向孫堅妻逼奪傳國璽事，增孫策止其僭號一書，增術歸帝號於袁紹一書。公孫瓚傳，增瓚罪狀袁紹一表，增瓚守易京，男子七歲以上不得入門，令婦人習爲大聲，以傳教令一事。陶謙傳，增笮融奉佛造像浴佛等事。此可以彼此參觀者也。惟荀彧一傳，陳壽以其爲操謀主，已列魏臣傳内，蔚宗以其乃心王室，特編入漢臣，此則其主持公道處。壽志雖列之於魏臣，而傳末云，彧死之明年，曹公遂加九錫，可見彧不死操尚不得僭竊也，則蔚宗之編入漢臣，自是公論也〔十〕。至二書所紀事跡，有彼此不同者。袁紹傳，壽志謂何進召董卓，范書謂袁紹勸何進召董卓。呂布傳，壽志謂布畏惡涼州人，以致李傕、郭汜之亂〔十一〕，范書謂王允不赦涼州人，以致激變。呂布傳，壽志謂布投袁術，術拒而不納，乃投袁紹，范書謂布投術後，恣兵鈔掠，術患之，布不安，去從張揚。董卓傳，李傕劫帝幸其營，壽志謂傕使公卿詣汜請和，汜皆執之，范書謂帝使楊彪、張喜和傕、汜，汜留質公卿。荀彧傳，壽志謂以阻九錫事，留壽春，以憂薨，范書謂彧病留壽春，曹操遣人饋之食，發之乃空器也，遂飲藥而卒。二書不同，蓋皆各有所據〔十二〕，固可兩存其説。又袁紹傳，韓馥以冀州讓紹，壽志載沮授説紹曰：「將軍弱冠登朝，則名播海内；廢立之際，則忠義奮發；單騎出奔，則董卓懷怖；濟河而北，則渤海稽首。今若舉軍東向，則青州可定；還討黑山，則張燕可滅；回衆北首，則公孫必喪；震脅戎狄，則匈奴必從。」凡用八「則」字，范書則删却前四「則」字，以歸簡淨，不知史記中本有此疊字法也。史記夏侯嬰傳，嬰初從高祖即爲太僕，常奉車，以下歷叙其常奉車者五，又叙其以太僕從者十〔十三〕，正見其親近用事，不以繁複爲嫌也。

〔一〕舊唐書一九〇下無此語，見新唐書二〇二本傳。

〔二〕建安九年。建安元年，自領司隸校尉，自爲司空。

〔三〕「郗」，宋本、殿本均作「郄」。

〔四〕「巨」應作「匡」。

〔五〕董卓等八人外，范書尚有傳者七人：臧洪，范八八、陳七；張邈，范附呂布爲合傳，陳七；張魯，范附劉焉傳，陳八；荀彧，范百，陳十；仲長統，范七九，陳廿一；華陀，范百十二下，陳廿九，陀傳范删去五百餘字；劉璋，范與劉焉合傳，陳卅一。此外，東夷，范一一五，陳卅；烏桓，范一二〇，陳卅；鮮卑，范一二〇，陳卅。

〔六〕建安元年上書一道。

〔七〕請收張讓等一疏。

〔八〕無疏，應作中平六年一事。

〔九〕楊定與煨有隙，誣煨欲反也。

〔十〕下文有專條論之。

〔十一〕三國魏志六李、郭附董卓傳。汜注引英雄記：「汜，張掖人，一名多。」「多」與「汜」義近，應音汎。

〔十二〕各有所據即各有史源。

〔十三〕嬰傳全傳七九八字，「太僕」十三見，「奉車」五見，「內常奉車」三見。

三國志書法

自左氏、司馬遷以來，作史者皆自成一家言，非如後世官修之書也。陳壽三國志亦係私史。據晉書本傳，壽歿後，尚書郎范頵等表言，壽作三國志，辭多勸戒，雖文艷不若相如，而質直過之。於是詔洛陽令，就其家寫書。可見壽修成後始入於官也〔一〕。然其體例則已開後世國史記載之法。蓋壽修書在晉時，故於魏、晉革易之處，不得不多所迴護。而魏之承漢，與晉之承魏，一也，既欲爲晉迴護，不得不先爲魏迴護。如魏紀書天子以公領冀州牧，爲丞相，爲魏公，爲魏王之類，一似皆出於漢帝之酬庸讓德，而非曹氏之攘之者。此例一定，則齊王芳之進司馬懿爲丞相，高貴鄉公之加司馬師黄鉞，加司馬昭袞冕、赤舄、八命、九錫，封晉公，位相國〔二〕，陳留王之封昭爲晉王，冕十二旒，建天子旌旗，以及禪位於司馬炎等事，自可一例叙述，不煩另改書法，此陳壽創例之本意也〔三〕。其他體例，亦有顯爲分别者。曹魏則立本紀，蜀、吴二主則但立傳，以魏爲正統，二國皆僭竊也。魏志稱操曰太祖，封武平侯後稱公，封魏王後稱王，曹丕受禪後稱帝，而於蜀、吴二主則直書曰劉備，曰孫權，不以鄰國待之也。蜀、吴二志，凡與曹魏相涉者，必曰曹公，曰魏文帝，曰魏明帝，以見魏非其與國也。魏書於蜀、吴二主之死與襲，皆不書。如黄初二年，不書劉備稱帝；四年，不書備薨，子禪即位；太和三年，不書孫權稱帝也〔四〕。蜀、吴二志，則彼此互書。如吴志黄武二年，書劉備薨於白帝城。蜀志延熙十五年，吴王孫權薨。其於魏帝之死與襲，雖亦不書，而於本國之君之即位，必記明魏之年號。如蜀後主即位，書是歲魏黄初四年也。吴孫亮之即位，書是歲魏嘉平四年也。此亦何與於魏，而必係以魏年，更欲以見正統之在魏也。正統在魏，則晉之承魏爲正統，自不待言。此陳壽仕於晉，不得不尊晉也。然吴志孫權稱帝後猶書其名，蜀志則不書名，而稱先主、後主。陳壽曾仕蜀，故不忍書故主之名，以别於吴志之書權、亮、休、皓也。此又陳壽不忘舊國之微意也。顧寧人謂，劉玄德帝於蜀，謚昭烈，本可即稱其謚，而陳壽既改漢爲蜀，又不稱謚而稱先主，蓋以晉承魏紀，義無兩帝也〔五〕。然其稱先主、後主，以别於吴，究是用意處。

〔一〕寫上時是否悉照壽元文，抑有删改，不可知矣。

〔二〕八命、衮冕、赤舄，是甘露二年；相國、晉公、九錫，是三年。

〔三〕亦當時風氣，史家照寫而已。

〔四〕魏志，頌功德、上符瑞諸文皆不載，蜀先主即位時，勸進文、告天文皆載，此則因史料多寡不同耳。

〔五〕引日知録卷廿四主字條語，是概括其文。「然其」以下是趙語。

三國志多迴護〔一〕

春秋書天王狩於河陽〔二〕，不言晉侯所召，而以爲天子巡狩，既已開掩護之法，然此特爲尊者諱也，至於弑君弑父之事，則大書以正之，如許止、趙盾〔三〕之類，皆一字不肯假借，所以垂誡，義至嚴也。自陳壽作魏本紀，多所迴護〔四〕，凡兩朝革易之際，進爵封國，賜劍履，加九錫，以及禪位，有詔有策，竟成一定書法。以後宋、齊、梁、陳諸書悉奉爲成式，直以爲作史之法固應如是〔五〕。然壽迴護過甚之處，究有未安者。漢獻帝遜位，魏封爲山陽公，及薨，追謚爲漢孝獻皇帝，魏紀即稱之爲獻帝，不曰山陽公也。魏常道鄉公遜位，晉封爲陳留王，及薨，亦追謚爲元皇帝，則魏紀亦應稱爲元帝，乃僅以陳留王紀事，而絶無元帝之稱〔六〕，則已異於山陽書法矣。司馬師之廢齊王芳也，據魏略云，師遣郭芝入宫，太后方與帝對弈〔七〕，芝奏曰：「大將軍欲廢陛下。」帝乃起去，太后不悦。芝曰：「大將軍意已定，太后但當順旨。」太后曰：「我欲見大將軍。」芝曰：「大將軍何可見耶？」太后乃付以璽綬。是齊王之廢，全出於師，而太后不知也〔八〕。魏紀反載太后之令，極言齊王無道不孝，以見其當廢，其誣齊王而黨司馬氏亦太甚矣。至高貴鄉公之被弑也，帝以威權日去，心不能甘，發甲於凌雲臺，親討司馬昭。昭令賈充拒之，時相府兵尚不敢動，充即諭成倅、成濟曰：

「公畜養汝等，正爲今日！」濟乃抽戈犯帝，刃出於背而崩。此事見漢晉春秋、魏氏春秋及世語、魏末傳〔九〕，是司馬昭實爲弒君之首。乃魏志但書高貴鄉公卒，年二十，絶不見被弒之跡〔十〕。反載太后之令，言高貴鄉公之當誅，欲以庶人禮葬之。並載昭奏，稱「公率兵向臣，臣即勑將士不得傷害，騎督成倅弟成濟横入兵陣，傷公，遂至殞命，臣輒收濟付廷尉，結正其罪」等語。轉似不知弒君之事，而反有討賊之功。本紀如此，又無列傳散見其事，此尤曲筆之甚者矣〔十一〕。然此猶曰身仕於晉，不敢不爲晉諱也。至曹魏則隔朝之事，何必亦爲之諱。乃曹操之征陶謙，據世語〔十二〕謂操父嵩在泰山華縣，操令泰山太守應劭資送兖州，謙密遣數十騎，掩殺操弟德於門下，嵩穿後垣欲遁，先出其妾，妾肥不能出，嵩與妾遂皆被害。是嵩之被難，實謙使人殺之也。曹騰傳亦謂嵩子操起兵，嵩不肯從，與少子避難琅邪，爲陶謙所殺。應劭傳亦謂嵩與少子德避難琅邪〔十三〕，應劭遣兵迎之，未到，而陶謙素怨操，使輕騎追殺嵩、德。韋曜吴書〔十四〕則謂謙本遣張闓護送，闓見嵩輜重多，乃殺嵩，取其貲奔淮南。是嵩之被殺，由闓之利其財，而非謙本意也。按謙生平非嗜利忘害者，且嵩未被害之前，操未嘗加兵於徐州，則劭傳所謂謙怨操數擊之者，殊非實事，而吴書所記，必係闓南奔後自言其事，當屬可信。後漢書謙傳亦謂别將守陰平者，利其貲貨，遂襲殺嵩〔十五〕。而壽作陶謙傳，則專據世語，謂嵩爲謙所害，故操志在復讐。此則因操之征謙，所過無不屠戮，凡殺男女數十萬人，雞犬無餘，故坐謙以殺嵩致討之罪，而不暇辨其主名也。魏文帝甄夫人之卒，據漢晉春秋，謂由郭后之寵，以至於死，殯時被髮覆面，以糠塞口，是甄之不得其死可知也。而魏文紀但書夫人甄氏卒，絶不見暴亡之跡〔十六〕。又魏明帝太和二年，蜀諸葛亮攻天水、南安、安定三郡，魏遣曹真、張郃大破之於街亭，魏紀固已大書特書矣。是年冬，亮又圍陳倉，斬魏將王雙，則不書。三年，亮遣陳式攻克武都、陰平二郡，亦不書。以及四年蜀將魏延大破魏雍州刺史郭淮於陽谿，五年亮出軍祁山，司馬懿遣張郃來救，郃被殺，亦皆不書。並郭淮傳亦無與魏延交戰之事。此可見其書法，專以諱敗誇勝爲得體也〔十七〕。乃至蜀後主傳，街亭之敗亦不書，但云亮攻祁山不克而已。豈壽以作史之法必應如是迴護耶〔十八〕？抑壽所據各國之原史本已諱而不書，遂仍其舊，而不復訂正耶？又魏武紀及袁紹傳，官渡之戰，紹遣淳于瓊率萬人迎糧，操自率兵破斬瓊，未還營，而紹將高覽、張郃來降，紹衆遂大潰。是因郃、覽等降而紹軍潰也。張郃傳則謂郃告紹遣將急救瓊，郭圖曰：「不如先攻其本營，操必還救。」紹果遣輕騎救瓊，自以大兵攻操營，不能下，而操已破瓊，紹軍潰。郭圖譖郃曰：「郃快軍之敗，出言不遜。」郃懼，乃歸操。是郃因紹軍潰後，懼郭圖之譖而降操也。紀、傳皆陳壽一手所作，而歧互如是〔十九〕。蓋壽以郃爲魏名將，故於其背袁降曹之事，必先著其不得已之故，爲之解説也。又華歆奉曹操令，入宮收伏后，后藏壁中，歆就牽后出，遂將后下暴室，暴崩〔二十〕，而歆傳絶不載。劉放、孫資在中書，久掌機密，夏侯獻、曹肇等惡之，指殿中雞棲樹曰：「此亦久矣，其復能幾。」此猶出於忌者之口。至蔣濟爲魏名臣，而疏言：「左右之人未必賢於大臣，今外所言，輒云中書雖恭慎不敢外交，而實握事要，日在目前。倘因疲倦之間，有所割制，衆臣見其能推移於事，即亦因而向之。」是可見放、資二人之竊弄威福矣〔二一〕。晉書其後乘明帝臨危，請以司馬懿輔政，遂至權移祚易，故當時無不病二人之奸邪誤國。晉書荀勖傳，論者以勖傾國害時，爲孫資、劉放之亞。可知二人之名，至晉時猶爲世所詬詈也〔二二〕。而壽作二人合傳〔二三〕，極言其身在近密，每因羣臣諫諍，多扶贊其義，並時陳損益，不專導諛言。是直以放、資爲正人，與當時物議大相反也。蓋二人雖不忠於魏，而有功於晉，晉人德之，故壽爲作佳傳。是不惟於本紀多所諱，並列傳中亦多所諱矣〔二四〕。

〔一〕於傳書則於紀不必書，於蜀書則於魏不必書，於魏書則於蜀不必書，於此傳書則於彼傳不必書，不盡迴護也。

〔二〕僖廿八。

〔三〕昭十九、宣二。

〔四〕吴志二，黄龍元年六月載權盟漢文曰：「天降喪亂，皇綱失叙，逆臣乘釁，劫奪國柄。始於董卓，終於曹操，窮凶極惡，以覆四海。」吴志十七胡綜傳曰：「綜爲盟文，文義甚美。」魏志五卞后傳：文帝母也，本倡家，納爲妾。

〔五〕中國向講文治名教，宋齊梁陳諸朝奉爲成式，故史家隨之。

〔六〕封陳留王時年二十一。惠帝太安元年（西紀三〇二）崩，年五十八。陳留王謚元皇帝，見於卷四注引魏世譜。晉書八二陳壽傳，壽惠帝元康七年（西紀二九七）卒，年六十五。壽先卒於陳留王五年，何由書爲元帝耶？卷七禪代條亦知陳留王至惠帝太安元年始崩。超案：參援庵廿二史劄記六論魏紀對漢獻及陳留王書法一文。

〔七〕原文爲「對坐」。卷四引魏略。

〔八〕使無魏略及裴注，後人又何從知之？

〔九〕卷四所引凡五書：習鑿齒漢晉春秋、孫盛魏氏春秋、郭頒魏晉世語、干寶晉紀、魏末傳。魏末傳又見卷三明帝紀引，無撰人名。

〔十〕下文明言昭奏成倅兄弟横入兵陣傷公，遂至殞命，何云「不見被弑之跡」？即無裴注，亦自可見。

〔十一〕荀列傳有其事，則又以爲矛盾矣。

〔十二〕魏志一興平元年引。

〔十三〕後漢書七八應劭傳原文云從琅邪入太山。

〔十四〕魏志一興平元年引。

〔十五〕是後漢書陶謙傳與曹騰、應劭傳矛盾。兩説異詞，則須第三或第四説乃可下斷。

〔十六〕卷五甄后傳載遣使賜死。於傳書之，紀則不必書。

〔十七〕凡五事，魏一勝而四敗。於蜀後主傳書，則於魏不必書。四事皆然。若蜀志不書，趙先生亦何由知之也？三國志皆壽作，書於一處，即不能謂之不書，更無所謂諱。是史法，非迴護。一事不必二書，此所以異於史、漢之高紀與項紀也。

〔十八〕於魏書，於蜀則亦不必書。

〔十九〕此事郃傳裴注已譏其參錯不同。

〔二十〕後漢書十下伏后紀，建安十九年事。魏志一武紀引曹瞞傳，但無下「暴室」二句。

〔二一〕濟與放傳同卷，濟傳載之，放傳自不必載。

〔二二〕勖太康十年（西紀二八九）卒，與壽同時，先壽八年卒。

〔二三〕資附放傳。

〔二四〕凡九段。第六段内又分五事。

三國志書事得實處

三國志雖多迴護，而其翦裁斟酌處，亦自有下筆不苟者，參訂他書〔一〕，而後知其矜慎也。袁宏漢紀〔二〕，曹操薨，子丕襲位，有漢帝命嗣丞相魏王一詔，壽志無之。獻帝傳〔三〕，禪代時，有李伏、劉廙、許芝等勸進表十一道〔四〕，丕下令固辭，亦十餘道，壽志亦盡删之，惟存九錫文一篇、禪位策一通而已，故壽書比宋、齊、梁、陳諸書，較爲簡淨。董卓之亂，曹操尚未輔政，故魏紀内不能詳叙，而其事又不可不記，則於卓傳内詳之，此叙事善於位置也〔五〕。至甄后之死，本紀雖不言其暴亡，而后傳中尚明言文帝踐阼，郭后、李、陰貴人並愛幸，甄失志，出怨言，帝怒，遂賜死。是雖諱之於紀，猶載之於傳也。郭后之死，漢晉春秋〔六〕謂文帝寵郭，而賜甄死，即命郭母養其子明帝。明帝知之，即位後，數向郭后問母死狀，后曰：「先帝自殺，何責問我。」帝怒，遂逼殺之，使如甄后故事以斂。魏略〔七〕則謂，甄臨殁以明帝託李夫人，及郭太后崩，李夫人始說甄被譖慘死，不得大斂之狀。帝哀感流涕，令殯郭太后一如甄法。由前之說，則郭被明帝逼死也；由後之說，則郭死後，明帝始知舊事而以惡殯也。按明帝即位，郭爲皇太后，凡九年始崩，若明帝欲報怨，豈至如許之久，則逼殺之說，當是訛傳。或死後因李夫人之言而斂不以禮，或生前明帝雖恨之，而以先帝所立，猶崇以虛名，徙之許昌，而未嘗逼殺也。魏自文帝已都洛陽，明帝更大營洛陽宮室，何以帝居洛陽，而太后居許，此可見當日情事矣。壽志於明帝紀書皇太后崩，郭后傳亦但云太后崩於許昌，葬首陽陵西，絕不見其被害之跡。蓋甄之賜死係實事，故傳書之，郭之逼殺係訛傳，故傳不書〔八〕，亦足見記事之慎也；而以「崩於許昌」四字略見其不在宮闈，此又作史之微意也〔九〕。正元二年，毌丘儉反，世語謂司馬師奉天子征儉，儉既破，天子先歸。裴松之遍考諸書，惟諸葛誕反時〔十〕，司馬昭挾太后及常道鄉公〔十一〕征之，故詔有云：「今宜太后與朕暫臨戎也。」征毌丘儉時，則常道鄉公並未親行，壽志但云司馬景王征儉，斬其首，而不言帝親征，亦見其考訂之核也。魚豢魏略謂，劉備在小沛生子禪，後因曹公來伐出奔，禪時年數歲，隨人入漢中，有劉括者，養以爲子，已娶妻生子矣。禪記其父字玄德，比隣又有簡姓者，會備得益州，使簡雍〔十二〕到漢中，禪見簡，簡訊之符驗，以告張魯，魯乃送禪於備。

案後主生於荆州，當長坂之敗，方在襁褓，趙雲抱而奔得免。其後即位，時年十七。即位之明年，諸葛亮領益州牧，與主簿杜微書曰，朝廷今年十八，此可證也。若生於小沛，時則已三十餘歲矣〔十三〕。陳壽據諸葛集，書即位時年十七，而並無奔入漢中爲人養子之事。魏略謂諸葛亮先見劉備，備以其年少輕之，亮説以荆州人少，當令客户皆著籍以益衆，備由此知亮。然亮出師表謂「先帝不以臣卑鄙，三顧臣於草廬之中」，是備先見亮，非亮先見備也。壽志亮本傳，徐庶謂先主曰：「諸葛孔明卧龍也，可就見不可屈致。」由是先主遂詣亮，凡三往乃見。如此之類，可見壽作史時，不惑於異説。又孫策出行，爲許貢客所射，中創而死，江表傳、志林、搜神記皆以爲策殺道士于吉之報〔十四〕，壽作策傳，獨以爲妖妄，削而不書，亦見其有識。

〔一〕「他書」，只是裴注所引。

〔二〕應作「後漢紀」，卷二文紀引。

〔三〕文紀引。

〔四〕應作「十七道」。

〔五〕此自然之事，不足奇。

〔六〕卷五郭后傳引。

〔七〕郭后傳引。
〔八〕文之於甄，妻也；明之於郭，母也。
〔九〕以下四辨，均本之裴注。
〔十〕甘露二年事。
〔十一〕此及下文之「常道鄉公」均應作「高貴鄉公」，高貴鄉公髦爲文帝孫，常道鄉公奐爲武帝孫，高貴爲常道姪。正元、甘露皆高貴鄉公年號。紀元篇誤甘露爲元帝（常道鄉公）奐，與此同。
〔十二〕蜀志三後主傳注引魏略，原文無「雍」字。
〔十三〕「三十餘」係襲裴注之語。
〔十四〕此辨亦見裴注，裴注且引志林以駁江表傳。此並言志林，誤。

三國志立傳繁簡不同處

陳壽立三國諸臣傳，較舊史有增有删。如魏略賈逵傳，尚有李孚、楊沛二人同卷，壽志無此二人。魏武故事載，屯田之策，起於棗祗，成於任峻，壽志則有峻而無祗〔一〕。又吴黄武四年，丞相孫邵卒，以顧雍爲丞相。是邵爲相在雍之前，乃雍有傳而邵無傳。志林謂邵與張惠恕不睦，作史者韋曜，乃惠恕黨也，故不爲立傳〔二〕，而壽志亦遂遺之。然則壽志立傳，悉本舊史，舊史所無者，概不書也。然如孚、沛、祗等舊史所有者，何又删之，或以其無事跡可紀耶？至蜀後主禪將出降，其子北地王諶怒曰：「若理窮力屈，便當父子君臣背城一戰，同死社稷！」禪不聽，諶哭於昭烈之廟，先殺妻子，而後自殺，事見漢晉春秋。此豈得無傳，乃壽志僅於後主傳内附見其死節，而王子傳内不立專傳，未免太略也。亦有以附傳見其詳者，如倉慈傳後歷叙吴瓘、任燠、顔斐、令狐邵、孔乂等，以其皆良吏而類叙之。蜀楊戲有季漢輔臣贊，並載于戲傳後，其中有壽所未立傳者，則於各人下注其歷官行事，以省人人立傳之煩。又採益部耆舊傳内增王嗣、常播、衛繼三人〔三〕，由是蜀臣略無遺矣。吴志陸凱傳增其諫孫皓二十事一疏，本得之傳聞者，故云予從荆、揚來〔四〕得此疏，問之吴人，多云不聞凱有此，且其文切直，恐非皓所肯受也。或以爲凱藏之篋笥，未敢上，及病篤，皓遣董朝來視疾，因以付之。虚實難明，然以其指摘皓事，足爲後戒，故列於凱傳之後云。是其編纂亦多詳慎也。至方伎傳内，如華陀則叙其治一證即效一證，管輅則叙其占一事即驗一事，獨於朱建平傳，總叙其所相者若干人，而又總叙各人之徵驗於後，此又作傳之變體，亦另開一法門也。

〔一〕卷十六。應作「有峻傳而無祇傳」。

〔二〕吴志二吴主權傳注引虞喜志林。惠恕是張温字，吴志十二有傳。

〔三〕王嗣等三人，等於魏志十五賈逵傳後之李孚二人，是裴注所引，非壽書也。魏志十三王肅傳末增賈洪、薛夏、隗禧三人；十八閻温傳末增孫賓碩、楊阿若、鮑出三人，同一例。十駕齋養新録六有三國志注誤入正文一條，可參看。

〔四〕原文「來」下有「者」字。略一「者」字，則似壽自己從荆揚來矣。

三國志誤處〔一〕

魏武紀，建安二年，汝南黄巾賊何儀、劉辟、黄邵、何曼等〔二〕，衆各數萬，操進軍討破之，斬辟、邵等。是辟已就戮矣。而建安五年，操與袁紹相拒於官渡，汝南降賊劉辟等叛應紹，略許下，紹使劉備助辟。是辟初未嘗死，但降於操，至此又叛應紹也。一紀中已歧互若此。而于禁傳，禁從征黄巾，劉辟、黄邵等夜襲操營，禁擊破之，斬辟、邵等。此事叙在從戰官渡之前，即建安二年事也，則辟實已死也〔三〕。蜀先主傳，操與紹相拒於官渡，汝南黄巾劉辟等叛曹應紹，紹遣先主與辟等略許下，則又是建安五年事，而辟尚在也。何以紀、傳又適相符耶，豈其時有兩劉辟耶〔四〕？高堂隆傳，魏明帝大營宫室，隆疏諫曰：「今吴、蜀二賊稱帝，若有人來告權、備並修德政，陛下聞之，豈不惕然。」案蜀先主崩於魏文帝黄初四年，何得於明帝時尚稱權、備，此必有誤字也〔五〕。吴孫輔傳〔六〕，其子松「爲射聲校尉、都鄉侯，黄龍三年卒。蜀丞相諸葛亮與兄瑾書曰：既受東朝厚遇，依依於子弟。又：子喬良器，爲之惻愴〔七〕，其所與亮器物，感用流涕。其悼松如此，由亮養子喬咨述云〔八〕。此段文字最不可解，子喬〔九〕乃瑾子出繼亮爲後者，蓋子喬嘗爲亮述松之爲人也〔十〕。然所謂「依依於子弟」及「與亮器物」果何謂也，豈亮前奉使至吴時，與松相識，其後松又託喬附致器物於亮耶？然文義究不明晰。陸抗傳，抗都督西陵，自關羽至白帝。白帝，夔州城也。關羽或亦地名，蓋羽守荆州，後人遂以其名名其地耳，此尚非有誤。夏侯惇傳，建安二十一年，從征孫權。二十四年，曹操擊破吕布軍於摩陂，召惇同載，以寵異之。按操擒布在建安二年〔十一〕，距建安二十四年已二十餘載，何得尚有破布之事。考是時關羽圍曹仁，操遣徐晃救之，操自洛陽親往應接，未至而晃破羽，羽已走，操遂軍摩陂。則惇傳所云吕布，必關羽之訛也〔十二〕。又吴志孫壹傳〔十三〕，孫綝遣朱異潛兵襲壹，壹奔魏，魏以爲車騎將軍，封吴侯，以故主齊王芳貴人邢氏妻之，魏黄初三年死。案黄初係魏文帝年號，文帝至齊王芳被廢已二十餘年，何得妻芳妃，後又死於黄初也。魏志，壹之來降在高貴鄉公甘露二年，則其死當在景元、咸熙間，今曰黄初三年死，亦必誤也〔十四〕。

〔一〕六段。一、二、五、六段均本殿本考證。

〔二〕「二年」應作「元年」，「汝南」下漏「潁川」，原文無「賊」字。

〔三〕此條殿本考證已言之，在卷一後。戰官渡是五年事。
〔四〕似有劉辟索引。
〔五〕此條殿本考證已言之，卷廿五。
〔六〕應作「孫翊」，吴志卷六。
〔七〕脱「見」字。
〔八〕「云」上脱「故」字。
〔九〕此及下文之「子喬」均應作「喬」。
〔十〕據蜀志五諸葛喬傳，喬爲亮養子，字伯松。疑孫松亦字子喬，孫翊傳文，前「子喬」是孫松，後「子喬」是亮養子名喬也。
〔十一〕應作「三年」。
〔十二〕殿本考證已言之。
〔十三〕應作「孫奐傳附孫壹傳」。壹，奐子。吴志卷六。
〔十四〕此條殿本考證亦言之。疑「壹入魏黄初三年死」句「黄初」二字衍。

荀彧傳

荀彧傳，後漢書與孔融等同卷〔一〕，則固以爲漢臣也，陳壽魏志則列於夏侯惇、曹仁等之後，與荀攸、賈詡同卷〔二〕，則以爲魏臣矣。按董昭等以曹操功高，議欲封魏公，加九錫，彧以爲操本起義兵，匡漢室，秉忠貞之節，君子愛人以德，不宜如是，以是拂操意。會征孫權，乃表請彧勞軍，彧病留壽春，操遣人饋食，發之空器也，遂飲藥而卒〔三〕。明年，操乃爲魏公。是彧之心乎爲漢可知也。論者〔四〕或謂末路雖以失操意而死，而當其初去袁紹就操時，值吕布攻兖州，彧爲操堅守鄄城及范、東阿以待操，謂昔漢高先定關中，光武先取河内以爲基，此三城即操之關中、河内也。後又勸操迎天子，謂晉文納襄王而定霸〔五〕，漢高發義帝喪而得諸侯。是早以帝王創業之事勸操，何得謂之盡忠於漢？不知獻帝遭董卓大亂之後，四海鼎沸，强藩悍鎮，四分五裂，彧計諸臣中，非操不能削羣雄以匡漢室，則不得不歸心於操而爲之盡力，爲操即所以爲漢也。其初勸操迎天子，謂操曰：「將軍雖禦難於外，乃心無不在王室，是將軍匡天下之素志也。誠因此時奉主上以從民望，大順也；秉至公以服雄傑，大略也；扶弘義以致英俊，大德也。」是可知彧欲藉操以匡漢之本懷矣。且是時操亦未遽有覬覦神器之心也。及功績日高，權勢已極，董昭等欲加以上公九錫，則非復人臣之事。彧亦明知操之心已懷僭妄，而終不肯附和，姑以名義折之，卒之見忌於操而飲藥以殉，其爲劉之心亦可共白於天下矣。陳壽已入於魏臣内，范蔚宗獨提出列於後漢書，傳論明言取其歸正而已，亦殺身以成仁之義，此實平心之論也。壽於傳末亦云：「彧死之明年，操遂爲魏公。」則亦見彧不死操尚未敢爲此也，則又公道自在人心而不容誣衊者矣。

〔一〕卷百。

〔二〕卷十。

〔三〕「操遺人饋食」以下，魏志注引魏氏春秋語。范書採之。

〔四〕通鑑六六光論引杜牧説。杜牧樊川文集六有題荀文若傳後，與此略同。

〔五〕僖廿五、晉文二年事。僖有卅三年，晉文有九年，僖廿四即晉文元。壽志并無是語，范書所加。陳、范二傳對讀，可知范之改陳何如。

又按臧洪自是漢末義士，其與張超結交，後與袁紹交兵之處，皆無關於曹操也，則魏紀〔一〕内本可不必立傳，而壽列之於張邈之次，蓋以其氣節不忍没之耳。蔚宗特傳於後漢書内，不以壽志已有洪傳而遂遺之，亦見其編訂之正。

〔一〕應作「魏志」。

荀彧郭嘉二傳附會處

左傳載卜筮奇中處，如陳敬仲奔齊，繇詞有「五世其昌」、「有嬀之後，將育於姜」等語，其後無一字不驗，似繇詞專爲此一事而設者，固文人好奇，撰造以動人聽也。陳壽三國志亦有似此者。荀彧傳謂彧料袁紹諸臣，「田豐剛而犯上，許攸貪而不治，審配專而無謀，逢紀果而自用。此二人〔一〕留知後事，若攸家犯法，配不縱也〔二〕，不縱攸必爲變」。後審配果以攸家不法録其妻子，攸怒，遂背紹降操。又郭嘉傳，操與紹相持於官渡，或傳孫策將襲許，嘉曰：「策勇而無備〔三〕，若刺客伏起，一人之敵耳。」策果爲許貢客所殺。此二事彧、嘉之逆料可謂神矣，然豈能知攸之必犯，配之必激變，策之必死於匹夫之手，而操若左券，毋乃亦如左傳之穿鑿附會乎。

〔一〕二人，審配、逢紀也。

〔二〕原文爲「若攸家犯其法，必不能縱也」。

〔三〕原文爲「策輕而無備」。

陳壽論諸葛亮

陳壽傳〔一〕，壽父爲馬謖參軍，謖爲諸葛亮所誅，壽父亦被髡，故壽爲亮傳，謂將略非所長〔二〕。此真無識之論也〔三〕。亮之不可及處，原不必以用兵見長。觀壽校定諸葛集，表言亮科教嚴明，賞罰必信，無惡不懲，無善不顯，至於吏不容奸，人懷自勵。至今梁、益之民，雖甘棠之詠召公，鄭人之歌子産，無以過也〔四〕。又亮傳後評曰：「亮之爲治也〔五〕，開誠心，布公道，善無微而不賞，惡無纖而不貶。終於邦域之内，咸畏而愛之，刑政雖峻而無怨者，以其用心平而勸戒明也。」其頌孔明可謂獨見其大矣。又於楊洪傳謂，西土咸服亮之能盡時人之器能也。廖立傳謂，亮廢立爲民，及亮卒，立泣曰：「吾終爲左衽矣！」李平傳〔六〕亦謂，平爲亮所廢，及亮卒，平遂發病死。平常冀亮在，當自補復，策後人不能故也〔七〕。壽又引孟子之言，以爲佚道使民，雖勞不怨，生道殺民，雖死不怨殺者，此真能述王佐心事。至於用兵不能克捷，亦明言所與對敵，或值人傑，加以衆寡不侔，攻守異體，又時無名將，故使功業陵遲，且天命有歸，不可以智力爭也。壽於司馬氏最多迴護，故亮遺懿巾幗〔八〕，及「死諸葛走生仲達」〔九〕等事，傳中皆不敢書，而持論獨如此，固知其折服於諸葛深矣。而謂其以父被髡之故，以此寓貶，真不識輕重者。

〔一〕應言「晉書 陳壽傳」，「晉書」二字不能省。

〔二〕晉書卷八二。

〔三〕謂晉書 壽傳論。

〔四〕蜀志五亮傳原文爲「無以遠譬也」。

〔五〕原文爲「亮之爲相國也」。

〔六〕應作「李嚴傳」，蜀志十。李嚴後改名平，然壽評仍稱嚴。

〔七〕此二節習鑿齒已論之，見李嚴傳引。

〔八〕見魏志三明帝紀注引魏氏春秋，青龍二年事。又見晉書一宣帝紀。

〔九〕見亮傳注引漢晉春秋語。

裴松之三國志注

宋文帝命裴松之采三國異同，以注陳壽三國志。松之鳩集傳紀，增廣異聞，書成奏進，帝覽而善之，曰：「此可謂不朽矣。」〔一〕其表云：「壽書銓叙可觀，然失在於略，時有所脱漏。臣奉旨尋詳，務在周悉，其壽所不載而事宜存録者，罔不畢取。或同説一事而辭有乖雜，或出事本異疑不能判者，並皆鈔内，以備異聞。」此松之作注大旨，在於搜輯之博，以補壽之闕也。其有訛謬乖違者，則出己意辨正，以附於注内。今按松之所引書，凡五十餘種〔二〕：謝承後漢書，司馬彪續漢書，九州春秋，戰略，序傳，張璠漢紀，袁暐獻帝春秋，孫思光獻帝春秋〔三〕，袁宏漢紀，習鑿齒漢晉春秋，孔衍漢魏春秋，華嶠漢書，靈帝紀，獻帝紀，獻帝起居注，山陽公載記，三輔決録，獻帝傳，漢書 地理志，續漢書 郡國志〔四〕，蔡邕明堂論，漢末名士録，先賢行狀，汝南先賢傳，陳留耆舊傳，零陵先賢傳，楚國先賢傳，荀綽冀州記，襄陽記，英雄記，王沈魏書，夏侯湛魏書〔五〕，陰澹魏紀，魏文帝典論，孫盛魏世籍，孫盛魏氏春秋，魏略，魏世譜，魏武故事，魏名臣奏，魏末傳，吴人曹瞞傳，魚氏典略，王隱蜀記，益部耆舊傳，益部耆舊雜記，華陽國志，蜀本紀，汪隱蜀記〔六〕，郭仲記諸葛五事〔七〕，郭頒魏晉世語，孫盛蜀世譜，韋曜吴書，胡沖吴曆，張勃吴録，虞溥江表傳，吴志〔八〕，環氏吴紀，虞預會稽典録，王隱交廣記，王隱晉書，虞預晉書，干寶晉紀，晉陽秋，傅暢晉諸公贊，陸機晉惠帝起居注，晉泰始起居注，晉百官表，晉百官名，太康三年地理記〔九〕，帝王世紀，河圖括地象，皇甫謐逸士傳，列女傳，張隱文士傳，虞喜志林，陸氏異林，荀勖文章叙録，文章志，異物志，博物記，列異傳，高士傳，文士傳，孫盛雜語，孫盛雜記，孫盛異同評，徐衆三國評，袁子，傅子，干寶搜神記，葛洪抱朴子，葛洪神仙傳，衛恒書勢序〔十〕，張儼默記，殷基通語，顧禮通語〔十一〕，摯虞決疑，曹公集，孔融集，傅咸集，嵇康集，高貴鄉公集，諸葛亮集，王朗集，庾闡揚都賦〔十二〕，孔氏譜，庾氏譜，孫氏譜，嵇氏譜，劉氏譜，王氏譜，郭氏譜，陳氏譜，諸葛氏譜，崔氏譜，華嶠譜叙，袁氏世紀，鄭玄別傳，荀彧別傳，禰衡傳，荀氏家傳，邴原別傳，程曉別傳，王弼傳，孫資別傳，曹志別傳，陳思王傳，王朗家傳，何氏家傳，裴氏家記，劉廙別傳，任昭別傳〔十三〕，鍾會母傳，虞翻別傳，趙雲別傳，費禕別傳，華佗別傳，管輅別傳，諸葛恪別傳，何劭作王弼傳，繆襲撰仲長統昌言表，傅玄撰馬先生序，會稽邵氏家傳，陸機作顧譚傳，陸氏世頌，陸氏祠堂像贊，陸機所作陸遜銘，機雲別傳，蔣濟萬機論，陸機辨亡論。凡此所引書，皆注出書名，可見其採輯之博矣。范蔚宗作後漢書時，想松之所引各書尚俱在世，故有補壽志所不載者。今各書間有流傳，已不及十之一，壽及松之、蔚宗等當時已皆閱過，其不取者，必自有說，今轉欲據此偶然流傳之一二本以駁壽等之書，多見其不自量也〔十四〕。

〔一〕宋書六四松之本傳。

〔二〕下列所引書凡百五十一種，「百」字豈能漏。

〔三〕即上書，重出。袁暐獻帝春秋見魏志一武紀興平元年注。暐，袁迪之孫，字思光。吴志十二陸瑁傳「廣陵袁迪」注：迪孫曄，字思光，作獻帝春秋。曄即暐。

〔四〕前文已出續漢書。

〔五〕湛時著魏書，見壽所作，便壞己書。語見壽本傳。

〔六〕「王隱」誤「汪隱」，重出。

〔七〕「郭仲」應作「郭沖」，見諸葛亮傳。

〔八〕吴志即本書。蜀志八許靖傳注引。

〔九〕見魏志廿二陳羣傳，「理」字衍。

〔十〕魏志一武紀作「四體書勢序」。

〔十一〕即上書，重出。殷基通語見蜀志十四費禕傳。吴志七顧邵傳「雲陽殷禮」注：禮子基作通語。趙誤「基」爲「禮」，又誤「殷」爲「顧」也。

〔十二〕吴志二孫權傳作「揚都賦注」。

〔十三〕「任昭」應作「任嘏」。魏志廿七王昶傳，「樂安任昭先」注：昭先名嘏。趙誤以「先」屬下讀。

〔十四〕超案：參看援庵三國志注引書目及廿二史劄記六三國志注條載袁暐獻帝春秋又載孫思光獻帝春秋載殷基通語又載顧禮通語其誤何在二文。

廿二史劄記批注　史法之屬

卷七　三國志　晉書

一人二史各傳

一人而傳於兩史，如後漢之董卓、公孫瓚、陶謙、袁紹、劉表、袁術、呂布等，當陳壽撰三國志時，以諸人皆與曹操並立，且事多與操相涉，故必立傳於魏志，而叙事始明。劉焉乃劉璋之父，其地則昭烈所因也，欲紀昭烈，必先傳璋，欲傳璋必先傳焉，故亦立其傳於蜀志之首。及范蔚宗修後漢書，則董卓等皆漢末之臣，荀彧雖爲操畫策，而心猶爲漢，皆不得因三國志有傳，遂從删削，所以一人而兩史各有傳也。此事惟晉、宋二書界限最清，緣沈約修宋書，以劉毅、何无忌、諸葛長民、魏詠之、檀憑之等，雖與劉裕同起義，而志在匡晉，初非宋臣，故不入宋書〔一〕，及唐初修晉書，遂爲毅等立傳〔二〕，自無複出之病也。陶潛隱居完節，卒於宋代，故宋書以爲隱逸之首〔三〕，然潛以家世晉臣，不復仕宋，始終爲晉完人，自應入晉書內，故修晉書者特傳於晉隱逸之末，二史遂並有傳。此宋書之借，而非晉書之奪也。至李延壽作南、北史，係一手編纂，則南人歸北，北人歸南者，自可各就其立功最多之處傳之，而其先仕於某國則附見傳內，不必再立一傳於某國也。乃毛修之自宋流轉入魏，後卒於魏，則但立傳北史可矣，而南史又傳之。朱脩之自宋入魏，後又逃歸，以功封南昌縣侯，則但立傳南史可矣，而北史又傳之。以及薛安都、裴叔業等，莫不皆然〔四〕，何其漫無裁制也。又裴矩在隋朝事跡甚多，且隋書矩傳內已叙其入唐仕宦之處，則唐書不必再傳矣，而又傳之，亦贅〔五〕。

〔一〕沈約有晉書百十一卷，見隋志。

〔二〕何法盛晉中興書、謝靈運晉書皆撰於宋，臧榮緒書撰於齊，已有晉末諸人傳。

〔三〕卷九三。十八人之第十，不得謂首。趙蓋誤以南史爲宋書也。

〔四〕一人四史有傳：毛修之，宋書四八、魏書四三、北史二七、南史十六。朱脩之，宋書七六、魏書四三、南史十六、北史二七。薛安都，宋書八八、魏書六一、南史四十、北史三九。裴矩，隋書六七、北史三八、舊唐書六三、新唐書二百。一人三史有傳：裴叔業，南齊書五一、魏書七一、北史四五。裴北有南無，何謂「莫不皆然」？

〔五〕舊唐書蓋根本不知裴矩隋書有傳，新唐書又沿而誤之。

晉書

唐初修晉書，以臧榮緒本爲主，而兼考諸家成之〔一〕。今據晉、宋等書列傳所載諸家之爲晉書者，無慮數十種〔二〕。其作於晉時者，武帝時議立晉書限斷，荀勖謂宜以魏正始起年，王瓚欲引嘉平以下朝臣盡入於晉〔三〕，賈謐請以泰始爲斷。事下尚書議，張華等謂宜用正始，從之〔四〕。賈謐傳。武帝詔，自泰始以來大事皆撰録，秘書寫副，後有事即依類綴緝。武帝紀。此晉書之權輿也。自後華嶠草魏、晉紀傳，與張載同在史官。永嘉之亂，晉書存者五十餘卷。嶠傳。干寶著晉紀，自宣帝迄愍帝，凡二十卷，稱良史。寶傳。謝沈著晉書三十餘卷。沈傳。傅暢作晉諸公叙讚二十二卷，又爲公卿故事九卷。暢傳。荀綽作晉後書十五篇。綽傳。束皙作晉書帝紀、十志。孫盛作晉陽秋，詞直理正，桓温見之，謂其子曰：「枋頭誠爲失利〔五〕，何至如尊公所説。若此史遂行，自是關君門户事。」其子懼禍，乃私改之。而盛所著已有二本，以其一寄慕容儁，後孝武博求異聞，又得之，與中國本多不同。盛傳。王銓私録晉事，其子隱遂諳悉西晉舊事，後與郭璞同爲著作郎，撰晉史。時虞預亦私撰晉書，而生長東南，不知中朝故事，借隱書竊寫之。庾亮資隱紙筆，乃成書。隱文鄙拙，其文之可觀者乃其父所撰，不可解者隱之詞也。王隱傳。　習鑿齒作漢晉春秋，起漢光武，終晉愍帝，於三國之時則以蜀爲正統。　魏武雖承漢禪〔六〕，而其時孫、劉鼎立，未能一統天下也，尚爲篡逆，至司馬昭平蜀，乃爲漢亡，而晉始興焉。鑿齒傳。　其晉以後所作者，宋徐廣撰晉紀十六卷。廣傳〔七〕。　沈約以晉一代無全書，宋泰始〔八〕中，蔡興宗奏約撰述，凡二十年，成一百十卷。約傳。謝靈運亦奉勑撰晉書，粗立條流，書竟不就。靈運傳。　王韶之私撰晉安帝春秋，既成，人謂宜居史職，即除著作郎，使續成後事，訖義熙九年。　其序王珣貨殖，王廞作亂事，後珣子和貴〔九〕，韶之嘗懼爲所害。韶之傳。　荀伯子亦助撰晉史。伯子傳。　張緬著晉鈔三十卷。緬傳〔十〕。臧榮緒括東、西晉爲一書，紀、録、志、傳，共一百十卷，榮緒傳。　劉彤集衆家晉書注干寶晉紀，爲四十卷。劉昭傳〔十一〕。　蕭子雲著晉書一百十卷。子雲傳。　此皆見於各傳者。　又唐書藝文志〔十二〕所載晉朝史事，尚有陸機晉帝紀，劉協注晉紀〔十三〕，劉謙晉紀，曹嘉晉紀〔十四〕，鄧粲晉紀及晉陽秋〔十五〕，檀道鸞晉春秋〔十六〕，蕭景暢晉史草〔十七〕，郭季産晉續紀〔十八〕、晉録之類〔十九〕，當唐初修史時尚俱在，必皆兼綜互訂，不專據榮緒一書也。

〔一〕此語本舊唐書六六房玄齡傳。
〔二〕卅一種。

〔三〕司馬師始仕齊王芳。

〔四〕結果從泰始，非從正始，「張華」句宜删。

〔五〕枋頭，今河南衛輝濬縣。太和四年，温及燕人戰於此。地近今道清鐵路之道口鎮。濬縣西南六十里有枋頭城，又謂之淇門渡。

〔六〕晉書八二鑿齒傳原文爲「魏武雖受漢禪晉」，「武」字爲晉書衍文。

〔七〕宋書五五、晉書八二徐廣傳均作「四十六卷」，漏「四」字。

〔八〕晉武帝炎與宋明帝彧同號泰始。

〔九〕「和」應作「弘」。

〔十〕梁張緬應列在齊臧榮緒後。

〔十一〕彤係昭伯父。隋志，干寶晉紀廿三卷。

〔十二〕應引隋志，更不當引新唐志。

〔十三〕「協」應作「彤」，所注即干寶書，見前。史通亦作「劉彤」，兩唐書作「協」。

〔十四〕劉謙之、曹嘉之，均脱「之」字，趙之誤也。

〔十五〕晉陽秋，據隋志是孫盛撰，此引唐志誤。「及」唐志作「又」，均誤。新唐志晉陽秋重出，以盛書爲檃書，而盛書又誤作「廿二卷」。宋志作孫盛晉陽春秋。

〔十六〕應作「續晉陽秋」，見隋志。

〔十七〕「蕭景暢」應作「蕭子顯」，子顯字景陽。二唐志均誤。

〔十八〕應作「續晉紀」，見隋志。

〔十九〕有新唐書之誤，亦有趙之誤。超案：參援庵廿二史劄記七晉書條末引唐藝文志訂誤一文。

晉書二

論晉書者，謂當時修史諸人「皆文詠之士，好採詭謬碎事，以廣異聞，又史論競爲艷體」〔一〕，此其所短也。然當時史官，如令狐德棻等，皆老於文學，其紀傳叙事，皆爽潔老勁，迥非魏、宋二書可比，而諸僭僞載記，尤簡而不漏，詳而不蕪，視十六國春秋不可同日語也〔二〕。其列傳編訂亦有斟酌。如陶潛已在宋書隱逸之首〔三〕，而潛本晉完節之臣，應入晉史，故仍列其傳於晉隱逸之内。愍懷太子妃，王衍之女，抱冤以死〔四〕，而太子妃不便附入后妃傳内，則入之於列女傳，此皆位置得當者。各傳所載表、疏、賦、頌之類，亦皆有關係。如劉實傳載崇讓論，見當時營競之風也。裴頠傳載崇有論，見當時談虚之習也。劉毅傳載論九品之制有八損〔五〕，李重傳亦載論九品之害，見當時選舉之弊也。陸機傳載辨亡論，見孫皓之所以失國也。豪士傳〔六〕，見齊王冏之專恣也。五等論，見當時封建之未善也。傅玄傳載興學校、務農功等疏，固切於時政也。段灼傳載申理鄧艾一疏，閻纘傳載申理愍懷太子一疏，以二人皆冤死也。江統傳載徙戎論，固預知劉、石之亂，尤有先見也。皇甫謐傳載釋勸論，見其安於恬退也。篤終論，見厚葬之禍也。摯虞傳載思游賦，見其安命也。今尺長於古尺論，見古今尺度之不同也。束皙傳載玄居釋，見其淡於榮進也。潘尼傳載安身論，見其静退也。釋奠頌，有關儲宫之毓德。乘輿箴，有關帝王之保治也。潘岳傳載閒居賦，見其跡恬静而心躁競也。郭璞傳不載江賦、南郊賦，而獨載刑獄一疏〔七〕，見當時刑罰之濫也。左貴嬪傳載愁思文〔八〕、楊皇后誄、納繼室楊后頌，以左芬本以才著也。張載傳〔九〕載七命一篇，亦以其文人而著其才也。衛恒傳載書勢一篇，以恒本工書，且備書法之源流也。惟劉頌傳載其所上封事至七八千字〔十〕，殊覺太冗。張華傳載鷦鷯賦，殊覺無謂，華有相業，不必以此見長也。元帝紀後，叙其父恭王之妃夏侯氏通小吏牛金〔十一〕生帝，而夏侯太妃傳内不載，諱其醜於傳，而轉著其惡於紀，亦屬兩失〔十二〕。苻堅載記後附王猛、苻融二人，以其爲堅功臣也。苻朗不過一達士，亦附一傳；苻登載記後又附一索泮，據泮傳，又未嘗仕於堅與登也〔十三〕，此二傳殊贅。姚興載記忽叙西胡梁國兒作壽冢，每將妻妾入冢讌飲，升靈牀而歌，此於興有何關係而拉雜及之〔十四〕。毛德祖爲宋功臣，宋書已立傳〔十五〕，唐修晉書，自不必以宋臣附晉臣之内，乃毛寶之傳後〔十六〕又叙德祖事甚詳，蓋本毛氏家傳鈔入之，而未及删節也。隱逸中夏統一傳，非正史記事體，蓋當時人另作夏統别傳，如五柳先生傳之類，晉書遂全録之，不復增損〔十七〕，閲史者静觀自别之也。

〔一〕舊唐書六六房玄齡傳。

〔二〕後起者勝。

〔三〕潛在南史隱逸之首，在宋書非隱逸之首也。

〔四〕應云「太子抱冤以死」。太子遹，惠帝子。

〔五〕卷四五。晉書八五又有一劉毅。

〔六〕應作「豪士賦序」。

〔七〕江賦見文選，南郊賦見類聚十及卅八。刑疏之外尚有疏三篇、客傲一首，則「獨」字有語病。

〔八〕應作「離思賦」。

〔九〕應作「張協傳」。張協，載弟。

〔十〕全傳七一五〇字，所上封事一首，六二〇三字。

〔十一〕「牛金」應作「牛氏」。牛金係將。

〔十二〕傳是本人，紀是其子，且附説於後，正無妨也。

〔十三〕泮嘗爲堅別駕。

〔十四〕興以梁國兒爲鎮北將軍。

〔十五〕宋書並無毛德祖傳，只詳其事於卷九五索虜傳。

〔十六〕應云「毛寶傳毛安之之後」，安之，寶子。

〔十七〕所據是夏仲御別傳，但實有其人。

王導陶侃二傳褒貶失當〔一〕

晉書惟王導、陶侃二傳褒貶頗爲失中。導爲元帝佐命功臣，歷事三朝，以宏厚鎮物，固稱賢相。當元帝初政時，其從弟敦，憚帝賢明，欲更議所立，導固争乃止。其後敦以討刁協、劉隗、戴若思〔二〕爲名，稱兵向闕，導率羣從待罪闕下，帝亦諒導之心，曰：「導大義滅親，可以吾安東時節假之。」導傳。是其心固信於君也。孔愉在帝前極言導忠賢，有佐命之勳。愉傳。周顗亦極言導忠誠，申救甚力。顗傳。是其心又信於友也。然當敦入石頭，王師戰敗，敦問導曰：「周顗、戴若思當登三司也。」導不答。又曰：「若不三司，便應令僕耶？」導亦不答。敦曰：「若不爾，正應誅耳！」導亦無言。敦遂誅周、戴。顗傳。又王彬數敦曰：「兄抗旌犯順，將禍及門户。」敦大怒，欲殺之。導在坐，勸彬謝，彬竟不拜。是導之與敦，情好甚密，既不阻其稱兵，反欲借敦以誅除異己。蓋渡江之初，王氏兄弟布列中外，其勢甚大，當時有「王與馬，共天下」之謡。帝心忌之，特用劉隗、刁協、戴若思等爲腹心，排抑豪强，疏忌王氏。刁、劉等勸帝出親信以鎮方隅，乃用譙王丞爲湘州，隗及若思爲都督，隗、協並請盡誅王氏。隗等傳。是以不惟敦惡之，即導亦惡之。而是時敦亦未敢遽有篡奪之舉，觀其申雪導枉一疏，全以刁、劉等爲詞。甘卓自襄陽將襲敦，敦聞之曰：「甘侯慮吾危朝廷耶，吾但除姦凶耳。」卓傳。此敦初次起兵，專欲除刁、劉、戴數人，正與導意相合。其後敦再起兵時，病已危篤，與兄含偕行。導與含書曰：「兄此舉謂可如往年大將軍乎？往年姦人亂朝，人懷不寧，如導之徒，心思外濟。」敦傳。此直自吐衷懷，謂敦之誅刁、劉，與己意同也。又敦初次起兵時，兵至石頭，周札守石頭，即開門納之，以是敦兵勢盛而王師敗。敦後又忌札宗强而殺之。敦死後，札家請雪，卞壼〔三〕等以札開門延賊，不宜雪，導獨曰：「札在石頭，知隗、協亂政，信敦匡救，開門延之，正以忠於社稷。」札傳。是更以敦之稱兵爲匡救朝廷之失。可見是時導雖不欲敦移國祚，而欲敦誅刁、劉等，則其肝膈本懷。夫帝即偏信刁、劉，疏外王氏，豈遂可肆其威脅乎？顗之論曰：「人主非堯舜，豈能無失，人臣遂可舉兵正其失耶？」此論最爲嚴正。則導之幸敦舉兵以除異己，安得尚稱純臣也。且導之可議者，更不止於此。導輔政，委任羣小趙胤、賈宣〔四〕等，陶侃嘗欲起兵廢之，庾亮亦欲舉兵黜之。亮傳。桓景諂導，導昵之，陶回謂景非正人，不宜親狎。回傳。成帝每幸導第，猶拜導妻曹氏，孔坦甚非之。坦傳。蘇峻賊黨匡術嘗欲殺孔羣，或救之得免。後術既降，與羣同在導坐，導令術勸羣酒，以釋前憾。羣答曰：「羣非孔子，厄同匡人，雖陽和布氣，鷹化爲鳩，而識者猶憎其目。」導有愧色。羣傳。此亦皆導之弛縱處。而晉書導傳論，至比之管仲、孔明，謂：「管仲能相小國，孔明善撫新邦，撫事論情，抑斯之類也。提挈三世，始終一心。稱爲仲父，蓋其宜矣。」又於劉隗、刁協傳論，謂其專行刻薄，「使賢宰見疏，以致物情解體」。是轉以激變之罪坐劉、刁，而導無譏焉，殊未爲平允也〔五〕。至陶侃生平，惟蘇峻、祖約之反，侃以不與顧命，不肯勤王，經温嶠等再三邀説，始率兵東下，此是其見小不達大義之處。其他則盡心於國，老而彌篤。朝廷加以殊禮，侃固辭，又因病上表去位，曰「臣少長孤寒，始願有限」云云。未没前一年，已遜位歸國，佐吏苦留之，不果。及疾篤將歸，以後事付右司馬王愆期。出府門就船，顧謂愆期曰：「老子婆娑，正坐諸君輩。」侃傳。是亦可見其超然於權勢矣。本傳亦云，侃季年常懷止足之分，不與朝權。而傳末乃云，侃嘗夢生八翼，上天門，至第九重，折翼而墜。後督八州，據上流，握强兵，有覬覦之志，每思折翼之祥，自抑而止〔六〕。傳論亦謂其「潛有包藏之志，顧思折翼之祥，悖矣」。是直謂其素有不臣之心，因一夢而不敢也。於導則略其疵累而比之管、葛，於侃則因其一夢而懸坐以無將之罪，豈非褒貶失當乎？

〔一〕此篇應先有王導索引。

〔二〕名淵。

〔三〕晉書七十，字望之。

〔四〕「宣」應作「寧」。

〔五〕自是唐人之論，豈能與清人同。

〔六〕此是談話之資，故晉書采之。

廿二史劄記批注　史法之屬

卷八　晉書

唐人避諱之法

唐人修諸史時，避祖諱之法有三：如「虎」字、「淵」字，或前人名有同之者，有字則稱其字，如晉書公孫淵稱公孫文懿，劉淵稱劉元海，褚淵稱褚彦回，石虎稱石季龍是也。否則竟删去其所犯之字，如梁書蕭淵明、蕭淵藻，但稱蕭明、蕭藻〔一〕，陳書韓擒虎但稱韓擒是也。否則以文義改易其字，凡遇「虎」字皆稱猛獸，李叔虎稱李叔彪，殷淵源稱殷深源〔二〕，陶淵明稱陶泉明，魏廣陽王淵稱廣陽王深是也。其後諱「世」爲「代」，諱「民」爲「人」，諱「治」爲「理」之類，皆從立義改換之法。

〔一〕梁書三武帝紀下，太清元年七月條稱「蕭淵明」；普通三年十一月條稱「蕭深藻」，大通元年三月條作「蕭淵藻」，中大通元年十一月條亦作「淵藻」，卷二三本傳作「蕭藻」。

〔二〕應云「殷浩字淵源稱殷深源」，見晉書七七。

廿二史劄記批注　史法之屬

卷九　宋齊梁陳書

宋書多徐爰舊本〔一〕

沈約於齊永明五年奉勑撰宋書，次年二月即告成，共紀、志、列傳一百卷，古來修史之速未有若此者。今案其自序而細推之，知約書多取徐爰舊本而增删之者也〔二〕。宋著作郎何承天已撰宋書，紀、傳止於武帝功臣，其諸志惟天文、律曆，此外悉委山謙之。謙之亡，詔蘇寶生續撰，遂及元嘉〔三〕諸臣。寶生被誅，又以命徐爰。爰因蘇、何二本，勒爲一史，起自義熙〔四〕之初，迄於大明〔五〕之末，其臧質、魯爽、王僧達三傳〔六〕，皆孝武所造，惟永光〔七〕以後至亡國十餘年，記載並缺。今宋書内永光以後紀傳，蓋約等所補也。按王智深傳〔八〕，約多載宋明帝鄙瀆事，武帝謂曰：「我昔經事明帝，卿可思諱惡之義。」於是多所删除。可見宋明帝以後紀傳皆約所撰。其於爰書稍有去取者，爰本有晉末諸臣，及桓玄等諸叛賊，並劉毅等與宋武同起義者，皆列於宋書。約以爲〔九〕「桓玄、焦縱〔十〕、盧循〔十一〕，身爲晉賊，無關後代；吴隱、郗僧施、謝混〔十二〕，義止前朝，不宜入宋；劉毅、何无忌、諸葛長民、魏詠之、檀憑之〔十三〕，志在匡晉，亦不得謂之宋臣，故概從刪除。」是約所刪者，止於此數傳，其餘則皆爰書之舊，是以成書若此之易也。徐爰傳〔十四〕，爰雖因前作，而專爲一家之書，起元義熙，爲王業之始，載序宣力，爲功臣之斷，於是內外博議，或謂宜以義熙元年爲斷，或謂宜以元興三年爲斷〔十五〕。詔曰：「項籍、聖公，編録二漢，前史已有成例。桓玄傳宜在宋典，餘如爰議。」是可見爰舊本體例也。　余向疑約修宋書，凡宋、齊革易之際宜爲齊諱，晉、宋革易之際不必爲宋諱，乃爲宋諱者反甚於爲齊諱，然後知爲宋諱者，徐爰舊本也，爲齊諱者，約所補輯也。人但知宋書爲沈約作，而不知大半乃徐爰作也，觀宋書者當於此而推之。何尚之，何偃之父也，乃偃傳在五十九卷，尚之傳反在六十六卷。可見宋書時日促迫，倉猝編排，前後亦不暇審訂〔十六〕。

〔一〕卷八末有唐人避諱之法一條，亦史法。

〔二〕以下見卷百自序末上表，稍易其詞。

〔三〕文帝年號。

〔四〕晉安帝年號。

〔五〕宋孝武帝年號。

〔六〕原文作「諸傳」。

〔七〕廢帝年號。

〔八〕應加「齊書」二字。齊書五二、南史七二均載。

〔九〕以下亦見自序末上表，稍易其詞。

〔十〕「焦」應作「譙」。

〔十一〕原文下有「馬魯之徒」四字。

〔十二〕原文謝在郗前。

〔十三〕原文諸葛在最後，前尚有孟昶。

〔十四〕宋書九四、南史七七均載。

〔十五〕元興三年乃義熙前一年。

〔十六〕如果是類傳，則父可後於子。

宋書書晉宋革易之際

宋書作于齊，其于晉、宋革易之際，固可無所避諱，乃宋武紀歷叙其勳高績茂，以致晉恭帝自願禪位，宋武尚奉表陳讓，晉帝已遜於琅琊王第，表不獲通，乃即位，封晉帝爲零陵王，令食一郡，載天子旌旗，一用晉典，斯固儼然唐虞揖讓光景，絶不見有逼奪之跡。紀内惟將禪時，有司以禪草呈晉帝，晉帝欣然曰：「桓玄之時，天命已改，重爲劉公所延，將二十載，今日之事，固所甘心。」此數語略見禪位之非出於晉帝本心。至零陵王之殂，則王被廢後方慮禍，自與褚妃煮食於牀前。宋武使其妃兄褚淡之往視妃，妃出與相見，兵士即踰垣入，進藥於王，王不肯飲，乃以被掩殺之。南史〔一〕。此其悖逆凶毒爲自古所未有，則書法自應明著其罪。乃永初二年書零陵王薨，車駕三朝率百官舉哀於朝堂，一依魏明帝服山陽公故事，一若零陵之壽考令終，宋武之恩禮兼備者〔二〕。又文帝爲太子劭所弑，尤屬千古之奇變，而本紀亦只書上崩於合殿〔三〕，年四十七，絶無一字及於被弑。其他如前廢帝以藥酒酖死沈慶之，而本紀書新除太尉沈慶之薨。明帝賜劉道隆死，而書新除中護軍劉道隆卒〔四〕。建安王休仁以酖死，而書建安王休仁有罪自殺。帝又賜巴陵王休若死，而書巴陵王休若薨。凡遇朝廷過舉，無一不深爲之諱，此皆徐爰舊書也。約作宋書於齊朝，可無所諱，爰作宋書於宋朝，自不得不諱。諱之於本紀，而散見其事於列傳，當日國史體例本如是，沈約急於成書，遂全抄舊文，而不暇訂正耳。南史於零陵王殂，則書曰宋志也；於文帝之崩，則書元凶劭搆逆，帝崩於合殿；以及沈慶之、建安王、巴陵王之死，亦直書曰賜死、酖死〔五〕，較爲得實矣〔六〕。

〔一〕「牀前」之「牀」，「掩殺」之「殺」，今殿本南史無之，元大德本亦無「牀」字、「殺」字。而宋書有。趙所據者宋書，乃注南史。南史廿八淡之傳載，但宋書五二淡之傳亦載之，非南史獨有也。

〔二〕不載於紀，而著於淡之傳也。

〔三〕本紀作「含章殿」，九九邵傳作「合殿」。

〔四〕卷八明帝紀泰始元年十二月。道隆無傳，附四五懷慎傳，懷慎弟懷默子也，記賜死事，並見七二休仁傳。

〔五〕原曰殺、曰鴆、曰賜死。

〔六〕劉道隆賜死，南史本紀亦不書。

宋書書宋齊革易之際

沈約在蕭齊修宋書，永光〔一〕以後皆其筆也，故於宋、齊革易之際，不得不多所忌諱。如後廢帝紀，但歷叙帝無道之處，以見其必當廢殺。順帝紀，亦但叙蕭道成之功勳，進位相國，封十郡爲齊公，備九錫，進爵齊王，增封十郡，冕十有二旒，建天子旌旗。下云，天祿永終，遜位於齊，帝遷居於丹陽宮。齊王踐阼，封帝爲汝陰王。建元元年，殂於丹陽宮，年十三，謚曰順帝。絶不見篡奪之跡。南史書帝遜位於東邸時，王敬則以兵陳殿廷，帝在内聞之，逃於佛蓋下。太后懼，自帥奄竪索之，黄門或促帝，帝怒，抽刀殺之。帝既出居於丹陽宮〔二〕，齊兵衛之。齊建元元年五月，帝聞外馳馬者，懼亂作，監者殺王而以病訃。齊人德之，賞之以邑。其於諸臣之效忠於宋，謀討蕭道成者，概曰反，曰有罪〔三〕。如昇明元年，書沈攸之舉兵反，南史書舉兵不從執政。又書司徒袁粲據石頭反，南史書粲據石頭，謀誅蕭道成，不果，旋見覆滅。吴郡太守劉遐反，南史書據郡不從執政。王宜興有罪伏誅。

南史書貳於執政見殺。兗州刺史黃回有罪賜死，南史書貳於執政見殺。臨澧侯劉晃謀反伏誅，南史書誅臨澧侯劉晃。是也。其黨於道成而爲之助力者，轉謂之起義。如張敬兒等起義兵是也。作劉宋本紀，而以爲劉氏者曰反，爲蕭氏者曰義〔四〕，此豈可筆之於書，顧有所不得已也，然亦有可見其微露實事之處。如後廢帝紀謂，廢帝昱無道，齊王順天人之心，潛圖廢立，與王敬則謀之。敬則結昱左右楊玉夫等二十五人，乘夜弑昱，玉夫以昱首付敬則，敬則馳至領軍府以呈齊王。王乃戎服入宮，以太后令迎安成王即位。是道成爲弑君主謀，已不待辨也。沈攸之傳雖不敢載其「寧爲王淩死，不作賈充生」之語，見南史。然猶存攸之上武陵王贊一書，以見其忠於宋室之志。書曰：「下官位重分陝，富兼金穴，豈不知俯眉苟安，可保餘齒，何爲不計百口，甘冒患難？誠感歷朝知遇，欲報宋室〔五〕耳。若天必喪道，忠節不立，政復闔門碎滅，百死無恨。」黃回傳亦載其與袁粲約，欲從御道直向臺門，攻齊王於朝堂，會粲敗，乃不果。劉秉傳〔六〕謂，齊王輔政，四海屬心，秉密懷異圖，與袁粲及黃回等謀作亂，爲齊王所誅。此亦各見其盡節於宋。至袁粲傳雖不敢載當時諺語「可憐石頭城，寧爲袁粲死，不作褚淵生」之句〔七〕，然傳內謂齊王功高德重，天命有歸，粲自以身受顧託，不欲事二姓，乃與黃回、卜伯興等謀矯太后令，使伯興等據宿衛兵，攻齊王於朝堂。事洩，爲齊王攻破石頭，被殺。則明著其送往事居〔八〕，不濟則以死繼之，其志節爲不可及也。又如明帝諸子傳，隨陽王翽、新興王嵩，皆先書元徽四年年六歲，下書齊受禪，以謀反賜死。元徽四年至昇明三年齊受禪，僅三閱歲，則翽等僅九歲耳，九歲之人豈能謀反？而曰以謀反賜死，則齊之戕及亡國之童稚，不言可知也。然則約之書宋、齊間事，尚不至大失實也。蓋是非之公，天下共之，固不能以一手掩萬目。約撰宋書，擬立袁粲傳，以審於帝〔九〕，帝曰：「粲自是宋室忠臣。」王智深傳。劉祥在永明中同修宋書，譏斥禪代事，王儉密奏之，上銜而不問。南史劉祥傳。又有詔：「袁粲、劉秉同獎宋室，沈攸之於景和之世特有乃心，歲月彌往，宜特優獎，可皆爲改葬，其諸子喪柩在西者，亦符送還舊墓。」則帝亦不能掩天下之公論耳。

〔一〕永光，前廢帝子業年號。

〔二〕宋書作「丹陽」，南史作「丹徒」。

〔三〕趙提出，提得好。

〔四〕反與義，亦至無定矣。

〔五〕原文作「皇室」。

〔六〕劉秉附卷五一道憐傳，目無名。

〔七〕語見南史二八褚彦回傳，作「彦回生」。南齊書褚淵傳無此言。

〔八〕「送往事居，耦俱無猜」，見僖九，猶言送死事生。又「倘能轉禍爲福，送往事居」，見討武曌檄。

〔九〕帝者，武帝賾，道成子也。

按沈約不諱齊高帝廢弒之事，非彰齊之惡，乃正以見蒼梧之當廢也。廢昏立明，本有故事，晉、宋間去漢未遠，霍光廢昌邑之例，在人耳目間。故少帝義符以失德爲徐羨之等所弒，時論亦但以廢殺爲過，未嘗以廢立爲非也。前廢帝子業無道，明帝結阮佃夫等弒之，時論亦未嘗以明帝爲非也。當蒼梧無道時，阮佃夫、申伯宗、朱幼等已有廢立之謀，事洩而死。廢帝紀〔一〕。齊高亦先與袁粲、褚淵謀廢立，袁、褚不敢承而止。齊高帝紀〔二〕。是當時朝野内外，本無一不以蒼梧爲當廢，齊高之舉固協於天下之公。其答沈攸之書亦云：「黜昏樹明，實惟前則。寧宗靜國，何愧前修〔三〕。」固已明目張膽，自認爲理所宜然。故約明書齊王順天人之心，與王敬則謀廢立而不諱也。其後齊鬱林〔四〕無道，齊明帝廢而弒之，論者亦止惡其假廢立爲篡奪，而未嘗以廢鬱林爲非也。至東昏無道，内而始安王蕭遥光起兵欲廢之，張欣泰、胡松等又結黨欲廢之，許準又勸宰相徐孝嗣廢之，外而陳顯達起兵欲廢之，崔慧景又起兵欲廢之，最後梁武起兵，卒令殞命，夫固皆以廢立爲勢所不得已也。當東昏賜徐孝嗣、沈昭略死時，昭略駡孝嗣曰：「廢昏立明，古今令典，宰相無才，致有今日。下官與龍逢、比干欣然相對，霍光若問明府今日之事，何辭答之？」〔五〕

又梁武圍城日久，張稷召王亮等曰：「桀有昏德，鼎遷於商。商紂暴虐，鼎遷於周。今獨夫自絶於天，斯微子去殷之時也。」〔六〕乃遣范云等詣梁武。可見當時人意中各有伊、霍故事，以爲理之當然。約之書此，正見齊高之應天順人也。

〔一〕當作「後廢帝紀」，卷九。

〔二〕南齊書只言太祖密謀廢立，未有與袁、褚謀及不見從語，此據南史卷四。

〔三〕見南齊書廿五張敬兒傳，南史四五張敬兒傳及宋書七四、南史三七沈攸之傳不載此書。見下文齊書類聚法最善條。

〔四〕鬱林係明帝姪孫。

〔五〕南史三七昭略傳。昭略南齊書無傳。

〔六〕梁書十六張稷傳。南史卅一稷傳無此語。

宋書本紀書法

史記，漢高祖初起事稱劉季，封沛公稱公，封漢王稱王，及即位稱帝，此本虞書舊法也。宋書本紀，於劉裕起事即稱高祖，及封豫章公乃稱公，封宋王後稱王，登極後稱上，此又仿陳壽魏志例。魏志，曹操初起事即稱太祖，後乃稱公，稱王，然操之封公在建安十八年，而本紀建安元年方叙天子封太祖爲武平侯，下忽改稱公〔一〕，殊覺兩無所著。宋書於封公後稱公，封王後稱王，尚爲得寔矣。南史則於起事時即稱帝，以後封公、封王及登極皆稱帝，亦是一法。宋書於蕭道成書法尤有窒礙者。沈約在齊朝作宋書，自不敢直書道成之名，故於宋明帝紀已稱齊王，順帝紀又稱録公齊王、太尉齊王、太傅齊王，其時寔未嘗進爵爲王也。至昇平〔二〕三年始進爵爲齊公，若蒙上文而下，應書進齊王爵爲齊公，而文不可通，乃書進太傅位相國，封十郡爲齊公，下始云進齊公爵爲齊王。是稱齊王在前，封齊王在後，終覺文義不順〔三〕。南史直書蕭道成，蓋易世之後無所避諱，故易於下筆也。

〔一〕趙先生讀書眼光鋭利。此「公」字可以不作公爵，乃普通之稱呼。

〔二〕應作「昇明」。升平，晉穆帝；昇明，宋順帝。

〔三〕高祖太祖，亦死後之稱。未死不能稱高祖太祖耶？

宋齊書帶叙法〔一〕

宋書有帶叙法，其人不必立傳，而其事有附見於某人傳内者，即於某人傳内叙其履歷以畢之，而下文仍叙某人之事。如劉道規傳，攻徐道覆時，使劉遵爲將，攻破道覆，即帶叙遵淮西人，官至淮南太守，義熙十年卒〔二〕，下文又重叙道規事，以完本傳，是劉遵帶叙在劉道規傳内也。廬陵王義真傳，義真從關中逃回，藏匿草中，值段宏來尋，始得就路，因帶叙宏鮮卑人，本慕容超尚書，元嘉中爲青、冀二州刺史，下文又重叙義真事，以完本傳，是段宏帶叙於義真傳内也。他如何承天傳帶叙謝元也，何尚之傳帶叙孟顗也，謝靈運傳帶叙荀雍、羊璿之、何長瑜三人也〔三〕，皆是此法。蓋人各一傳則不勝傳，而不爲立傳則其人又有事可傳，有此帶叙法，則既省多立傳，又不没其人，此誠作史良法。但他史於附傳者，多在本傳後方綴附傳者之履歷，此則正在叙事中，而忽以附傳者履歷入之，此例乃宋書所獨創耳〔四〕。至如劉義慶傳〔五〕，因叙義慶好延文士鮑照等，而即叙鮑照字明遠，文詞贍逸；又因照文詞贍逸，而即載其河清頌一篇二千餘字，並叙照懼孝武忌其才，故爲鄙言累句以免禍；而其下又重叙義慶之事，以完本傳。遂覺一傳中義慶事轉少，鮑照事轉多〔六〕，此未免喧客奪主矣。照本才士，何不入文苑傳〔七〕，而載其賦頌於本傳中？今乃不立照傳，而以照頌附入義慶傳，成何史體也〔八〕。齊書亦多帶叙法。如文惠太子傳，因文惠誘執梁州刺史范柏年，而帶叙柏年先在梁州平氏賊之績。又帶叙襄陽有盜發冢，得竹簡書，王僧虔以爲科斗書考工記闕文也。因文惠使徐文景作乘輿服御之屬，而帶叙文景父陶仁惡文景所作，曰終當滅門，乃移家避之。後文景果賜死，陶仁遂不哭〔九〕。又如張敬兒傳，因敬兒斬沈攸之使，而姚道和不斬攸之使，遂帶叙道和本姚興之孫，自稱祖天子，父天子，身經作皇太子云云。

〔一〕附傳附在傳末，帶叙叙在傳中。
〔二〕帶叙應小注，或如今之加括弧。
〔三〕漏謝惠連，傳云「時人謂之四友」。
〔四〕後漢書何皇后紀附唐姬，即此法。此法要講筆力。
〔五〕卷五一。義慶，道規嗣子，目無名。
〔六〕義慶傳文多於鮑照。
〔七〕宋書無「文苑傳」。
〔八〕南史，鮑照亦附義慶傳，卷十三。
〔九〕徐文景一段係南史語，誤謂「南齊書」。

宋書紀魏事多誤

宋書有索虜傳，叙魏太武〔一〕後文成帝即位之事，謂太武有六子：長名晃，爲太子。次晉王，被太武賜死。次秦王烏奕肝，與晃對掌國事，爲晃所譖，遣鎮枹罕〔二〕。次燕王，次吴王，次楚王。太武南征，所虜獲甚多，晃私遣人擇取，太武聞之，大加搜檢，晃懼，謀行弒。燾詐死，遣近侍召晃迎喪，至則執之，罩以鐵籠，殺之，立秦王爲太子。會太武死時，使嬖人宗愛立吳王博真，後宗愛、博真恐爲烏奕肝所害，殺之而自立。燕王曰：「博真非正嫡，當立晃子濬耳。」乃殺博真及宗愛而立濬，即文成帝也。按魏書，太子晃極有令德，正平元年薨，謚景穆。次秦王翰，改封東平王，即宋書所謂烏奕肝也。次燕王譚，改封臨淮王。次楚王建，改封廣陽王。次吳王余，改封南安王〔三〕。正平二年，太武爲中常侍宗愛所弒，宗愛又矯皇太后令，賜秦王翰死，迎南安王余立之。已而余爲宗愛所害，大臣長孫渴侯、陸麗等迎立皇孫濬，是爲文成帝。據此則太子晃以疾薨，非太武賜死也〔四〕。吳王爲宗愛所擅立，非太武遺命也；繼又爲宗愛所害，非燕王殺之也。宋書所云，蓋南北分裂，徒以傳聞爲記載，故有此誤耳〔五〕。又如宋書柳元景傳，元景有從弟光世，留仕於魏。司徒崔浩，其姊夫也，拓跋燾南寇時，浩密有異志，光世邀河北義士爲浩應。浩謀泄被誅，河東大姓連坐者甚衆，光世南奔得免。按魏書，崔浩之誅，以修國史刊石於路衢，爲衆所嫉，事上聞，故至族誅，并連及柳氏、盧氏等族。是浩之死以國史，初非別有異圖也。宋書所云，蓋光世南奔時詭託之詞〔六〕，後遂筆之於記載耳，自當以魏書爲正。北史叙太子晃、秦王翰及南安王余事，俱據魏書。南史柳元景傳亦但云，從弟光世留鄉里，仕魏爲河北太守，與崔浩親，浩被誅，光世南奔，而不言浩有異圖被禍，固以宋書所記不足憑也。

〔一〕燾。

〔二〕枹罕，今甘肅蘭州河州治。

〔三〕魏書十八有太武五王傳。太武十一子，有傳者五。景穆帝外，次晉王伏羅，此漏。

〔四〕以疾薨之説，是否史有掩飾？

〔五〕有時以本國記載爲得實，有時以外國記載爲得實。

〔六〕在宋則以能叛魏者爲義，故光世詭託之。

宋書南史俱無沈田子沈林子傳

宋武開國，武將功臣以檀道濟、檀韶、檀祗、王鎮惡、朱齡石、朱超石、沈田子、沈林子〔一〕爲最。田子從武帝克京口，平京邑，滅慕容超。盧循内逼，田子與孫季高從海道襲廣州，傾其巢穴，循無所歸，遂被誅戮。武帝北伐，田子先入武關，據青泥〔二〕，姚泓率大衆來禦，田子大破之，遂平長安。武帝宴諸將於文昌殿，舉酒屬田子曰：「咸陽之平，卿之功也。」後旋師，留田子及王鎮惡、傅弘之、王修等輔桂陽公義真鎮長安。會赫連勃勃來寇，田子與鎮惡出師禦之。或言鎮惡本北人，欲盡殺南人，自據關中，田子乃矯武帝令誅之，而自歸於義真，爲長史王修所殺。是其身雖死，而勇烈固在諸將之右也。林子從武帝滅慕容超，而盧循奄至京邑，林子與徐赤特斷拒查浦，赤特輕戰而敗，林子收敗卒再戰，破之。徐道覆又至，林子復斷塘而鬭，會朱齡石至，與林子并力，賊乃散去。武帝每征討，林子皆摧鋒居前，至夜輒召還宿衛。武帝北伐，林子爲先鋒，殺董神虎於襄邑，襲薛帛於解縣。與道濟等攻蒲坂，林子以蒲坂城池堅深，非可猝下，潼關天險，而王鎮惡孤軍無援，若使姚紹先據之則難圖，乃亟赴潼關。而姚紹已舉關中之衆來，設長圍，諸將疑沮，議欲渡河避其鋒。林子力争不可，率麾下犯其西北，紹衆稍却，林子乘其亂而薄之，紹乃大潰。遂進屠定城，殺姚鸞，屯河上，走姚瓚。紹又遣姚伯子等憑河固險，以絶糧援，武帝使林子累戰，大破之，於是糧運無阻，遂平長安，擒姚泓。是克關中之功，林子又其最也。沈約撰宋書，所以不入列傳者，以此二人功績詳載於自序中〔三〕，以顯其家世勳伐，故功臣傳〔四〕缺之。李延壽作南史，既非如沈約另有自序載其功績，則自應將此二人作傳，與道濟、齡石等同入列傳中，乃竟遺之，而仍附於沈約傳内〔五〕。可見延壽作史，但就正史所有者删節之，離合之，不復另加訂正也。

〔一〕田子，約之伯祖；林子，約之祖。

〔二〕青泥，陝西商州。
〔三〕卷一百。田子傳有二頁半，林子傳有七頁半。
〔四〕宋書無「功臣傳」。
〔五〕通志另立田子、林子傳，卷一三一。

齊書舊本

齊書亦有所本。建元二年，即詔檀超與江淹掌史職。超等表上條例，開元紀號，不取宋年；封爵各詳本傳，無假年表；立十志，律曆、禮樂、天文、五行、郊祀、刑法、藝文依班固，朝會、輿服依蔡邕、司馬彪，州郡依徐爰，百官依范蔚宗〔一〕，日蝕舊載五行，應改入天文志，帝女應立傳，以備甥舅之重，又立處士、列女傳。詔内外詳議。王儉議以爲食貨乃國家本務，至朝會前史不書，乃伯喈一家之意，宜立食貨，省朝會；日月應仍隸五行；帝女若有高德絶行，當載列女傳，若止於常美，不立傳。詔日月災隸天文，餘如儉議。見檀超傳〔二〕。此齊時修國史體例也。又有豫章熊囊〔三〕著齊典，沈約亦著齊紀二十卷，江淹撰齊史十志，吴均撰齊春秋，俱見各本傳。今案蕭子顯齊書，但有禮、樂、天文、州郡、百官、輿服、祥瑞、五行七志〔四〕，而食貨、刑法、藝文仍缺，列傳内亦無帝女及列女，其節義可傳者總入於孝義傳，改處士爲高逸，又另立倖臣傳。其體例與超、淹及儉所議皆小有不同，蓋本超、淹之舊而小變之。超傳内謂超史功未就而卒，淹撰成之，猶未備也〔四〕。此正見子顯之修齊書不全襲前人也。

〔一〕原文有「合州郡」，不能省。

〔二〕檀超提議，王儉駁議，詔定議。今南齊書志無律曆、郊祀、刑法、藝文，仍無食貨。漢、宋日食均入五行，齊、魏、隋、晉均改入天文。日食入天文，自齊書始。

〔三〕應作「熊襄」，附檀超傳末。

〔四〕應作「八志」。禮、樂分志，共八種十一卷。禮、天文、州郡各二。

齊書缺一卷〔一〕

梁書蕭子顯傳謂所著齊書六十卷。今齊書只有五十九卷，蓋子顯欲仿沈約作自序一卷附于後，未及成，或成而未列入耶〔二〕？按南史子顯傳載其自序二百餘字〔三〕，豈即其附齊書後之作，而延壽撮其略入于本傳者耶？

〔一〕四庫提要謂失叙傳，非也。叙傳如馬、班，叙先世。叙録只叙目録義例。

〔二〕自序體述祖先。子顯祖爲蕭道成，有紀，父爲豫章王嶷，有傳，似子顯無自序。然史通序例篇云：沈，宋之志序，蕭，齊之序録，雖皆以序爲名，其實例也。則本有序録。序録與自傳不同，序録序作書之旨，自傳兼叙先代至己身。

〔三〕如劉孝標、江總等之自叙生平，故稱「余」，宋書稱「史臣」。

齊書書法用意處

蕭子顯本齊高帝之孫，豫章王嶷之子，故高帝本紀於帝使王敬則結楊玉夫等弑宋蒼梧王之事不書，但云玉夫弑帝，以首與敬則，呈送高帝，此爲尊者諱也。其於受禪於宋順帝之處，亦仿宋書例，載九錫文、禪位詔，絶不見篡奪之跡。然於順帝遜位時，出東掖門，問今日何不奏鼓吹，左右莫有答者，則亦微露禪受事皆高帝爲之，而宋帝不知也。鬱林王〔一〕無道，爲蕭鸞即明帝。廢殺，固無所隱諱。於海陵王紀則書宣城王即鸞輔政，帝起居皆咨而後行，思食蒸魚菜，太官〔二〕答以無録公命，竟不與，見明帝之目無幼主，久視爲机上肉也。七月廢帝〔三〕，十一月即稱海陵王有疾，數遣御醫占視，乃殞之。本紀直書其事，尤深著明帝悖逆之罪也。明帝殺高、武子孫幾盡，子顯本高帝孫，幸而不死，於明帝有隱痛焉，故不復爲之諱也。子顯修書在梁武時，其叙鬱林失德之處不過六七百字〔四〕，叙東昏無道之處則二千餘字〔五〕，甚東昏之惡，正以見梁武之兵以義舉，此又作史之微意也。褚淵傳，先叙其在宋時，宋明帝在藩，與淵素善，及即位，深相委寄，臨崩馳召淵，付以後事，而下即叙其見蕭道成，識爲非常人，蒼梧無道，道成與淵及袁粲謀廢立，粲不肯，淵獨贊成之。順帝時，沈攸之事起，袁粲有異圖，淵謂道成曰：「西𨷺易弭，公當先備其内耳。」道成遂殺粲。傳末又叙其子賁，恨淵失節於宋，遂終身不仕於齊，以封爵讓其弟蓁。通篇於淵之失節處不置一議，而其負恩喪節自見。又如王晏傳，先叙其在宋時，傾心於齊高，常參密議。至齊武帝，更位任親重，朝夕進見，言論朝事，自豫章王以下皆降意接之。武帝臨崩，遺詔以尚書事付晏，令久於其職。及鬱林無道，明帝輔政，謀廢立，晏即響應，推奉明帝即位，晏自以爲有佐命功。又如蕭諶傳，先叙其在武帝時，帝倚以心膂，密事皆使參掌，臨崩猶勅諶在左右宿直。鬱林即位，更深委信，諶每出宿，帝通夕不寐，諶入乃安。明帝輔政，或不得進説，則託諶入内言之，其親信如此，而諶已潛附明帝。廢立之際，鬱林猶手書呼諶，而不知諶已爲明帝領兵作先驅也。又蕭坦之傳，先叙其在鬱林時，親信不離左右，得入内見皇后，其見信如此，乃改附明帝謀廢立，蕭諶尚遲疑未敢舉事，坦之曰：「廢天子何等大事，今曹道剛等已有猜疑，明日若不就事，弟有百歲老母，豈能坐受禍敗，正應作別計耳。」諶遑遽，明日遂廢帝，坦之力也。此數傳皆同一用意，不著一議，而其人品自見，亦良史也。古未有子孫爲祖父作正史者，獨子顯爲祖作本紀，爲父豫章王作傳〔六〕，故於豫章傳鋪張至九千餘字〔七〕，雖過於繁冗，然亦不失爲顯揚之孝思也。惟豫章乃高帝第二子，則應入高帝諸子傳内，與臨川王映等同卷，乃以臨川等爲高祖十二王，編在三十五卷，而豫章則另爲一卷，編在二十二卷，與文惠太子〔八〕相次，以見豫章之不同諸子。此則苟欲尊其父，而於義無當也。又宗室傳，衡陽王道度、始安王道生〔九〕，皆高帝兄也，自應編在高、武諸子之前，乃高帝子在三十五卷，武帝子在四十卷，而道度等反在四十五卷，此亦編次之失檢也〔十〕。至蕭寶寅〔十一〕避梁武之難逃入魏，封齊王，此豈得没其實？且和帝紀既稱寶寅入魏〔十二〕矣，而寶寅傳則云中興二年謀反誅〔十三〕。南史云，謀反奔魏〔十四〕。豈子顯修史時，寶寅在魏尚無音耗，而以「誅」字了此局耶？汲古閣本如是，或係傳刻之誤，當別求他本校對〔十五〕。至魏虜傳謂魏太子晃以謀殺太武，遂見殺，此蓋仍宋書之誤。又謂魏文明太后馮氏本江都人，太武南侵掠得之，濬以爲妾。案馮后係長樂信都人，父西域郡公朗，爲秦、雍二州刺史，坐事誅，后没入宮，以選爲后，初非江都人也。又云其先匈奴女名拓跋，妻李陵，北俗以母名爲姓，故拓跋實李陵之後，然甚諱之，有言其是李陵之後者輒見殺。案魏、齊、周諸書皆無此説，則亦皆傳聞之譌也。

〔一〕鬱林、海陵，皆武帝孫。

〔二〕漏「令」字。
〔三〕應云「七月即位，十月廢帝」。
〔四〕太后詔書四百六十字，叙事約四百字，共八百餘字。
〔五〕叙事千八百七十字，太后詔五四一字，共二四一一字。
〔六〕因此知齊書末無子顯自序。
〔七〕六千七百七十五字。
〔八〕武帝長子。
〔九〕道生，明帝父。
〔十〕趙論尊卑，子顯論親疏，各有當。
〔十一〕寶夤，明帝子。
〔十二〕宋本、殿本「入魏」同作「奔虜」。
〔十三〕今殿本作「謀反奔魏」，與南史同。但本紀八作「奔虜」，疑「奔魏」係殿本照南史改。宋蜀大字本與汲古本同作「謀反誅」。
〔十四〕寶夤四史有傳：齊書五十、南史四四、魏書五九、北史二九。
〔十五〕趙注暗藏殿本意思。

齊書類叙法最善

齊書比宋書較爲簡淨，豫章王嶷及竟陵王子良二傳過爲鋪張，此另有他意。他如劉善明傳所陳十一事，皆隱括其語載之；張欣泰傳所陳二十事，只載其一條，若宋書則必全載矣。孝義傳用類叙法，尤爲得法。蓋人各一傳則不勝傳，而不立傳則竟遺之，故每一傳輒類叙數人。如褚澄傳叙其精於醫，而因叙徐嗣醫術更精於澄。韓靈敏傳叙其妻卓氏守節，而因及吴康之妻趙氏，蔣儁之妻黄氏，倪翼之〔一〕母丁氏，傳不多而人自備載。惟張敬兒傳，忽載沈攸之與蕭道成絶交書，及蕭道成答書，共三千餘字〔二〕，與敬兒關涉者，不過攸之反間敬兒，敬兒不從數語耳，而覼縷至此，未免喧客奪主。又柳世隆傳，討沈攸之時有尚書符檄一篇，案宋書沈攸之傳亦有尚書符檄一篇，其文又不相同，此不可解也〔三〕。

〔一〕殿本作「吴翼之」，宋蜀大字本作「倪」。

〔二〕沈絶交書一一〇七字，蕭答書一三三六字，共二五四三字。據卷四一周顒傳，此書太祖（蕭道成）口授，令顒裁答。

〔三〕同一文也，詳略不同耳。

按類叙之法本起於班固漢書，如鮑宣傳後，歷叙當時清名之士紀逡、王思〔一〕、薛方、郇越〔二〕、唐林、唐尊、蔣詡、栗融、禽慶、蘇章、曹竟等，貨殖傳後類叙樊嘉、如氏、苴氏、王君房、豉樊小翁等〔三〕。其後范蔚宗後漢書，董卓傳叙李傕、郭汜、張繡〔四〕等，公孫瓚傳叙閻柔、鮮于輔等。陳壽三國志，王粲傳後叙一時文人徐幹、陳琳、阮瑀、應瑒、劉楨及阮籍、嵇康等〔五〕，衛覬傳後叙潘勖、王象等，劉劭傳後叙繆襲、仲長統、蘇林、韋誕、夏侯惠、孫該、杜摯等：此本古法也。齊書之後，梁書亦有此類叙法。如滕曇恭傳，因曇恭之孝而並及於徐普濟被火伏棺之事；又因普濟之孝而並及宛陵女子搏虎救母之事。又如叙何遜工詩，而因及會稽虞騫、孔翁歸、江避等俱能詩，皆此法也。以後惟明史用之最多。

〔一〕「王思」當爲紀逡字，兩漢不列傳人名韻編無之。

〔二〕漏郇相。

〔三〕漢書九一貨殖傳：「自元、成訖王莽，京師富人杜陵樊嘉，茂陵摯網，平陵如氏、苴氏，長安丹王君房，豉樊少翁、王孫大卿，爲天下高訾。」此處漏摯網，「小翁」應作「少翁」，「王君房」上有「丹」字，王賣丹，樊、王孫賣豉，亦致高訾。

〔四〕應作「張濟」。繡，濟之族子。

〔五〕王粲傳不止數人。

梁書悉據國史立傳

梁書本姚察所撰，而其子思廉續成之。（說見前。）今細閱全書，知察又本之梁之國史也。各列傳必先叙其歷官，而後載其事實，末又載飾終之詔，此國史體例也。有美必書，有惡必爲之諱。如昭明太子以其母丁貴嬪薨，武帝葬貴嬪地不利於長子，昭明聽墓工言，埋蠟鵝等物以厭之，後事發，昭明以憂懼而死，事見南史及通鑑。而本傳不載。臨川王宏統軍北伐，畏魏兵不敢進，軍政不和，遂大潰，棄甲投戈，填滿山谷，喪失十之八九。此爲梁朝第一敗衂之事，見南史及通鑑。而本傳但云征役久，有詔班師，遂退還，絕無一字及潰敗之跡。他如郗皇后之妒，徐妃之失德，永興公主之淫逆〔一〕，一切不載。可見國史本諱而不書，察遂仍其舊也。其尤顯然可據者，簡文諸子，大器、大心、大臨、大連、大春、大雅、大莊、大鈞、大威、大球、大昕、大摯〔二〕外，尚有大款、大成、大封、大訓、大圜，而俱無傳〔三〕；元帝諸子，方矩、方等、方諸外，尚有方略，亦無傳。梁書謂，其餘諸子，本書不載〔四〕，故缺之。所謂本書者〔五〕，即梁朝國史也。昭明有五子：豫章王歡，河東王譽，岳陽王詧，武昌王警，義陽王鑒。武帝以昭明薨，不立其子繼統，故各封大郡以慰其心。今梁書歡等皆無傳，惟譽有傳，而與武陵王紀同卷。此必元帝時國史，紀與譽皆稱兵抗元帝者，故同入於叛逆內也。豫章王歡有子棟，爲侯景所立，建號改元〔六〕，未幾禪位於景。景敗，元帝使人殺之。此亦當時一大事，而梁書無傳。貞陽侯明〔七〕陷於齊，齊人立之，入主梁祀，爲陳霸先所廢。齊人徵還，死於途，追謚曰閔皇帝。又方等有子莊，敬帝時爲質於齊，陳霸先將篡，王琳請於齊，以莊爲帝，即位於郢州〔八〕，後兵敗仍入齊，封梁王。此亦皆梁末餘裔之當傳者，而梁書亦無傳。王琳當梁、陳革命之後，猶盡心蕭氏，崎嶇百戰，卒以死殉，此尤梁室第一忠臣，所必當傳者，而梁書亦無之。蓋當敬帝時，王室多故，不暇立史館，入陳以後，又莫有記之者，故無國史可據，而梁書亦遂不爲立傳。尤可見梁書悉本國史，國史所有則傳之，所無則缺之也。南史增十數傳〔九〕，其有功於梁書多矣。又蘭欽有子京，在東魏刺殺高澄，應附其事於欽傳後，梁書欽傳絶無一字，南史欽傳亦不附見，何也〔十〕？

〔一〕永興，梁武女，臨川王宏，梁武弟，與姪女私通。梁書廿七殷鈞傳、廿二宏傳不載，見南史六十殷鈞傳、五一宏傳。

〔二〕大器卷八，大心等十一人卷四四。

〔三〕均見南史五四。共十七人。大圜，南史五四、周書四二、北史二九，一人三傳。

〔四〕卷四四小序語。

〔五〕應加「疑」字。

〔六〕改元天正。南史五三紀傳，紀僭號於蜀，亦改元天正。時人謂於文，「天」爲二人，「正」爲一止，言各一年而止。

〔七〕蕭淵明，武帝曾孫。南史去「淵」字。卷五三。

〔八〕改元天啓。郢州，今湖北安陸府鍾祥縣。

〔九〕應爲「四十餘傳」。史姓韻編，南史蕭氏有五十四人傳，爲梁書所無。

〔十〕蘭欽梁將，梁書卅三、南史六一。蘭京被虜在魏。京事見北齊書三、北史六文襄高澄紀末。

梁書編傳失檢處

古未有創業之君其母編入皇后傳者，自沈約宋書始〔一〕，梁書亦因之。武帝即位，追尊其父順之爲文皇帝，母張氏爲獻皇后，於是皇后傳内首列張后。然順之官職事跡已叙入武帝紀，未嘗另作紀傳，則張后生武帝有菖蒲花之祥，亦即叙於武帝紀可矣〔二〕，乃特立一傳於諸后之首。是妻有傳而夫無傳，殊非史法〔三〕。又武帝兄弟九人，應立爲宗室傳，如宋書之長沙王道憐、臨川王道規是也。梁書乃變其例，編爲太祖五王，及嗣王四人。案太祖本武帝追崇其父之稱，非及身爲帝者，而以其子係之，已屬位置失宜。既係之於太祖矣，則長沙王懿，太祖長子也，自應叙在太祖諸子之首，其餘衡陽王暢、永陽王敷、桂陽王融，亦應以次叙入，總爲太祖九王。乃以其没於齊朝，遂不爲立傳，而轉附見於其子嗣王傳内。其意以臨川王宏、安成王秀、南平王偉、鄱陽王恢、始興王憺，皆武帝登極後身受王封，故列爲太祖五王；懿、暢、敷、融〔四〕則身後追封者，故但傳其嗣子，以别於生封之五王耳〔五〕。然此九王皆太祖子也，皆武帝所封也，五人則係之於父，四人則係之於子，强爲區别，究屬無謂。既不立宗室傳矣，而吴平侯景，武帝從弟也，不便附於太祖諸子内，又别無可位置，只得另立一蕭景傳，一似同姓不宗者。此蓋皆國史舊編之次第，國史本武帝時所修，以諸王皆武帝親兄弟，若列作宗室傳，轉似推而遠之，故修史者創爲此例，而不知轉多窒礙也。姚察修梁書，則已時代革易，自應改正，乃亦仍原書體例，何也？南史盡入之宗室傳，較得矣〔六〕。

〔一〕宋書四一，劉裕母趙、繼母蕭。

〔二〕父叙入子紀，母亦可叙子紀。

〔三〕列女傳之夫未必皆有傳。

〔四〕應曰「懿、敷、暢、融」。

〔五〕此節梁書亦自有道理。

〔六〕趙先生亦因南史入宗室傳而云然。

梁書以蕭穎胄附於其弟穎達傳内，此却位置得宜。蓋穎胄與梁武同起兵，未及平建鄴，先卒，既非梁臣，不便入功臣傳内，而遠族又不便入宗室傳，齊書 蕭赤斧傳後雖附見之，然梁書終不可缺也，附穎達傳極當。南史則亦附於赤斧傳内，作齊宗室〔一〕。

〔一〕一人三史有傳。南史四一 穎胄傳詳於梁書 穎胄傳兩倍，南齊書卅八穎胄傳更長於梁書 穎胄傳九倍，凡十頁，「附見」二字似欠妥。

梁書多載飾終之詔

梁書諸王及功臣列傳，必載其没後加恩飾終之詔，蓋本國史體例如是，至修入正史，自應刪除，以省繁複。乃王茂傳，詔曰：「旌德紀功〔一〕，哲王令軌。念終追遠，前典明誥。」呂僧珍傳，詔曰：「思舊篤終，前王令典。追榮加等，列代通規。」南平王偉傳，詔曰：「旌德紀功，前王令典。愼終追遠，列代通規。」孔休源傳，詔曰：「愼終追遠，列代通規。襃德酬庸，先王令典。」篇篇如此，殊可嘔噦。其後作史者亦自知其蕪冗〔二〕，至蔡道恭、范雲、馮道根、昌義之、周捨等傳，則去此冒語，但存詔中述其生平功績之處，斯較爲得之矣。

〔一〕卷九茂傳「功」原文爲「勳」。

〔二〕「其後」二字不妥，此句可刪。

梁書有止足傳無方伎傳

梁書有不必立傳而立者，又有應立傳而不立者。處士之外，另立知足一門，其序謂魚豢魏略有知足傳，謝靈運晉書有知足傳，宋書亦有知足傳，今沈約書無此門，蓋徐爰舊本也〔一〕。故梁書亦存此門。然所謂知足者，不過宦成身退，稍異乎鍾鳴漏盡，夜行不休者耳。傳中如顧憲之〔二〕政績，自可入良吏傳，其餘陶季直、蕭眎素輩〔三〕，傳之不勝傳也。至如方伎一門，累代所不廢。梁時沙門釋寶誌，精於佛學，能知未來，其讖記往往流傳後世。即其散見於各傳者〔四〕，如南史梁武紀，天監中，寶誌有詩曰：「昔年三十八，今年八十三，四中復有四，城北火酣酣。」帝命周捨紀之。帝年三十八克建鄴，八十三同泰寺災，四月十四日，火起之日也，其言皆驗。王僧辯傳，天監中，寶誌有讖云：「太歲龍，將無理，蕭經霜，草應死，餘人散，十八子。」時人謂蕭氏當滅，李氏當興，遂有李洪雅起兵湘州，後爲僧辯所敗。徐陵傳，陵數歲，家人攜以見寶誌，寶誌摩其頂曰：「此天上石麒麟也。」此見南史者也。即以梁書而論，何敬容傳，寶誌謂敬容曰：「君後必貴，終是何敗何耳。」及敬容爲相，恐何姓者當爲其禍，遂抑没宗族，無仕進者，後爲河東王譽發其請囑私書，遂及於敗，此「何敗何」之驗也。劉歊傳，寶誌遇歊於興皇寺，驚曰：「隱居學道，清淨登佛〔五〕。」如此三説。此又見於梁書者也。則其生平必尚多可紀述。且王筠傳，筠奉勑製開善寺寶誌大師碑文，詞甚麗逸。是不惟爲時人所敬信，並人主亦崇奉之，此豈得無傳？乃梁書無方伎一門，遂少此傳〔六〕。南史附傳於陶宏景之後，可補梁書之缺矣。

〔一〕隋志尚有孫嚴所撰宋書，不一定是徐爰書也。原序稱宋書止足傳有羊欣、王微，今二人在宋書卷六二。

〔二〕顧憲之，顧覬之孫。南齊書四六、梁書五二、南史三五，一人三史有傳。

〔三〕應云「二人」。蕭眎素，南史十八祖思話傳後。

〔四〕似有實誌索引。南史六見，梁書三見。

〔五〕南史四九作「清淨登仙」。

〔六〕古文家不喜佛乎？然察固自幼受菩薩戒也。見陳書廿七。

古文自姚察始

梁書雖全據國史，而行文則自出鑪錘，直欲遠追班、馬。蓋六朝爭尚駢儷，即序事之文，亦多四字爲句，罕有用散文單行者，梁書則多以古文行之。如韋叡傳叙合肥等處之功，昌義之傳叙鍾離之戰〔一〕，康絢傳叙淮堰之作，皆勁氣鋭筆，曲折明暢，一洗六朝蕪冗之習，南史雖稱簡淨，然不能增損一字也。至諸傳論，亦皆以散文行之〔二〕。魏鄭公梁書總論猶用駢偶，此獨卓然傑出於駢四儷六之上，則姚察父子爲不可及也。世但知六朝之後古文自唐韓昌黎始，而豈知姚察父子已振於陳末唐初也哉。

〔一〕鍾離，安徽鳳陽府東北。

〔二〕卷三武帝紀論亦駢偶。

陳書多避諱〔一〕

陳書於武帝之進公爵，封十郡，加九錫，進王爵，封二十郡，建天子旌旗，以及梁帝禪位，遜於別宮，陳武奉梁主爲江陰王，行梁正朔，次年江陰王薨，喪葬如禮，一一特書，絶不見有逼奪之跡。此固仿照前史格式，當時國史本是如此，姚察父子固不能特變其體也。第本紀所諱者，恃有列傳散見其事。乃衡陽王昌，本武帝子，陷於周未回，武帝崩，從子文帝即位，而昌始歸，文帝使侯安都往迎，而溺之于江。見南史〔二〕。本紀既但書衡陽王昌薨，而昌傳亦但書濟江，中流船壞，以溺薨，即侯安都傳亦但云昌濟漢而薨〔三〕，南史昌傳則謂，濟江，於中流隕之，使以溺告。初不見有被害之跡也。始興王伯茂乃廢帝伯宗之弟，與伯宗同居宮中，伯宗爲宣帝所廢，伯茂出就第，宣帝遣盜殞之於途。陳書伯茂傳但謂路遇盜，殞于車中，亦隱約其詞，不見被害之跡也。不特此也，劉師知爲陳武害梁敬帝，入宮誘帝出，帝覺之，遶牀而走，曰：「師知賣我。」師知執帝衣，行事者加刃焉。見南史。此則師知弑逆之罪上通於天，何得曲爲之諱。乃陳書師知傳絶無一字及之，但叙其議大行〔四〕靈前俠御不宜吉服一疏〔五〕，並載沈文阿、徐陵、謝岐、蔡景歷、劉德藻等各議，共三千餘字〔六〕，敷演成篇，以見師知議禮之獨精，此豈非曲爲迴護邪？又如虞寄本梁臣，侯景之亂，遁回鄉里，流寓晉安，陳寶應厚待之。梁元帝除寄中書侍郎，寶應留不遣。後陳武代梁，寶應有異志，寄懼禍及，不受其官，嘗居東山〔七〕，着居士服。此不過知幾能遠害耳，其於陳武未嘗有君臣之分也。若以報韓爲心，正應佐寶應拒陳武，乃反爲書勸寶應臣於陳武，書中並稱陳武曰主上，曰今上，以自託於班彪王命論〔八〕。試思彪本漢臣，故宜歸心於漢，寄非陳臣，何必預附於陳？當其不仕寶應，尚不失爲潔身遠害，及其推戴陳武，適形其望風迎合而已。而陳書專以此爲寄立傳，且詳載其書千餘字，欲以見其卓識高品。亦思寄之於陳武有何分誼，而汲汲推奉耶？蓋姚察父子本與劉師知及寄兄荔同官於陳，入隋又與荔之子世基、世南同仕〔九〕，遂多所瞻徇，而爲之立佳傳也。南史於師知傳明書其事〔十〕，洵爲直筆；而寄傳亦全載其勸寶應之書，又無識甚矣〔十一〕。

〔一〕梁、陳書皆姚思廉撰。

〔二〕不可無南史。見南史六六侯安都傳，原文作「中流而殺之」。

〔三〕陳書三處，不見被害之跡。

〔四〕高祖霸先。

〔五〕應云「一事」。

〔六〕全傳一六七一字，此議占一三八六字，南史節成四百五十字。「劉德藻」爲「江德藻」之誤。因蔡景曆末句云：猶依前議，同劉舍人，德藻又議云云，遂誤爲「劉德藻」。超案：參援庵廿二史劄記九陳書劉師知傳條正誤一文。

〔七〕脱「寺」字。

〔八〕生時利害與死後利害，不能兩全。

〔九〕世基，隋書六七、北史八三有傳，甚有貶詞。世南，貞觀十二年卒。陳寶應，陳書卅五、南史八十賊臣傳。

〔十〕害梁敬帝之事。

〔十一〕寄有後，劉無後。

蕭子顯姚思廉皆爲父作傳入正史

司馬遷、班固、沈約作史，皆以其父入自序中〔一〕，未嘗另立父傳列於正史也。惟蕭子顯作齊書，爲其父豫章王嶷立傳，姚思廉修陳書，爲其父吏部尚書察立傳〔二〕，凡生平行事，及朝廷之優禮，名流之褒獎，無一不纖屑叙入，故嶷傳至七千餘字〔三〕，察傳亦至三千餘字〔四〕，爲人子者得藉國史以表彰其父，此亦人之至幸也。或疑嶷傳祇載其子子廉、子恪、子操、子行、子光，而子顯不載，當是子顯親爲父作傳，故隱己之名。至察傳並載思廉在陳爲法曹參軍，入隋爲司法，似非思廉所自作者〔五〕。然傳末云，察所撰梁、陳二史未畢功，虞世基奏思廉踵成之，自爾以來，稍有撰續云云，而不言思廉卒於何時〔六〕，可見察傳寔思廉自作。況察之父僧坦〔七〕，以醫術著於梁代，官太醫丞〔八〕，所得賞賜，皆給察遊學，事見南史。而陳書察傳但云，察父上開府僧坦，知名梁代，二宮禮遇優厚，每得賞賜，皆給察兄弟爲游學之資，而不言以醫術得幸，並不言官太醫丞。蓋思廉恥以方伎輕其家世，故諱之也〔九〕。則察傳係思廉自作無疑也。

〔一〕沈約，父沈璞，祖沈林子。
〔二〕陳書係官修，不能有自序。
〔三〕六七七五字。
〔四〕三〇四六字。
〔五〕當時人不以歷仕數朝爲諱。
〔六〕思廉，舊唐書七三、新唐書一〇二，貞觀十一年卒。曾鞏序目言，貞觀十年正月始奏上陳書。
〔七〕周書四七、北史九十藝術傳均作「僧垣」，字法衞。
〔八〕「丞」應作「正」。下同。
〔九〕當時人不以醫爲諱，此以後人時尚測前人之説。

八朝史至宋始行

南北八朝史，宋書成於齊，齊書成於梁，魏書成於北齊，其餘各史皆唐初修成。然雖成於唐初，而天下實未嘗行也。觀蘇洵等進陳書云〔一〕，陳書與宋書、魏、齊、梁等書，傳之者少，秘書所藏，亦多脱誤。嘉祐六年，始詔校讎。因臣等言，恐館閣所藏不足以定，請詔京師及天下藏書家，使悉上之。至七年冬，始稍稍集，因得藉以參校。又劉攽等校北齊書云〔二〕，文襄紀其首與北史同，而末多取魏孝静帝紀，其與侯景書則載梁書侯景傳内，此外序列尤無倫次。蓋原書已散佚，後人雜取北史及高氏小識〔三〕等書以補之者。是宋時並已失其原本，雖購之天下，亦終無由訂正也。可見各正史在有唐一代並未行世。蓋卷帙繁多，唐時尚未有鏤板之法，必須抄録，自非有大力者不能備之。惟南、北史卷帙稍簡，抄寫易成，故天下多有其書，世人所見八朝事跡惟恃此耳。若無鏤板之法，各正史蓋已一部不存矣。

〔一〕殿本、汲古閣本校進序均作「臣恂」，南齊書序亦作「恂」，非蘇洵也。通鑑長編庫本一九五（百二之二），嘉祐六年十月，以孟恂與王獵並除編校書籍。恂時爲都官郎中，宋史無傳。所謂臣恂，當即此人，絶非蘇洵也。此序今見南豐文集卷十一，當爲曾鞏主稿，故鞏署名在末。恂偶與同官，遂題恂名矣。

〔二〕此蓋嘉祐校刊諸臣所記。只言「臣等」，未詳何人。實以劉攽，似嫌無據。超案：參援庵廿二史劄記九八朝史至宋始行條云蘇洵等進陳書劉攽等校北齊書其説信否一文。

〔三〕應作「高氏小史」。高氏名峻，元和中人，百廿卷，見新唐書藝文志。

廿二史劄記批注　史法之屬

卷十　宋齊梁陳書并南史

南史仿陳壽三國志體例

宋書武帝本紀所載晉帝進爵、禪位詔策，無慮十餘篇〔一〕，南史只存九錫一策，登極告天一策，其餘皆刪〔二〕，此蓋仿陳壽魏志舊式也。漢獻帝建安十八年，賜曹操魏公爵，封十郡，加九錫，既有策文，二十年進操爵爲王〔三〕，裴注中有獻帝詔二道〔四〕，及禪位曹丕時，袁宏漢紀有詔一道〔五〕，裴注中又有手詔三道〔六〕，而壽志一概不載，僅存九錫策一道〔七〕，禪位策一道〔八〕。南史刪節宋書，亦只存九錫、禪位二策〔九〕，固知仿壽志例也。

〔一〕應爲「七篇」。

〔二〕南史一宋武帝本紀尚存禪位一策。刪四篇。

〔三〕應爲「二十一年五月」，三國魏志一武帝紀。

〔四〕引獻帝傳。

〔五〕應云「曹丕嗣位丞相、魏王時」，魏志二文帝紀。漢紀亦裴注引。

〔六〕應云「至禪位時，裴注中又有册詔四道」。延康元年十月癸卯朔，十三日乙卯，廿日壬戌，廿五日丁卯，廿八日庚午詔四道，庚午改元黄初。見魏志二文帝紀。

〔七〕武紀。

〔八〕文紀。

〔九〕尚有登極告天，共三策，見上文。

南北史子孫附傳之例

傳一人而其子孫皆附傳内，此史記世家例也。至列傳則各因其人之可傳而傳之，自不必及其後裔，間有父子祖孫各可傳者，則牽連書之。如前漢書之於楚元王，裔孫向、歆。周勃，子亞夫。李廣，孫陵。張湯，子安世，孫延壽。金日磾，子安上。疏廣，兄子受。蕭望之，子育、咸、由。翟方進，子宣、義。韋賢。子玄成〔一〕。後漢書之於來歙，曾孫歷。鄧禹，子訓，孫騭。寇恂，曾孫榮。耿弇，弟國，子秉、夔。竇融，弟固，曾孫憲，玄孫章。馬援，子廖、防。伏湛，子隆。梁統，子竦，曾孫商，玄孫冀。桓榮，子郁，孫焉，曾孫鸞，玄孫典、彬。班彪，子固。班超，子勇。楊震，子秉，孫賜，曾孫彪，玄孫修。荀淑，子爽，孫悦。陳寔。子紀〔二〕。三國志之於袁紹，子譚、尚。公孫度，子康，孫淵。曹真，子爽。荀彧，子惲，孫顗。鍾繇，子毓。王朗，子肅。杜畿，子恕、預。胡質，子威。諸葛亮，子喬、瞻。張昭，子承、休。步騭，子闡。吕範，子據。朱桓，子異。陸遜，子抗。陸凱。弟胤〔三〕。代不過十餘人。然後漢書，班彪與固爲一傳，班超與勇又爲一傳，一家父子尚各爲傳。三國志，諸葛瑾與諸葛恪，父子也，而亦各爲傳。其以子孫附祖父傳之例，沈約宋書已開其端，然如蕭思話、蕭惠開，徐羨之、徐湛之，謝弘微、謝莊，王弘、王僧達，范泰、范曄，王曇首、王僧綽，顔延之、顔竣，皆父子也〔四〕，檀道濟、檀韶、檀祗，謝晦、謝瞻，皆兄弟也〔五〕，猶皆各自爲傳，則以其事當各見，故不牽混，使閲者一覽瞭如也。若一人立傳，而其子孫、兄弟、宗族，不論有官無官，有事無事，一概附入，竟似代人作家譜，則自魏收始。收謂中原喪亂，譜牒遺逸，是以具書支派，然當時楊愔、陸操等已謂其過於繁碎〔六〕。乃南、北史仿之，而更有甚者。魏書一傳數十人，尚只是元魏一朝之人，南、北史則并其子孫之仕於列朝者，俱附此一人之後。遂使一傳之中，南朝則有仕於宋者，又有仕於齊、梁及陳者，北朝則有仕於魏者，又有仕於齊、周、隋者。每閲一傳，即當檢閲數朝之事，轉覺眉目不清。且史雖分南北，而南北又分各朝，今既以子孫附祖父，則魏史内又有齊、周、隋之人，成何魏史乎？宋史内又有齊、梁、陳之人，成何宋史乎〔七〕？又如褚淵、王儉爲蕭齊開國文臣之首，而淵附於宋代褚裕之傳内，儉附於宋代王曇首傳内，遂覺蕭齊少此二人，劉宋又多此二人。此究是作史者之弄巧成拙，其後宋子京修唐書，反奉以爲成例而踵行之，其意以爲簡括，而不知究非史法也。

〔一〕見漢書三六、四十、五四、五九、六八、七一、七八、八四、七三。

〔二〕見後漢書四五、四六、四六、四九、五三、五四、五六、六四、六七、七十、七七、八四、九二、九二。耿弇下應云「弟國，國子秉、夔」；竇融下應云「弟子固」。

〔三〕見三國魏志六、八、九、十、十三、十三、十六、廿七，蜀志五，吴志七、七、十一、十一、十三、十六。杜畿下應云「子恕，孫預」。

〔四〕見宋書七八、八七，四三、七一，五八、八五，四二、七五，六十、六九，六三、七一，七三、七五。徐羨之、湛之，王弘、王僧達，爲祖孫。

〔五〕見宋書四三、四五、四七，四四、五六。「皆兄弟也」應云「皆弟兄也」。一韶、二祇、三道濟。一瞻、二晦。

〔六〕楊愔，北齊書三四、北史四一；陸操，周書卅二、北史六九，目無名：均無此語。語見北齊書三七、北史五六收本傳。

〔七〕延壽固名南、北史，不名魏史、宋史。

按南、北史仿魏書子孫附傳之例，亦稍有不同。魏書凡是某人之子孫盡附於其傳後，如朱瑞子孟胤，及弟珍，珍弟騰，騰弟慶賓，慶賓子清，皆但有官位，毫無事跡。北史則删之，較爲簡淨〔一〕。新唐書仿之，又更有别擇，必其子孫有事可傳者附之，否則削而不書，尚不至如魏書、北史之代人作家譜也。

〔一〕魏書八十，北史四九。

南史删宋書最多

南、北史大概就各朝正史量爲删減，魏書、宋書所删較多，然魏書尚不過删十之二三，宋書則删十之五六。蓋宋書本過於繁冗，凡詔誥、符檄、章表，悉載全文，一字不遺，故不覺卷帙之多也。今就紀傳所載，略摘於左。本紀，劉裕誅桓玄後，晉帝還都，進裕都督，一詔、一策，裕論起義諸人一疏，討司馬休之一表。桓玄餘黨盡平，晉帝褒策一道〔一〕。裕討劉毅，符下荆州一檄，又請以僑人歸土斷一疏。討司馬休之，休之自訴一表，裕招韓延之一書，延之答裕一書。平洛陽後，進裕位相國，封十郡，加九錫，一詔、一策。裕西伐，過張良墓，祭文一道；克長安後，晉帝進裕爵爲王，加封十郡，一詔。裕受宋公九錫之命，下令國中赦文一道。晉帝禪位，一詔、一策、一璽書。羣臣勸裕，不許，太史令駱達陳符瑞一表〔二〕。

即位告天一策，御太極殿一詔，特存王導、謝安等祀一詔，追論戰亡將士一詔，遣使巡方一詔，增百官俸一詔，改舊制從寬一詔，優復彭、沛三郡一詔，赦罪人一詔，置晉帝守陵户一詔，禁淫祠一詔，興學校一詔〔三〕。悉載全文，不減一字。南史惟載韓延之答裕一書，以見休之被伐之枉，及九錫文一，禪位策一，登極後告天策一，以見革易之典故，而其他概從删削。太史令所奏祥瑞，宋書但括之云數十條，南史以宋書不載，反備載之，此亦好異之過〔四〕。至宋書列傳，如王弘傳載其辭爵一表，因旱求遜位一表，成粲與弘論彭城王不宜在外一書，弘自請彭城王入輔一疏，答詔一道，弘又請以相府事力全歸彭城王一疏，答詔一道。其同伍犯法不罪士人，應罪奴僕一事，載弘創議一疏，江奥一議，孔默之一議，王淮之一議，謝元一議，何尚之一議，又弘折衷一議。案弘爲宋名相，其請彭城王入輔一事，足見其遜讓。至議同伍坐罪之事，豈足爲相業，而連篇累牘若此耶。徐羡之傳載其歸政三表，文帝誅羡之等一詔。傅亮傳載其演慎一篇〔五〕。謝晦傳載其起兵訴冤一疏，尚書符其罪狀一道，晦檄京邑一道，再訴冤一表，被擒在道作悲人道一篇。王徽傳載其與江斆辭官一書二千餘字〔六〕，與王僧綽一書二千餘字〔七〕，答何偃一書二千餘字〔八〕，弔弟僧謙文一篇二千餘字〔九〕。鄭鮮之傳載其議滕恬父喪不返、仕宦如故一書三千餘字〔十〕，彈劉毅一疏一千餘字〔十一〕，諫北伐一表一千餘字〔十二〕。何承天傳載其諫北伐一表五千餘字〔十三〕。何尚之傳載其鑄錢一議，及沈演之一議，又袁淑止其致仕後再出一書。謝靈運傳載其撰征賦一篇一萬餘字〔十四〕，山居賦一篇數萬字〔十五〕，勸伐河北一疏二千字〔十六〕。顏延之傳載其庭誥一篇四千餘字〔十七〕。袁豹傳載其討蜀一檄。沈攸之傳載蕭道成罪狀攸之一檄。王僧達傳載其求守徐州一疏一千餘字〔十八〕，請解職一疏二千餘字〔十九〕。孔靈符傳徙民一事，載江夏王一議，湘東王一議，沈懷文一議〔二十〕，王玄謨一議，王昇之一議。顏竣傳鑄錢一事，先載徐爰一議，沈慶之一議，江夏王一議，方載竣二議，又庾徽之劾竣一表。顧覬之傳載其定命論三千餘字〔二一〕。周朗傳載其答羊希書二千餘字〔二二〕，上言時政書三千餘字〔二三〕。吴喜傳載明帝數喜罪一書三千餘字〔二四〕。建平王宏傳載劉璡爲宏訴冤一書二千餘字〔二五〕。且不特此也，鄧琬傳雖無書疏，而專叙濃湖赭圻之戰至一二萬字〔二六〕，竟似演義小説，又如記功册籍，宜乎卷帙之多也。南史於此等處一概删削，有關係者則檃括數語存之，可謂簡淨，得史裁之正矣，宜乎宋子京謂其刊落釀詞，過於舊書遠甚也〔二七〕。

〔一〕以上卷一。無進裕都督一策及討司馬休之一表。凡此等目録應列表。

〔二〕以上卷二。義熙十一年，有司馬休之上表自陳，即「休之自訴一表」。韓延之二書，並見晉書卅七司馬休之傳。駱達陳符瑞，本紀只言「太史令駱達陳天文符瑞數十條」。駱陳天文符讖凡七八一字，見宋書廿七符瑞志，南史一載之，删存二百四十字。

〔三〕以上卷三。永初元年即位告天策並見卷十六禮志三。

〔四〕詳人所略。符瑞多是宋志之文，南史無志，故入紀中。

〔五〕尚有感物賦一篇。卷四三。

〔六〕「王徽」應作「王微」。「江斅」應作「江謀」，斅是謀孫，見南齊書四三。辭官書七百十五字。

〔七〕八百八十八字。

〔八〕六百卅七字。

〔九〕七百十三字。

〔十〕「滕恬」應作「滕羨」，恬，羨父名。議滕羨書一五三五字。

〔十一〕鮮之使治書侍御史丘洹奏，非自奏。九十二字。

〔十二〕四二八字。

〔十三〕表上安邊論。表二六八字，論整二千字。

〔十四〕四千〇五十五字。

〔十五〕山居賦並自注，頗有缺文。賦約三九五二字，注約四九〇二字，共約八八五四字。

〔十六〕九百五三字。

〔十七〕三三四五字。延之傳云：今删其繁辭，存其正著於篇。然則原文更長矣。

〔十八〕七百廿二字。

〔十九〕一〇七八字。

〔二十〕湘東王、沈懷文下須加「等」字，不止一人。
〔二一〕定命論係覬之以其意命弟之子願著。二三八九字。
〔二二〕一千二百七十字。
〔二三〕三千六百六十字。數目不誤者，只一條。
〔二四〕數喜罪詔，二四一九字。
〔二五〕應云「爲宏子景素訴冤一書」，一八七四字。
〔二六〕全傳八八四三字。在安徽太平府繁昌縣，亦見通鑑一三一。
〔二七〕見新唐書一〇二李延壽傳。「過於舊書」原作「過本書」。

南史過求簡淨之失

南史有過求簡淨而失之者。王鎮惡傳，武帝謀討劉毅，鎮惡以百舸前驅，揚聲「劉兗州」上，毅以爲信然，不知見襲云云。所謂劉兗州者，何人耶？是時毅有疾，求遣其從弟兗州刺史劉藩爲副，故武帝僞許之，而鎮惡假其號以襲之也。宋書所載甚明，南史不先叙明，遂覺兗州句突無來歷〔一〕。此猶不過文字之小疵也。謝晦傳，宋書載其被討時自訴表云：「若臣等頗欲執權，不專爲國，初廢營陽，陛下在遠，武皇之子，尚有童稚，擁以號令，誰敢非之？而泝流三千，虛館三月，奉迎鑾駕，血心若斯，易爲可鑒。」祇以王弘、王曇首等在陛下左右，「不除臣等，罔得專權，所以交結讒慝，成此亂階。」〔二〕此最爲當日實情，南史雖摘叙數語，而未能明其本志之無他，此則但求簡淨，而未免太略而没其真也。當徐羡之、傅亮、謝晦受武帝顧命，立少帝義符，而義符失德，羡之等謀欲廢立，而廬陵王義真以次當立，又輕動多過，不任四海，乃先奏廢義真，然後廢帝，而迎文帝入嗣，其於謀國，非不忠也〔三〕。文帝即位之次年，羡之等即上表歸政，則亦非真欲久於其權而别有異圖者。其曰徐、傅執權於内，檀、謝分鎮於外，可以日久不敗，此亦王華、王曇首等之誣詞，而未必晦等之始念也〔四〕。祇以華、曇首等係文帝從龍之臣，急於柄用，而徐、傅、謝等受遺先帝，久任事權，不除去之，無由代其處，是以百方媒蘖，勸帝以次翦除，然後己可得志。觀於王華傳謂華見羡之等秉權，日夜搆之於帝，此可知三人之死，不死於文帝，而死於華及曇首等明矣。宋書於亮傳載其演慎一篇，見其小心畏禍；晦傳載其自訴二表，見其本志爲國，此正作史者用意所在，而南史盡删之，未免徒求文字之淨，而没其情事之實矣。惟羡之等廢少帝而又弑之，并弑義真，此則威權太恣，殺人兩兄而北面事之，豈有不敗者，毋怪華、曇首等之得逞其搆陷也。霍光不學無術，僅廢昌邑王使之歸國，羡之等不學無術，乃更甚於霍光。當時范泰已預燭其必敗〔五〕，曰：「吾觀古今多矣，未有受遺顧託，而嗣君見殺，賢王嬰戮者也。」則雖無華等之傾陷，亦豈有自全之理乎〔六〕？

〔一〕宋書四五、南史十六王鎮惡傳。今删削本文，遇有「今年」、「是年」等字，必其前有所叙明。

〔二〕引文先後顛倒，見宋書四四晦傳。營陽王，義符，劉裕長子。陛下，文帝。王弘，宋書四二、南史二一。王曇首，宋書六三、南史二二。

〔三〕義符，裕長子。義真，裕第二子。文帝義隆，裕第三子。

〔四〕徐羡之、傅亮、檀道濟，均宋書四三，謝晦，四四。王華，宋書六三、南史二三。

〔五〕范泰，蔚宗父。宋書六〇、南史卅三。

〔六〕預人家事，無可自全者。即卸去大權，亦受嫌忌。然死者人所不能免，又何必自全？

南史誤處

南史宋後廢帝紀謂，孝武二十八子，明帝殺其十六，餘皆帝殺之〔一〕。今案宋書前廢帝、明帝、後廢帝三本紀及孝武諸子傳，孝武子新安王子鸞、南海王子師，則前廢帝子業所殺也〔二〕；明帝所殺者，前廢帝子業、豫章王子尚、晉安王子勳、安陸王子綏、臨海王子頊、邵陵王子元、永嘉王子仁、始安王子真、淮安王子孟、南平王子産、廬陵王子輿、松滋侯子房、東平王子嗣，又子趨、子期、子悦皆未封而爲明帝所殺〔三〕；其餘晉陵王子雲、淮陽王子霄及未封之子深、子鳳、子玄、子衡、子況、子文、子雍，皆早夭〔四〕。是孝武諸子，爲前廢帝殺者二，明帝所殺者十六，殤者九。南史孝武子傳內又有齊敬王子羽，亦二歲而亡〔五〕。是孝武諸子，除前廢帝及明帝所殺共十八人外，餘十人皆夭死，並無爲後廢帝所殺者。後廢帝紀內但有桂陽王休範、建平王景素舉兵被殺之事，而非孝武子也。然則南史所云明帝殺十六，餘皆後廢帝所殺者，實繆悠之詞。即以南史各紀傳核對，亦無後廢帝殺孝武子之事，此李延壽之誤也。又檀韶傳謂韶卒，子臻嗣位員外郎。案宋書韶傳，韶卒，子緒嗣。臻則檀祗之子也，在祗傳內。今以臻爲韶子，亦誤〔六〕。

〔一〕此三句宋書九後廢帝紀、建康實録十四皆無，當是後人旁記之文，誤入正文者也。建康實録用南史，前後文同，獨無此二句。通志十一有之。孝武帝駿，文帝子；前廢帝子業，孝武子；明帝彧，文帝子；後廢帝昱，明帝子。

〔二〕是殺親兄弟。

〔三〕是叔殺姪。除第十八子子産出繼南平王鑠被殺外，第四子子綏、第廿一子子輿出繼何人，及何時被殺，無明文。

〔四〕「子玄」下應補「子羽」，亦早夭，追封齊敬王。

〔五〕殤者十。子羽宋書八十亦有之，目漏耳。

〔六〕檀祗，韶弟，道濟，祗弟。一韶、二祗、三道濟。宋書四五韶傳，韶卒，「子緒嗣。緒卒，無子，國除。祗子臻，臻卒，子遐嗣，齊受禪，國除」。宋書四七祗傳，祗卒，「子獻嗣。元熙中卒，無子，祗次子朗紹封」云云。無臻。宋書自相矛盾。超案：援庵在所藏宋書檀韶傳末「祗子臻」上有批語：「祗疑當作次。南史十五有臻子珪。」

南史增齊書處

南史於宋書，大概刪十之三四〔一〕，以宋書所載章表符檄，本多蕪詞也。於齊不惟不刪，且大增補。今以兩書相校，惟豫章王嶷及竟陵王子良二傳多所刪削，其他則各有所增，姑摘録於左〔二〕。

〔一〕前章謂刪之五六。見南史刪宋書最多條。

〔二〕次第不依南史，亦不依齊書。

王儉傳〔一〕，增。齊高帝爲相，儉請間於帝曰：「功高不賞。以公今日地位，欲北面居人臣可乎？」帝正色裁之，而神采内和。儉又言公若小復推遷，恐人情易變，七尺不能保。帝笑曰：「卿言不無理。」儉即曰：「當令褚公知之。」帝曰：「我當自往。」乃造淵〔二〕，款言移晷，曰：「我夢應得官。」淵曰：「今授始爾，恐一二年間，未容便移。」帝還告儉。儉曰：「褚是未達事理。」乃即令虞整作詔。及高帝爲太尉，以至受禪，詔策皆出於儉。此正見儉傾心於齊高，爲佐命功臣之處。更定衣服之制，引漢書及魏都賦，爲藩國侍臣服貂之證。又引晉典勸進表，定百僚致敬齊公之禮。引春秋曹世子來朝，定齊國世子之禮。及受禪改元，應特舉郊祭之禮。立春在上辛後，仍應南郊之禮〔三〕。皆援據有典。此正見儉深於禮學，爲開國文臣之首。

〔一〕南史二二、齊書二三。
〔二〕「淵」，南史本作「彦回」。
〔三〕共五條。後二條乃齊書九禮志上移置之文。

褚淵傳〔一〕，增。幼時父湛之有所愛牛墮井，湛之躬率左右救之，淵勿顧也。湛之歿，有兩厨寶物在淵生母郭氏處，嫡母吴氏求之，郭不與，淵再三請，乃從之。山陰公主見淵貌美，請於廢帝，召以自侍，備見逼迫，淵終不移志。時淮北已屬魏，江南無鰒魚，一枚直數千錢，或有餉三十枚者，門生請賣之，可得十萬錢，淵悉以與親游噉之，少日而盡。後廢帝時〔二〕，袁粲知淵私於齊高，謂淵曰：「國家所倚，惟公與劉丹陽及粲耳〔三〕。願各自勉，無爲竹帛所笑。」淵曰：「願以鄙心寄公腹内。」然竟不能貞固。齊高功業日重，王儉議加九錫〔四〕，齊高恐淵不同，任遐曰：「淵保妻子，愛性命，非有奇才，遐力能制之。」果無違異。

〔一〕南史二八、齊書二三。南史作「褚彦回」。齊書褚淵傳在王儉傳前。
〔二〕宋後廢帝昱。
〔三〕丹陽尹劉秉。名見宋書八九袁粲傳。
〔四〕「九錫」原作「黄鉞」。

張敬兒傳〔一〕，增。敬兒貧時，嘗爲襄陽城東吴泰家擔水，通其婢，事發，逃空棺中，以蓋加上，乃免。及建鵲尾軍功〔二〕，收籍吴氏家財數千萬，并取所通婢爲妾。

〔一〕南史四五、齊書二五。
〔二〕鵲尾，安徽繁昌縣江中。

王敬則傳〔一〕，增。生時母爲女巫，謂應得鳴鼓角，人笑之曰：「汝子得爲人鳴鼓角幸矣。」及長，與既陽縣吏鬬〔二〕，謂曰：「我若得既陽縣，當鞭汝背。」吏唾其面曰：「汝得既陽縣，我應作司徒公矣。」又嘗至高麗，與其國女子私通，後將被收，乃逃歸。後果得既陽令，昔日吏逃亡，勒令出，遇之甚厚，曰：「我已得既陽，汝何時作司徒公耶？」禪位時，宋順帝逃入宫内，敬則將輿入宫，啟譬令出。順帝謂敬則曰：「欲見殺乎？」答曰：「出居别宫耳。

官昔取司馬家亦如此〔三〕。」順帝泣曰：「惟願生生世世不復與帝王作因緣。」宮內盡哭。敬則與王儉同拜開府儀同三司，徐孝嗣戲儉曰：「今日可謂合璧。」儉曰：「不意老子與韓非同傳。」或以告敬則，敬則欣然曰：「我南沙縣小吏，遂與王衛軍同日拜三公，復何恨。」

〔一〕南史四五、齊書二六。南史敬則傳在張敬兒傳前。
〔二〕暨陽，今常州江陰縣東。
〔三〕原作「官先取司馬家亦復如此」。

柳世隆傳〔一〕，增。世隆初起兵應明帝，爲孔道存所敗，逃匿，其母妻並縶在獄。時購世隆甚急，或斬一貌似者送道存，道存示其母妻，母哭不甚哀，而妻號慟方甚，竊謂姑曰：「今不悲，恐爲人所覺。」故大慟以滅其跡也。世隆性清廉，張緒曰：「君當以清名遺子孫耶？」答曰：「一身之外，亦復何須。子孫不才，將爲争府，如其才也，不如一經。」韋祖征鄉里舊德，世隆雖貴，每爲之拜。或勸祖征止之，答曰：「司馬公爲後生楷法，吾何必止之。」

〔一〕南史三八、齊書二四。趙編次第，不依南史，亦不依齊書。

張環傳〔一〕，增。安陸王緬行部雍州〔二〕，見丐者，問何不事産而行乞，答曰：「昔張環使君在州，百姓家得相保。後人苛虐，故至行乞。」後拜太常卿，自以閒職，輒歸家。武帝曰：「卿輩未富貴，謂人不與。既富貴，那〔三〕復欲委去。」

〔一〕南史三一、齊書二四。
〔二〕「緬」同「緬」。
〔三〕「那」作「何」字解。

周奉叔傳〔一〕，增。奉叔就王敬則求米二百斛，敬則以百斛與之，不受。敬則大懼，乃更餉二百斛。敬則有一妓，帝令奉叔求之，奉叔徑率左右，刀皆半拔，直入其家。敬則懼，跣足入内，既而自計不免，乃出呼奉叔曰：「弟那忽見顧〔二〕。」奉叔宣旨求妓，意乃釋。

〔一〕南史四六、齊書二九。
〔二〕原作「弟那忽能顧」。

王廣之傳〔一〕，增。廣之求劉勔所乘馬，皇甫肅曰：「廣之敢奪節下馬，當斬。」後廣之破敵還，甚敬肅。勔亡後，肅轉依廣之，廣之啟爲東海太守。其不念舊惡如此。

〔一〕南史四六、齊書二九。

豫章王嶷傳〔一〕，南史所删最多，以此傳本太冗，至八九千字也〔二〕，然又有增者。是時武帝奢侈，後宮萬餘人，宮内不容，暴室皆滿。嶷後房亦千餘人，荀丕獻書諫嶷，嶷咨嗟良久，爲之稍減。又增嶷死後忽見形於沈文季曰：「我未便應死，皇太子加膏中十一藥，使我癰不差，湯中又加一藥，使我利不斷。吾已訴先帝矣。」俄而太子薨。又嘗見形於後園，呼直兵，直兵無手板，左右以玉板與之，出園後，直兵倒地，仍失玉板。齊書皆無之，蓋不欲見其父之中毒，且爲文惠太子諱也。嶷乃蕭子顯之父。

〔一〕南史四二、齊書二二。以下高帝道成諸子。

〔二〕卷九齊書書法用意處條云九千餘字。實爲六七七五字。

武陵王曄傳〔一〕，增。幼時生母死，曄思慕不異成人，高帝令與武帝同居。帝時甚貧，諸子學書無紙筆，曄嘗以指畫空中，及畫掌學字，遂工篆法。無棊局，乃破荻爲片，縱橫爲之，指點行勢，遂至名品。後侍武帝宴，醉伏地，貂抄肉柈〔二〕，帝曰：「污貂。」對曰：「陛下愛其羽毛，而疏其骨肉。」又嘗在帝前與竟陵王子良圍棋，子良大北，豫章王嶷私勸其讓。曄曰：「生平未嘗一口妄語，執心疏婞，偏不知悔。」

〔一〕南史四三、齊書三五。曄，第五。
〔二〕拌，棄也，應從「手」。宋書輿服志有貂蟬冠。

江夏王鋒傳〔一〕，增。其母張氏爲宋蒼梧逼取，又欲害鋒，高帝乃匿鋒於張氏村舍。五歲學鳳尾諾〔二〕，一學即工。武帝禁藩邸諸王不得讀異書，五經之外，惟許看孝子圖，鋒乃密使人買書。鋒善琴，帝欲試以臨人，鋒曰〔三〕：「昔鄒忌鼓琴，齊威王委以國政。」遂出爲南徐州刺史。善與人交。幕僚王和赴益州任，來告，流涕曰：「下官少來未嘗作詩，今日違戀，不覺文生於情。」鋒工書，南郡王昭業謂武帝曰：「臣書勝江夏。」帝曰：「闍梨第一，法身第二。」法身昭業小名，闍梨鋒小名也。明帝輔政時，鋒危懼，深自晦跡。江祏曰：「江夏王有才行，而善能匿跡。」鋒聞歎曰：「江祏遂爲混沌畫眉，益反敝耳。寡人聲酒自耽，狗馬是好，豈復一毫於平生哉。」嘗著修柏賦以寓意。見明帝，言次及遙光才力可任〔四〕，鋒曰：

「遥光之於殿下，猶殿下之於高皇，衛宗廟，安社稷，寔有攸寄。」明帝失色。後被殺，江斅聞之流涕曰：「芳蘭當門，不得不鋤，其修柏之賦乎。」

〔一〕南史四三、齊書三五。鋒第十二。
〔二〕鳳尾諾，花押也。
〔三〕「鋒」應作「鏘」，宜都王，第七。
〔四〕蕭遥光，齊書四五宗室。

宜都王鏗傳〔一〕，增。三歲喪母，及有識，聞知母死，悲禱。一夕，果夢一女人云是其母。因向左右説夢中所見，形貌衣服皆如平生，聞者以爲孝感。善射，常插甘蔗於百步外射之，十發十中。明帝誅高、武諸子，鏗詠陸機弔魏武云：「昔以四海爲己任，死則以愛子託人。」左右皆泣下。後果遣吕文顯齎藥至，正逢八關齋〔二〕，鏗從容謂曰：「高帝昔寵任君，何事有今日之行？」答曰：「出不得已。」乃仰藥死。又死後見夢於其師陶弘景云，當託生某家，弘景參訪果符，乃著夢記。

〔一〕南史四三、齊書三五。鏗第十六。

〔二〕闕者禁也。八禁：不殺生，不偷盜，不邪淫，不妄語，不飲酒，不坐高廣大牀，不著花鬘瓔珞，不習歌舞戲樂。

河東王鉉傳〔一〕，增。幼時高帝嘗晝臥纏髮，鉉上高帝腹弄繩，帝因以繩賜之。及崩後，鉉以錦函盛繩，歲時開示，輒流涕嗚咽。被殺時，欣然曰：「死生命也，終不效建安王乞爲奴。」乃仰藥死。

〔一〕南史四三、齊書三五。鉉第十九。

竟陵王子良傳所删亦最多〔一〕，如諫遣臺使督租一疏，請墾荒田一疏，諫租布折錢一疏，諫射雉二疏，共三四千字〔二〕。然亦有增者。幼時高帝爲贛縣令，其母裴后嘗爲高帝所怒〔三〕，遣還家，已登路，子良不悦，帝曰：「何不讀書？」子良曰：「娘今何在，何用讀書！」帝乃召還裴后。子良亡後，袁彖謂陸慧曉曰：「齊氏微弱，已數年矣。爪牙柱石之臣都盡，所餘惟風流名士耳，若不立長君，無以鎮四海。王融欲立子良，實安社稷，恨其不能斷事，以至被殺。今蒼生方塗炭，正當瀝耳聽之。」

〔一〕南史四四、齊書四十。以下武帝賾子，即高帝道成孫。子良第二。

〔二〕請墾荒田表下尚有陳時政一啓，下三疏均應作啓。六首共二五八九字，全傳四○六六字。

〔三〕兩「高帝」均應作「武帝」。

魚復侯子響傳〔一〕，增。子響以董巒爲僚屬，武帝聞之曰：「人以巒名，何得蘊藉。」乃改名爲仲舒。謂：「今日仲舒，何如昔日仲舒？」對曰：「昔董仲舒出自私庭，今仲舒降自天帝，故當勝之。」

〔一〕南史四四，齊書四十。子響第四。

晉安王子懋傳〔一〕，增。幼時母阮淑媛嘗病危，請僧祈禱，有獻蓮花供佛者，子懋禮佛曰：「若使阿姨病愈，願佛令此花不萎。」七日齋畢，花更鮮好，當世稱其孝感。子懋被害，參軍周英，防閤陸超之、董僧慧皆抗節不屈。王玄邈執僧慧，僧慧曰：「晉安舉事，僕寔與謀，今得爲主人死，不恨矣。願至主人大斂畢，退就死。」玄邈許之，還具白明帝，以配東冶〔二〕。子懋子昭基，年九歲，以方寸絹爲書〔三〕，探問消息，僧慧得書，曰：「此郎君書也。」悲慟而卒。陸超之見子懋死，或勸其逃亡，答曰：「人皆有死，何足懼。吾若逃，非惟孤晉安之眷，亦恐田橫客笑人。」有門生姓周者，謂殺超之可得賞，乃伺超之坐，自後斬之。及殯斂，周又助舉棺，墮壓其頭折而死，聞者以爲天道焉。

〔一〕南史四四，齊書四十。子懋第七。

〔二〕宋書卅九百官志有東冶令，鐵官，罰囚徒於此。

〔三〕原作「以方二寸絹爲書」。

建安王子真傳〔一〕，增。明帝使裴叔業就典籤柯令孫殺之〔二〕，子真走入牀下，叩頭乞爲奴，不許，遂見害。

〔一〕南史四四、齊書四十。子真第九。

〔二〕典籤，王相也。

南海王子罕傳〔一〕，增。母樂容寢疾〔二〕，子罕晝夜祈禱，以竹爲燈纘照夜。此纘一夕枝葉茂大，母疾亦愈。

〔一〕南史四四、齊書四十。子罕第十一。

〔二〕「容」下脱「華」字。

巴陵王子倫傳〔一〕，增。明帝遣茹法亮殺子倫，子倫鎮琅琊，有守兵，恐其見拒，以問典籤裴伯茂〔二〕。伯茂曰：「若遣兵取之，恐不可即辦。若委伯茂，一小吏力耳。」法亮乃令伯茂以酖逼之。子倫謂法亮曰：「君是身家舊人，今銜此命，當由事不獲已，此酒非勸酬之爵。」因仰之而死。其下因歷叙典籤之權重，謂明帝殺諸王，悉典籤所殺，無一人抗者。孔珪聞之曰：「若不立籤帥，故當不至此。」事見典籤條内〔三〕。

〔一〕南史四四、齊書四十。子倫第十三。

〔二〕「裴伯茂」爲「華伯茂」之誤。

〔三〕卷十二。

南史與齊書互異處〔一〕

齊書張敬兒傳謂敬兒既得方伯，意知滿足，初得鼓吹，羞便奏之。是敬兒本無大志〔二〕。南史則叙其征荆州時，每見諸將，輒自言未貴時夢村中社樹忽高數十丈，在雍州又夢此樹高至天，以此誘部曲。又爲謡言，使村兒歌之，曰：「天子在何處，宅在赤谷口。天子是阿誰，非猪即是狗。」敬兒本名苟兒，家在赤谷。敬兒少習武事，既從容都下，益不得志云〔三〕。是明言敬兒有反志，與齊書本傳不同。蓋李延壽好取新奇語入史，既採社樹及童謡，則傳不能又謂其意存知足也。齊書周奉叔傳謂鬱林欲誅宰輔，時明帝鸞方輔政。乃出奉叔爲都督青、冀二州軍事，以爲外援。南史則謂明帝輔政，令蕭諶説帝，出奉叔爲外援，又説奉叔以方岳之重，奉叔乃許。是奉叔之出，乃明帝意，非鬱林意也。案奉叔勇力絶人，鬱林欲誅宰輔，方倚以爲助，豈肯出之於外？當是明帝謀廢立，懼其在帝左右爲難，故説帝出之，此則南史爲得其寔也。齊書竟陵王子良傳，子良在宋時爲邵陵王友，王名友，尋廢此官，遷子良爲安南長史。南史則云，宋道衰謝，諸王微弱，故不廢此官。兩傳迥異。齊書蕭昭胄傳〔四〕，東昏無道，昭胄與蕭寅、胡松等謀，因東昏出行，閉城拒之。會東昏新起芳蘂苑，月餘不出，故事泄而敗。南史則謂，朱光尚託鬼道，爲東昏所信，光尚知昭胄等謀，託言蔣王云，巴陵王在外欲反，故東昏不敢出四十餘日，事敗乃伏誅。齊書魚復侯子響傳，子響殺臺使尹略等，武帝遣蕭順之帥兵至，子響部下逃散，子響乃白服降，賜死。南史則云，順之將發舟時，文惠太子素忌子響，囑順之早爲之所，勿令生還，順之乃縊殺之〔五〕。是子響之死出文惠之意，自是寔事，齊書蓋爲文惠諱，且順之即梁武之父，兼爲順之諱也。

〔一〕共五段。

〔二〕齊書廿五。

〔三〕南史四五。「非猪即是狗」，「即」原作「如」。傳又謂敬兒南陽冠軍人。

〔四〕齊書四十。昭胄，竟陵王子良之子。

〔五〕子響是文惠之弟。

南史刪梁書處〔一〕

梁武本紀，齊東昏無道，帝在雍州，使張弘策陳計於長兄行郢事懿〔二〕，謀共起兵靖亂。梁書載其語甚詳，南史但云，使弘策陳計於懿，語在懿傳。蓋梁書不立懿傳，故以此叙於本紀〔三〕，南史另立懿傳，則以此詳於懿傳中，而本紀從略也。帝平京邑，有肆赦一令，革除昏政一令，恤戰亡將士一令，節省浮費一令；齊帝進帝爵梁公，九錫文一篇，百僚勸進文二篇；齊帝進帝爵爲梁王一詔，齊帝禪位一詔，璽書一道〔四〕，南史皆刪之，但存九錫文一篇，勸進文一篇而已〔五〕。此仿陳壽之例，説已見梁書内。簡文紀，梁書有即位一詔，大赦一詔，大寶元年改元一詔〔六〕，南史皆刪之。大寶二年，梁書書湘東王繹遣王僧辯討侯景，擒其將任約、宋子仙等，南史亦刪之，以此事叙入元帝紀，故簡文紀不叙也。梁書簡文紀、元帝紀并叙，未免繁複。元帝紀，梁書大寶二年簡文崩後，有王僧辯等勸進一表，答書一道，又勸進一表〔七〕；

大寶三年，帝討侯景一檄，僧辯平侯景又勸進一表，徐陵在魏遺使勸進一表〔八〕，帝即位一詔，南史皆删，只存僧辯等勸進一表而已〔九〕。又僧辯傳，齊文宣送梁貞陽侯蕭淵明入爲梁主，梁書載文宣與僧辯一書，僧辯一啟，貞陽答僧辯一書，又一啟〔十〕，貞陽又答一書，南史亦盡删之。梁書元帝使鮑泉圍河東王譽〔十一〕，久不尅，乃使王僧辯代之。僧辯至，泉愕然曰：「得王竟陵來助我，賊不足平矣。」僧辯既入，背泉而坐，曰：「鮑郎有罪，今旨使我鎖卿，卿勿以故意相期。」此事既載於泉傳，又載於僧辯傳，殊屬繁複，南史則詳其事於泉傳，而僧辯傳則略之。又沈約傳，梁書載其郊居賦一篇三千餘字〔十二〕，將以見其恬適耶，則約本躁競也；將以見其工於文耶，則約之工文又不止此賦也，南史亦删之。此皆南史删節之得當者也。亦有不當删而删者。本紀，武帝起兵時有檄文一道，正見伐罪除暴之不容已，南史不載，但云移檄建業。及帝出沔，命王茂等圍郢城，久不拔，西臺遣席闡文來議，欲與魏連和，帝答以非策，此段文字最長，見帝之英斷，南史亦不載〔十三〕。蕭昱傳，梁書載其乞試用邊州一表，武帝斥責一詔，南史盡删之。許懋傳，梁書載諫封禪國山一表，正見其徵引之博，議論之正，南史亦盡删之，但云帝見其議稱善而已，此外亦無事跡可紀，則何必立此傳耶？梁書賀琛傳載其論大功之末不可冠子嫁女一議甚詳，南史亦全載其文，以其有關於禮制也，懋封禪一表所係更大〔十四〕，乃獨删之，何耶？梁書王僧辯傳，附其弟僧智逃入齊，并附徐嗣徽小傳，此皆因僧辯之難，間關被害者，自應附見，而南史一概删之〔十五〕，此又不當删而删者也。至如江淹傳載其上建平王景素一書，蓋仿漢書鄒陽獄中上書例也。陳伯之傳，伯之奔魏，臨川王宏北伐，使邱遲作書與伯之，伯之遂擁衆八千以歸，南史亦載其全文，以其文之工也。任昉傳，昉没後諸子流離，劉孝標憫之，乃廣朱公叔絶交論，南史亦載其全文，亦以一死一生，乃見交情，爲千古所同慨也。此又見延壽之意存斟酌，不盡以删節爲能者。

〔一〕分三大類：删節得當者，不當删而删者，意存斟酌者。
〔二〕行郢州事，係官銜。
〔三〕梁書二三，懿在其子長沙嗣王業傳。因先死，故附子傳，非不立傳也。見卷九梁書編傳失檢處條。
〔四〕尚有進爵梁公一詔、帝讓表一篇、肆赦一令、策一道。
〔五〕尚有壬戌策一道。十四篇存三篇。
〔六〕尚有立皇太子一詔，昭明太子薨，遂立帝；釋放擒虜一詔。「即位一詔、大赦一詔」，應云「即位大赦一詔」。
〔七〕此下尚有再答書一道。
〔八〕應云「聘魏使徐陵在鄴勸進一表」。
〔九〕以上紀，以下傳。

〔十〕應云「僧辯又一啓」。
〔十一〕鮑泉，疑「泉」本作「淵」。
〔十二〕二六〇一字。
〔十三〕以上紀，以下傳。
〔十四〕應云「懋諫封禪一表」。
〔十五〕此段梁書四五僧辯傳無之，爲南史六三僧辯傳所增，應改入下條南史增梁書有關係處，趙蓋將二史互誤也。「僧智」爲「僧愔」之誤。僧愔，僧智弟。

南史增梁書有關係處〔一〕

武帝紀〔二〕，增。皇考之薨不得志。武帝父順之，在齊武帝時，討魚復侯子響，縊殺之。齊武心惡之，順之憂懼而卒。見齊書子響傳〔三〕。至是鬱林失德，齊明帝輔政，帝欲助明帝以傾武帝之嗣，乃與明帝謀廢立等事。又增。齊明性猜忌，帝避明嫌，常乘折角小牛車以自晦。晚年爲侯景所制，臨崩口苦，索蜜不得，再曰荷荷而崩。

〔一〕次第不依梁書，亦不依南史。
〔二〕梁書一、三，南史六、七。

〔三〕齊書四十。子響，齊武子。

元帝紀〔一〕，增。帝性情矯飾，多猜忌，於名無所假借〔二〕，人有勝己，必加毁害。王銓兄弟有盛名，帝妬之，乃改寵姬王氏之父名琳，以同其父之名〔三〕。忌劉之遴才，使人鴆之。雖骨肉亦罹其禍。始居母憂，依丁蘭刻木爲像，及武帝崩，秘喪逾年，乃發凶問，方刻檀爲像，朝夕事之，其虛憍如此。武陵之平，議者欲因其舟楫遷都建業，宗懍、黄羅漢皆楚人，不願移，帝亦不欲動，乃止。西魏來攻，城將破，乃聚書十萬卷燒之。在幽辱中猶作四絶句。

〔一〕梁書五，南史八。
〔二〕原文無「借」字。
〔三〕「王氏之父」，「父」爲「兄」之誤。王銓父名琳。

徐妃傳〔一〕，增。妃不見禮於元帝，二三年始一入房。妃以帝眇一目，知帝將至，先爲半面粧待之，帝大怒。妃性妬，見無寵之妾，便交杯接坐，纔覺有娠，即手加刀刃。先與瑤光寺智遠道人私通。又與帝左右暨季江者淫通。季江每歎曰：「柏直狗雖老猶能獵，蕭溧陽馬雖老猶駿〔二〕，徐娘雖老猶尚多情。」又有賀徽者色美，妃要之於普賢尼寺，書白角扇爲詩贈之〔三〕。後爲帝逼死，帝嘗著金樓子述其穢行。

〔一〕梁書七，南史十二。

〔二〕蕭溧陽，宋本作「漂」，殿本作「溧」。

〔三〕「白角扇」原作「白角枕」。

昭明太子傳〔一〕，增。丁貴嬪薨，太子求得善墓地。有賣地者，欲以己地出售，乃賂奄人俞三副言於帝，謂太子所得地不如己地，於帝最吉，帝便命市之。既葬，有道士善圖墓，謂此地不利長子，教以用蠟鵝諸物厭之。有宫監密聞於帝，帝遣檢果然，將窮其事，徐勉固諫而止。由是太子終以此慙懼，以及於薨，其後嗣亦不得立。

〔一〕梁書八，南史五三。

南康王會理傳〔一〕，增。會理在建業，伺侯景出征，欲與柳仲禮等起事拒景〔二〕，建安侯賁以謀告王偉，遂被誅。

〔一〕武帝孫。梁書廿七、南史五三，目無名。
〔二〕「柳仲禮」爲「柳敬禮」之誤。

武陵王紀傳〔一〕，增。紀在蜀十七年，積貲無數，廄馬至八千匹。統兵東下，黃金一斤爲餠，百餠爲簉，至有百簉，銀五倍之。每戰則懸以示賞，而終不給。

〔一〕武帝第八子。梁書五五，南史五三。

臨賀王正德傳〔一〕，增。正德奔魏，又逃歸，復西豐侯本封，益肆橫。與弟樂山侯正則，及潮溝董當門之子暹，南岸夏侯夔之子爲四凶〔二〕，嘗殺人於道。其車服牛馬，號西豐駱馬，樂山烏牛，董暹金帖，織成戰襖。武帝詔責之，謂其專爲逋逃主，劫掠行路，致京邑士女，早閉晏開。徐敖失妻，橫尸道路。王伯敖，列卿之女〔三〕，乃奪爲妾。又正德妹長樂公主，適謝禧，正德與姦，乃燒主第，縛一婢，加金釧於其手〔四〕，聲云主燒死，而藏於家，呼爲柳夫人，生一子。其事稍露，後因奪張準雉媒，準於衆中罵曰：「雉媒非長樂主，何可掠奪。」皇太子恐帝聞之，亟爲和解，乃送還雉媒。

〔一〕臨川王宏子。梁書五五，南史五一。
〔二〕「夏侯夔之子」下應補「洪」字。潮溝、南岸，地名。既稱暹名，當稱洪名。
〔三〕非王伯敖之女，乃女名伯敖。原文如此。
〔四〕「金釧」，原作「玉釧」。

蕭懿傳〔一〕，增。懿在齊功高枉死，武帝即位之日，即追封長沙郡王，第三日追封兄敷及弟暢、融，逾月始追尊皇考妣。先卑後尊，爲識者所譏。

〔一〕武帝兄。梁書廿三附子嗣王業傳。南史五一，在宏前，但亦在正德前。

蕭藻傳〔一〕，增。藻出刺益州。先是鄧元起在蜀，自以有尅劉季連功，恃宿將，輕藻年少，藻怒乃殺之。元起在蜀時，聚積如山，金玉爲一室，曰内藏，綺縠爲一室，曰外府，藻以外府賜將士，内藏送京，己無私焉。

〔一〕懿子、武帝姪。梁書廿三，南史五一。

臨川王宏傳〔一〕，增。　宏統軍北伐時，軍容甚盛。既克梁城，諸將欲乘勝深入，宏聞魏援兵至，遂不敢進，吕僧珍亦贊之。裴邃曰：「是行也，固敵是求，何難之避。」馬仙琕曰：「但有前死一尺，何得退生一寸。」昌議之曰：「吕僧珍可斬也！豈有百萬之師輕言可退。」朱僧勇、胡辛生拔劍起曰：「欲退自退，下官當向前取死。」議罷，宏終不敢出。魏人遺以巾幗，歌曰：「不畏蕭娘與吕姥，但畏合肥有韋武。」韋叡也〔二〕。宏仍不進。於是軍政不和，遂大潰而歸，棄甲投戈，填滿山谷，士卒喪失十之八九。又增。　宏敗後，常懷愧憤。有人伏於朱雀航，伺帝竊發，被獲，稱爲宏所使〔三〕。宏自辨無此事，帝乃宥之。宏恣意聚斂，有庫百間。帝疑其藏軍仗，具饌至其家宴，半醉，曰：「我欲履行汝後房。」見其積錢，百萬標一黄榜，千萬懸一紫標，凡三十餘間。帝疑始釋，大悦曰：「阿六〔四〕，汝生活大可。」豫章王綜嘗爲錢愚論以譏之，帝特以激宏，勅綜曰：「天下文章何限，那〔五〕忽作此。」而宏不知愧也。宏又與帝女永興公主私通〔六〕，遂謀弒逆。會齋期，公主使二僮伺帝，丁貴嬪疑之，令宫帥擒獲，稱宏所使。帝殺二僮，秘其事，以漆車載主出。主恚死。

〔一〕武帝弟。梁書廿二，南史五一。

〔二〕叡，梁書十二、南史五八。曾在合肥敗魏師。吕姥謂吕僧珍。

〔三〕原文爲「帝將幸光宅寺，有士伏於驃騎航，待帝夜出。帝將行，心動，乃於朱雀航過。事發，稱爲宏所使。」

〔四〕六弟也。

〔五〕那，何以也。參前南史增齊書處條及卷十一南史增梁書瑣言碎事條。

〔六〕叔與姪女通奸。

南平王偉傳〔一〕，增。其世子恪刺郢州，侯景之亂，邵陵王綸至，恪以州讓之，綸不受。

〔一〕武帝弟。梁書廿二，南史五二。

鄱陽王恢傳〔一〕，增。其子修鎮漢中，拒魏帥，力屈乃降。宇文泰禮之，令還金陵〔二〕。元帝方疑忌，修請輸仗馬而後入。及江陵，患發背卒。又增。其子諮當簡文爲侯景所制，外人莫得見，惟諮以文弱得出入卧内。景惡之，遣人刺殺之。

〔一〕武帝弟。梁書廿二，南史五二。

〔二〕「金陵」爲「江陵」之誤。

沈約傳〔一〕，增。約之先世田子、林子〔二〕，爲宋初開國功臣。案此二人功績最著，本應入宋功臣傳，約欲自誇其先世，故不入列傳，而載於自序内，此私見也。梁書約傳删此二人，自屬得體〔三〕。延壽惟恐遺二人功績，乃亦仍自序之舊而載之。延壽既作南史，則宋史亦其所作，何不補此二人於宋史内，而仍序於約傳耶？

〔一〕梁書十三，南史五七。
〔二〕田子，約伯祖；林子，約祖。
〔三〕梁書約傳若不删田子、林子，豈非笑話。

范雲傳〔一〕，增。雲在齊朝時，豫章王嶷常在私第，不居東府；竟陵王子良亦好遊，不常居石頭，雲言其非，乃各鎮一城。又增。梁武將加九錫，雲適中病，醫者徐文伯謂須一月愈，若欲速愈，恐二年不可復救。雲急於痊愈，以備佐命。文伯乃下火而牀焉，重衾覆之，汗果出，遂愈，二年卒。

〔一〕梁書十三，南史五七。

任昉傳，梁書謂昉卒後，諸子皆幼，人罕贍恤之，故劉孝標爲作廣絶交論。南史增。諸子並無術業，墜其家聲，兄弟流離，不能自振，生平舊交莫有收恤之者〔一〕。

〔一〕梁書十四，南史五九。

徐勉傳〔一〕，增。勉掌選時，奏立九品爲十八班，自是貪冒者以財貨取通，守道者以貧寒見没矣。

〔一〕梁書廿五，南史六十。

朱异傳〔一〕，增。异貪冒財賄，欺罔視聽，四方饋餉，曾無推拒。起宅極美麗，退直則酣飲其中，慮日晚臺門閉，先令鹵簿自家列至城門，城門不敢閉。聲勢所驅，薰灼内外。

〔一〕梁書卅八，南史六二。

以上皆增梁書，而多有關於人之善惡，事之成敗者。又如蕭藻傳增其弟猷，猷弟朗，朗弟明，及猷之子詔，詔弟駿也〔一〕。臨川王宏傳增其子正仁、正文、正德、正則、正立、正表、正信，及正德子見理、正立子賁也〔二〕。南平王偉傳增其子恪也。鄱陽王恢傳增其子範，範弟諮，諮弟修，修弟泰也。始興王憺傳增其子亮、暎、曄也〔三〕。任昉傳增其子東里、西華、南容、北叟也〔四〕。此皆有補於梁書者也。

〔一〕梁書廿三，南史五一。明，北齊書卅三有傳。
〔二〕梁書廿二，南史五一。正德，梁書五五有傳。正表，魏書五九、北史廿九有傳。
〔三〕均見梁書廿二、南史五二。泰，北史廿九有傳。
〔四〕梁書十四，南史五九。東里，梁書十四附昉傳。

廿二史劄記批注　史法之屬

卷十一　宋齊梁陳書并南史

南史增梁書瑣言碎事

武帝紀〔一〕，增。帝兵圍郢州，城將破，有毛人數百，泣投黄鵠磯，蓋城之精也。帝東下，所乘船常有兩龍導引，左右皆見之。軍至建業，圍六門，東昏將檀和給東昏出戰，因來降。時民間謂密相欺者爲「和欺」，梅蟲兒等曰：「今日敗於檀和〔二〕，可謂『和欺』矣。」又增。帝少時符瑞，及在位，信奉佛教，重雲殿游仙化生皆動。又海中浮鵠山女子獻紅席等事。

〔一〕南史六、七，梁書一至三。

〔二〕「檀和」，殿本、百衲本均作「桓和」。

簡文紀〔一〕，增。昭明太子夢以己班劍授簡文，已而昭明薨，簡文果爲皇太子。

〔一〕南史八，梁書四。

元帝紀〔一〕，增。生時符瑞。武帝夢眇目僧執香爐，託生宫中。適采女阮姓侍側，始褰帷，有風回裾，武帝竟感幸之，遂生帝。又增。帝工書善畫，自圖宣尼像，爲之贊，人稱三絶。自承聖三年，主衣庫有黑蛇丈許，數十小蛇隨之。帝惡之，左右曰：「錢龍也。」乃取數千萬錢鎮其地以厭之。又有蛇落帝帽上，所御肩輿中有小蛇蜿蜒其中。又有龍騰空去，六七小龍隨之。羣魚騰躍，墜死於地。未幾江陵陷，爲西魏所滅。

〔一〕南史八，梁書五。

郗皇后傳〔一〕，增。后酷妬。及終，化爲龍，入宫，通夢於帝，或見形。帝體將不安，龍輒激水騰湧於露井上。常置銀轆轤金瓶，灌百味以祀之。故帝終身不復娶后。

〔一〕南史十二，梁書七。

丁貴嬪傳〔一〕，增。郗后遇之無道，常使日舂米五斛，每中程，若有神助者。

〔一〕南史十二，梁書七。

昭明太子傳〔一〕，增。武帝在襄陽起兵時，尚未有子，在途聞太子生，又徐元瑜降，而蕭穎胄死，人以爲同時三慶。又太子十二歲時，見獄官持案牘，問左右，我得判否，即取來，皆署杖五十。有司不敢行，具以聞帝，帝笑而從之。

〔一〕南史五三，梁書八。

南康王會理傳〔一〕，增。會理在湘州，行事劉納嘗禁其所爲，會理乃誣以贓賄，收送建業。納曰：「我一見至尊，當使汝等知。」會理遂使人殺之於路，百口俱盡。

〔一〕武帝孫。南史五三，梁書廿九，目無名。

廬陵王續傳〔一〕，增。元帝母阮得幸由丁貴嬪之力，故元帝與簡文帝相得，與續亦少相狎，長而相謗。元帝自荆州還京，攜所寵李桃兒俱歸。時宫禁門户甚嚴，續奏之，元帝懼，遂先送桃兒還荆，所謂西歸内人也。後續死，元帝在江州聞之，喜躍，屧爲之破。又續好聚斂，臨終，啓上金銀器千餘件，帝乃知其多財。謝宣融曰：「王之過如日月之蝕，欲令陛下知之，故終不隱。」帝意乃解。

〔一〕武帝子。南史五三，梁書廿九。

武陵王紀傳〔一〕，增。紀初授揚州時，帝於詔書内增數語曰：「貞白儉素，是其清也。臨財能讓，是其廉也。知法不犯，是其慎也。庶事無留，是其勤也。」後使都督益州，紀辭以遠。帝曰：「天下若亂，惟益州可免，故以處汝。汝念我老，我猶當再見汝還益州也。」

〔一〕武帝子。南史五三，梁書五五。

臨賀王正德傳〔一〕，增。正德奔魏時，爲詩納火籠中，即咏火籠曰：「楨幹屈曲盡，蘭麝氛氳消，欲知懷炭日，正是履冰朝。」至魏，稱被廢太子。蕭寶夤在魏〔二〕，請殺之，不果。

〔一〕臨川王宏子，武帝姪。南史五一，梁書五五。
〔二〕「蕭寶夤」上應加「齊」字。

蕭昂傳〔一〕，增。有一女子，年二十許，散髮黄衣，在武窟山石室中，不甚食，或飲少酒，鵝卵一二，故人呼爲聖姑，求子多驗，造之者滿山谷。昂呼問，無所對。以爲妖，鞭之二十，創即差，失所在。

〔一〕吴平侯景弟，即武帝從父弟。南史五一，梁書廿四。

蕭業傳〔一〕，增。其父懿被害時，業與二弟藻、象俱逃匿王嚴秀家。東昏收嚴秀付獄，考掠備至，以鉗拔手爪，至死不言，乃免禍。又增。業以私米購甓，助修城工，武帝嘉之。出刺湘州，有二虎無故斃於道，有人謂刺史德政所致，言訖不見。

〔一〕武帝姪。南史五一，梁書廿三。

蕭藻傳〔一〕，增。其從孫詔爲童時，庾信愛之，有斷袖之歡，衣食皆資於信。後入梁，詔鎮郢州，信過之，詔接信甚薄，坐青油幕，引信入宴，坐信别榻，有自矜色。信不能堪，乃徑上詔床，踐踏肴饌，直視曰：「官今日形容大異。」詔甚慚。

〔一〕業弟，武帝姪。南史五一，梁書廿三。

永陽王敷傳〔一〕，增。敷仕齊爲隨郡内史，有美政。齊明帝謂徐孝嗣曰：「學士不解治官。聞蕭隨州置酒清談，而路不拾遺。」

〔一〕武帝兄。南史五一，梁書廿三。

南平王偉傳〔一〕，增。其世子恪爲雍州刺史，任用其客江仲舉、蔡薳、王臺卿、庾仲雍〔二〕，百姓每有訴，必數處輸錢，民間歌曰：「江千萬，蔡五百，王新車，庾大宅。」〔三〕武帝聞之，爲接其句曰：「主人憒憒不如客。」

〔一〕武帝弟。南史五二，梁書廿二。

〔二〕「庾仲雍」應作「庾仲容」。

〔三〕殿本、百衲本均作「江千萬」。五百，五百萬也。

稍弛。

范雲傳〔一〕，增。雲在齊時，爲明帝述太宰文宣王夢中之事，明帝哀感，待其子昭胄等祏別結姻焉。江祏嘗求雲女結婚，以翦刀爲聘，及祏貴，雲曰：「荆布之室，理隔華盛。」乃還其翦，顧暠之舍，暠之妻方産〔二〕，有鬼在外曰：「此中有王有相。」雲謂帝曰：「王當仰屬，相以見歸。」後果驗。

〔一〕南史五七，梁書十三。

〔二〕顧嵩之，無傳。

江淹傳〔一〕，增。晚年才思微退，夢張景陽向其索錦，淹探懷中數尺與之。景陽曰：「那便割裂都盡。」顧見邱遲曰：「餘此數尺，聊以遺君。」又夢郭璞向其索筆，淹即以五色筆與之。爾後爲詩，終無新句。

〔一〕南史五九，梁書十四。

任昉傳〔一〕，增。昉在齊東昏時，紆意於梅蟲兒。得中旨，用爲中書令。往謝尚書令王亮，亮曰：「卿宜謝梅，那忽謝我。」又增。時人稱任筆沈詩，昉以爲病。晚節更好作詩，欲以傾沈，而用事過多，屬詞不得流便。都下士子慕之，轉爲穿鑿，於是有才盡之歎矣。

〔一〕南史五九，梁書十四。

王僧孺傳〔一〕，增。僧孺論素問中用砭石事，謂石人以石爲針，許慎説文所謂以石刺病也。又載晉、宋以來譜學散亂一事。又附同時文人虞羲、邱國賓、蕭文琰、邱令楷、江洪、劉孝孫、徐夤等，因叙文琰等擊鉢立韻，響滅而詩成等事。

〔一〕南史五九，梁書十四。

胡僧祐傳〔一〕，增。僧祐嘗以所加鼓吹置齋中自娱，或言此是公羽儀，公名位已重，不宜若此。答曰：「我性愛之，恒須見耳。」出游亦以自隨。

〔一〕南史六四，梁書四六。

陰子春傳〔一〕，增。青州有神廟，刺史王神念毁之。棟上一大蛇，長丈餘，遂入海。子春夜夢一人乞地安置，乃辦牲醴，請召安置一處。夜夢前人來謝曰：「當以一州相報。」後果因破魏兵，授南青州刺史。

〔一〕南史六四，梁書四六。

杜岸傳〔一〕，增。岸爲蕭詧所擒，詧母數岸罪，岸斥之爲老婢。詧命拔其舌，臠其肉而烹之，盡滅諸杜，發其冢墓。及建業平，杜崱兄弟亦發安寧陵以報。

〔一〕南史六四，梁書四六。

以上所增皆瑣言碎事，無甚關係者。李延壽修史，專以博採異聞、資人談助爲能事，故凡稍涉新奇者，必羅列不遺，即記載相同者，亦必稍異其詞，以駭觀聽。如羊侃傳謂武帝新造兩刀矟〔一〕長丈四尺，令侃試之，南史則謂長二丈四尺〔二〕。梁書謂侃挽弓至十餘石，南史則云二十石。皆欲以奇動人也。然有時採掇過多，轉覺行文蕪雜者。如豫章王綜傳，正叙綜奔魏後，梁兵大潰而歸，爲魏兵抄掠，而因及任煥乘騂馬走，爲抄傷足，歇橋下，抄者又至，煥足傷不能上馬，馬跪其前蹄，煥遂得騎而逸〔三〕。又如王僧辯傳〔四〕，正叙其攻郢州入羅城，忽又叙有大星如車輪，墜賊營，去地十餘丈，又有龍五色光耀，入鸚鵡洲水中等事。平郢州後，正叙其進兵潯陽，忽又叙軍中多夢周、何二廟神云，吾已助天子討賊，乘朱航而返，曰已殺景矣，同夢者數十百人等事。及師至鵲頭，風浪大作，僧辯仰天告誓，風遂止息，忽又叙羣魚躍水飛空，官軍上有五色雲，雙龍夾檻等事。既復京師，又奉命征陸納。方叙納據長沙拒守，忽又叙天日清明，俄而大雨，時人謂爲泣軍，咸知納必敗也。又有兩龍自城西江中騰躍升天，遥映江水，父老咸悲曰：「地龍已去，國其亡乎。」諸如此類，必一一裝入，毋怪行文轉多澁滯，不如梁書之爽勁也。

〔一〕「兩刀矟」，南史六三、梁書三九均作「兩刃矟」，矟音朔，矛也。

〔二〕恐係傳寫之異，未必有意改。

〔三〕南史五二，梁書五五，魏書五九，北史廿九。

〔四〕南史六三，梁書四五。

梁南二史歧互處

長沙嗣王業傳，梁書叙其父懿，當東昏無道，崔慧景奉江夏王寶玄圍臺城，東昏徵懿赴援。懿在歷陽，即投箸而起，進兵擊敗慧景，乃加懿侍中尚書令。而倖臣茹法珍等忌懿功高位重，尋搆東昏賜死〔一〕。南史懿傳則謂懿率兵入援時，武帝遣虞安福勸懿，誅賊後即勒兵入宮，行伊、霍故事，若放兵受其厚爵，必生後悔。懿不從，遂及於難云〔二〕。案懿在歷陽，聞詔即赴，一二日已達京師，敗慧景，時武帝方在襄陽，距京二千里，豈能逆知其事，而遣使在未平慧景之先，此必誤也。梁書本傳無武帝勸懿廢立之事，南史慧景未反前，武帝遣趙祖悦勸懿興晉陽之甲〔三〕，當即此一事，而係之於兩處耳。

〔一〕梁書廿三。

〔二〕南史五一。

〔三〕「趙祖悦」爲「趙景悦」之誤。

邵陵王綸傳，梁書載其少年爲丹陽尹時，侵漁細民，爲少府丞何智通所奏，綸使戴子高刺殺智通。智通子訴於闕下，帝令圍綸第捕子高，綸匿之，竟不出，坐是罷官，後復爵。其載綸之不善，如此而已。南史則增綸因帝勑責，乃取一老公類帝者，加以衮冕，朝以爲君，自陳無罪，旋即剥褫而撻之於庭。又因昭明太子薨，帝立簡文爲太子，綸以爲非，乃伏兵於莽，常伺車駕，有張僧胤知之，謀頗泄。又獻曲阿酒百器，帝以賜寺人，飲之而薨。帝由此始不自安，每加衛士，以警宫禁云〔一〕。案綸當侯景之變，率兵赴援，鍾山之戰最力。後兵敗而逃，聞湘東王繹以兵圍河東王譽，作書勸湘東息家門之憤，赴君父之難。湘東不聽，反以兵逼綸，綸遂遁入齊昌，尚思匡復。爲西魏兵所攻，被殺。是綸非肆逆者。且帝既先防其爲亂，加衛士防之矣，侯景反時，豈肯又加以征討大都督之權，令其統諸軍討賊乎？此亦必南史好採異聞，而不究事之真僞也。至武陵王紀傳，梁書謂侯景之亂，紀不赴援。南史則謂紀先遣世子圓照領兵三萬，受湘東王繹節度。繹令且駐白帝，未許東下。及武帝凶問至，紀總戎將發，繹又使胡智監至蜀止之〔二〕。是紀未嘗不發兵也。而梁書所謂不發兵者，蓋本元帝時國史。元帝既殺紀，欲著其逆跡而有是言，所謂欲加之罪，其無辭乎。此事當以南史爲正。

〔一〕梁書廿九，南史五三。

〔二〕梁書五五，南史五三。

王僧孺傳，梁書載其爲南康王長史時，被典籤中傷去職，奉辭王府一箋，凡千餘字。按箋內有云「去矣何生，高樹芳烈」之語，既辭王府，何以獨稱何生，殊不可解。南史雖删此文，而謂僧孺將去，有友人何炯猶在王府，僧孺與炯書以見意，然後何生句始明。蓋别何炯書，非辭王府箋也〔一〕。此又可見南史詳細處。至任昉傳，梁書、南史俱謂昉出爲新安太守，卒於官〔二〕。而劉孝標廣絶交論有云：「瞑目東粵，藐爾諸孤，流離大海之南，寄命瘴癘之地。」〔三〕是則昉没於粵，非没於新安也，二書俱誤。

〔一〕梁書三三僧孺傳，辭府箋二三六字，與何炯書一一八〇字。「去矣何生」二語在梁書內本是與何炯書語，趙誤連箋與書爲一耳。
〔二〕梁書十四，南史五九。
〔三〕劉孝標名峻，梁書五十，南史四九。廣絶交論二史劉本傳不載，見二史任昉傳及文選、類聚。

南史於陳書無甚增删

南史於他書多所增删，獨至陳書則甚少。今以兩書比對，如杜僧明、周文育、侯安都、侯瑱、歐陽頠、吴明徹、黄法𣰋、淳于量、章昭達、程靈洗等傳，大概相同，但稍節其字句耳。其陳書所有而南史删之者，周鐵虎傳删馬明戰死之事，任忠傳删後主倖臣沈客卿、施文慶弄權誤國之事，華皎傳删戴僧朔、曹慶、錢明本、魯閑、席慧略等附見之事〔一〕，傅縡傳删其明道論一篇，沈炯傳删其請終養一疏，答詔一道，江總傳删其修心賦一篇而已。其陳書所無而增之，及陳書所略而詳之者，如蕭摩訶傳，隋將賀若弼兵至建業，魯廣達力戰，賀若弼與七總管兵八千人，各勒陣以待之。弼躬當廣達，麾下死者二百七十餘人，弼縱煙以自隱，窘而復振。陳人得人頭，輒走獻後主取賞。弼更趨孔範軍，範敗走，陳軍遂潰。隋將擒蕭摩訶送弼，弼以刀臨頸，辭色不撓，乃釋而禮之。又陳慧紀傳，慧紀聞隋師攻建業，先遣吕肅據巫峽，以鐵鎖横江，四十餘戰，隋軍死者五千餘人，陳軍盡取其鼻以邀賞。既而隋軍獲陳卒，則縱遣之。别帥廖世寵詐降於隋，欲燒隋艦，風浪大起，火反燒陳船，陳軍大敗，慧紀尚率兵東下。隋晉王廣遣使以慧紀子來諭降，又使降將樊毅等諭上流城戍悉解，慧紀不得已乃降〔二〕。此陳書所略而詳之者也。任忠傳，忠降隋數年而死，隋文帝謂羣臣曰：「平陳之初，我悔不殺任蠻奴。受人榮禄，兼當重寄，不能横屍，而云無所用力，與弘演納肝，何其異也。」〔三〕傅縡傳，縡以直諫死，死後有蛇屈尾來上靈座，去而復來，百餘日，時時有彈指聲。吴明徹傳，明徹爲周所擒，封懷德郡公。義陽王叔達傳，陳書止載其入隋爲絳郡通守，南史並載其入唐爲禮部尚書。此皆陳書所無，而南史增之者也。其餘但删減行墨，而絶無添列事跡。蓋李延壽修南、北二史閲十七年〔四〕，至修陳書，則已精力漸竭，故不能多爲搜輯耳。

〔一〕陳書二十，南史六八。「錢明本」，「本」字衍。陳書原文：「錢明，本高祖主帥，後歷湘州諸郡守。」本，本來也。高祖，陳霸先。「錢明」下應添「潘智虔」。六人不應漏一人。

〔二〕陳書十五，南史六五。「率兵東下」下原有「及建鄴平」一句，不能省。「悉解」下漏「甲」字。

〔三〕陳書卅一，南史六七。任忠，小名蠻奴。文帝父名忠，避「忠」字。弘演，衛懿公臣，見吕氏春秋十一卷忠廉篇。「何其異也」原作「何其遠也」。

〔四〕應云「十六年」。

南史與陳書歧互處

南史與陳書雖無甚增删，然如衡陽王傳，直書其爲文帝所害，始興王伯茂傳，直書其爲宣帝所害，劉師知傳，直書其害梁敬帝之事，使奸惡不能藏匿，此最有功於陳書。事俱見陳書避諱條内〔一〕。其他有與陳書歧互者，長沙王叔堅傳，陳書謂後主待堅漸薄，堅不自安，乃爲左道祈福，刻木作偶人，衣以道士服，晝夜醮之。有人上書告其事，後主令宣勑責之，堅曰：「非有他故，但欲求親媚耳。」是左道厭魅，叔堅實有其事也。南史則云，後主陰令人造其厭魅之具，又令人告之，案驗令實。是叔堅本無此事，而後主誣陷之耳〔二〕。又江總自序，太建之末，權移羣小，屢被摧黜。生平惟奉佛教，深悟苦空。陳書本傳謂此序時人謂之實録，南史則謂此叙識者譏其言跡之乖〔三〕。惟此兩傳，二書歧互。觀於江總諂事後主，與自序不同，則亦當以南史爲定也。

〔一〕本書卷九。
〔二〕陳書廿八，南史六五。
〔三〕陳書廿七，南史卅六。

廿二史劄記批注　史法之屬

卷十三　魏齊周隋書并北史

魏書多曲筆

魏收仕於北齊，修史正在齊文宣時，高洋。故凡涉齊神武高歡。在魏朝時事，必曲爲迴護。如孝莊紀，建義元年〔一〕書齊獻武王高歡先謚。與于暉等大破羊侃於瑕邱〔二〕。北史不書。二年〔三〕書齊獻武王與上黨王天穆大破邢杲於濟南，杲降，送京，斬於都市。北史不書。前廢帝紀，普泰元年書齊獻武王以爾朱榮〔四〕逆亂，興義於信都。北史不書。又爾朱榮傳內書，河陰之役，榮欲篡立，齊獻武王及司馬子如勸止之，乃仍奉莊帝。北史謂劉靈助勸止之，而不及高歡等。此皆深著齊神武之功也。孝武西遷爲西魏，神武立孝靜帝爲東魏，則於西魏之君臣率多貶詞。孝武之殂，則書宇文黑獺即宇文泰。既害出帝，即孝武帝。乃以南陽王寶炬僭尊號。

即文帝。斛斯椿隨入關，北史載其死後家無餘貲，而魏收書則謂其狡獪多事，好亂樂禍，朝野莫不疾之。賀拔勝自魏奔梁，又自梁歸西魏，感梁武之德，見鳥之南飛者亦不忍射。玉壁之戰，追逐齊神武，幾獲之。北史〔五〕謂其垂翅江左，憂魏室之危亡，奮翼關西，感梁朝之顧遇。是固君子人也。魏收書則謂其好行小數，志大膽薄，周章南北，終無所成，致没於賊中。此皆以其仕於西魏，故肆爲詆訾。當時已謂其黨齊毁魏，褒貶肆情，則其曲筆可知也。至孝静帝紀歷叙高澄無禮於帝，及帝遜位於齊文宣時，與宫嬪泣别，乘一犢車而去，後文宣行幸，常以帝自隨，竟遇酖而崩等語。按魏收修書正在文宣時，方諂齊之不暇，豈敢直書其事？此必非收原本，乃後人取北史之文以足之〔六〕。惟后妃傳内，孝静帝后高氏，本神武之女，文宣妹也，而書帝崩後下嫁楊遵彦，亦似略无忌諱〔七〕，故叢考前編謂非收原本，今細按之，正見收之諂附遵彦，欲以見其聯姻帝室之榮，則此傳實係收書，非鈔北史之文也。遵彦楊愔字也，史家書名不書字，今獨書其字，尤見其諂愔而不敢書名也〔八〕。然則收之書趨附避諱，是非不公，真所謂穢史也。

〔一〕應作「永安元年」。魏該年三號：武泰元年四月改建義，九月廿一日又改永安。事在十一月十日。西紀五二八。

〔二〕「瑕邱」應作「瑕丘」。

〔三〕二年是永安二年。

〔四〕原無「榮」字。此時榮已死。

〔五〕應補「傳論」二字。

〔六〕孝静紀原闕。高澄，文襄；高洋，文宣。超案：援庵在其自用魏書卷十二孝静紀，齊天保元年五月己未條上有批語：「以上北史有删節，以下幾全與北史五同，知其由北史補。」趙所引正在此以下。

〔七〕諱改嫁是宋以後風俗。

〔八〕收著書時，愔尚存。

孝武帝與高歡不協而西遷，既入關，因閨門無禮，爲宇文泰所酖。魏收在齊修魏書，宜乎詳著其醜，乃出帝紀即孝武帝。並不叙及，但云帝爲宇文黑獺所害，是猶存諱惡之義。或收修書時，孝武閨門之事尚未聞於齊故耶？

爾朱榮傳〔一〕

北史魏諸臣傳，多與魏收書相同，惟爾朱榮傳，當時謂榮子文暢〔二〕遺收金，請爲其父作佳傳，收論内遂有「若修德義之風，則韋、彭、伊、霍夫何足數」等語〔三〕，故北史此傳多有改訂。今按收書，大概著其功而減其惡，先叙其討破萬子乞真、句。番和婆崘嶮、句。乞、步落堅胡劉阿如、句。勑勒北列步若、句。勒勤斛律洛陽、句。費也頭牧子等，詳悉不遺。至葛榮作亂，則載其請討一疏〔四〕。明帝之殂，則載其請誅徐紇、鄭儼一疏〔五〕。立莊帝後，載帝加以柱國大將軍一詔〔六〕。擒葛榮後，載帝加以大丞相一詔，又進位太師一詔〔七〕。平元顥後，載帝加以天柱大將軍一詔〔八〕。及榮死後，又載廢帝追贈三詔。而於榮肆橫無君，逞凶濫殺，及莊帝畏逼憂禍，潛謀殺榮之事，則不甚詳。使閱者但覺功多罪少，此收之舞文也。北史則於討破萬于乞真等小賊不過隱括數語，其疏與詔一切删除，此本北史體例如是，非專略於榮傳。而河陰之殺朝臣，魏書謂千三百人，北史謂二千餘人。及莊帝殺榮之事，詳叙之歷歷如繪，自是功罪各不相掩。然收書河陰之役，榮殺帝兄弟，並幽帝於別帳，將弑之，已使趙元則作禪文，因鑄己象不成，乃還奉莊帝之處，亦終不能稍諱，則亦未大失實也。惟榮女先爲明帝嬪，榮欲以爲莊帝后，帝從祖瑩言立之。此事榮傳中竟絶無一字，則以此后後爲齊神武所納，故諱之。然則收非曲徇爾朱，乃曲徇高氏耳。

〔一〕魏書七四，北史四八。

〔二〕應作「文略」。文暢弟。

〔三〕魏書七四榮傳作「彭韋」，北齊書三七魏收傳作「韓彭」，北史四八榮傳作「韋彭」，北史五六收傳作「韓彭」。王志堅讀史商語謂應作「韋彭」，以金石録爲證。四庫史評存目二。
〔四〕二七七字。
〔五〕四三四字。
〔六〕九三字。
〔七〕一八二字、三六八字。
〔八〕二八〇字。

西魏書 附謝蘊山答書

魏自胡太后臨朝，孝明帝崩後，爾朱榮起兵，沈太后、少帝於河，立長樂王子攸，是爲孝莊帝〔一〕。帝以榮肆横，手殺之，爾朱兆等稱兵害帝，立長廣王曄；又以曄詔禪位於廣陵王恭，是爲節閔帝〔二〕。魏書謂前廢帝。高歡起兵討爾朱氏，廢節閔而立平陽王修，是爲孝武帝〔三〕。未幾，帝與歡不協，乃西遷關中，依宇文泰。歡别立清河王亶子善見爲帝，是爲東魏，而孝武爲西魏。按歡廢節閔時，會朝臣議，僉謂孝文不可無後，故立孝武，天下共以爲主，已三年，始西遷，是魏統自應屬孝武。孝武崩，文帝立，文帝崩，廢帝、恭帝繼之，皆魏之正統也。魏收在北齊修魏書，欲以齊繼魏爲正統，故自孝武後即以東魏孝静帝繼之，而孝武後諸帝不復作紀，此收之私見也。魏澹作魏書，以西魏爲正統，自是正論。惜其書不傳，故西魏文帝等紀年紀事，轉見於周文帝即宇文泰。紀内。幸北史增文帝諸紀，名分始正，而魏書究不得爲完書。近日謝藴山藩伯另撰西魏書，以次于魏書之後，誠得史裁之正也〔四〕。其採掇亦甚詳，可稱良史，惟列傳尚有遺漏，如八柱國内少李弼、獨孤信、趙貴、侯莫陳崇，十二大將軍内少侯莫陳順、宇文導、達奚武、李遠、豆盧寧、宇文貴、楊忠、王雄。按柱國本爾朱榮官號，榮敗後，此官遂廢，魏文帝以宇文泰功大，始命爲之，其後功參佐命、望實俱重者，亦居此職。自大統十六年以前，任者凡八人，泰統百揆，元欣皇族，其餘六人各督二大將軍，分掌禁旅，出則征伐。是諸臣乃大統十六年以前功臣，雖皆宇文泰擢用，然是時魏祚未移，泰亦尚爲魏臣，諸人方與泰比肩事魏，則皆西魏臣也，豈得無傳。又蘇綽在魏，仿周禮定官制，與盧辯同事，今綽有傳而辯無傳，亦屬挂漏，曾屬藴山補之，未知增入否〔五〕。

〔一〕孝莊，武泰、建義，一年二號。
〔二〕節閔，普泰，一年。
〔三〕孝武，太昌，一年。即出帝。
〔四〕今西魏書廿四卷，乾隆六十年開雕。有錢大昕乾五七序，姚鼐乾五六序，及翁方綱、畢沅札。惟趙札作附録。又有凌廷堪乾五七跋，胡虔乾六十跋。劄記趙自序乾六十，錢大昕序嘉五，李保泰序嘉五。
〔五〕今謝啓昆未照趙説補入。

附謝藴山答書

前過常州，快聆麈論，得慰積懷。昨惠手書，過蒙期許，拙詩復寵以序文，感何如之。承示西魏書挂漏處，極費清心。所有宗室内少元育、元贊，八柱國内少李弼、獨孤信等，十二大將軍内少侯莫陳順等，誠屬疏略。然斷代爲書，列傳當有限制，嘗怪漢之臧洪、陶謙、荀彧、公孫瓚、董卓、二袁諸人皆未臣魏，陳壽載之魏志，殊失史裁，范蔚宗收入後漢書是也。然黄初諸臣曾仕建安者甚多，使俱入漢書，則無此義例矣。弟爲此書之初，搜羅周、隋兩朝之曾仕西魏者，凡三百餘人，周書列傳非西魏臣者，十無一二，勢難廢周書而改爲西魏〔一〕，故拙撰列傳，以宇文受禪爲斷，其下仕周、隋者，即不立傳，雖尉遲迥、獨孤信輩，勳業爛然，亦從删削。然封爵表載其爵秩大事，異域表載其勳略，柱國大將軍之制載於百官考，似可與列傳互爲補苴，不致缺漏矣〔二〕。此區區作書之旨，不識高明以爲然否？大抵吾輩著書，得失參半，一人見識既單，精力有限，不得良友正之，則疑無從改訂。尚祈不吝教言，尤荷高誼。吾兄近日著述如已脱稿，亦望寄示，或可效一得之愚也。諸惟鑒原是幸。

〔一〕其實可不作。

〔二〕三表：封爵、大事、異域。大事表分四層：永熙，三年；大統，十七年；廢帝，二年；恭帝，三年。共廿五年。四帝共一卷：孝武、文、廢、恭。四考：紀象、儀制、地域二、百官二。十二列傳，宇文泰分上下。一載記：東魏、後梁。共廿四卷。

答謝蘊山藩伯書

承示西魏書斷自宇文受禪，而以僕所指八柱國、十二大將軍有不能盡入西魏者，具見斟酌苦心，僕深愧考核未精，妄參末議矣。漢以後數朝皆以禪代爲革命，其臣多歷仕前後兩朝，故作史者必先立限斷。晉武時議立晉書限斷，荀勖欲以魏正始〔一〕爲斷，王瓚欲以嘉平〔二〕爲斷，賈謐欲以泰始〔三〕爲斷，後因張華謂宜用正始〔四〕，其議遂定〔五〕。徐爰宋書舊本，列晉末諸臣及叛賊，並劉毅等與宋武同起義者，沈約修宋書，以桓玄、譙縱、盧循，身爲晉賊，無關後代；吴隱、郗僧施，義止前朝，不宜入宋；劉毅、何無忌、諸葛長民、魏詠之、檀憑之，志在匡晉，亦非宋臣，遂一概删却〔六〕。此皆古人先立限斷之法。足下西魏書以宇文受禪爲斷，可謂扼要矣，然亦有未可盡拘者。陳壽魏志列入漢末諸臣董卓、陶謙、吕布、二袁、劉表等，誠有如足下所云，殊失史裁。然壽作三國志時，後漢尚未有正史，而諸臣事多與曹操相涉，不立傳則記載不明，故仿漢書項羽、陳涉之例，遂列漢臣于魏志。及范蔚宗出，悉收入後漢書，而後漢、魏兩朝人物，燦若列眉。足下西魏書列斛斯椿、賈顯度、賀拔勝等傳，正用范書例也。而范書中有荀彧一傳，彧出仕即參曹操軍事，始終爲其謀主，佐成大業，則聽其傳于魏志可矣，而蔚宗以其心存漢朝，阻魏九錫，特入於漢臣内，此又作史者于限斷之中寓變通之例。今西魏八柱國、十二大將軍，雖多宇文泰擢用，其後又多仕于周者，然其先則與泰同官魏朝，且泰于魏文帝時尚不失臣節，其出師嘗奉魏帝以行，所仿周禮六官亦必奏而後著爲令，非如操之目無漢獻也，則與泰同立功于西魏者尚皆魏臣。況李弼、侯莫陳順，當周閔帝受禪之年即卒；趙貴、獨孤信，並以謀殺宇文護而被害，似不得盡指爲周臣，而西魏書不列傳也。如以仕周者不終于魏，則有新唐書傳趙光胤、王處直之例在。二人皆唐臣，後歷仕朱梁、後唐，而新唐書仍爲立傳。光胤則叙其歷官知制誥而止，處直則叙其天復初封太原郡王而止，以此官猶是唐所授，以後則不復叙也。否則有隋、唐二書各傳裴矩之例在。矩入唐爲民部尚書，唐人修隋書，以其在隋朝事跡最多，特爲立傳。後宋祁以其説曹旦舉山東之地歸唐，又爲立傳于唐書。是一人兩傳，古亦有此例。西魏達奚武入周，有迎齊將司馬消難、拒斛律敦等功，而其先戰沙苑，戰河橋，斬齊將高敖曹，敗梁將蕭循，皆魏朝事也。豆盧寧入周，有討稽胡劉桑德等功，然其先從擒竇泰，復弘農，破沙苑，平梁企定，討傍乞鐵忽，皆魏朝事也。楊忠入周，有破齊師于晉陽等功，而其先從平潼關，破回洛城，斬齊將辛纂，擒梁將柳仲禮，皆魏朝事也。宇文貴入周，但有討吐谷渾之功，而其先從爾朱榮擒葛榮，平邢杲，拒元顥，則尚在孝武以前，及從孝武入關，授賀若統，敗堯雄，走任祥，降是云寶，亦皆魏朝事。魏文帝以金卮置侯上，射中者賜之，貴一發而中，帝即賜貴，且獎諭之，則更爲魏帝所寵任者。竊意此諸人仍應補傳于西魏，但叙其在魏立功之處，而入周後事跡，周書本有傳，固不妨並存，似與隋、唐二書傳裴矩、趙光胤、王處直之例相合，不必以其曾仕周，遂不入魏書也。前、後五代之人，多歷仕數朝，最難位置。如後五代時，張全義附梁最密，而薛居正以其再仕後唐，則入于唐臣傳；馮道歷仕數朝，居正以其歿于周，亦入于周臣傳，終覺未妥，故歐陽修另立雜傳以處之。今以仕周者遂不入魏書，意雖嚴而事未備也。且前代各史，凡手創帝業，身未爲帝，至其子始禪代者，皆聽其入新朝紀内，而前朝不復立傳。如後漢書不立曹操傳，魏志不立司馬懿父子傳，後魏書不立高歡傳是也。今西魏書以宇文泰爲西魏功臣之首，特爲立傳，此與後周書立楊忠傳同一卓識。泰既立傳于西魏，而與泰同仕魏朝，同受魏封之人，反以其仕周遺之，轉不免留全書之缺矣。承諭著書必資友朋訂正，此誠大人先生虚懷集益之雅量，故僕敢再進瞽説，以就正有道焉。

〔一〕齊王芳前年號。

〔二〕齊王芳後年號。

〔三〕晉武炎年號。

〔四〕應作「泰始」。

〔五〕晉書五十賈謐傳。

〔六〕卷九宋書多徐爰舊本條已説過。

北史魏書多以魏收書爲本

李延壽修北史時，魏收、魏澹二書並存。史稱澹書義例極嚴，則延壽魏史自應以澹書爲本，乃今與魏收書一一核對，惟道武、太武、獻文之殂及以西魏爲正統，昭成帝爲其子實君所弒，魏書但云，二十九年十二月〔一〕，帝至雲中，旬有二日，帝崩。北史則云，皇子實君作亂，帝暴崩。道武爲清河王紹所弒，魏書但云，冬十月戊辰，帝崩於天安殿，年三十九。北史則云，清河王紹作亂，帝崩。太武爲中常侍宗愛所弒，魏書但云，正平二年三月甲寅，帝崩於永安宮，年四十五。北史則云，中常侍宗愛搆逆，帝崩。獻文爲文明太后所害，魏書但云承明元年，年二十三，帝崩於永安殿。北史則書文明太后有憾於帝，帝崩。魏書出帝之後即接以東魏孝静帝，而出帝後諸帝不書。北史則孝武帝後（即出帝）有文帝、廢帝、恭帝三本紀，恭帝遜位，西魏亡，始列東魏孝静帝本紀。此蓋用魏澹之例〔二〕，澹書以西魏爲正統，東魏爲僞。又以道武諸帝並遭非命，前史立紀，不異善終，殺主害君，莫知名姓，則亂臣賊子將何所懼？今分明直書，不敢迴避云。其他紀傳則多本魏收書，但删繁就簡耳。推原其故，蓋魏收修史在北齊時，凡魏朝記載，如鄧淵、崔浩、高允所作編年書，李彪、崔光所作紀傳表志，邢巒、崔鴻、王遵業所作高祖起居注，温子昇所作莊帝紀，元暉業所作辨宗室録，卷帙具在〔三〕，足資採輯，故其書較爲詳備。及書成，則盡焚崔、李等舊書，於是收書獨存。而魏澹續修，亦僅能改其義例之不當者，而年月件繫事實，則固不能舍收書而別有所取也。是知澹書已悉本收書，延壽又在澹後，自不得不以收書爲本，故叙事大略相同也。

〔一〕魏書、北史均作「三十九年」。
〔二〕澹，隋書五八、北史五六。澹與徵皆收之族弟。澹在齊曾與收同修五禮。
〔三〕除温子昇莊帝紀外，均見魏書一〇四收自序。温子昇，魏書八五、北史八三。

按孝明帝之崩，本胡太后倖臣鄭儼、徐紇所爲，魏收書及北史本紀皆不見其跡，但云武泰元年二月癸巳，帝崩於顯陽殿而已，是北史例亦不畫一。又晉書苻堅載記，堅遣俱難、鄧羌等討涉翼犍，即魏書什翼犍。涉翼犍戰敗，遁於陰山，其子翼珪〔一〕縛父以降。堅以涉翼犍荒俗未知禮義，令入太學習禮，以翼珪執父不孝，遷於蜀。此事魏收書本紀既不載，北史亦不書。

〔一〕晉書載記作「圭」。

北史改編各傳

北史編次各傳，多有與正史異者。魏、齊、隋俱有外戚傳，北史以魏之劉羅辰、李峻、于勁、李延實，齊之婁叡、爾朱文暢、鄭仲禮、李祖昇、元蠻，隋之獨孤羅、蕭巋，各附其家傳，惟魏之賀訥、姚黃眉、杜超、賀迷、閭毗、馮熙、李惠、高肇、胡國珍，齊之趙猛、胡長仁入外戚傳〔一〕。周書無外戚傳。魏書文苑傳有袁躍、裴敬憲、盧觀、封肅、邢臧、裴伯茂、邢昕、溫子昇，北史惟取子昇，其餘各附其家傳。齊書文苑傳有祖鴻勳、李廣、樊遜、劉逖、荀士遜、顏之推，北史惟取祖、李、樊、荀，其餘亦各附其家傳。周書無文苑傳，北史取王褒、庾信、顏之推及弟之儀。之推本在北齊文苑內，後又仕周，故北史編入周代。隋書文學傳有劉臻、崔儦、王頍、諸葛穎、王貞、孫萬壽、虞綽、王胄、庾自直、潘徽，北史則取劉臻、諸葛穎、王貞、虞綽、王胄、庾自直、潘徽，又增虞世基、許善心、柳䛒、明克讓爲文苑傳，而崔儦、王頍、孫萬壽各從其家傳。魏書有孝感傳，趙談〔二〕、長孫慮、乞伏保、孫益德、董洛生、楊引、閻元明、吳悉達、王續生、李顯達、倉跋、張昇、王崇、郭文恭也；周書有孝義傳，李棠、柳檜、杜叔毗、荊可、秦族、皇甫遐、張元也；隋書有孝義傳，陸彥師、田德懋、薛濬、王頒、田翼、楊慶、郭世俊〔三〕、紐因〔四〕、劉仕儁、郎方貴、翟普林、李德饒、華秋、徐孝肅也；北史則以趙談、李棠、柳檜、杜叔毘、陸彦師、李德饒入別傳及家傳，其餘作孝行傳。魏書藝術傳，晁崇、張勝〔五〕、殷紹、王早、耿元〔六〕、劉靈助、江式、周澹、李修、徐謇、王顯、崔彧、蔣少游也；齊書方技傳，由吾道榮、王春、信都芳、宋景業、許遵、吴遵世、趙輔和、皇甫玉、解法選、魏寧、綦母懷文、張子信、馬嗣明也；周書藝術傳，冀儁、蔣昇、姚僧垣、黎景熙、趙文深、褚該、强練也；隋書藝術傳，庾季才、盧太翼、耿詢、韋鼎、來和、蕭吉、張胄玄、許智藏〔七〕、萬寶常也；北史則以江式、崔彧、冀儁、黎景熙、趙文深各編列傳，又增沙門靈遠、李順興、檀特師、顔惡頭，並以陸法和、徐之才、何稠共爲藝術傳，其餘入別傳及家傳。魏書酷吏傳，于洛侯、胡泥、李洪之、高遵、張赦提、羊祉、崔暹、酈道元、谷楷也；齊書酷吏傳，邸珍、宋游道、盧斐、畢義雲也；周書酷吏傳，王文同也〔八〕；北史則以高遵、羊祉、酈道元、谷楷、宋游道、盧斐、畢義雲各從其家傳，其餘入酷吏傳。

〔一〕史記外戚世家、漢書外戚傳，即皇后本身。魏書始以外戚爲皇后外家諸男子。北齊、隋、晉、北史因之。
〔二〕原爲「趙琰」，下同。顒琰，嘉慶諱。
〔三〕隋書作「郭儁」，北史作「郭世儁」。

〔四〕隋書作「紐因」，北史作「紐回」。

〔五〕魏書作「張淵」，北史作「張深」。

〔六〕原作「耿玄」。

〔七〕「許智藏」，殿本目誤作「劉智藏」。

〔八〕周書無酷吏傳。隋書七四酷吏傳又不止王文同一人。

南北史兩國交兵不詳載

南、北史以簡淨爲主，大概就各朝正史删十之三四。如每代革易之際，以禪讓爲篡奪者，必有九錫文，三讓表，禪位詔册，陳陳相因，遂成一定格式，南、北史則删之，而僅存一二詔策。其他列傳内文詞無關輕重者，亦多裁汰。如許善心神雀賦，隋書全載原文，北史但記其事，而不載其賦。如此類者，不一而足，宋子京所謂「刊落釀詞，過舊書遠甚」者也〔一〕。其於南北交兵事，尤多删削。今即以北史與魏史校對，如魏書明元帝泰常七年，魏攻滑臺，宋將王景度棄城走。八年，克虎牢，獲宋將毛德祖等。此事在宋少帝景平元年，宋書書魏軍克虎牢，執司州刺史毛德祖以去，南史却不書。太武帝神䴥元年，宋將王仲德寇濟陽，王玄謨、竺靈秀寇滎陽，魏兵擊破之。四年，安頡平滑臺，擒宋將朱修之、李元德等，追檀道濟至歷城而還。此事在宋元嘉八年，宋書書滑臺復爲索虜所陷，檀道濟引兵還。太平真君四年，皮豹子等破宋兵於濁水。七年，永昌王仁擒宋將王章於高平。十一年，仁斬宋將劉坦之於汝東。宋將蕭斌之寇濟州，王買德棄城走，斌之入城，遣王玄謨寇滑臺。帝南伐，遣長孫真率騎五千赴之，玄謨、斌之皆遁。乃命諸將並進，宋將臧質拒守，燕王譚破其援兵胡崇之，永昌王又攻拔懸瓠。車駕至淮，斬宋將唐德祖〔二〕，遂至瓜步。宋人大懼，獻百牢，請進女皇孫〔三〕以求和。帝以師婚非禮，許和而不許婚。北史俱不書，但云帝南征，命諸將分道並進，所至城邑皆下，起行宮於瓜步，宋文帝遣使進百牢，並請進女，帝許和而不許婚。又如孝文帝太和四年，齊將崔文仲陷壽春，崔慧景寇武興，魏詔元嘉等南討，破齊將盧紹之於朐山。又詔馮熙等出正陽〔四〕，賀羅出鍾離〔五〕。諸將擊破齊將桓康於淮陽，俘三萬餘人。北史亦不詳載，但云元嘉破齊軍，俘三萬口。十三年〔六〕，齊將陳顯達陷醴陽，左僕射穆亮討之。十五年〔七〕，齊兵寇淮陽，太守王僧儁擊走之〔八〕。二十一年，帝留諸將攻赭陽，自至宛城，剋其郛；至新野，築長圍困之，大破齊將於沔北。二十二年，齊將蔡道福、成公期、胡松等各棄地遁走。又攻宛城拔之，其將房伯玉出降。齊將裴叔業寇渦陽，詔鄭思明救之。二十三年，齊將陳顯達寇潁州，詔元英討之。顯達陷馬圈，車駕南伐，顯達遁走〔九〕。北史皆不書。宣武帝正始元年，梁將姜慶真陷壽春外郭，州兵擊走之。統軍劉思祖大破梁兵於邵陽，擒其將趙景悦等。元英又破梁將王僧炳於樊城，又破梁將馬仙琕於義陽，拔之。北史皆不書，但書破馬仙琕一事而已。

二年，邢巒擒梁將范始男等，王足斬梁將王明達等，薛真度又破梁將王超宗等。北史俱不書，但云頻大破之。是年，又詔中山王英南討襄沔。三年，梁將王茂先寇荆州，詔楊大眼討之，斬其將王花等。茂先遁，追至漢水，拔其王城〔十〕。梁將張惠紹陷宿豫，韋叡陷合肥，詔尚書元遥南討，奚康生破張惠紹，斬其將宋黑。中山王英破其將王伯敖。邢巒破其將桓和於孤山，諸將别克固城、蒙山，兖州平。邢巒敗梁兵於宿豫，張惠紹棄宿豫，蕭昞棄淮陽南走，徐州平。中山王英大破梁軍於淮南，梁臨川王宏等棄淮東走，遂攻鍾離。四年，鍾離大水，英敗績而回。北史皆不書，但書命中山王英南討，破梁將王伯敖，及圍鍾離，因大水敗回而已。淮陽之役，臨川王宏大兵逃回，實兩國大事，乃亦不書。蓋延壽叙事專以簡括爲主，固不能一一詳書，且南北交兵，各自誇勝諱敗，國史固各記其所記，延壽則合南北皆出其一手，惟恐照本鈔謄，一經核對，則事跡多不相符故也。即如齊神武紀，神武圍王思政於玉壁，欲以致敵，西師不敢出，乃班師。而周文紀謂周文聞齊神武至玉壁，乃出軍蒲坂，神武即退，是西師未嘗不敢出也。芒山之戰，齊紀謂神武大敗周文，俘斬六萬，會有軍士奔西軍，告以神武所在，西軍盡鋭來攻，神武幾爲賀拔勝所獲，僅而免，是東軍先勝而後敗也。周紀則云，齊神武陣芒山，數日不進，周文率軍夜登山，未明而擊之，神武爲賀拔勝所逐，僅免，而趙貴等五軍居右，戰不利，齊神武合軍再戰，周文又不利，是西魏軍亦先勝後敗。兩紀相校，則周紀少叙先爲東軍所敗一節，齊紀又少叙再戰而敗西軍一節，致不相合。且齊神武奔脱後，合兵再戰，周文不利之處，應叙於齊紀以誇勝，乃反叙於周紀，而齊紀不書。此戰之後，齊紀謂神武遣劉豐徇地，至弘農而還。周紀謂齊神武自至陝，達奚武禦之乃退，亦不相符。可見作史之難，兩國交涉處，一經校對，輒多罅隙，宜乎延壽之不敢詳書也。按北史太略，亦有不明處。如魏宣武帝景明元年，齊將陳伯之寇淮南，是伯之方爲齊攻魏也，忽於正始三年書陳伯之自梁城南奔。一伯之也，何以忽南忽北。魏書則景明三年書伯之來降，正始元年〔十一〕伯之破梁將趙祖悦及昌義之，三月伯之自梁城南奔。則其先降北而又奔南，較爲明析。北史不書其降魏一節，殊無來歷。若以伯之降魏事小故不書，然正始元年梁將夏侯道遷據漢中來降，何以又書也？

〔一〕新唐書李延壽傳。參本書卷十南史删宋書最多條。

〔二〕爲「劉康祖」之誤。

〔三〕應云「請進女於皇孫」。太武孫，文成帝濬也。

〔四〕應作「義陽」。

〔五〕五年。

〔六〕應爲「十二年」。

〔七〕應爲「十三年」。

〔八〕此二事北史皆書，此誤年耳。

〔九〕此事北史書不詳，謂不書，誤。「潁州」爲「荊州」之誤。
〔十〕應作「五城」。
〔十一〕應爲「正始三年」。景明凡四年，後即爲正始，亦四年。

北史與魏齊周隋書歧互處

北史與魏、齊、周、隋各史比對，大略相同，間有小異處，今爲摘出。魏書神元帝遣子文帝沙漠汗。如魏，是歲魏景元二年也，北史則謂遣文帝如晉，是歲晉景元二年也〔一〕。按景元尚是魏陳留王年號，魏書以屬魏，從其名也，是時權已在晉，北史以屬晉，從其實也〔二〕。魏書凡宗室皆係以元姓，如元觚、元儀、元題之類是也。按拓跋之改姓元，乃孝文帝時事，道武以來固未嘗有此，乃以後來所改之姓追叙於未改之前，殊屬倒裝〔三〕。北史則書秦王觚、東平公儀、襄城公題，較爲得實。爾朱榮河陰之殺朝士，魏書謂責百官以明帝被害之故，北史謂榮妄言高陽王雍欲反，故殺之。周書楊忠傳，忠從獨孤信破穰城，居半年，以東魏之逼，與信俱奔梁，後從梁歸關中，周文召居帳下，是奔梁後方歸西魏也。北史云，東魏之逼，忠與信俱歸關中，周文召居帳下，則删却奔梁一節，未免過求簡淨之失。其他與正史稍有歧互者，魏孝文南伐，魏書步騎百餘萬，北史作三十餘萬。齊文宣逼魏孝静帝禪位，魏書有襄城王旭入奏，請静帝法堯禪舜，北史作襄城王彔。西魏克南鄭，周書謂梁蕭循降，北史作蕭修〔四〕。周書文帝紀有沃野賊衛可孤，北史作衛可瓌。弘農之戰，周書謂斬東魏將李徽伯，北史謂擒李徽伯。此皆稍有差異之處。延壽自序謂正史外又勘究雜史千餘卷，故有此改訂也。

〔一〕「如魏」、「如晉」，各本北史不同。元大德本、百衲本作「如魏」，明監本作「如晉」，趙據監本。「景元二年」上，大德本、百衲本亦皆作「魏」，明監本亦作「晉」，殿本改正作「魏」。

〔二〕是板本之異，與著者無關。妄生議論耳。

〔三〕魏收修史，例用新姓，不用舊姓。

〔四〕此二條是誤字。

北史書法與周隋書不同處

周書文帝紀內，魏大統十二年，齊神武圍玉壁不克，以疾班師，十三年春遂殂。十五年，侯景弑梁武帝。十六年，齊文宣廢魏孝静而自立。北史周紀皆不書〔一〕，以是時周文帝尚爲魏臣，諸事皆書於魏史故也〔二〕。隋書文帝紀專叙文帝事，而其父忠立功於周室之處不叙，以周書已立忠傳也。北史則於周代不立忠傳，而以忠事叙於隋文紀内。周書文帝、孝閔帝、明帝三本紀各爲一論，北史則三帝合爲一論，而論詞仍隱括周書三論用之。周書武帝、宣帝、静帝紀各爲一論，北史亦櫽括其語爲一論。至如隋文帝、煬帝、恭帝紀論則全用隋書，一字不易，惟文帝論開首「龍德在田，奇表見異」八字，换以「樹基立本，積德累仁」耳，然隋文以詭詐攘位，有何積德累仁耶！

〔一〕侯景條，周書二文帝紀下亦只言景叛梁。

〔二〕應云「諸事已書於魏紀故也」。周紀在卷九，西魏紀在卷五。

北史紀傳互異處

隋書文帝本紀，周五王謀隋文帝，帝以酒肴造趙王招，觀其指趣，王伏甲於卧内，賴元胄以免。是文帝知招欲謀害，故以酒肴赴之以觀其意也。元胄傳則云，招欲害帝，帝不之知，乃將酒肴詣其宅〔一〕，則已與紀異矣。周書趙王招傳云，招邀隋文帝至第，飲於寢室，則又非隋文之以酒肴赴之也。周、隋書各記所記，故不同如此。北史則延壽一手所成，乃此等處全鈔舊文，初不檢點，遂亦歧互。

〔一〕北史七三。隋書四十元胄傳則云：「趙王招要高祖就第。」

廿二史劄記批注　史法之屬

卷十六　新舊唐書

舊唐書源委〔一〕

晉出帝開運二年六月，監修國史劉昫，史官張昭遠，後以避劉智遠諱，但名昭，宋史有傳〔二〕。以新修唐書紀、志、列傳并目録凡二百三卷上之，賜器幣有差。晉紀〔三〕。此舊唐書所以首列劉昫名也。然薛、歐二史劉昫傳俱不載其有功於唐書之處，但書其官銜監修國史而已〔四〕。蓋昫爲相時，唐書適訖功，遂由昫表上，其實非昫所修也。唐末播遷，載籍散失，自高祖至代宗尚有紀傳，德宗亦存實録，武宗以後六代，惟武宗有實録一卷，餘皆無之。五代會要〔五〕。梁龍德元年，史館奏，請令天下有記得會昌以後公私事跡者，抄録送官，皆須直書，不用詞藻。凡内外臣僚奏行公事，關涉制置沿革，有可採者，並送官。梁紀〔六〕。唐長興中，史館又奏，宣宗以下四朝未有實録，請下兩浙、荆湖等處，購募野史，及除目朝報、逐朝日曆、銀臺事宜、内外制詞、百司簿籍，上進。若民間收得，或隱士撰成野史，亦命各列姓名請賞。從之。後唐紀及五代會要〔七〕。聞成都有本朝實録，即命郎中庾傳美往訪，及歸，僅得九朝實録而已。後唐紀〔八〕。可見唐書因載籍散佚，歷梁、唐數十年，未潰於成，直至晉始成書，則纂修諸臣搜剔補綴之功，不可泯也。今據薛、歐二史及五代會要諸書考之。晉天福五年，詔張昭遠、賈緯、趙熙、鄭受益、李爲光同修唐史，宰臣趙瑩監修。晉紀〔九〕。瑩以唐代故事殘缺，署能者居職，纂補實録及正史。瑩傳〔十〕。賈緯丁憂歸，瑩又奏以刑部員外郎吕琦、侍御史尹拙同修。晉紀〔十一〕。瑩又奏請據史館所缺唐書、實録，下敕購求。況唐咸通中，宰臣韋保衡與薛伸、皇甫焕撰武宗、宣宗實録，皆因多事，並未流傳。今保衡、裴贄現有子孫居職，或其門生故吏亦有紀述者，請下三京諸道〔十二〕，凡有此數朝實録，令其進納，量除官賞之。會昌至天祐，垂六十年，李德裕平上黨，有武宗伐叛之書；康承訓定徐方〔十三〕，有武寧本末之傳。凡此之類，令中外臣僚有撰述者，不論年月多少，並許進納。從之。五代會要〔十四〕。是此事趙瑩爲監修，綜理獨周密，故瑩本傳謂，唐書二百卷，瑩首有力焉。昭宗一朝，全無紀注，天福中張昭遠重修唐史，始有昭宗本紀。五代史補〔十五〕。是張昭遠於此事搜輯亦最勤，故劉昫上唐書時與昭遠同署名，昭遠尋加爵邑，酬修史之勞也。晉紀〔十六〕。賈緯長於史學，以武宗之後無實録，採次傳聞，爲唐年補録六十五卷，入史館與修唐書。緯傳〔十七〕。今舊唐書會昌以後紀傳，蓋緯所纂補。又趙熙，修唐書成，授諫議大夫，賞其筆削之功。熙傳〔十八〕。是則舊唐書之成，監修則趙瑩之功居多，纂修則張昭遠、賈緯、趙熙之功居多，而劉昫傳並不載經畫修書之事〔十九〕。今人但知舊唐書爲昫所撰，而不知成之者乃趙瑩、張昭遠、賈緯、趙熙等也，故特標出之。

〔一〕全用舊五代史。
〔二〕宋史二六三。
〔三〕舊五代史八四，「器幣」原作「器帛」。新五代史無此文。
〔四〕舊八九，新五五。
〔五〕卷十八。
〔六〕舊十。龍德元年二月。
〔七〕舊四三及會要十八。舊史作長興三年十一月壬午。長興三年十一月己卯朔，四日壬午。但五代會要作二年十一月四日。通政司曰銀臺。
〔八〕舊三七天成元年九月條。天成在長興前。九朝，高祖至代宗。
〔九〕舊七九天福六年二月條，「五年」誤。鄭受益舊史九六有傳，不言修史事。李爲光二史無傳。
〔十〕舊八九。

〔十一〕舊七九天福六年四月條。「刑部員外郎」應作「刑部侍郎」。
〔十二〕東汴梁、西河南府、北大名，爲三京。
〔十三〕徐方，徐、泗諸州。
〔十四〕卷十八，并舊史注引。
〔十五〕應作「五代史闕文」。五代史補與闕文，汲古閣合刻。然闕文王禹偁撰，史補陶岳撰。史補豫章叢書有刻本。昭遠入宋，宋史三六三有傳，單名昭。
〔十六〕舊八四。上唐書，開運二年六月；加階爵，二年九月。
〔十七〕舊一三二。
〔十八〕舊九三。
〔十九〕四庫提要謂昫傳不言撰此書，爲史漏略。

新唐書

宋仁宗以劉昫等所撰唐書，卑弱淺陋，命翰林學士歐陽修、端明殿學士宋祁刊修，曾公亮提舉其事，十七年而成〔一〕，凡二百二十五卷。修撰紀、志、表，祁撰列傳。故事，每書首只用官尊者一人，修以祁先進，且於唐書功多，故各署以進。修傳。祁奉詔修唐書，十餘年出入卧内，嘗以稿自隨，爲列傳百五十卷。祁傳〔二〕。論者謂新書事增於前，文省於舊。此固歐、宋二公之老於文學，然難易有不同者。舊書當五代亂離，載籍無稽之際，掇拾補葺，其事較難。至宋時，文治大興，殘篇故册，次第出見，觀新唐書藝文志所載唐代史事，無慮數十百種，皆五代修唐書時所未嘗見者，據以參考，自得精詳〔三〕。又宋初績學之士，各據所見聞，別有撰述。如孫甫著唐史記七十五卷，每言唐君臣行事，以推見當時治亂，若身歷其間，人謂終日讀史，不如一日聽孫論也。又趙瞻著唐春秋五十卷，趙鄰幾追補唐實録、會昌以來日曆二十六卷，陳彭年著唐紀四十卷〔四〕。以上見宋史各本傳。諸人皆博聞勤采，勒成一書，必多精核，歐、宋得藉爲筆削之地。又呂夏卿熟於唐事，博采傳記雜説數百家，又通譜學，創爲世系諸表，於新唐書最有功。宋史夏卿傳。宋敏求嘗補唐武宗以下六世實録百四十卷，王堯臣修唐書，以敏求熟於唐事，奏爲編修官。宋史敏求傳。是刊修新書時，又得諸名手佽助，宜其稱良史也〔五〕。

〔一〕慶曆四年起，嘉祐五年止，西一〇四四至一〇六〇。

〔二〕宋史二八四。原作「自守亳州，出入内外，嘗以稿自隨」。此作「卧内」，誤。

〔三〕第一有唐史料。

〔四〕第二有宋人唐書著述。

〔五〕第三有名手相助。

唐實録國史凡兩次散失〔一〕

唐時修實録、國史者，皆當代名手。今可考而知者〔二〕，高祖實録二十卷，太宗實録二十卷，皆敬播撰，房玄齡監修。又貞觀實録四十卷，令狐德棻撰，貞觀十三年以後事，長孫无忌監修。其時同修者又有敬播、顧胤、鄧世隆、慕容善行、孫處約、劉顗、庾安禮，俱爲修史學士，見德棻及胤、處約等傳〔三〕。其後許敬宗又奏改正，初高祖、太宗兩朝實録，敬播等所修，頗詳直，敬宗輒以己意改之。敬宗貪財，嫁女於錢九隴，本皇家隸人也，乃列之於劉文静等功臣傳。又其子娶尉遲敬德女，則爲敬德作佳傳，以太宗賜長孫無忌之威鳳賦移爲賜敬德者，事見敬宗傳。而播傳又謂播與敬宗同撰，蓋當玄齡、無忌監修時，播已在事，至是又徇敬宗意而與之同改修耳。高宗以其事多失實，又命宰臣刊正。見郝處俊傳。高宗實録三十卷，許敬宗、令狐德棻等撰。後修實録三十卷，德棻等所撰止乾封，劉知幾、吴兢續成之。又有武后所定高宗實録一百卷，見藝文志。韋述所撰高宗實録三十卷。見述傳。則天皇后實録二十卷。魏元忠、武三思、祝欽明、徐彦伯、柳沖、韋承慶、崔融、岑羲、徐堅撰，劉知幾、吴兢删正，見藝文志及元忠傳。按劉子玄修武后實録，有所改正，武三思不聽〔四〕。而吴兢書張易之誣元忠有不順之言，引張説爲證，説已許之，賴宋璟力阻，始對武后謂元忠無此語。後説見實録所書如此，囑兢改之，兢曰，如此何名實録〔五〕。是劉、吴二人修實録尚多直筆。中宗實録二十卷。見藝文志，謂吴兢撰，而岑羲傳又謂羲撰〔六〕。其書節愍太子之難，謂冉祖雍誣睿宗及太平公主連謀，羲密疏保護之，是岑羲亦在修史之列。睿宗實録五卷。亦吴兢撰。劉知幾又有太上皇實録十卷，記睿宗爲太上皇時事也。玄宗實録二十卷，張説與唐穎等撰，開元初年事。又有開元實録四十七卷，見藝文志，不著撰人姓氏。代宗時又修成一百卷〔七〕。令狐峘撰。時起居注散亡，峘裒掇詔策成之，而開元、天寶間名臣事多漏略，拙於去取，不稱良史，見峘傳〔八〕。肅宗實録三十卷。元載監修。代宗實録四十卷。亦令狐峘撰。峘受詔纂修，未成，坐事貶外，詔許在外成書。元和中其子丕上之。建中實録十卷，沈既濟撰。時稱其能，見既濟傳〔九〕。德宗實録五十卷。蔣乂、韋處厚、獨孤郁、樊紳、林寶等撰，凡五年書成，裴垍監修。順宗實録五卷。韓愈、沈傳師、宇文籍撰，李吉甫監修。按愈傳，修順宗實録，拙於取舍，爲世所非。穆宗、文宗嘗詔史臣改修，而愈壻李漢、蔣偕皆在顯位，諸公難之〔十〕。又鄭覃傳，文宗嘗謂事不詳實，史臣韓愈豈屈人耶〔十一〕。是當時論者皆多此異議。然路隋傳謂愈所書禁中事皆切直，宦官不喜，咸議其非，故文宗詔隋刊正。隋奏周居巢、王彦威、李固言皆謂不宜改。而宰臣李宗閔、牛僧孺謂史官李漢、蔣偕皆愈之壻，不可參撰。臣獨以爲不然，愈所書本非己出，自元和至今無異詞，但請示其甚謬者，付下刊定可耳。乃詔摘出貞元、永貞間數事改正，餘不復改〔十二〕。據此則愈所撰本非失實，特宦寺等妄論之耳。憲宗實録四十卷。蔣係、沈傳師、鄭澣、陳夷行、李漢、宇文籍、蘇景胤撰，杜元穎、韋處厚、路隋監修〔十三〕。勅隋與處厚更日入直，書未成且免常參〔十四〕。傳師尋授湖南觀察使，元穎引張説、令狐峘之例，奏令傳師以史稿即官下成之〔十五〕。俱見各本傳。按憲宗實録凡兩次重修。武宗時，李德裕當國，欲掩其父吉甫不善之跡，奏請重修，詔允之，并令舊本不得注破，候新撰成時同進。史官鄭亞等希德裕意，多所删削。德裕又奏舊本多載禁中之言，夫公卿論奏必有章疏，藩鎮上表亦有批答，若徒得自其家，未足爲據，今後實録所載，必須有據者方得紀述，從之。議者謂德裕以此掩其改修之跡也〔十六〕。又李漢傳，漢修憲宗實録，書宰相李吉甫事不相假借，德裕惡之，乃坐以李宗閔黨貶逐。此會昌中重修也〔十七〕。及宣宗即位，又詔元和實録乃不刊之書，李德裕擅敢改張，奪他人之懿節，爲私門之令猷〔十八〕。周墀亦奏德裕竄寄他事，以廣父功〔十九〕。乃詔崔龜從等刊落〔二十〕。此大中再定本也。俱見本紀及各本傳内。穆宗實録二十卷。蘇景胤、王彦威、楊漢公、蘇滌、裴休撰，路隋監修。敬宗實録十卷。陳商、鄭亞撰，李讓夷監修。文宗實録四十卷。盧耽、蔣偕〔二一〕、盧告、牛叢撰，魏謩監修。武宗實録三十卷。韋保衡監修〔二二〕。宣宗以後無實録。大順中，詔修宣、懿、僖實録，而日曆記注亡缺，史官裴廷裕因摭宣宗政事，奏記於監修杜讓能，名曰東觀奏記，凡三卷。以後諸帝皆無實録。

此諸帝實録見於各本紀、列傳及藝文志者也〔二三〕。其總輯各實録事跡，勒成一家言，則又别有國史。先是吴兢在長安、景龍間任史事，武三思、張易之等監修，事多不實。兢不得志，乃私撰唐書、唐春秋，未就，後出爲荆州司馬，以史草自隨。會蕭嵩領國史，奏遣史就兢取其書，凡六十餘篇。兢傳〔二四〕。此第一次國史也，然尚未完備。開、寶間韋述總撰一百一十三卷，并史例一卷，蕭穎士以爲譙周、陳壽之流。述傳〔二五〕。此第二次國史也。肅宗又命柳芳與韋述綴輯吴兢所次國史，述死，芳緒成之，起高祖訖乾元，凡一百三十篇。而叙天寶後事，去取不倫，史官病之。芳傳〔二六〕。此第三次國史也。後芳謫巫州，會高力士亦貶在巫，因從力士質問，而國史已送官，不可改，乃倣編年法爲唐曆四十篇，以力士所傳載於年曆之下，頗有異同。亦芳傳。然芳所作止於大曆，宣宗乃詔崔龜從、韋澳、李荀、張彦遠及蔣偕，分年撰次，至元和，爲續唐曆三十卷。蔣偕、崔龜從等傳〔二七〕。此第四次國史也。是唐之實録、國史，本極詳備〔二八〕，然中葉遭安禄山之亂，末造又遭黄巢、李茂貞、王行瑜、朱温等之亂，乃盡行散失。據于休烈傳云〔二九〕，國史一百六卷，開元實録四十七卷，起居注并餘書三千六百八十二卷，俱在興慶宫，京城陷賊後皆被焚。休烈奏請降勅招訪，有人收得者，送官重賞。數月内僅收得一兩卷，惟史官韋述藏國史一百一十三卷送於官。是天寶後所存僅韋述之本也。廣明亂後〔三十〕，書籍散亡，五代修唐書時，因會昌以後事跡無存，屢詔購訪。據舊唐書宣宗紀論云：「宣宗賢主，雖漢文、景不過也，惜乎簡籍遺落，十無三四。」又五代會要所云，有紀傳者惟代宗以前，德宗亦祇存實録，武宗并祇實録一卷，則難有詔購訪，而所得無幾。此五代時修唐書之難也〔三一〕。新唐書韋述等傳贊云：「唐三百年，業鉅事叢，其間巨盜再興，國典焚逸，大中以後，史録不存。故聖主賢臣，叛人佞子，善惡汩汩，有所未盡。」然則不惟舊唐書多所闕漏，即新唐書搜採極博，亦尚歉然於文獻之無徵也。

〔一〕一，天寶安禄山；二，僖宗廣明黄巢。

〔二〕據新、舊兩唐志。各實録均據新唐志排列。

〔三〕慕容等名見舊七三、新一〇二鄧世隆傳。

〔四〕新一三二劉傳。
〔五〕新一三二兢傳。「張易之」爲「張昌宗」之誤。
〔六〕岑羲傳，舊七〇、新一〇二。
〔七〕玄宗實録。
〔八〕新一〇二。
〔九〕新一三二。
〔十〕舊一六〇。
〔十一〕新一六五。
〔十二〕新一四二。「李固言」之下當有「蘇景胤」。
〔十三〕新唐藝文志。
〔十四〕舊一五九處厚傳。
〔十五〕新一三二傳師傳。
〔十六〕舊十八上，會昌元年四月、十二月。
〔十七〕新七八漢傳。
〔十八〕舊十八下，大中三年九月詔。
〔十九〕新一八二。
〔二十〕崔龜從本傳無此，疑用舊紀十八下大中二年十一月條而誤。
〔二一〕應補「王渢」。

〔二二〕以上實録，均據新志五八録入。
〔二三〕以上言實録，以下言國史。
〔二四〕新一三二，舊一〇二。舊作「六十五卷」。
〔二五〕舊一〇二。譙周著古史考廿五卷，見三國蜀志。
〔二六〕新一三二，舊一四九。
〔二七〕蔣偕，舊無傳，新一三二。龜從，新一六〇不載此事，見舊一七八。
〔二八〕以下言兩次散失。
〔二九〕舊一四九。
〔三十〕廣明，僖宗年號。
〔三一〕以下言新唐書亦感史料不足。見新一三二。

舊唐書前半全用實録國史舊本〔一〕

五代修唐書，雖史籍已散失，然代宗以前尚有紀傳，而庾傳美得自蜀中者，亦尚有九朝實録〔二〕。今細閱舊書文義，知此數朝紀傳多鈔實録、國史原文也。凡史修於易代之後，考覆既確，未有不據事直書，若實録、國史修於本朝，必多迴護。觀舊書迴護之多，可見其全用實録、國史，而不暇訂正也。以本紀而論，高宗上元二年，皇太子弘之死，由武后酖之也〔三〕，而書皇太子弘薨於合璧宮之綺雲殿〔四〕。新書書天后殺太子弘〔五〕。章懷太子之死於巴邱，亦武后令邱神勣迫令自殺也〔六〕，而書庶人賢死於巴邱〔七〕。新書書天后殺庶人賢〔八〕。薛懷義承辟陽之寵〔九〕，至命爲行軍大總管，以宰相李昭德、蘇味道爲其幕僚，後以恣横殺之，而后紀絶無一字及懷義〔十〕。新書書永昌元年，白馬寺僧薛懷義爲行軍大總管，擊突厥。證聖元年書殺薛懷義〔十一〕。張易之兄弟被誅，本張柬之等建謀舉事，而書張易之與弟昌宗反，皇太子率左羽林軍桓彦範等誅之〔十二〕。新書書張柬之、崔元暐等以羽林兵討亂，張易之等伏誅，帝復於位〔十三〕。其後張柬之等五王爲武三思誣搆至死〔十四〕，亦全不書。楊貴妃本壽王瑁妃，度爲女道士，號太真，召入宫，此開元二十八年事也，本紀亦不書，直至天寶四載，始書册太真楊氏爲貴妃，而絶不見其來自壽邸之跡〔十五〕。新書則先書以壽王妃楊氏爲道士，號太真，後書册太真爲貴妃〔十六〕。至如穆宗以下諸帝皆宦官所立〔十七〕，而本紀絶不書。凡故君紀内，必先書遺詔，以某嗣位，而於新君紀内，即書某月日柩前即位，一似授受得其正，皆先帝彌留時所定，而宦官無與者。此本紀之迴護也。其列傳，如皇后傳内，憲宗郭后，歷穆、敬、文、武四朝，皆居重闈之尊，諸帝孝養備至，迨宣宗即位，其母鄭，本后侍兒，有宿怨，宣宗奉養遂薄。后鬱鬱登樓，將自殞，帝聞不喜，是夕后暴崩〔十八〕。其後議葬景陵外園，太常王皞請合葬景陵，帝令宰相白敏中責之，皞曰：「后乃憲宗元妃，事順宗爲子婦，歷五朝母天下，豈容有異議。」皞遂貶。是郭后在宣宗時不得其死，自是實事。見新書及通鑑〔十九〕。而舊書后本傳乃云，諸帝既極孝養，宣宗繼統，后之諸子也，恩禮愈異於前朝，大中年崩於興慶宮〔二十〕。一似全福令終，並無嫌隙之處。又宣宗母鄭，本丹陽人，有相者云，當生天子，李錡聞之納爲妾。後錡反，没入宫，憲宗幸之，遂生宣宗。見新書及通鑑〔二一〕。是后之由李錡没入掖廷，自有原委，而舊書但云，憲宗時在内職御女之列，舊史殘缺，未見族姓所出，入宫之由〔二二〕。亦是諱其所出也。曹王明之母，本齊王元吉妃，太宗納之而生明，後即以明爲元吉後，見新書曹王明傳。而舊書不載。楊弘武爲吏部，高宗責其授官多非才，弘武對曰：「臣妻悍，此其所囑，故不敢違。」蓋以諷帝也，見新書弘武傳。舊書弘武傳不載。蘇良嗣爲相，遇薛懷義於朝，頗偃蹇，良嗣叱左右批其頰，曳去。武后謂懷義曰：「師第出入北門，彼南衙宰相行來，勿犯之。」見新書良嗣傳〔二三〕。而舊書良嗣傳不載。甚至褚遂良傳不載其傾陷劉洎之事，李世勣傳不載其瞻徇立武后之事，辛雲京傳不載其激變僕固懷恩之事，懷恩引回紇可汗兵討賊，過太原，辛雲京以可汗係其壻，恐被襲，遂閉門不出犒軍。及回紇討賊還，過城下，亦不出。於是懷恩怒，遂叛。通鑑載之甚詳，亦見舊書懷恩傳〔二四〕，而雲京傳不載。田神功傳不載其先爲賊將之事，神功先爲安禄山兵馬使，歸朝後守陳，與賊戰不勝，又降史思明，思明令其南略江淮，遂再歸順。舊書竟不叙，但云上元中爲平盧兵馬使，破賊於鄭州，似未嘗失身於賊者，豈以其晚節忠樸而代爲諱耶？李勉傳不載其逃棄汴城之事，李希烈攻襄州，詔勉出兵救之。勉以賊兵攻襄則許下必虚，攻許則襄圍自解，乃遣將攻許，未至，爲賊兵所敗。希烈自來攻汴，勉固守不支，乃潰圍出。舊書不載敗狀，但云若與賊戰，多殺無辜，遂南奔。而傳論並謂與其坐受喪敗，不如避寇全師，是更爲洗雪矣。郝玭傳不載馬璘不城臨涇之事，玭爲臨涇將，請於其帥馬璘，城臨涇以控戎騎，或謂璘曰：「如此則邊塞久安，公復何足重。」乃不聽。舊書但云玭請於主帥不聽，而不著馬璘姓氏，似爲璘諱者。李輔國傳不載代宗遣人夜刺殺之事，但云夜盜入其家殺之。魚朝恩傳不載帝使人擒縊之事，但云自縊死。蓋當時朝旨本以爲盜殺及自縊，故國史從而書之，此又列傳之迴護也。實録、國史書法既有迴護，易代後修史時，考其非實，自應改正，而直筆書之。乃舊書書法仍復如此，知其全用舊史之文，不復刊正也〔二五〕。今按唐紹傳：「先天二年，今上講武驪山，紹以儀注不合坐斬。」「今上」指玄宗也，此玄宗實録原文也。劉仁軌傳後引韋述論云：「仁軌好以甘言悦人，以收物望，戴至德正色拒下，推善於君，故身後毁譽各異。」此引用韋述國史舊文也。而劉仁軌、裴行儉、郝處俊傳論並稱仁軌曰劉樂城，行儉曰裴聞喜，處俊曰甑山。不稱名而稱爵邑，史家無此法，更可見韋述當日尊呼前輩之稱，而非易代後史官之詞也。崔元翰傳謂李汧公鎮滑臺，辟元翰爲從事。汧公，李勉也。薛伾傳謂尚父汾陽王召置麾下。汾陽王，郭子儀也。此并是元翰、伾家狀送入史館者，國史即用之不及改，五代修史時，亦即用之不復改也〔二六〕。惟全録舊文，而舊時史官本皆名手，故各傳有極工者。如高仙芝、封常清二傳，似分似合，常清傳内載其臨死謝表，鬱勃悲涼，而繼之以仙芝之死，歎息數語，覺千載下猶有生氣。又如郭子儀傳，乃裴垍所修〔二七〕，首尾整潔，無一釀詞。因此可知唐史官之老於文學也。至會昌以後，無復底本，雜取朝報吏牘補綴成之，故本紀書吴湘獄案至千餘字〔二八〕。咸通八年，并將延資庫計賬貫匹之數瑣屑開入，絶似民間記簿〔二九〕。其除官必先具舊銜，再入新銜，如以某官某人爲某官，下至刺史亦書於本紀，是以動輒累幅，雖邸抄除目，無此繁蕪也。然亦有未可輕訾者，凡本紀祇略具事由，而其事則詳於列傳。此書如龐勳之亂，黄巢之亂〔三十〕，李茂貞、王行瑜等之刼遷，朱温之篡弑，即於本紀詳之，不待翻閲各傳，已一覽瞭如，遷、固本有此體，非必紀内只摘事目也。其餘列傳雖事跡稍略，而文筆極爲簡淨，以新書比較，轉遜其老成。則五代修史諸人，如張昭遠、賈緯等，亦皆精於史學，當缺漏支詘中仍能補綴完善，具見撰次之艱，文字之老。今人動謂新書過舊書遠甚，此耳食之論也。新書謂舊史之文，淺則入俚，簡則及漏，或有所諱而不得逞耶，或因淺仍俗而不足於文也〔三一〕。此亦偶摘舊書之俚俗缺略者疵之耳，其佳處終不可没也。

〔一〕推理而得，一迴護，二稱謂。

〔二〕舊史三七後唐紀天成元年九月。九朝，高祖至代宗。

〔三〕見新唐書八一本傳。

〔四〕舊書五紀，卷八六本傳同。

〔五〕新書三。

〔六〕文明元年二月，舊八六本傳亦明言之。「巴邱」爲「巴州」之誤，「邱」涉丘神勣而誤。下同。

〔七〕舊書紀六。

〔八〕新書四。

〔九〕薛懷義，舊一八三附外戚傳。新删之，故著於紀，並略見於則天傳。辟陽，史記五六陳平世家，審食其幸於呂太后，封辟陽侯。

〔十〕舊六。

〔十一〕新四。

〔十二〕此條趙據舊六則天紀，而舊七中宗紀又不同，言張柬之等率羽林軍誅之。前後相距僅數頁。

〔十三〕趙據新四則天紀末。「崔元暉」當作「崔玄暐」。

〔十四〕五人，舊九一、新一二〇。

〔十五〕舊九。舊五一妃傳亦不言之。

〔十六〕新五玄宗紀。開元廿八年十月以爲道士，天寶四載八月立爲貴妃。

〔十七〕穆，陳弘志。敬，以太子繼位。文，魏從簡、梁守謙。武，仇士良、魚弘志。宣，馬元贄。懿，王宗實、丌元實。僖，劉行深、韓文約。昭，楊復恭。

〔十八〕舊紀十八下，大中二年六月。通鑑繫於五月。

〔十九〕新七七后傳，通鑑二四八。

〔二十〕舊五二。

〔二一〕新七七后傳，通鑑二四八會昌六年三月條。

〔二二〕舊五二。

〔二三〕新一〇三。原無「師」字，「行來」原作「往來」。

〔二四〕通鑑二二三代宗廣德元年事。舊一二一。

〔二五〕以上言迴護，以下據稱謂。

〔二六〕以下論全書佳惡。

〔二七〕舊一二〇子儀傳末，稱「史臣裴垍曰」云云。裴垍，舊一四八、新一六九。

〔二八〕舊十八下宣宗紀，大中二年二月，凡六二四字。吴湘，江都縣尉，因受贓處死。新五八藝文志故事類有吴湘事跡一卷。

〔二九〕舊十九上懿宗紀，咸通八年九月，凡四三一字。

〔三十〕龐勳，咸通九年七月至十年九月。黄巢，乾符四年四月至中和四年七月，凡八年。

〔三一〕新一三二劉子玄、吴兢等傳贊語。「逞」原作「騁」。

新唐書本紀書法〔一〕

新唐書書法多可議者。武德元年，唐帝追謚隋太上皇爲煬帝。貞觀四年，李靖破突厥，獲隋蕭后及煬帝孫正道。此大事也，而本紀不書。舊書書之。薛舉寇涇州，雖因秦王卧病〔二〕，劉文静出戰而敗，然主兵者秦王也，乃但書「劉文静及薛舉戰，敗績」。舊書書「秦王與薛舉戰，敗績」。秦王擒竇建德，降王世充〔三〕，獻俘於朝，斬建德於市，流世充於蜀。本紀但書「建德伏誅」，而世充放流之事不書，則世充如何決遣乎？突利、頡利，兩可汗也，乃李靖擒頡利則書〔四〕，突利來奔則不書。侯君集擒高昌王麴智勝則書，李靖擒吐谷渾慕容伏允則不書。體例亦不畫一。凡書伏誅者，以其有罪而正法也。玄宗講武驪山，以儀注有失斬唐紹〔五〕，紹死後，玄宗追悔之〔六〕，是其罪本不至死，而書「唐紹伏誅」。舊書，「唐紹斬於纛下」。封常清與禄山戰，敗，奔陝郡，勸高仙芝速守潼關。仙芝至關，繕守備，賊至不得入，乃去。是二人皆無死罪也，而書「封常清、高仙芝伏誅」〔七〕。舊書，「斬常清、仙芝於潼關」。是不亦太刻乎！此數人皆書伏誅矣，宦官陳弘志弑憲宗，倖逃其罪，文宗始賜死於青泥驛。新書於憲宗紀既書「陳弘志反，帝暴崩」矣〔八〕，又於文宗紀論謂：「帝能誅弘志，亦足伸其志矣。」則青泥驛之賜死，自必應書伏誅，乃反書「殺陳宏志」〔九〕，一似無罪而枉殺者，此更兩失之也。奉天之圍，朱泚來攻二十餘日，皆渾瑊晝夜拒戰，得保危城〔十〕，而本紀但書：「甲子，瑊與泚戰城下，敗之」〔十一〕。似瑊之戰只此一次矣。宣宗大中元年，積慶太后崩〔十二〕，此文宗母也，本紀但書「皇太后」〔十三〕，則竟似宣宗母矣。宰相王鐸赴滄帥任，路經魏博，爲節度使樂彦禎所害〔十四〕，新書但書「盜殺義昌軍節度使王鐸」〔十五〕。似爲彦禎諱者。此皆歐公過求簡淨之失也。新唐書本紀及五代史皆歐公重修，然五代史係歐公私自撰述，從容訂正，故無遺議。新唐書則二百八十餘年事跡，頭緒繁多，不暇檢校入細。試平心論之，宋景文於列傳之功，實費數十年心力〔十六〕，歐公本紀則不免草率從事〔十七〕，不能爲之諱也。當日進呈時，宋仁宗即有旨，舊唐書不可廢〔十八〕，其早有所見歟？

〔一〕一，書不書。二，書誅書殺不一律。三，求簡之極。四，總論。

〔二〕秦王卧病，見二書薛舉傳，舊五五，新八六。武德元年七月。

〔三〕武德四年七月。建德，夏；世充，鄭。

〔四〕新紀二，貞觀四年三月。頡利爲大同道行軍副總管張寶相所擒，見舊紀三。

〔五〕新紀五，開元元年即先天二年十月。

〔六〕追悔，見二書唐紹傳。舊八五、新一一三。

〔七〕新紀五。封、高，舊一〇四、新一三五。

〔八〕新紀七，原文無「暴」字。

〔九〕新紀八。

〔十〕德宗建中四年十月。奉天，今陝西乾縣，清乾州，直隸州。瑊傳，舊一三四、新一五五。舊瑊傳「自丁未至辛未」，凡廿五日。

〔十一〕新七。

〔十二〕居積慶宫，謚貞獻，穆宗后蕭氏。
〔十三〕新八。
〔十四〕僖宗中和四年十二月。魏博，大名、聊城。王鐸，舊一六四、新一八五。「中和四年」，舊傳作「光啓四年」。
〔十五〕新九。
〔十六〕慶曆五年至嘉祐五年，凡十六年。
〔十七〕至和元年至嘉祐五年，凡七年。
〔十八〕語見張舜民畫墁録，四庫著録小説家類一。有稗海本。圖書集成經籍典唐書部紀事引之，文稍異。新唐書成後，舊唐書至明始有重刊本，至清始復列正史。

新書本紀書安史之亂〔一〕

歐公本紀書法，凡反逆者，雖遣其將拒戰，亦必書逆首姓名，不書賊將也。然亦有不可通者，如秦宗權、董昌等部將不多，舉事又小〔二〕，書其逆首，自不至混淆。至安禄山、史思明等，地廣兵雄，遣將四出，其將又皆僭大官，擁大衆，分路專征，各當一面，此豈得概以逆首之名書之。乃常山之陷，本賊將蔡希德也，而書禄山陷恒山郡〔三〕。滍水之戰，本魯炅與賊將武令珣戰而敗也，而書魯炅與禄山戰滍水，敗績〔四〕。靈寶西原之戰，本哥舒翰與賊將崔乾祐戰而敗也，而書哥舒翰與禄山戰靈寶西原，敗績。潁川之陷，本賊將阿史那承慶也，而書禄山陷潁川郡，執太守薛愿〔五〕。且禄山既入東京，即在東京僭號，及潼關不守，天子幸蜀，禄山遣張通儒爲西京留守，田乾真爲京兆尹，安守忠屯兵苑中，禄山未嘗親至長安也〔六〕。據苗晉卿傳，是時衣冠多爲賊脅，自陳希烈以下，皆送洛陽〔七〕。又崔光遠傳，光遠爲京尹，僞遣其子東見禄山，禄山仍以光遠爲京尹〔八〕。光遠赴靈武，禄山乃遣田乾真爲尹。是禄山未至長安之明證。而書禄山陷京師〔九〕。即新書禄山傳亦云，禄山未至長安，羣不逞争取大盈庫及百司帑藏，禄山至，怒，乃大索三日，民間貲財盡掠之〔十〕。是宋景文亦真以禄山爲親至長安矣。禄山爲其子慶緒所弑，慶緒亦在東京，未嘗出洛陽一步。如廣平王收西京，慶緒自東京亟發大兵，使嚴莊率赴陝，助通儒等拒戰〔十一〕。及收東京，陳希烈等三百人皆待罪於天津橋南〔十二〕。此又慶緒據守東京，並未至長安之明證。而至德二載二月，書郭英乂及慶緒戰於武功，敗績。又書郭子儀及慶緒戰於潼關，敗之。又書子儀及慶緒戰於永豐倉，敗之。又書崔光遠及慶緒戰於駱谷，敗之。廣平王收京時，又書廣平王及慶緒戰於澧水，敗之，遂復京師。并書慶緒奔於陝郡。是竟以慶緒自長安東奔矣。又書廣平王及慶緒戰於新店，敗之，遂復東都〔十三〕。據此書法，一似慶緒處處身在行間者。其實香積寺之戰，即澧水之戰。乃賊將安守忠、李歸仁拒戰而敗，張通儒在長安即出奔也〔十四〕。新店之戰，賊將嚴莊自東京來助戰而敗也〔十五〕。而新書概書慶緒，不幾使觀者回惑乎。代宗紀内却明書，克京城後，代宗率大軍以東，安慶緒遣其將嚴莊拒於陝州，代宗及郭子儀、李嗣業大敗之。是又明知慶緒之未至長安也。既處處書逆首姓名矣，乃河曲之戰，又書郭子儀敗禄山將高秀巖〔十六〕；陳留之戰，又書嗣吴王祗敗禄山將謝元同；常山之復，書郭子儀、李光弼敗禄山將史思明；雍邱之戰，書張巡敗禄山將令狐潮；堂邑之戰，書顔真卿敗禄山將袁知泰；白沙場之戰，書張巡敗禄山將翟伯玉〔十七〕；劉橋之戰，書子儀敗慶緒將李歸仁；清渠之戰，書子儀及慶緒將安守忠戰，敗績〔十八〕。是又各書賊將之姓名而不書禄山、慶緒，此又自亂其例也。

〔一〕五段。一，總論。二，書禄山。三，禄山實在東京。四，書安慶緒。五，又自亂其例。

〔二〕秦宗權，舊二百下、新二百廿五下，逆臣傳。僖宗光啓元年。董昌，新逆臣傳，舊無。昭宗乾寧二年。

〔三〕天寶十五載正月，舊紀九，新紀五。

〔四〕天寶十五載五月。通鑑二一七末，南陽節度使魯炅立柵於滍水之南。二一八首，炅衆潰，走保南陽。滍水，水經注卅一。

〔五〕至德元載十二月。舊紀十，新紀六。阿史那，姓。

〔六〕天寶十四載十二月，十五載正月、六月。舊二百上禄山傳。張、田，二書無傳。

〔七〕語見舊一一三、新一四〇。

〔八〕舊百一一、新一四一。

〔九〕新五，天寶十五載六月。
〔十〕新二百廿五上。新禄山傳作張通儒守東京，與舊傳西京留守異。
〔十一〕舊二百上禄山傳。
〔十二〕舊十紀，及新二二五上禄山傳。
〔十三〕新紀六。廣平郡王即代宗。「東都」原作「東京」。
〔十四〕舊紀十，至德二載九月。
〔十五〕新紀六，代宗紀。
〔十六〕紀五，玄宗紀，天寶十四載十二月。
〔十七〕紀五，天寶十五載二月，三月，六月，六月記事。「白沙場」原作「白沙堝」。
〔十八〕紀六，至德二載四月、五月記事。「劉橋」原作「劉運橋」。

新書改編各傳〔一〕

舊書武后有本紀，遂不列后妃傳。新書以其稱制後政事編作本紀，而猥褻諸跡仍立傳於皇后傳内。舊書帝子傳各隸於諸帝之朝。新書總編於后妃傳後。舊書無帝女傳，故平陽公主附於其夫柴紹傳後，太平公主附於其夫武攸暨傳後。新書另立公主傳。舊書無姦臣傳，許敬宗、李義府、李林甫、盧杞、崔胤、柳燦等〔二〕，皆在列傳。新書另立姦臣傳，而義府子湛能與李多祚等同誅張易之兄弟，遂不附其父傳後，而入多祚傳。舊書無叛臣、逆臣傳，但以安禄山父子、史思明父子，及高尚、孫孝哲、朱泚、黄巢、秦宗權列在末卷〔三〕，稍示區别。然高尚、孫孝哲皆禄山將校，則附於禄山傳可矣，何必另立專傳？此二人既有專傳，則賊將尚有崔乾祐、張通儒、安守忠、尹子奇等，皆賊將之劇者，何以又不立傳乎？朱泚既在末卷，而從泚叛臣如源休、姚令言等，反在列傳，豈不輕重倒置〔四〕？新書則分叛、逆二項，以李希烈、安禄山父子、史朝義父子，及朱泚、黄巢、秦宗權、董昌等，舊書無昌傳，新書增入。僭號稱尊者，入逆臣傳，而賊黨即附其傳後。以僕固懷恩、周智光、梁崇義、李懷光等，背國自擅者，入叛臣傳。分類殊有差等。惟黄巢未仕於唐而列於逆臣，殊覺名實不稱，此明史所以有流賊傳也。舊書杜伏威、羅藝、苑君璋、李子和俱列羣雄内，與李子通、朱粲等相次。然伏威等皆降唐者，伏威入朝後不復出長安，後以輔公祏誣累，太宗登極，曾爲之昭雪。李子和降唐後，歷官數十年，以善終。此豈得尚與羣雄同卷乎？羅藝、苑君璋雖降而再叛，然既爲唐臣則唐之，新書另編爲卷，不復與羣雄同列。惟李密、蕭銑亦曾降唐而仍入羣雄，則以此二人地大兵衆，唐初已隱然如敵國，與竇建德、王世充相等，未便入之降臣内耳〔五〕。又舊書輔公祏次於伏威後，以二人同起事也；闞稜、王雄誕又次公祏後，以其爲伏威部將也。然伏威降唐後，公祏反而稜與雄誕皆爲唐效力，此豈得與公祏相次乎？新書稜、雄誕附伏威傳後，而公祏另入羣雄内。舊書孔穎達、顔師古、馬懷素、褚无量皆在列傳，新書改入儒林〔六〕，以其深於經學也。劉太真、邵説、于邵、崔元翰、于公異、李善、李賀皆在列傳，新書改入文苑〔七〕，以其優於詞學也。孫思邈在方伎，改入隱逸，以其人品高，不僅以醫見也。李淳風改入方伎，以其明天文也。武士彠改入外戚，以武后之父，尊崇極盛，三思等皆其子孫，寵倖冠一時，故皆附其傳後也。楊國忠亦改入外戚，以楊貴妃之兄也。邱神勣本附其父和傳後〔八〕，改入酷吏，以其與周興、來俊臣等同肆毒也。馬三寶本柴紹家奴，附紹傳後，改入功臣傳，以其爲國立功，則紹不得而有之也。祖孝孫、傅仁均無傳，以孝孫明樂律，事已入禮樂志；仁均明曆術，事已入曆志也。楊元琰、薛季昶本在循吏傳〔九〕，改與桓彦範等同卷，以誅二張時同事也。李齊運本蔣王惲之孫，若論新書子孫附於祖父傳之例，應入惲傳，乃另立專傳，以其與裴延齡等同惡，故與之同卷也。王宰舊附其父智興傳後，乃另立專傳，以其討劉稹之功大也〔十〕。獨孤及舊附其子朗傳内〔十一〕，新書則傳及而以朗附之，文行相等，自宜以子從父也。滄州程日華舊附義武張孝忠傳内，以滄州本屬義武也。新書另立横海專傳，是時日華能守滄州，朝命以滄州爲横海鎮，特授日華爲節度，横海一鎮自此始故也。甘露之變，舊書詳於宦官王守澄傳内，以仇士良繼其職，故合爲一傳也。然甘露之事究與守澄無涉，新書故另立士良傳，而詳其事於傳内也。他如立宗室宰相傳，見皇族之有人也。立蕃將傳，見外夷亦效用也。唐末諸鎮，周寶、鄧處訥、劉巨容、顧彦朗、李罕之、王敬武、孟方立、楊行密、趙犨等，舊書以諸人皆涉五代，不復立傳，新書傳之，以其事尚多係唐末造也。然趙光胤、王處直，後皆歷仕梁及後唐，新書 光胤傳但至知制誥而止〔十二〕，處直傳但書天復初封太原郡王而止，以此官爵尚唐所授，其後則不復叙也。韋應物、鄭谷等，皆有詩名，而無事跡可傳，則於文苑序内見其姓名，謂史家逸其事，故不能立傳，亦可見新書之周密也〔十三〕。惟中宗少子温王重茂，中宗崩，韋后立爲帝，睿宗即位，退封襄王，開元中薨，追謚殤帝。舊書有傳，新書既不列於帝紀，而皇子傳内亦無傳，殊爲缺略。長孫順德舊在功臣傳内，新書改附於長孫无忌傳後。按高祖手定功臣，首秦王，次裴寂、劉文静，次即順德，今反不立專傳，而附於无忌後。蘇瓌、張説舊不同卷，新書既以當時燕、許並稱而改編作一卷矣，長慶中詩人，元、白並稱，舊書同在一卷，新書何以又不同卷，而以白居易與李罡等同卷〔十四〕，列在中宗朝桓彦範等之前，不且顛倒時代乎？晚唐詩人，温、李並稱，新書何以文苑中只有李商隱，而温庭筠則附其遠祖大雅傳後乎〔十五〕？陽城裂麻一事，不愧真諫官，入之列傳可矣；司空圖避亂晦跡，入之隱逸可矣，乃又創立卓行一門以位置之〔十六〕。張易之兄弟，舊書附在名臣張行成傳後〔十七〕，本屬不倫，新書别無可位置，遂亦附行成傳後。薛懷義舊附外戚武氏傳後，固屬非類，新書以其無可附，遂并不立傳〔十八〕。夫卓行一門既可創爲之矣，此等獨不可立倖臣傳乎〔十九〕？李忠臣、喬琳舊在列傳，新書以其晚節受朱泚僞命，遂改入叛臣傳。夫叛臣必如高駢、朱玫等首倡叛亂者方專立一傳，喬、李等不過從賊耳。從賊中如源休、姚令言等，皆盡力助逆，僅附泚傳中，而喬、李曾有功於國，晚節一蹉跌，轉列爲叛首，而并以附泚之蔣鎮等附其傳後，更覺失當。豈以二人曾爲將相，故責之獨重耶？又舊書無藩鎮傳，殊覺淆混。新書則魏博、鎮冀、淄青、横海、宣武、彰義、澤潞各爲一卷，便覺一覽瞭如。然既分鎮立傳，則此一鎮之主帥，更替承襲，但依次直書，其人之賢否自見。新書則以田弘正、張孝忠等之純心爲國始終一節者，又提出另入列傳〔二十〕，遂使一鎮之序次中斷，此亦過於分別之病。至僧玄奘，爲有唐一代佛教之大宗，此豈得無傳？舊書列於方伎是矣，新書以其無他藝術，遂並不立傳。抑思方者方外也，伎者藝術也，無藝術獨不可以方外處之乎〔二一〕。余嘗謂新唐書一部獨缺兩僧，一高行之玄奘，一邪倖之懷素〔二二〕，究屬史家缺事也。

〔一〕二書互對，廿二史考異唐書第一卷凡十七頁，比此更詳。但只較異同，少加批評。

〔二〕「柳燦」爲「柳璨」之誤，舊一七九。

〔三〕高、孫實係附傳，不過提行及目著之，似專傳耳。

〔四〕此批評舊書。

〔五〕改編皆説出原因。

〔六〕「儒林」爲「儒學」之誤。新書一九八至二百均爲儒學傳。

〔七〕劉太真等皆在舊書一三七，「李善」爲「李益」之誤，李益舊附一八九上儒學傳。「文苑」爲「文藝」之誤，劉太真等新書入二〇三文藝傳下。

〔八〕應云「丘神勣本附其祖父和傳後」，見舊五九。舊書複出，並見一八六上酷吏傳。

〔九〕「循吏」爲「良吏」之誤，薛、楊二人見舊書一八五上、下良吏傳。

〔十〕王宰，新書亦附智興傳後，不過事增提行耳，見新一七二。宰本名晏宰。

〔十一〕應云「附其子郁傳内」，見舊一六八。朗，郁弟，新一六二則先朗後郁。

〔十二〕應云「新書一八二趙隱傳但言光胤知制誥」。

〔十三〕以上言新書改編之是，以下言新書之非。

〔十四〕元、白舊書同在卷一六六。白，新書一一九；元，一七四。

〔十五〕「文苑」爲「文藝」之誤。李商隱，新二〇三文藝傳下；温大雅，新九一。

〔十六〕陽城，舊一九二隱逸傳；司空圖，舊一九〇下文苑傳。二人新一九四。

〔十七〕易之兄弟爲行成族子。

〔十八〕附見七六則天傳。

〔十九〕史、漢均有佞倖傳。

〔二十〕田弘正、張孝忠，舊均一四一，新均一四八。

〔二一〕神秀、一行，亦舊有新删。

〔二二〕舊書亦無懷素傳，此蓋「薛懷義」之誤，懷義舊一八三外戚有傳。唐有兩懷素。一書自序之懷素，大曆間人，俗姓錢，長沙人。與玄奘弟子之俗姓范，南陽人，相去八九十年。書史會要混爲一人，全唐文亦混爲一人。奘師弟子懷素，宋僧傳十四有傳。

廿二史劄記批注　史法之屬

卷十七　新舊唐書

新書增舊書處

五代紛亂之時，唐之遺聞往事，既無人記述，殘編故籍，亦無人收藏，雖懸詔購求，而所得無幾，故舊唐書援據較少。至宋仁宗時，則太平已久，文事正興，人間舊時記載多出於世，故新唐書採取轉多。今第觀新書藝文志所載，如吴兢唐書備闕記，王彦威唐典，蔣罕大唐宰輔録，凌煙功臣〔一〕、秦府十八學士、史臣等傳，凌璠唐録政要，南卓唐朝綱領圖，薛璠唐聖運圖，劉肅大唐新語，李肇國史補，林恩補國史等書〔二〕，無慮數十百種，皆舊唐書所無者，知新書之「文省於前，而事增於舊」，有由然也。試取舊書各傳相比較，新書之增於舊書者有二種，一則有關於當日之事勢，古來之政要，及本人之賢否，所不可不載者；一則瑣言碎事，但資博雅而已。今分别於左，而新書删舊書之處亦附見焉。

〔一〕「凌煙功臣」上新志原有「又」字。去「又」字，則不知爲蔣罕所撰矣。

〔二〕以上均見雜史類。「薛璠」原作「薛瑙」。唐朝綱領圖，宋志别史、故事兩類重出。

新書增舊書有關係處

代宗沈后傳，陷賊後不知所在，新書增。高力士女冒爲后，迎還上陽宫，力士子知非真，具言其情，詔貸之〔一〕。

〔一〕舊五二，新七七，新舊唐書合鈔一〇二。

李密傳，增。密爲魏公，設壇即位，改元永平。又增。密與宇文化及隔水語，責其弑逆。又增。賈潤甫勸其稍節興洛倉米，勿致食盡人散〔一〕。

〔一〕舊五三，新八四，合鈔一〇四。以下合鈔卷數增舊書五十一卷，照此類推。

王世充傳，增。煬帝至江都，世充請以江淮女進宮〔一〕。

〔一〕舊五四，新八五，合鈔一〇五。

徐圓朗傳，增。圓朗迎彭城劉世徹，欲以爲主，會盛彦師被執在圓朗所，恐二兇合則禍不解，乃説曰：「公不見翟讓用李密而見殺乎。」圓朗乃忌世徹而殺之〔一〕。

〔一〕舊五五，新八六，合鈔一〇六。

房玄齡傳，增。帝問創業守成孰難，玄齡謂創業難，徵謂守成難。帝曰：「玄齡從我定天下，徵與我安天下，故所見各異。然創業之事往矣，守成之難，當與公等共之。」此正見太宗之圖治也〔一〕。

〔一〕舊六六，新九六，合鈔一一七。

許敬宗傳，增。高宗欲立武后，敬宗曰：「田舍翁多收十斛麥，尚欲更故婦，天子富有四海，立一后何不可。」此正見其逢君之惡〔一〕。

〔一〕舊八二，新二二三，合鈔一三三。

劉仁軌傳，增。仁軌平百濟後，高宗遣劉仁愿代還。仁軌以百濟新定，恐新兵不得力，願再留鎮守。此正見其忠於爲國之處。舊書但書仁愿率兵渡海，與舊鎮兵交代，仁軌乃西還〔一〕。

〔一〕舊八四，新一〇八，合鈔一三五。

褚遂良傳，增。遂良諫立武氏，謂武氏昔事先帝，武后從幄後呼曰：「何不撲殺此獠！」〔一〕

〔一〕舊八〇，新一〇五，合鈔一三一。此條應在許敬宗前。

魏元忠傳，增。元忠再相，稍憚權倖，不能守正如往時，袁楚客以書規之，全載其文〔一〕。

〔一〕舊九二，新一二二，合鈔一四三。

來濟傳，增。諫立武后，引漢成帝以婢爲后故事〔一〕。

〔一〕舊八〇，新一〇五，合鈔一三二。趙飛燕。

韓瑗傳，增。諫立武后，引宗周褒姒爲言〔一〕。

〔一〕舊八〇，新一〇五，合鈔一三二。韓瑗當在來濟前。

陸象先傳，增。玄宗初即位，太平公主欲廢之，召宰相議曰：「寧王長當立。」象先曰：「帝何以得立？」曰：「有一時之功。」象先曰：「立以功者，廢必以罪。今不聞有罪，安得廢。」〔一〕

〔一〕舊八八，新一一六，合鈔一三九。附父陸元方傳。

蘇頲傳，增。吐蕃盜邊，玄宗欲自將討之，頲極諫以爲不可，乃止〔一〕。

〔一〕舊八八，新一二五，合鈔一三九。附父蘇瓌傳。

李景伯傳，增。時有建言設都督者，景伯議都督專生殺，權太重，授非其人，則釁易生。宜罷都督，留御史按察，秩卑任重，可制姦宄。由是停都督〔一〕。

〔一〕舊九〇，新一一六，合鈔一四一。李懷遠子。

姚崇傳，增。玄宗欲相崇，崇先以十事邀帝。此爲相業之始，而舊書不載。又增。崇在帝前序進郎吏，帝不顧，後謂高力士曰：「我任崇以大政，此小事，何必瀆耶。」此見玄宗任相之專〔一〕。

〔一〕舊九六，新一二四，合鈔一四七。

宋璟傳，增。璟不賞郝靈佺斬默啜之功，恐啟天子倖邊功。此見大臣遠慮。又增。張嘉貞爲相，閱堂案，見璟危言切論，不覺失聲歎息〔一〕。

〔一〕舊九六，新一二四，合鈔一四七。

韓休傳，增。帝嘗獵苑中，或張樂，必視左右曰：「韓休知否。」帝嘗引鏡不樂，左右謂自休入相，陛下無一日歡。帝曰：「吾雖瘠，天下肥矣。」〔一〕

〔一〕舊九八，新一二六，合鈔一四九。帝，玄宗。

張九齡傳，增。武惠妃謀陷太子瑛，私使人言於九齡，九齡即奏之，帝爲動色。故終九齡爲相，太子得無患〔一〕。

〔一〕舊九九，新一二六，合鈔一五〇。帝，玄宗。

裴耀卿傳，增。玄宗封禪後，謂張説曰：「懷州刺史王邱，餼牽外無他獻，我知其不市恩也。魏州刺史崔沔，供張不用錦繡，示我以儉也。濟州刺史裴耀卿，上書言擾民即不足告成功，此其愛人也。」〔一〕

〔一〕舊九八，新一二七，合鈔一四九。應在張九齡前。

吴兢傳，增。兢撰則天實録，書張昌宗誣搆魏元忠有不順之言，引張説爲證，説已許之，賴宋璟再三勸阻，説始明元忠無此語。後説爲相，私乞改之，兢曰：「徇公之請，何名實録。」卒不改。世謂今之董狐〔一〕。

〔一〕舊一〇二，新一三二，合鈔一五三。

馬懷素傳，增。同時修書者數十人姓名，類叙於傳末〔一〕。

〔一〕舊一〇二，新一九九，合鈔一五三。

楊慎矜傳，增。慎矜得罪之由。因其家所出婢得入宫，以其與術士史敬忠相往來之事奏聞，玄宗發怒。楊國忠密知之，乃語王鉷，使告發其罪〔一〕。

〔一〕舊一〇五，新一三四，合鈔一五六。

楊國忠傳，增。國忠主議征雲南募兵之慘酷，州縣吏至召貧弱者，縛至室中，械而送軍前，亡者即以送吏代之。又增。國忠請以安禄山爲平章事，追入輔政，已草詔，而帝遣輔璆琳覘之。璆琳得賂，還，言禄山不反，帝遂焚前詔〔一〕。

〔一〕舊一〇六，新二〇六，合鈔一五七。

郭子儀傳，增。復陝郡時，其子旰與賊戰死〔一〕。

〔一〕舊一二〇，新一三七，合鈔一七一。

劉晏傳，增。晏在襄陽，辭永王璘之官。爲採訪使李希言守杭州，璘聞有備，乃西走。又增。晏所用管計賬者皆士人。嘗言士有爵禄，則名重於利，吏無榮進，則利重於名〔一〕。又增。傳末附韓洄、元琇、裴腆、李衡、包佶、盧徵、李若初等〔二〕，皆晏所擢用，後多任轉運等使，循晏舊法以利國者。

〔一〕舊一二三，新一四九，合鈔一七四。
〔二〕韓洄此無附傳，舊附一二九滉，新附一二六休，合鈔一八〇。盧徵、李若初二人，舊在一四六，新移附於此，不得謂增。合鈔一九七。

崔涣傳，增。涣劾奏元載怙權樹黨之疏，正見其疾惡〔一〕。

〔一〕舊一〇八，新一二〇，不載其文，合鈔一五九。

馮盎傳，增。貞觀中，或告盎反，帝將討之，魏徵力保其不反，乃遣使諭盎，盎果遣子入侍。帝曰：「徵一言强於十萬兵矣。」〔一〕

〔一〕舊一〇九，新一一〇，合鈔一六〇。

阿史那社爾傳，增。同出征者有郭孝恪，其在軍，牀帷器用多飾金玉，以貽社爾，社爾不受。帝聞之曰：「二將優劣，不必問人矣。」〔一〕

〔一〕舊一〇九，新一一〇，合鈔一六〇。

崔光遠傳，增。玄宗出奔，光遠爲京兆尹，僞遣子東見禄山，時禄山已令張休爲京兆尹，及得光遠投順，即命休還洛〔一〕。

〔一〕舊一一一，新一四一，合鈔一六二。此條舊書已載。

王思禮傳，增。肅宗自靈武至鳳翔，賊兵來攻，甚危。適崔光遠遣王伯倫、李椿以兵至，聞賊攻鳳翔，欲乘虛襲長安，賊聞之乃引還。伯倫戰死，椿被執〔一〕。

〔一〕舊一一〇，新一四七，合鈔一六一。

李光弼傳，增。野水渡之役，光弼以計降賊將高暉、李日越二人。又增。邙山之敗，由魚朝恩不聽光弼言，去山險，就平地，故敗。又增。代郭子儀，營壘麾幟無所更，一經光弼號令，氣色乃益精明〔一〕。又於郝庭玉傳記朝恩使庭玉布陣，坐作進退如一，朝恩歎賞，庭玉曰：「此臨淮王遺法也。」〔二〕

〔一〕舊一一〇，新一三六，合鈔一六一。

〔二〕舊一五二，新一三六，合鈔二〇三。此條舊郝傳亦載之。

姜公輔傳，增。德宗出避涇師之亂，欲往鳳翔倚張鎰，公輔謂鎰文臣，而其下皆朱泚舊部曲，軍且有變，帝乃往奉天。不數日，鳳翔大將李楚琳果殺鎰應泚。又增。帝初至奉天，聞泚欲來迎，乃詔止諸道援兵。公輔力言不可無備，乃納兵。不數日，泚兵來犯〔一〕。

〔一〕舊一三八，新一五二，合鈔一八九。「李楚琳」三字由張鎰傳補，舊一二五，新一五二，合鈔一七六。

田承嗣傳，增。承嗣先爲安、史僞將，後背史朝義，降於僕固瑒〔一〕。

〔一〕舊一四一，新二一〇，合鈔一九二。

田悦傳，增。朱泚僭據長安，其弟滔自幽州起兵應之，約悦同舉兵，悦許之，而王武俊遣人阻悦，悦兵遂不出。滔怒，攻其貝州，於是武俊與李抱真同出兵救悦〔一〕。

〔一〕舊一四一，新二一〇，合鈔一九二。

田季安傳，增。　憲宗命吐突承璀討王承宗，季安欲救之。有譚忠者，爲畫策，陽出兵助王師，而陰約承宗以堂邑見與，若爲攻得者，遂邀朝命寵獎〔一〕。

〔一〕舊一四一，新二一〇，合鈔一九二。譚忠，劉濟將。

李維岳傳，增。　維岳敗於束鹿，欲上表歸朝，田悦遣人來責，維岳遂復抗〔一〕。

〔一〕舊一四二，新二一一，合鈔一九三。

劉濟傳，增。　譚忠激濟進兵討王承宗〔一〕。

〔一〕舊一四三，新二一六，合鈔一九四。

劉總傳，增。譚忠勸其以地歸朝〔一〕。

〔一〕舊一四三，新二一二，合鈔一九四。

段秀實傳，增。郭晞在邠，不戢軍士，邠帥白孝德不能制。秀實殺十七人，自請於晞，晞不能難〔一〕。

〔一〕舊一二八，新五三，合鈔一七九。應在前。

韓游瓌傳，增。李懷光誘游瓌叛，游瓌白發其書，帝嘉之。後又有書來誘，爲渾瑊所獲，稍伺察之，游瓌怒罵瑊，帝懼有變，遂幸梁州。此事大有關係，舊書乃無之。又增。吐蕃來寇，游瓌破之於合水。吐蕃攻陷鹽州，游瓌收復之。及吐蕃請盟，游瓌奏不可信，帝不從。及平涼之盟，游瓌以勁騎赴柏泉，會盟使渾瑊被劫，逃出，賴游瓌兵乃得歸。舊書亦無〔一〕。

〔一〕舊一四四，新一五六，合鈔一九五。

董晉傳，增。晉與李涵使回紇，回紇責償馬價，涵不能對。晉曰：「我非無馬，而與爾爲市，賜爾不已多乎？爾之馬多疲斃，天子勅勿屑屑較，爾反以爲不足乎！」回紇語塞〔一〕。

〔一〕舊一四五，新一五一，合鈔一九六。

李希烈傳，增。竇良女爲希烈所得。女謂父母曰：「勿戚戚，吾能殺賊。」果爲希烈所嬖，乃與陳仙奇密謀，酖死希烈。舊書但云仙奇酖死希烈，而竇良女不載〔一〕。

〔一〕舊一四五，新二二五，合鈔一九六。

鮑防傳，增。策賢良方正，防閱策得穆質、柳公綽等，皆名士。質對策最切直，獨孤愐欲黜之，防曰：「使上得聞所未聞，不亦善乎。」卒置高第〔一〕。

〔一〕舊一四六，新一五九，合鈔一九七。

楊憑傳，增。憑爲李夷簡所劾，貶臨賀尉，姻友無敢送者，徐晦獨送至藍田。夷簡特薦晦爲御史，曰：「君不負楊臨賀，肯負國耶！」舊書至以此另立徐晦傳，新書删晦傳，而以此附憑傳内〔一〕。

〔一〕舊一四六，新一六〇，合鈔一九七。徐晦傳在舊一六五。

杜黄裳傳，增。黄裳與憲宗論致治之道，在修己任賢，操執綱領。至簿書訟獄，本非人主所自任〔一〕。

〔一〕舊一四七，新一六九，合鈔一九八。

李吉甫傳〔一〕，增。罷冗員一疏；奏伐蜀之師，宜增三峽一路，以分賊勢；劾中書史滑涣勾結樞密使竊權；李錡將反，吉甫建議使韓弘進兵；因田弘正歸順，請撤河陽之兵戍汝州，以逼吴元濟。按武宗時，吉甫子德裕重修憲宗實録，虚張其父之美，宣宗時特命刊正〔二〕。今此等事舊書皆無，而新書增之，豈舊書據大中刊正之本，而新書尚據會昌重修之本耶〔三〕？

〔一〕舊一四八，新一四六，合鈔一九九。

〔二〕見舊十八上武宗紀，會昌元年四月、十二月，十八下宣宗紀，大中三年九月。

〔三〕新書專求異於舊書。

權德輿傳，增。德輿建議，王承宗可起復，盧從史不可起復〔一〕。

〔一〕舊一四八，新一六五，合鈔一九九。

張薦傳，增。顔真卿使於李希烈，爲所拘縶。薦上疏，請以希烈之母妻妹三人之拘於京師者，移置境上，以贖真卿〔一〕。

〔一〕舊一四九，新一六一，合鈔二百。

蔣乂傳，增。李錡以反誅，詔削一房屬籍〔一〕。宰相召乂問：「一房自大功乎？」乂曰：「其祖神通，開國時有功，可因孫而累其祖乎！」曰：「自期可乎？」乂曰：「其父若幽死社稷，可令其絶祀乎！」乃止坐錡及子息，無旁坐者〔二〕。

〔一〕舊一四九，新一三二，合鈔二百。

〔二〕此語見舊一一二李錡傳，新移於此耳，非增也。且宰相爲誰，鄭絪也。合鈔一六三已載，此又重出。

王鍔傳，增。西域朝貢酋長在京，因隴右陷蕃不得歸，皆食鴻臚，凡四千餘人。鍔奏請停其廩給。李泌請以隸神策軍，皆成勁旅，而歲省五十萬緡〔一〕。

〔一〕舊一五二，新一七〇，合鈔二〇二。

孔戣傳，增。番舶至粤，向有下椗税，有閲貨宴錢。戣帥粤，悉禁絶之。海商死，官籍其資，滿三月無妻子至，則没入。戣不爲限，悉推與之〔一〕。

〔一〕舊一五四，新一〇六，合鈔二〇五。

韋澳傳，增。宣宗召澳，屏人問近日奄宦如何，對曰：「帝威制前世無比。」帝曰：「未

也。」澳曰：「不若就其中可用者計之。」帝曰：「朕固行之矣。自黄至緑至緋猶可，衣紫則合爲一矣。」〔一〕

〔一〕舊一五八，新一六九，合鈔二〇九。

鄭絪傳，增。宦官竇文場新爲中尉，欲以白麻制下中書，絪力諫止。又增。盧從史懷不軌，李吉甫譖絪漏言於從史。憲宗怒，召李絳告之，絳曰：「誠如是，罪當族。然誰爲陛下言者？」帝曰：「吉甫。」絳曰：「安知非吉甫誣陷之。」帝乃悟〔一〕。

〔一〕舊一五九，新一六五，合鈔二一〇。

崔弘禮傳，增。討李同捷時，大將李萬瑀、劉寀擁兵自固，弘禮奪其兵破賊。李祐以鄭、滑兵入齊而潰，弘禮悉斬其兵，以鄆兵二千付祐敗賊〔一〕。

〔一〕舊一六三，新一六四，合鈔二一四。

王起傳，增。武宗即位，起爲山陵使。樞密劉弘逸、薛季稜欲因山陵兵謀廢立，起密奏，乃皆伏誅〔一〕。

〔一〕舊一六四，新一六七，合鈔二一五。此係舊傳文，新删之。此誤引。

王式傳，增。式爲安南都護，退蠻兵，捕斬反者。及移浙東，討殺草賊仇甫。移徐州，殺銀刀都之爲亂者數千人〔一〕。

〔一〕舊一六四，新一六七，合鈔二一五。「銀刀都」原作「銀刀軍」，此事舊傳已載。

錢徽傳，增。徽爲掌書記，時大寒，先發冬衣，以靖兵亂。在宣歙，幕帥崔衍病亟，徽請池州刺史李遜至，以安軍士。及爲學士，奏憲宗弗納貢獻。帝密戒有獻者入銀臺門，勿令學士知〔一〕。

〔一〕舊一六八，新一七七，合鈔二一九。

裴度傳，增。度與帝言，君子無黨，小人有黨〔一〕。

〔一〕舊一七〇，新一七三，合鈔二二一。

牛僧孺傳，增。初對策切直，得罪時宰之處，此爲牛、李黨事之始。又增。劉稹誅後，石雄軍吏得劉從諫與僧孺、李宗閔交結書。此蓋因李德裕當國，希旨者附會爲之〔一〕。

〔一〕舊一七二，新一七四，合鈔二二三。

李石傳，增。石與文宗論爲治之要，惟登拔才良。及論貞觀、開元之治，石欲强帝意，謂漢文、宣不足法，當上法堯、舜〔一〕。又增。討劉稹時，石奉使督戰，責石雄、王宰等取破賊期，後果如期奏績〔二〕。

〔一〕舊一七二，新一三一，合鈔二二三。

〔二〕「石」當作「李回」，此李回事，與石無涉。新書石、回同卷，故亂。見舊一七三、合鈔二二四。

蕭倣傳，增。宣宗以李璲爲嶺南節度，已賜節，因倣封還詔書，帝方作樂，不暇遣使，即令樂工追節還〔一〕。

〔一〕舊一七二，新一〇一，合鈔二二三。

李珏傳，增。文宗嘗欲以陳王成美爲嗣，既崩，中人引宰相商議所當立，珏曰：「帝已命陳王矣。」已而武宗即位，人皆危之，珏曰：「臣下知奉上命而已，安與禁中事。」後終以此被貶〔一〕。

〔一〕舊一七三，新一八二，合鈔二二四。

李德裕傳，增。德裕帥蜀時，築籌邊樓、仗義城、禦侮城、柔遠城等事。又增。宰相閤，百官非公事不入，自李宗閔時，往往通賓客，至設宴其中。德裕爲相，奏文宗禁止。又增。帝欲官李訓，德裕以爲僉人，不當授。帝語王涯別與官，德裕摇手止之，適爲帝所見，帝不悦。武宗欲殺楊嗣復、李珏，皆宗閔黨也，德裕三叩求，乃免死。對武宗論任宰相一事。又極論朋黨之害。傳末又附載崔嘏、魏鉶、丁柔立等，皆爲德裕訟冤者〔一〕。

〔一〕舊一七四，新一八〇，合鈔二二五。

馬植傳，增。植與中尉馬元贄善，元贄以上所賜帶遺之。他日對便殿，帝識其帶，知其通近侍，遂出之〔一〕。

〔一〕舊一七六，新一八四，合鈔二二七。

崔安潛傳，增。安潛之將張自勉討王仙芝有功，宋威忌之，欲令隸麾下。宰相鄭畋謂：「如此則自勉以功而受辱也，何以勸立功者。」〔一〕

〔一〕舊一七七，新一一四，合鈔二二八。

朱宣傳，增。朱全忠攻宣，凡十興師，四敗績〔一〕。

〔一〕舊一八二，新一八八，合鈔二三三。舊作「朱瑄」。

李輔國傳，增。輔國逼徙上皇，高力士叱令爲上皇控馬之事〔一〕。

〔一〕舊一八四，新二〇八，合鈔二三八。以下合鈔從新書又增三卷。

魚朝恩傳，增。吐蕃入寇，朝恩欲遷都洛陽，郭子儀疏諫，以爲不可。增。朝恩譏誚宰相，温造面折其議。增。朝恩爲其子請進官，左右已以紫衣進。增。元載密謀擒縛朝恩〔一〕。

〔一〕舊一八四，新二〇七，合鈔二三八。「温造」爲「相里造」之誤。温造係太和間人，後相里造六七十年。温造見舊一六五、新九一、合鈔二一六。

田令孜傳，增。令孜導僖宗荒樂，賞賜，及强奪商旅財貨之事。令孜討王重榮，戰敗，逼帝幸興元，以致朱玫立嗣襄王熅爲帝，皆令孜召禍也。帝幸蜀後，令孜激黄帽軍亂，孟昭圖上疏諫，令孜矯詔貶而害之。增。中人曹知愨與破賊有功，因大言帝還時當在大散關閲羣臣，可歸者歸之。令孜恐其圖己，密令王行瑜殺之。此等舊書皆無之，但云令孜從幸梁州，求爲監軍以去而已。按此等事皆令孜之釀禍肆惡，不叙於令孜傳而誰傳耶〔一〕？

〔一〕舊一八四，新二〇八，合鈔二三八。「黄帽軍」原作「黄頭軍」。

黄巢傳，增。王仙芝爲宋威敗於沂州，仙芝亡去。威因奏仙芝已死，散遣諸道兵。已而仙芝復出，諸道兵始休又徵，於是皆怨。又增。刺史裴渥爲賊求官，王仙芝、黄巢皆詣渥飲。適詔至，拜仙芝左神策軍押衙，仙芝喜，巢以官不及己，詢曰：「君獨得官，此五千衆安歸乎？」因擊仙芝。仙芝憚衆怒，亦不受官，分其衆各路剽掠。又增。賊將朱温爲王重榮所敗，遂降於重榮〔一〕。

〔一〕舊二百下，新二二五下，合鈔二六〇下。以下合鈔又增六卷。

以上七十一傳，新書所增事跡章疏，皆有關於時事政術者。

新書增舊書瑣言碎事

竇建德傳，增。建德微時，盗夜劫其家，建德殺三人，餘不敢進，請其尸，建德曰：「可投繩取之。」盗投繩，建德乃自縻，使盗曳出，又殺數人〔一〕。

〔一〕舊五四，新八五，合鈔一〇五。

李靖傳，增。太宗手書二則，一曰兵事節度皆付公，吾不中制。一曰有晝夜視公疾大老嫗遣來，吾欲知公起居狀。後權德輿見之，流涕曰：「君臣之際，一至此耶！」〔一〕

〔一〕舊六七，新九三，合鈔一一八。

杜正倫傳，增。正倫初欲與城南諸杜叙同族，不許。相傳城南杜固有壯氣，正倫既執政，奏鑿杜固以通水利。既鑿，川流如血，自是南杜不振〔一〕。

〔一〕舊七〇，新一〇六，合鈔一二一。相州洹水人。

太子承乾傳，增。承乾學蕃人設穹廬，自作可汗死，令其下奔馬哭之。誓有天下後，委身思摩作一設。又言有諫者輒殺之，殺五百人豈不定〔一〕。

〔一〕舊七六，新八〇，合鈔一二七。舊書突厥傳，别部領兵者皆謂之「設」。

李傑傳，增。斷獄，有婦人與道士控其子不孝，傑究得其實，殺道士〔一〕。

〔一〕舊一百，新一二八，合鈔一五一。

許敬宗傳，增。敬宗辨濮陽之帝邱，及濟、漯斷流，見其博雅〔一〕。

〔一〕舊八二，新二二三，合鈔一三三。

張錫傳，增。錫與蘇味道俱坐罪繫獄，錫日膳豐侈不少貶，味道席地菜食。武后遣人覘之，乃憐味道而惡錫〔一〕。

〔一〕舊八五，新一一三，合鈔一三六。舊目無名。

裴炎傳，增。炎子伷先，以諫武后流瀼州，逃入北庭，致富數千萬。能詗朝廷陰事，后遣使殺流人，佃先預知之，與追者格鬭。會后又赦流人，遂得免。後官至工部侍郎〔一〕。

〔一〕舊八七，新一一七，合鈔一三八。佃先爲炎從子，後官至工部尚書。

裴寬傳，增。寬爲潤州參軍，人有餽鹿肉者，不可却，則受而埋之於後圃。爲刺史常説樓上所見，問知其故，遂以女妻之。寬衣碧，瘠而長，人呼爲碧鸛雀〔一〕。

〔一〕舊一百，新一三〇，合鈔一五一。「常説」爲「韋詵」之誤，舊作「韋銑」。

哥舒翰傳，增。潼關之戰，賊將崔乾祐用兵，十十伍伍，官兵阨於隘道，遂大敗〔一〕。

〔一〕舊一〇四，新一三五，合鈔一五五。

嚴武傳，增。武八歲時，擊死父之寵妾。及節度劍南，最厚杜甫，亦屢欲殺之。李白作蜀道難，爲甫危之也〔一〕。

〔一〕舊一一七，新一二九，合鈔一六八。

劉晏傳，增。晏八歲時，玄宗令張説試之，曰：「國瑞也。」〔一〕

〔一〕舊一二三，新一四九，合鈔一七四。此條合鈔不載。

王璵傳，增。漢以來喪葬皆有瘞錢，後世里俗稍以紙寓錢爲鬼事。璵爲祠祭使，乃用之祠廟〔一〕。

〔一〕舊一三〇，新一〇九，合鈔一八一。此條舊書亦略言之。

關播傳，增。李元平築汝州城，李希烈潛使人應募，遂爲内應，縛元平去，以元平本播所薦也。舊書以李元平傳後附播傳，故此事載元平傳。新書則以此事附播傳，而不復立元平傳〔一〕。

〔一〕舊一三〇，新一五一，合鈔一八一。應云「舊書以李元平傳附播傳後」。此全用元平傳語，不得謂之增。

邵説傳，增。説面奏德宗，自解失身陷賊之處甚詳〔一〕。

〔一〕舊一三七，新二〇三，合鈔一八八。賊，安慶緒。

李賀傳，增。每日出游，使童奴背古錦囊，有得即投入。其母探知之，曰：「是兒嘔出心肝乃已。」〔一〕

〔一〕舊一三七，新二〇三，合鈔一八八。

韋皋傳，增。皋没後，有議其箭有「定秦」二字，以爲蓄異謀者，陸暢爲辨云，定秦者匠名也，事乃白。又增。李白爲蜀道難以斥嚴武，暢反之爲蜀道易以美皋〔一〕。

〔一〕舊一四〇，新一五八，合鈔一九一。

田悦傳，增。張伾固守待救，放紙鳶至馬燧軍，謂三日不救，士且盡爲悦食，燧乃進軍破悦〔一〕。

〔一〕舊一四一，新二一〇，合鈔一九二。

劉玄佐傳，增。玄佐母數教玄佐盡臣節，見縣令白事者甚畏懼，即戒玄佐：「汝父吏於縣時，亦當爾。汝可倨受耶！」又增。汴州相國寺佛軀出汗，玄佐大施金帛，人皆效之，輸納無算，玄佐籍之以充軍賞〔一〕。

〔一〕舊一四五，新二一四，合鈔一九六。

盧坦傳，增。杜黄裳謂坦曰：「某家子與惡人游，將破産，盍戒之。」坦曰：「凡官廉者必不積財，積財者皆剥下以致之。如子孫善守，是天富不道之家也，不若聽其不道以散人。」〔一〕

〔一〕舊一五三，新一五九，合鈔二〇四。

韋綬傳，增。綬讓楊凝爲舉首。及爲學士，德宗嘗與韋妃幸其院，值其寢，以妃蜀襭袍覆之〔一〕。

〔一〕舊一五八，新一六九，合鈔二〇九。此事不見新一六〇之韋綬傳，唐有兩韋綬也。彼韋綬見舊一六二，合鈔二〇三。

胡證傳，增。裴度未顯時，飲酒店，爲武士所窘。證突入座上豪飲，取鐵燈檠，手合其跗，謂諸人曰：「我欲爲令，不釂者以此擊之。」衆叩頭請去，度乃得免〔一〕。

〔一〕舊一六三，新一六四，合鈔二一四。

羅立言傳，增。立言在河陰築城，所當者多富豪，乃令自築其處，貧民得免〔一〕。

〔一〕舊一六九，新一七九，合鈔二二〇。

畢誠傳，增。誠三徙鎮，不得入朝，乃求麗姝，結宰相令狐綯，綯不受。有太醫李玄伯聘之，進於帝，極嬖之〔一〕。

〔一〕舊一七七，新一八三，合鈔二二八。

崔彦昭傳，增。彦昭與王凝外兄弟也，凝先貴，不禮彦昭。及彦昭爲相，其母恐彦昭報怨，勑家人多置履韤，曰：「王氏妹將與子偕逐，吾將同行。」彦昭遂不敢報怨〔一〕。

〔一〕舊一七八，新一八三，合鈔二二九。「其母」，彦昭母。

黄巢傳，增。巢入杭州，董昌所屯地名八百里，賊問老媪，答曰：「官兵屯八百里矣。」賊驚遂去。又劉巨容使沙陀五百騎餌賊，棄馬而遁。明日，賊乘其馬出戰，而馬識沙陀語，呼之，盡奔還，遂多擒賊〔一〕。

〔一〕舊二百下，新二二五，合鈔二六〇。二事先後倒置。

新書立傳獨詳處

新書諸傳，較舊書多大同小異，不過删其蕪詞，而補其未備，無有大相逕庭者，惟劉晏、李泌、陸贄、李絳、高駢、高力士六傳，所增於舊書，幾至倍蓰〔一〕。蓋劉晏傳則本於陳諫所論晏之功有二害二利也〔二〕，其論云，晏大指在使民得安耕織，常歲則斂之，凶年則蠲之。每州縣荒歉有端則先貸之，不使至賑給。賑給少則無所濟，多則國用不足，又將重斂矣。災地所乏者糧，而他産自在，以所産貨之於熟地，自免阻饑。新書獨詳載之，以其有益於荒政也。李泌傳則本於李繁所作鄴侯家傳也，新書增肅宗欲以建寧王倓爲元帥，泌力請以廣平王爲之。肅宗欲掘李林甫墓，泌恐上皇不樂，止之。肅宗問破賊期，泌請先傾范陽巢穴，則一勞永逸。收京後，肅宗欲請上皇復位，泌曰，若是則上皇不來，當以羣臣疏請上皇歸就養，上皇果至。德宗徵吐蕃兵討朱泚，許以安西、北庭地，吐蕃戰不力，及事平來索地，泌力言不可與。泌又請德宗毋受私獻，則方鎮可以行法，天下紓矣。又嘗對德宗曰：「陛下能知盧杞之奸，何至建中之禍。」帝又引桑道茂預請城奉天，以爲天命合有此厄，泌論君相造命，不可言命。此皆舊書所無，而家傳所載者。惟順宗在東宫時，因妃蕭氏母郜國公主之累，儲位甚危，泌百端奏説，上意方解。舊書詳載之，與新書所云，帝有廢立意，泌再三言立姪不如立子之語相同，此事當可信也。新書亦謂繁所作家傳多不經，掇其近實者著於篇，而以明太子無罪一事爲不可誣〔三〕，則亦知此事之猶可信耳。陸贄傳則本於宣公奏議也，新書增贄請以五術省風俗，八計聽吏治，三科登俊乂，四賦經財實，六德保罷瘵，五要簡官事。又馬燧討賊河北久不決，請濟師，贄疏言國内空虛，不宜務遠遺近，請先事李希烈，徐圖田悦等。此在涇師未變之前，已而果驗。又勸德宗開誠納諫等疏。又諫帝欲官獻瓜果者一疏。李絳傳則本於蔣偕所撰遺事七篇也，新書增其論敬大臣遠小人一疏，論納諫一疏。又魏博田季安死，軍中請以其子懷諫襲，絳請遲之，已而軍中果立田弘正，以六州歸命，絳請速與節鉞，并大犒賞，以奬其忠義。案絳論事萬餘言，其甥夏侯孜以授蔣偕，蔣偕撰次七篇以傳。高駢傳則本於郭廷誨廣陵妖亂志也〔四〕，新書增駢先復安南，爲監軍李維周匿其功不奏，幸駢所遣使王惠贊間道得達。又移帥蜀，南詔方攻雅州，聞駢名即遁去。駢裁減軍士衣食，兵亂，駢匿圊圂中免。既而誅亂者，嬰孺皆斬。旋移淮南爲都統，討黄巢。遣張璘敗巢，巢懼乞降，駢信之。時所徵各鎮之師皆至淮南，駢欲專己功，奏盡遣散歸，巢知之，即告絶。駢怒，又遣璘往討，璘敗死。又叙畢師鐸、秦彦、楊行密、孫儒之亂甚詳。高力士傳則本之巫山記也〔五〕，新書增玄宗欲以天下事付李林甫，力士極言威柄不可下移。及立太子時，李林甫以武惠妃方寵，故屬意其子壽王，力士勸帝推長而立，由是肅宗儲位遂定。時楊國忠主用兵雲南，喪師數十萬，莫敢奏者，力士密奏之。後力士貶巫州，柳芳爲編其遺事。亦可見景文採輯之勤矣。至唐末諸臣各傳，俱比舊書詳數倍，則舊書本太略耳。

〔一〕晏，舊一二三，新一四九，合鈔一七四。泌，舊一三〇，新一三九，合鈔一八一。絳，舊一六四，新一五二，合鈔二一五。贄，舊一三九，新一五七，合鈔一九〇。駢，舊一八二，新二二四，合鈔二三三。力士，舊一八四，新二〇七，合鈔二三八。

〔二〕僅四百餘字。

〔三〕見傳贊。

〔四〕新藝文志作「郭廷誨」，書録解題作「鄭延晦」，通考引陳氏作「鄭廷誨」，説郛作「羅隱」。藕香零拾有刊本。

〔五〕柳芳爲唐曆四十篇，未嘗著巫山記。見芳傳，舊一四九，新一三二，並見前十六卷唐實録國史凡兩次散失條。

新書删舊書處

新書事增於舊書，非特於舊書各傳内增事跡，并有舊書無傳而新書增傳者。如穆宗宣懿韋后，武宗王賢妃，宣宗元昭鼂后，舊書有目無傳，新書補傳之〔一〕。懿宗恭獻王后，并無其目，新書亦爲補傳。可見搜考之博也。然於舊書事跡反有删之者。長孫无忌傳，帝自製威鳳賦賜无忌。李百藥傳，有封建論一篇。豆彦威傳〔二〕，議僕射上事儀注宜遵開元禮，受册官與百僚答拜，不得坐受。劉沔傳，沔嘗戰傷重，卧草中，月黑不知歸路，夢有人以雙燭引之，遂起，果有光前導。自後破敵危難時，常有此光。及罷鎮，光遂息，沔亦尋卒。李德裕傳，有自著窮愁志及論冥數一篇。舒元輿傳，有諫祀九宫貴神不宜稱臣署御名。此皆舊書所有，而新書删之，以其無大關繫也。李嗣業傳，舊書記其新店之戰，郭子儀已爲賊兵所包，嗣業引回紇兵衝之，轉敗爲勝之功甚詳，新書删之，以其香積寺之戰功已冠軍也。王武俊傳，舊書李寶臣與朱滔破田承嗣，代宗使中貴馬承倩勞之，寶臣贈絹少，爲承倩所詬，寶臣慚，武俊遂勸寶臣劫滔兵反，與承嗣合。新書删之，以此事已見於武俊傳也〔三〕。劉怦傳，舊書怦本朱滔部將，先勸滔勿反，及滔舉兵敗歸，疑怦有異志，不敢入，怦乃具卒伍郊迎二十里，入之，人以爲忠於所事。新書删之，以此事已見於怦傳也〔四〕。吕元膺傳，舊書元膺爲東都留守，李師道遣門察、訾嘉珍至東都，結僧圓静，糾約山棚民爲變，新書亦删之，以此事已見李師道傳也。韋諤傳，舊書楊國忠、貴妃既死於馬嵬，玄宗將發，從駕軍士猶懷去就，陳玄禮不能制。適益州貢春綵十萬至，帝召六軍散之，令各自擇便。軍士乃俯伏流涕曰：「死生從陛下！」按此事應入玄禮傳，與諤何涉，新書於諤傳删之，亦見其去取得當也〔五〕。張茂宗傳，德宗以公主字茂宗，茂宗丁母憂，詔起復成禮。諫官蔣乂疏言，非軍中不宜墨縗從事。舊書載其疏於茂宗傳，新書删之，改入乂傳，亦見其移置得宜也〔六〕。渾瑊傳，舊書記平涼之盟，瑊爲吐蕃所劫，單騎脱歸之事甚詳；新書但云爲尚結贊所劫，副使以下皆陷，惟瑊得免。陸贄傳，舊書謂贄惡竇參，參之死贄有力焉；新書删此數語，轉於參傳載贄救免之疏。似爲瑊、贄諱者，以二人皆名臣也。李義府傳，舊書御史王義方奏其初容貌爲劉洎、馬周所幸。此正見義府之無耻。魏少游傳，舊書少游觀察江西，有京吏賈明觀，恃魚朝恩勢肆惡，事敗，元載受其賂，判往江西效力，少游以載故優容之。及路嗣恭代少游，到日即杖殺明觀，人以是賢路而醜魏。此正見少游附勢之無品。裴延齡傳，舊書載陸贄劾延齡一疏甚詳。此正見延齡之奸，贄之正。而新書皆不載，亦似爲之諱者，然義府、延齡等人本卑劣，何必爲之掩飾也。至如田悦傳，朱滔方圍悦之貝州，田緒殺悦，即以兵與王武俊、李抱真大破滔於涇城。此事有關于三鎮離合之故，而新書删之〔七〕。王處存傳，黃巢據長安，處存以兵五千，白繻爲號，夜入京，賊驚遁去。而京師少年亦倣其白號，劫掠坊市。賊覘知，復入京，召兩市丁壯七八萬殺之。此事見巢禍之慘，新書亦删之。此皆不當删而删者。而尤甚者，戴胄義倉爲千古積貯之良法，舊書胄傳載其疏甚詳，而新書删之。張弘靖傳，舊書劉總以幽鎮歸朝，欲盡革河朔承襲之弊，請以已鎮分爲三道，仍籍軍中宿將送於朝，欲朝庭官之，使幽薊之人知慕朝廷官爵。及疏上，而宰臣崔植、杜元穎不知遠計，時已命張弘靖節度幽薊，但欲崇重弘靖，以總所鎮全畀之，其將校在京者悉令隨歸。故弘靖至鎮，不數日復亂，自是再失河朔。此事大有關繫，而新書亦删之。此則景文之率意裁汰，不及酌其輕重也。

〔一〕尚有懿宗惠安王后。舊五二，四傳各注「事闕」二字。見新書七七。

〔二〕爲「王彥威」之誤。舊一五七，新一六四。

〔三〕舊一四二，新二一一。「馬承倩」，新寶臣傳作「馬希倩」。末應云「以此事已移於寶臣傳也」。與武俊傳同卷。

〔四〕舊一四三，新二一二。末「怦傳」爲「滔傳」之誤。朱滔傳與怦傳同卷。

〔五〕舊一〇八，新一一八。玄禮傳，舊一〇六，新一二一，均附王毛仲傳。

〔六〕以上言新書删移之是，以下言新書删移之非。

〔七〕舊一四一，新二一〇。田悦，魏博；王武俊，鎮冀；朱滔，盧龍。右三鎮。

廿二史劄記批注　史法之屬

卷十八　新舊唐書

新書改舊書文義處

河間王孝恭傳，舊書孝恭破降蕭銑，高祖大悦，使畫工圖其貌而視之。案孝恭乃高祖從子，豈不相識，而欲圖其貌乎？新書則云，詔圖破銑之狀以進。

長孫順德傳，舊書順德坐事免，發疾，太宗鄙之曰：「順德無慷慨之節，多兒女之情。今有疾，何足問也。」語殊無來歷。新書謂順德因喪女感疾。帝謂其無剛氣，以兒女牽愛。

許敬宗傳，舊書太宗伐高麗，皇太子定州監國，敬宗與高士廉共知機要。岑文本卒於行所，令敬宗檢校中書侍郎。太宗破高麗於駐蹕山，敬宗立馬於御前，受旨草詔書。是敬宗忽隨太子在定州，忽隨太宗草詔，語殊不明。新書改文本卒，驛召敬宗至行所。

韋陟傳，舊書陟卒，太常謚爲「忠孝」，顔真卿駁之曰：「忠則以身許國，見危致命。孝則晨昏色養，取樂庭幃，不合二行，殊難以成忠孝。」新書改真卿云：「許國養親不兩立，不當合二行爲謚。」

元載傳，舊書載父景昇任員外官，居岐州，載母攜載適景昇，冒姓元氏。語不可解，然則載本何姓耶？新書云，父昇本姓景，爲曹王妃元氏主田租，請於妃，冒爲元氏。

崔光遠傳，舊書郭子儀與賊戰汲郡，光遠以千人渡河援之。及光遠在魏州，使李處崟拒賊，子儀怒不救，處崟遂敗。此事殊不明晰，光遠曾救子儀，子儀何以反怒而不救光遠耶？新書謂子儀戰汲郡，光遠僅以千人援之，戰不甚力，故魏州之戰，子儀怒而不救〔一〕。

〔一〕以上言新書所改文義之是者。以下言新書所改文義之非。

唐儉傳，舊書儉勸高祖起兵，高祖曰：「天下已亂，言私則圖存，言公則拯溺，吾將思之。」新書改云：「喪亂方剡，私當圖存，公欲拯溺者，吾當爲公思之。」是竟以公指儉矣〔一〕。

〔一〕「公」仍公私之公也。舊五八，新八九。

王雄誕傳，雄誕本杜伏威之將，其擒李子通，降汪華及聞人遂安，皆伏威降唐後，爲唐宣力也。舊書先叙明高祖詔伏威使雄誕討之，故下文戰功俱是爲唐盡力。新書不先叙明，則此等攻討全是爲伏威矣。雄誕造遂安壘，諭以國家威靈，所謂國家者，唐耶？伏威耶？

魏徵對太宗忠臣良臣之論，舊書云：「良臣身獲美名，君受顯號，子孫傳世，福禄無疆。忠臣身受誅夷，君陷大惡，家國並喪，空有其名。」新書改云：「良臣身荷美名，君都顯號，子孫傳承，流祚無疆。忠臣已嬰禍誅，君陷昏惡，喪國夷家，祇取空名。」不過竄改數字，無他意義。

傅奕請除釋教疏，舊書有云，齊朝章仇子他上表言，僧尼寺塔，糜損國家，爲諸僧附會宰相，對朝讒毀，諸尼依托妃主，潛行謗讟，遂死西市。言因諫佛事爲僧尼傾陷也，語已不甚明。新書改云，章仇子他言僧尼塔廟，外見毁宰臣，内見嫉妃嬙。尤不可解，并失本意。

李光弼傳，舊書光弼命荔非元禮出勁卒於羊馬城以拒賊。新書謂遣元禮戰羊馬，賊大潰。羊馬城去城字，但云戰羊馬，成何語耶！

盧汝弼傳，舊書太原使府有龍泉亭，汝弼父簡求節制時，手書一詩在亭之西壁。汝弼復爲亞帥，每亭中宴集，未嘗居賓位，但西嚮俯首而已。新書改云，太原府子亭，其父簡求所署多在，每宴亭中，汝弼未嘗居賓位。轉不明晰。

甘露之變，舊書本紀書，仇士良率兵誅王涯、賈餗、舒元輿、李訓、王璠、郭行餘、羅立言、李孝本、韓約等十餘家〔一〕。案是時李訓見事敗即出奔，鄭注亦尚在鳳翔，非同日被殺也。新書先書，壬戌，李訓謀誅宦官，不克，出奔。戊辰，鳳翔監軍殺鄭注〔二〕。較明，然李訓出奔後仍被殺，又不書。又涯等被殺，朝中無宰相，乃以鄭覃、李石同中書門下平章事，而新書覃、石入相反叙於士良殺朝臣之前，亦誤。蓋舊書以甘露之變係之壬戌，新書則係之乙丑，故有此誤也〔三〕。

〔一〕舊十七下文宗紀，大和九年十一月。
〔二〕新八。壬戌，廿一日，戊辰，廿七日。
〔三〕壬寅朔，壬戌廿一日，乙丑廿四日。

新書盡删駢體舊文

歐、宋二公，不喜駢體，故凡遇詔誥章疏四六行文者，必盡删之。如德宗奉天之詔，山東武夫悍卒無不感涕〔一〕；討李懷光之詔，功罪不相掩，亦曲盡事情〔二〕：而本紀皆不載，并陸贄傳亦無之。其列傳内如李密討隋帝檄文，祖君彦之詞也〔三〕；徐敬業討武后檄文，駱賓王之詞也〔四〕；太宗徐賢妃諫伐高麗及興土木一疏〔五〕；封常清臨死謝表〔六〕；代宗獨孤后崩，帝命常袞爲哀册文〔七〕，情詞悽惋，時稱絕作；李克用收復京城後，楊復光所上露布，列諸將功伐最詳贍〔八〕。此皆傳誦至今者，而各傳皆不載，惟徐賢妃疏則節數語存之。至如舊書畢構傳，有詔歷數貪吏之弊，最爲切中〔九〕，詔云：邑屋之間，囊橐俱竭，或地有椿幹梓漆，或家有畜産資財，即被暗通，並從取奪。若有吝惜，即因事以繩，粗杖大枷，動傾性命，懷冤抱痛，無所訴陳。亦以其四六而删之。夫一代自有一代文體，六朝以來，詔疏尚駢麗，皆載入紀傳，本國史舊法，今以其駢體而盡删之，遂使有唐一代館閣臺省之文不見於世，究未免偏見也〔十〕。惟凌煙閣續圖功成一詔，係駢體，獨全載於李晟傳，則以事本嚴重，非四六之詔不足相稱，此正宋子京相題之巧。其他駢體中有新語不忍棄者，則寧代爲改削存之。如姜皎當玄宗爲臨淄王時即傾心擁戴，幾得重禍，帝登極，賜之詔云：「否當其晦，則滅宗毀族，朕負之必深；泰至其亨，則如山如河，朕酬之未補。」新書改云：「否當其晦，則必滅乃宗；泰至其亨，則所酬未補。」又王志愔諫論太寬不可爲政疏，有云：「人慢吏濁，僞積贓深，若以寬理之，何異命王良御騂，捨銜策於奔踶；請俞跗攻疾，停藥石於膚腠。」新書改云：「捨銜策於奔踶，則王良不能御騂；停藥石於膚腠，則俞跗不能攻疾。」語自較勝〔十一〕。又如昭宗爲劉季述所廢，幽於宮中，反正後，罪狀季述之詔有云：「幽辱之時，要紙筆則恐作詔書，索錐刀則慮爲凶器。朕所御之衣，晝服夜浣，嬪嬙公主，衾裯皆闕。緡錢則貫陌不入，繒帛則尺寸難求。」〔十二〕新書不載此詔，却即用詔中語叙帝幽辱之狀，謂帝衣晝服夜浣，食自竇進，下至紙筆銅鐵，亦疑作詔書凶器而不與。時方寒，公主嬪御無衾纊，哀聞外廷〔十三〕。此可見子京于四六，不欲存又不忍棄，委曲斡旋之苦心矣。又郭虔瓘傳獨存駢體一詔，乃玄宗以虔瓘與阿史那獻不協，特爲和解者。此無甚關係而獨存之，則以舊書虔瓘傳無此詔，故轉補之，以見其採掇之博也。其他如章疏之類有關政體治道者，或就四六改爲散文，或節其要語存之，固未嘗概爲删汰。此則子京用意之深，不以文詞而没其議論耳。

〔一〕舊十二興元元年正月，語見舊一三九陸贄傳。奉天今陝西乾州。詔見翰苑集卷一。
〔二〕興元元年七月，此語亦見舊贄傳。
〔三〕舊五三。二九一〇字。
〔四〕舊六七李敬業傳。敬業李勣孫，勣本姓徐。
〔五〕舊五一。是一疏非二疏。
〔六〕舊一〇四，爲臨誅死謝表。
〔七〕舊五二后傳。
〔八〕舊十九下僖宗紀中和三年四月。沙陀李克用即後唐武皇帝，莊宗李存勖之父也。新二一八叙李克用入沙陀傳。

〔九〕是慰勞璽書。
〔十〕以上言所删之非。以下言所留及所改之是。
〔十一〕舊百，新一二八。「王志愔」，趙脱「愔」字。
〔十二〕舊二十昭宗紀天復元年正月詔。劉季述，宦者。
〔十三〕新書紀不載此詔，於二〇八宦者劉季述傳叙之。

新書好用韓柳文

歐、宋二公，皆尚韓、柳古文，故景文於唐書列傳，凡韓、柳文可入史者，必採摭不遺。張巡傳則用韓愈文，段秀實傳則用柳宗元書逸事狀，吴元濟傳則用韓愈平淮西碑文，張籍傳又載愈答籍一書，孔戣傳〔一〕又載愈請勿聽致仕一疏，而於宗元傳載其貽蕭俛一書，許孟容一書，貞符一篇，自儆賦一篇，可見其於韓、柳二公有癖嗜也。又於劉禹錫傳載其所自作子劉子一篇，以見其處境之志。杜牧傳載其罪言一篇，以見經世之才。此皆文人氣類相惜，有不期然而然者。白居易傳，舊書載其與元稹書，極叙作詩之功，及得名之處。後移忠州，與稹相遇於夷陵，流連文酒，寫木蓮荔枝圖以寄朝士。晚歸東都，作池上篇，寄興樊素、小蠻，及與香山僧如滿結香火社等事。新書則一切删之，專叙其疏諫吐突承璀不可將兵，獻虞人箴以儆穆宗好獵，并措置河朔，請令李光顔將兵，裴度鎮太原等疏，與舊書命意迴別。蓋舊書專表其詩才之高，襟懷之曠，置之恬淡一流，而新書則欲著其立朝丰采議論，以見文人中自有名臣，此又景文深意也。

〔一〕戣音逵。

新書詳載章疏

新書於舊書内奏疏當存者，或駢體，或雖非駢體而蕪詞過多，則皆節而存之，以文雖蕪而言則可採也。其節存者，徐賢妃諫興師動土木一疏，李大亮諫賑突厥一疏，房玄齡諫伐高麗一疏，褚亮論九廟七廟一疏，諫獵一疏，于志寧諫太子承乾書，及緩刑等疏，許敬宗薦張玄素、令狐德棻等一疏，劉仁軌奏戰士不被恩賞難於用命一疏，高季輔應詔陳時政損益五篇，韋承慶諫太子賢一疏，明堂災一疏，韋嗣立修學校、止刑殺、禁封户等疏，徐彦伯樞機論，薛登選舉過濫一疏，韋湊議駮改葬節愍太子一疏，張廷珪諫造大像一疏，楊綰請復古孝廉一疏，及公卿大臣核議一疏，郭子儀辭尚書令一疏，王璵傳内梁鎮諫祠祭一疏，皇甫鎛傳内裴度諫其入相一疏，竇參傳内，參既貶德宗欲殺之，陸贄諫以爲殺之太重一疏，陸贄傳内諫設瓊林、大盈庫一疏，蕭倣諫作佛事一疏。此皆因舊疏繁蕪而删存其要語者也〔一〕。他如魏徵傳，徵與封德彝在太宗前論大亂之後易爲治，及戒土木、論刑賞、君子小人不宜參用、十漸十思等疏，馬周傳論大安宮宜崇奉、太廟宜親祀、刺史不可世襲、樂工不可賜官、太子宜預教、守令須慎選等疏，魏元忠傳論文武二途一疏，凡舊書所有者仍一字不删。并有舊書所無而新書補出者〔二〕。張九齡傳載其重守令一疏，見當時重内輕外之弊也。宗楚客傳載其陳符命一疏，以見其求媚也。張廷珪傳載其諫襲回鶻及買蕃馬二疏，以其有關於邊備也。崔涣傳載其劾元載一疏，所以著載之惡，涣之直節也。李晟傳，收京後李懷光尚據河中，載晟所奏懷光有不可赦者五，見晟之公忠體國也。至如高郢傳載其諫營章敬寺一疏，杜佑傳載其省官節用一疏，程元振傳載柳伉劾元振一疏，亦皆有關國計利害，民生休戚，未嘗不一一著於篇。此正宋子京作史之深意，非徒貴簡淨而一切删汰也。

〔一〕以上節存，以下全載。

〔二〕以下新增。

新舊書互異處

本紀，儀鳳二年，劉審禮與吐蕃戰於青海，敗績。舊書書審禮被俘，新書云審禮死之〔一〕。

〔一〕舊五，新三。三年九月，非二年。

開元四年，突厥可汗默啜之死。舊書爲拔曳固所殺，傳首京師，新書子將郝靈佺斬默啜。

二十年，敗奚、契丹，獻俘闕下。舊書信安王禕獻俘，新書謂忠王浚獻俘。是時浚爲元帥未行，禕爲副元帥敗敵，新書以主帥爲主，舊書則從實也。

天寶十一載，李林甫死。舊書李林甫薨於行在所，新書李林甫罷。按是時林甫從駕驪山，死於邸，生前未嘗先罷官也。其後削奪官爵，則死後事，乃先書罷，殊無據。

永泰元年，郭英乂之死，舊書劍南節度使郭英乂爲兵馬使崔旰所殺，新書崔旰反，節度使郭英乂奔於靈池，普州刺史韓澄殺之。

成汭之死。舊書汭以舟師援鄂，而雷彦恭乘虛襲陷江陵，軍士聞之皆潰，汭投水死。新書汭與楊行密戰於君山，死之〔一〕。

〔一〕舊二〇上昭宗紀，天復三年九月；新十，五月。成汭，新一九〇有傳，舊無傳。舊五代史十七梁書有傳。

哀帝之立。舊書蔣元暉矯宣遺詔，立輝王祚爲皇太子，即位〔一〕。新書朱全忠已殺昭宗，矯詔立輝王爲太子，即位〔二〕。

〔一〕舊二〇下，天祐元年八月。

〔二〕新十。「殺」原作「弒」。

列傳，邵王重潤之死。新書本傳，中宗子重潤與女弟永泰郡主及主壻武延基，竊議張易之兄弟出入宮禁，后怒，杖殺之〔一〕。武延基傳云，與重潤等竊議，皆得罪縊死〔二〕。二傳杖與縊稍不符合〔三〕。舊書張易之傳則云，重潤等竊議二張，后付太子自鞫問，中宗時爲太子。太子並縊殺之〔四〕。武延基傳又云，武后咸令自殺。是二傳一以爲中宗所縊死，一以爲后令自殺，又不符合。蓋中宗之殺之或令自殺，皆迫於武后之威也。新書竟書武后殺之，較爲直截。

〔一〕新八一。舊八六重潤傳同。

〔二〕新二〇六外戚。「皆得罪縊死」原作「后怒令自殺」。舊一八三延基傳同。延基，二書均附承嗣傳，目無名。
〔三〕應云「杖與自殺稍不符合」。
〔四〕舊七八。原作「太子並自縊殺之」。

史朝義之死。舊書朝義敗投幽州，僞范陽節度李懷仙於莫州擒之，送欵來降。新書朝義走莫州，欲決死戰，田承嗣請身守莫州，勸朝義至幽州，以懷仙之師來戰。朝義乃以老母幼子爲託，而自往幽州。至范陽，懷仙部將李抱忠不納，朝義謀走入蕃，懷仙招之，至幽州，縊死。是朝義被擒在幽州，非莫州也。

楊思訓之死。舊書謂慕容寶節置妾于別室，邀思訓飲，思訓責以不宜背妻寵妾，妾怒，密置毒酒中，思訓飲盡便死。新書則謂寶節邀思訓謀亂，思訓不敢答，寶節懼其洩，遂毒之死。

裴、馬。舊書裴行儉與李敬玄同典選，有能名，時稱裴、李。新書行儉與馬載同典選，時稱裴、馬。按新唐書盧從愿傳謂，高宗時，吏部稱職者裴行儉、馬載，至是從愿與李朝隱典選，亦有名，故號前有裴、馬，後有盧、李。

王仙芝之死。舊書謂仙芝敗宋威，朝廷以王鐸代威討賊，斬仙芝首獻闕下〔一〕，是斬仙芝首者鐸也。新書謂仙芝攻洪州，宋威往救，敗仙芝于黃梅，斬賊五萬，獲仙芝，傳首京師〔二〕，則斬仙芝者乃威也〔三〕。

〔一〕舊二百下黃巢傳，乾符五年八月。

〔二〕新二二五下黃巢傳。舊十九下僖紀乾符五年二月記事同。新九僖紀乾符五年二月條僅云「王仙芝伏誅」。

〔三〕王仙芝、宋威二書無傳。王鐸傳，舊一六四、新一八五，所載與此不同。趙此條據黃巢傳，非據紀。

上官儀之死。舊書謂儀爲許敬宗誣其與梁王忠通謀，遂賜死。新書謂武后既得志，帝爲所制，欲廢之，召儀使草詔。左右奔告后，后自訴，帝羞縮曰：「儀教我。」由是敬宗誣搆之死。

盧奐治廣州，有清節。舊書謂開元以來，廣府清白者，惟宋璟、裴伷先、李朝隱及奐四人。新書謂朝隱、璟及奐三人。

哥舒翰之死。舊書謂火拔歸仁執翰送安禄山，降之，禄山閉翰於苑中，潛殺之。新書謂廣平王收東京時，安慶緒挾翰渡河而北，及敗，乃殺之。

第五琦之爲租庸使，舊書賀蘭進明令琦入蜀奏事，玄宗即令勾當江淮租庸使，是玄宗所授也。新書謂肅宗在彭原，琦爲進明來奏事，帝即令勾當江淮租庸使，是肅宗所授官也。

李揆之死。舊書謂揆奉命爲入蕃會盟使，行至鳳州，卒。新書謂揆至蕃，其酋問曰：

「聞唐有第一人李揆，公是耶？」揆恐被留，乃曰：「彼揆豈肯來耶。」歸至鳳州，卒。是揆入蕃後，始卒於歸途也。

韋見素傳，舊書載其爲楊國忠所引，在相位無所是非，但署字而已，遂至凶胡犯順，不措一詞。新書則謂安禄山請以蕃將代漢將，見素謂難將作矣，明日與國忠入見，極陳反狀，是見素未嘗無言者。蓋其奏禄山必反，亦附合國忠意耳。然舊書傳論又謂見素直言極諫，而君不從，獨正犯難，而人不咎，時論謂其取容於國忠，不知其時勢之不能匡救也，則又與本傳異。豈本傳乃國史原本，而傳論則修史者之平心持論耶？

吕渭傳，中書省有枯柳，德宗自梁、洋回，柳再榮，時以爲瑞柳。渭試進士，以之命題。舊書謂上聞而嘉之，新書云，上聞之不以爲善。

姜公輔傳，舊書謂不知何許人，新書謂愛州日南人。

陽惠元傳，惠元爲李懷光所襲出奔，懷光遣冉宗追之。舊書謂惠元計窮，父子三人並投井中，冉宗俱出而害之。新書謂惠元被髪，袒而戰死，二子晟、暠匿井中，遇害。

韓遊瓌傳，舊書謂德宗避京師之亂，倉猝出幸奉天，遊瓌率兵赴難，自乾陵北向醴泉，拒朱泚。會有人自京來，言泚兵旦夕當至，上遽令追遊瓌來奉天。遊瓌甫至，泚兵亦至，遂拒戰。是遊瓌之至，由德宗召之也。新書謂遊瓌趨醴泉，有詔赴便橋，而途遇泚兵，遊瓌欲還護奉天，中使翟文秀曰：「吾兵至奉天，賊兵亦隨至，是引賊逼君也。不如壁于此拒之。」遊瓌曰：「賊兵多，抗我于此，猶能分兵至奉天。不如先入衛。」遂還奉天，泚兵果至，遂與戰。是詔令赴便橋，而遊瓌以救駕爲急，自赴奉天也。

劉稹傳，舊書謂稹拒命時，其從父故節度使從諫妻裴氏，召諸將妻入宴，裴泣謂諸將妻：「歸各語汝夫，勿忘先相公之拔擢，吾今以子母爲託。」諸婦皆泣下，故諸將爲稹盡力。後稹伏誅，裴氏亦以此極刑。新書則謂從諫妾韋氏，素有憾于裴，誣奏裴語如此，陷之極刑。

李師道傳，師道死，舊書謂其妻魏氏出家爲尼，新書謂魏氏没入掖廷。

王鐸傳，舊書謂黄巢之亂，官兵收京城，封鐸晉國公，加中書令，以收京諸將功伐，令鐸量其高下，承制爵賞。下又云，巢出關，時溥請身討之，乃以溥爲都統，罷鐸都統之任。是收京時，鐸正爲都統也。新書則謂巢戰數敗，宦官田令孜知賊必破，欲使功歸於己，乃搆鐸罷爲檢校司徒。鐸功將就，而以讒見奪，然卒因其勢，不數月遂平京師。是鐸於未收京之前已罷都統矣。案收京露布係宦者楊復光所上，而無鐸名，則鐸早罷都統矣，舊書應誤。

王龜傳，舊書龜觀察浙東，江淮盗起，攻郡，爲賊所害，是龜被賊殺也。新書但云徙浙東觀察使，卒，贈工部尚書，則似未被害者。

元稹傳，舊書謂稹宿敷水驛，與内官劉士元争廳，爲士元擊傷面。新書謂中人仇士良至，稹不讓，中人怒，擊稹傷面。案白居易救稹疏，亦謂與劉士元爭廳，而新書云仇士良者，蓋士元隨士良至而擊稹耳。仇士良傳亦言與稹爭廳，則是時士良實親至敷水驛也。

李紳傳，舊書謂李錡辟紳爲掌書記，紳不就，錡怒將殺之，遁而免。新書謂錡脅中使奏留己，召紳作疏，紳陽懼，至不能成一字，下筆輒塗去。錡注白刃，令易紙，終不成。乃召許縱爲之，而囚紳獄中。錡敗，乃免。

路巖傳，巖爲相，委親吏邊咸，與郭籌相倚爲奸。舊書云，事敗出爲成都尹，改荆南，尋罷之。新書謂事敗貶新州，賜死，剔取其喉。先是巖奏賜死者當剔喉以驗，至是自及云。

憲宗之弑，舊書謂宦者陳弘慶，新書作陳弘志〔一〕。舊書弘慶等弑逆，不言王守澄，新書謂守澄與弘志等弑帝〔二〕。

〔一〕舊一八四宦官王守澄傳，新紀七。今舊紀十五亦作「志」，唯傳作「慶」耳。
〔二〕舊一八四、新二〇八王守澄傳。

楊復光傳，舊書謂復光監軍討賊，遣吴彦宏諭降黄巢，巢即令尚君長等奉表歸國。宋威害其功，併兵擊賊，巢怒，復作剽。新書謂復光諭降王仙芝，仙芝遣尚君長出降，宋威密請誅君長，故仙芝復叛。案是時仙芝爲賊首，巢其將校也，復光諭降是仙芝明甚。

張巡傳，舊書謂蒲州河東人，新書謂鄧州南陽人。

鄭畋傳，舊書畋鎮鳳翔，病，乃表薦李昌言，詔可之，召畋赴行在。新書黄巢據京城，畋移檄討之，遣大將李昌言率兵向京。昌言反兵襲畋，畋登城謂曰：「吾方入朝，公能爲國討賊則可矣。」乃委軍而去。通鑑與新書同。

王重榮傳，新書宦官田令孜以重榮不肯歸鹽池供禁軍，使朱玫討之。重榮率李克用以兵來，戰於沙苑，禁軍大敗。通鑑同。舊書但云，沙苑之戰，禁軍爲重榮所敗，令孜挾天子幸寶雞。李克用聞之，乃與重榮入援京師。一似沙苑之戰，克用不與其事，及帝出奔後，始起兵勤王者。此或後唐修史時，爲克用諱耶？

新舊書各有紀傳互異處

舊書本紀，幽州軍亂，逐節度使史元忠，推陳行泰爲留後。雄武軍使張絳奏，行泰不可爲帥，請以本鎮軍討之，許之，遂誅行泰。詔以絳主留後務，仍賜名仲武。是絳即仲武也。而新書則陳行泰殺史元忠，張絳又殺行泰，雄武軍使張仲武起兵討絳，朝廷因命仲武爲節度，是絳與仲武判然兩人。及考舊書張仲武傳，史元忠爲行泰所逐，行泰又爲絳所逐，適仲武遣吏吴仲舒奉表至京，宰相李德裕問故，仲舒謂行泰、綘皆客將，故人心不附，仲武本舊將，素抱忠義，可爲帥。德裕乃奏以仲武爲節度使。是舊書列傳内亦未嘗以綘與仲武爲一人，而本紀乃謂綘賜名仲武，此紀傳互異之顯然者。合新書列傳及通鑑核之，此舊書之誤在紀不在傳也〔一〕。新書本紀，殺梁郡公李孝逸〔二〕。按新書孝逸傳，討徐敬業有功，後爲武三思所讒，將置之死，后念其舊功，免死，流儋州。舊書孝逸傳亦然。是孝逸未被殺也。此新書之誤亦在紀而不在傳也。

〔一〕以上言舊書。

〔二〕新書四則天紀天授元年五月。「孝逸」上無「李」字。

新舊書誤處

嚴武傳，舊書，肅宗收長安，以武爲京兆少尹，因史思明阻兵不之官，優遊京師。案長安即京兆也，既收長安，何以不能赴京尹之任？史思明並未據長安，何以因其阻兵，遂不赴任京兆？此必誤也。蓋是東都少尹耳。是時史朝義尚據東都，如劉晏亦除河南尹，以盜據都城，乃寄治于長水。然則武所除少尹，當是河南也。新書則云已拜京兆少尹，坐房琯事，貶巴州刺史。然則舊書所云以賊阻不之官者誤。

魯炅傳，炅守南陽一年，與賊將田承嗣等日夜拒戰，力不支，乃率衆突圍出，投襄陽。新、舊二書皆同，是炅已走襄陽矣。而虢王巨傳〔一〕，巨奉命節度河南，詔貶炅爲果毅，以來瑱代之。巨奏曰：「若炅能守孤城，功足補過，則何以處之？」玄宗曰：「卿隨宜處置。」巨至內鄉，賊解圍走。巨乃至南陽，宣勑貶炅，削其章服，令隨軍效力。其暮，以恩命仍令炅復位。據此則炅尚在南陽也。來瑱傳亦謂，炅守南陽，詔以瑱代之，虢王巨奏炅能守南陽，乃詔各復本位。下又云，賊攻南陽累月，瑱救之，爲賊所敗。是炅亦尚未失南陽。數傳核對，俱不符合。當是巨至南陽時，炅尚守城，賊暫退去，其後又來攻，瑱救之，又爲賊所敗，炅於是走襄陽耳〔二〕。

〔一〕巨，舊六四、新七九，目無名。

〔二〕以下言新書之誤。

郭子儀傳，新書，代宗即位，子儀懼程元振讒，乃裒肅宗所賜詔勑千餘篇上之。案舊書子儀表代宗云：「陛下貽臣詔書一千餘篇，自靈武、河北、河南，臣所經行，蒙賜手詔勑書，凡二十卷，昧死上進。」是代宗爲廣平王，與子儀同收復兩京時，軍中往來手札也，代宗既即位，故即謂之詔勅。新書以爲肅宗詔勅，殊誤。

舊書，興元元年，李抱真、王武俊破朱滔于京城東南，擒其僞相朱良祐、李俊等，滔遁歸幽州〔一〕。案朱泚、朱滔、武俊、抱真、田悦、田緒等傳〔二〕，是時泚因涇師之變，僭據京城，其弟滔及武俊、田悦等方連衡抗朝命，泚遣人册滔爲皇太弟，使發兵趨洛陽，與己合勢。滔率兵而南，悦託詞不助兵，滔怒，遂攻其貝州。武俊、抱真以滔强横難共事，遂合兵襲滔，大敗之，朱良祐等被執，滔遁歸幽州。是滔至貝州即敗去，未嘗近京城也。新書武俊等傳則謂敗滔于經城〔三〕，田緒傳又謂與武俊等敗滔于涇城。然則舊書所云京城東南者，蓋「經城」，「涇城」之訛也，其地當在貝州耳。而新書本紀，此戰之前又書渾瑊及朱滔戰於武川亭〔四〕，敗之。朱滔自貝州敗後，即歸幽州，而武川亭，武功地也，滔既未到京西，何得有與瑊戰武川之事？據瑊、泚二傳〔五〕，是時德宗在梁、洋，瑊爲行營副元帥，李晟方圍泚於京城，瑊自行在來援。泚遣韓旻、宋歸朝、張庭芝等來寇武功，瑊與吐蕃兵敗之武川亭，斬首萬計。是瑊武川亭所敗，乃泚將而非滔也，而云瑊與滔戰武川亭，此又新書之誤也。或書云與泚戰而訛刻爲滔耳。歐書賊將必書賊首名，或以泚所遺將即書爲泚。

〔一〕舊書十二德宗紀，興元元年五月。
〔二〕朱泚，舊二百下、新二二五中；朱滔，舊一四三、新二一二；王武俊，舊一四二、新二一一；李抱真，舊一三二、新一三八；田悅、田緒，舊一四一、新二一〇。
〔三〕經城，直隸廣平府威縣。
〔四〕「武川亭」，當作「武亭川」，下同。陝西乾州武功縣。
〔五〕渾瑊，舊一三四，新一五五。

新舊書刻本各有脱誤處

舊書張巡傳，安禄山陷河洛，許遠守睢陽，賊將尹子奇攻圍經年，巡以雍邱小邑，儲備不足，大寇臨之必難保，乃引卒詐降。至德二年正月也。玄宗聞而壯之，授主客郎中兼御史中丞。案巡方詐降，何以玄宗聞而壯之？蓋巡以雍邱難守，故詐降以出，而併兵於睢陽，與遠同守，故帝聞而嘉之耳。新書，巡在雍邱，餉路絶，乃拔衆保寧陵，至睢陽，與太守許遠、城父令姚誾等合兵，遣雷萬春、南霽雲等戰寧陵北，殺賊萬人。有詔拜巡主客郎中、河南節度副使，正此事也。而舊書云云，此必有行墨脱落之處。

新書李光顔傳末，忽叙宋威、曾元裕討王仙芝一事。大將張自勉表請討賊，詔乘傳赴軍。威忌自勉，請以隸麾下，欲以事殺之。宰相知其謀，不聽，乃以自勉代元裕。按仙芝之亂距李光顔已將百年〔一〕，與光顔何涉，而係其事于光顔傳後，此亦必錯誤也。

〔一〕光顔寶曆二年卒，西八二六，仙芝乾符二年亂，西八七五，應云「已五十年」。

廿二史劄記批注　史法之屬

卷二十一　五代史

薛居正五代史

宋太祖開寶六年四月，詔修梁、唐、晉、漢、周書，其曰五代史者，乃後人總括之名也〔一〕。七年閏十月，書成，凡一百五十卷，目録二卷。監修者爲司空、同中書門下平章事薛居正，同修者爲盧多遜、扈蒙、張澹、李昉、劉兼、李穆、李九齡。見宋史及晁公武讀書志，玉海所引中興書目。皆本各朝實録爲稿本。此官修之史也。其後歐陽修私撰五代史記七十五卷，藏於家。修没後，熙寧五年，詔求其書刊行，見宋史。於是薛、歐二史並行於世。至金章宗泰和七年，詔止用歐史，於是薛史漸湮。惟前明永樂大典多載其遺文，然已割裂淆亂，非薛史篇第之舊。恭逢我皇上開四庫館，命諸臣就永樂大典中甄録排纂，其缺逸者則採宋人書中之徵引薛史者補之。於是薛史復爲完書，仍得列於正史，遂成二十三史之數。今覆而案之，雖文筆迥不逮歐史，然事實較詳。蓋歐史專重書法，薛史專重叙事，本不可相無。以四五百年久晦之書，一旦復出，俾考古者得參互核訂，所以嘉惠後學，誠非淺鮮也。

〔一〕此説不確。五代史闕文、五代史補，皆北宋人書。御覽亦引五代史，不稱梁、唐、晉、漢書。

薛史書法迴護處

梁太祖紀，朱瑄、朱瑾救汴後，帝即朱温。以其有力於己，厚禮而歸之。瑄、瑾以帝軍士勇悍，懸金帛誘之，軍士利其貲，赴之者衆。帝乃移檄讓之，瑾等來使不遜，乃命朱珍侵曹伐濮。按通鑑考異及五代史補，朱温常患兵力不足，敬翔説令麾下士詐爲叛逃，即奏於唐帝，并告四鄰，以追叛爲名，可以拓地廣衆，温大喜從之。是兖、鄆本無誘兵之事，特温託詞以爲兵端也，而薛史云云，是真謂瑄、瑾以誘兵啟釁矣。歐史則直書，宣、歐史「瑄」作「宣」。瑾助汴，已破秦宗權，東歸，王朱温時已封王。移檄兖、鄆，誣其誘汴亡卒，乃發兵攻之。

天祐元年七月，帝發東都，至河中。八月壬寅，昭宗遇弒於大内，遺制以輝王柷爲嗣。十月，帝至洛陽，臨於梓宫，衹見於嗣君。按李彦威、即朱友恭。氏叔琮等傳，温既遷唐昭宗於洛陰，遣敬翔至洛，令彥威、叔琮行弒。以龍武兵夜入，叩宮奏事。夫人裴正一開門，問奏事何得以兵入，牙官史太殺之，直趨椒蘭殿。昭宗方醉，起走，太持劍逐而弒之。是昭宗之被弒，實溫使彥威等行事也。而薛史云，溫在河中，昭宗遇弒於大內，一若昭宗之弒無與於溫者。下又云，溫至洛，臨於梓宮，祇見於嗣君，一似能曲盡臣節者。歐史則直書，溫遣朱友恭、氏叔琮、蔣玄暉等行弒，昭宗崩。

二年十一月，天子（唐昭宣帝。）命帝（即朱溫。）爲相國，總百揆，以宣武等二十一道爲魏國，進封帝爲魏王，兼備九錫之命。帝讓相國、魏王、九錫。按孔循傳，唐哀帝（即昭宣帝。）封溫魏王，備九錫，拒不受。蔣玄暉、柳燦馳謂溫曰：「自古革易之際，必先建國，備九錫，然後禪位。」溫曰：「我不由九錫作天子，可乎？」是溫急於篡國，非讓殊禮也，而薛史云云，則似溫真能辭讓矣。歐史則云，溫怒不受。

是歲，唐昭宣帝卜祀天於南郊，溫怒，以爲蔣玄暉等欲延唐祚，昭宣帝懼，遂改卜郊。薛史不書。

又是歲，溫遣人告蔣玄暉私侍何太后，遂殺玄暉，弒太后，薛史亦不書。

昭宣帝禪位後，梁封爲濟陰王。開平二年正月，弒之。薛史亦不書。

乾化二年，溫爲其子友珪所弒。薛史亦不書，但書友珪葬太祖於伊闕，號宣陵。

唐明宗紀，帝奉莊宗命討趙在禮，至鄴城，夜有軍士張破敗等鼓噪逼營，曰：「城中兵何罪，直畏死耳。今已與城中約，欲主上帝河南，令公帝河北。」帝力拒之，亂兵益擐甲露刃，環帝左右。安重誨、霍彦威躡帝足，請詭許之，因爲亂兵擁入城，夕乃得出。帝欲歸藩，上章圖再舉。重誨等謂元行欽已棄甲而去，行欽亦以兵攻鄴，聞兵變，別拔營去。不知其所奏如何，正當赴闕自陳，以杜讒口，帝從之。至相州，獲官馬二千匹。元行欽已以蜚語入奏。及至汴，有姚彦温來投，謂主上已惑行欽之言，事勢已離，不可再合。帝曰：「卿自不忠，言何悖也。」莊宗尋爲郭從謙所弒，帝急入洛。時魏王繼岌征蜀未還，帝謂朱守殷曰：「公善巡撫，以待魏王。吾奉大行梓宫禮畢，即歸藩矣。」而羣臣上箋勸進，至再三，請監國，帝始從之。據此則明宗遇軍變後，率兵向京師，並無反心，祇欲自訴。迨莊宗被弒，猶欲俟其子繼岌至而奉之，可謂純臣矣。然考當日情事，有不盡然者。明宗性本淳實，兵變之初，固不肯因以爲利，即兵變後，欲歸藩待罪，欲上章申理，亦屬實情。然是時惟有隻身歸朝，庶明心跡，而明宗武夫，豈能知此？方外怵於元行欽之奏其反，内惑於石敬瑭、安重誨等之勸其反，勢當騎虎難下之時，不得不爲挺鹿走險之計，則當其率兵而南，固已變計決反，非真欲面訴於莊宗之前也。天下豈有欲自訴不反，而轉舉兵向闕者？本紀所云赴闕自陳，可不辨而知其飾説也。且是時甫一舉足，反形已露。康義誠曰：「今從衆則有歸，守節則將死。」

明宗納其言。義誠傳。非決計反，則何以納其言也？鄭琮在營中，安重誨欲徵四方兵，琮歷數諸道屯兵之數，附口傳檄，相次而至。琮傳。王晏球率兵戍瓦橋關，明宗招之，即以兵來會。晏球傳。非決計反，則何以徵諸道兵也？至相州，即掠官馬以益軍矣。至河上，則劫上供船絹帛以犒軍矣。既先以三百騎付敬瑭，使速入汴，石晉紀。又養子從珂自横水率兵，與王建立倍道馳至，由是軍聲大振。廢帝紀。其抗逆之跡，已不待言。而本紀猶謂其入汴入洛，猶懷退讓，蓋當時實録例有隱諱，修史者但照本抄録，不復改訂耳。歐史則書，軍變後，嗣源入於魏，與在禮合。以其兵南，遣石敬瑭將三百騎爲先鋒。嗣源至鉅鹿，掠馬三千以益軍。是明著其反逆之跡，可謂直筆。而其先本無欲反之意，則於石晉紀及霍彦威傳内見之，是又不没其初念，以見其倉卒被逼，不同於郭威之自澶州入也。

漢隱帝紀，帝密詔李洪義誅王殷，又詔郭崇誅郭威、王峻。而洪義不敢發，反以詔示威。威即召王峻、郭崇及諸將校至，曰：「君等當奉行詔書，斷予首以報天子。」崇等曰：「此必李業等所誣搆，事可陳論，何須自棄。」於是争勸威入朝，乃率衆南行。周太祖紀亦云，帝郭威。途次又謂將校曰：「吾此來萬不得已。然以臣拒君，寧論曲直。汝等不如奉行前詔，我以一死謝天子，實無所恨。」是郭威本志似尚能守臣節者。按魏仁浦傳，郭威得洪義所示密詔，即召仁浦於卧内，仁浦教威倒用留守印，更爲詔書，令威誅諸將校，以激怒之。

將校皆憤然效用，遂舉兵渡河。是威方更詔書以欺衆，詎肯以天子誅己之詔出示諸將，使奉詔殺己乎？本紀所云，誣飾顯然。歐史帝紀則直書郭威反。

周太祖紀，漢隱帝遣慕容彦超拒郭威於劉子坡，王師敗。威謂宋延渥曰：「爾國親，可速往衛主上。」明日，望見帝旗在高坡之上，謂隱帝在其下，即免胄而前。左右勸止之，威曰：「吾君在此，又何憂焉。」及至，則隱帝已去矣。按劉子坡之戰，隱帝親在陣中，威果欲自訴，何不於是時釋甲趨謁，乃方遣何福進、王彦超、李筠等大合騎以乘之。既敗王師，豈有明日又欲束身見主之理？且明日清晨，隱帝已爲郭允明所弑，又安得有旌旗在高坡之上，其爲飾説亦不待辨也。

隱帝既崩，郭威遣人迎湘陰公贇來即位。已而威至澶州，兵變入京。王峻聞贇已至宋州，慮左右變生，遣郭崇以七百騎往衛之。按十國春秋〔一〕，崇至宋州，贇召見於樓上，判官董裔説贇曰：「崇瞻視舉措，必有異謀，不如殺之。」贇猶豫不决，崇遂幽贇於外館。是峻之遣崇，本欲害贇於途也，而本紀反云衛之，尤屬矛盾。歐史則直書，王峻遣郭崇以七百騎逆贇於宋州，殺之。

〔一〕劉恕有十國春秋，見宋志。若吴任臣十國春秋，清人著述，不能據以駁薛史。

廿二史劄記批注

卷二十三　宋遼金史

宋遼金三史

元順帝時，命脱脱等修遼、宋、金三史，自至正三年三月開局，至正五年十月告成〔一〕。以如許卷帙，成之不及三年，其時日較明初修元史更爲迫促。然三史實皆有舊本，非至脱脱等始修也。各朝本有各朝舊史，元世祖時又已編纂成書，至脱脱等已屬第二三次修輯，故易於告成耳。遼史在遼時已有耶律儼本，在金時又有陳大任本，說見遼史條內。此遼史舊本也。金亡後，累朝實録在順天張萬户家，後據以修史，見金史條內。此金史舊本也。宋亡後，董文炳在臨安主留事，曰：「國可滅，史不可滅。」遂以宋史館諸記注盡歸於元都，貯國史院，見元史董文炳傳。此宋史舊本也。元世祖中統二年，王鶚請修遼、金二史，詔左丞相耶律鑄、平章政事王文統監修，尋又詔史天澤亦監修。其金朝衛紹王記注已亡矣，則王鶚采當時詔令及楊雲翼等所記足成之。亦見金史條內。及宋亡，又命史臣通修三史。事見元史脱脱傳。此元世祖時纂修三史之本也。故至正中阿魯圖、脱脱等進遼史表云：「耶律儼語多避忌，陳大任詞乏精詳。世祖皇帝勅詞臣撰次三史，首及於遼。」進金史表云：「張柔歸金史於先，王鶚采金事於後。」進宋史表云：「世祖皇帝拔宋臣而列政途，載宋史而歸秘府，既編戡定之勳，尋奉纂修之旨。」可見元世祖時，三史俱已修訂。而元史脱脱傳并謂，延祐、天曆間，又屢詔修之。則不惟修之於世祖時，而世祖後又頻有修輯矣。蓋宋、金雖各有國史，然其末年，正當國亡時，豈復尚有記載？是必元朝命史官采掇，而史官以耳目所接，睹記較親，故金、宋亡國時紀傳，更覺詳悉。大概金宣宗以前、宋度宗以前之史，皆金、宋舊史也。金哀宗及宋德祐、景炎、祥興之史，則元代中統、至元及延祐、天曆所輯也。其所以未有成書者，脱脱傳云，以義例未定，或欲以宋爲世紀，遼、金爲載記，或以遼立國在宋先，欲以遼、金爲北史，宋太祖至靖康爲宋史，建炎以後爲南宋史，各持論不決故耳〔二〕。至順帝時，詔宋、遼、金各爲一史，於是據以編排，而紀、傳、表、志本已完備，故不三年遂竣事。人但知至正中修三史，而不知至正以前已早有成緒也。

〔一〕兩年半。

〔二〕脱脱傳無是言。此見商輅續綱目，宋元通鑑及元史類編曾引之，畢通鑑又襲自宋元通鑑。

宋遼金三史重修

宋史繁蕪，遼、金二史又多缺略，昔人多有欲重修者。元末，周以立因三史體例未當，欲重修而未能。明正統中，其曾孫叙思繼先志，乃請於朝，詔許自撰，詮次數年，未及成而卒。明史周叙傳。嘉靖中，廷議更修宋史，以嚴嵩爲禮部尚書兼翰林學士董其事，嚴嵩傳。然亦未有成書也。其修成者，惟柯維騏合三史爲一史，以宋爲主，而遼、金附之，并列二王於本紀，褒貶去取，義例頗嚴，閱二十年始成，名曰宋史新編。維騏傳〔一〕。又祥符王維儉，字損仲，嘗苦宋史蕪穢，手自删定爲一書。維儉傳。是二人者皆嘗修成矣，然維騏本未及梓行〔二〕，維儉之書，據列朝詩序，謂損仲家圖籍已沈於汴梁之水，其本稿吴興潘昭度曾鈔得副本。而曹學佺傳謂，潘曾紘巡撫南贛，得惟儉所修宋史，邀晉江曾異撰、新建徐世溥更定，未成而罷。則此副本雖未遭汴水之厄，亦終歸散失也〔三〕。今時代愈遠，宋、金書籍可資考訂者流傳益少，雖有志纂輯，亦無從下手矣。

〔一〕劄記廿六張世傑李庭芝條曾引維騏語。
〔二〕誤。
〔三〕維儉書名宋史記，二百五十卷，北平館有鈔本。

宋史各傳迴護處

元修宋史，度宗以前多本之宋朝國史，而宋國史又多據各家事狀碑銘編綴成篇，故是非有不可盡信者。大奸大惡如章惇、吕惠卿、蔡確、蔡京、秦檜等，固不能諱飾，其餘則有過必深諱之，即事跡散見於他人傳者，而本傳亦不載。有功必詳著之，即功績未必果出於是人，而苟有相涉者，亦必曲爲牽合。此非作史者意存忠厚，欲詳著其善於本傳，錯見其惡於他傳，以爲善善長而惡惡短也，蓋宋人之家傳、表誌、行狀以及言行録、筆談、遺事之類，流傳於世者甚多，皆子弟門生所以標榜其父師者，自必揚其善而諱其惡，遇有功處輒遷就以分其美，有罪則隱約其詞以避之。宋時修國史者即據以立傳，元人修史又不暇參互考證，而悉仍其舊，毋怪乎是非失當也。昔吴縝作新唐書糾繆，不旁採他書，即新唐書中自爲牴牾者，抉摘以資辨證。今亦仿此例，摘出數十條於後，觀者可以覽焉。

李綱　靖康圍城之事，姚平仲欲劫營，以士卒不得速戰爲言，李綱主其議，令城外兵俱聽平仲節度，遂及於敗。姚平仲傳。據此則劫營之計，李綱實與其謀。而綱傳則謂平仲密奏斫營，夜半中使傳旨，使綱策應，似綱初不知者。蓋因平仲之敗以見失策不在綱。此事本載綱所著靖康傳信録，史館即據以立傳也。

呂好問　靖康之變，朝臣多污張邦昌僞命。高宗以鄧肅在圍城中目擊其事，令肅陳奏。肅請分三等定罪，以待制而爲僞朝執政者置一等，乃王時雍、徐秉哲、吴幵、呂好問、莫儔、李回共六人。見鄧肅傳。是好問罪在一等，其欲爲僞朝佐命可知也。乃好問傳不載其從逆之事，反備書諫阻張邦昌毋干大位，及趣邦昌遣使迎高宗等事。

韓世忠　世忠固一代名將，然少年時意氣用事，亦多有可議者。王明清避亂録，杭妓呂小小以罪繫獄，會錢塘守邀世忠飯，世忠爲言而出之，連飲巨觥，携妓以去。又明清揮塵録，王淵有妓周氏，爲趙叔近所得，陳通之亂，叔近招降之，淵遣張俊、韓世忠討通，并斬叔近，以妓歸淵，淵以賜俊，俊不敢受，乃予世忠。案此二事皆出於明清所記，或因其以京娼梁氏爲妻，遂附會之。呂小小事不見他書，周氏事見宋史趙叔近傳，但言以周歸淵，不言歸世忠也，則明清所記或近於誣。至於宋史各傳，世忠屯鎮江，劉光世屯建康，以私忿欲交兵，常同劾其驕狠无忌憚。見常同傳。是時光世部將王德擅殺世忠部將，會詔移屯，世忠遂遣兵襲其後，并奪建康守府廨。見趙鼎及季陵傳。移屯時，光世懼世忠扼其路，乃趨白鷺，世忠果遣人襲之。見劉光世傳。張浚以世忠所部逼逐諫臣墜水死，因劾奏，奪其觀察使。見張浚傳。滕康亦劾世忠奪御器械，逼死諫臣，乃止罰金，何以懲後。見滕康傳。世忠又飲於内侍李廣之家，刃傷弓匠。見魏矼傳。此皆世忠少年粗豪之過，亦不必諱，而世忠傳不載。

張浚　浚一生不主和議，以復讐雪耻爲志，固屬正人。然李綱入相時，宋齊愈以附逆伏誅，浚爲御史，劾綱以私意殺侍從，且論其買馬招軍之罪。見高宗紀及綱傳。浚又嘗薦秦檜可任大事。見趙鼎傳。陳東伏闕上書，已被誅，浚又奏胡珵筆削東書，以布衣挾進退大臣之權，遂追勒編置。蓋浚乃黄潛善客，珵則李綱客也〔一〕。見戴植鼠璞〔二〕。浚又嘗與岳飛論吕祉、王德、酈瓊兵事不合，飛因解兵奔喪歸，浚奏其意在併兵，以去要君，遂命張宗元權其軍事。見高宗紀。汪伯彦既貶，浚以伯彦舊嘗引己，遂與秦檜援郊祀恩起伯彦知宣州。見汪伯彦傳。今浚傳皆不載，惟殺曲端一事略見傳中，而又謂端部將張忠彦降金，故下端於獄，似非枉殺者。

〔一〕楊誠齋集七九作「李泰發客」，泰發李光也。朱子語類一三一亦謂胡爲李伯紀客。又胡珵事數見梁谿漫志。

〔二〕「戴植」爲「戴埴」之誤。

葉夢得　夢得初爲蔡京客，京倚爲腹心，嘗爲京立元祐黨籍，分三等定罪。後知應天府，以京黨落職。見毛注、强淵明、胡安國等傳。建炎元年，夢得知杭州，軍校陳通作亂，夢得被執。見高宗紀。今夢得傳不載。

胡安國　安國本秦檜所薦用，吕頤浩引朱勝非以傾秦檜，胡安國即劾勝非不當復用。安國求去，檜三疏留之。頤浩欲去檜，席益曰：「胡安國在講筵，宜先去之。」蓋安國力言檜之賢於張浚也。見秦檜傳。今安國傳不載。

劉一止　一止，秦檜黨也。檜置修政局，或有言局當廢者，一止與林待聘力言不可廢。見秦檜傳。今一止傳不載。

何鑄　鑄嘗與羅汝楫劾岳飛。見羅汝楫傳。又嘗爲秦檜劾王居正爲趙鼎之黨，遂奪職奉祠。見王居正傳。又劾張九成黨趙鼎。見張九成傳。又劾廖剛與陳淵等爲朋比。見廖剛傳。今何鑄傳皆不載，反云治岳飛獄，力辯其冤，謂不當無故殺一大將，似能主持公道者。

李顯忠　宿州之敗，因破宿州時，顯忠欲私其金帛，不以犒軍，與邵宏淵忿争，遂致師潰。見胡銓傳。今顯忠傳乃謂宏淵欲發倉庫犒軍，顯忠不可，祇以現錢充賞，士皆不悦，遂致潰。一似顯忠之慎重倉庫，並無私意者。然論罪時顯忠之謫獨重，則其激變非無因也。是孝宗紀亦云，顯忠戰於宿州，宏淵不援，顯忠失利，諸將以顯忠、宏淵二將不協，遂大潰。

亦爲顯忠諱。

岳珂　珂守當塗，制置茶鹽，自詭興利，横斂百出，商旅不行，國計反詘於初。又置貪刻吏，開告訐之門，以罔民而没其財。民李士賢有稻二千石，因之半載。見徐慶卿傳〔一〕。袁甫劾珂貪黷無檢，總餉二十年，焚林竭澤。見袁甫傳〔二〕。今珂傳俱不載。

〔一〕「徐慶卿」爲「徐鹿卿」之誤。宋史四二四。

〔二〕宋史四〇五。

史彌遠　韓侂胄用兵，將危及社稷，楊皇后本與侂胄有隙，使榮王曮入奏，寧宗不答，后乃使其弟楊次山陰結史彌遠、錢象祖等謀之。侂胄方早朝，彌遠使中軍統制夏震率兵擁至玉津園，擊殺之，彌遠等方以其事入奏。帝猶不信，既知其已死，乃下詔罷其官，然後再下詔誅之。見楊皇后傳。是時彌遠欲誅侂胄，皇后、皇子從中主之，彌遠以告象祖、李璧〔一〕，謂有御筆行事，象祖欲奏審，璧恐遲則事泄，彌遠乃使震亟殺之。見韓侂胄及李璧傳。合數傳參觀，是當日先誅侂胄，後奏帝，帝始降旨罷其官，再加誅也。而彌遠傳則謂兵端既開，人皆畏侂胄不敢言，彌遠力陳危迫之勢，皇子詢即榮王曮。入奏，乃罷侂胄。既而臺諫給舍交章論侂胄，乃就誅，召彌遠對延和殿。似乎先奏請得旨而後行誅者，此固諱其擅殺之跡。而寧宗本紀亦書，開禧三年十一月甲戌，詔：「韓侂胄輕啓兵端，可罷平章事。」乙亥，禮部侍郎史彌遠以密命，令殿前統制夏震誅侂胄於玉津園，一如彌遠傳所叙。此蓋實録書法本如是，不欲以大臣擅殺見朝廷之威柄下移也。則彌遠傳諱其擅殺一節，猶似有說。至其擁立理宗一事，則隱諱更甚。寧宗自皇子詢薨後，即養宗室子貴和爲皇子，賜名竑。彌遠買美人善琴者納之，使伺皇子動静，竑嬖之。一日，指輿地圖曰：「此瓊、崖州，他日當置彌遠於此。」又嘗書几曰：「彌遠當決配八千里。」美人以告彌遠，乃陰謀立沂王子貴誠，使鄭清之傅之。寧宗崩，彌遠在禁中，宣貴誠至柩前，舉哀畢，然後召竑，封爲濟王，出居湖州。見濟王竑傳。夫以先帝預立之儲居，擅敢廢罷，而所立者並非先帝所識之人，雖以唐宦官之「定策國老，門生天子」，尚不至如此之恣横，則彌遠之罪上通於天，無可諱飾者。乃寧宗本紀並不著其廢立之罪，但云，帝崩，史彌遠傳遺詔，立姪貴誠爲皇子，更名昀，即皇帝位，封皇子竑爲濟陽王，出居湖州。一似倉猝之際，寧宗别有遺命，而彌遠奉行者。蓋其時彌遠正柄政，史館實録皆所監修，故書法本是如此。而彌遠傳則後人所修，應無所忌，乃亦只以「寧宗崩，擁立理宗」七字了此公案，而此等奸謀逆節絶無一語載入。益可見宋舊史皆本各家表誌、行狀據以立傳，而元人修史，又悉仍其舊，略無訂正也。

〔一〕「李璧」應爲「李壁」，傳在宋史三九八。

賈涉　李全既降於宋，與金兵戰。涉爲制置使，以朝命許殺太子者賞節度使，殺駙馬者賞觀察使。全以所得金牌上於涉，謂殺四駙馬所得者，涉遂奏授觀察使，其實四駙馬不死也。季先死，全欲併將其軍，詭稱其軍有三千虛籍，覆之可省費，涉遂付以兵，將遣人覆實，全忽報昨聞邳州有警，已遣七千人往赴矣，遂不得覆。全往山東，涉勸農出郊，暮歸，全軍在楚州者遮道不得入，涉使人語全妻楊氏，楊氏揮之退，涉始入城。見李全傳。今賈涉傳皆不載，反謂李全得玉璽以獻，朝廷賞以節度使〔一〕，涉歎曰：「朝廷但知官爵可以得其心，豈知驕則至於不可勸耶！」是并能駕馭羣盜矣。此傳亦必其子似道當國日史館所立，而元人因之不改者也。

〔一〕李全因璽賞而得節度使，非李全得璽以獻也。

鄭清之、趙范、趙葵　端平初，宋遣將孟珙與蒙古兵共滅金。其時宋與蒙古本敦鄰好，並無嫌隙。忽焉興師入洛，規復中原，兵端遂由此起。據賈似道傳，滅金時，珙與蒙古約，以陳、蔡爲界。師未還，趙范謀發兵據殽函，復中原地，元兵擊敗之。是開釁者范實爲禍首也。然是時朝命已令范知開封府、東京留守，其弟葵知應天府、南京留守，全子才知河南府、西京留守，則廟堂已有主此謀者。據王萬傳，鄭清之當國，謀乘虚取河洛。又真德秀傳，鄭清之挑敵，兵民死者數十萬，中外大耗。是此事實趙范兄弟任之於外，鄭清之主之於内也。乃趙范傳不載其主謀用兵事，反云滅金後范言於理宗曰：「宣和海上之盟，厥初甚美，迄以取禍，不可不鑑。」趙葵傳亦載其所奏云：「國家兵力未贍，姑從和議。俟根本既壯，恢復中原。」據此則二人又似能審度時勢，不肯輕舉生事者。鄭清之傳亦不載其主謀開邊事，反載理宗因邊警甚懼，清之密疏，謂陛下憂悔太過，恐累剛大之志，則并似能持危定傾，補救於事後者矣。蓋皆因兵端既起之後，國家之禍日深，作家傳者各自諱其始謀之失，國史因之故也。至如李宗勉傳謂，端平中出師汴、洛，宗勉言不可。崔與之傳謂，朝廷取三京，與之頓足浩歎。喬行簡傳謂，收復三京，行簡憂事力之不繼。趙汝談傳謂，朝議出師，汝談力言不可，及三京收復，汝談有憂色，未幾洛師果敗。此又因用兵後禍敗相尋，作傳者各爲著其先見之明也。

廿二史劄記批注　史法之屬

卷二十四　宋史

宋史數人共事傳各專功

貝州王則之亂，討平之者明鎬、文彥博也，而鄭驤傳則云，王則反，討平之，竟似驤一人之功矣。又楊燧傳謂，燧攻貝州，穴城以入，賊平，功第一。劉閔傳又謂，閔從攻貝州，穿地道，閔先入，衆始從，遂登陴引繩度師，遲明師畢入。貝州平，功第一。則即穴城一事，又各擅第一功矣。夏竦卒，賜謚「文正」，司馬光、劉敞俱駁之。光傳曰，光謂謚之美者莫如「文正」，竦何人，足以當之，乃改謚「文莊」，略不及敞之同議，則似光一人所駁矣。敞傳又曰，敞疏三上，乃改謚「文莊」，亦略不及光，又似敞一人所改矣。孝宗崩，光宗以疾不能過宮成服，趙汝愚擁立寧宗一事，據汝愚及趙彥逾傳，是時宰相留正去位，中外洶洶，汝愚謀立嘉王，即寧宗。欲倚殿帥郭杲爲用，以告彦逾，彦逾嘗有德於杲，遂承命以汝愚謀告杲，杲乃領兵衛寧宗即位。是此謀本出汝愚，而彦逾共成之，厥後汝愚因此擁立之功爲侂胄所忌，得禍最烈，正以此也。而葉適傳則謂，是時趙汝愚計無所出，適責知閤門事蔡必勝不得坐視，蔡乃與宣贊舍人傅昌朝、知内侍省關禮、知閤門事韓侂胄三人定議，適亟白汝愚，汝愚乃遣侂胄、關禮以内禪事奏太皇太后，明日因禫祭，遂立嘉王即位。則此謀又係葉適與蔡必勝等定議後以告汝愚者矣。按紹熙行禮記又謂是時汝愚計無所出，宗室彦逾責以同姓之卿不得坐視，汝愚曰：「奈何？事急，向承天門叫幾聲，自割殺耳。」彦逾曰：「無益也。」乃爲畫計，請於太皇太后，以嘉王即位，而尊光宗爲太上皇帝，使侂胄共成其事。據此則首謀又屬彦逾，然宋史彦逾傳不載其首謀畫策，或紹熙行禮記所云非當日實事〔一〕。

〔一〕紹熙行禮記，周密撰，五朝小説本。

宋史列傳又有遺漏者〔一〕

一代之臣甚多，自非大奸大忠，原不能悉載，然有必宜載而反遺漏者。俞文豹清夜録，靖康之變，上皇將赴金軍，中書舍人姜堯臣極諫不可往，番使以骨朵擊之死。曹勳北狩録，四太子求王婉容爲黏罕子婦，婉容自刎死。此二事忠節凜然，史傳所必宜載者，而列傳皆無之。彭義斌自山東起義，隨李全來歸，即與趙范、趙葵破金兵，義斌獨擊至下灣渡，掩金人於淮。見賈涉傳。後因李全亂楚州，制置使許國走死，義斌斬全使大罵，誓必報此讎。會全攻恩州，義斌即出戰，敗之。全求制置使徐晞稷書，與義斌連和，義斌致書趙善湘曰：「不誅全，恢復不成。但能遣兵扼淮，斷其南路，必可滅賊，賊平之後，義斌戰河北，盱眙諸將戰河南，神州可復也。」見李全傳。趙范亦謂善湘曰：「義斌蹙全，如山壓卵，然必請而後討者，知尊朝廷也。」見趙范傳。全貽書制置司，誣義斌叛。朝廷雖知義斌之功，憚全，未欲行賞。義斌俟朝命不至，拓地而北，進攻東平。嚴實潛求救於蒙古將博羅罕，而與義斌連和。義斌亦欲藉實取河朔而後圖之，遂以兄禮事實，不奪其兵，而留青崖崓所掠實之家屬不還。進攻真定，降金將武仙，衆至數十萬。既下真定，道西山而北，博羅罕兵始至，義斌分兵與實，陽助而陰伺之。實危急，即赴博羅罕軍，與之合，與義斌戰於内黄之五馬山。義斌兵敗被執，史天澤説之降，義斌厲聲曰：「我大宋臣也，肯爲他人屬耶！」遂死之。見元史嚴實等傳。後朝廷討李全詔有云，彭義斌以忠拓境，大展皇略，已加贈典追封。見李全傳。是義斌之忠義勳績，比趙立、李寶、魏勝等更有過之，則宋史何得無傳？乃僅散見於李全等傳，而不另立專傳，豈非闕漏耶？又吴縝作新唐書糾謬，至今尚傳其書，而宋史無傳。劉克莊詩集、文集，爲宋末一大家，今亦無傳，此皆史家之疏也。

〔一〕五人。

史家一人兩傳〔一〕

史傳人物太多，修之者非一人，不暇彼此審訂，遂有一人而重出者。如顧寧人指出，元史列傳中第八卷之速不台即第九卷之雪不台，十八卷之完者都即二十卷之完者拔都，三十七卷之石抹也先即三十九卷之石抹阿辛，皆是一人兩傳，可見修史者之草率從事。然蒙古以國語爲名，譯作漢字，但取其音之同，而字不必畫一，致有此誤，猶有説也。若舊唐書列傳之七十二既有楊朝晟，九十四又有楊朝晟；五十一既有王求禮，一百三十七又有王求禮；宋史列傳之一百十六既有李熙靖，二百十二又有李熙靖，考其事跡，實係一人，並非偶同姓名者，是修史之草率更甚於明修元史時〔二〕。至如遼史有三耶律撻不也，一在列傳第二十六，一在第二十九，一在第四十一；又有兩蕭韓家奴，一在列傳第二十六，一在第三十三；又有兩蕭塔剌葛，一在列傳第十五，一在第二十；金史又有兩撻懶，一在列傳第十，又名斡英，一在第十五；又有四婁室，一在列傳第十，其三在五十七，同爲一傳，當時已以大婁室、中婁室、小婁室別之；又有兩訛可，亦同爲一傳，當時亦有草火訛可、板子訛可之別，此則名雖同而人各別。蓋遼、金、元皆以國語爲名，諸人國語之名本同故耳。至如金史之碎不解，即元史之速不台；即元將之圍汴京，擄金妃后及宗族北去者。宋史之兀良哈解，即元史之兀良合台，即征交趾，由粵西北歸者。此又修史時各據所譯漢字入傳，不暇彼此訂正也。

〔一〕及同名。

〔二〕以下是同名。

廿二史劄記批注　史法之屬

卷二十七　遼史金史

遼史二

遼、金二代之興，皆經祖宗數世開創，始成帝業。金史於太祖本紀前，先立世紀，以敘其先世，最爲明晰。遼史則開卷即作太祖本紀，而其祖宗遞傳之處，反附見於本紀贊内，故所叙太簡。肅祖、懿祖、玄祖、德祖四代，其妻已立傳於后妃内，其夫反無專紀而附於贊内，豈不詳略兩失乎。且贊中所叙又不甚明了。謂自奇首可汗生都庵山，傳至雅里，讓阻午而不肯自立。雅里生毗牒，毗牒生頦領，頦領生耨里思，是爲肅祖。肅祖生薩刺德，是爲懿祖。懿祖生匀德實，是爲玄祖。玄祖生撒刺的，北庭雜記又名斡里。是爲德祖，即太祖阿保機之父也。世爲遥輦之夷離堇，太祖受可汗之禪，遂建國云。太祖本紀又謂痕德堇可汗殂，羣臣奉遺命請立太祖，太祖三讓乃許之。按新唐書謂，契丹王習爾之死，族人欽德嗣。嘗入寇，爲劉仁恭所敗，乃以重賂乞盟，故欽德晚節不競。而歐陽五代史謂，遥輦以次代，爲劉仁恭所攻，八部之人以遥輦爲不任事，選於衆，得阿保機代之。蓋此即遼史所謂受可汗之禪者也。欽德、痕德堇、遥輦，皆名字傳聞之誤。其雅里讓阻午而不自立之處，按耶律曷魯傳，痕德堇可汗殁，羣臣奉遺命立太祖，太祖曰：「吾祖雅里嘗以不當立而辭位，吾可受乎？」曷魯曰：「昔雅里之辭，以未有遺命也。今先君言猶在耳，君命不可違。」太祖乃即位。據此則所謂雅里讓阻午，及太祖受可汗之禪，歐史雖不載，要是實事。又曷魯云：「自阻午後十餘世，國衰民困，今正當興王之運，不可失也。」此亦與唐書、歐史所謂被劉仁恭所攻，八部之人以遥輦爲不任事而立阿保機者略相合。然遼史謂羣臣奉遺命立阿保機，歐史則謂八部人公議立阿保機，又屬歧互。至新唐書謂，八部迭相更代，獨阿保機自爲一部，不肯代，自號爲王。歐史又謂阿保機既立，後值中國多故，漢人歸之者衆，告以中國之主無代立者，阿保機於是立九年尚不求代。諸部共責誚之，阿保機曰：「吾立九年，所得漢人多矣，欲自爲一部以治漢城。」諸部許之。遂率漢人，於灤河上築城種田，而以計誘八部大人來會，盡殺之，然後并八部爲一。此與新唐書相合，當是阿保機實事，而遼史並無一字及之。蓋耶律儼修實録時，爲其先世隱諱，陳大任修史亦遂因之，不復勘對唐書及歐史也。且遼史隱諱之處亦不止此，歐史載李克用先約阿保機共攻梁，已而阿保機背約，反遣梅老聘梁，奉表稱臣，以求封册。克用大恨，臨殁，以一矢屬莊宗報仇，後果爲莊宗擊於望都，大敗而去。而遼史則以克用結好之事爲約其共攻劉仁恭，而不言攻梁，以掩其背約之跡。此其諱飾一也。歐史德光滅晉後，歸殁於欒城。契丹人剖其腹，實以鹽，載之北歸，晉人謂之「帝羓」。遼史並不載，但載其自悔之語，謂此行有三失，縱兵掠芻粟，一也；括私財，二也；不遣諸節度歸鎮，三也。而贊其如秦穆之能悔過。又記其遷晉主母子於黄龍府時，仍以其宫女、宦官、東西班官、醫官、控鶴官及庖人、茶酒司等從行，又以晉舊臣趙瑩、馮玉、李彦韜等護送，以見其加惠於亡國之處。凡此有善則書，有惡則諱，可見皆耶律儼在遼時所修原本，而陳大任因之者也。而元時修史之草率，并唐書、歐史亦不復校勘，概可見矣。

宋史宋琪傳，琪本幽薊人，故知遼事最詳。其疏云，契丹自阿保機始强，因攻渤海，死於遼陽。妻述律氏生三子，長東丹，次德光，季曰自在太子〔一〕。德光南侵，還死於途。東丹之子永康代立，起軍南侵，被殺於大神淀。德光子述律代立，號曰睡王。二年，爲永康子明記所篡。明記死，幼主代立，明記妻蕭氏，番將守興之女，即今幼主之母也云云。其叙阿保機以後世次繼立之處，俱與遼史同，惟名字不合，蓋契丹以國語爲名，本無正字耳。

〔一〕宋史二六四原文，「太子」二字屬下，指東丹也。今屬自在及德光，均誤。

遼史疏漏處

遼史又有太疏漏者。東都事略記遼太宗建國大遼，聖宗即位，改大遼爲大契丹，道宗又改大契丹爲大遼。改號復號，一朝大事，而遼史不書。聖宗統和二十四年，幽皇太妃胡輦。於懷州，囚夫人夷懶。於南京，餘黨皆生瘞之。明年，賜皇太妃死於幽所。按統和十二年，詔皇太妃領西北路烏古等及永興宮軍，撫定西邊，以蕭撻凜宋史名撻覽。督其軍事。此即皇太妃胡輦也。撻凜傳亦稱，夏人梗邊，皇太妃受命總烏古部及永興宮軍討之，凡軍行號令，太妃悉委撻凜。其後蕭韓家奴疏亦言，統和間，皇太妃出師西域，拓土既遠，降附亦多。自後一部或叛，鄰部討之，使同力相制，正得禦遠之道。則此皇太妃不惟有闢土之大功，且有靖邊之長策。其幽死也，又以何事？后妃傳内當專立一傳，乃並無其人，何也？又聖宗統和四年，納皇后蕭氏，皇太妃進衣物駝馬以助會親頒賜，内外命婦亦進會親禮物。此后乃聖宗元配也，統和十九年以罪降爲貴妃。后雖降，而其爲聖宗原配，終不可没。后係何人之女？以何事得罪？后妃傳内亦宜有專傳，乃但以統和十九年另立齊天皇后特立一傳，而此初娶之后，絶無一字及之，何耶？且既爲遼史，則本國興兵之事，不應自稱曰遼兵。乃本紀貝州之戰云，軍校邵珂開城門納遼兵。戚城之戰云，遼軍圍晉别將於戚城，晉主自將救之，遼軍引退。鄴都之戰云，慕容彦超遇遼軍數萬，至榆林店，遼軍又至，彦超等力戰，遼軍乃退。如此類者，不一而足，反似他國紀載而稱契丹爲遼軍者〔一〕，此亦修史者之疏也。

〔一〕元人爲遼史，何不可稱遼兵？

宋史金人名多與金史不符

金史書本國人名，已多彼此互異，流傳於宋，益多譌誤，故宋史所記金人名，考之金史，相同者不過十之一二，其餘竟無一可核對者。如李若水、宗澤等傳之粘罕、斡離不，韓世忠傳之撻辣，金史作撻懶。岳飛等傳之兀朮，吴玠傳之撒離喝、婁宿，張浚傳之僕散忠義，吴璘傳之合喜，即金史徒單合喜。湯思退傳之紇石烈志寧，李寶傳之完顔鄭家奴，趙方、扈再興傳之高琪、烏古論慶壽、完顔賽不、完顔訛可，孟珙傳之移剌瑗，尚二史名字相同，然撻辣金史作撻懶，婁宿金史作婁室，其字已不畫一。此外尚有可以意會者，如兀朮爲韓世忠扼於黄天蕩，世忠傳謂撻辣在濰州，遣孛堇太乙來援，金史宗弼傳則謂遣移剌古來援，蓋即一人也。畢再遇傳有紇石烈都統，按金史是時統兵者爲紇石烈志寧，則都統乃志寧也，而宋史但記其姓。其他如悟室、見洪浩及韓世忠傳。聶兒孛堇、牙合孛堇、訛里也、世忠傳。拓拔耶烏、烏陵思謀、忔查粘罕、索孛堇、龍虎大王、蓋天大王、夏金吾、岳飛傳。没立、烏魯折合、吴玠傳。胡盞、習不祝、完顔悉列、耶律九斤、吴璘傳。室撚、秦檜傳。耶律温、王德傳。蒙恬鎮國、五斤太師、魏勝傳。萬户撒八、楊再興傳。完顔蒲辣都、千户尼龎古、畢再遇傳。阿海、完顔小驢、合荅、奇哥、趙方傳〔一〕。從義、納撻達、扈再興傳。巴士魯、張威傳。温端、兀陵達等，孟珙傳。考之金史，絶無其人。即按其事以求其人，亦無一相合者。宋史，李顯忠之取靈壁也，陰結金統軍蕭琦爲内應，已而琦背約來拒，顯忠屢敗之，遂復靈壁。而虹縣未下，顯忠又使人説金貴戚大周仁及蒲察徒穆來降，遂復虹縣。又進克宿州，金帥孛撒率十萬衆來戰，顯忠敗走。按金史紇石烈志寧傳，是時窩斡叛黨括里、扎八逃入宋，顯忠用其謀，攻取靈壁，而無所謂蕭琦者。虹縣叛降之將則都統奚撻不也，又非周仁、徒穆。惟張子蓋傳有招降金將蕭鷓巴及耶律造哩之語，鷓巴或扎八之譌，而顯忠傳又無鷓巴其人。孝宗本紀，蕭琦、蕭鷓巴係兩人。至所謂金帥孛撒者，蓋即僕散之譌，然是時僕散忠義駐汴梁，未嘗統兵來，統兵者乃志寧也，宋史稱孛撒又異。總之，金人名本無正字，但以音相呼，流傳鄰國，益至以譌傳譌，故二史各記所記，兩不符合。惟扈再興傳之從義，有可以意揣者。當時金遣使至各行省措置兵事者，曰宣差，曰從宜，「從義」蓋「從宜」之譌，乃出使之官號，而非人名也。宋史邢恕傳，恕之子倞館伴金使趙倫。是時肅王使金未回，朝議亦欲留金使以相當，倫懼留，乃謂倞曰：「金有余睹者，本遼大臣降金，今尚領契丹精鋭，而心貳於金，可結以圖金。」倞以聞，帝遂賜余睹詔書，納倫衣領中，厚賚遣還。倫歸，獻其書。金主怒，遂再發兵滅宋。是詭詞誘宋結余睹歸而獻其書者，趙倫也。而金史蕭仲恭傳，則此乃仲恭所爲，並無所謂趙倫者。豈仲恭使宋時，改易姓名耶？倫親在宋，宋人記其姓名，又非傳聞可比。乃一事也，而二史姓名互異，更不可解也。

〔一〕合答見宋史四〇三趙方傳，方傳無奇哥。同卷賈涉傳有孛术魯答哥，「奇哥」或「答哥」之誤。

宗弼渡江宋金二史互異

宗弼渡江追宋高宗，據本傳，宗弼自和州渡江，既降江寧，即由江寧取廣德路至杭州，初未嘗由鎮江過兵也。而宋史韓世忠傳，是時世忠由鎮江退保江陰，不知何故。及閱赤盞暉傳，暉從渡淮，爲先鋒，遇重敵於蘇州、秀州，皆敗之，遂至杭州。則知是時金兵下江南，本非一路。蓋宗弼自和州渡，暉等自瓜洲渡。世忠傳亦謂兀术分道渡江，諸屯皆散，故世忠退保江陰也。至黃天蕩之戰，宋、金二史亦頗互異。宋史世忠傳謂，兀术自杭北歸，至鎮江，世忠已屯焦山，兀术不得渡。撻辣在濰州，遣孛堇太一來援，孛堇軍江北，兀术軍江南，世忠與二酋相持於黃天蕩四十八日。有獻謀於兀术者曰，鑿土渠接江口，則在世忠上流，乃一夕鑿渠三十里。次日無風，我軍帆弱不得動，金人以小舟縱火，得絕江而去〔一〕。是金軍鑿渠出江，即在黃天蕩渡江北去也。金史宗弼傳〔二〕則謂，宗弼自杭還軍鎮江，韓世忠以舟師扼江口，宗弼遂自鎮江泝流西上。宗弼循南岸，世忠循北岸，將至黃天蕩，宗弼因老鸛河故道，開三十里通秦淮，乃得至江寧。會移剌古蓋即世忠傳所云孛堇太一。來援，宗弼發江寧，將渡江而北。宗弼渡自東，移剌古渡自西，世忠分舟師絕江流上下，將左右掩擊之。宗弼軍以火箭射其五緉舟皆焚，遂敗世忠而去。是宗弼既至江寧，又從江寧出江，而後敗世忠，則其絕江北去當在江寧府城之北，非復黃天蕩矣。參觀岳飛傳，謂兀术自杭州趨建康，飛設伏於牛頭山待之，夜令人黑衣入金軍擾之，金兵驚亂。兀术次龍灣，飛又破之。則兀术乃歸至建康，再渡江而北也。若即從黃天蕩北去而不至江寧，則何必鑿老鸛河以通秦淮耶？金紀，天會八年三月〔三〕，宗弼及韓世忠戰於鎮江，不利。四月，又戰於江寧，敗之，諸軍渡江云云。是亦明言兩地也。

〔一〕宋史三六四。「土渠」原作「大渠」。

〔二〕即兀朮。卷七七。

〔三〕宋建炎四年。

宋金用兵須參觀二史

兩國交兵，國史所載，大抵各誇勝而諱敗，故紀傳多不可盡信。宋南渡，自紹興七八年後，與金交兵，互有勝負。如宋史李顯忠傳，顯忠既克宿州，金孛撒步騎十萬來攻，顯忠親戰於城南，孛撒大敗。明日復益兵至，顯忠又戰百餘合，殺其左翼都統及千户、百户，斬首五千。是夜統制周宏等遁，金人乘虛復來攻城，顯忠斬首二千餘，積屍與羊馬牆平。城東北角敵兵二十餘人已上城，顯忠取軍所執斧砍之，敵始退。會邵宏淵不肯助戰，顯忠不能孤立，乃退軍。是顯忠軍雖退而未嘗敗也。而金史紇石烈志寧傳，志寧來復宿州，先令諸軍多張旗幟於州西爲疑兵，自以大軍駐東南。世輔（即李顯忠。）果先出兵州西，步騎數萬，背城而陣，外以行馬捍之，別出兵向東門攻志寧，爲蒲查所敗。志寧使夾谷清臣撤毀行馬，短兵接戰，世輔兵亂，諸將乘之，追殺至城下。是夕，世輔欲斬敗將，其統制常吉懼而來奔，盡得其虛實。明日乃再戰，世輔大敗，遂乘夜脱走。是志寧之戰又屢勝，而未嘗一敗也。又如金史烏古論慶壽、紇石烈牙吾塔等傳，叙其南侵淮、泗之功，並無一敗衄，而宋史趙方、扈再興、孟宗政、趙葵等傳，叙其破金兵之功，亦無一敗衄。又金史武仙傳，宋孟珙來襲仙於順陽，仙倉猝率百餘人出拒，珙不敢前，俄而軍稍集，遂大敗珙。而宋史孟珙傳，仙屯順陽，爲宋軍所撓，乃退屯馬蹬，珙破其九砦，降其衆七萬，仙易服遁，而並無爲仙所敗之事。仙傳，蔡州破後，將士皆散，仙渡河北走，爲澤州戍兵所殺，亦不言爲珙所敗而遁走。是各史紀載互異，若徒據一史必不能得其真也。惟此國自述其敗，而後見彼國之真勝；否則別見於他傳者，其勝敗亦差得實。又或此國叙戰勝之難，亦可見彼國拒戰之力。如宋張浚富平之敗，五路喪師，固人所共知。然金史宗弼傳，是役也，宗弼陷重圍中，韓常流矢中左目，自拔矢，以土塞創，更戰，乃拔宗弼出。又婁室傳，富平之戰，宗弼左翼軍已却，婁室以右翼兵力戰，勢復振，遂敗張浚兵。是浚此戰先勝而後敗也。宋史張浚傳謂劉錡先力戰敗金兵，而錡傳轉不載。宋吴玠和尚原之戰，據金史宗弼傳，宗弼攻和尚原，抵險不可進，乃退軍，遇伏兵起，且戰且走，行三十里，將至平地，宋軍陣於山口，宗弼大敗，將士多戰没。是吴玠之勝乃真勝也。又如金天眷三年，宋紹興十年。宗弼再取河南，金紀但書五月河南平，六月陝西平。宗弼傳亦不書戰敗之事。然是年六月以後，宋劉錡有順昌之捷，岳飛有郾城、朱仙鎮之捷，韓世忠有淮陽之捷，張俊有永城、亳州之捷，王德有宿州之捷，金史皆不書〔一〕。或疑宋史各傳特自爲誇大之詞，而非實事。然金史宗弼傳謂，是時宋將岳飛、韓世忠等分據河南州郡，復出兵涉河東嵐、石、保德之境，以相牽制。又阿魯補傳〔二〕謂，宋將岳飛等乘間襲取許、潁、陳三州，旁郡皆響應。則宋史岳飛傳所云克復京西州郡，并遣梁興會太行忠義及兩河豪傑，累戰皆捷者，必非虚語。又宋史，仇悆奏高宗，謂我軍已習戰，非昔時比，故劉錡能以少擊衆，敵大挫衄。宋汝爲上丞相書亦謂，承平日久，人不知兵。今諸將人人知奮，故順昌孤壘，力挫敵鋒，使之狼狽逃遁。仇悆、宋汝爲二傳。又仇悆奏高宗，謂去夏諸將各舉兵，金人奔命敗北之不暇，兀朮深以爲慮，故爲先發制人之計。此紹興十一年所奏。是劉錡順昌之捷，及諸將戰勝之績，皆是實事。又如金大定三年，宋隆興元年。金人攻復宋將吴璘所取商、虢等一十六州，吴璘之敗固屬顯然，然金史徒單合喜傳，是時吴璘在陜、蜀，據散關、和尚原、神叉口、玉女潭、大蟲嶺、寶雞縣，兵十餘萬，陷河州鎮戎軍。合喜令赤盞胡速魯改守德順，吴璘以二十萬衆圍之，合喜使諸將來援，璘自將大軍，蔽岡阜而出，烏也及蒲離黑等併力與戰，日已暮乃解。已而璘又來犯，據德順，陷鞏州、臨洮等，合喜遣將連戰，璘又恃其衆不去，分兵守秦州。合喜乃軍於德順、鎮戎之間，斷其餉道，璘始引去。是璘雖退師，而其先與金人力戰之處，可因合喜傳而見也。又金史朮虎高琪傳，泰和五年，吴曦奉表以蜀地來降，章宗命高琪往册爲蜀王。已而宋將安丙誅曦，遣李孝義宋史作「李好義」。率兵攻秦州，先以萬人圍皂郊堡，高琪禦之。宋兵列陣山谷，以武車爲左右翼，伏弩其下。戰既合，宋兵佯却，高琪見有伏，乃退整軍，而宋兵又來，凡五戰，宋兵益堅，不可以得志。琪分騎爲二，出者戰則止者俟，止者出則戰者還，還者復出，如此數次，孝義始解圍去。是宋兵之悉力拒戰，又因高琪傳而見也。至如紇石烈牙吾塔侵宋，本傳叙其功幾於横行無敵，然馮璧傳謂，牙吾塔所至，宋人皆堅壁不戰，絶無所資，故無功而歸。又紇石烈胡失門傳，牙吾塔不奉行省節制，輒進兵，宋人堅壁不出，野無所掠，軍士疲乏，餓死相望，直前至江而復。是牙吾塔之侵宋，觀於馮璧、胡失門二傳，始知本傳所侈功績多屬鋪張。故閱史必參觀各傳，彼此校核，始得其真也。

〔一〕參前宋金二史不符處條。

〔二〕「阿魯穎」爲「阿魯補」之誤。

廿二史劄記批注　史法之屬

卷二十九　元史

元史

元起朔漠，本無文字，開國以後，又無有如金之完顔宗翰等能訪求先朝事跡，是以記載寥寥。本紀贊所謂太祖奇勳偉績甚多，惜當時史官不備，失於記述也。直至世祖中統三年，始詔王鶚集廷臣商議史事，鶚請以先朝事付史館。鶚傳。至元十年，又勅翰林院採集累朝事跡，以備纂輯。其後撒里蠻等進累朝實録，帝曰：「太宗事則然，睿宗少有可易者，定宗固日不暇給，憲宗事獨不能記憶耶？尚當詢之故老。」又成宗時，兀都帶等進太宗、憲宗、世祖實録，帝曰：「忽都魯迷失非昭睿順聖皇后所生，何爲亦稱公主？順聖太后崩時，裕宗已還自軍中，所記月日亦先後差誤。」本紀。此可見事後追述之舛漏也。其時内廷記載，又有所謂脱必赤顔者，仁宗嘗命譯出，名曰聖武開天記。其後虞集總裁遼、金、宋三史，因累朝故事有未備者，請以國書脱卜赤顔（即脱必赤顔）。所修太祖以來事跡，付出參訂，或謂脱卜赤顔非可令外人傳者，遂止。是此本并未嘗傳出矣。今按金史世紀叙先世事至盈一卷，而元史叙孛端叉兒以下十世不過千餘字，可見國史院已無可徵。世祖以來，始有實録。至元二年，勑選儒士編修國史。五年，以和禮霍孫等充翰林待制，兼起居注，以記政事。滅宋後，詔作平金、平宋録，及諸國臣服傳，命耶律鑄監修。成宗即位，詔完澤監修世祖實録。大德七年，國史院進太祖、太宗、定宗、睿宗、憲宗五朝實録。武宗時，詔國史院纂修順宗、成宗實録。仁宗時，纂修武宗實録及累朝后妃、功臣傳，俾百工各上事跡。英宗時，詔修仁宗實録及后妃、功臣傳。泰定帝詔修英宗、顯宗實録。文宗時，又詔修英宗實録，并具書倒剌沙欵伏狀。順帝時，詔修累朝實録及后妃、功臣傳。以上皆見本紀。明初得元十三朝實録，即據以修輯，此元史底本也。然是時徐一夔致書王禕曰：「史莫過於日曆及起居注。元朝不置日曆，不設起居注，獨中書置時政科，遣一文學掾掌之，以事付史館。及易一朝，則國史院即據以修實録而已。」元史姦臣傳序亦云，舊史往往詳於記善，略於懲惡，蓋史官有所忌諱而不敢直書故也。是元之實録已不足爲信史，修元史者即據以成書，毋怪乎不協公論。史成後，即有朱右作拾遺，解縉作正誤，而縉致董倫書并有「元史舛誤，承命改修」之語，則明祖亦已知元史之未善，而有改修之命。今拾遺、正誤及縉所改修者皆不傳，殊可惜也。然元史大概亦尚完整，則以舊時纂修實録者多有熟於掌故之人，如董文用修國史，於祖宗功德，近戚將相家世勳伐，皆記憶貫串，史館有所考究，悉應之無遺。文用傳。又拜住監修國史，將進仁宗實録，先一日詣院聽讀。首卷書大德十一年事，不書哈剌哈孫定策功，但書越王秃剌擒阿忽台事，拜住曰：「無左丞相，雖百越王何益？」立命書之。拜住傳。可見實録亦自矜慎。其執筆撰述者又多老於文學，如姚燧爲一代宗工，當時子孫欲叙述先德者，必得燧文，始可傳信，不得者每以爲耻。燧傳。袁桷在詞林，凡勳臣碑銘多出其手。桷傳。歐陽玄擅古文，凡王公大臣墓隧之碑，得玄文以爲榮，片言隻字，人皆寶重。玄傳。而皆與纂修實録之列。世祖實録，李之紹、馬紹、李謙、姚燧、張九思、張昇所修。裕宗實録，張九思所修。成宗實録，元明善、程鉅夫、鄧文原所修。順宗實録，元明善所修。武宗實録，元明善、蘇天爵所修。仁宗實録，元明善、廉惠山海牙、曹元用所修。英宗實録，曹元用、馬祖常、廉惠山海牙所修。泰定帝實録，成遵、王結、張起巖、歐陽玄所修。明宗實録，成遵、謝端所修。文宗實録，王結、張起巖、歐陽玄、蘇天爵、成遵所修。寧宗實録，謝端所修。累朝后妃、功臣傳，張起巖、楊宗瑞、揭傒斯、吕思誠、貢師泰、周伯琦等所修。以上俱見各本傳。明初修史諸臣即抄撮成書，故諸列傳尚多老筆而無醲詞。其天文、五行諸志，則有郭守敬所創簡儀、仰儀諸説；職官、兵、刑諸志，又有虞集等所修經世大典；水利、河渠諸志，則有郭守敬成法及歐陽玄河防記以爲據依，故一朝制度，亦頗詳贍。順帝一朝雖無實録，而事皆明初修史諸人所目擊，睹記較切，故伯顔、太平、脱脱、哈麻、孛羅、察罕、擴廓等傳，功罪更爲分明。末造殉節諸人，則又有張翥所集忠義録以資記載。故一部全史，數月成書，亦尚首尾完具，不得概以疏略議之也。惟中葉以後，人都詳於文人，而略於種人，則以文人各有傳誌之類存於世，而種人無之，故無從搜括耳。

按明洪武二年，得元十三朝實録，命修元史，宋濂、王禕爲總裁，二月開局，八月成書。而順帝一朝史猶未備，乃命儒士往北採遺事。明年二月，重開史局，六月書成。今按元史列傳三十一、二卷，已載元末死事諸臣泰不華、余闕等傳矣，乃三十三卷以後，又以開國時耶律楚材、劉秉忠、史天倪、張柔、張弘範等傳編入，幾於前後倒置〔一〕。蓋三十二卷以前係初次進呈，三十三卷以後則第二次進呈者。諸臣以太祖威嚴，恐干煩瀆，遂不敢請將前後兩書重加編訂耳。時日迫促，舛漏自多。如孟珙蒙達備録謂，先有蒙古斯國，雄於北邊，後絶衰滅。遼史有磨古斯國，蓋即珙所稱蒙古斯，磨、蒙聲相近也。又遼史有阻卜酋長磨古斯來侵，則磨古斯乃阻卜酋長之名。成吉思起事，慕蒙爲雄國，乃改稱大蒙古國。此爲建國號之由，而本紀併不載。又顧寧人指出，元史列傳第八之速不台，即第九之雪不台；第十八之完者都，即二十卷之完者拔都；三十七之石抹也先，即三十九卷之石抹阿辛。益可見修史諸臣但據各家誌録家傳之類，隨得隨抄，不復彼此互對，則當日之草率致誤可知矣。至賈良伯死節記謂余闕妻蔣氏從死，而元史闕傳作耶卜氏，據張毅所記，耶卜氏乃闕之妾，則元史竟以其妾當其妻。又翦勝野聞謂，元江浙行省左丞周伯琦被張士誠留於平江數年，士誠敗，明太祖以伯琦身爲大臣而仕於張氏，遂誅之。今元史伯琦傳則謂，士誠既滅，伯琦歸鄱陽，卒，又與野史互異。此則未可據野史以駁正史者。蓋一代修史時，凡稗官叢説，無不搜集，其所棄而不取者，必其無所據依。今反拾其所棄者以駁正史之訛，多見其不知量也。濂等修史必進呈御覽，如果周伯琦爲明祖所殺，豈敢諱之以爲善終哉！閲元史者，不得概以舛誤疑之也。

〔一〕三十二卷以前皆蒙古、色目人，三十三卷以後皆漢人、南人。

元史補見夏金宋殉節諸臣

夏、金、宋皆滅於蒙古。夏無史，金、宋二史皆有忠義傳，載末造抗節死事之臣。然以元史核對，尚有未備者，今爲摘出，觀者可以覽焉。

李恒傳，元太祖攻西夏，有守兀納剌城者，夏主之子也，城陷不屈死。李恒即其孫。

郭寶玉傳，從攻西夏，斬夏將佐里〔一〕。

〔一〕以上夏。

木華黎傳，石天應擒送金驍將張鐵槍至，木華黎欲降之，張厲聲曰：「我受金朝恩二十餘年，事至此，有死而已！」木華黎義之，諸將怒其不屈，竟殺之。史樞傳，鐵槍者名資禄。

黑馬傳，金武仙據真定，黑馬從孛羅討之。金將忽察虎以兵來援，爲黑馬所殺。

德海傳，攻金鄭州，殺金將左崇。

按竺邇傳，金亡後，金將郭斌尚保金、蘭、定、會四州。按竺邇圍之，食盡城陷，兵入城，斌手劍驅妻子聚一室焚之，已而自投火中。有女奴自火中抱兒出，授人曰：「將軍止此一兒，幸哀而收之！」言畢，復赴火死。

史天倪傳，金完顔合達陷於蒙古，遂降之。已而與監軍王守約連謀，越海歸金，天倪來追，殺守約。

張榮傳，榮攻金沛縣，將唆蛾夜來擣營，榮追殺之。

趙宏偉傳，金亡，有總管王昌、張雲又起兵，宏偉夜襲雲，斬其首〔一〕。

〔一〕以上金，以下宋。

紐璘傳，宋將蒲擇之來攻成都，紐璘敗之於靈泉山，擒宋將韓勇，斬之。亦見石抹按只傳。

憲宗本紀，帝攻蜀苦竹隘，守將楊立出戰，兵敗被殺。先渡馬湖，獲宋將張實，實遁，既克苦竹隘，獲實，支解之。進攻鵝頂堡，守將王佐死之，并誅佐子及徐昕等四十餘人。張德潤攻拔禮義城，殺宋宣撫使張資〔一〕。

〔一〕楊立、張實、王佐、徐昕、張資，宋季忠義録卷九已爲補傳。

楊大淵、楊文安二傳記擒殺宋將尤多。大淵傳，攻禮義城，獲總管黃文才，路鈐高坦之。攻通川，獲統制白繼源。戰巴渠，獲知軍范燮，統制魏興，路分黃迪，節幹陳子潤。後諜知宋總統祁昌由間道運糧來，乃率兵襲之，擒祁昌。

楊文安傳，得漢城之戰，擒宋將陳亮。攻開、達，擒統制張剛，總管伏林、方富。攻金州，擒路鈐趙貴等。略開州，獲統制陳德，副將劉安仁。掠達州，擒其將蒲德、范伸、王德、解明、周德新、王遷、王仁、袁宜、何世賢、楊普、時仲、陳俊、蒲桂、王順、王道、張俊、楊桂、蔡雲龍、李佺、李德、孫聰、張順、李貴、雍德、吳金、王元、閻國寶、張應庚、秦興祖、譚友孫、葉勝、鄭桂、莊俊、嚴貴、竇世忠、趙興、孫德、柳榮、趙威、趙章、韓明、王慶。攻梁山，擒部轄景福。攻小江口，擒總管李皋、花茂實。略施州，擒薛忠。攻紹慶，擒守將鮮龍。以上諸被擒者，其生死尚無明文。至如文安之攻奪金州，殺其將梁富。襲開州，宋將龐彥海投崖死。

宋兵來救，又殺其將張德。攻梁山，殺守將王智。攻萬州，殺守將何威。又萬州守將上官夔，拒守甚力，文安諭降不聽。踰月，拔其外城，夔猶不屈，文安盡鋭攻城，破之，夔巷戰而死。宋六郡鎮撫使馬堃，守咸淳，文安與之同鄉，諭降不從，乃力攻斬關入，堃巷戰死。此十數將則皆顯然盡力戰守被殺者〔一〕。宋史無傳，以上皆蜀將。

〔一〕上官夔，宋季忠義録已爲補傳。

按竺邇傳，攻文州，守將劉禄，數月不下。諜知城中無井，乃奪其汲道，攻陷其城，禄死之。按宋史忠義傳，有文州守劉鋭，當即是此人，傳聞而誤其名耳。

張庭瑞傳，宋兵圍虎嘯山，庭瑞出擊，殺其統制欒俊、雍貴、胡世雄等。

伯顔傳，元兵自郢順流而下，郢將趙文義、范興來追，伯顔手殺文義，又擒興殺之。至沙洋，以文義首招降王虎臣、王大用，不應，攻獲之，并殺二將。又破陽邏堡，斬其將王達。既克臨安，以獨松關張濡殺奉使廉希賢，斬之〔一〕。

〔一〕王虎臣、王大用、王達，忠義録已爲補傳。

李恒傳，攻陽邏堡，宋夏貴遣其子松來拒，恒射殺松〔一〕。

〔一〕夏松，忠義録已爲補傳。

阿塔赤傳，宋馮都統自真州率兵二千，船百艘，來襲瓜洲，爲阿塔赤所敗，馮都統赴水死〔一〕。

〔一〕馮都統，忠義録已爲補傳。

阿剌罕傳，追襲宋嗣秀王趙與檡，斬其步帥觀察使高世達，生擒與檡，斬之。宋史與檡有傳，餘缺。

阿里海牙傳，破瓊州，執安撫使趙與珞、冉安國、黄之紀，皆裂殺之。宋史與珞有傳，餘缺。

唆都傳，攻興化，獲宋將陳瓚，支解之。

懷都傳，攻樊城，斬宋將韓撥發、蔡路鈐。不著其名。

昂吉兒傳，文天祥起兵，舒民張德興應之，昂吉兒討殺德興。又趙孟濼亦同起兵，兵敗被殺。

烏古孫澤傳，文天祥開府南劍，守臣張清同起事，澤八戰，殺清。

趙宏偉傳，天祥使羅開禮、葉良臣謀復臨江，宏偉斬良臣，俘開禮。

高興傳，取婺州，擒宋將章焴，斬之。

朱國寶傳，宋亡，惟辰、沅、靖州未下，宋將李信、李發據險固守，國寶擊擒之。張世傑挾二王入廣，南恩新州人何華、張翼起兵興復，國寶擊殺二將。

世祖紀，至元十五年，禿滿荅兒等攻克瀘州，斬宋將王世昌、李都統。東川副元帥張德潤攻涪州，斬宋將王明及其子忠訓，統轄韓文廣、張遇春。又湖南制置使張烈良、提刑劉應龍與周隆、賀十二起兵，行省調兵往討，周隆、賀十二被殺，烈良等逃入蠻洞，元兵襲之，二人皆戰死〔一〕。

〔一〕王世昌、王明、王忠訓、韓文廣、張遇春，忠義録已爲補傳。

廿二史劄記批注　史事之屬

卷五　後漢書

東漢尚名節

自戰國豫讓、聶政、荆軻、侯嬴之徒，以意氣相尚，一意孤行，能爲人所不敢爲，世競慕之。其後貫高、田叔、朱家、郭解輩，徇人刻己，然諾不欺，以立名節。馴至東漢，其風益盛。蓋當時薦舉徵辟，必採名譽，故凡可以得名者，必全力赴之，好爲苟難，遂成風俗。漢書游俠傳序，自信陵、平原、孟嘗、春申之徒競爲游俠，取重於諸侯，顯名天下。漢興，禁網疏闊，布衣游俠，權行州域，力折公卿，衆庶榮其名，覬而慕之，雖陷于刑辟不悔也。其大概有數端：是時郡吏之於太守，本有君臣名分，爲掾吏者，往往周旋於死生患難之間。如李固被戮，弟子郭亮負斧鑕上書，請收固尸。杜喬被戮，故掾楊匡守護其尸不去。由是皆顯名。固、喬二傳。第五種爲衛相，善門下掾孫斌，種以劾宦官單超兄子匡，坐徙朔方，朔方太守董援，乃超外孫也，斌知種往必被害，乃追及種於途，格殺送吏，與種俱逃，以脱其禍。種傳。太原守劉瓆，以考殺小黄門趙津下獄死，王允爲郡吏，送瓆喪還平原，終三年乃歸。允傳。公孫瓚爲郡吏，太守劉君坐事徙日南，瓚身送之，自祭父墓曰：「昔爲人子，今爲人臣，送守日南，恐不得歸，便當長辭。」乃再拜而去。瓚傳。此盡力於所事，以著其忠義者也。傅奕聞舉將没，即棄官行服。奕傳〔一〕。李恂爲太守李鴻功曹，而州辟恂爲從事，會鴻卒，恂不應州命，而送鴻喪歸葬，持喪三年。恂傳。樂恢爲郡吏，太守坐法誅，恢獨行喪服。恢傳。桓典以國相王吉誅，獨棄官收葬，服喪三年，負土成墳。典傳。袁逢舉荀爽有道，爽不應，及逢卒，爽制服三年。爽傳。此感知遇之恩，而制服從厚者也。然父母喪不過三年，而郡將舉主之喪與父母無别，亦太過矣。又有以讓爵爲高者。西漢時韋賢卒，子玄成應襲爵，讓於庶兄弘，宣帝高其節許之。玄成傳。至東漢鄧彪亦讓封爵於異母弟，明帝亦許之。彪傳。劉愷讓封於弟憲，逃去十餘年，有司請絶其封，帝不許，賈逵奏當成其讓國之美，乃詔憲嗣。愷傳。此以讓而得請者也。桓榮卒，子郁請讓爵于兄子汎，明帝不許，乃受封。郁傳。丁綝卒，子鴻請讓爵於弟盛，不報，鴻乃逃去，以採藥爲名，後友人鮑駿遇之於東海，責以兄弟私恩絶其父不滅之基，鴻感悟，乃歸受爵。鴻傳。郭躬子賀，當襲，讓與小弟而逃去，詔下州郡追之，不得已乃出就封。躬傳。徐防卒，子衡當襲，讓於弟崇，數歲不歸，不得已乃就封。防傳。此讓而不得請者也。夫以應襲之爵，而讓以鳴高，即使遂其所讓，而已收克讓之名，使受之者蒙濫冒之誚，有以處己，既無以處人，況讓而不許，則先得高名，仍享厚實，此心尤不可問也。又有輕生報讐者。崔瑗兄爲人所害，手刃報讐，亡去。魏朗兄亦爲人所害，朗白日操刀，殺其人於縣中。蘇謙爲司隸校尉李暠案罪死獄中，謙子不韋與賓客，掘地道至暠寢室，值暠如厠，乃殺其妾與子，又疾馳至暠父墓，掘得其父頭以祭父。見各本傳。夫父兄被害，自當訴於官，官不理而後私報可也。今不理之於官，而輒自行讐殺，已屬亂民。然此猶曰出於義憤也，又有代人報讐者。何顒有友虞緯高，父讐未報而病將死，泣訴於顒，顒即爲復讐，以頭祭其父墓。郅惲有友董子張，父爲人所殺，子張病且死，對惲欷歔不能言，惲曰：「子以父讐未報也。」乃將賓客殺其人，以頭示子張，子張見而氣絶。亦見各本傳。此則徒徇友朋私情，而轉捐父母遺體，亦繆戾之極矣。蓋其時輕生尚氣已成習俗，故志節之士好爲苟難，務欲絶出流輩，以成卓特之行，而不自知其非也。然舉世以此相尚，故國家緩急之際，尚有可恃以搘拄傾危。昔人以氣節之盛，爲世運之衰，而不知并氣節而無之，其衰乃更甚也。

〔一〕應作「傳變」，見後漢書八八變傳。

宦官亦有賢者

後漢宦官之貪惡肆橫，固已十人而九，然其中亦間有清慎自守者，不可一概抹煞也。鄭衆謹敏有心，和帝初，竇太后秉政，其兄憲爲大將軍，竊威權，朝臣莫不附之，衆獨乃心王室，憲兄弟謀不軌，衆與帝定策誅之。衆傳。蔡倫在和帝時，預參帷幄，盡心敦慎，匡弼得失。每休沐，輒閉門謝客。爲尚方令，監作器械，莫不精工。創意用樹膚、麻頭、敝布、魚網以爲紙，天下稱蔡侯紙。又典東觀，校讎經傳。倫傳。安帝聽宦官李閏、江京、劉安、陳達等譖，廢皇太子保爲濟陰王，帝崩，太子不得立。閻后立北鄉侯懿，未幾薨，后與兄顯又欲援立外藩。宦官孫程不平，乃與王康等十九人歃血盟，迎立濟陰王，先斬江京、劉安、陳達，并閻顯及其弟景，遷閻后於別宫，於是濟陰王即位，是爲順帝。後司隸校尉虞詡劾奏宦官，自詣廷尉，宦官張防等臨考，一日中傳考四獄，必欲殺詡。程上殿陳詡之冤，時防在帝後，程叱曰：「賊臣張防，何不下殿！」防走入東廂，程勸帝急收防，毋令求請，防乃徙邊。程傳（一）。良賀清儉退厚，詔九鄉舉武猛，賀獨無所舉。帝問之，曰：「臣生長深宫，未嘗交士類。昔衛鞅因景監以進，有識鄙之，今得臣所舉，匪榮伊辱，故不敢也。」賀傳。曹騰在省闥三十餘年，未嘗有過，所進達皆海内名人。有蜀郡守遣人賂騰，刺史种暠搜得其書幣奏之，并劾騰。帝以書自外來，非騰之過，事遂寢。騰反稱种暠爲能吏。後暠爲司徒，嘗曰：「我爲公，曹常侍力也。」騰傳。吕强盡忠奉公，上疏力陳宦官之亂政，及後宮綵女之多，河間解瀆館不宜築，蔡邕對策切直，不宜罪，郡國貢獻，不宜索導行費。又有宦官丁肅、徐衍、郭耽、李巡、趙祐五人，亦皆清忠。巡請刻五經于石，即蔡邕所書也。祐博學多覽，著作諸儒稱之。又吴侃博達奉公，知不見用，常託病從容養志。此皆漢宦官之賢者，可與北魏之仇洛齊、王琚、趙黑，北齊之田敬宣，唐之俱文珍、張承業，明之覃吉、王承恩並觀也。

〔一〕見卷八八虞詡傳。作「程傳」誤。

廿二史劄記批注　史事之屬

卷七　三國志　晉書

漢復古九州

後漢書，建安十八年，復禹貢九州。魏志亦稱，是年詔書並十四州爲九州〔一〕。獻帝春秋〔二〕謂省幽、并州入於冀州，省司隸校尉及涼州入於雍州〔三〕，於是有兖、豫、青、徐、荆、揚、冀、益、雍九州。按荀彧傳，建安九年，或説曹操宜復古九州，則冀州所制者廣。彧曰：「若是則冀州當得河東、馮翊、扶風、西河、幽、并之地，所奪者衆，關右諸將必謂以次見奪，將人人自保，恐天下未易圖也。」操乃寢九州議。至是乃重復之，蓋是時幽、并及關中諸郡國皆已削平，操自爲張本，欲盡以爲將來王畿之地故也。觀於是年之前，已割蕩陰、朝歌、林慮、衛國、頓邱、東武陽、發干、廮陶、曲周、南和、任城、襄國、邯鄲、易陽以益魏郡，是年又以冀州之河東、河内、魏郡、趙國、中山、常山、鉅鹿、安平、甘陵、平原十郡封操爲魏公，可見復九州正爲禪代地也。

〔一〕後漢十三州部爲司隸、豫、兗、徐、青、涼、并、冀、幽、揚、益、荆、交。見通典州郡典。獻帝興平元年六月丙子，分涼州河西四郡爲雍州，注謂金城、酒泉、敦煌、張掖（後漢書九獻紀）。遂有十四州。以邯鄲商爲刺史。建安十一年七月爲張奐子猛所殺。并見通鑑。禹九州有梁無益，然梁、益一地。通鑑胡注，十四州有益復有梁，不合。

〔二〕後漢書注引。

〔三〕應云「涼州以爲雍州」，下應補「省交州入荆州、益州」。殿本「交」誤「兗」。

關張之勇〔一〕

漢以後稱勇者，必推關、張。其見於二公本傳者：袁紹遣顔良攻劉延於白馬，曹操使張遼、關羽救延，羽望見良麾蓋，即策馬刺良於萬人之中，斬其首還，紹將莫能當者。當陽之役，先主棄妻子走，使張飛以二十騎拒後，飛據水斷橋，瞋目横矛曰：「身是張益德也，可來共決死！」敵皆無敢近者。二公之勇，見於傳記者止此，而當其時，無有不震其威名者。魏程昱曰：「劉備有英名，關羽、張飛皆萬人之敵。」魏志昱傳。劉曄勸曹操乘取漢中之勢進取蜀，曰：「若小緩之，諸葛亮明於治國而爲相，關羽、張飛勇冠三軍而爲將，則不可犯矣。」

魏志曄傳。此魏人之服其勇也。周瑜密疏孫權曰：「劉備以梟雄之姿，而有關羽、張飛熊虎之將，必非久屈爲人用者。」吳志瑜傳。此吳人之服其勇也。不特此也，晉劉遐每擊賊，陷堅摧鋒，冀方比之關羽、張飛。晉書遐傳。苻秦遣閻負、殊使於張玄靚〔二〕，誇其本國將帥，有王飛〔三〕、鄧羌者，關、張之流，萬人之敵。禿髮傉檀求人才於宋敞〔四〕，敞曰：「梁崧、趙昌，武同飛、羽。」李庠膂力過人，趙廞器之曰：「李玄序一時之關、張也。」〔五〕皆晉書載記。宋檀道濟有勇力〔六〕，時人以比關羽、張飛。宋書檀道濟傳。魯爽反，沈慶之使薛安都攻之，安都望見爽，即躍馬大呼，直刺之，應手而倒，時人謂關羽之斬顔良，不是過也。南史宏都傳。齊垣歷生，拳勇獨出，時人以比關羽、張飛。齊書文惠太子傳〔七〕。魏楊大眼驍果，世以爲關、張弗之過也。魏書大眼傳。崔延伯討莫折念生，既勝，蕭寶寅曰：「崔公，古之關、張也。」魏書延伯傳。陳吳明徹北伐高齊，尉破胡等十萬衆來拒，有西域人〔八〕，矢無虚發。明徹謂蕭摩訶曰：「若殪此胡，則彼軍奪氣。君有關、張之名，可斬顔良矣！」摩訶即出陣，擲銑殺之〔九〕。陳書摩訶傳。以上皆見於各史者。可見二公之名，不惟同時之人望而畏之，身後數百年，亦無人不震而驚之。威聲所垂，至今不朽，天生神勇，固不虚也。

〔一〕關張索引。

〔二〕「苻秦」應作「苻生」。「殊」上應補「梁」字，閻負、梁殊，二人。
〔三〕「王飛」上應補「新興」二字。前將軍新興王飛，苻飛也。并見晉書一一二前秦載記。
〔四〕「宋敞」應作「宗敞」，見晉書一二六南涼載記。
〔五〕李庠，字玄序。
〔六〕「檀道濟」應作「薛彤、高進之」。
〔七〕「垣歷生」下應補「蔡道貴」，見南史四四文惠太子傳。南齊書廿一文惠太子傳無。
〔八〕「人」原作「胡」。避「胡」字。
〔九〕「銑」下漏「鋧」字。銑鋧，小鑿也。

借荆州之非

借荆州之説，出自吴人事後之論，而非當日情事也。江表傳〔一〕謂，破曹操後〔二〕，周瑜爲南郡太守〔三〕，分南岸地以給劉備，而劉表舊吏士自北軍脱歸者皆投備，備以所給地不足供，從孫權借荆州數郡焉。魯肅傳亦謂，備詣京見權，求都督荆州〔四〕，肅勸權借之，共拒操。操聞權以地資備，方作書，落筆於地。後肅邀關羽索荆州，謂羽曰：「我國以土地借卿家者，卿家軍敗遠來，無以爲資故也。」權亦論肅有二長，惟勸吾借玄德地，是其一短〔五〕。此借荆州之説之所由來，而皆出吴人語也。夫借者本我所有之物而假與人也，荆州本劉表地，非孫氏故物。當操南下時，孫氏江東六郡〔六〕，方恐不能自保，諸將咸勸權迎操，權獨不願。會備遣諸葛亮來結好〔七〕，權遂欲藉備共拒操，其時但求敵操，未敢冀得荊州也。亮之説權也，權即曰：「非劉豫州莫可敵操者。」乃遣周瑜、程普等隨亮詣備，並力拒操。亮傳。是且欲以備爲拒操之主，而己爲從矣。亮又曰：「將軍能與豫州同心破操，則荊、吳之勢强，而鼎足之形成矣。」是此時早有三分之説，而非乞權取荊州而借之也。赤壁之戰，瑜與備共破操。吴志。華容之役，備獨追操。山陽公載記〔八〕。其後圍曹仁於南郡，備亦身在行間，蜀志。未嘗獨出吴之力，而備坐享其成也。破曹後，備詣京見權〔九〕，權以妹妻之。瑜密疏請留備於京〔十〕，權不納，以爲正當延挈英雄，是權方恐備之不在荊州以爲屏蔽也。操走出華容之險，喜謂諸將曰：「劉備吾儔也，但得計少晚耳。」山陽公載記。是操所指數者惟備，未嘗及權也。程昱在魏，聞備入吴，論者多以爲權必殺備，昱曰：「曹公無敵於天下，權不能當也，備有英名，權必資之以禦我。」昱傳。是魏之人亦只指數備，而未嘗及權也。即以兵力而論，亮初見權曰：「今戰士還者及關羽精甲共萬人，劉琦戰士亦不下萬人。」而權所遣周瑜等水軍亦不過三萬人，亮傳。則亦非十倍於備也。且是時劉表之長子琦尚在江夏〔十一〕，破曹後，備即表琦爲荊州刺史，權未嘗有異詞，以荊州本琦地也。時又南征四郡，武陵、長沙、桂陽、零陵皆降。琦死〔十二〕，羣下推備爲荊州牧。蜀先主傳。備即遣亮督零陵、桂陽、長沙三郡，收其租賦，以供軍實。亮傳。又以關羽爲襄陽太守、盪寇將軍，駐江北；羽傳。張飛爲宜都太守、征虜將軍，在南郡；飛傳。趙雲爲偏將軍，領桂陽太守。雲傳〔十三〕。遣將分駐，惟備所指揮，初不關白孫氏，以本非權地，故備不必白權，權亦不來阻備也。迨其後三分之勢已定，吴人追思赤壁之役，實藉吴兵力，遂謂荆州應爲吴有，而備據之，始有借荆州之説。抑思合力拒操時，備固有資於權，權不亦有資於備乎？權是時但自救危亡，豈早有取荆州之志乎？羽之對魯肅曰：「烏林之役〔十四〕，左將軍寢不脱介，戮力破曹，豈得徒勞，無一塊土。」肅傳〔十五〕。此不易之論也。其後吴、蜀争三郡，旋即議和，以湘水爲界，分長沙、江夏、桂陽屬吴，南郡、零陵、武陵屬蜀〔十六〕，最爲平允。而吴君臣伺羽之北伐，襲荆州而有之〔十七〕，反捏一借荆州之説，以見其取所應得。此則吴君臣之狡詞詭説，而借荆州之名遂流傳至今，並爲一談，牢不可破，轉似其曲在蜀者，此耳食之論也。

〔一〕虞溥江表傳，蜀志二先主傳注引。
〔二〕建安十三年。
〔三〕建安十四年。
〔四〕建安十五年。
〔五〕吴志九吕蒙傳末。

〔六〕建安五年孫策卒時，孫氏有會稽、吴郡、丹陽、豫章、廬陵、江東六郡。見吴志二孫權傳。通鑑多有廬江。

〔七〕建安十三年。

〔八〕山陽公載記，魏志一注引。赤壁、華容之戰，同在建安十三年。

〔九〕建安十四年。

〔十〕建安十五年。是年周瑜卒。

〔十一〕建安十三年，表卒。

〔十二〕建安十四年，琦死。

〔十三〕蜀志六，雲傳注引雲别傳語。

〔十四〕烏林在赤壁北岸，見通鑑注。

〔十五〕吴志九，肅傳注引吴書語。

〔十六〕建安廿年。

〔十七〕建安廿四年。

三國之主用人各不同

人才莫盛於三國，亦惟三國之主，各能用人，故得衆力相扶，以成鼎足之勢。而其用人亦各有不同者，大概曹操以權術相馭，劉備以性情相契，孫氏兄弟以意氣相投，後世尚可推見其心跡也。荀彧、程昱爲操畫策，人所不知，操一一表明之〔一〕，絶不攘爲己有，此固已足令人心死。劉備爲吕布所襲，奔於操，程昱以備有雄才，勸操圖之。操曰：「今收攬英雄時，殺一人而失天下之心，不可也。」〔二〕然此猶非與操有怨者。臧霸先從陶謙，後助吕布，布爲操所擒，霸藏匿，操募得之，即以霸爲琅邪相，青、徐二州悉委之。先是操在兖州，以徐翕、毛暉爲將，兖州亂，翕、暉皆叛，後操定兖州，翕、暉投霸。至是，操使霸出二人，霸曰：「霸所以能自立者，以不爲此也。」操歎其賢，並以翕、暉爲郡守〔三〕。霸傳。操以畢諶爲兖州别駕，張邈之叛，劫諶母妻去，操遣諶往，諶頓首無二，既出，又亡歸從吕布。布破，操生得諶，衆爲之懼，操曰：「人能孝於親者，豈不忠於君乎，吾所求也。」以爲魯相〔四〕。操初舉魏种爲孝廉，兖州之叛，操謂种必不棄我，及聞种走，怒曰：「种不南走越，北走胡，不汝置也。」及种被擒，操曰：「惟其才也。」釋而用之〔五〕。本紀。此等先臣後叛之人，既已生擒，誰肯復貸其命，乃一一棄嫌録用。蓋操當初起時，方欲藉衆力以成事，故以此奔走天下，楊阜所謂曹公能用度外之人也〔六〕。及其削平羣雄，勢位已定，則孔融、許攸、婁圭等，皆以嫌忌殺之〔七〕。荀彧素爲操謀主，亦以其阻九錫而脅之死。甚至楊修素爲操所賞拔者，以厚於陳思王而殺之，崔琰素爲操所倚信者，亦以疑似之言殺之。然後知其雄猜之性，久而自露，而從前之度外用人，特出於矯僞以濟一時之用，所謂以權術相馭也。至劉備，一起事即爲人心所嚮。少時結交豪傑，已多附之。中山大商張世平、蘇雙等〔八〕，早資以財，爲糾合徒衆之用。領平原相，劉平遣刺客刺之，客反以情告。救陶謙，謙即表爲豫州刺史。謙病篤，命以徐州與備，備不敢當，陳登、孔融俱敦勸受之。後爲吕布所攻，投奔於操，操亦表爲左將軍，禮之甚重。嗣以徐州之敗奔袁譚，譚將步騎迎之。袁紹聞備至，出鄴二百里來迓。及紹敗，備奔劉表，表又郊迎，待以上賓之禮，荆州豪傑多歸之。曹兵來討，備奔江陵，荆州人士隨之者十餘萬。是時身無尺寸之柄，而所至使人傾倒如此。程昱謂備甚得人心，諸葛亮對孫權亦謂劉豫州爲衆士所慕仰，若水之歸海，此當時實事也。乃其所以得人心之故，史策不見。第觀其三顧諸葛，咨以大計，獨有傅巖爰立之風〔九〕。關、張、趙雲，自少結契，終身奉以周旋，即羈旅奔逃，寄人籬下，無寸土可以立業，而數人者，患難相隨，别無貳志。此固數人者之忠義，而備亦必有深結其隱微而不可解者矣。其征吴也，黄權請先以身嘗寇，備不許，使駐江北以防魏師。及猇亭敗退，道路隔絶，權無路可歸，乃降魏。有司請收權妻子，備曰：「我負權，權不負我也。」權在魏，或言蜀已收其孥，權亦不信。君臣之相與如此。至託孤於亮曰：「嗣子可輔輔之，不可輔則君自取之。」千載下猶見其肝膈本懷，豈非真性情之流露。設使操得亮，肯如此委心相任乎，亮亦豈肯爲操用乎！惜是時人才已爲魏、吴二國收盡，故得人較少，然亮第一流人，二國俱不能得，備獨能得之，亦可見以誠待人之效矣。至孫氏兄弟之用人，亦自有不可及者。孫策生擒太史慈，即解其縛曰：「子義青州名士」，但「所託非人耳。孤是卿知己，勿憂不如意也。」〔十〕以張昭爲長史，北方士大夫書來，多歸美於昭。策聞之曰：「管仲相齊，一則仲父，二則仲父，而桓公爲霸者宗。今子布賢，我能用之，其功名不在我乎。」此策之得士也。周瑜薦魯肅，權即用肅繼瑜。權怒甘寧粗暴，吕蒙謂鬬將難得，權即厚待寧〔十一〕。劉備之伐吴也，或謂諸葛瑾已遣人往蜀，權曰：「孤與子瑜有生死不易之操，子瑜之不負孤，猶孤之不負子瑜也。」吴、蜀通和，陸遜鎮西陵，權刻印置遜所，每與劉禪、諸葛亮書，常過示遜，有不安者，便令改定，以印封行之。委任如此，臣下有不感知遇而竭心力者乎。權又不自護其非，權欲遣張彌、許晏浮海至遼東封公孫淵，張昭力諫不聽，彌、晏果爲淵所殺。權慚謝昭，昭不起。權因出，過其門呼昭，昭猶辭疾。權燒其門以恐之，昭更閉户，權乃滅火，駐門良久，載昭還宫，深自刻責。倘如袁紹，不用沮授之言以至於敗，則恐爲所笑而殺之矣〔十二〕。權用吕壹，事敗，又引咎自責，使人告謝諸大將曰：「與諸君從事，自少至長，髮有二色，以謂表裏足以明露。盡言直諫，所望於諸君，諸君豈得從容而已哉。凡百事要，所當損益，幸匡所不逮。」陸遜晚年爲楊竺等所譖，憤鬱而死，權後見其子抗，泣曰：「吾前聽讒言，與汝父大義不篤，以此負汝。」以人主而自悔其過，開誠告語如此，其誰不感泣。使操當此，早挾一「寧我負人，無人負我」之見〔十三〕，而老羞成怒矣。此孫氏兄弟之用人，所謂以意氣相感也。

〔一〕魏志十彧傳注引彧別傳及攸傳有請封二人表。昱傳云，表昱爲東平相。
〔二〕建安元年。
〔三〕建安三年。
〔四〕建安三年。
〔五〕建安四年。
〔六〕魏志廿五本傳語。
〔七〕孔、許、婁三人皆附魏志十二崔琰傳。孔融，建安十三年誅。
〔八〕見蜀志二先主傳。世平是字非名。
〔九〕説築傳巖之野，爰立作相。
〔十〕解縛見吴志四本傳。名士句見注引吴曆。「所託」三句見注引江表傳。
〔十一〕語見吴志九吕蒙傳，不見卷十甘寧傳。
〔十二〕以袁紹作陪。「恐爲所笑」，是紹殺田豐時語。授、豐皆紹謀士，先後被殺。見魏志六紹傳，建安七年事。
〔十三〕以操作陪。魏志一中平六年條注引孫盛雜記語。誤殺故人吕伯奢家人八人而去。

禪代

古來只有禪讓、征誅二局，其權臣奪國，則名篡弑，常相戒而不敢犯。王莽不得已，託於周公輔成王，以攝政踐阼，然周公未嘗有天下也。至曹魏則既欲移漢之天下，又不肯居簒弒之名，於是假禪讓爲攘奪。自此例一開，而晉、宋、齊、梁、北齊、後周以及陳、隋皆倣之。此外尚有司馬倫、桓玄之徒，亦援以爲例。甚至唐高祖本以征誅起，而亦假代王之禪，朱温更以盜賊起，而亦假哀帝之禪。至曹魏創此一局，而奉爲成式者，且十數代，歷七八百年，真所謂奸人之雄，能建非常之原者也。然其間亦有不同者。曹操立功漢朝，已加九錫，封二十郡，爵魏王，建天子旌旗，出警入蹕，然及身猶不敢稱帝，至子丕始行禪代。操嘗云，若天命在吾，吾其爲周文王乎〔一〕。此可見其本志，非飾説也。又魏書〔二〕，魏國既建，諸將皆爲魏臣，獨夏侯惇尚爲漢臣，惇上疏不敢當不臣之禮，操曰：「區區之魏，而敢屈君爲臣乎。」是操爲魏王時，猶與漢臣爲同列也。司馬氏三世相魏，懿已拜丞相，加九錫，不敢受；師更加黃鉞，劍履上殿，亦不敢受；昭進位相國，加九錫，封十郡，爵晉公，亦辭至十餘次，晚始受晉王之命，建天子旌旗，如操故事，然及身亦未稱帝，至其子炎始行禪代〔三〕。及劉裕則身爲晉輔而即移晉祚。自後齊、梁以下諸君，莫不皆然，此又一變局也。丕代漢，封獻帝爲山陽公，未嘗加害，直至明帝青龍二年始薨〔四〕。炎代魏，封帝奐爲陳留王，亦未嘗加害，直至惠帝太安元年始薨〔五〕。不特此也，司馬師廢齊王芳爲邵陵公，亦至晉泰始中始薨〔六〕。司馬倫廢惠帝，猶號爲太上皇，居之於金墉城；桓玄廢安帝爲平固王，遷之於尋陽，又劫至江陵，亦皆未嘗加害，故不久皆得返正。自劉裕篡大位而即戕故君，以後齊、梁、陳、隋、北齊、後周亦無不皆然，此又一變局也。去古日遠，名義不足以相維，當曹魏假稱禪讓以移國統，猶倣唐、虞盛事，以文其奸。及此例一開，後人即以此例爲例，而並忘此例之所由倣，但謂此乃權臣易代之法，益變本而加厲焉。此固世運人心之愈趨愈險者也。按劉裕後亦尚有循魏、晉故事者。高歡在東魏，封渤海王，都督中外諸軍事，進位相國，録尚書事，猶力辭不受。因玉璧之敗〔七〕，並表解都督，其九錫殊禮乃死後追贈者。宇文泰在西魏，累加至左丞相、都督中外諸軍事、太師、大冢宰，封安定王不受，以安定公終其身。是尚能守臣節者。又曹操奉獻帝都許，而身常在鄴。高歡亦奉孝静帝都鄴，而身常在晉陽，與曹操相似。司馬懿父子常隨魏帝在洛。宇文泰亦隨西魏諸帝在長安，與司馬氏相似。今撮叙各朝禪代故事於後。

〔一〕魏志一建安廿四年注引魏氏春秋。

〔二〕魏志九惇傳注引王沈魏書。

〔三〕師、昭兄弟，炎，昭子。

〔四〕廢後十四年。

〔五〕廢後卅八年。

〔六〕泰始十年薨，見魏志四注引魏世譜。廢後廿一年。

〔七〕玉璧，絳州稷山縣。東魏興和四年事。

按裴松之三國志注引魏略〔一〕，曹丕受禪時，漢帝下禪詔及册書凡三〔二〕，丕皆拜表讓還璽綬。李伏等勸進者一，許芝等勸進者一，司馬懿等勸進者一，桓楷〔三〕等勸進者一，尚書令等合詞勸進者一，劉廙等勸進者一，劉若等勸進者一，輔國將軍等百二十人勸進者一，博士蘇林等勸進者一，劉廙等又勸進者一，丕皆下令辭之。最後華歆及公卿奏擇日設壇，始即位〔四〕。此雖一切出於假僞，然猶見其顧名思義，不敢遽受，有揖讓之遺風。至司馬炎既受禪，陳留王遷居於鄴，以事上表，炎猶下詔曰：「陳留王志尚謙沖，每事上表，非所以優崇之也。」自後非大事皆使王官表上之〔五〕。及元帝南渡，營繕宫室，尚書符下陳留王出夫，荀奕奏曰：「陳留王位在三公之上，坐在太子之右，答表曰書，賜物曰與，豈可令出夫役。」〔六〕以前朝殘裔，而臣下猶敢爲之執奏，可見是時尚有虞賓之意。按山陽公居河内〔七〕，至晉時始罷督軍，除其禁制〔八〕，又除漢宗室禁錮〔九〕，是遜位後魏仍有人監之也。案後漢書，東海王彊、沛王輔，東平王蒼之後，至魏受禪，猶皆封爲崇德侯〔十〕。陳留王遜位後，晉令山濤護送至鄴〔十一〕，琅邪王伷嘗監守鄴城〔十二〕，是晉於陳留王亦有監制之法，然皆未嘗加害也。劉裕急於禪代，以讖文有「昌明之後，又有二王」之語，遂酖安帝而立恭帝，未幾即令遜位〔十三〕。有司以詔草呈帝，帝曰：「桓玄之時，天命已改，重爲劉公所延，將二十載。今日之事，固所甘心。」〔十四〕乃出居於秣陵宫，裕封帝爲零陵王。帝常懼禍，與褚妃自煮食於牀前。裕使妃兄褚淡之往視妃，妃出與相見，兵士即踰垣入，進藥於帝。帝不肯飲，曰：「佛教，自殺者不得復爲人身。」乃以被掩殺之〔十五〕。

〔一〕作「魏略」誤。應作「獻帝傳載禪代衆事」，三國魏志二。

〔二〕册書四。上書三，三次退回，第四次受也。十月十三册，十四上書。廿日再册，廿二再上書。廿五三册，廿七三上書。廿八四册，廿九登壇。壽志作廿八登壇受禪，差一日。廿八庚午，廿九辛未。

〔三〕應作「桓階」。

〔四〕勸進凡十七次。李伏等之後有劉廙等。十月九日許芝等之後有辛毗等。十七日輔國將軍等之後有劉廙等。十九日蘇林等之後有桓階等。劉廙等之後又有華歆等兩次。最末一次是尚書令桓階等奏擇日設壇。

〔五〕晉書三武帝紀，泰始元年五月。

〔六〕晉書三九。時陳留王已卒後十七八年，此當爲「陳留嗣王」。

〔七〕見後漢書九獻紀末。

〔八〕晉書三武紀泰始元年十一月。

〔九〕晉書三武紀泰始元年二月。

〔十〕卷七二。東海王等皆光武子。

〔十一〕晉書四三本傳。

〔十二〕晉書三八本傳。伷，懿子。監守鄴城在正始中，在陳留失國前二十餘年。

〔十三〕晉書十安紀末。「又有二王」原作「有二帝」。
〔十四〕宋書二、南史一，元熙二年六月。
〔十五〕宋書五二、南史廿八褚淡之傳。

蕭道成以宋廢帝無道，使王敬則結楊玉夫等弑之，迎順帝即位〔一〕。甫三年，即禪代，封順帝爲汝陰王，居丹徒宫，使人衛之。順帝聞外有馳馬聲，甚懼。監者殺之，而以疾告，齊人賞之以邑〔二〕。

〔一〕宋書九、南史三。
〔二〕宋書十、南史三。

蕭衍以齊東昏無道，舉兵入討，奉和帝以號令。既圍京師，東昏爲黄泰平等所弑〔一〕。衍入京，迎和帝至姑熟，使人假帝命以禪詔來，遂即位，封和帝爲巴陵王。初欲以南海郡爲巴陵國，使帝居之，因沈約言不可慕虚名而受實禍，乃遣鄭伯禽進以生金。和帝曰：「我死不須金，醇酒足矣。」乃引飲一升，伯禽就而摺殺之〔二〕。

〔一〕南齊書七、南史五，東昏紀末。
〔二〕南史五和帝紀。南齊書和帝紀不載。

陳霸先既禪代，使沈恪勒兵入宫害梁敬帝。恪辭曰：「身經事蕭家來，今日不忍見如許事。」〔一〕霸先乃令劉師知入，詐帝令出宫。帝覺之，繞牀走，曰：「師知賣我。陳霸先反，我本不須作天子，何意見殺。」師知執帝衣，行事者加刃焉。既而報霸先曰：「事已了。」〔二〕

〔一〕陳書十二、南史六七，恪傳。
〔二〕南史六八師知傳。陳書十六師知傳不載。

高洋將禪代，使襄城王昶等奏魏孝静帝曰：「五行之運，迭有盛衰，請陛下法堯禪舜。」帝曰：「此事推挹已久，謹當遜位。」又曰：「若爾，須作詔書。」崔劼等曰：「詔已作訖。」即進帝書之。帝乃下御座，入後宫，泣别，皇后以下皆哭。帝曰：「今日不減漢獻帝、常道鄉公。」遂遷於司馬子如宅。洋行幸，常以帝自隨，竟遇酖而崩〔一〕。

〔一〕魏書十二、北史五，孝静紀。襄城王袒，魏書十二作「旭」。魏書十九下，城陽王孫，字顯和。袒與暢義同，則當作「袒」。袒，北史無傳。

宇文泰在西魏，以孝武帝宫闈無禮，使人酖之，而立文帝。文帝崩，立廢帝。帝因泰殺元烈，有怨言，泰遂廢之，出居雍州廨舍，亦以酖崩。北史不載，事見通鑑〔一〕。泰復立恭帝，即位三年，泰死，其從子護當國，使帝禪位於泰子覺。覺封帝爲宋公，出居大司馬府，尋崩。諸書皆不載其死狀，然正月封而二月即殂，蓋亦非善終也〔二〕。

〔一〕周書二、北史五廢帝紀均載帝被廢事，惟未書出居雍州，以酖崩。通鑑一六五，梁承聖三年四月載「魏太師泰酖殺廢帝」，僅此一句。

〔二〕通鑑一六六，陳永定元年二月，「周人殺魏恭帝」，亦明言其不善終。

楊堅因周宣帝崩，鄭譯等矯詔使堅受遺輔政，立静帝，年八歲，堅即誅戮宇文氏。未幾，亦假静帝禪詔奪其位。封帝爲介國公，邑萬户，上書不稱表，答表不稱詔。北史謂有其文，事竟不行。是年二月遜位，五月即殂，周書云隋志也，則亦不得其死也〔一〕。

〔一〕周書八、北史十。周書、北史同，不必分題。北史完全抄周書。

唐高祖兵入長安，立恭帝。次年，亦以恭帝詔禪位，封恭帝爲酅國公。至明年五月始殂，隋書、北史、通鑑俱不言其死狀〔一〕。

〔一〕隋書五、北史十二、舊唐書一，皆言武德二年五月薨，舊唐書並曰五月己卯。新唐書一、通鑑一八七，皆言武德二年八月丁酉薨。

朱温逼唐昭宗遷洛陽，使蔣玄暉弑之，而立哀帝〔一〕。帝封温爵魏王，以二十一軍爲魏國，備九錫。温怒不受，使人告蔣玄暉與何太后通，遂殺玄暉，弑太后〔二〕。哀帝使宰相張文蔚等押傳國璽、玉册、金寶、儀仗、法物，至汴勸進，温遂即位，封哀帝爲濟陰王〔三〕，次年正月弑之〔四〕。

〔一〕舊唐書廿上昭紀。
〔二〕舊唐書廿下哀紀，天祐二年十一、十二月。「二十一軍」原作「二十一道」。
〔三〕天祐四年三月。

〔四〕舊唐書哀紀作「天祐五年二月二十一日害帝」，新唐書哀紀作「梁開平二年二月遇弒」。天祐五年即開平二年。通鑑三六六作「梁開平二年二月癸亥酖殺」。二月壬寅朔，癸亥廿二日也，與舊紀差一日。

魏晉禪代不同

曹之代漢，司馬氏之代魏，其跡雖同，而勢力尚有不同者。曹操自克袁尚後，即居於鄴，天子所都之許昌，僅留長史國淵、王必等〔一〕，先後掌丞相府事。其時獻帝已三四十歲，非如沖主之可無顧慮也，然一切用人行政，興師討伐，皆自鄴出令，莫敢有異志。司馬氏輔魏，則身常在相府，與魏帝共在洛陽。無論懿專政未久，即師、昭兄弟大權已在手，且齊王芳、高貴鄉公髦、常道鄉公奐皆幼年繼位，似可不必戒心，然師討毌邱儉，留昭鎮洛陽，及病篤，昭始赴軍。師既卒，魏帝命昭統兵鎮許昌，昭仍率兵歸洛，不敢遠在許下也。諸葛誕兵起，昭欲遣將則恐其不可信，而親行又恐都下有變，遂奉皇太后及高貴鄉公同往督軍，是可見其一日不敢離城社也。嘗推其故，操當漢室大壞之後，起義兵，誅暴亂，漢之臣如袁紹、呂布、劉表、陶謙等能與操爲敵者，多手自削平，或死或誅，其在朝者，不過如楊彪、孔融等數文臣，亦廢且殺，其餘列侯將帥皆操所擢用，雖前有董承、王子服、吴子蘭、种輯、吴碩〔二〕，後有韋晃、耿紀、金褘〔三〕，欲匡漢害操，而皆無兵權，動輒撲滅，故安坐鄴城，而朝政悉自己出。司馬氏則當文帝、明帝國勢方隆之日，猝遇幼主嗣位，得竊威權，其時中外臣工尚皆魏帝所用之人，内有張緝、蘇鑠、樂敦、劉賢等伺隙相圖〔四〕，外有王淩、毌丘儉、諸葛誕等相繼起兵聲討〔五〕，司馬氏惟恃挾天子以肆其奸，一離京輦，則禍不可測，故父子三人執國柄，終不敢出國門一步，亦時勢使然也。然操起兵於漢祚垂絶之後，力征經營，延漢祚者二十餘年，然後代之。司馬氏當魏室未衰，乘機竊權，廢一帝，弑一帝，而奪其位，比之於操，其功罪不可同日語矣。

〔一〕國淵見通鑑六六，建安十六年。王必見通鑑六八，建安廿二年末、廿三年春，又見魏志一武紀，建安廿三年春。

〔二〕承、服、輯三人見後漢書九獻紀，建安五年，作「王服」。碩見一〇二卓傳末。三國蜀志二先主傳作「王子服、吴子蘭」。

〔三〕晃、紀二人見後漢書九獻紀、三國魏志一武紀，建安廿三年。禕見上二書注引三輔決録，作「全禕」。三輔決録，趙岐撰。後漢書九四岐傳，岐九十餘，建安六年卒，何以有建安廿三年事？耿紀附後漢書四九耿秉傳末，耿紀傳作「韋況晃暈」，「況」「暈」疑衍。

〔四〕張緝等四人，見魏志九夏侯玄傳。高貴鄉公時，緝等謀以玄輔政，爲司馬師所殺。四人又見晉書二景紀正元元年正月條。「劉賢」，宋本、殿本晉書二均作「劉寶賢」，誤。三國時無二名，「寶」爲「賢」之誤字，後爲衍文。

〔五〕三人見魏志廿八。

九錫文

每朝禪代之前，必先有九錫文，總叙其人之功績，進爵封國，賜以殊禮，亦自曹操始，按，王莽篡位已先受九錫，然其文不過五百餘字〔一〕，非如潘勖爲曹操撰文格式也。勖所撰乃仿張竦頌莽功德之奏，逐件鋪張，至三五千字〔二〕，勖文體裁正相同。其後晉、宋、齊、梁、北齊、陳、隋皆用之〔三〕。其文皆鋪張典麗，爲一時大著作，故各朝正史及南、北史俱全載之。今作者姓名，尚有可考者。操之九錫文，據裴松之三國志注，乃後漢尚書左丞潘勖之詞也〔四〕。以後各朝九錫文，皆倣其文爲式。曹丕受禪時，以父已受九錫，故不復用，其一切詔誥，皆衛覬作。覬傳〔五〕。晉司馬昭九錫文，未知何人所作，其讓九錫表，則阮籍之詞也。見籍傳〔六〕。劉裕九錫文，亦不詳何人所作，據傅亮傳，謂裕征廣固以後，至於受命，表册文誥皆亮所作〔七〕，則九錫文必是亮筆也〔八〕。蕭道成九錫文，據王儉傳，齊高爲太尉，以至受禪詔册，皆儉所作〔九〕，則九錫文是儉筆也。蕭衍九錫文，據任昉傳，梁臺建，禪讓文誥多昉所作〔十〕；又沈約傳，武帝與約謀禪代，命約草其事，約即出懷中詔書，帝初無所改〔十一〕；又邱遲傳，梁初勸進及殊禮，皆遲文〔十二〕，則九錫文總不外此三人也。陳霸先九錫文，據徐陵傳，陳受禪詔策，皆陵所爲，而九錫文尤美〔十三〕，是陵作九錫文更無疑也。高洋九錫文，據魏收傳，則收所作也〔十四〕。他如司馬倫亦有九錫文，倫既敗，齊王冏疑出傳祗，將罪之，後檢文草，非祗所爲，乃免。祗傳〔十五〕。又以陸機在中書，疑九錫文、禪位詔皆機所作，遂收機，成都王穎救之得免。機傳〔十六〕。而鄒湛傳謂趙王倫簒逆，湛子捷與機共作禪文〔十七〕，則九錫文必是機筆也。桓温病，求九錫文，朝廷命袁宏爲文，以示王彪之，彪之歎其美，而戒勿示人，謝安又屢使改之，遂延引時日，及温死乃止。彪之傳〔十八〕。桓玄簒位，卞範之及殷仲文預撰詔策，其禪位詔，範之之詞也，九錫文則仲文之詞也。見範之、仲文傳〔十九〕。此皆見於各史列傳者。至於曹丕授孫權九錫〔二十〕，孫權加公孫淵九錫〔二一〕，劉曜授石勒九錫，石弘授石虎九錫，石世授石遵九錫，苻登授乞伏乾歸九錫，姚興授焦縱九錫〔二二〕，其文與作者俱不可考。然亦可見當時簒亂相仍，動用殊禮，僭越冒濫，莫此爲甚矣。

〔一〕漢書九九上莽傳上，元始五年五月，四四八字。

〔二〕張竦爲陳崇頌莽功德，文一九二三字，見漢書九九上，元始三年。

〔三〕下文獨不述隋。

〔四〕魏志一，建安十八年。又見魏志廿一，潘勖附衛覬傳，注引文章志。

〔五〕魏志廿一。

〔六〕無讓九錫表。晉書四九阮籍傳：「帝讓九錫，公卿將勸進，使籍爲其詞。」故應云：「其讓九錫時，羣官勸進表則阮籍之詞也。」

〔七〕宋書四三。義熙五年裕破南燕，廣固爲南燕都城，在山東半島。

〔八〕「必是」當云「或是」。

〔九〕齊書廿三。

〔十〕梁書十四。梁臺建，謂梁國成立也。王儉傳亦有「齊臺建」之文。

〔十一〕梁書十二。

〔十二〕「邱」應作「丘」。梁書四九文學傳。

〔十三〕陳書廿六。

〔十四〕北齊書卅七。楊堅九錫文，據隋書四二李德林傳，則德林所作也。

〔十五〕晉書四七。

〔十六〕晉書五四。

〔十七〕晉書九二文苑。

〔十八〕晉書七八。

〔十九〕均晉書九九。

〔二十〕丕授權九錫，見魏志二文紀，黄初二年事。全文見吴志二權傳。

〔二一〕權假淵九錫，見魏志八淵傳注引魏略，載淵上魏表。

〔二二〕見晉書一〇四、一〇五、一〇七、一二五、一一八。「焦」應作「譙」。

漢書武帝紀，諸侯貢士，得人者，謂之有功，乃加九錫〔一〕。張晏注曰：「九錫，經無明文，周禮以爲九命，春秋説有之。」臣瓚曰：「九錫備物，霸者之盛禮。」然皆不言九錫出處。據後漢書章懷注〔二〕，謂九錫本出於緯書禮含文嘉：一曰車馬，二曰衣服，三曰樂器，四曰朱户，五曰納陛，六曰虎賁，七曰斧鉞，八曰弓矢，九曰秬鬯〔三〕。按周制本有錫命之禮，如詩、左傳所載「釐爾圭瓚，秬鬯一卣」〔四〕，彤弓矢千〔五〕是也，緯書仿之而演爲九耳。

〔一〕卷六元朔元年條。原文爲：「古者諸侯貢士，壹適謂之好德，再適謂之賢賢，三適謂之有功，迺加九錫。」服虔曰：「適，得其人。」應劭言九錫，與下文章懷注引禮含文嘉同。

〔二〕後漢書九，建安十八年。

〔三〕漢書九九上莽傳，師古注已引禮含文嘉。

〔四〕詩大雅江漢。

〔五〕左僖廿八。賜晉侯彤弓一、彤矢百，玈弓矢千，秬鬯一卣。玈，黑也。

廿二史劄記批注　史事之屬

卷八　晉書

八王之亂〔一〕

惠帝時八王之亂，晉書彙叙在一卷〔二〕，通鑑紀事本末亦另爲一條，然頭緒繁多，覽者不易了，今撮叙於此。武帝臨崩，欲以汝南王亮司馬懿之子，武帝叔父。與皇后父楊駿同輔政，駿匿其詔，矯令亮出鎮許昌。惠帝既立，賈后擅權，殺楊駿，廢楊太后，徵亮入，與衛瓘同輔政。亮與楚王瑋武帝第五子，惠帝之弟。不協，瑋諂於賈后，誣亮、瓘有廢立之謀，后乃使帝詔瑋殺亮、瓘，又坐瑋以矯殺亮、瓘之罪，即日殺瑋〔三〕。后益肆淫恣，廢太子遹，惠帝長子，非賈后生。弒楊太后〔四〕。時趙王倫在京師〔五〕，懿第九子，惠帝之叔祖。素諂賈后，其嬖人孫秀，説以太子之廢，人言公實與謀，宜廢后以雪此聲，倫從之。秀又恐太子聰明，終有疑於倫，不如待后殺太子，而廢后爲太子報讐，可以立功。乃使后黨諷后，后果殺太子，倫遂矯詔與齊王冏齊王攸之子，惠帝從弟。率兵入宫，廢后，幽於金墉城，尋害之〔六〕。倫自爲相國、侍中，都督中外諸軍事。孫秀等恃勢肆横，冏内懷不平，秀覺之，出冏鎮許昌。倫僭位〔七〕，以惠帝爲太上皇，遷於金墉。於是冏及河間王顒、司馬孚之孫，惠帝從叔，時鎮長安。成都王穎武帝第十六子，惠帝之弟，時鎮鄴中。共起兵討倫，倫兵敗，其將王輿廢倫斬秀，迎惠帝復位。倫尋伏誅〔八〕，穎遂還鄴。冏入京，帝拜冏大司馬，如宣、景輔魏故事。冏大權在握，沈湎酒色，不入朝，坐召百官，恣行非法。有校尉李含奔於長安，詐稱有詔使河間王顒討冏。顒遂上表，請廢冏，以成都王輔政〔九〕，并檄長沙王罕爲内主。武帝第六子，惠帝之弟。冏遣兵襲罕，罕徑入宫，奉帝討斬冏〔十〕。顒本以罕弱冏强，冀罕爲冏所殺，而以殺罕之罪討之，因廢帝立穎，己爲宰相，可以專政。及罕先殺冏〔十一〕，其計不遂，穎亦以罕在内，己不得遥執朝權，於是顒遣將張方率兵與穎同向京師〔十二〕。帝又詔罕爲大都督，拒方等，連戰，先勝後敗。東海王越在京，司馬泰之子，惠帝從叔祖〔十三〕。慮事不濟，與殿中將收罕送金墉，罕爲張方所殺。穎入京，尋還於鄴。顒表穎爲皇太弟，位相國，乘輿服御及宿衛兵皆遷於鄴，朝政悉穎主之。左衛將軍陳眕不平，奉帝討穎，穎遣將石超敗帝於蕩陰，超遂以帝入於鄴。平北將軍王浚起兵討穎〔十四〕，穎戰敗，仍擁帝還洛陽。時顒遣張方救穎，方遂挾帝及穎歸於長安。顒廢穎〔十五〕，立豫章王熾武帝第二十五子，惠帝之弟，是爲懷帝。爲皇太弟。東海王越自徐州起兵迎大駕〔十六〕，顒又命穎統兵拒之河橋，戰敗，越兵入關，奉惠帝還洛陽〔十七〕。穎竄於武關、新野間，有詔捕之，爲劉輿所害。顒亦單騎逃太白山，其故將迎入長安。有詔徵顒爲司徒，顒入京，途次爲南陽王模所殺。惠帝崩，懷帝即位〔十八〕。越出討石勒而卒〔十九〕。此八王始末也。

〔一〕八王之亂，與惠帝相終始，凡十七年。前十年死二王，後七年死五王。惠帝七改元，共十七年。永熙一，元康九，永康一，永寧一，太安二，永興二，光熙一。

〔二〕晉書五九，八王傳。以卒之先後爲次：汝南王亮（二代。超案：以宣帝司馬懿爲第一代，武帝炎爲第三代，惠帝衷爲第四代）、楚王瑋（四代）、趙王倫（二代）、齊王冏（四代）、長沙王乂（四代）、成都王穎（四代）、河間王顒（三代）、東海王越（三代）。

〔三〕以上元康元年。

〔四〕弑太后在元康二年，廢太子在九年。

〔五〕時，永康元年；京師，洛陽。

〔六〕永康元年。賈后專政十一年，始爲倫所殺。

〔七〕永寧元年。

〔八〕倫稱帝一年被殺。

〔九〕成都王，穎。

〔十〕冏輔政一年被殺。
〔十一〕太安元年。
〔十二〕太安二年。
〔十三〕應作「從叔父」。
〔十四〕「平北」爲「安北」之誤。
〔十五〕永興元年。穎爲皇太弟一年被廢。
〔十六〕永興二年。大駕，惠帝。
〔十七〕光熙元年。
〔十八〕永嘉元年。
〔十九〕永嘉五年。

趙王倫將篡時，淮南王允武帝子，惠帝弟。在京師，舉兵欲誅倫，爲倫所殺。又吴王晏亦武帝子。亦助淮南王允攻倫，兵敗被廢。後長沙王乂及成都王穎相攻時，晏又爲前鋒都督。此二王俱不在八王之内。

晉書所記怪異

採異聞入史傳，惟晉書及南、北史最多，而晉書中僭僞諸國爲尤甚。劉聰時有星忽隕於平陽，視之則肉也，長三十步，廣二十七步，臭聞數里〔一〕，肉旁有哭聲。聰后劉氏適産一蛇一虎〔二〕，各害人而走，尋之，乃在隕肉之旁，哭聲乃止。又豕與犬交於相國府門。豕著進賢冠，犬冠武冠帶綬，豕犬並升御座，俄而鬬死。聰子約死，一指猶暖，遂不殯。及甦，言見劉淵於不周山，諸王將相皆在，號曰蒙珠離國。淵謂曰：「東北有遮須夷國，無主，待汝父爲之，三年當來，汝且歸。」既出，道過一國，曰猗尼渠餘國，引約入宫，與一皮囊，曰：「爲我寄漢皇帝劉郎，後來當以小女相妻。」約歸，置皮囊於几，俄而甦，几上果有皮囊，中置白玉一方，題曰：「猗尼渠餘國天王敬寄遮須夷國天王，歲攝提當相見。」〔三〕聰聞之曰：「如此，吾不懼死也。」至期，聰果死〔四〕。劉曜時，西明門風吹折大樹，一宿而變爲人形，髮長一尺，鬚眉長二寸，有斂手之狀，亦有兩脚，惟無目鼻，每夜有聲，十日而柯條，遂成大樹〔五〕。石虎時，太武殿所畫古賢像忽變爲胡，旬餘，頭皆縮入肩中〔六〕。此數事猶可駭異，而皆出於劉、石之亂，其實事耶？抑傳聞耶？劉、石之凶暴本非常，故有非常之變異以應之，理或然也。他如干寶父死，其母妒，以父所寵婢推入墓中。後十餘年，寶母亡，開墓合葬，而婢伏棺如生。經日而甦，言其父常取飲食與之，在地中亦不惡。既而嫁之，生子〔七〕。此事殊不可信，然寶因此作搜神記，自叙其事如此〔八〕。若果非真，豈肯自訐其父之隱及母之妒耶？則天地之大，何所不有也。至晉書所載怪異尚多，固不必一一爲之辨矣。

〔一〕「數里」原作「十里」。
〔二〕「虎」原作「猛獸」。
〔三〕「敬寄」原作「敬信」。攝提，寅。
〔四〕以上見晉書一〇二劉聰載記。
〔五〕「二寸」原作「三寸」，「柯條」上原有「生」字。晉書一〇三劉曜載記。
〔六〕晉書一〇六石季龍載記上。
〔七〕晉書八二本傳。
〔八〕今搜神記無此事。

東晉多幼主

晉南渡後，惟元帝年四十二即位〔一〕，簡文帝年五十一即位〔二〕，其餘則踐阼時多幼弱。明帝二十四歲，成帝五歲，康帝二十一歲，穆帝二歲，哀帝二十三歲〔三〕，廢帝二十一歲〔四〕，孝武帝十二歲〔五〕，安帝二十二歲〔六〕，至恭帝即位年三十二〔七〕，而國已歸劉宋矣。蓋運會方隆，則享國久長，生子亦早，故繼體多壯年，所謂國有長君，社稷之福也。及其衰也，人主既短祚、嗣子自多幼沖，固非人力所能爲矣。然東晉猶能享國八九十年〔八〕，則猶賴大臣輔相之力。明帝、成帝時，有王導、庾亮、郗鑒等〔九〕；康帝、穆帝時，有褚裒、庾冰、蔡謨、王彪之等；孝武時，有謝安、謝玄、桓沖等。主雖孱弱，臣尚公忠，是以國脈得以屢延。一桓溫出而宗社幾移，迨會稽王道子昏庸當國，元顯以狂愚亂政〔十〕，而淪胥及溺矣。國家所貴有樹人之計也。

〔一〕四十三即位。晉書六。
〔二〕五十二即位。晉書九。
〔三〕二十一即位。晉書八。
〔四〕二十四即位。晉書八。
〔五〕十一即位。晉書九。
〔六〕十五即位。晉書十。
〔七〕三十三即位。晉書十。記十一帝，誤者七。
〔八〕應云「百有三年」。建武元至元熙元，西三一七至四一九。
〔九〕「郗」，殿本、百衲本均誤作「郄」。
〔十〕道子，簡文子；元顯，道子子。

晉帝多兄終弟及

晉司馬師、司馬昭相繼專魏政，是開國時已兄弟相繼。後惠帝以太子、太孫俱薨，立弟豫章王熾爲皇太弟，即位，是爲懷帝。成帝崩，母弟岳立，是爲康帝。皆庾后出。哀帝崩，母弟奕立，是爲廢帝海西公。皆章太妃出。安帝崩，母弟德文立，是爲恭帝。皆陳太后出。以後惟北齊文宣、孝昭、武成，亦兄弟遞襲帝位，然孝昭廢濟南王而自立，武成廢樂陵王而自立〔一〕，非晉之依次而立也。

〔一〕樂陵，孝昭子。孝昭崩，遺詔傳位武成。武成立後五年始殺樂陵。此誤。

僭僞諸君有文學〔一〕

晉載記諸僭僞之君，雖非中國人，亦多有文學。劉淵少好學，習毛詩、京氏易、馬氏尚書，尤好左氏春秋，孫、吴兵法。史、漢、諸子，無不綜覽。嘗鄙隋、陸無武，絳、灌無文〔二〕。一物不知，以爲君子所耻。其子劉和亦好學，習毛詩、左氏春秋、鄭氏易。和弟宣，師事孫炎，沈精積思，不舍晝夜。嘗讀漢書，至蕭何、鄧禹傳，未嘗不反覆詠之。劉聰幼而聰悟，博士朱紀大奇之，年十四，究通經史，兼綜百家之言。工草隸，善屬文，著述懷詩百餘篇，賦頌五十餘篇。劉曜讀書，志於廣覽，不精思章句，亦善屬文，工草隸。小時避難，從崔岳質通疑滯。既即位，立太學於長樂宮，立小學於未央宮，簡民間俊秀千五百人，選朝廷宿儒教之〔三〕。慕容皝尚經學，善天文。即位後，立東庠於舊宫，賜大臣子弟爲官學生，親自臨考。自造太上章以代急就，又著典誡十五篇以教胄子。慕容儁亦博觀圖書〔四〕。後慕容寶亦善屬文，崇儒學〔五〕。苻堅八歲向其祖洪請師就學，洪曰：「汝氐人〔六〕，乃求學耶？」及長，博學多才藝。既即位，一月三臨太學，謂躬自獎勵，庶周、孔之微言不墜，諸非正道者悉屏之。自永嘉之亂〔七〕，庠序無聞，至是學校漸興〔八〕。苻登長而折節，博覽書傳〔九〕。姚興爲太子時，與范勖等講經籍，不以兵難廢業。時姜龕、淳于岐等，皆耆儒碩德，門徒各數百人，興聽政之暇，輒引龕等講論〔十〕。姚泓博學，善談論，尤好詩咏。王尚、段章以儒術，胡義周、夏侯稚以文學，皆嘗游集。淳于岐疾，興親往問疾，拜於床下〔十一〕。李流少好學。李庠才兼文武，曾舉秀異科〔十二〕。沮渠蒙遜博涉羣史，曉天文〔十三〕。赫連勃勃聞劉裕遣使來，預命皇甫徽爲答書，默誦之，召裕使至前，口授舍人爲書。裕見其文曰：「吾不如也。」〔十四〕此皆生於戎羌，以用武爲急，而仍兼文學如此，人亦何可輕量哉。

〔一〕所舉凡八國七姓。漢：劉。前燕、後燕：慕容。前秦：苻。後秦：姚。後蜀：李。北涼：沮渠。夏：赫連。
〔二〕隨何，見廣韻引風俗通，漢博士。陸賈、周勃、灌嬰。
〔三〕以上卷一〇一、一〇二、一〇三。
〔四〕卷一〇九、一一〇。
〔五〕卷一二四。
〔六〕「氐人」，原作「戎狄異類」。趙避清諱改。
〔七〕「永嘉之亂」，原作「劉石擾覆華畿」。趙避清諱改。
〔八〕卷一一三。
〔九〕卷一一五。
〔十〕卷一一七。
〔十一〕卷一一九。「興」爲「泓」之誤。泓，興長子。
〔十二〕卷一二〇。
〔十三〕卷一二九。
〔十四〕卷一三〇。皇甫徽附魏書七一江悅之傳，不載此事。

九品中正

魏文帝初定九品中正之法，郡邑設小中正，州設大中正，由小中正品第人才，以上大中正，大中正核實，以上司徒，司徒再核，然後付尚書選用。此陳羣所建白也〔一〕。然魏武時，何夔疏言：「今草創之際，用人未詳其本，是以各引其類。宜先核之鄉閭，使長幼順序，無相踰越，則賢不肖先分。」夔傳。杜恕亦疏言：「宜使州郡考士，必由四科，皆有事效，然後察舉，試辟公府。」恕傳。此又在陳羣之前〔二〕。蓋漢以來本以察舉孝廉爲士人入仕之路，迨日久弊生，夤緣勢利，猥濫益甚。故夔等欲先清其源，專歸重於鄉評，以核其素行；羣又密其法而差等之，固論定官才之法也。然行之未久，夏侯玄已謂中正干銓衡之權。玄傳〔三〕。而晉衛瓘亦言：「魏因喪亂之後，人士流移，考詳無地，故立此法，粗具一時選用。其始鄉邑清議，不拘爵位，褒貶所加，足爲勸勵，猶有鄉論餘風。其後遂計資定品，惟以居位爲重。」是可見法立弊生，而九品之升降尤易淆亂也。今以各史參考，鄉邑清議亦時有主持公道者。如陳壽遭父喪，有疾，令婢丸藥，客見之，鄉黨以爲貶議，由是沈滯累年，張華申理之，始舉孝廉。壽傳。閻罕亦西州名士，被清議，與壽皆廢棄。何攀傳。卞粹因弟裒有門内之私，粹遂以不訓見譏，被廢。卞壼傳〔四〕。並有已服官而仍以清議升黜者。長史韓預强聘楊欣女爲妻，時欣有姊喪未經旬，張輔爲中正，遂貶預以清風俗。輔傳。陳壽因張華奏，已官治書侍御史，以葬母洛陽，不歸喪於蜀，又被貶議，由此遂廢。壽傳。劉頌嫁女於陳矯，矯本劉氏子，出養於姑，遂姓陳氏，中正劉友譏之。頌傳。李含爲秦王郎中令，王薨，含俟葬訖除喪，本州大中正以名義貶含，傅咸申理之，詔不許，遂割爲五品。含傳。淮南小中正王式父没，其繼母終喪，歸於前夫之子，後遂合葬於前夫。卞壺劾之〔五〕，以爲犯禮害義，並劾司徒及揚州大中正、淮南大中正，含容徇隱。詔以式付鄉邑清議，廢終身。壺傳。温嶠已爲丹陽尹，平蘇峻有大功，司徒長史以嶠母亡〔六〕，遭亂不葬，乃下其品。愉傳。是已入仕者，尚須時加品定，其法非不密也。且石虎詔云：「魏立九品之制，三年一清定之，亦人倫之明鏡也。先帝黄紙再定，以爲選舉，今又閱三年，主者更銓論之。」是魏以來尚有三年更定之例，初非一經品定，即終身不改易，其法更未嘗不詳慎也。且中正内亦多有矜慎者，如劉毅告老，司徒舉爲青州大中正，尚書謂毅既致仕，不宜煩以碎務，石鑒等力争，乃以毅爲之。銓正人流，清濁區别，其所彈貶，自親貴者始。毅傳〔七〕。司徒王渾奏周馥理識清正，主定九品，檢括精詳，褒貶允當。馥傳。燕國中正劉沈舉霍原爲二品，司徒不過，沈上書謂原隱居求志，行成名立，張華等又特奏之，乃爲上品。李重傳、霍原傳。張華素重張軌，安定中正蔽其善，華爲延譽，得居二品。軌傳。王濟爲太原大中正，訪問者論邑人品〔八〕，狀至孫楚，則曰：「此人非卿所能目，吾自爲之。」乃狀曰：「天才英博，亮拔不羣。」楚傳。華恒爲州中正，鄉人任讓，輕薄無行，爲恒所黜。恒傳。韓康伯爲中正，以周勰居喪廢禮，脱落名教，不通其議。康伯傳〔九〕。陳慶之子暄，以落魄嗜酒，不爲中正所品，久不得調。慶之傳〔十〕。此皆中正之秉公不撓者也。然進退人才之權，寄之於下，豈能日久無弊？晉武爲公子時〔十一〕，以相國子當品，鄉里莫敢與爲輩，十二郡中正共舉鄭默以輩之。默傳。劉卞初入太學，試經當爲四品臺吏〔十二〕，訪問助中正採訪之人。欲令寫黄紙一鹿車，卞不肯，訪問怒，言於中正，乃退爲尚書令史。卞傳。孫秀初爲郡吏，求品於鄉議，王衍將不許，衍從兄戎勸品之。及秀得志，朝士有宿怨者皆誅，而戎、衍獲濟。戎傳。何劭初亡，袁粲晉臣，非宋袁粲。來弔，其子岐辭以疾，粲獨哭而出，曰：「今年決下婢子品。」王詮曰：「岐前多罪，時爾何不下〔十三〕，其父新亡，便下岐品，人謂畏强易弱也。」何劭傳。可見是時中正所品高下，全以意爲輕重。故段灼疏言，九品訪人，惟問中正，據上品者，非公侯之子孫，即當途之昆弟。灼傳。劉毅亦疏言，高下任意，榮辱在手，用心百態，求者萬端。毅傳。此九品之流弊見於章疏者，真所謂「上品無寒門，下品無世族」〔十四〕。高門華閥有世及之榮，庶姓寒人無寸進之路，選舉之弊，至此而極。然魏、晉及南北朝三四百年，莫有能改之者，蓋當時執權者即中正高品之人，各自顧其門户，固不肯變法，且習俗已久，自帝王以及士庶皆視爲固然而無可如何也。

〔一〕三國魏志廿二羣傳只言，制九品官人之法，羣所建也。

〔二〕杜恕仕明帝太和中，在陳羣後。魏志十六。

〔三〕以上魏。

〔四〕粹，壺父。晉書七十。

〔五〕勎式不能事繼母如母，致母求去。

〔六〕「司徒」前必須加「孔愉爲」三字。

〔七〕晉書四五。晉有二劉毅，一見卷八五。

〔八〕原作「訪問銓邑人品」。訪問是一職名，猶今調查員。晉書五六孫楚傳。

〔九〕韓伯，字康伯。晉書七五韓伯傳。

〔十〕梁書卅二陳慶之傳無。此見南史六一。暄附慶之傳，仕陳後主。晉以後中正故事，只引此一條。

〔十一〕司馬炎。

〔十二〕晉書卅六劉卞傳，原作「試經爲臺四品吏」。初學記廿一引王隱晉書，無「臺」字。

〔十三〕晉書卅三何劭傳，原作「爾時不下」。

〔十四〕二語見劉毅疏，「世族」原作「勢族」。晉書四五毅傳。

六朝清談之習〔一〕

清談起於魏正始中，何晏、王弼祖述老、莊，謂天地萬物皆以無爲本〔二〕，無也者，開物成務，無往而不存者也。王衍傳。是時阮籍亦素有高名，口談浮虛，不遵禮法。裴頠傳。籍嘗作大人先生傳，謂世之禮法君子，如蝨之處褌。阮籍傳。其後王衍、樂廣慕之，俱宅心事外，名重於時，天下言風流者，以王、樂爲稱首。樂廣傳。後進莫不競爲浮誕，遂成風俗。王衍傳。學者以老、莊爲宗，而黜六經；談者以虛蕩爲辨，而賤名檢；行身者以放濁爲通，而狹節信；仕進者以苟得爲貴，而鄙居正；當官者以望空爲高，而笑勤恪。愍帝紀論。其時未嘗無斥其非者，如劉頌屢言治道，傅咸每糾邪正，世反謂之俗吏〔三〕。裴頠又著崇有論以正之。頠傳。江惇亦著通道崇檢論以矯之。惇傳。卞壼斥王澄、謝鯤，謂悖禮傷教，中朝傾覆，實由於此。壼傳。范甯亦謂王弼、何晏二人之罪深於桀、紂。甯傳。應詹謂元康以來，賤經尚道，永嘉之弊由此。詹傳。熊遠、陳頵各有疏論〔四〕，莫不大聲疾呼，欲挽回頹俗，而習尚已成，江河日下，卒莫能變也。今散見於各傳者。裴遐善言玄理，音詞清暢，泠然若琴瑟。嘗與郭象談論，一座盡服。遐傳〔五〕。衛玠善玄言，每出一語，聞者無不咨歎，以爲入微。王澄有高名，每聞玠言，輒歎息絕倒。後過江，與謝鯤相見欣然，言論終日。王敦謂鯤曰：「昔王輔嗣吐金聲於中朝，此子復玉振於江表，不意永嘉之末，復聞正始之音。」玠傳。王衍爲當時談宗，自以論易略盡，然亦有未了，每曰不知此生當見有能通之者否，及遇阮修談易，乃歎服焉。修傳。王戎問阮瞻曰：「聖人貴名教，老、莊明自然，其指同異？」瞻曰：「將毋同。」戎即辟之，時人謂之「三語掾」。瞻傳。郭象善老、莊，時人以爲王弼之亞。庾敳傳。桓溫嘗問劉惔：「會稽王更進耶？」惔曰：「極進，然是第三流耳。」温曰：「第一流是誰？」惔曰：「故是我輩。」惔傳。張憑初詣劉惔，處之下座，適王濛來，清言有所不通，憑即判之，惔驚服。憑傳。此可見當時風尚大概也。其中未嘗無好學者，然所學亦正以供談資。向秀好老、莊之學，嘗注解之，讀者超然心悟。郭象又從而廣之，儒、墨之跡見鄙，道家之風遂盛。秀傳。潘京與樂廣談，廣深歎之，謂曰：「君天才過人，若加以學，必爲一代談宗。」京遂勤學不倦。京傳。王僧虔戒子書曰：「汝未知輔嗣何所道，平叔何所說，而便盛於麈尾，自稱談士，此最險事。」僧虔傳〔六〕。是當時父兄師友之所講求，專推究老、莊，以爲口舌之助，五經中惟崇易理，其他盡閣束也。至梁武帝始崇尚經學，儒術由之稍振，然談義之習已成，所謂經學者，亦皆以爲談辯之資。武帝召岑之敬升講座，勅朱异執孝經，唱士孝章，帝親與論難，之敬剖釋縱横，應對如響。之敬傳。簡文爲太子時，出士林館，發孝經題，張譏議論往復，甚見嗟賞。其後周弘正在國子監，發周易題，譏與之論辯，弘正謂人曰：「吾每登座，見張譏在席，使人凛然。」譏傳。簡文使戚衮説朝聘儀，徐摛與往復，衮精采自若。衮傳。簡文嘗自升座説經，張正見預講筵，請決疑義。正見傳。伏曼容宅在瓦官寺東，每升座講經，生徒常數十百人。曼容傳。袁憲與岑文豪同候周弘正，弘正將登講座，適憲至，即令憲樹義。時謝岐、何妥並在座，遞起義端，憲辯論有餘。到溉曰：「袁君正有後矣。」〔七〕憲傳。嚴植之通經學，館在潮溝，講説有區段次第，每登講，五館生畢至〔八〕，聽者千餘。植之傳。鮑曒在太學，有疾，請紀少瑜代講，少瑜善談吐，辯捷如流。少瑜傳。崔靈恩自魏歸梁，爲博士，性拙樸無文采，及解析經義，甚有精致，舊儒咸重之。靈恩傳。沈峻精周官，開講時，羣儒劉喦、沈熊之徒，並執經下座，北面受業。峻傳。是當時雖從事於經義，亦皆口耳之學，開堂升座，以才辯相爭勝，與晉人清談無異，特所談者不同耳。況梁時所談，亦不專講五經。武帝嘗於重雲殿自講老子，徐勉舉顧越論義，越音響若鍾，咸歎美之。越傳。簡文在東宮，置宴玄儒之士。戚衮傳。邵陵王綸講大品經，使馬樞講維摩、老子，同日發題，道俗聽者二千人。王謂衆曰：「馬學士論義，必使屈伏，不得空具主客。」於是各起辯端，樞轉變無窮，論者咸服。樞傳。則梁時五經之外，仍不廢老、莊，且又增佛義，晉人虛僞之習依然未改，且又甚焉。風氣所趨，積重難返，直至隋平陳之後，始掃除之。蓋關陝樸厚，本無此風，魏、周以來，初未漸染，陳人之遷於長安者，又已衰茶不振，故不禁而自消滅也。

〔一〕只引晉、梁二代典故。

〔二〕原作「皆以無爲爲本」。晉書四三王衍傳。

〔三〕晉書四六劉頌傳、四七傳咸傳無，此三句出文選四九晉紀總論。

〔四〕晉書七一熊遠傳、陳頵傳。

〔五〕遐爲裴秀從弟綽子，附晉書卅五裴楷傳。

〔六〕南齊書卷卅三。
〔七〕君正，憲父，梁書卅一有傳。
〔八〕南史梁紀：「脩飾國學，增廣生員，立五館，置五經博士。」

按漢時本有講經之例，宣帝甘露三年，詔諸生講五經異同，蕭望之等平奏其議，上親臨決〔一〕。又施讎論五經於石渠閣〔二〕。章帝建初四年，亦詔博士議郎郎官及諸生諸儒，會白虎觀，講議五經異同，使五官中將魏應承制問，侍中淳于恭奏，帝親稱制臨決，作白虎奏議〔三〕，今白虎通是也。然此特因經義紛繁，各家師説互有異同，故聚羣言以折衷之，非以此角勝也。至梁時之升座説經，則但以炫博鬭辯而已。

〔一〕漢書八。
〔二〕漢書八八。
〔三〕後漢書三。應云「五官中郎將」，「郎」字少不得。「白虎奏議」應作「白虎議奏」。

清談用麈尾〔一〕

六朝人清談，必用麈尾。晉書，王衍善玄言，每捉白玉柄麈尾，與手同色。衍傳。孫盛與殷浩談，奮麈尾，盡落飯中。盛傳〔一〕。宋書，王僧虔戒子，謂其好捉麈尾，自稱談士。僧虔傳〔二〕。齊書，戴容著三宗論，智林道人曰：「貧道捉麈尾三十年，此一塗無人能解，今始遇之。」容傳〔四〕。梁書，盧廣發講時，謝舉屢折之，廣愧服，以所執麈尾贈之，以況重席〔五〕。舉傳。張孝秀談義，嘗手執栟櫚皮麈尾。孝秀傳。陳書，後主宴宮僚，所造玉柄麈尾新成，曰：「當今堪捉此者，惟張譏耳。」即以賜譏。又幸鍾山開善寺，使譏豎義，時麈尾未至，命取松枝代之。譏傳。此皆清談麈尾故事也。亦有不必談而亦用之者。王浚以麈尾遺石勒，勒僞爲不敢執，懸於壁而拜之。勒載記。何充詣王導，導以麈尾指其牀，曰：「此是君坐也。」充傳。王濛病篤，燈下視麈尾而歎，既沒，劉惔以犀麈尾納之棺中。濛傳。蓋初以談玄用之，相習成俗，遂爲名流雅器，雖不談亦常執持耳。

〔一〕麈尾索引。太平御覽七〇三有麈尾類。

〔二〕晉書八二。原作「奮擲麈尾，毛盡落飯中」。

〔三〕宋書無王僧虔傳，傳在南齊書卅三。

〔四〕「戴容」爲「周顒」之誤，「三十年」爲「四十餘年」之誤。見南齊書四一顒傳。

〔五〕以此況重席之榮也。

騶虞幡〔一〕

晉制最重騶虞幡，每至危險時，或用以傳旨，或用以止兵，見之者輒慴伏而不敢動，亦一朝之令甲也。晉書，楚王瑋率兵誅汝南王亮及宰相楊駿〔二〕，徹夜喧鬭。天明，張華奏惠帝，使殿中將軍持騶虞幡麾衆曰：「楚王瑋矯詔。」衆皆釋仗而走，瑋遂被擒，瑋傳。淮南王允擁兵誅趙王倫，自辰至申，鬭不解。陳淮遣騶虞幡解鬭，允兵散被殺。允傳〔三〕。倫既篡，王輿率兵殺其黨孫秀，使倫爲手詔迎惠帝復位。傳詔者以騶虞幡勑將士解兵，文武官皆散走。倫傳。長沙王乂發兵攻齊王冏，冏遣董艾率兵拒之，潛令人盜騶虞幡，呼云長沙王矯詔，乂又稱齊王謀反，冏戰敗被擒。冏傳。南渡後，桓玄之變，會稽王道子遣司馬柔之以騶虞幡宣告荆、江二州。柔之傳〔四〕。王敦犯闕，甘卓在襄陽起兵，將襲其後。敦懼，求臺以騶虞幡止之〔五〕。卓傳。桓温兵東下，殷浩欲以騶虞幡止其軍。温傳。此皆騶虞幡之故事也。他朝未見有用之者。

〔一〕騶虞幡索引。

〔二〕楊駿爲賈后所殺。

〔三〕「自辰至申」,「申」應作「未」。「允兵散被殺」五字應刪。見晉書六四允傳。
〔四〕柔之無傳,見晉書五九齊王冏傳末。
〔五〕臺,省也。

建業有三城

六朝時,建業之地有三城。中爲臺城〔一〕,則帝居也,宮殿臺省皆在焉。其西則石頭城〔二〕,嘗宿兵以衛京師。王敦内犯,周札守石頭城,開門納敦,敦遂據之以敗王師〔三〕。後蘇峻之反,劫遷成帝於石頭,峻敗,帝始出〔四〕。盧循舟師將至,朝臣欲分守諸津,劉裕謂兵分則勢弱,不如聚兵石頭,則衆力不分,乃自鎮石頭,果敗賊〔五〕。宋末,袁粲據石頭,欲誅蕭道成,爲道成所殺。當時諺曰:「可憐石頭城,寧爲袁粲死,不作褚淵生。」〔六〕梁末,王僧辯鎮石頭,陳霸先使侯安都往襲之。石頭不甚高,軍士捧安都投入女垣内,衆隨入,遂執僧辯〔七〕。後徐嗣徽引北齊兵入石頭,來逼臺城,安都自臺城以甲士突出東西掖門敗之,賊還石頭,遂不敢逼臺城是也〔八〕。臺城之東則有東府〔九〕,凡宰相録尚書事兼揚州刺史者居之,實甲嘗數千人。晉時會稽王道子居之,劉裕秉政亦居此。裕出征則曰留府,嘗使劉穆之監府事〔十〕。裕討劉毅回,公卿咸候於新亭,而裕已潛還東府矣〔十一〕。宋末後廢帝之弑，蕭道成移鎮東府。順帝紀，蕭道成出鎮東府〔十二〕。輔政後進爵齊王，卞彬戲謂曰：「殿下今以青溪爲鴻溝，溪東爲齊，溪西爲宋。」因詠詩曰：「誰謂宋遠，跂予望之。」〔十三〕陳安成王頊輔政，入居尚書省，劉師知等忌之，矯詔令其還東府是也。可見是時二城皆爲要地〔十四〕。宋後廢帝狂暴，阮佃夫欲俟其出游，閉臺城，分人守東府、石城以拒之，會帝不出乃止〔十五〕。齊豫章王嶷守東府，竟陵王子良鎮石頭，而皆造私第於京師中，遊讌忘返，因范雲謂重地不宜虚曠，嶷乃還東府，子良乃還石頭〔十六〕。緣此二城拱衛京師，最居要害故也。其時尚有冶城〔十七〕，當徐嗣徽等引北齊兵據石頭，而市廛在南路，去臺城稍遠，恐爲賊所乘，乃使徐度鎮冶城寺，築壘以斷之〔十八〕。此又在臺城之南。

〔一〕一、臺城。
〔二〕二、石頭城。
〔三〕晉書五八周札傳。
〔四〕晉書七。
〔五〕宋書一。
〔六〕南史二六。
〔七〕陳書八，南史六六。

〔八〕陳書八。
〔九〕三、東府。
〔十〕宋書四二。
〔十一〕宋書二。
〔十二〕南史三。
〔十三〕南史七二。
〔十四〕陳書十六、南史六八。以下總言三城。
〔十五〕宋書九四、南史七七。
〔十六〕南史五七。
〔十七〕四、冶城。
〔十八〕陳書十二、南史六七。

南朝多以寒人掌機要

魏正始、晉永熙以來，皆大臣當國。晉元帝忌王氏之盛，欲政自己出，用刁協、劉隗等爲私人，即召王敦之禍。自後非幼君即孱主，悉聽命於柄臣，八九十年，已成故事〔一〕。晉韋華謂姚興曰，晉主雖有南面之尊，無統馭之實，宰輔執政，權在臣下，遂成習俗〔二〕。至宋、齊、梁、陳諸君，則無論賢否，皆威福自己，不肯假權於大臣。而其時高門大族，門户已成，令、僕、三司，可安流平進，不屑竭智盡心，以邀恩寵；且風流相尚，罕以物務關懷，人主遂不能藉以集事，於是不得不用寒人。人寒則希榮切而宣力勤，便於驅策，不覺倚之爲心膂。南史謂宋孝武不任大臣，而腹心耳目不能無所寄，於是戴法興、巢尚之等皆委任隆密〔三〕。齊武帝亦曰：「學士輩但讀書耳，不堪經國，經國一劉係宗足矣。」〔四〕此當時朝局相沿，位尊望重者其任轉輕，而機要多任用此輩也。然地當清切，手持天憲，口銜詔命，則人雖寒而權自重，權重則勢利盡歸之。如法興威行内外，江夏王義恭雖録尚書事，而積相畏服，猶不能與之抗。阮佃夫、王道隆等，權侔人主，其捉車人官虎賁中郎將，傍馬者官員外郎〔五〕。茹法亮當權，太尉王儉嘗曰：「我雖有大位，權寄豈及茹公。」〔六〕朱异權震内外，歸飲私第，慮日晚臺門閉，令鹵簿自家列至城門，門者遂不敢閉〔七〕。此可見威勢之薰灼也。法亮在中書，嘗語人曰：「何須覓外禄，此户内歲可辦百萬。」〔八〕佃夫宅舍園池勝於諸王邸第，女妓數十，藝貌冠絶當時。出行遇勝流，便邀與同歸，一時珍羞莫不畢具，凡諸火劑，並皆始熟，至數十種，雖晉之王、石不能過〔九〕。此可見賄賂之盈溢也。蓋出身寒賤，則小器易盈，不知大體，雖一時得其力用，而招權納賄，不復顧惜名檢。其中亦有如法興，遇廢帝無道，頗能禁制。然持正者少，乘勢作姦者多。唐寓之反，説者謂始於虞玩之，而成於吕文度〔十〕，此已見蠹國害民之大概。甚至佃夫弒主，而推戴明帝。周石珍當侯景圍臺城，輒與景相結，遂爲景佐命〔十一〕。至陳末，施文慶、沈客卿用事，自取身榮，不存國計，隋軍臨江，猶曰此常事，邊臣足以當之〔十二〕，不復警備，以致亡國。小人而乘君子之器，其害可勝道哉。大臣不能體國，致人主委任下僚，人主不信大臣，而轉以羣小爲心膂，此皆江左之流弊也。按公孫瓚常言，衣冠之人皆自謂職當富貴，不謝人惠，故所寵皆商販庸兒〔十三〕。亦同此見。

〔一〕自王敦反至宋凡九十八年，三二二至三四〇。

〔二〕韋華無傳，見晉書一一七姚興載記上。

〔三〕語見南史七七戴法興傳，亦見宋書九四。

〔四〕南史七七劉係宗傳。

〔五〕宋書九四、南史七七阮佃夫傳，「虎賁」南史作「武賁」。

〔六〕南史七七茹法亮傳。

〔七〕南史六二朱异傳。梁書三八异傳無此。

〔八〕見南史七七呂文顯傳。南齊書五六文顯傳無。

〔九〕南史七七。

〔十〕唐寓之反，見南史四七虞玩之傳。「説者」指通鑑，見通鑑一三六齊紀二永明三年。

〔十一〕周石珍，梁書無傳，見南史七七。

〔十二〕施、沈，陳書無傳，見南史七七施文慶傳。

〔十三〕三國志八注引英雄記。

相墓

古人但有望氣之法。如秦始皇時，望氣者謂東南有天子氣，乃南巡以厭之〔一〕。又謂金陵有王氣，乃鑿淮水以泄之〔二〕。光武未貴時，望氣者蘇伯阿過南陽，望舂陵郭，唶曰：「氣佳哉，鬱鬱葱葱然。」〔三〕孫皓時，臨平湖開，皓以問陳訓，訓曰：「臣止能望氣，不知湖之開塞。」〔四〕陳敏反，或曰：「陳家無王氣，不久當滅。」此古來專以望氣占吉凶，未嘗有相墓之術也。相墓術相傳始於郭璞。然後漢書袁安傳，安覓地葬父，有三書生指一處云，葬此當世爲上公，從之，故累世隆盛。晉書羊祜傳，有相墓者言祜祖墓有帝王氣，祜乃鑿之。相者曰，猶當出折臂三公。後祜墮馬折臂，果位三公。則又在璞之前。即璞本傳載其卜筮靈驗之處甚多，謂先有郭公者，精於卜筮，璞從受業，公授以青囊書九卷，遂洞五行、天文、卜筮之術，亦未嘗及相墓也。又璞所著書，載其靈驗事跡者曰洞林，抄京、費諸家最要者曰新林〔五〕，又卜韻一篇，注爾雅、三蒼、方言、穆天子傳、山海經、楚詞、子虛、上林賦，及所作詩、賦、誄、頌，共數十萬言，亦未有所謂葬經也。惟傳内稱璞葬母暨陽，去水百步，或以近水言之，璞曰：「當即爲陸矣。」其後果沙漲數十里。又璞爲人葬墓，晉明帝微服觀之，問主人何以葬龍角，主人曰：「郭璞云，此葬龍耳，當致天子。」帝曰：「當出天子耶？」主人曰：「非出天子，能致天子至耳。」此璞以相墓擅名，而後世皆以爲葬術之始也。而葬術之行，實即由是時而盛。陶侃將葬父，家中忽失牛，有老父謂曰：「前岡見有一牛，眠山汙中，若葬之，位極人臣。」又指一山曰：「此亦其次，當出二千石。」侃尋得牛，因葬其處，以所指別山與周訪葬其父，後侃果爲三公，訪爲刺史〔六〕。晉書周光傳。宋武帝父墓在丹徒侯山〔七〕，有孔恭者，善占墓，謂此非常地，後果爲天子。齊高帝舊塋在武進彭山，岡阜相屬，百里不絕，其上常有五色雲。宋明帝惡之，遣占墓者高靈文往相之。靈文先給事齊高，乃詭曰：「不過方伯耳。」私謂齊高曰：「貴不可言。」後果登極。南史宋、齊二紀。齊高之母劉氏，與夫合葬時〔八〕，墓工始下鍤，有白兔跳起，及墳成，又止其上。劉后傳。荀伯玉家墓，有相之者，謂當出暴貴而不久，伯玉官果至散騎常侍，坐事誅。伯玉傳。柳世隆曉術數，於倪塘創墓，與賓客往遊，十往五往，常坐一處，及卒，正葬其地。世隆傳。富陽人唐寓之，祖、父皆以圖墓爲業。沈文季傳〔九〕。梁武丁貴嬪薨，昭明太子求得善墓地，被俞三副以己地奏帝，買葬之〔十〕。有道士謂此地不利長子，教以用蠟鵝諸物厭之。後事發，昭明以此慚懼而薨。昭明太子傳。杜嶷葬祖父〔十一〕，梁元帝忌之，命墓工惡爲之，逾年而嶷卒。嶷傳。吴明徹葬父，有伊氏者善占墓，謂其兄曰：「葬日必有乘白馬逐鹿者過此，此是最小子大貴之徵。」明徹後果大貴。明徹傳。此皆見於各列傳者，可見六朝時此術已盛行。如昭明傳曰不利長子，明徹傳曰最小子大貴，則術家所云長房、小房之説，亦即起於是時矣。

〔一〕史記八高祖紀，亦見漢書一。不見史記始皇紀。「南巡」原作「東游」。

〔二〕晉書六元帝紀末。「鑿淮水以泄之」作「塹北山以絶其勢」，宋書廿七符瑞志孫權條亦作「鑿北山以絶其勢」。

〔三〕後漢書一下末。

〔四〕三國吴志三皓傳作「臨平湖」，晉書九五陳訓傳作「錢塘湖」。下一事亦見訓傳。

〔五〕「抄京、費諸家最要者曰新林」，原作「抄京、費諸家要最，更撰新林」。晉書七二郭璞傳。最，同決，同撮。

〔六〕晉書六六陶侃傳不載，見五八周光傳末。光，訪次子。

〔七〕應作「候山」。

〔八〕大誤。應云「齊高后劉氏葬時」，見南齊書二十劉后傳。

〔九〕見南齊書四四沈文季傳。南史沈傳删。

〔十〕有賣地者因賄閹人俞三副求市，帝市葬之。非三副地也。見南史五三昭明太子傳，梁書太子傳不載。

〔十一〕應云「杜嶷葬父祖」，見南史六四嶷傳。

廿二史劄記批注　史事之屬

卷十一　宋齊梁陳書并南史

宋齊多荒主[一]

古來荒亂之君，何代蔑有，然未有如江左宋、齊兩朝之多者。宋武以雄傑得天下，僅三年而即有義符。文帝元嘉三十年，號稱治平，而末有元凶劭之悖逆。孝武僅八年而有子業[二]。明帝亦八年而有昱。齊高、武父子僅十五年而有昭業。明帝五年而有寶卷。統計八九十年中[三]，童昏狂暴，接踵繼出，蓋劫運之中，天方長亂，創業者不永年，繼體者必敗德，是以一朝甫興，不轉盼而輒覆滅，此固氣運使然也。今摘於左。

[一]宋三人，齊二人，陳一人。

〔二〕孝建三年，大明八年，共十一年。趙未計孝建。
〔三〕宋永初至東昏末，西四二〇至西五〇一。應云「七八十年」。

宋少帝義符，武帝之長子也〔一〕。善騎射，解音律。即位後，所爲多乖戾。於華林園爲列肆，親自酤賣。又開瀆聚土，以象破岡埭，與左右引船唱呼，以爲歡樂。徐羨之等廢立之夕，帝方遊天泉池，即龍舟而寢，詰朝未興。兵士進殺二侍者，並傷帝指，扶出東閤，收璽綬，羣臣拜辭，以皇太后令廢爲營陽王，遂徙於吳郡〔二〕。未幾，羨之等使中書舍人邢安泰弑帝於金昌亭。帝有勇力，不受制，突走出昌門，追以門關，踣之而殞〔三〕。

〔一〕此段多採自南史，宋書同。
〔二〕原作「遂幽於吳郡」。
〔三〕年十九。

前廢帝子業，孝武帝之長子也。幼而狷急，在東宮，每爲孝武所責。孝武西巡，帝參承起居，書跡不謹，孝武責之曰：「書不長進，此是一條耳。」〔一〕初即位，受璽紱，傲然無哀容。始猶難諸大臣及戴法興等，既殺法興，於是又誅羣公。太后疾篤呼帝，帝曰：「病人間有鬼，那可往。」太后怒，謂侍者曰：「將刀來破我腹，那得生此寧馨兒！」山陰公主帝姊也，淫恣過度，帝爲置面首左右三十人。每出，使公主與朝臣共陪輦。自以在東宮時不爲孝武所愛，將掘其景寧陵，太史言不利於帝而止。乃縱糞於陵，罵孝武爲齇奴〔二〕。又掘殷貴妃墓，忿其在孝武時專寵也。文帝第十女新蔡公主，帝之姑也，納之宮中，立爲貴嬪，改姓謝氏，殺一婢，假稱公主薨逝，以鸞輅龍旂送還其家〔三〕。又忌諸父建安王休仁、湘東王彧、即明帝。山陽王休祐，聚之殿内，毆捶陵曳，無所不至。三王並肥壯，帝以籠盛之，彧尤肥，號爲猪王，號休仁爲殺王，休祐爲賊王。嘗以木槽盛飯，納諸雜食攪和之，裸彧入地坑中，令以口就槽食之，以爲歡笑。令左右淫休仁生母楊太妃，備諸醜狀〔四〕。又令淫南平王敬猷母，不從，即殺敬猷及其弟敬先、敬淵〔五〕。時廷尉劉蒙妾有孕，帝迎入宮，冀生男，立爲太子。會彧嘗忤旨，帝裸之，縛其手脚，以杖貫之，使擔付太官，即日屠猪。休仁笑曰：「未應死。」帝問其故，休仁曰：「待皇子生，殺猪作湯餅。」帝意解，乃一宿出之〔六〕。將南巡荆、湘，期旦殺彧、休仁等，然後發引。是夜，彧與帝倖臣阮佃夫、王道隆、李道兒密結帝左右壽寂之、姜産之等十一人，共謀殺帝。先是帝遊竹林堂，使婦人裸身相逐，一婦人不從，命斬之。夜夢一女子罵其悖虐無道，帝怒，於宮中求得貌類所夢者戮之。是夕又夢所戮女罵曰：「汝枉殺我，我訴上帝矣！」至是巫言此堂有鬼，帝與山陰公主及六宮綵女數百人捕鬼，帝親射之。事畢，將奏樂，壽寂之懷刀入，姜産之爲副，諸姬皆走，帝亦走，追及之，大呼寂寂者三，手不能舉，乃被弑〔七〕。

〔一〕稱孝武，據南史。宋書稱世祖。
〔二〕此段宋書無。
〔三〕紀無「殺婢」、「送還家」之事二句。見前廢帝何皇后傳。后兄邁，尚新蔡公主。帝納之，殺一婢送邁第。
〔四〕以上一段休仁傳，以下一段鑠傳。
〔五〕「敬淵」南史作「敬深」。
〔六〕以上一段休仁傳。「劉蒙」宋書作「劉曚」。以下紀。
〔七〕時年十七。

後廢帝昱，明帝之長子也。五六歲即能緣漆竿，去地丈餘，食頃方下。漸長，喜怒乖節，左右失旨者，手加撲打。及即位，内畏太后，外憚大臣，未得肆志。三年後，好出入，單將左右，或十里，或二十里，或入市中，遇謾罵則悦而受焉〔一〕。四年後，無日不出，與解僧智、張五兒恒夜出承明門，夕去晨返，晨出暮歸，從者並執鋋矛，道上男婦及犬馬牛驢值無免者。人間白晝不開門，道無行人。嘗著小褲褶，不衣冠。有白梧數十，鉗鑿刀鋸不離左右，爲擊腦、槌陰、剖心之誅，日有數十，至屍卧流血然後快〔二〕。左右人見之，有顰眉者，帝即令正立，以矛刺之。曜靈殿養驢數十頭，所自乘馬養於御床側。與右衛營女子私通，每從之遊，持數千錢爲酒肉費。出逢婚姻葬送，輒與挽車小兒羣飲以爲歡。既殺阮佃夫，佃夫有腹心人張羊逃匿，後捕得，自以車轢殺之。殺杜延載、杜幼文，皆手自臠割。察孫超有蒜氣，剖腹視之。執盾馳馬，自往刺杜叔文於玄武湖北〔三〕。聞沈勃多寶貨，往劫之，揮刀獨前。勃知不免，手搏帝耳，罵之曰：「汝罪踰桀紂！」遂見害。帝嘗製露車一乘以出入，從數十人，羽儀追之恒不及，又各慮禍，亦不敢追，但整部伍，别在一處，瞻望而已。凡諸鄙事，過目即能。鍛銀裁衣作帽，無不精絶。未嘗吹篪，執管便韻。天性好殺，一日無事，即慘慘不樂。内外憂惶，夕不及旦。蕭道成與直閤將軍王敬則謀之。七月七日〔四〕，帝微行出北湖，張五兒馬墜湖，帝自馳騎刺馬屠割之。與左右作羌胡伎爲樂，又於巒岡賭跳，後往青園尼寺、新安寺偷狗，就曇度道人煮之，飲酒。楊玉夫嘗有寵，忽然見憎，見輒切齒曰，明日當殺小子。是夜，令玉夫伺織女渡河來報，因與内人穿針訖，大醉，卧於仁壽殿東阿氈幄中。王敬則先結玉夫及陳奉伯、楊萬年等二十五人，是夕，玉夫俟帝眠熟，與萬年同入氈幄，取千牛刀殺之〔五〕。

〔一〕「遇謾駡」句宋書本紀無，用南史。
〔二〕此用南史。
〔三〕原作「玄武北湖」。
〔四〕「七日」二字據宋書。南史作「戊子」，元徽五年七月壬午朔也。
〔五〕年十五。

齊廢帝鬱林王，武帝之孫，文惠太子之子也〔一〕。文惠早薨，武帝立爲皇太孫。性辨慧，陰懷鄙慝。與左右無賴二十餘人共衣食卧起，妃何氏，擇其中美者，皆與交歡。密就富人求錢，無敢不與。凡諸小人，皆預加爵位，許以南面之日，即便施行。師史仁祖，侍書胡天翼，懼禍皆自殺〔二〕。文惠太子每節其用度，帝謂豫章王妃〔三〕曰：「阿婆，佛法言有福生帝王家，今反是大罪，不如市邊屠沽。」文惠疾及薨，帝侍疾居喪，哀容號毁，見者皆嗚咽，纔還内室，即歡笑飲食，備極甘滋。葬畢，立爲皇太孫。武帝往東宫，帝迎拜，號慟欲絶。武帝自下輿抱持之，以爲必能負荷也。帝令女巫楊氏禱祠，速求天位。文惠之薨〔四〕，謂由楊氏之力，又令禱祈武帝晏駕。武帝疾甚，帝與妃何氏書紙，中央作大喜字，而作三十六小喜字繞之。武帝臨崩，謂曰：「五年中一委宰相，五年以後勿復委人。」執帝手曰：「阿奴若憶翁，當好作！」如此者再。大斂始畢，即呼武帝諸伎奏樂。又好狗馬，即位未旬日，即毁武帝招婉殿作馬埒。馳騎而墜，面額並傷，稱疾不出者數日。多聚名鷹快犬，飼以粱肉。武帝梓宫下渚，帝於端門内奉辭，便稱疾還内，奏胡伎，鞞鐸之聲，響震内外。王敬則問蕭坦之曰：「不太忽忽邪？」坦之曰：「此是内人哭響徹耳。」山陵之後，微服遊市里，多往文帝陵隧中，與羣小作諸鄙褻，擲塗賭跳，放鷹走狗。極意賞賜，動至數十萬〔五〕。每見錢曰：「我昔思汝，一个不得，今日得用汝未。」武帝聚錢，上庫五億萬，齋庫三億萬，金銀布帛不可勝計。未期年，用已過半。以諸寶器相擊剖，碎以爲笑樂。好鬭雞，買雞價至數千。徐龍駒爲後宫舍人，日夜在宫内。帝與文帝幸姬霍氏私通〔六〕，改姓徐氏，龍駒勸長留宫中，聲云度霍氏爲尼，以餘人代之。皇后亦淫亂，齋閤通夜洞開，内外無別。西昌侯鸞即明帝。使蕭諶等誅倖臣曹道剛、朱隆之等，率兵自尚書省入，王晏、徐孝嗣等繼進。帝在壽昌殿，方裸身與霍氏相對。諶兵入宫，帝走向徐姬房内，拔劍自刺，不入，以帛纏頭頸，輿接出西弄，遇弑〔七〕。

〔一〕長子。

〔二〕南齊書無此文，此從南史。

〔三〕從祖母。

〔四〕「文惠」，殿本南史作「文帝」。

〔五〕原作「百數十萬」。

〔六〕文惠太子追尊文帝，廟號世宗。

〔七〕年廿二。

齊廢帝東昏侯寶卷，明帝第二子也。以母后故，立爲皇太子。在東宫好弄，不喜書學。嘗夜捕鼠達旦以爲樂。明帝臨崩，囑以後事曰：「作事不可在人後。」故委任羣小，誅殺大臣。性訥澀少言，不與朝士接。惡明帝靈在太極殿，欲速葬，徐孝嗣力争，得踰月。每當哭，輒云喉痛。羊闡入臨，無髮，號慟俯仰，幘遂落地，帝大笑曰：「此禿秋啼來乎。」自江祏等誅後，無所忌憚，日夜戲馬，擊鼓吹角，左右數百人叫，雜以羌胡横吹諸伎。嘗以五鼓就卧，至晡乃起。王侯朝見，至晡乃得前，或際暗遣出。臺閣奏案，不知所在，閹豎以紙包裹魚肉還家，並是五省黄案也。元旦朝會，食後方出，禮纔畢，便還西序寢，百僚陪位者，自巳至申，皆僵仆。拜潘妃爲貴妃，乘卧輿，帝騎馬從後，著織成袴褶，金薄帽，七寶矟，金銀校具等，各有名字。戎服急裝，不避寒暑〔一〕，陵冒雨雪，馳騁阬穽，渴輒下馬，取腰邊蠡器，酌水飲之。乘具懼爲雨溼，織雜采珠爲覆。好爲擔幢，初學時幢每傾倒，其後白虎幢七丈五尺，齒上擔之，折齒不倦。黄門五六十人爲騎客，又選無賴善走者爲逐馬。置射雉場二百六十處，翳中帷幛皆紅綠錦爲之，金銀鏤弩牙，瑇玳帖箭。每出，與鷹犬隊主徐令孫、翳隊主俞靈韻齊馬而走〔二〕。又不欲人見之，驅逐百姓，惟置空宅。一月率二十餘出，既往無定處，尉司常慮得罪，東行驅西，南行驅北，應旦出夜便驅逐，打鼓踏圍，鼓聲所聞，便應走避，避不及者，應手格殺。從萬春門東至郊外數十里，皆懸幔爲高幛，處處禁斷。疾病者悉扛移，無人扛者扶匐道側，吏司又捶打，絶命者相繼。有棄病人於青溪邊者，吏懼帝見〔三〕，推置水中，須臾便死。魏興太守王敬賓新死未斂，家被驅不得留視，及還，兩眼已爲鼠食盡。有一婦人當産不能去，帝即剖其腹看男女。長秋卿王儇病篤，不得留家，乃死於路邊。丹陽尹王志被驅，狼狽步走，藏酒鑪邊〔四〕，至夜半方得歸。蔣山定林寺一僧，病不能去，立殺之。左右韓暉光曰："老道人可念。"帝曰："汝見麞鹿亦不射耶？"璿儀等殿及華林、秘閣三千餘間，盡被火燒，有左右趙鬼者，能誦西京賦，云"柏梁既災，建章是營"，於是大起芳樂、芳德等殿。又爲潘妃起神仙、永壽、玉壽三殿，皆飾以金璧。莊嚴寺有玉九子鈴，外國寺佛面有光相，禪靈寺塔有諸寶珥，皆剔取以爲殿飾。又鑿金爲蓮花，使潘妃行其上，曰步步生蓮花也。潘氏服御極選〔五〕，庫物不周，貴市人間金寶，價皆數倍，琥珀釧一隻直百七十萬。又訂出雄雉頭鶴氅、白鷺縗，百品千條，無復窮已。親倖小人因緣爲奸，科一輸十，百姓困窮，號泣滿路。凡諸市買，遇便掠奪，商旅無訴。又以閱武堂爲芳樂苑，當暑種樹，朝種夕死。徵求人家，望樹便取，毁牆撤屋出之，合抱者亦皆移植，取玩俄頃，烈日中至便焦枯，死而又種，無復已極。諸樓壁上，畫男女私褻之狀。明帝時所聚金寶，悉泥而用之，猶不足，令富户買金，限以賤價，又不還直。潘妃威行遠近，父寶慶挾勢逞毒，富人悉誣以罪而没入之。潘妃生女，百日而亡，帝爲制衰絰，羣小來弔，帝蔬膳積旬，不聽音伎，閹人王寶孫等共治肴羞，爲天子解菜。又於苑中立店肆，帝與宫人等共爲稗販，以潘妃爲市令，自爲市吏録事。帝小有失，妃亦予杖，乃勅虎賁不得進大荆。雖畏潘氏，而私與諸姊妹淫通。又開渠立埭，躬自引船，埭上設店，坐而屠肉。於時百姓歌云：「閲武堂，種楊柳，至尊屠肉，潘妃沽酒。」朱光尚託鬼道謂帝曰：「向見先帝瞋怒。」帝乃縛菰爲明帝形，北向斬之，懸首苑門。會魏師來伐，令揚、南徐二州人，三丁取兩，遠郡悉令上米，一人准五十斛，輸米既畢，就役如故。蕭衍師至，帝袴褶登南掖門，又虚設馬仗，千人張弓拔白，出東掖門，稱蔣王出盪。外圍既立，屢戰不勝，帝猶惜金錢，不肯賞賜。茹法珍叩頭請之，帝曰：「賊來獨取我耶？何爲就我求物。」將軍王珍國、張稷等懼禍，乃結後閣舍人錢强，遊盪主崔叔智，夜開雲龍門。稷、珍國勒兵入殿，帝方吹笙歌作兒女子〔六〕，卧未熟，聞兵入，急趨出。閹人黄泰平刃傷其膝，直後張齊斬首，送蕭衍。宣德太后令廢爲東昏侯〔七〕。

〔一〕原作「不變寒暑」。

〔二〕擔幢與射雉二段，先後互易。「置射雉場二百六十處」，原作「二百九十六處」，本書十二卷南朝以射雉爲獵條亦作「二九六處」。「翳」上應補「媒」字。

〔三〕「吏懼帝見」原作「吏懼爲監司所問」。

〔四〕「鑪邊」原作「鑪中」。

〔五〕「服御極選」下原有「珍寶」二字。

〔六〕「兒女子」應作「女兒子」。

〔七〕年十九。

陳後主叔寶，宣帝嫡長子也。即位後，荒於酒色，不恤政事。左右嬖佞，珥貂者五十人，婦人美麗從者千餘人。常使張貴妃、孔貴人等八人夾坐，江總、孔範等十人預宴，號曰狎客。先令八婦人擘采箋，製五言詩，十客一時繼和，遲罰酒，君臣酣飲，從夕達旦，以此爲常。盛修宮室，無時休止。稅江稅市，征取百端，刑罰酷濫，牢獄常滿〔一〕。隋兵至，入井避之。軍人呼之不應，欲下石，乃聞呼聲，以繩引之，驚其太重，及出，乃與張、孔二嬪同乘而上。高熲入宮，見其臣下所啓軍事猶在牀下，尚未啓封也。入隋，以善終〔二〕。以上皆本紀。

魏徵史論〔三〕：後主於光熙殿前〔四〕，起臨春、結綺、望仙三閣，閣高數丈，並數十間。其窗牖壁帶，懸楣欄檻之類，並以沈檀香木爲之。又飾以金玉，間以珠翠，外施珠簾，内有寶牀寶帳。其服玩之屬，瑰奇珍麗，近古所未有。每微風暫至，香聞數里，朝日初照，光映後庭。其下積石爲山，引水爲池，植以奇樹，雜以花藥。後主自居迎春閣〔五〕，張貴妃居結綺閣，龔、孔二貴嬪居望仙閣，並複道交相往來。又有王、李二美人，張、薛二淑媛，袁昭儀、何婕妤、江脩容等七人，並有寵，遞代以遊其上。以宫人有文學者袁大捨等爲女學士。後主每引賓客對貴妃等遊宴，則使諸貴人及女學士與狎客共賦新詩，互相贈答。採其尤艶麗者，以爲曲詞，被以新聲，選宫女有容色者，以千百數，令習而歌之。分部迭進，持以相樂，其曲有玉樹後庭花、臨春樂等，大指所歸，皆美張貴妃、孔貴嬪之容色也。其略曰：璧月夜夜滿，瓊樹朝朝新。而張貴妃髮長七尺，鬒黑如漆，其光可鑑，特聰慧有神采，進止閑雅，容色端嚴，每瞻視盼睞，光采溢目，照映左右。常於閣上靚妝，臨於軒檻，宫中遥望，飄若神仙。才辯强記，善候人主顔色。是時後主怠於政事，百司啓奏，並因宦者蔡脱兒、李善度進請，後主置張貴妃於膝上共決之。李、蔡所不能記者，貴妃並爲條疏，無所遺脱。由是益加寵異，冠絶後庭。而後宫之家，不遵法度，有掛於理者，但求哀於貴妃，貴妃則令李、蔡先啓其事，而後從容爲言之大臣，有不從者，亦因而讚之〔六〕，所言無不聽。於是張、孔之勢，薰灼四方，大臣執政，亦從風而靡，閹宦便佞之徒，内外交結，轉相引進，賄賂公行，賞罰無常，綱紀瞀亂矣。

〔一〕以上見禎明二年。
〔二〕以上見南史十禎明三年，陳書無。亡國時卅七，卒年五二。
〔三〕以下史論，用陳書七后妃傳末，亦見南史十二張貴妃傳後。
〔四〕南史作「光昭殿」。
〔五〕應作「臨春閣」。
〔六〕「讚」應作「譖」。

按宋、齊、陳書及南史所記如此。其無道最甚者，其受禍亦最烈。若僅荒於酒色，不恤政事，則雖亡國而身尚得全〔一〕。又可見劫運煩促中，仍有報施不爽者，可以觀天咫矣。

〔一〕末指陳後主。

宋世閨門無禮

宋武起自鄉豪，以詐力得天下，其於家庭之教，固未暇及也，是以宮闈之亂，無復倫理。

趙倩尚文帝女海鹽公主，始興王濬〔一〕出入宮掖，與主私通，倩知之，與主肆詈搏擊，至引絶帳帶。事上聞，文帝詔離婚，殺主所生母蔣美人。宋書趙倫之傳如此〔二〕。南史則謂倩與公主素相愛，偶因戲言，以手擊主，事上聞，文帝怒，遂離婚〔三〕。孝武閨庭無禮，有所御幸，嘗留止其母路太后〔四〕房內，故人間咸有醜聲。宮掖事秘，莫能辨也。路太后傳。帝又與南郡王義宣諸女淫亂〔五〕，義宣因此發怒，遂舉兵反。義宣傳。義宣敗後，帝又密取其女入宮，假姓殷氏，拜爲淑儀，左右宣泄者多死。殷卒，帝命謝莊作哀册文。殷淑儀傳〔六〕。前廢帝子業以文帝女新蔡公主爲貴嬪〔七〕，改姓謝氏，殺一宮婢代之，詭言主薨，以武賁鈒戟鸞輅龍旂送還其家。廢帝紀，並見何邁傳〔八〕。帝姊山陰公主淫恣過度，謂帝曰：「妾與陛下，雖男女有殊，俱託體先帝。陛下後宮數百〔九〕，而妾惟駙馬一人，事不均平，一何至此。」帝爲置面首左右三十人。公主又以吏部郎褚淵貌美，就帝請以自侍，備見逼迫，十餘日，淵誓死不回，乃得免。廢帝紀〔十〕。帝又使左右淫建安王休仁母楊太妃〔十一〕，劉道隆欲得帝歡，盡諸醜狀。休仁妃殷氏有疾，召祖翻診視，祖翻貌美，殷悅之，遂與姦，事泄，遣還家賜死。皆休仁傳。明帝內宴，裸婦人而觀之，以爲歡笑。王皇后獨以扇障面，帝怒曰：「外舍寒乞〔十二〕，令共爲樂，何爲不視？」后曰：「爲樂之方甚多，豈有姑姊妹相聚，而裸婦人形體，以此爲樂，實外舍所無。」帝大怒。王皇后傳。帝又以妃陳氏賜李道兒，尋又迎還，生後廢帝。故人間皆呼廢帝爲李氏子，廢帝亦自稱李將軍，或自謂李統。陳太妃傳。帝又素肥，晚年廢疾，不能内御，諸弟姬人有孕者，輒取入宫，生子則殺其母，而與六宫所愛者養之。順帝本桂陽王休範子也，以陳昭華爲母。陳昭華傳〔十三〕。此見於紀傳者。宫庭内習尚如此，宜乎士大夫以聯姻帝室爲畏途。且凡爲公主者皆淫妬，人主亦自知之，故江斅當尚主，明帝使人代斅作辭婚表，徧示諸公主以愧厲之，文穆皇后傳。亦一代得失之林也〔十四〕。

〔一〕文帝子。

〔二〕宋書四六。倩，倫之孫。

〔三〕南史十八。南史何以不遵宋書？可增，可删，可改字句，然改意義，則必以其事不實。

〔四〕生母。

〔五〕義宣，孝武叔也。

〔六〕宋書殷無傳，見南史十一。「謝莊作哀册文」上無「帝命」二字。

〔七〕公主乃子業之姑，又爲其妻兄之妻。

〔八〕應作「何皇后傳」，宋書四一。邁，后兄，附后傳。

〔九〕先帝，孝武。南史作「數百」，宋書作「萬數」。

〔十〕褚淵事，南史本紀删，而載於卷二八褚彦回傳。南齊書淵傳不載。

〔十一〕廢帝庶祖母。

〔十二〕「外舍」下原有「家」字。
〔十三〕以上二事並見南齊書三四劉休傳。
〔十四〕以下言齊、梁。

齊鬱林〔一〕尊其母王太后，稱宣德宮。置男左右三十人，前代所未有也。南史王皇后傳〔二〕。

〔一〕昭業，高帝道成孫。
〔二〕末二語只見南史。

梁武與殷叡素舊，乃以女永興公主妻其子鈞。鈞形貌短小，爲主所憎，每被召入，先滿壁書殷叡字，鈞輒流涕而出，主又命束而反之。鈞不勝怒，而言於帝，帝以犀如意擊主，碎其背〔一〕。是梁時公主亦然。

〔一〕南史六十殷鈞傳。「碎其背」原作「碎於背」。梁書廿七鈞傳不載此事。

宋子孫屠戮之慘

宋武帝七子，長義符，即位，以失德爲徐羡之等所廢，殺於金昌亭。次廬陵王義真，亦被廢，殺於新安郡。次文帝義隆，爲其子劭所弒。次彭城王義康，爲文帝賜死〔一〕。其子允，文爲劭所殺〔二〕。次江夏王義恭，爲前廢帝所殺。先有十二子〔三〕，盡爲劭所殺。後又有四子，爲前廢帝所殺。次南郡王義宣，以謀反爲朱脩之所殺。其長子恢自殺，愷逃在民間，亦捕殺，餘子在江陵者，皆爲脩之所殺。次衡陽王義季，以飲酒致殞，傳國至孫，齊受禪國除。是武帝七子，惟義季善終有後，其餘皆死於非命，且無後也。文帝十九子，長元凶劭，次始興王濬，皆以弒逆被誅。劭四子，濬三子，皆梟首。次孝武帝。次南平王鑠，爲孝武酖死。其子敬猷、敬淵〔四〕、敬先，皆爲前廢帝所殺。次廬陵王紹，出繼義真，以善終。紹又無子，以敬先嗣，即前廢帝所殺者。次竟陵王誕，爲孝武所忌，使沈慶之攻殺之。無子。次建平王宏，善終。其子景素，後廢帝時被殺，並殺其子延齡及二少子。次廬江王禕，明帝逼令自殺。有子克明〔五〕，善終，無子。次晉熙王昶，前廢帝欲討之，乃奔魏。有二妾還都，各生一子，尋皆殤。明帝以子燮繼之，齊受禪，賜死。惟昶奔魏後，爲駙馬都尉，有子承緒、孫文遠等〔六〕。次武昌王渾，孝武帝逼令自殺。無子。次明帝。次始安王休仁，爲明帝所忌，賜死。其子伯融、伯猷，後廢帝時爲楊運長等所殺。次晉平王休祐，明帝使人觸之，墜馬死。有十三子。順帝時蕭道成以朝命並賜死。次海陵王休茂，以反被殺。次鄱陽王休業，臨慶王休倩，新野王夷父，皆早卒。次桂陽王休範，舉兵討蕭道成，爲張敬兒所殺。子德宣、德嗣、青牛、智藏，皆被殺。次巴陵王休若，爲明帝賜死。子沖，尋卒。是文帝十九子，惟孝武及明帝嗣位，紹及宏善終，昶奔魏，休業、休倩、夷父早卒，其餘皆不得死，且亦無後也。孝武帝二十八子，夭殤者十，爲前廢帝所殺者二，爲明帝所殺者十六。見南史誤處條内〔七〕。當明帝時，以孝武子孫誅殺已盡，轉以己子武陵王贊爲孝武後，則孝武子孫已無一在者可知也。案劉休傳〔八〕，明帝素肥痿，不能御内，諸王妾有孕者，密取入宮，生子則閉其母於後房。順帝本桂陽王休範子也〔九〕。蒼梧亦非帝子，陳太妃先爲李道兒妾，故蒼梧自稱李統云〔十〕。然則明帝雖有十二子，皆非親子也，而何以自護其假子，而盡殺祖宗之子孫？卒之十二子中，後廢帝及順帝，皆爲蕭道成所弑，隨陽王翽、新興王嵩、始建王禧，亦爲道成所殺，智井、燮、躋皆出繼〔十一〕，而燮亦爲道成所殺。智井、燮生卒不可考，惟法良及邵陵王友暨第四子之未名者，以早夭免誅。然則明帝十二子，其真僞本不可知，而即其自號爲親子者，夭卒不過數人，其餘亦皆不得其死，且皆年幼無子也。南史順帝紀謂帝遜位被害後，宋之王侯無少長皆盡矣〔十二〕。然則宋武九子，四十餘孫，六七十曾孫〔十三〕，死於非命者十之七八，且無一有後於世者。當其勃焉興也，子孫繁衍，爲帝爲王，榮貴富盛，極一世之福；及其敗也，如風之捲籜，一掃而空之，橫屍喋血，斬艾無噍類，欲求爲匹夫之傳家保世而不可得。斯固南北分裂時刧運使然，抑亦宋武以猜忍起家，肆虐晉室，戾氣所結，流禍於後嗣。孝武、明帝又繼以凶忍慘毒，誅夷骨肉，惟恐不盡。兄弟子姓悉草薙而禽獮之，皆諸帝之自爲屠戮，非假手於他族也。卒至宗支盡，而己之子孫轉爲他族所屠，豈非天道好還之明驗哉。前廢帝嘗夢其母王太后謂之曰：「汝不孝不仁，本無人君之相。子尚愚悖，亦非運祚所及。孝武險虐滅道，怨結神人，兒子雖多，並無天命。」〔十四〕是冥冥中固有鑒觀不爽者。孝武既以多殺文帝子而絶嗣，明帝又以多殺孝武子，而其子亡國殞身，無復孑遺〔十五〕，真所謂自作之孽也。

〔一〕與范曄有關。

〔二〕「文」字衍，或是「又」字。

〔三〕應云「恭先有十一子」。

〔四〕南史作「敬深」。

〔五〕宋書作「充明」，南史無。

〔六〕「奔魏」，宋書七二作「北奔索虜」，此從南史。昶，魏書五九、北史廿九有傳。

〔七〕劄記卷十。

〔八〕南齊書三四。南史四七休傳刪。

〔九〕此事並見宋書四一、南史十一陳昭華傳。
〔十〕此事並見宋書四一明帝陳貴妃傳、南史十一後廢帝陳太妃傳。劉休傳「李統」作「李郎」。
〔十一〕宋書九十漏蹐，此據南史十四補。蹐下尚有贊，漏贊則不足十二子。
〔十二〕原作「皆幽死矣」。
〔十三〕應云七子，五十九孫，七十八曾孫。曾孫中有一人見魏書。
〔十四〕南史卷二作「不仁不孝」，此用宋書卷七。宋書作「怨結人神」，南史作「冤結人鬼」。
〔十五〕孝武、明帝皆文帝子。

廿二史劄記批注　史事之屬

卷十二　宋齊梁陳書并南史

人君即位冠白紗帽

宋前廢帝子業將殺湘東王彧，彧結左右壽寂之等弑帝於後堂，建安王休仁便稱臣，引彧升西堂，登御座。事出倉猝，猶著烏紗帽，休仁呼主衣以白紗帽代之。乃即位，是爲明帝。明帝紀〔一〕。後廢帝昱無道，蕭道成使王敬則結帝左右陳奉伯等弑之。明旦，召大臣會議，敬則遽呼虎賁鈒戟羽儀，手自取白紗帽加道成首，令道成即位，曰事須及熱，道成呵之乃止。齊高帝紀。又齊書柳世隆傳，沈攸之起兵，謂諸將曰：「我被太后令，建義下都，大事若剋，白紗帽當共著耳。」〔二〕是古來人君即位，例著白紗帽。蓋本太子由喪次即位之制，故事相沿，遂以白紗帽爲登極之服也。

〔一〕南史三有「紗」字，宋書八無兩「紗」字，知此係引南史。「乃即位」應云「及即位」。

〔二〕南史三八世隆傳刪。

齊梁之君多才學

創業之君，兼擅才學，曹魏父子，固已曠絶百代，其次則齊、梁二朝，亦不可及也。齊高帝雖不以才學名，然少爲諸生，劉瓛傳論。從雷次宗受業，治禮及左氏春秋。本紀。爲領軍時，與謝超宗共屬文，愛超宗才翰。超宗傳。即位後，見武陵王曅效謝康樂體詩，訓之曰：「康樂放蕩，作體不辨首尾。安仁、士衡，深可宗尚，顔延之抑其次也。」是帝之深於詩文也。曅傳。又嘗與王僧虔賭書，畢，謂僧虔曰：「誰爲第一？」僧虔曰：「臣書第一，陛下亦第一。」帝笑曰：「卿可謂善自爲謀。」僧虔傳。是帝之精於書法也。其子孫亦多以才著。臨川王映能左右書。映傳。鄱陽王鏘好文章，桂陽王鑠好名理，人稱爲鄱桂。鏘傳〔一〕。江夏王鋒五歲學鳳尾諾，一學即工，十歲能屬文，武帝謂其書爲第一。明帝輔政，翦除高、武子孫，鋒作修柏賦以寓意。鋒傳〔二〕。此其子之多才學也。文惠太子臨國學，與王儉講禮記「毋不敬」、周易乾震之義。文惠傳。竟陵王子良招致學士，鈔五經百家，爲四部要略千卷。子良傳。晉安王子懋撰春秋例苑三十卷。子懋傳〔三〕。隨郡王子隆能文，武帝曰：「此我家東阿也。」子隆傳。此其孫之多才學也，而諸孫中尤以豫章王嶷之諸子爲最。子範入梁爲南平王從事，製千字文，令蔡薳注之，府中文筆皆子範屬草。簡文遭侯景之逼，葬其后，使子範作哀册文，詞極工惋，帝曰：「此段莊陵，萬事零落，惟哀册尚有典型。」〔四〕子顯著鴻序賦，沈約見之，極爲傾倒。又採衆家後漢書，考正同異，作後漢書一百卷，又撰齊書六十卷，普通北伐記五卷，貴儉傳三卷〔五〕，文集二十卷。其子愷亦工詩，於宣猷堂與諸名人餞謝嘏出守，賦詩用十五劇韻〔六〕，獨先就，又極工。子顯傳。子顯弟子雲有文藻，弱冠撰晉書，年二十六，書成百餘卷。又工書，百濟國使人求其書，值子雲將出都，使者望船一步一拜，子雲遣問之，曰：「侍中尺牘之美，名聞海外，今日所求，惟在名跡。」乃停舟書三十紙與之。其子特亦工書，梁武謂之曰：「子敬之跡，不及右軍。蕭特之筆，遂過於父。」〔七〕子雲傳。此亦蕭齊後人負一代文學之望者也。至蕭梁父子間，尤爲獨擅千古〔八〕。武帝少而篤學，洞達儒玄，雖萬機多務，猶卷不輟手。造制旨孝經義，周易講疏，及六十四卦、二繫、文言、序卦等義，樂社義，毛詩答問，春秋答問，尚書大義，中庸講疏，孔子止言，老子講疏，共二百餘卷。又令明山賓等述制旨，並撰吉、凶、軍、賓、嘉五禮一千餘卷。又造通史，親制讚序，凡六百卷。天性睿敏，下筆成章，千賦百詩，直疏便就，諸文集又一百卷〔九〕。並撰金策三十卷〔十〕。兼長釋義〔十一〕，制涅槃、大品、淨名、三慧諸經義，又復數百卷。歷觀古帝王，藝能博學，罕或有焉。武本紀。昭明太子三歲受孝經、論語，五歲遍讀五經。及長，讀書數行並下，過目皆憶。每遊宴祖餞，賦詩輒十數韻，或作劇韻，皆屬思便成，無所點易。著文集二十卷，古今典誥文言〔十二〕，爲正序十卷，五言詩之善者爲文章英華二十卷，文選三十卷。本傳。簡文帝六歲便能屬文，既長，九流百氏，經目必記〔十三〕，篇章詞賦，操筆立成，博綜儒書，善言玄理。自序其詩云：「余七歲有詩癖，長弗倦也。」史論謂其傷於輕豔，當時號曰宫體。所著昭明太子傳五卷，諸王傳三十卷，禮大義二十卷，老子義二十卷，莊子義二十卷，長春義記一百卷，法寶連璧三百卷〔十四〕。本紀。元帝好學，博極羣書，才辨敏速，冠絶一時。著孝德傳三十卷，忠臣傳三十卷，丹陽尹傳十卷，注漢書一百一十五卷，周易講疏十卷，内典博要一百卷，連山三十卷，洞林三卷，玉韜十卷，老子講疏四卷，全德志，懷舊志，荆南志，江州記，貢職圖，又古人同姓名録一卷，筮經十二卷，式贊三卷，文集五十卷〔十五〕。本紀。南康王績，七歲有人洗改官文書者，即能察出。本傳。邵陵王綸，預餞衡州刺史元慶和，於坐賦詩十二韻，末云：「方同廣川國，寂寞久無聲。」武帝大賞之，曰：「汝人才如此，何慮無聲。」〔十六〕其後湘東王繹與河東王譽交兵，綸作書勸其息家庭之争，赴君父之急，詞極愷切動人〔十七〕。本傳。武陵王紀少勤學，有文才，屬詞不好輕華，甚有骨氣。本傳。此梁武父子間才學也。帝弟南平王偉，精玄學，著二旨義，別爲新通，又製性情、幾神等論，周捨、殷芸俱不能屈。本傳〔十八〕。鄱陽王恢獵史籍。本傳。安成王秀精意學術，搜集傳記，招劉孝標爲類苑，未畢而已行於世。本傳。此又帝諸弟之才學也。昭明諸子，史不著其能文。簡文子大心，幼聰朗，善屬文。大臨以明經射策甲科。大連少俊爽，工文，兼善丹青，武帝賜以馬，即爲謝啓，其詞甚美。大鈞七歲學詩，武帝賜以王羲之書一卷。元帝子方等，嘗著論以魚鳥自況，因不得於父也。曾注范蔚宗後漢書未就，所撰三十國春秋及静住子〔十九〕，行於世。第三子〔二十〕方諸，博學，明老、易，善談玄，詞辯風生。南康王績子會理，少聰慧，好文史。其弟通理〔二一〕，博學有文才，嘗祭孔文舉墓，爲之立碑，其文甚美。邵陵王綸子堅，善草隸。其弟確尤工楷法〔二二〕，公家碑誌，皆令書之。除秘書丞，武帝謂曰：「以汝能文，故有此授。」武陵王紀子圓正〔二三〕，爲元帝囚於荆州，曾有連句詩曰：「水長二江急，雲生三峽昏。願貰淮南罪，思報阜陵恩。」〔二四〕元帝覽詩而泣。此皆見於各本傳者。此武帝諸孫之才學也。帝兄懿之子淵藻〔二五〕，善屬文，尤好古體，非公宴不妄作，雖小文，成輒棄本。懿之孫孝儼，從帝遊華林園，於坐獻相風烏、華光殿、景陽山等頌。南平王偉之孫静，宗室後進，有文才，篤志好學，散書滿席，手自校讎。鄱陽王恢之子範，雖無學術，而率意題章，皆有奇致。嘗得舊琵琶，齊竟陵王子良舊物也，即攬筆爲詠，以示湘東王，王作琵琶賦和之〔二六〕。始興王憺之子映〔二七〕，因野穀生，爲嘉穀頌。其弟曄，當簡文入居監撫，爲儲德頌以獻。安成王秀之子機，博覽彊記，有詩賦數千言，元帝序而傳之。機弟推亦善屬文，爲簡文所賞。此亦皆見於本傳者，又帝從子從孫之才學也。

〔一〕語在鑠傳，但同卷。殿本鑠傳後缺一頁，爲始興王鑑傳。
〔二〕南齊書三五鋒傳不載，見南史四三鋒傳。
〔三〕長懋，太子，即長子。子懋，第七子。兄弟同名懋。
〔四〕此從南史。
〔五〕貴儉傳，南史云三卷，梁書云卅卷。
〔六〕劇韻，猶險韻。
〔七〕原作「遂逼於父」。
〔八〕多採梁書。
〔九〕梁書、南史均作「百二十卷」，此漏。
〔十〕「金策」，南史作「金海」。
〔十一〕「釋義」原作「釋典」。
〔十二〕「古今典誥文言」上原有「又撰」二字。
〔十三〕此從梁書四簡文紀。

〔十四〕此亦採梁書，南史所載不止此。

〔十五〕此亦採梁書，南史不止此。

〔十六〕此獨見南史。

〔十七〕原書梁書詳，南史略。

〔十八〕「二旨義」，南史五二偉傳作「二暗義」。「殷芸」爲「殷鈞」之誤，芸爲鈞宗人，見梁書四一、南史六十。「鈞」，同文本、百衲本梁書誤「鈞」。

〔十九〕梁書四四作「静住子」，南史五五作「篤静子」。

〔二十〕應云「第二子」。

〔二一〕應云「又理」。通理係又理兄。

〔二二〕原作「尤工楷隸」，梁書無此語。

〔二三〕南史作「圓正」，梁書作「圜正」，古通。

〔二四〕詩梁書不載。

〔二五〕梁書、南史均無「淵」字。梁書十鄧元起傳，殿本先作「蕭淵藻」，後作「淵藻」；百衲本先作「蕭深藻」，後作「蕭藻」。殿本後人回改也。

〔二六〕此事梁書二二範傳不載，見南史五二範傳。「齊竟陵王子良」應云「竟陵王世子」。琵琶是竟陵王世子昭胄物，子良，世子父也。

〔二七〕南史五二作「噗」，梁書無傳。

齊明帝殺高武子孫

宋子孫多不得其死，猶是文帝、孝武、廢帝、明帝數君之所爲，至齊高、武子孫，則皆明帝一人所殺，其慘毒自古所未有也。明帝本高帝兄子，早孤，高帝撫之，恩過諸子。歷高、武二朝，爵通侯，官僕射，至鬱林王時輔政，因鬱林無道，弒之而立海陵。不數月，又廢弒之而奪其位。自以得不以正，親子皆幼小，而高、武子孫日漸長大，遂盡滅之無遺種。子岳傳。今按高帝十九子，長武帝，次豫章王嶷、臨川王映、長沙王晃、武陵王曄、安成王暠、始興王鑑，皆卒於明帝前，故未被害；又早殤者四人；其餘鄱陽王鏘、桂陽王鑠、江夏王鋒、南平王鋭、宜都王鏗、晉熙王銶、河東王鉉、衡陽王鈞，皆明帝所殺也〔一〕。武帝二十三子，長文惠太子，早薨；次竟陵王子良，善終；魚復侯子響，武帝時以擅殺長史，拒臺兵，見殺；又早殤者四人；其餘廬陵王子卿、安陸王子敬、晉陵王子懋、隨郡王子隆、建安王子真、西陽王子明、南海王子罕、巴陵王子倫、邵陵王子貞、臨賀王子岳、西陽王子文、衡陽王子峻、南康王子琳、湘東王子建、衡陽王子珉、南郡王子夏，皆明帝所殺也〔二〕。文惠太子子鬱林王昭業、海陵王昭文，既爲明帝所弒，巴陵王昭秀、桂陽王昭粲，亦明帝殺之，甚至竟陵王子良之子昭胄、昭穎，亦明帝所殺。統計高帝後，惟豫章王嶷有子子廉、子恪、子操、子範、子顯、子雲等有後於梁，其餘諸子，及武帝、文惠諸子孫，大半皆被明帝之禍，且俱無後。按齊高嘗戒武帝曰：「宋氏若不骨肉相殘，他族豈得乘其衰敝。」〔三〕故終武帝世，諸兄弟尚得保全。然齊高但知宋之自相屠戮，而不知己之殺劉氏子孫之慘。當巴陵王子倫被害時，謂茹法亮曰：「先朝殺滅劉氏，今日之事，理數固然。」是天理即人心，殺人子孫者，人亦殺其子孫。金翅下殿，搏食小龍無數。子夏傳。明帝名鸞，即金翅鳥也〔四〕。斯固齊高之自取也，然齊明之忍心害理，亦已至矣。建武中凡三誅諸王。每一行事，帝輒先燒香火，嗚咽流涕，人以此知其夜當有殺戮。子岳傳。每殺諸王皆以夜，遣兵圍宅，或斧砍關，排牆而入。鏘傳。當時高、武子孫，朝不保夕，每朝見，鞠躬俯僂，不敢正行直視。鉉傳。桂陽王鑠見帝後，出謂人曰：「吾前日見上流涕嗚咽，而鄱陽、隨郡誅。今日又流涕而有愧色，其在吾耶？」是夕果見殺。鑠傳〔五〕。宜都王鏗詠陸機弔魏武云：「昔以四海爲己任，死則以愛子託人」，左右皆泣，未幾賜死。鏗傳〔六〕。王敬則起兵向闕，以奉南康王子恪爲名，子恪逃走，不知所在。明帝欲盡殺高、武子孫，乃悉召入尚書省，勅人各兩左右自隨，孩抱者乳母隨入。其夜太醫煮藥，都水辦棺材數十具，須三更悉殺之。會子恪自吴奔歸，二更刺啓入。時刻已至而帝眠未醒，沈徽孚、單景儁少留其事。及帝覺，乃白子恪已至，帝驚曰：「未盡諸王命耶？」景儁具以事答，明日悉遣諸王侯還第。昭胄傳。蓋天良難昧，帝亦動於心之所不安也，然其後又卒皆誅死。然則齊明之殘忍慘毒，無復人理，真禽獸之不若矣。卒之高、武子孫既盡，而已之子東昏侯寶卷、和帝寶融，皆被廢殺之禍。江夏王寶玄先爲東昏所殺，鄱陽王寶寅逃入魏，後亦謀反誅〔七〕，邵陵王寶攸〔八〕、晉熙王寶嵩、桂陽王寶貞，皆中興元二年賜死，惟廣陵王寶源以先卒未被禍〔九〕，巴陵王寶義以廢疾得善終，餘皆早夭。是明帝之子亦無一得免禍者。始安王遥光，明帝親兄子，明帝謀害諸王，皆遥光贊成之，後遥光亦以反誅。真所謂天理昭彰，報施不爽。凡殺人以利己者，可以觀於此矣。

〔一〕南齊書卅五。

〔二〕南齊書四十。「晉陵王」應作「晉安王」。「隨郡王」南史四四作「南郡王」。「衡陽王」應作「永陽王」，明帝立，永陽王子珉仍本國出繼衡陽王爲孫，見南史四一。

〔三〕南齊書一有此語意，但係對部下語，非對武帝語。此見南齊書三五、南史四三長沙王晃傳。

〔四〕應云「武帝夢金翅鳥下殿」，見南齊書四十。

〔五〕「吾前日見上」，應作「吾前日見王」，見南史四三鑠傳。時明帝未爲帝，不合稱「上」。南齊書三五殿本缺頁，百衲本有，無此語。

〔六〕此語只見南史四三鏗傳。

〔七〕魏書五九。

〔八〕南齊書作「寶攸」，南史作「寶脩」。
〔九〕「廣陵王」爲「廬陵王」之誤。寶源卒在寶攸等後。

齊制典籤之權太重〔一〕

齊制，諸王出鎮，其年小者，則置行事及典籤以佐之，一州政事以及諸王之起居飲食，皆聽命焉，而典籤尤爲切近。齊書孝武諸子傳論〔二〕謂，帝子臨州，年皆幼小，故輔以上佐，簡自帝心。州國府第，先事後行，飲食起居，動應聞啟。行事執其權，典籤掣其肘，處地雖重，行己莫由。斯宋氏之餘風，在齊而彌甚也〔三〕。今見於列傳者，武陵王曄爲丹陽尹，始不置行事，得自親政。曄傳。隨郡王子隆督益州，始親府州事。子隆傳〔四〕。可見其始皆有行事，不得自專也。蔡約爲宜都王長史，行府州事，時諸王行事多相裁割，約在任，主佐之間穆如也。約傳。可見行事如約者少也。劉暄爲江夏王寶玄郢州行事，執事過刻。有人獻馬，寶玄欲看之，暄曰：「馬何須看。」妃索煮肫，暄曰：「已煮鵝，不復煩此。」〔五〕寶玄曰：「舅殊無渭陽之情。」江祏傳。可見行事之威制也，此行事之弊也。其籤帥之權，如武陵王曄在江州，忤典籤趙渥之，趙渥之啟其得失，即召還京。曄傳。宜都王鏗舉動每爲籤帥所制，立意多不得行。鏗傳〔六〕。南海王子罕欲暫遊東堂，典籤姜秀不許，還泣謂母曰：「兒欲移五步不得，與囚何異。」邵陵王子貞求熊白，厨人答以無典籤命，不敢與。西陽王子明欲送書侍讀鮑僎，典籤吴修之不許，乃止。俱見子倫傳〔七〕。其有不甘受制而擅殺典籤者，則必治以專輒之罪。如長沙王晃爲典籤所裁，晃殺之，高帝大怒，手詔賜杖。晃傳。魚復侯子響爲行事劉寅、典籤吴修之等所奏，武帝遣臺使檢校，子響憤，殺寅、修之等，後以抗拒臺兵被誅。子響傳。是以威行州郡，權重藩君，勢積重而難反。當子響之殺寅等也，武帝聞之曰：「子響遂反。」戴僧静大言曰：「諸王都應反。」帝問故，對曰：「諸王無罪，而一時被囚，取一挺藕，一杯漿，籤帥不在，則竟日忍渴。諸州但聞有籤帥，不聞有刺史。」見子倫傳〔八〕。而僧静傳，武帝使僧静往討，僧静曰：「王年少，長史捉之太急，忿不思難故耳。天子兒過悮殺人，有何大罪，而忽遣軍西上耶？僧静不敢奉詔。」〔九〕竟陵王子良嘗問范雲曰：「士大夫何故詣籤帥？」雲曰：「詣長史以下皆無益，詣籤帥便有十倍之利，不詣何爲！」子倫傳〔十〕。故明帝殺諸王，無一不就典籤殺之。其初輔政時，防制諸王，先致密旨於上佐。孔琇之傳。又令蕭諶召諸王典籤約，不許諸王外接人物。諶傳。其害巴陵王子倫也，懼其有兵能拒命，以問典籤華伯茂，伯茂曰：「若遣兵恐不可即得，委伯茂則一小吏力耳。」果以酖逼之死。子倫傳〔十一〕。又遣裴叔業害南平王鋭，防閤周伯玉欲斬叔業，舉兵匡社稷，典籤叱左右斬之，鋭遂見害。鋭傳〔十二〕。積威之漸，一至於此。

〔一〕一行事，二典籤，南史四四巴陵王子倫傳詳論此事，趙即本於此。南史七七呂文顯傳亦復論之。

〔二〕應爲「南齊書四十武帝諸子傳論」。

〔三〕「先事後行」，「事」原作「令」；「飲食起居」，「起」原作「遊」；「在齊而彌甚」，「甚」原作「弊」。

〔四〕南史四四子隆傳無此語，見南齊書四十。

〔五〕「不復煩此」原作「不煩復此」，見南齊書四二江祏傳。

〔六〕南齊書三五鏗傳不載，見南史四三。

〔七〕南史四四子倫傳末特詳論籤帥之害，南齊書四十子倫傳無。

〔八〕「諸王無罪」，南史原作「天王無罪」。

〔九〕南齊書三十。

〔十〕「十倍之利」，南史子倫傳原作「倍本之價」。

〔十一〕此事只見南史子倫傳。

〔十二〕見南史四三銳傳。南齊書卅五銳傳不詳。

按南史呂文顯傳，故事，府州部内論事皆用籤，前叙所論之事，後書某官某籤，故府州置典籤掌之，本五品吏耳。宋季多以幼小王子出爲方鎮，人主皆以親近左右爲典籤，一歲中還都者數四，人主輒問以刺史之賢否，往往出於其口，於是威行州郡，權重藩君。

齊明帝知之，始制諸州論事不得遣典籤，其任稍輕〔一〕。其後仍復積重。梁書，江革爲廬陵王長史，時少王行事，多傾意於籤帥，革以正直自處，不與籤帥同坐〔二〕。蓋以典籤本微賤者也，然官小而權重。革之爲此，豈至梁時籤帥已輕，不復如齊時之威福在手耶？

〔一〕南史四四恩倖傳。此亦南史極論典籤之害，南齊書不載。「幼小王子」，原作「皇子」。與後代之宦官同。
〔二〕梁書三六。

南朝以射雉爲獵

南朝都金陵，無蒐狩之地，故嘗以射雉爲獵。宋明帝射雉，至日中無所得，甚慚，曰：「吾旦來如皋，遂空行，可笑。」褚炫對曰：「今節候雖適，而雲霧尚凝，故斯翬之禽驕心未警。」帝意解，乃於雉場置酒。宋書褚炫傳〔一〕。帝至巖山射雉，有一雉不肯入場，日暮將返，留晉平王休祐待之〔二〕，令勿得雉勿返，休祐便馳去。上令壽寂之等追之，蹴令墜馬死。休祐傳。齊武帝永明六年，邯鄲超諫射雉，上爲之止，久之超竟誅。後又將射雉，竟陵王子良又諫止。子良傳〔三〕。東昏置雉場二百九十六處，翳中帷幛皆紅綠錦爲之。有鷹犬隊主、媒翳隊主等官。齊紀〔四〕。

〔一〕言「宋書」誤，見南齊書卅二褚炫傳。
〔二〕「待之」原作「射之」。
〔三〕二事均見南齊書、南史子良傳。「永明六年」只見南齊書。「又諫」而未言「止」，「止」字應删。
〔四〕「隊主」等只見南史。

江左世族無功臣

六朝最重世族，已見叢考前編。其時有所謂舊門、次門、後門、勳門、役門之類，以士庶之别爲貴賤之分，積習相沿，遂成定制。陶侃微時，郎中令楊晫與之同乘，温雅謂晫曰：「奈何與小人同載。」郗鑒陷陳午賊中〔一〕，有同邑人張寔先附賊，來見，竟卿鑒，鑒曰：「相與邦壤，義不及通，何可怙亂至此。」寔慚而退。楊方在都，搢紳咸厚之，方自以地寒，不願留京，求補遠郡，乃出爲高梁太守。王僧虔爲吴興郡守，聽民何係先等一百十家爲舊門，遂爲阮佃夫所劾〔二〕。張敬兒斬桂陽王休範，以功高當乞鎮襄陽，齊高輔政，以敬兒人位本輕，不欲便處以襄陽重鎮。侯景請婚王、謝，梁武曰：「王、謝門高，可於朱、張以下求之。」〔三〕一時風尚如此。即有出自寒微，奮立功業，官高位重，而其自視猶不敢與世族較。陳顯達既貴，自以人微位重，每遷官，常有愧懼之色。誡諸子曰：「我本志不及此，汝等勿以富貴驕人。」又謂諸子曰：「麈尾是王、謝家物，汝不須捉此。」〔四〕王敬則與王儉同拜開府，褚淵戲儉，以爲連璧，儉曰：「老子遂與韓非同傳。」或以告敬則，敬則欣然曰：「我本南沙小吏，今得與王衛軍同拜三公，復何恨。」敬則傳（五）。王琳爲梁元帝所忌，出爲廣州刺史，琳私謂李膺曰：「官正疑琳耳，琳分望有限，豈與官争爲帝乎？何不使琳鎮雍州，琳自放兵作田，爲國捍禦外侮也。」琳傳（六）。且不特此也，齊高在宋，以平桂陽之功，加中領軍，猶固讓，與袁粲、褚淵書，自稱「下官常人，志不及遠」。褚淵傳（七）。及即位後，臨崩遺詔亦曰：「吾本布衣素族，念不到此。」本紀（八）。可見當時門第之見，習爲固然，雖帝王不能改易也。然江左諸帝，乃皆出自素族。宋武本丹徒京口里人，少時伐荻新洲，又嘗負刁逵社錢被執，其寒賤可知也（九）。齊高自稱素族，則非高門可知也。梁武與齊高同族，亦非高門也。陳武初館於義興許氏，始仕爲里司，再仕爲油庫吏，其寒微亦可知也（十）。其他立功立事，爲國宣力者，亦皆出於寒人。如顧榮、卞壼、毛寶、朱伺、朱序、劉牢之、劉毅等之於晉，檀道濟、朱齡石、沈田子、毛脩之、朱脩之、劉康祖、到彦之、沈慶之等之於宋，王敬則、張敬兒、陳顯達、崔慧景等之於齊，陳伯之、陳慶之、蘭欽、曹景宗、張惠紹、昌義之、王琳、杜龕等之於梁，周文育、侯安都、黄法氍、吴明徹等之於陳，皆禦武戡亂，爲國家所倚賴。而所謂高門大族者，不過雍容令僕，裙屐相高，求如王導、謝安，柱石國家者，不一二數也。次則如王弘、王曇首、褚淵、王儉等，與時推遷，爲興朝佐命，以自保其家世，雖朝市革易，而我之門第如故〔十一〕，以是爲世家大族，迥異於庶姓而已。此江左風會習尚之極敝也。

〔一〕「郗」，今殿本作「郄」，百衲本、宋小字本作「郗」。
〔二〕只見南齊書僧虔傳。
〔三〕侯景事似只見南史。
〔四〕「麈尾」，南齊書廿六顯達傳作「麈尾扇」，南史四五作「麈尾蠅拂」。「富貴驕人」，兩史均作「富貴陵人」。
〔五〕只見南史四五敬則傳。「褚淵」爲「徐孝嗣」之誤。
〔六〕南史六四、北齊書三二王琳傳。
〔七〕書只見南齊書二三褚淵傳。
〔八〕只是南齊書二本紀。
〔九〕伐荻、負錢二事，只見南史一帝紀。
〔十〕里司、油庫吏二事，亦只見南史九帝紀。
〔十一〕亡朝代不亡國，以國之非其國也。

梁武存齊室子孫

宋之於晉，齊之於宋，每當革易，輒取前代子孫盡殄之。梁武父順之在齊時，以謚殺魚復侯子響事，爲孝武所惡，不得志而死。故梁武贊齊明帝除孝武子孫〔一〕，以復私讎，然亦本明帝意，非梁武能主之也。後其兄懿又爲明帝子東昏侯所殺，故革易時，亦盡誅明帝子以復之，所謂自雪門耻也〔二〕。至於齊高子孫猶有存者，高、武子孫已爲明帝殺盡，惟豫章王一支尚留。則皆保全而録用之。如蕭子恪仕至吴郡太守，子範秘書監，子顯侍中、吏部尚書，子雲國子祭酒，子暉中騎長史〔三〕。梁武嘗謂子恪等曰：「我初平建康，人皆勸我云，時代革易，宜有處分。我依此而行，有何不可。正以江左以來，代謝必行誅戮，有傷和氣，所以運祚不長。昔曹志是魏武帝孫、陳思王之子，事晉武帝，能爲忠臣。此即卿事例，卿等無復自外之意，日久當知我心耳。」姚察論曰：魏、晉革易，皆抑前代宗支，以絶民望，然劉曄、曹志猶顯於新朝。及宋遂令司馬氏爲廢姓，齊之代宋，戚屬皆殲，其祚不長，抑亦由此。梁受命而子恪兄弟及羣從並隨才受任，通貴滿朝，君子以是知高祖之量度越前代矣〔四〕。

〔一〕兩「孝武」均應作「武帝」，齊無孝武。
〔二〕「自雪門耻」語，見梁書三五子恪傳。
〔三〕南史四二作「驃騎長史」。
〔四〕梁書三五子恪傳論。

陳武帝多用敵將

陳武帝起自寒微，數年有天下，其將帥自侯安都、黄法氍、胡穎、徐度、杜稜、吴明徹諸人外，其餘功臣，皆出於仇敵中者。杜僧明、周文育則起兵圍廣州，爲帝所擒者也；歐陽頠亦事蕭勃，爲周文育擒送於帝者也；侯瑱、周鐵虎、程靈洗則王僧辯故將也；魯悉達、孫瑒、周炅、樊毅、樊猛，則王琳故將也〔一〕。或臨陣擒獲，或力屈來降，帝皆釋而用之，委以心膂，卒得其力，以成偏安之業。其度量恢廓，知人善任，固自有過人者。如侯瑱據豫章，自以本事僧辯，不肯入朝，及部衆叛散，或勸其投北齊，瑱以帝有大量，必能容人，乃詣闕歸罪。魯悉達據晉熙，王琳授以鎮北將軍，帝亦授以征西將軍，悉達兩受之而皆不就，帝使沈泰潛師襲之亦不克，後爲北齊師所破，乃來歸。武帝謂曰：「來何遲也？」對曰：「陛下授臣以官，恩至厚矣，使沈泰來襲，威亦深矣，臣所以自歸者，以陛下豁達大度，同符漢祖故也。」帝曰：「卿言得之矣。」〔二〕可見帝之度量，當時早有以見信於人，故能驅策羣雄，藉以集事。魏鄭公史論謂帝：「志度宏遠，懷抱豁如。或取士於仇讎，或擢才於亡命，掩其受金之過，宥其吠堯之罪，委以心腹爪牙，咸得其死力，方諸鼎峙之雄，足以無慚權、備矣。」〔三〕然則雖偏安江左，固亦有帝王之量哉。

〔一〕孫瑒、周炅、樊毅兄弟，皆文帝時所用。故此條題目應作陳武帝叔姪多用敵將。

〔二〕南史六七魯悉達傳删悉達「對曰」以下。

〔三〕陳書卷六末。

齊梁臺使之害

齊書竟陵王子良傳，宋元嘉中，簿書賦稅皆責成郡縣，孝武帝急速，乃遣臺使，自此公私勞擾。齊初，子良疏曰：「此輩使人，既非詳慎，或貪險崎嶇，營求此役。朝辭禁門，形態即異；暮宿村縣，威福便行。脅遏津吏，恐喝郵傳。既望城郭，便飛下嚴符，但稱行臺。未知所督，先訶官吏，却攝羣曹。絳標寸紙，一日數至，四鄉所召，莫辨枉直。萬姓駭迫，爭致餽遺。今日酒諧肉飫，即許附申；明日禮輕貨薄，復責科算。及其犹蒜轉積，鵝栗漸盈，遠則分鬻他境，近則託質吏民，反請郡邑，助民祈緩。」〔一〕此齊室臺使之害也。梁書賀琛傳亦有疏曰：「今東境户口空虚，皆由使命繁數。大邦大縣，舟船銜命者，非惟十數，即窮幽之鄉，極遠之邑，亦皆必至。駑困邑宰則拱手聽其漁獵，桀黠長吏又因之而爲貪殘，故細民棄業流冗者多。」〔二〕此梁室臺使之弊也。以田租丁賦動遣臺使分催，本非政體。此輩假公營私，騷及雞犬，固事之所必有也。然如子良所云犹蒜鵝栗之類，則徵索尚屬微細。後世固不至以簿書賦役動遣使徵求，然有時以重案特命大官出勘，名曰欽差，其中未嘗無公正之人，能廉潔持身，平反定獄，然不可多得也。不肖者則因以爲利，藉權索賄，動至數萬金。小民之受累猶少，官府之被禍已深。前明劉瑾竊柄時，科道出使歸，例以千金爲餽，猶覺其細已甚也〔三〕，何況齊、梁臺使僅索雞豚果栗之類，固不足數矣。夫外吏不可信而遣朝官，小官不可信而遣大僚，宜其勵官方而達民隱，乃滋累更甚，則不如不遣之爲愈也。

〔一〕南齊書四十。多有删改。孝武帝下原有「徵求」二字。「公私」原作「公役」。「津吏」原作「津埭」。「未知」原作「未顯」。「先詶官吏」原作「先詶强寺」。「托質」原作「托貿」等。

〔二〕梁書卅八。

〔三〕「千金」説不見明史三〇八瑾傳。

後漢桓帝〔一〕數遣黄門常侍及中使伯榮〔二〕往來甘陵。伯榮尤驕蹇，所經郡國，莫不迎送禮謁。陳忠上言：「使者所過，威權翕赫，震動郡縣。王侯二千石爲伯榮獨拜車下，儀體上僭，侔於人主。長吏懼責，發人修道，繕理亭傳，徵役無度，老幼相隨，動以萬計。賂遺僕從，人數百匹。頓踣呼嗟，莫不叩心。」〔三〕後代欽差之弊往往類此。

〔一〕「桓帝」爲「安帝」之誤，安、桓相去垂四十年。

〔二〕伯榮，安帝乳母王聖女。

〔三〕後漢書七六陳忠傳。「二千石」下原有「至」字。「老幼」原作「老弱」。

六朝多以反語作讖

自反切之學興，遂有以反語作讖者。三國志，諸葛恪未被害時，民間謡曰：「諸葛恪，蘆葦單衣篾鉤落，於何相逢成子閣。」〔一〕「成子閣」反語「石子岡」也，後恪爲孫峻所殺，投尸於石子岡。晉書孝武紀，帝爲清暑殿，識者謂「清暑」反語爲「楚聲」，哀楚之徵也。齊書，益州向無諸王作鎮，宋時有邵碩曰：「後有王勝憙來作此州。」及齊武帝以始興王鑑爲益州刺史，「勝憙」反語爲「始興」也，碩言果驗〔二〕。又文惠太子啟武帝，乞東田作小苑，「東田」反語爲「顛童」，後其子鬱林王即位，果以童昏見廢。梁書，武帝創同泰寺，後又創大通門以對寺之南，取反語以協「同泰」也，遂改年號爲大通，以符寺及門名〔三〕。昭明太子時有謡曰：「鹿子開城門，城門開鹿子。」「鹿子開」者，反語謂「來子哭」〔四〕，時太子之長子歡爲南徐州刺史，太子薨，乃遣人追歡來臨喪，故曰「來子哭」也。

〔一〕「逢」原作「求」。鉤落，帶也。
〔二〕南齊書三五鑑傳，殿本闕一頁，但百衲本不闕，然亦無此文。見南史四三鑑傳。
〔三〕梁書無。只見南史七大通元年條。
〔四〕南史五三昭明太子統傳。「城門開鹿子」原作「城門鹿子開」。「反語謂來子哭」下原有「云帝哭也」。趙解釋與南史異。

哀策文〔一〕

周制，飾終之典以謚誄爲重。漢景帝始增哀策。漢書本紀，中二年，令諸侯王薨，大鴻臚奏謚誄策。列侯薨，大行奏謚誄策〔二〕。應劭注謂賜謚及誄文哀策也。沿及晉、宋，猶以謚誄爲重。魏志郭后傳〔三〕裴松之注，后崩，有哀策文。晉書文明王皇后傳，武帝時后爲皇太后，既崩，帝手疏后德行，命史官爲哀策文。及帝楊后崩〔四〕，亦命史官作哀策。其文俱載本傳。愍懷太子爲賈后所害，後追復皇太子，特爲哀策文，又江統、陸機並作誄頌焉。李胤卒，皇太子命王贊誄之，其文甚美。王珣傳，孝武帝崩，哀策、謚議皆珣所草。宋文帝袁皇后薨，詔顏延之爲哀策文，甚麗，帝自增「撫存悼亡，感今懷昔」八字。孝武殷貴嬪薨〔五〕，命謝莊爲誄文，都下傳寫，紙爲之貴。至齊則專重哀策文。齊武裴后薨，羣臣議立石誌，王儉曰：「石誌不出禮經，今既有哀策，不煩石誌。」乃止〔六〕。可見齊以後專以哀策爲重也〔七〕。今見於齊、梁書各列傳者，梁武丁貴嬪薨，張纘爲哀策文；昭明太子薨，王筠爲哀策文；簡文爲侯景所制，其后薨，蕭子範爲哀策文，簡文讀之曰，「今葬禮雖缺，此文猶不減於舊」是也〔八〕。唐代宗獨孤后薨，命宰相常衮爲哀策，猶沿此制。

〔一〕索引。
〔二〕漢書五景帝紀。大行，官名。
〔三〕魏志文德郭皇后傳。魏有二郭后，一明元。
〔四〕武元楊后。晉武帝有二楊后，一武悼。
〔五〕應作「殷貴妃」。殷貴妃只南史十一有傳。
〔六〕南史十一武穆裴皇后傳。「石誌不出禮」下有「起宋元嘉中」等語。
〔七〕可知齊時墓誌未盛。
〔八〕簡文后事只見梁書七。

南朝陳地最小

晉南渡後，南北分裂，南朝之地，惟晉末宋初最大，至陳則極小矣。劉裕相晉，滅慕容超而復青、齊，降姚洸〔一〕而復洛陽，滅姚泓而復關中。其後關中雖爲赫連勃勃所奪，而泝河西上時，遣王仲德〔二〕在北岸陸行，魏將尉建棄滑臺，仲德入據之。自後魏屢攻，得而復失。魏明元帝欲南伐，崔浩謂當略地以淮爲限，則滑臺、虎牢反在我軍之北，是滑臺、虎牢尚爲宋地〔三〕。宋將到彦之、王仲德攻河南，明元帝〔四〕遣長孫道生等追擊，至歷城而還，是歷城亦宋地也。宋元嘉十九年，詔闕里往經寇亂，應下魯郡修復學舍，是魯郡亦宋地也。直至魏太武帝遣安頡攻拔洛陽，剋虎牢，剋滑臺，帝臨江起行宮於瓜步，宋魄百牢，乃班師，於是河南之地多入魏。魏孝文帝〔五〕時，宋薛安都以彭城，畢衆敬以兗州，常珍奇以懸瓠，俱屬於魏。張永、沈攸之與魏戰又大敗，於是宋遂失淮北四州及豫州淮南地。其後齊將裴叔業又以壽春降魏，於是淮北之地亦盡入於魏。故蕭齊北境已小於宋。迨梁武帝使張惠紹取宿豫，蕭宏取梁城，韋叡取合肥，以及義陽、邵陽之戰，浮山堰之築，兩國交兵，爭沿淮之地者十餘年，互有勝負。魏孝明帝時，元法僧以徐州降梁，梁武遣蕭綜守之，綜仍以徐州降魏。魏末爾朱榮之亂，北海王顥奔梁，梁立爲魏主，使陳慶之送之歸國，深入千里，孝莊帝北走，顥遂入洛，梁之勢幾振。其後顥戰敗被擒，魏仍復所失地，而梁之地尚無恙也。及侯景之亂，西魏寇安陸，執司州刺史柳仲禮，盡没漢東之地。其淮陽、山陽、淮陰等地俱降東魏，鄱陽王範又以合州降東魏，東魏遂盡有淮南之地。景又攻陷廣陵，使郭元建守之，景敗，元建以廣陵降北齊，時東魏孝静帝已遜位於齊文宣。於是江北亦爲北齊所有。是時蕭繹在江陵，乞師於西魏，令蕭循以南鄭與西魏，西魏遂取漢中。繹稱帝於江陵，武陵王紀自成都起兵伐之，西魏使尉遲迥攻成都是以救繹，及紀爲繹所殺，而迥亦取成都，於是蜀地盡入於西魏矣。是時梁之境，自巴陵至建康，惟以長江爲限，荆州界北盡武寧，西拒峽口。而岳陽王蕭詧以繹殺其兄譽，遂據襄陽降西魏。西魏遣于謹等伐江陵，克之，殺元帝，（即繹。）乃以江陵易襄陽，使詧爲梁主，而襄陽亦入於西魏矣。元帝殁後，王僧辯、陳霸先立其子方智於建業，北齊文宣納蕭淵明入爲梁主，陳霸先廢殺之，仍奉方智。其時徐嗣徽、任約降北齊，方據石頭城，文宣又遣蕭軌、柳達摩、東方老等來鎮石頭，爲霸先所擒殺，金陵之地得以不陷。計是時江以北盡入於北齊，西境則蜀中及襄陽俱入西魏，江陵又爲蕭詧所有，梁地更小於元帝時矣。陳霸先篡位，（是爲陳武帝。）因之以立國，其地之入於周者，（西魏恭帝遜位於周。）惟湘州在江之南，周將賀若敦、獨孤盛不能守，全師北歸，地歸於陳。其後周、陳通好，陳又賂周以黔中地及魯山郡。迨北齊後主荒縱，陳宣帝乘其國亂，使吴明徹取江北，大敗齊師於吕梁，又攻殺王琳於壽陽，於是淮泗之地俱復。而是時周已滅齊，宣帝欲乘亂争徐、兗，又使明徹北伐，至彭城，反爲周師所敗，明徹被擒，於是周韋孝寬復取壽陽，梁士彦復拔廣陵，陳仍畫江爲界，江北之地盡入於周。故隋承周之地，晉王廣由江都至六合，韓擒虎自廬州〔六〕直渡采石，賀若弼自揚州直造京口，遂以亡陳也。

〔一〕應作「姚光」。
〔二〕「仲德」即王懿，避晉諱以字行。
〔三〕滑臺，河南衛輝滑縣。虎牢，開封汜水縣。
〔四〕應云「太武帝」，明元子。
〔五〕應云「獻文帝」。
〔六〕應云「廬江」。廬州府廬江縣。

按三國時孫吴之地，初只江東六郡，漸及閩、粤，後取荆州，始有江陵、長沙、武陵、桂陽等地，而夔府以西尚屬蜀也，其江北之地亦只有濡須塢，今無爲州。其餘則皆屬魏。陳地略與之相似，而荆州舊統内江陵又爲後梁所占，是其地又小於孫吴時。

廿二史劄記批注　史事之屬

卷十三　魏齊周隋書并北史

太上皇帝

太上皇本漢高祖有天下後奉其父太公之稱，非太公有天下，傳於子而有是稱也。漢書高帝詔曰：「父有天下，傳歸於子，子有天下，尊歸於父，此人道之極也。今公卿大夫已尊朕爲皇帝，而太公未有尊號，今上太公曰太上皇。」蔡邕曰：「太上皇不言帝，非天子也。」顔師古曰：「天子之父，故號曰皇。不預政治，故不曰帝也。」又三國志王肅議曰：「漢總帝王之號〔一〕，號曰皇帝。有别稱帝，無别稱皇者，高祖時其父見在，而使稱皇，則皇是稍輕者也。」裴松之注：「漢祖尊其父爲皇，其實貴而無位，高而無民，比之於帝，實稍輕也。」其以天下傳子而稱太上皇帝者，各史所載，共十四君，今記於左。按左傳晉景公有疾，立太子州蒲爲君，會諸侯伐鄭。史記趙武靈王傳國於子惠文王，自稱主父。此實内禪之始，然未有太上之稱，故不列。他如晉司馬倫遷惠帝於金墉城，號曰太上皇，唐高祖立隋代王侑，尊煬帝爲太上皇。此皆僭亂革易時事，名同而實異，更不可列入内禪之内也。

〔一〕原作「漢總帝皇之號」，作「王」誤。

呂光即天王位，年號龍飛〔一〕。在位十年，以老病，立子紹爲天王，自稱太上皇帝。晉書載記。

〔一〕後涼。

後魏獻文帝即位後，雅薄時務，常有遺世之心。在位七年，年十七，即内禪，使太保陸馛、太尉源賀奉皇帝璽綬册命皇太子升帝位。是爲孝文皇帝，時年僅五歲。羣臣奏曰：「昔三皇之世，淡泊無爲，故漢高祖尊其父曰太上皇，不統天下〔一〕。今皇帝幼沖，萬幾大政，猶宜陛下總之。謹上尊號曰太上皇帝。」帝乃從之，遂徙居崇光宫，采椽不斲，土階而已。國之大事，仍以奏聞。孝文帝每月一朝崇光宫。後改稱寧光宫。其後討蠕蠕、拾寅等事，獻文帝仍躬御戎軍。承明二年崩〔二〕，年二十三。魏書。

〔一〕原文爲「昔三皇之世，淡泊無爲，故稱皇。是以漢高祖既稱皇帝，尊其父爲太上皇，明不統天下」。見魏書六顯祖紀。

〔二〕爲「元年」之誤。承明無二年。

北齊武成帝即位五年，年二十八歲〔一〕。以天文有變，太史奏當有變易。祖珽乃上表言，陛下雖貴爲天子，未是極貴。按春秋元命苞，乙酉之歲，除革舊政。今太歲在乙酉，宜傳位東宮，應天道。乃上魏獻文帝禪子故事。帝從之，祖珽傳。乃傳位於皇太子緯，是爲齊後主。時年十歲。大赦改元，百官上尊號爲太上皇帝，軍國大事，仍以奏聞。北齊書本紀。然是時武成帝仍往來晉陽、鄴都，凡除拜生殺仍自主之。後主〔二〕天統四年崩，凡爲太上皇帝四年。北齊書。

〔一〕應云「年二十九」。天統四年戊子崩，年卅二，乙酉，年當廿九。

〔二〕「主」字衍。天統四年崩者武成，非後主。

後主緯隆化二年，時年二十一〔一〕。自晉陽戰敗回鄴。以周師日逼，乃傳位太子恒，時方八歲。改隆化二年爲承光元年，尊後主爲太上皇帝。後主先走青州〔二〕，幼主亦東走，又禪位於任城王湝，以太上皇爲無上皇，幼主爲守國天王。不數日，父子俱爲周所執。北齊書。

〔一〕天保七年丙子生，隆化二年丁酉，年二十二。
〔二〕先走濟州，又走青州。

後周宣帝以大象元年時年二十一。傳位於皇太子衍，時年七歲。詔曰：「朕以寡薄，祇承鴻緒。上賴先朝得一之跡，下藉羣后不二之心，思隆國本，用弘天歷。皇太子衍，地居上嗣，正統所歸，遠憑積德之休，允叶無疆之慶。朕今傳位於衍，乃睠四海，深合謳歌之望；俾予一人，高蹈風塵之表。萬方兆庶，諒朕意焉。」於是自稱天元皇帝，所居稱天臺，皇帝衍稱正陽宫。朝廷政事，仍宣帝處分。大象二年崩，年二十二。周書。

唐高祖武德九年六月，秦王世民殺皇太子建成、齊王元吉，乃立世民爲皇太子，聽政。是歲八月，皇太子即皇帝位於東宫顯德殿。貞觀三年，太上皇徙居大安宫。新唐書本紀書法如此，但言皇太子即位，而不言高祖傳位，以見其迫於勢之不得已也。以下皆唐書。

唐睿宗在武后時已立爲帝，後中宗歸爲帝，睿宗仍爲相王。中宗爲韋后及安樂公主所弑，韋后臨朝，臨淄王隆基睿宗子。率兵討亂，誅韋氏及安樂公主，於是睿宗即皇帝位，立臨淄王爲皇太子。先天元年，立爲皇帝，聽小事；自稱太上皇，聽大事。明年，詔歸政於皇帝，是爲玄宗。

唐玄宗享國既久，嘗欲傳位於太子，楊國忠等甚懼，使楊貴妃銜土祈哀，乃不果。天寶十五載，安禄山反〔一〕，帝避亂至馬嵬，太子從行，父老請留太子討賊，帝許之，遣壽王瑁及高力士諭太子，太子乃治兵於朔方。因裴冕、杜鴻漸等請，遂即位於靈武，是爲肅宗，尊玄宗爲上皇天帝，遣使奏聞。玄宗遣韋見素、房琯、崔涣奉皇帝册至靈武。肅宗復兩京，至德二載，迎玄宗歸。至咸陽，備法駕於望賢驛，玄宗御樓，肅宗紫袍望樓拜舞，玄宗降樓撫肅宗。肅宗泣，辭黄袍，玄宗自爲衣之。肅宗伏地固辭，玄宗曰：「天下人心皆歸於汝，使朕得保殘齡，即汝之孝也。」肅宗乃受。玄宗居興慶宫。乾元元年〔二〕，玄宗入御宣政殿，授肅宗傳國受命寶及符册，號曰光天文武大聖孝感皇帝，肅宗又上玄宗尊號曰聖皇天帝〔三〕。上元元年，肅宗病，李輔國矯詔遷玄宗於西内。寶應元年，玄宗崩。

〔一〕禄山十四載反，玄宗十五載幸蜀。

〔二〕應云「至德三載」，二月始改元乾元。

〔三〕舊唐書作「大帝」，新唐書作「天帝」。

唐順宗即位，病瘖，乃立廣陵王純爲皇太子〔一〕，命權勾當軍國事。明年，立爲皇帝，是爲憲宗，而順宗稱太上皇。元和元年，憲宗上尊號曰應乾聖壽太上皇。

宋徽宗宣和七年，以金兵之逼，先命皇太子爲開封牧，尋詔皇太子嗣位，自稱道君皇帝。太子即位，是爲欽宗，尊徽宗爲教主道君太上皇帝，居龍德宮。靖康元年，徽宗避金兵至鎮江府，金兵退，還京師。明年，金人以二帝北行。以下皆宋史。

宋高宗自元懿太子薨，訪太祖子孫「伯」字行内者，育於宮中，紹興二年，得伯玖〔一〕，賜名瑗，後封普安郡王。三十年，立爲皇子，更名瑋。三十一年，金海陵入寇，瑋從高宗至金陵。已而海陵被弑，金兵退，高宗自金陵歸。三十二年，立爲皇太子，改名昚。高宗久有傳位之意，至是乃降御札，皇太子可即位，朕稱太上皇帝，退處德壽宮。遣中使召太子入禁中，太子趨避殿側，高宗勉諭再三。於是高宗出御紫宸殿，宰臣奏事畢，高宗還宮。百官移班殿門外，拜詔畢，復班殿廷，内侍掖太子至御榻前即位，是爲孝宗。孝宗是時猶側立，不敢坐，内侍扶掖至八九，乃略坐。宰相率百官稱賀，孝宗遽興。宰相升殿固請，孝宗愀然曰：「此大位，恐不克當。」高宗即駕往德壽宮。孝宗步送出祥曦門，冒雨掖輦，至宮門不止。高宗麾謝再三，令左右扶還，顧曰：「吾付託得人，無憾矣。」自是每五日一朝德壽宮，

〔一〕初名淳，改名純。

百官月兩朝，高宗詣每月四朝。孝宗上高宗尊號曰光堯壽聖太上皇帝。孝宗終身備極孝養，兩宫無纖毫間隔。至淳熙十四年，高宗崩，年八十一，凡爲太上皇帝者二十四年〔二〕，孝宗行三年之喪。

〔一〕爲「伯琮」之誤。
〔二〕應爲「二十五年」。

宋孝宗淳熙十五年，詔自今御内殿，令皇太子侍立。十六年二月，詔傳位皇太子，以德壽宫爲重華宫。是日孝宗吉服御紫宸殿，行内禪禮。百官稱賀畢，内侍請太子坐，太子固辭，内侍扶掖，乃即位，是爲光宗。光宗是時微坐復興，丞相率百官賀。禮畢，樞密院奏事，光宗仍立聽。班退，孝宗反喪服御後殿，光宗侍立。尋登輦，同詣重華宫。光宗還内，上尊號曰至尊壽皇聖帝。

宋光宗紹熙四年七月以後，因疾不能朝重華宫。明年，孝宗疾甚，光宗仍不能朝。孝宗崩後，亦不能過宫行喪，乃立子嘉王爲皇太子。趙汝愚密請太皇太后，於禫祭日命皇太子即位，尊光宗爲太上皇。至日，衆官扶太子入素幄，披黄袍，太子却立未坐，汝愚率同列再拜。須臾催仗訖，百官班定，内侍扶掖，乃即位，是爲寧宗。寧宗詔建泰安宫以奉太上皇，自是五日一朝。尋詔以秋暑太上皇未須移御，即以寢殿爲泰安宫，上尊號曰聖安壽仁太上皇帝。慶元六年，崩。

明英宗土木之變陷於乜先〔一〕，皇太后諭立皇長子見深爲皇太子，命郕王英宗弟。輔之，代總朝政。後議者謂時方多難，宜立長君，皇太后亦遣太監金英傳旨，郕王宜早正大位，於是郕王即帝位，是爲景帝。景帝遥尊英宗爲太上皇。後乜先送英宗歸，景帝奉迎之禮甚簡，將至京，始備法駕於安定門外。英宗自東安門入，景帝迎拜，英宗答拜，各述己意，遜讓良久，乃送英宗於南宫，羣臣就見而退。後羣臣請朝英宗萬壽聖節及元旦，景帝皆不許。已又廢太子見深爲沂王，而立己子見濟爲皇太子，又殺侍英宗之太監阮浪等。皇太子見濟尋卒，御史鍾同等請復儲，皆被杖，並伐南城中高樹，英宗危甚。及景帝不豫，石亨、徐有貞等迎英宗復位。明史。

〔一〕爲「也先」之誤。下同。

以上皆歷代太上皇故事。北朝諸君固無足道，唐、宋則名分典禮各著稱史册。然洪容齋謂，唐四君，順宗以病不能臨政，高祖以秦王殺兄弟，明皇幸蜀，太子擅立，惟睿宗傳位，發於誠心。然至先天二年太平公主被誅之明日，始盡行歸政，則猶有不得已者。惟宋高、孝兩朝爲千古所未有云。此固確論也，然南宋國僅偏安，嗣君又非親子，究不得爲大全。惟我高宗純皇帝，當大一統之運，臨御六十年，親傳寶位，猶時勤訓政，享年至八十有九。今上自受禪後，極尊養之誠，無一日不親承色笑，視宋孝宗之一月四朝，曾不足比數焉。然則兩宫授受，慈孝兼隆，福德大備，真開闢以來所未見，豈不盛哉。

廿二史劄記批注　史事之屬

卷十四　魏齊周隋書并北史

皇太孫

禮記：「有適子，無適孫。」注謂：「冢子，身之副也。家無二主，亦無二副。」故古未有稱皇太孫者。漢宣帝時，元帝爲太子，生成帝，爲世嫡皇孫，宣帝愛之，名之曰驁，字曰太孫。此以之爲字，非立爲太孫也。惟晉惠帝，帝立子遹爲皇太子，後爲賈后所殺。趙王倫廢后，復遹位號，乃立遹子臨淮王臧爲皇太孫。未幾倫又害臧，乃立臧弟襄王尚爲皇太孫，尋薨。齊武帝，帝以皇太子長懋先卒，乃立長懋子昭業爲皇太孫，其東宮官屬悉改爲太孫官屬。太孫即位，以無道廢爲鬱林王。魏太武帝，帝先立子晃爲皇太子，尋卒，乃封晃子濬爲高陽王，後以皇孫世嫡不宜在藩，乃停封號，但號世嫡皇孫。後即位，爲文成帝。唐高宗，帝屢廢太子，立英王哲爲皇太子。太子生重照，帝喜，立爲皇太孫，武后時杖死。遼道宗，皇太子濬爲乙辛譖廢被害，詔封濬子延禧爲燕國王、天下兵馬大元帥。帝崩，遺詔燕國王即位，是爲天祐帝〔一〕。金世宗，帝先立嫡子允恭爲皇太子，尋薨，乃立允恭子璟爲原王，後立爲皇太孫，諭之曰：「明德皇后嫡孫，惟汝一人，故建立在朕，保守在汝。」後即位，是爲章宗。元世祖，帝先立嫡子真金爲皇太子，真金卒，命皇孫鐵穆爾鎮北邊，授以皇太子寶。帝崩，皇孫入即位，是爲成宗。明太祖，帝先立嫡子標爲皇太子，先薨，乃立標子允炆爲皇太孫。後即位，是爲建文帝。明成祖，帝先立高熾爲皇太子，是爲仁宗，在東宮時，子瞻基性英睿，成祖乃立爲皇太孫，是爲宣宗。皆有建立。然晉惠帝、齊武帝、金世宗、明太祖皆以皇太子先卒，故立皇太孫以繫正統，此事之不得已者也。

魏太武、遼道宗、元世祖則雖東宮先卒，大位已屬嫡孫，然尚不設皇太孫之稱。如魏太武則號其孫曰世嫡皇孫，遼道宗則封其孫曰燕國王、天下兵馬大元帥，元世祖則付其孫以皇太子寶，俱未嘗有皇太孫之號。乃唐高宗則當中宗在東宮時，即立重照爲皇太孫。明成祖亦當仁宗在東宮時，即立宣宗爲皇太孫，皆非禮也。梁武帝當簡文太子在東宮時，亦立簡文嫡子大器爲宣城郡王，而無皇太孫之稱。高宗立重照時，嘗以問裴敬彝、王方慶，皆對曰：「禮有嫡子，無嫡孫。晉立愍懷即遹。子爲皇太孫，齊立文惠即長懋。子爲皇太孫，皆居東宮。今有太子，又立太孫，古所未有。」帝曰：「自我作古，若何？」遂立之。是唐時猶有能據禮以爭者。乃明永樂中竟未聞有以此爲過舉，而舉朝寂然無聲，可見明臣不讀書，不知故事之陋也。

〔一〕「天祐」爲「天祚」之誤。

皇太弟

皇太孫之稱已非古法，晉以後更有所謂皇太弟者。晉惠帝皇太孫臧及尚俱死，因河間王顒奏，乃詔立成都王穎爲皇太弟。惠帝弟。後穎兵敗，又廢之，而立豫章王熾爲皇太弟。亦惠帝弟。既即位，是爲懷帝。劉淵死，其太子和爲劉聰所害，聰讓位於弟北海王乂，乂固請聰即位，乃立乂爲皇太弟，後乂爲聰子粲所害。慕容暐爲苻堅所擒，官於長安，後暐弟沖起兵，高蓋等立沖爲皇太弟，檄書與堅，自稱皇太弟致書，請奉送家兄皇帝出城。苻丕敗死，其子懿奔於苻登，時登已稱帝〔一〕，乃立懿爲皇太弟。此古來所創見也。唐文宗崩，中尉仇士良等立潁王瀍爲皇太弟，即位，是爲武宗。僖宗崩，軍容使楊復恭立壽王爲皇太弟，即位，是爲昭宗。此皆倉猝擁立，非預建爲儲副者。又南唐元宗李璟立弟齊王景遂爲皇太弟，然未嘗傳位。然兄終弟及，名號尚非不經。唐武宗崩，宦官馬元贄立光王爲皇太叔，即位，是爲宣宗，此又古所未有。安樂公主請中宗以己爲皇太女，則更不經之甚矣。元成宗崩，無子，其兄子海山鎮漠北，海山弟愛育黎拔力八達在懷州，入京監國，迎海山即位，是爲武宗，武宗即立愛育黎拔力八達爲皇太子。又泰定帝崩，武宗二子在外，長曰和世㻋，鎮漠北，其弟圖帖睦爾在江陵，亦先入京。稱號，迎和世㻋即位，是爲明宗，明宗亦立圖帖睦爾爲皇太子。明宗尋被害，皇太子仍即位，是爲文宗。按武、明二帝皆以其弟爲儲副，則皇太弟之號實屬相宜，乃反立爲皇太子，是直以弟爲子矣。蓋元人不知有皇太弟故事，但知皇太子爲繼體之號，而不知其爲對君父之稱也。

〔一〕懿至後登始稱帝。

帝王行三年之喪

三代後帝王行三年之喪者，咸稱晉武帝、宋孝宗，然尚有晉康帝、姚興、魏孝文帝、後周武帝、北漢劉承鈞，世未之知也，今摘於後。

晉文帝司馬昭。之喪，臣民皆從權制，三日除服。既葬，武帝亦除，然猶練冠蔬食，及謁崇陽陵，仍以衰絰從行，裴秀奏，既除不宜復服，乃止。羊祜曰：「三年之喪，漢文除之，毁禮傷義。今主上至孝，若因此復先王之法，不亦善乎。」羣臣異議乃止。羣臣又請易服復膳，詔曰：「可試省孔子答宰我之言，無俟紛紜也。」遂蔬素終三年。後王太后殂，帝居喪，一遵古禮。既葬，有司請除服，詔曰：「前代典禮，質文不同，何必援近制，使達喪闕然乎。」竟素服以終三年。武帝楊后崩，既葬即吉。尚書奏皇太子亦宜釋服，杜預奏皇太子宜復古典，以諒闇終制，從之。

見杜預傳。

康帝紀，有司奏成帝崩已一周，請改素服，進膳如舊。詔曰：「權制之作，出自近代，雖曰適事，實敝薄之始。先王崇之，後世猶怠，而況因循，又從輕降，義不可矣。」是康帝亦行三年喪也。

姚興母虵氏死，興哀毁過禮。羣臣請依漢、魏故事，既葬即吉。李嵩疏曰：「孝治天下，先王之令典也。宜遵聖性，以光孝道，既葬之後，仍素服臨朝，率先天下。」尹緯〔一〕駮之曰：「帝王喪制，漢、魏爲準。嵩矯常越禮，請付有司論罪。」興曰：「嵩忠臣孝子，有何咎乎。其一依嵩議。」晉書載記。

〔一〕「尹緯」爲「尹緯」之誤。

魏孝文帝遭文明太后之喪，欲行三年之喪，羣臣固請依遺詔過葬即吉，帝不許，乃以衰服過期，終四節之慕。明年正月，始聽政於皇信堂。又明年，遇文明太后再周忌日，哭於陵左，絶膳三日，哭不輟聲。魏書。

後周武帝皇太后叱奴氏崩，帝詔曰：「三年之喪，達乎天子，古今不易之道。朕宜遵前典，以申罔極，百寮以下，仍遵遺令。」公卿固請過葬即吉，帝不許。於是遂申三年之制，五服之内亦令依禮。後周書。

北漢劉承鈞，於乾祐七年遭其父世祖之喪，承鈞謂以日易月，非禮也。始行三年喪，至乾祐九年冬，始除服。十國春秋。

宋孝宗遭高宗之喪，詔朕當衰服三年，羣臣自遵易月之令。自是每七日及朔望，皆詣德壽宮。至大祥，帝以白布巾袍御延和殿，若詣德壽宮仍絰杖如初。葬後，帝親行奉迎虞主之禮。自是七虞、八虞、九虞、卒哭奉辭皆如之。又下詔曰：「朕欲衰絰三年，羣臣屢請御殿，故以布素視事。雖詔俟過祔廟，勉從所請，然稽諸典禮，心實未安，行之終制，乃爲近古。宜體至意，勿復有請。」於是遂終喪三年。將内禪時，密諭兩府，欲禪位退休，以畢高宗三年之喪。届期，吉服御紫宸殿，行内禪禮，畢，仍返喪服，駕詣重華宮，至服闋始除。宋史。

孝宗崩，光宗病不能執喪。寧宗即位，已服期，欲大祥畢更服兩月。御史胡紘言，孫爲祖服已期矣，今欲加兩月，不知用何典禮？若謂嫡孫承重，則太上皇即光宗。聖躬久已康復，在宮中自行三年之喪，而陛下又行之，是二孤也云云。是光宗亦行三年之喪。朱子語類。

女后之賢

洪容齋標三女后之賢，謂王莽女爲漢平帝后，自劉氏之廢，稱疾不朝會。莽敬而哀之，欲嫁之，不肯。及莽敗，后曰：「何面目以見漢家！」自投火中死。楊堅女爲周宣帝后，知其父有異圖，意頗不平，及禪位，憤惋愈甚。堅内愧之，欲奪其志，后誓不許，乃止。李昪女爲吴太子璉妃，昪既篡，封爲永興公主，妃聞人呼公主，則流涕而辭之。三后之事略同，可畏而仰也。然此三后猶人所知，容齋所記尚有遺漏。漢靈帝崩，子辯即位，是爲少帝，董卓廢爲弘農王，尋進酖弑之。臨服酖時，與妻唐姬泣别。姬還潁川，父會稽太守瑁欲嫁之，誓不肯。後李傕遣兵鈔關東，掠得之，傕欲妻之，不聽，而終不自名。獻帝聞之，詔迎姬拜爲弘農王妃。晉愍懷太子遹妃王氏，名惠風，王衍女也。太子既廢，衍請離婚。及劉曜陷洛陽，以惠風賜其將喬屬，惠風拔劍拒屬曰：「我太尉公女，皇太子妃，豈爲汝逆胡所辱！」屬遂殺之。苻堅奔五將山，爲姚萇所擒，其張夫人自殺。苻登妻毛氏，壯勇善騎射，爲姚萇所襲，營壘既陷，猶彎弓跨馬，率壯士數百十人，與萇交戰，力屈被執。萇欲納之，毛氏駡曰：「吾天子后，豈爲賊羌所辱，何不速殺我！」萇怒殺之。吕紹爲吕纂所弑，妻張氏色美，吕隆欲污之，張氏自投樓下，二脛俱折，誦佛經而死。以上皆晉書列女傳。吕纂既篡，爲吕超所誅，其妻楊氏色美，超將娶之，使其父語之，楊氏曰：「大人賣女與氏，以求富貴，一之已甚，其可使女辱於二氏乎！」乃自殺。北史〔一〕。西魏廢帝后，宇文泰之女也，帝爲泰所廢，后以忠於魏被禍，北史。此皆亡國后妃之賢者，摘出以補容齋所未及。

〔一〕北史不載。見魏書九五呂隆傳，晉書九八列女傳亦載之。

南北朝通好以使命爲重

南北通好，嘗藉使命增國之光，必妙選行人，擇其容止可觀，文學優贍者，以充聘使。如魏游明根嘗三使於宋，李彪嘗六使於齊，齊武帝以裴昭明有將命之才，特命使魏，皆以其能稱使職也。其後益以使命爲重，李諧傳謂南北交聘，務以俊乂相矜，銜命接客，必盡一時之選，無才地者不得與焉。梁使每入，鄴下爲之傾動，貴游子弟，盛飾聚觀，館門成市，魏使至梁亦如之，一時風尚如此。凡充使及伴使，皆不輕授。邢邵在魏，爲一時文人之冠，特以不持威儀，遂不令出使。邢邵傳。北齊李緯與崔暹不協，嘗曰：「雖失貴人意，聘梁使不能舍我。」後果使梁。李緯傳。崔瞻曾經熱病，面多瘢痕，然雍容可觀，詞韻温雅，遂出使於陳。崔瞻傳。此出使之精於選擇也。其出使而增重鄰國者，魏游明根使宋，宋孝武稱其長者，迎送禮加常使。游明根傳。高推使宋，宋稱其才辨。高允傳。李彪使齊，將還，齊主親至琅琊山，命羣臣賦詩送別。李彪傳。北齊崔㥄將使梁，㥄曰：「文采與識，㥄不推李諧，口頰⿰扁頁⿰扁頁，諧乃大勝。」乃以李諧、盧元明、李業興出使。梁武謂左右曰：「卿輩嘗言北方無人，此等從何處來。」李諧傳。李渾聘梁，梁武曰：「伯陽之後，久而彌盛，趙李人物，今實良多。」李渾傳。魏收與王昕聘梁，昕風流文辨，收詞藻富逸，梁君臣咸敬禮。魏收傳。周使崔彥穆聘陳，彥穆風韻閑曠，器度方雅，爲江表所稱。崔彥穆傳，以上皆魏書〔一〕。此皆出使之有光者也。其鄰國之接待聘使，亦必選有才行者充之。魏使至齊，齊以宗夬與任昉同接魏使，皆時選也。宗夬傳。王融有才辨，乃命兼主客接魏使，房景高、宋弁以融年少，問主客年幾，融曰：「五十之年，已踰其半。」〔二〕景高曰：「在北聞君曲水詩序，實願一見。」融乃示之。弁曰：「昔觀相如封禪，知漢武之德。今覽王生詩序，用見齊主之盛。」王融傳。劉繪以才辯奉勅接魏使，事畢當撰記，繪曰：「無論潤色未易，但得我語亦難矣。」劉繪傳，以上皆齊書〔三〕。齊永明中，魏使至，詔選朝士有詞辯者接使於界，乃以范岫往迎。范岫傳。魏使劉善明聘梁，梁使朱异接之，預讌者皆歸化北人，善明欲見王錫、張纘，乃使錫、纘入宴。善明遍論經史，錫、纘隨而酬對，善明深歎服之。張纘傳，以上皆梁書〔四〕。齊使劉纘至魏，文成命李安世接之。安世善舉止，纘歎曰：「不有君子，豈能國乎！」李安世傳。李諧、盧元明聘梁，梁武以蕭撝詞令可觀，令受幣於賓館。蕭撝傳。梁使至魏，陸卬每接讌，即席賦詩，卬必先成，遂以敏速見美。陸卬傳。劉孝儀聘魏，魏詔邢昕迎於境上。邢昕傳。徐君房、庾信聘魏，名譽甚高，選接待者皆一時之秀，盧元景之徒皆降階攝職，更遞司賓。祖珽傳。梁使至北齊，齊每令裴讓之攝主客郎接待之。裴讓之傳。陳使傅縡聘北齊，齊令薛道衡接對，縡贈詩五百韻〔五〕，道衡和之，南北稱美。薛道衡傳。陳使賀徹、周濆相繼聘隋，隋每令盧昌衡接待之。盧昌衡傳。隋陸爽博學有口辨，每陳使至，文帝嘗使爽迎勞。陸爽傳。此又可見伴使者亦必慎選也。今按劉纘聘魏，指方山問接伴李安世曰：「此山去燕然遠近？」安世曰：「亦石頭之於番禺耳。」李安世傳。魏李繪使梁，與梁人泛言氏族，袁狎自謂出自黄帝，姓在十四之限，繪曰：「兄所出雖遠，當共車千秋分一字耳。」李繪傳。李業興使梁，梁朱异問：「洛中委粟山是南郊耶？」業興曰：「是圜邱，非南郊。」异曰：「北間郊邱異地，是用鄭義，此中用王義。」業興曰：「江左用王義，除禫應是二十五月，何以王儉喪禮仍用鄭義二十七月？」李業興傳。梁徐陵使東魏，宴日甚暑，魏收曰：「今日之熱，當由徐常侍帶來。」陵曰：「昔王肅至魏，爲魏制禮儀。今我來聘，使卿復知寒暑。」陳書徐陵傳。此等猶不過以言語文學見長，無大關係，若事涉朝政邊事，而能以片言全國體，折敵謀，則尤有足尚者。如魏太武南伐，宋太尉江夏王義恭、安北將軍武陵王駿守彭城，太武使李孝伯至城下勞問曰：「主上有詔，詔太尉、安北可暫出相見。」宋張暢出對曰：「有詔之言，何得稱之於此？」孝伯曰：「鄰國之君，何爲不稱詔於鄰國之臣，何至杜門絶橋。」暢曰：「二王以魏帝營壘未立，此間精甲十萬，恐相陵踐故耳。」孝伯曰：「主將令行禁止，何待絶橋杜門，又何必以十萬誇大。我亦有良馬百萬，可以此相矜乎？」孝伯應答如流，風容閑雅，暢甚相嗟賞。魏書李孝伯傳。宋人亦稱孝伯足辭辯，北土之美。暢隨宜應答，音韻詳雅，北人美之。宋書張暢傳。劉纘使魏，市肆交易，金玉甚賤。纘曰：「當是山川所出。」李安世曰：「我朝不貴金玉，故同於瓦礫耳。」纘初將大市，聞安世言，慚而罷。李安世傳。齊高帝篡位，使車僧朗於魏。魏主問齊王何故奪宋天下，僧朗辨對甚明。齊書車僧朗傳。魏文明太后崩，齊使裴昭明來弔〔六〕，欲朝服行事，不肯喪服。魏成淹折之曰：「玄冠不弔，童稚共聞。昔季孫將行，請遭喪之禮。何得以朝服行弔。」昭明言：「我高帝崩，魏遣李彪來弔，不喪服。」淹曰：「彪本請喪服以行，及至齊，齊已即吉，君臣皆鳴玉行庭，使臣何容衰服？今我皇方親行喪服，豈得以此方比也。」昭明遂以喪服入。成淹傳。及魏使李彪報謝，則入宴辭樂，曰：「我皇孝性自天，除縗後尚以素服從事，使臣不敢聞樂。」齊不能屈。李彪傳。齊明帝廢海陵王自立，魏孝文來伐壽春，城中遣崔慶遠出與孝文語，遂退兵。齊書蕭遥昌傳。陳文帝弟安成王頊在梁，魏克江陵，隨例遷長安。宇文泰欲歸之，遣杜杲使陳道意，陳文帝大喜，即賂以黔中及魯山郡。後杲送頊歸，陳帝曰：「家弟得歸，實貴朝大惠，然不還魯山，恐未能如此。」杲曰：「安成在我朝，咸陽一布衣耳，然是陳之介弟，其貴豈止一城。我朝親睦九族，推己及人，所以送歸。今謂以土地易骨肉，何以聞之四方？」陳帝大慚，曰：「前言戲之耳。」後杲又使陳，宣帝謂曰：「若欲合從圖齊〔七〕，當以樊、鄧見與。」杲曰：「合從圖齊，豈惟敝邑之利，必須城鎮，宜待得之於齊。今先索漢南，使臣不敢聞命。」宣帝甚敬之。邢杲傳〔八〕。此等使臣，實能爲國家折衝樽俎之間，使鄰國不敢輕視，真所謂使於四方，不辱君命者，又不徒以言語文學見長而已，宜是時南北皆以選使爲重也。

〔一〕應云「以上皆北史」。
〔二〕「已踰」原作「久踰」。
〔三〕應云「以上皆南史」。
〔四〕見梁書廿一王錫傳。
〔五〕「五百韻」爲「五十韻」之誤。
〔六〕南齊。
〔七〕北齊。
〔八〕「邢杲傳」爲「杜杲傳」之誤。

後魏追謚之濫

有天下追尊其先世，禮也。然不過兩三代，獨後魏則無限制。道武帝建國稱帝，既追尊其始祖力微爲神元皇帝，自神元以下，沙漠汗曰文帝，悉鹿曰章帝，綽曰平帝，弗曰思帝，禄官曰昭帝，猗㐌曰桓帝〔一〕，猗盧曰穆帝，鬱律曰太祖平文帝，賀傉曰惠帝，紇郍曰煬帝，翳槐曰烈帝，什翼犍曰昭成帝，凡十三帝。又從神元而上，追尊極遠之祖，毛曰成帝，貸曰節帝，觀曰莊帝，樓曰明帝，越曰安帝，推寅曰宣帝，利曰景帝，俟曰元帝，肆曰和帝，機曰定帝，蓋曰僖帝，儈曰威帝，鄰曰獻帝，詰汾曰聖武帝，又共十四帝，則不惟謚號遥加，并名諱亦出於追製，苟欲崇其祖先，而至於濫褻已甚，此不經之甚者也。按魏澹謂平文以前本部落之君長，道武遠追二十八帝，實越典禮。今魏書及北史所載止二十七帝，殊不合魏澹所云。考平文時，長孫斤反，拔刀向御前，太子實格之，傷脇而薨，後追謚爲獻明帝。所云二十八帝者，獻明當在内也。魏書、北史以獻明未登位，無事可紀，故缺之耳。

〔一〕「猗㐌」爲「猗㐌」之誤。

按漢制，開國之君稱祖，以下則俱稱宗。自曹魏始三代稱祖，武帝稱太祖，文帝稱高祖，明帝稱烈祖。明帝廟號乃生前所定，尤屬不經，故孫盛譏之。晉亦三代稱祖，司馬懿追稱高祖，昭追稱太祖，武帝稱世祖。慕容氏亦三代稱祖，廆追稱高祖，皝追稱太祖，儁僭號稱烈祖。姚秦亦三代稱祖，弋仲追稱始祖，萇稱太祖，興稱高祖。至元魏則更有兩太祖，道武既追尊平文帝爲太祖，及道武崩，其廟號又稱太祖，此列朝所未見也。其後太武帝稱世祖，獻文帝稱顯祖，孝文帝稱高祖。北齊則高歡追稱高祖，文宣帝稱顯祖，武成帝稱世祖，亦三代稱祖。周宇文泰追稱太祖，武帝稱高祖。南朝則宋武帝稱高祖，文帝稱太祖，孝武帝稱世祖，亦三代稱祖。齊高帝稱太祖，武帝稱世祖。梁武帝稱高祖，元帝稱世祖。陳武帝稱高祖，文帝稱世祖。祖以功，宗以德，原非必一祖之外不得再稱祖，然亦須揆其功而祖之。創業中興，有大功於世，祖之可也。如魏明帝、宋文帝、孝武帝、後魏獻文帝、北齊武成帝諸君，不過蒙業繼體，在位僅數年，無功可紀，乃亦以祖爲廟號，僭僞之朝，苟爲崇奉，固不可爲法也。

異姓封王之濫自後魏始

太武帝即位，封長孫嵩北平王，奚斤宜城王，長孫翰平陽王，叔孫建丹陽王，司馬楚之琅琊王，杜超陽平王，穆壽宜都王，長孫道生上黨王，樓伏連廣陵王。自是功臣無有不王者。文成帝封周忸樂陵王，杜遺、閭若文、劉尼、杜元寶、源賀、閭武皮、常英、閭毗、閭紇、尉眷、乙渾、李峻，俱進爵封王。又封陸麗爲平原王，麗乞以讓父，帝曰：「吾豈不能以二王封卿父子也。」乃封其父俟東平王。後麗之子叡事獻文帝〔一〕，又封東郡王，一門之内遂有三王。獻文帝又封慕容白曜濟南王，韓頹襄城王。孝文帝亦封陳建魏郡王，苟頹河東王，王叡中山王，張祐新平王。太和十六年，始詔諸遠族非太祖子孫及異姓封王者，皆降爲公，公爲侯，侯爲伯，其子男仍舊，皆除將軍之號，惟長孫道生以大功特不降，自是名器稍重。至北齊武成帝時，又極猥褻。奄人鄧長顒、韓寶業、盧勒叉、齊紹、秦子徵、陳德信俱封王。後主緯時，庶姓封王者尤多，穆提婆城陽郡王，高阿那肱淮陽郡王，韓長鸞昌黎郡王，皆倖臣也。張景仁以侍書封王，傳謂倉頡以來，八體進爵，一人而已。又有倉頭陳山提、蓋豐樂、劉郁斤、趙道德、劉桃枝、梅勝郎、辛洛周、高舍盛〔二〕，至武平時，皆封王，其不及武平者，亦追贈王爵。齊書謂諸倉頭始自家人，情寄深密，及後主時，已是先朝勳舊，故致此叨竊。又有樂人曹僧奴及其子妙達，以能彈琵琶亦封王。此外官階更不可數計，開府千餘，儀同無數。諸貴寵追贈祖父，歲一進官，位極而止。馬及鷹犬皆有郡君、儀同之號，如赤彪儀同、逍遥郡君、淩霄郡君之類，甚至鬬雞亦號開府，官爵之濫，至此極矣。故當時受之者，不以爲榮，且反有以爲辱者。陽休之爲中書監，封燕郡王，謂人曰：「我非奴，何忽有此授。」可見人之賤之，至不齒於人列也。荒亂之朝，何所不至，固不可以常理論矣。

〔一〕「叡」爲「定國」之誤。

〔二〕「高舍盛」爲「高舍洛」之誤。

後魏百官無禄

後魏未有官禄之制，其廉者貧苦異常。如高允草屋數間，布被緼袍，府中惟鹽菜，常令諸子採樵自給是也。允傳。否則必取給於富豪，如崔寬鎮陜，與豪宗盜魁相交結，莫不感其意氣。時官無禄，力惟取給於人，寬以善於結納，大有受取，而與之者無恨。寬傳。文成帝詔，諸刺史每因調發，逼人假貸，大商富賈，要時射利，上下通同，分以潤屋。自今一切禁絶，犯者十疋以上皆死。明元帝又詔，使者巡行諸州，校閱守宰貲財，非自家所齎，悉簿爲贓。是懲貪之法未嘗不嚴，然朝廷不制禄以養廉，而徒責以不許受贓，是不清其源而徒遏其流，安可得也。至孝文帝太和八年，始詔曰：「置官班禄，行之尚矣。自中原喪亂，兹制久絶，先朝因循，未遑釐改。今宜班禄，罷諸商人，以簡人事。户增調絹二疋〔一〕，穀二斛九升，以爲官司之禄，均預調爲二疋之賦，即兼商用。禄行之後，贓滿一疋者死。」俸以十月爲首，每季一請。後以軍興用不足，又詔百官禄四分減一，以充軍用。至明帝時，于忠當國，欲結人心，乃悉復所減之數。此魏制官俸之大概也。按文成詔中所謂商賈邀利，刺史分潤，孝文詔中所謂罷諸商人，以簡人事，蓋是時官未有禄，惟藉商賈取利而抽分之，至見於詔書，則陋例已習爲常矣。崔寬并交結盗魁，爲受納之地，既取利於商賈，自并及於盗賊，亦事之所必至也。上下交征如此，何以立國哉。

〔一〕「二疋」原作「三疋」。

後魏刑殺太過

後魏起北方，專以刑殺爲政令。自猗盧爲代王，即嚴刑峻法，諸部人多以違命得罪，凡後期者，舉部戮之。或有宗室相攜〔一〕，悉赴死所，或問何往，曰當就誅戮，其威嚴如此。道武帝以秦王觚使於燕，爲所害，及克中山，收害觚者傅高霸、程同等，皆夷五族，以大刃挫殺之。其討劉衛辰，收其子弟宗黨，無少長五千餘人，盡戮死。末年，每朝臣至前，追其舊惡，輒殺之。其餘或以顔色動變，或以喘息不調，或以行步乖節，或以言詞失措，皆以爲懷惡在心，變見於外，乃手自毆擊，死者皆陳天安殿前。道武時，嘗有神巫謂帝當有暴禍，惟滅「清河」、殺「萬人」乃可免。帝乃滅清河一郡，嘗手自殺人，欲其數滿萬，或乘輦手劍擊檐輦者腦，一人死，一人代，每一行死者數十。有愛妾名萬人，與帝子清河王紹私通，懼事發，乃弑帝。臨死，始悟「清河」、「萬人」之讖，在此二人也。太武帝雖詔有司按律令，務求厥中，皆本紀。然如崔浩之誅，清河崔氏無遠近，及范陽盧氏、太原郭氏、河東柳氏，皆浩之親黨，盡夷其族，甚至僮吏亦夷五族，同修史者亦族誅。浩傳(二)。史臣謂太武果於刑戮，後多悔之，則亦仍其祖父舊法也。至孝文帝，始詔一人爲惡，殃及合門，朕所不忍，自今非謀反大逆及外奔者，罪止其身。尋又詔五族者降止同祖，三族者止一門，門誅者止其身，於是刑戮稍減。然自先世以來，冤死者已不可數計矣。按猗盧爲其子六修所弑，道武爲其子紹所弑，及身之報，已屬顯然。其後亡國時，北齊文宣帝問元韶：「光武何故中興？」韶曰：「爲王莽誅諸劉不盡。」文宣乃誅諸元，世哲、景武等二十五家，男子無少長皆斬，所殺三千人，餘十九家並禁之，韶亦入地牢，絶食，啗衣袖而死。尋又大誅元氏，壯者斬東市，嬰兒投於空中，以槊承之，悉投屍漳水，剖魚者多得爪甲，都下爲之久不食魚。文宣嘗令諸囚自金鳳臺各乘紙鳶以飛，最遠者免死，元黄頭獨能至紫階，宜得免矣，仍付御史獄餓死。凡昭成以下，並無遺焉。然則元魏之後，竟無遺種，實好殺之報也。高允曰：「皋陶至德也，其後英、蓼先亡。劉、項之際，英布黥而王，經世雖久，猶有刑之餘釁，況凡人乎。」

後周宇文氏之後，爲隋所誅殺殆盡，史臣亦謂渚宫制勝，闔城孥戮，茹茹歸命，盡種誅夷，周祚不永，或由於此。是則天道之報施，固有昭然不爽者也。

〔一〕「宗室」原作「室家」。

〔二〕浩誅在太平真君十一年，庚寅；詔在正平元年，辛卯。魏書三五崔浩傳不載「僮吏亦夷五族，同修史者亦族誅」。

按族誅之法，本起於秦，漢高祖入關，所謂父老苦秦苛法，誹謗者族是也。後漢書楊終疏亦言，秦政酷烈，一人有罪，延及三族。如淳曰，父族、母族、妻族也。張晏曰，父母、妻子、兄弟也。是族誅本秦酷政，漢高約法三章則已除之。然韓、彭之誅皆夷三族，購季布敢匿者罪三族，捕貫高等敢有隨者罪三族，是仍未嘗除也。故崔寔政論謂高祖使蕭何定律，有夷三族之令，至文帝始除之。楊終疏所謂文帝至仁，除去收孥是也。然文帝雖除，而其後如李陵、王温舒等，仍坐罪族誅，則此刑故在。至魏、晉之際，益慘酷無人理。司馬懿誅曹爽，支黨皆夷三族，男女無少長，姑姊妹女子之適人者，皆殺之。爽傳〔一〕。王淩之妹爲郭淮妻，淩被誅，淮五子向淮叩頭流血，淮不能忍，乃致書懿免之。淮傳。毌丘儉之誅，其子甸妻荀氏應坐死，其兄顗乞其命，乃詔離婚。而荀氏所生女，已嫁劉子元，亦當坐死，以懷姙在獄，荀氏乞爲婢，以贖女命。按荀氏之女則儉孫女也，而亦不免，是誅及四族矣，司馬氏之酷如此。程威乃上議曰：「已出之女，父母有罪，既須追刑，夫黨見誅，又須從戮，是一人之身，內外受辟。男不得罪於他族，女獨嬰禍於二門，事屬不均。請在室者從父母之誅，出嫁者從夫家之罰。」乃改此制。晉書刑法志。其後解結被戮，其女適裴氏者，明日當嫁而禍起，裴氏欲認活之，女曰：「家既若此，我何活爲。」亦坐死。夫以將嫁而夫家來認之即可不死，則已稍輕於毌邱儉之案矣。然一人有罪，害及無辜，秦、漢以來，以此法枉殺者不知凡幾，又況後魏之誅及五族耶。爾雅，內宗曰族，母妻則曰黨。是古所謂族者，專指宗姓而言。故孔安國稱，尚書九族謂自高祖至玄孫，即喪服小記所云以三爲五、以五爲九也。後世乃誤以父、母、妻爲三族，以致濫殺益多。顧寧人謂始於杜預，以外祖父母、從母子及妻父母、姑之子、姊妹之子、女之子當之。然漢書張晏三族注，謂父母、兄弟、妻子也，如淳注則曰父族、母族、妻族也，則此誤不自杜預始矣。今按司馬氏之誅曹爽、王淩、毌邱儉，雖極慘毒，然尚止及於姑姊妹及女子之適人者，至魏太武之誅崔浩，并及於盧氏、郭氏、柳氏，皆夷其族，則於本族之外，延及於母黨、妻黨、出嫁之女黨，安知非如淳、杜預之注之遺害耶？故落筆不可不慎也。

〔一〕「男女無少長」以下，三國魏志九爽傳不載。

魏以奄人爲外史

後魏多以奄人爲外史。楊範傳謂，靈太后臨朝，中官貴者，皆許以方岳，故宦寺多爲外吏。今考魏書，不自靈太后始也。蓋魏時籍没之制甚嚴，凡官吏有罪者，一經籍没，則婦女入掖廷，男子小者即爲奄寺，故其中往往有士人子孫，知義理有才具者。如仇洛齊，其祖本殿中侍御史〔一〕，洛齊在太武時爲奄人，因綾羅户不屬守宰，多隱漏，乃奏請悉歸郡縣。後出爲冀州刺史，有能名。王琚先世晉豫州刺史〔二〕，琚被刑入宫，曆事數朝，志在公正。出爲冀州刺史，年老致事。孝文時隨遷洛，以家貧特蒙賜帛。趙黑先世本晉平遠將軍，黑没爲奄人，官選部尚書，能自謹厲，當官任舉，頗能得人。獻文欲傳位京兆王子推，黑願以死奉太子，孝文以是得立。後出爲定州刺史，克己清儉，憂濟公私，有欲行賂者，黑曰：「高官厚禄，足以自給，敢賣公營私耶！」孝文聞之，特賜絹穀。孫小父本姚秦護軍，守城殉節，小没入宫刑。後出爲并州刺史，州内四郡百餘人詣闕頌其政化。後遷冀州刺史，清約自守，當時牧伯無能及。他如抱嶷以忠謹被擢，後因老疾乞外禄，乃出爲涇州刺史，自以故老前宦，爲政多守法〔三〕。王質解書學，出爲瀛州刺史，在州十年，風化粗行，察奸糾慝，究其情狀，民庶畏服之。此皆在靈太后之前，而閹寺爲吏亦有能勤於其官者。自靈太后後，楊範爲白水太守，王温爲鉅鹿太守、瀛州刺史，然皆無可稱。蓋亦視朝政之盛衰爲賢否，朝政肅則刑餘爲吏亦能砥節奉公，朝政弛則士大夫亦多貪縱，況此輩乎。俱見魏書奄官傳。

〔一〕魏書九四仇洛齊傳，「祖」原作「養父」。

〔二〕「王瑀」爲「王琚」之誤，下同。

〔三〕「爲政多守法」，「法」上原有「往」字。

魏孝文遷洛

魏孝文帝以國俗沿上世之陋，欲遷洛以變舊風。恐大臣不欲，乃發京師步騎百餘萬南伐，至洛陽，帝戎服執鞭而出，羣臣稽顙於馬前，請停南伐，帝曰：「今者之舉，興發不小，動而無成，何以示後？若不南伐，便當都洛。」乃議遷移之計。次年，至平城宫，部分遷留。又臨太極殿，喻在代諸臣遷移之略。本紀。時舊臣多不欲行，帝先與彭城王澄議之〔一〕，謂平城乃用武之地，非可興文，須光宅中原，澄力贊之，乃決。澄傳。帝又謂元贊等曰：「朕爲天子，何假中原，欲令卿等子弟博見多智耳。若永居恒北，卿等子弟不免面牆也。」廣陵王羽傳。又嘗問于烈遷留孰便，烈對曰：「聖略深遠，非愚管所及。若隱心而言，樂遷之與戀舊中半耳。」帝曰：「卿不鳴異同〔二〕，朕深感不言之益。」烈傳。時穆泰、陸叡以畏遷謀反，泰欲推陽平王頤爲主，事敗賜死。泰傳。遷洛後，太子恂守金墉，畏河南暑熱，召牧馬，欲輕騎奔代，元徽勒門阻之乃止。帝遂廢恂爲庶人，尋亦賜死。恂傳。帝引見朝臣，詔斷北語，一從正音。年三十以上，習性已久，或不可革，三十以下，見在朝之人，語音不許仍舊，違者免所居官〔三〕。又詔革衣服之制。嘗出行，見婦女仍夾領小袖，乃責咸陽王禧等〔四〕。禧傳。又詔遷洛人，死者葬河南，不得還北。於是代人南遷者，皆爲洛陽人〔五〕。又詔改國姓爲元氏〔六〕。本紀。蓋帝優於文學，惡本俗之陋，欲以華風變之，故不憚爲此舉也。然國勢之衰實始於此，一傳而宣武，再傳而孝明，而鼎祚移矣。蓋徒欲興文治以比於古帝王，不知武事已漸弛也。其先道武帝遣賀狄干至秦，爲姚興所留，因在長安讀書，通尚書、論語，舉止似儒者。後歸，道武見其類中國人〔七〕，遂殺之。賀狄干傳。明元帝時，或言國家當遷都鄴，崔浩曰：「非計也。今居北方，若山東有事，則輕騎南出，誰知多少，百姓望而遠服，此國家威制四夷之長策。若南徙，則種人不滿諸州之地，參居榛林之下，不服水土，疾疫死傷，情見事露，四方聞之，有輕侮之意，則聲實俱損矣。」崔浩傳。此又開國君臣之深識遠慮也。

〔一〕「彭城王」爲「任城王」之誤。

〔二〕「卿不鳴異同」，原作「卿不鳴異即是同」，見魏書三一、北史二三于烈傳。

〔三〕語言。

〔四〕衣服。

〔五〕喪葬。

〔六〕姓氏。

〔七〕「類中國」，魏書廿八作「有類羌俗」。此據北史二十。

顧寧人言，中國風俗多有不如外蕃者。遼史言，契丹生計，仰給畜牧，績毛飲湩，以爲衣食。狃習勞事，不見紛華，故家給人足，戎備完整。金史，世宗曰：「女直舊俗，雖不知書，然其祭天地，敬親戚，尊耆老，接賓客，皆出自然。」乃禁女直人不得改稱漢姓，學南人衣裝，犯者抵罪。又曰：「遼不忘舊俗，朕以爲是。海陵習學漢人，是忘本也。若依國家舊風，乃長久之計也。」金史食貨志亦謂，金中葉以後，鄙遼儉樸，襲宋繁縟之文，又懲宋寬柔，用遼操切之政，是棄二國之所長，而專用其所短。迄金之末，國用易竭，民心易離，實由於此。作法不慎，變法以救其弊，祇益甚焉，此又操化權者所當加意也。

魏孝文帝文學

古今帝王以才學著者，曹魏父子、蕭梁父子爲最，然皆生自中土，績學少年。惟魏孝文帝，生本北俗，五歲即登帝位，此豈有師儒之訓，執經請業，如經生家所爲，乃其聰睿夙成，有不可以常理論者。史稱其雅好讀書，手不釋卷，五經之義，覽之便講，史傳百家，無不該涉。善談莊、老，尤精釋義，才藻富贍，好爲文章詩賦銘頌，在興而作。有大文筆，馬上口授，及其成也，不改一字。自太和十年以後詔册皆帝文也，餘文章尚百餘篇。史論亦謂帝欽明稽古，焕乎其有文章，謚之以經天緯地，信不虛也。今就各列傳所散見者撮叙之。帝宴宗室於皇信堂，命任城王澄爲七言連韻詩，帝往復極歡乃罷〔一〕。澄傳。帝征懸瓠，賜宴，與從臣聯句。帝歌曰：「白日光天兮無不曜，江左一隅獨未照。」彭城王勰曰：「願從聖明兮登衡會，萬國馳誠混日外〔二〕。」鄭懿曰：「雲雷大振兮天門闢，率土來賓一正歷。」邢巒曰：「舜舞干戚兮天下歸，文德遠被莫不思。」鄭道昭曰：「皇風一鼓兮九地匝，戴日依天清六合。」帝又歌曰：「遵彼汝墳兮昔化貞，未若今日道風明。」帝乃命邢巒總集叙記。鄭道昭傳。馮熙造寺於北邙山，賈元壽作碑文，帝遊寺見之，稱爲佳作。熙卒，帝親爲作誌銘。馮熙傳。帝以馮誕爲司徒，親爲製三讓表并啟，將拜，又代爲謝章。誕卒，又親爲碑文及挽歌，皆窮美盡哀。馮誕傳。又嘗遊幸，憩大松下，謂彭城王勰曰：「汝可作詩，比至吾間，令就也。」勰去帝十步，且行且作曰：「問松林，松林經幾冬，山川何如昔，風雲與古同。」未至帝所已成。帝又嘗御清徽堂，與羣臣講喪服。李彪曰：「古未有人君親講喪禮，臣得親承音問，千載一時。」勰傳。劉昶出鎮彭城，帝賜以御集，曰：「雖則不文，然欲罷不能，故以相示，聊爲一笑。」勰、昶二傳〔三〕。崔挺至行在，帝謂曰：「别卿以來，倏焉二載。吾所綴文，已成一集，今當給卿副本。」挺傳。可見帝深於文學，才藻天成，有不能自諱者，雖亦才人習氣，然聰睿固不可及已。其急於遷洛，欲變國俗而習華風，蓋發於性靈而不自止也。

〔一〕原作「與帝往復賭賽，極歡乃罷」。
〔二〕「混日外」，魏書五六道昭傳作「混内外」。
〔三〕只見昶傳。

廿二史劄記批注　史事之屬

卷十五　魏齊周隋書并北史

北朝經學

六朝人雖以詞藻相尚，然北朝治經者尚多專門名家。蓋自漢末鄭康成以經學教授，門下著録者萬人，流風所被，士皆以通經績學爲業，而上之舉孝廉，舉秀才，亦多於其中取之，故雖經劉、石諸朝之亂，而士習相承，未盡變壞。大概元魏時經學以徐遵明爲大宗，周、隋間以劉炫、劉焯爲大宗。按北史儒林傳〔一〕，遵明講鄭康成所著易，以傳盧景裕、崔瑾，是遵明深於易也。尚書之業，遵明所通者鄭注之今文，後以授李周仁等，是遵明深於尚書也。「三禮」並出遵明之門，傳李鉉、祖儁、熊安生〔二〕，是遵明深於禮也。館陶趙世業家有服氏春秋，乃晉永嘉舊本，遵明讀之，手撰春秋義章三十卷，河北諸儒能通服氏春秋者，並出徐生之門，遵明傳。是遵明又深於春秋也。至隋，劉焯於賈、王、馬、鄭章句，多所是非，著有五經述議行世，與劉炫齊名，時稱二劉。炫尤博學多識〔三〕，韋世康問其所能，炫曰：「周禮、禮記、毛詩、尚書、公羊、左傳、孝經、論語孔、鄭、王、何、服、杜等注，凡十三家，並堪講授；周易、儀禮、穀梁，用功差少。」在朝知名之士七十餘〔四〕，皆謂炫所陳不謬，是炫之深於諸經也。其時治經者，各有師承。如李鉉從李周仁受毛詩，劉子猛受禮記，房虬受周官、儀禮，鮮于靈馥受左氏春秋，又受業徐遵明者五年。楊汪受禮於沈重，受漢書於劉臻。劉焯亦受詩於劉軌思，受左氏傳於郭懋，問禮於熊安生，又以劉智海家多墳籍，就之讀十年。此可見諸儒師資有自，非同後世稗耳販目之學也。其業既成，則各有所著，以開後學。如劉芳撰鄭玄所注周官、儀禮音，干寶所注周官音，王肅所注尚書音，何休所注公羊音，范甯所注穀梁音，韋昭國語音，各一卷。衛冀隆精服氏左傳，難杜預春秋六十三事，賈思同又駁冀隆乖錯者十餘條〔五〕。姚文安難服虔左傳解七十七條，名曰駁妄，李崇祖申明服氏，名曰釋謬。劉獻之撰三禮大義四卷，三傳略例三卷，毛詩序義一卷〔六〕。李鉉撰孝經、論語、毛詩、三禮義疏，及三傳異同、周易義例，合三十餘卷。沈重著周禮義三十一卷，儀禮義三十五卷，禮記義三十卷，毛詩義二十八卷，喪服經義五卷，周禮音、儀禮音各一卷，禮記音、毛詩音各二卷。樊深撰孝經、喪服問各一卷〔七〕，七經異同三卷。熊安生撰周禮、禮記義疏各三十卷〔八〕。樂遜著孝經、論語、毛詩、左氏春秋序論十餘篇，又著春秋序義，通賈、服説，發杜氏違。劉炫著春秋攻昧十卷，五經正名十三卷〔九〕，孝經述議五卷，春秋述議二十卷〔十〕，毛詩述議四十卷。魯世達撰毛詩章句義疏四十三卷〔十一〕。張沖撰春秋義略，異於杜氏者七十餘事，及喪服義三卷，孝經義三卷，論語義三卷〔十二〕。此又可見當時治經者，各有心得，筆之于書，非如後世記問掇拾之學也。其所以多務實學者，固由於士習之古，亦上之人有以作興之。梁越通經，道武帝命授諸皇子經，官上大夫。盧醜當太武帝監國時，入授經，後以師傅恩賜爵濟陰公。張偉當太武時，以通經官中書侍郎〔十三〕。張靈暉通經〔十四〕，南陽王綽奏以爲王師，官三品。孝文帝尤重儒學，尊三老五更，又開皇子之學，劉芳、李彪諸人，皆以經書進用。董徵通經〔十五〕，宣武帝徵入璇華宫，爲諸王師。此元魏之崇尚經學也。李鉉、邢峙皆以通經，齊文宣帝詔授太子經〔十六〕。馮敬德博學〔十七〕，武成帝爲後主擇師，命爲侍講。其子元熙，又以孝經授緯太子。此高齊雖荒亂，亦尚知以經術訓子也。周武帝以沈重經學，授驃騎大將軍，開府儀同三司。熊安生在齊，精「三禮」，周武帝滅齊，安生遽令掃門，家人怪之，安生曰：「周帝崇儒重道，必來見我。」已而果至。樂遜通經，節閔帝命爲小師氏，自譙王儉以下，並束脩行弟子禮。此宇文周之崇尚經學也。以上俱見各本傳。下至僭僞諸國，亦有重儒術者。姚興時，耆儒姜龕、淳于岐等，經明行修，教授長安，諸生皆自遠而至，興每引龕等講論道藝。胡辯講授洛陽，關中諸生赴之者，興勅關尉勿稽其出入。於是學者咸勸，儒風振焉。劉延明深於經學，涼武昭王以爲儒林祭酒。及沮渠蒙遜平酒泉，亦躬往致禮。至牧犍，又尊爲國師，親自致拜焉。蒙遜平酒泉時，又以宋繇博通經籍，特擢之，曰：「不喜克李氏，喜得宋繇耳。」蒙遜又以闞駰通經，甚重之，常令在左右，訪以政事，牧犍待之愈重。又程駿有文學，牧犍擢爲東宮侍講。皆見晉書載記。可見北朝偏安竊據之國，亦知以經術爲重。在上者既以此取士，士亦争務於此以應上之求，故北朝經學較南朝稍盛，實上之人有以作興之也。

〔一〕應云「儒林傳序」。
〔二〕熊受「三禮」於李鉉。
〔三〕劉焯傳謂炫亞於焯。
〔四〕「七」字衍。
〔五〕原作「十一條」。
〔六〕「毛詩序義」上應添「注」字。
〔七〕「喪服問」下應添「疑」字。
〔八〕「三十」原作「二十」。

〔九〕「十三」原作「十二」。

〔十〕「二十」原作「四十」。

〔十一〕隋書本傳作「四十一」，北史本傳作「四十二」。

〔十二〕「三」原作「十」。

〔十三〕應云「博士轉侍郎」。

〔十四〕「張靈暉」爲「孫靈暉」之誤。

〔十五〕「董微」爲「董徵」之誤。

〔十六〕「文宣」爲「文襄」之誤。

〔十七〕「馮敬德」爲「馬敬德」之誤。

南朝經學

南朝經學本不如北，兼以上之人不以此爲重，故習業益少。統計數朝，惟蕭齊之初，及梁武四十餘年間，儒學稍盛。齊書劉瓛傳謂〔一〕，晉尚玄言，宋尚文章，故經學不純。齊高帝少爲諸生，即位後，王儉爲輔，又長於經禮，是以儒學大振。建武以後，則日漸衰廢。梁書姚察論曰，崔、伏、何、嚴等，遭梁之崇儒重道，皆至高官，稽古之力，諸儒親遇之。陳書儒林傳序亦謂，梁武開五館，建國學，置博士，以五經教授，帝每臨幸，親自試胄，故極一時之盛。陳初未遑勸課，間有以經學名者，亦皆梁之遺儒云。益可見經學之盛衰，總由於上之輕重也。今並敘南朝經學諸儒所著述於此。伏曼容著周易、毛詩、喪服集解，論語義。何佟之著禮義百餘篇。嚴植之撰凶禮儀注四百七十九卷。賀瑒著賓禮儀注一百四十五卷，其子革亦通「三禮」，又兼治孝經、論語、毛詩、左傳。崔靈恩集注毛詩二十二卷，集注周禮四十卷，三禮義宗四十七卷〔二〕，左氏經傳義二十二卷，左氏條例十卷，公羊、穀梁文句義十卷。孔子袪著尚書義二十卷，集注尚書三十卷，續朱异集注周易一百卷，續何承天集禮論一百五十卷。皇侃撰論語義十卷。何胤著周易十卷〔三〕，毛詩總集六卷，毛詩隱義十卷，禮記隱義二十卷，禮答問五十五卷。王元規著春秋發題辭及義記十一卷，續經典大義十四卷，孝經義二卷，左傳音三卷，禮記音三卷〔四〕。張譏撰周易義三十卷，尚書義十五卷，毛詩義二十卷，孝經義八卷，論語義二十卷。顧越著喪服、毛詩、孝經等義疏四十卷〔五〕。沈不害著五禮儀一百卷。而宋懷方、戚衮并自魏入梁〔六〕，以名其家。懷方自魏攜儀禮、禮記疏，秘惜不傳，臨死謂家人曰：「戚衮若來，以此付之，否則殉葬。」戚衮在梁，亦著三禮義記，遭亂亡失，惟禮記義四十卷行於世。其時自北來者，崔君恩、宋懷方、戚衮外〔七〕，尚有孫詳、蔣顯等，並講學，而音辭鄙拙，惟盧廣言論清雅，不類北人。是可見梁武之世，不特江左諸儒崇習經學，而北人之深於經者亦聞風而來，此南朝經學之極盛也。

〔一〕應云「劉瓛傳論」，齊書三九。
〔二〕「三禮義宗」上應添「制」字。南史三十卷，此從梁書。
〔三〕「著」爲「注」之誤。
〔四〕「孝經義」下應添「記」字，禮記音應爲二卷。
〔五〕尚有老子、論語義疏。
〔六〕戚衮本梁人，卒於陳。
〔七〕「崔君恩」爲「崔靈恩」之誤，「戚衮」應删。

財婚

魏、齊之時，婚嫁多以財幣相尚，蓋其始高門與卑族爲婚，利其所有，財賄紛遺，其後遂成風俗，凡婚嫁無不以財幣爲事，争多競少，恬不爲怪也。魏文成帝嘗詔曰：「貴族之門，多不奉法，或貪利財賄，無所選擇，令貴賤不分，虧損人倫，何以示後。」此可見財婚由來久矣。封述傳，述爲子娶李士元女，大輸財聘，及將成禮，猶競懸違。述忽取所供像對士元打碎爲誓〔一〕，士元笑曰：「封翁何處常得此應急像，須誓便用。」述又爲次子娶盧莊女，述訴府云，送騾乃嫌脚跛，評田則云鹹薄，銅器又嫌古廢。皆爲財聘以致紛紜，可以見是時習尚也。

〔一〕「打碎」原作「打像」。

高門士女

北齊書，郭瓊以罪死，其子婦范陽盧道虞女也，没官，齊神武以賜陳元康爲妻。元康地寒，時人以爲殊賞。元康傳。孫搴爲神武所寵，賜妻韋氏，既士人女，兼有色貌，時人榮之。搴傳。魏太常劉芳女〔一〕，中書郎崔肇師女，其夫家皆坐事，齊文宣並以賜魏收爲妻，人比之賈充置左右夫人。收傳。

〔一〕「女」爲「孫女」之誤。

周隋唐皆出自武川

兩間王氣，流轉不常，有時厚集其力於一處，則帝王出焉。如南北朝分裂，其氣亦各有所聚。晉之亡，則劉裕生於京口，蕭道成、蕭衍生於武進之南蘭陵，陳霸先生於吴興，其地皆在數百里内。魏之亡，則周、隋、唐三代之祖皆出於武川。宇文泰四世祖陵，由鮮卑遷武川，陵生系，系生韜，韜生肱，肱生泰，是爲周文帝。楊堅五世祖元素〔一〕，家於武川，元素生惠嘏，惠嘏生烈，烈生禎，禎生忠，忠生堅，是爲隋文帝。李淵四世祖熙，家於武川，熙生天錫，天錫生虎，虎生昞，昞生淵，是爲唐高祖。區區一彈丸之地，出三代帝王，周幅員尚小，隋、唐則大一統者，共三百餘年，豈非王氣所聚，碩大繁滋也哉。

〔一〕「元素」爲「元壽」之誤，下同。

北齊以厮役爲縣令

後魏光宅中原，頗以吏治爲意。如明元帝神瑞元年，詔使者巡行諸州，閱守令資財，非自家所齎，悉簿爲贓。二年，又詔刺史守令惰逋今年租調者，罰出家財以充，不得征發於民。太武帝行幸中山，免守宰貪污者數十人〔一〕。神䴥元年，以天下守宰多非法，精選忠良悉代之。太延三年，又詔天下吏民得告守令之不法者。是皆能整飭官吏，不至猥濫。及其末造，國亂政淆，權移於下，遂至宰縣者多厮役，士流皆耻爲之。入北齊，其風更甚。僕射元文遥深見其弊，奏縣令乃治民之官，請革其選。於是密令搜揚貴游子弟，發勑用之，猶恐其披訴，乃召集神武門外，令趙郡王叡宣旨唱名，厚加慰諭遣之，士人爲縣自此始。元文遥傳。自是李仲舉、盧昌衡等八人，以門資並見徵用。仲舉爲修武令，人號曰寬明；昌衡爲平恩令，人號曰恩明，時稱盧李之政。李仲舉傳〔二〕。以親民之官而寄之廝役，衰亂之朝何事蔑有，此亦可以觀世變也。

〔一〕應云「十數人」。

〔二〕仲舉，延壽祖父也，見北史百自序。

按晉書，趙王倫篡位時，奴卒廝役亦加爵位，每朝會貂蟬滿座，時人語曰：「貂不足，狗尾續。」又會稽王道子傳，孝武不親萬機，與道子酣飲，姏姆尼僧尤爲親昵，竊弄其權。許榮上疏曰，今臺府局吏，直衛武官，凡僕隸婢兒取母之姓者，本臧獲之徒，無鄉邑品第，皆得用爲郡守縣令云云。嬖人趙牙出自倡優，道子以爲魏郡太守，茹千秋本捕賊吏，爲諮議參軍〔一〕。是又在北齊以前故事也。

〔一〕「諮議參軍」上應添「驃騎」。

北齊宮闈之醜

古來宮闈之亂，未有如北齊者。神武以草竊起事，本不知有倫理。魏莊帝后爾朱氏，榮之女也，建明帝后小爾朱氏，兆之女也，以及魏廣平王妃鄭氏名大車，任城王妃馮氏，城陽王妃李氏，皆魏宗室之妃，魏亡後，神武一一納之。是開國之初，已肆情蕩檢。長子文襄高澄。踵其淫風，以薛寘妻元氏有色，迎入欲通之，元氏正詞哭拒，文襄使崔季舒送付廷尉罪之，陸操曰：「廷尉守法，須知罪狀。」文襄怒，以刀環築操。又高慎妻美，文襄挑之不從，衣盡破裂，奔以告慎，慎遂降西魏。慎妻不及從，入逆口中，文襄盛服見之，乃從焉。又納孫騰妓元玉儀，封琅琊公主。玉儀姊靜儀，黄門郎崔括妻也，文襄奪之，亦封公主，括由是見擢。文襄又與神武妃鄭氏即大車。私通，爲婢所告，賴司馬子如掩覆而事寢。文襄又烝於神武之妻蠕蠕公主，生一女。此文襄之所爲也。文宣高洋。篡位後，文襄后元氏居靜德宮，文宣曰：「兄昔姦我婦，我今須報。」乃淫於后。崔修妻王氏，文宣幸之，納爲嬪〔一〕。娼女薛氏，舊爲清河王岳所好，尋入宮爲嬪，又納其姊，後帝知其曾與岳通，姊妹俱被殺。永安王浚，上黨王涣，帝親弟也，使蒼頭劉郁捷殺浚，即以浚妃妻之；馮文洛殺涣，即以涣妃妻之。凡高氏婦女，無親疏，皆令左右亂交之。帝又自呈露，以示羣下。此文宣之所爲也。

武成帝高湛。踐祚，以文宣后李氏有容德，逼與淫亂，曰：「若不許我，當殺爾兒紹德。」后懼從之。後有娠，紹德至閤，不得見，紹德慍曰：「姊姊腹大，故不見我。」齊宮中呼母爲姊姊。后慚，由是生女不舉。武成怒曰：「爾殺我女，我何爲不殺爾兒。」遂對后築殺紹德，并裸后而撻之，送妙勝寺爲尼。武成又納魏静帝嬪李氏，文宣嬪王氏，及文宣所幸彭樂女、任祥女，皆爲夫人。此武成之所爲也。一門之中，父子兄弟俱荒於色如此，何以垂法，宜乎宮闈相習成風。如神武在時，鄭妃已通於文襄，及殁後，蠕蠕公主亦爲文襄所烝，而文襄后又爲文宣所污，文宣后又爲武成所污，甚至武成后胡氏，當武成時已與閹人褻狎，又與和士開握槊，遂通士開。武成崩後，后數詣佛寺，與沙門曇獻通，僧徒至戲曇獻爲太上，後主聞太后不謹而未之信，見太后有二尼侍，召之，則男子也，於是尼及曇獻俱正法。齊亡後，胡后入周，恣行奸穢。孝昭帝高演。在位時，尚無穢行。其后王氏，齊亡後亦入周宮中，隋文帝作相，始放還山東。後主緯於宗族中尚無帷薄之醜，史謂其稍優於武成。然國亡後，其后斛律氏先廢爲尼者，改嫁元仁爲妻。繼后胡氏亦改嫁。所寵宮婢馮小憐，曾立爲后，後主向周武帝乞之，武帝仍以賜後主。後主遇害，以小憐賜代王達，譖達妃幾死。隋文帝以賜達妃兄李詢，令著布裙配舂，詢母逼令自殺。此妃后之辱也。又後主庶兄南陽王綽妃鄭氏，入周宮，爲武帝所幸。後主母弟儼妃李氏，曾進封楚帝后，至是亦改嫁焉。他如浚、涣之妃，爲蒼頭所辱。神武又有子華山王凝，最孱弱，其妃王氏亦與蒼頭姦，凝知而不能禁，後事發，王氏賜死。可見北齊中冓之醜，本習爲故常，恬不知怪，而天道之報施，所謂淫人妻女，妻女淫人者，亦昭然可見也。觀後周諸帝后，當隋革命後，俱無失節者。孝閔帝后元氏，出居里第。武帝后阿史那氏，至開皇中殂。又后李氏，出家爲尼，改名常悲。宣帝楊后，隋文帝女也，帝欲奪其志，不許。又有四后，朱氏、陳氏、元氏、尉遲氏，皆出家爲尼，朱名法淨，陳名華光，尉遲氏名華首，皆完節待死，絶無醜聲。良由宇文泰開國時，早能尊用周禮，家庭之内，不越檢閑，故雖亡國而無遺玷。然則整飭人物之主，可不納身於軌物哉。

〔一〕應云：「王嬪姊先適崔修，文宣並幸之」，只見北史。

北齊百官無妾

元孝友傳，疏言：「將相多尚公主，王侯率娶后族，故無妾媵，習以爲常。舉朝略是無妾，天下殆皆一妻。父母嫁女，必教之以妒；姑姊逢迎，必相勸以忌。以劫制爲婦德，能妒爲女工，自云受人欺，畏人笑我。」可見是時風俗如此。

按，西漢時王吉上疏言，漢家故事，列侯尚公主，諸侯則國人承翁主，使男事女，夫詘於婦〔一〕，逆陰陽之位，故多女亂，是漢時已有此陋習。

〔一〕「拙」原作「詘」。

誦經獲報

佛教在六朝時，最爲人所信嚮。各史所載雖近似於怪妄，然其教一入中國，即能使天下靡然從風，是必實有聳人觀聽者，非徒恃談空説寂也，今略撮於左。徐義爲慕容永所獲，埋其足於土中，將殺之。義誦觀世音經，至夜，土開械脱，若有人導之者，遂奔於楊佺期。晉書載記。宋王玄謨棄滑臺，將爲蕭斌所殺，夢人告曰：「誦觀音經千遍則免。」既覺，誦之。明日，將就戮，忽傳旨停刑。宋書王玄謨傳。後魏崔浩非毁佛法，其妻郭氏敬好釋典，浩怒，焚而投灰於厠中。後浩以史事族誅，人以爲謗佛之報。魏書崔浩傳。漢明帝時，西域以白馬馱佛經送洛，因立白馬寺，其經函形製古樸，世以爲古物，歷代寶之。韓賢故斫破之，未幾，因戰爲敗兵斫脛而死，論者謂因破經函致禍。北齊書韓賢傳。魏孝文囚道人法秀，加以籠頭鐵鏁，無故自脱。南齊書魏虜傳。盧景裕繫獄，至心誦經，枷鏁自脱。時又有文人負罪當死，夢沙門教誦經，覺時如所夢誦千遍，臨刑刀折，主者以聞，赦之。此經遂行，號曰高王觀世音經。北齊書盧景裕傳〔一〕。張元以祖喪明，誦藥師經，見盲者得視之言，乃請七僧燃七燈，轉藥師經，晝以燈光普施法界。如此七日夜，夢老翁以金鎞療其祖目，三日後左目果明〔二〕。北史孝行傳。盧光從周文帝狩於檀臺，帝遥指山上謂羣公曰：「有所見否？」咸曰無所見，光獨曰：「見一沙門。」帝曰：「是也。」令光於沙門立處造浮圖，掘基一丈，得瓦鉢錫杖各一，帝因立寺焉。周書盧光傳。後梁甄玄成有罪當誅，蕭詧誓不殺誦法華經人，玄成素誦此經，遂得免。詧後見之曰：「甄公好得法華經力。」甄玄成傳。此皆載於正史，未必盡誣。蓋一教之興，能聳動天下後世者，其始亦必有異人異術，神奇靈驗，如佛圖澄、鳩摩羅什之類，能使人主信之，士大夫亦趨之，是以震耀遍天下，而流布於無窮，不然則何以起人皈依也。然則史所記誦經獲報諸事，或當時實有之，非盡誣也。今録鳩摩羅什及佛圖澄二傳於後。

〔一〕見魏書八四盧景裕傳。作「北齊書」，誤。
〔二〕「左」字衍。

鳩摩羅什在胎時，其母慧解異常，年七歲，母遂與同出家。羅什日誦千偈，偈三十二言，凡三萬二千言，母亦自通。後專以大乘爲化，學者皆師之。年二十，龜兹王迎之，其母辭去，謂羅什曰：「方等深教，不可思議。傳之東土，惟爾之力。」母至天竺，道成，進登第三果。苻堅聞羅什名，密有迎之之意。太史奏有星見外國，當有大智入輔中國。堅遣呂光伐龜茲，謂光曰：「若獲羅什，即駱送之。」光軍破龜茲城，獲羅什，俱還涼州。光攻龜茲，夜夢金甲人飛出城外，光曰，此所謂佛也，胡神出則城必破矣，遂攻克之。光父子不信其道，姚興迎之入秦。羅什覽中土舊經多有紕繆，興乃使沙門僧叡等翻譯傳寫。羅什好大乘，志在敷演，每歎深識者寡，惟爲興著實相二論〔一〕。興贈以宮女，一交而生二子。諸僧多欲效之取妻，羅什聚針盈鉢，謂諸僧曰：「若能效我食此者，乃可畜室耳。」因食針盡，諸僧愧服乃止。呂纂嘗與羅什圍棋，殺其棋子，曰斫胡奴頭。羅什曰，不斫胡奴頭，胡奴斫人頭。後纂爲呂超所殺，胡奴超小字也。事見晉書載記。

〔一〕應云「著實相論二卷」。

佛圖澄誦神咒，能役使鬼神。腹旁有一孔，常以絮塞之，夜則拔絮，孔中出光照一室。又常至流水，則從腹孔中引出五臟六腑洗之，乃納腹中。又能聽鈴音，占吉凶無不驗。石勒召試以道術，即取鉢盛水咒之，鉢中出青蓮花，光色耀目，勒以此信之。勒嘗有意害澄，澄輒避去，語弟子曰：「若將軍來召，則答云不知所在。」使者果然還報，勒驚曰：「吾有惡意，澄輒知之。」因悔思見澄。澄明旦造勒，勒問昨夜何避，澄曰：「昨公有惡心故避，今有善意故來。」襄國城外水源竭，勒問何以取水，澄曰：「今當勑龍取水。」乃至故泉源，燒香祝數百言，水泫然微流，有小龍隨水而來，有頃水大至，隍壍皆滿。段末波來攻，兵勢甚盛，勒頗懼。澄曰：「鈴音云，明日當擒末波。」已而果然。劉岳來攻，石虎拒之，岳保石梁塢，澄在襄國，忽曰：「昨日亥時岳已被執。」已而果然。劉曜攻洛陽，石勒將救之，澄曰：「相輪鈴音云，秀支替戾岡，僕谷劬秃當，謂此行捉得曜也。」勒果擒曜。勒愛子斌暴死，勒告澄，澄取楊枝沾水洒之，執斌手曰：「可以起矣。」斌遂活。澄在鄴，嘗遣弟子法常至襄國，途遇其弟子法佐，夜談言及和尚。法佐歸，澄即笑曰：「昨夜與法常共説汝師耶？」佐愕然愧懺。由是國人相語：「莫起惡心，和尚知汝。」澄之所在，莫敢向其方面涕唾者。澄將死，謂弟子法祚曰：「戊申歲禍亂起，己酉石氏當滅，吾及其未亂，先從化矣。」遂卒。後有人見澄入關，石虎掘其冢視之，惟有一石，惡之曰：「石者朕也，葬我而去，吾將死矣。」因遇疾而死，果大亂。

後周詔誥用尚書體

漢武册封三王詔本仿尚書體，見褚少孫所補史記及漢書武五王子傳。王莽好仿尚書作詔誥，今見于漢書翟義傳者。居攝時，莽因翟義等起兵匡復漢室，莽大懼，乃依周書作大誥，曰：

居攝二年十月甲子，攝皇帝若曰：大誥爾諸侯王、三公、列侯，于汝卿大夫、元士、御事。不弔天降喪于趙、傅、丁、董。洪惟我幼沖孺子，當承繼嗣無疆大歷服事。予未遭其明悊，能道民于安，況其能往知天命。熙！我念孺子，若涉淵水，予惟往求朕所濟度，奔走以傅近奉承高皇帝所受命。予豈敢自比于前人，天降威明，用寧帝室，遺我居攝寶龜，太皇太后以丹石之符，迺紹天明意，詔予即命居攝踐阼，如周公故事。反虜翟義，擅興師動衆，曰有大難于西土，西土人亦不靖。于是動嚴鄉侯信，誕敢犯祖亂宗之序。天降威，遺我寶龜，固知我國有呰災，使民不安，是天反右我漢國也。粵其聞日，宗室之雋有四百人，民獻儀九萬夫，予敬以終于此謀繼嗣圖功。我有大事休，予卜并吉，故我出大將，告郡太守、諸侯相、令長曰，予得吉卜，予惟以汝于伐東郡嚴鄉逋播臣。爾國君或者無不反曰：「難大，民亦不静，亦惟在帝宫諸侯宗室，于小子族父，敬不可征。」帝不違卜，故予爲沖人長思厥難曰：嗚呼！義、信所犯，誠動鰥寡，哀哉！予遭天役，遺大解難于予身，以爲孺子，不身自恤。予義彼國君泉陵侯上書曰：「成王幼弱，周公踐天子位以治天下，六年朝諸侯于明堂，制禮樂，班度量，而天下大服。太皇太后承順天心，成居攝之義。皇太子爲孝平皇帝子，年在繈褓，宜且爲子，知爲人子道，令皇太后得加慈母恩，畜養成就，加元服，然後復子明辟。」熙！爲我孺子之故，予惟趙、傅、丁、董之亂，遏絶繼嗣，變剥適庶，危亂漢朝，以成三厄，隊極厥命。嗚呼，害其可不旅力同心戒之哉！予不敢僭上帝命，天休于安帝室，興我漢國，惟卜用克綏受茲命。今天其相民，況亦惟卜用。太皇太后肇有元城沙鹿之右，陰精女主聖明之祥，配元生成，以祐我帝室，以安我大宗，以紹我後嗣，以維我漢功。厥害適統，不宗元緒者，辟不違親，辜不避戚，夫豈不愛，亦惟帝室。是以廣立王侯，並建曾玄，俾屏我京師，綏撫宇内。天毖勞我成功所，予不敢不極卒安皇帝之所圖事。肆予告我諸侯王、列侯、卿大夫、元士、御事，天輔誠辭，天其累我以民，予曷敢不于祖宗安人圖功所終。天亦惟勞我民，若有疾，予害敢不于祖宗所受休輔。若考作室，厥子堂而構之。厥父菑，厥子播而穫之。予害敢不于身撫祖宗所受大命。予永念曰：天惟喪翟義、劉信，若嗇夫，予害敢不終予晦。天亦惟休於祖宗，予害其極卜，害敢不于從，率寧人有旨疆土，況今卜并吉，故予大以爾東征。命不僭差，卜陳惟若此云云。

文句全用尚書，此蓋劉歆等爲之弄筆也。

宇文泰在西魏當國時，從蘇綽之言，官制仿周禮，詔誥亦仿尚書，其官制至魏恭帝時始奏行之，而詔誥則大統中已大變駢麗之習。因魏帝祭廟，羣臣畢至，命蘇綽作大誥頒行之，自後文筆皆依此體，其詞曰：

惟中興十有一年仲夏，庶邦百辟，咸會於王庭。六月丁巳，皇帝朝格於太廟，凡厥具僚，罔不在位。皇帝若曰：咨我元輔、羣公、列將、百辟、卿士、庶尹、御事，朕惟寅敷祖宗之靈命，稽於先王之典訓，以大誥於爾在位。昔我太祖神皇，肇膺明命，以創我皇基。烈祖景宗，廓開四表，底定武功。暨乎文祖，誕敷文德。龔惟武考，不賁其舊。自時厥後，陵夷之弊，用興大難，於彼東邱，則我黎人，咸墜塗炭。惟台一人，纘戎下武，夙夜祗畏，若涉大川，罔識攸濟，是用稽於帝典，揆於王庭，拯我民瘼。惟彼哲王，示我通訓，曰：天生蒸民，罔克自罕，上帝降鑒叡聖，植元后以罕之。惟時元后，弗克獨罕，博求明德，命百辟羣吏以佐之。肆天之命辟，辟之命官，惟以恤民，弗惟逸念。辟惟元首，庶黎惟趾，股肱惟弼，上下一體，各勤攸司，茲用克臻於皇極。故其彝訓曰，后克艱厥后，臣克艱厥臣，政迺罕。今台一人，膺天之嘏，既陟元后，股肱百辟，罕服我國家之命，罔不咸守厥職。嗟夫！后弗艱厥后，臣弗艱厥臣，于政何弗斁。嗚呼艱哉，凡爾在位，其敬聽命！蘇綽傳。

討高歡時，誓師曰：「與爾有衆，奉天威，誅暴亂。惟爾士，整爾甲兵，戒爾戎事，無貪財以輕敵，無暴民以作威，用命則有賞，不用命則有戮。爾衆士其勉之！」其黜廢帝而立恭帝也，又命盧辯作誥諭羣臣，曰：「嗚呼！我羣后暨衆士，維文皇帝以襁褓之嗣託于予，訓之誨之，庶厥有成。而予罔能變厥心，庸暨乎廢，墜我文皇帝之志。嗚呼，兹咎予其焉避。予實知之，矧爾衆人之心哉。惟予之顔豈惟今厚，將恐來世以予爲口實。」俱載本紀。

及宇文泰殁後，魏恭帝禪位於周孝閔帝，詔曰：「予聞皇天之命不於常，惟歸於德。故堯授舜，舜授禹，時宜也。天厭我魏邦，垂變以告，惟予罔弗知〔一〕。予雖不明，敢弗龔天命，格有德哉。我今踵唐虞舊典，禪位於周，庸布告爾焉。」〔二〕又使大宗伯趙貴奉册曰：「咨爾周公，帝王之位弗常，有德者受命，時乃天道。予式時庸，荒求於唐虞之彝踵。曰我魏德之終舊矣，我封小大罔弗知〔三〕，今其可亢佛於天道〔四〕，而不歸有德歟。時用詢謀，僉曰，公昭考文公，格勳德於天地，丕濟黔黎。洎公又躬宣重光。故玄象徵見於上，謳訟奔走於下，天之歷數，用實在焉。予安敢弗若，是以欽祗聖典，遜位於公。公其享兹天命，保有萬國，可不慎與。」本紀。是時宇文泰已殁，而詔諭如此，蓋朝廷之上用尚書作誥，久已相習爲常故也。當六朝時，駢體盛行，而綽等獨能復古，可謂轉移風氣者矣。然時會所趨，積而難返，及宣帝即位，修洛陽之詔，傳位太子之詔，已用當時文體。迨隋文時，去周不過一二十年，而李諤奏文體卑靡云：「競一字之奇，爭一字之巧，連篇累牘不出月露之形，積案盈箱盡是風雲之狀，世俗以此相高，朝廷據茲擢士。至於羲皇舜禹之典，伊傅周孔之説，不復關心，何嘗入耳。」則周時雖暫用古體，而世之爲文者駢麗自如，風會所開，聰明日啟，爭新鬬巧，遂成世運，固非功令所能禁也。

〔一〕「予」爲「爾」之誤。
〔二〕「爾」爲「遐邇」之誤。
〔三〕「封」原作「邦」。
〔四〕「亢佛」原作「久佛」。

隋文帝殺宇文氏子孫

古來得天下之易，未有如隋文帝者，以婦翁之親，值周宣帝早殂，結鄭譯等，矯詔入輔政，遂安坐而攘帝位。其時雖有尉遲迥、宇文冑、石愻、席毗、王謙、司馬消難等起兵匡復，隋文猶假周之國力，不半載殄滅之。于是大權在手，宇文氏子孫以次誅殺，殆無遺種。今以周書考之，周文帝子，除宋公震、譙王儉、冀公通先卒，衛王直先以罪誅外，趙王招、陳王純、越王盛、代王達、滕王逌皆被殺，而并殺招子員、貫、乾銑、乾鈴、乾鑑等〔一〕，純子謙、讓、議等，盛子忱、悰、恢、懫、忻等，達子執、轉等，逌子祐、裕、禮、禧等，而震之子實，儉之子乾惲，通子絢，亦皆被殺，于是周文帝子孫盡矣。節閔帝一子康先死〔二〕，其子湜亦被殺，于是節閔子孫又盡矣。明帝子畢王賢、酆王貞皆被殺，并殺賢子弘文〔三〕、恭道、樹孃等，貞子德文等，于是明帝子孫亦盡矣。武帝子漢王贊、秦王贄、曹王允、道王充、蔡王兑、荆王元皆被殺，并殺贊子道德、道智、道義等，贄子忠誠靖智、靖仁等〔四〕，餘本無子，于是武帝子孫盡矣。宣帝子静帝既爲隋文所害，餘子鄴王衍、郢王術皆幼而被殺，于是宣帝子孫又盡矣。其宗室内，宇文胄以起兵應尉遲迥被殺，又宇文洽、宇文椿及子道宗、本仁、鄰武、子禮、獻等，宇文衆及子仲和、孰倫等，皆被殺。惟宇文洛以疏屬幼年得封介國公，以爲隋賓，未幾又斃之。於是宇文之宗族亦無在者。竊人之國，而戕其子孫至無遺類，此其殘忍慘毒，豈復稍有人心。其後隋文帝五子，長太子勇，被廢，後賜死。次煬帝，爲宇文化及所弑。次秦王俊，先卒。次越王秀，廢錮，死江都之難。次漢王諒，以反誅。計五子中，除秦王俊外，無一非不得其死者。而勇子十，儼以酖死，裕、筠、嶷、恪、該、韺、孝實、孝範皆貶嶺外杖死〔五〕。俊子浩、湛，及秀、諒之子，皆爲化及所害。煬帝三子，長太子昭，先卒。次齊王暕，次趙王杲，皆死江都之難，無子。而昭子代王侑，爲唐所立，未幾禪位，封酅國公，不數月而殂。次燕王倓，亦遇害于江都。次越王侗，稱號東都，爲王世充所弑。于是煬帝之子孫亦無遺種矣。惟齊王暕有一遺腹子愍，隨蕭太后入突厥〔六〕，後歸于唐，官尚衣奉御，楊氏之種僅延此一綫。而煬帝之死，又巧借一姓宇文者之手以斃之，宇文化及與周同姓而非同宗。此豈非天道好還之顯然可據者哉。

〔一〕「乾鑑」爲「乾鏗」之誤。
〔二〕「節閔帝」應作「孝閔帝」，下同。康，賜死。
〔三〕「弘文」爲「弘義」之誤。
〔四〕「忠誠」乃靖智之封號。
〔五〕「該」下脱「詔」。
〔六〕暕子名政道，應云「隨蕭后入突厥」。

按隋文滅陳，不惟陳後主得善終，凡陳氏子孫，自岳陽王叔慎以抗拒被殺外，其餘無一被害者，皆配往隴右及河西諸州，各給田業以處之。同一滅國也，於宇文氏則盡殄之，於陳氏則悉保全之。蓋隋之篡周，本不以道，與宇文有不兩立之勢，且恐有尉遲迥等之起兵匡復者，不得不盡絶其根芽。至取陳，則隋之基業已固，陳之子孫又皆孱弱不足慮，故不復肆毒也。至煬帝，以後主第六女爲貴人，最寵，因召陳氏子孫盡還京，隨才叙用，由是並爲守宰遍天下。此則陳氏開國之初，本未甚殺戮，故子孫亦少誅夷，亦天道之不爽者，且劫運將終，殺氣漸滅也。

隋獨孤后妒及臣子

古來宮闈之妒，莫有過於隋獨孤后者，不惟妒在己，并子與臣之有妾者，亦代爲妒之。后傳謂後宮罕得進御，尉遲迥女没入宮〔一〕，帝私幸之，后伺帝聽朝，即陰殺之。凡諸王及朝臣有妾孕者，必勸帝斥之。皇太子勇多内寵，其妃元氏暴崩，疑太子寵妾雲氏而害之，由是諷帝廢太子。高熲妻死，后欲爲娶繼室，熲辭以老，後熲妾生子，后惡之，譖熲于帝，遂黜死。隋書后妃傳〔二〕。按太子勇傳，勇多内寵，昭訓雲氏尤嬖，禮匹於嫡。勇妃元氏無寵，嘗遇心疾，二日而卒，獨孤后意有他故，甚責望。後聽晉王廣之譖，后忿然曰：「睍地伐勇小字。漸不可耐，我爲娶得元氏女，竟不聞作夫妻，專寵阿雲，使有如許豚犬。新婦本無病，忽爾暴亡，我亦不能窮治。每思東宮竟無正嫡，至尊萬歲後，使汝等向阿雲再拜問訊，此是幾許大苦痛耶。」乃日媒孽勇之短於帝前，遂廢之。又高熲傳，熲妻死，后謂文帝曰：「高僕射老矣，而喪夫人，宜爲之娶。」帝以告熲，熲謝曰：「臣今已老，惟齋居誦佛經，納室實非所願。」帝乃止。後熲妾生男，帝甚爲之喜。后謂帝曰：「陛下尚信熲耶？陛下欲爲娶婦，熲心愛妾，故面欺陛下。今其詐已見，安可信之。」帝由是疏熲，以至賜死〔三〕。子之厚妾薄妻而母惡之，此猶是家庭之恒情，至于臣下之有妾，亦何與后事，乃亦因此而憾之，豈非奇妒哉。

〔一〕應云「女孫」。

〔二〕並見卷四一高熲傳。

〔三〕賜死在煬帝時。

廿二史劄記批注　史事之屬

卷十九　新舊唐書

貞觀中直諫者不止魏徵

貞觀中直諫者，首推魏徵。太宗嘗謂徵曰：「卿前後諫二百餘事，非至誠何能若是。」又謂朝臣曰：「人言魏徵舉止疏慢，我但覺其嫵媚耳。」徵以疾辭位，帝曰：「金必鍛鍊而成器，朕方自比於金，以卿爲良匠，豈可去乎。」至今所傳十思、十漸等疏，皆人所不敢言，而帝悉聽納之〔一〕，此貞觀君臣間直可追都、俞、吁、咈之盛也。然其時直諫者不止魏徵也。今案新、舊唐書各傳：薛收諫獵，帝即賜金四十鋌以獎之。孫伏伽諫元師律罪不當死〔二〕，帝即賜以蘭陵公主園直百萬。或以爲太厚，帝曰：「朕即位未有諫者，是以賞之。」溫彦博諫長安令楊纂失察，罪不當死，帝即赦之〔三〕。虞世南諫田獵，諫山陵之制不宜過厚，諫宮體詩不宜作，恐天下從風而靡，諫勿以功高自矜，勿以太平自怠。帝嘗曰：「羣臣皆若世南，天下何憂不理。」〔四〕馬周諫大安宮宜崇奉，宗廟宜親祀，樂工王長通等不宜賜官，帝購大宅直二百萬者賜之〔五〕。廬江王瑗姬侍側，王珪曰：「陛下知瑗殺其夫而取之以爲非，奈何又令侍左右？」帝即出之。諫祖孝孫雅士，不宜令教女樂。帝雖責之，明日悔，語房玄齡令羣臣勿因此不言〔六〕。姚思廉諫幸九成宮，賜帛五十疋。高季輔指陳時政得失，帝賜以鍾乳一兩，曰：「卿以藥石之言進，故以藥石相報。」〔七〕戴胄諫修洛陽宮，帝嘉之。張玄素亦諫修洛陽宮，至以爲甚於煬帝，帝曰：「卿謂我不如煬帝，何如桀、紂？」對曰：「若此役卒興，同歸於亂耳。」帝歎曰：「我不思量，遂至于此。」命罷役，賜帛二十疋〔八〕。褚遂良諫寵魏王泰太過，帝納之。諫告成東岳，即罷封禪。張玄素令史出身，帝問其履歷，玄素慚不能對，遂良謂玄素已擢至三品，陛下不宜對羣臣窮其門户，帝亦悔之〔九〕。帝常論山東人物，張行成言天子以四海爲家，不宜以東西爲限，帝善之，賜馬一匹，錢十萬，衣一襲〔十〕。裴仁軌私役門夫，帝欲斬之，李乾祐奏罪不應死，帝即免之。權萬紀不能教太子承乾以正，帝欲誅之，柳範曰：「房玄齡尚不能止陛下獵，豈可獨罪萬紀。」帝大怒，拂衣入，久之，獨召範慰諭之〔十一〕。帝好與羣臣論難，劉洎力諫，帝詔答曰：「輕物驕人，恐由于此，敬當虛懷改之。」洎又言近來上書人或面加窮詰，恐致阻進言之路，帝曰：「卿言是也，當改之。」此皆見于各傳者也。魏徵嘗言：「陛下導之使言，臣所以敢諫。若陛下不受，臣豈敢犯龍鱗。」帝嘗宴韋挺、虞世南、姚思廉等，謂曰：「龍有逆鱗，人主亦然。卿等遂能不避觸犯，常如此，朕豈慮危亡哉！」〔十二〕是諸臣之敢諫，實由于帝之能受諫也。獨是仁善之君則能納誨，英睿之主每難進言。以太宗之天錫智勇，手定天下，制事決機，動無遺策，宜其俯視一切，臣下無足當意者，乃虚懷翕受，惟恐人之不言，非徒博納諫之名，寔能施之政事。其故何哉？蓋親見煬帝之剛愎猜忌，予智自雄，以致人情瓦解而不知，盜賊蜂起而莫告，國亡身弑，爲世大僇。故深知一人之耳目有限，思慮難周，非集思廣益，難以求治，而飾非拒諫，徒自召禍也。煬帝惡諫，曰：「有諫者當時不殺，終不令生於地上。」蘇威欲言不敢，因午日獻古文尚書，煬帝曰：「訕我也。」即除名。蕭瑀諫伐遼，即出爲郡守。董純諫幸江都，即賜死。由是人皆鉗口，至喪國亡身而不悟。見吴兢疏〔十三〕。此太宗所親見也。惟見之切故懼之深，正張玨所云，多難興邦，殷憂啟聖〔十四〕。皆以事危則志鋭，情迫則思深也。魏徵之諫，亦動以隋爲戒，謂：「隋帝豈惡天下之治安，不欲社稷之長久哉。特恃其富强，不慮後患，驅天下以從欲，遂以四海之尊，殞於匹夫之手。陛下當鑒彼之失。」〔十五〕又曰：「我之所代，實在有隋。隋氏亂亡之源，聖明所親見。隋之未亂，自謂必無亂。隋之未亡，自謂必不亡。所以甲兵屢動，徭役不息，至于身戮而猶未悟。今能思其所以亂則治矣，思其所以亡則存矣。」〔十六〕馬周亦言：「煬帝笑齊、魏之失國，今之視煬帝，猶煬帝之視齊、魏也。」此當時君臣動色相戒，皆由殷鑒不遠，警於目而惕於心，故臣以進言爲忠，君以聽言爲急。其後勳業日隆，治平日久，即太宗已不能無稍厭。魏徵謂貞觀之初，導人以言，三年後見諫者悦而從之，近一二年，勉强受諫而終不平〔十七〕。是可知貞觀中年，功成志滿，已不復能好臣其所受教。然則懼生于有所懲，怠生于無所儆，人主大抵皆然。若後世蒙業之君，運當清泰，外無覆車之戒，而内有轉圜之美，豈不比太宗更難哉。

〔一〕魏徵傳，舊七一、新九七。十思，見舊七一，四疏之第二疏。十漸疏見新九七。

〔二〕孫事見新九七魏徵傳，舊七五、新一〇三孫傳無。新作「元律師」，姓纂亦作「律師」，趙作「師律」，誤。

〔三〕楊事見舊七七、新一〇六楊傳，舊六一、新九一温傳無。

〔四〕舊七二、新一〇二虞世南傳，宮體詩一款，獨見新傳。

〔五〕舊七四、新九八馬周傳。二百萬詩見新傳。大安宮指太上。

〔六〕舊七〇、新九八王珪傳。「帝即出之」應云「帝甚重其言」，舊傳明言，帝雖不出此美人，而甚重其言。

〔七〕舊七三、新一〇二姚思廉傳，「一兩」原作「一劑」。

〔八〕舊七五、新一〇三張玄素傳。「此役」原作「此殿」。「帛二十疋」二傳均作「綵二百疋」。

〔九〕玄素事見玄素傳。

〔十〕舊七八、新一〇四張行成傳。原作「帝常論山東、關中人物」，趙删「關中」，則下文「東西」之「西」字無着。
〔十一〕舊七七、新一一二柳範傳。「太子承乾」爲「吴王恪」之誤。恪，太宗第三子。
〔十二〕「韋挺」上應添「杜正倫」。此語見舊七十、新一〇六杜正倫傳。
〔十三〕四事均見新一三二吴兢疏，「終不令生於地上」原作「後必殺之」。隋書六五董純傳，純不因諫死。
〔十四〕舊一〇一、新一一八張廷珪傳。廷珪是諫玄宗。原作「多難興王」。
〔十五〕見第一疏。
〔十六〕見第三疏。
〔十七〕此語見新九七。

時政記〔一〕

左、右史起居注之外，有政事及奏對由宰相撰録者，謂之時政記。案舊書，唐初記注最詳備。蘇冕言，貞觀中，每日朝退後，太宗與宰臣參議政事，即令起居郎一人執簡記録，由是貞觀注記政事極詳。高宗時，許敬宗、李義府用權，多妄奏事，恐史官書之，遂奏令隨仗便出，不得備聞機務〔二〕。姚璹乃表請仗下所言政要，宰相一人專知撰録，是爲時政記，每月封送史館〔三〕。宰相之撰時政記自此始也。據舊書云，璹罷後，其事遂寢。賈耽、齊抗，貞元時爲相，又修之，耽、抗罷而事又寢。然憲宗嘗問李吉甫：「時政記記何事？」吉甫曰：「是宰相記天子事，以授史館之實録也。左史記言，今起居舍人是；右史記事，今起居郎是。永徽中姚璹監修國史，慮造膝之言外間或不得聞，因請隨奏對而記於仗下，以授史館，今時政記是也。」上曰：「間有不修何也？」曰：「面奉德音，未及行者，不可書付史官。有謀議出于臣下者，又不可自書付史官故也。」憲宗紀〔四〕。又裴休嘗奏言，宰相知印者撰時政記，或多載己言而略他人之言，史官莫得知。請自今宰相各自爲記，令付史館，從之。休傳〔五〕。可見歷朝仍皆有時政記，未嘗廢也。其後又稍變其例，穆宗時，宰臣崔植等奏請，坐日所有君臣獻替事宜，應隨日撰録，號爲聖政記，歲終付史館〔六〕。則不必每月送史館，至歲終始送矣。文宗又詔，時政記因循日久，廢墜日多，自後宰臣奏事及臨時處分，委中書門下丞一人隨時撰録，每季送館〔七〕。則又不必宰相自撰，而令中書門下丞撰録矣。然皆於紀録政事，致其詳慎，可爲後世法也。

〔一〕六條。

〔二〕蘇冕語見唐會要五六起居郎起居舍人條。

〔三〕姚璹見唐會要五六，亦見新書四七百官志門下省起居郎條。

〔四〕見舊書一四八李吉甫傳，不見憲宗紀。應云左史記事，右史記言。

〔五〕見新一八二裴休傳，舊一七七休傳無。「令付」原作「合付」。

〔六〕舊十六穆宗紀長慶元年四月條。「聖政記」原作「聖政紀」。此下尚有「從之，事亦不行」六字。
〔七〕舊十七文宗紀下，太和五年四月。

天子不觀起居注

左史記言，右史記事，歷代皆重其職。唐太宗嘗欲觀起居注，朱子奢曰：「恐開後世史官之禍。史官全身畏死，悠悠千載，尚有聞乎！」子奢傳〔一〕。後至文宗，益重其事。每入閤日，左、右史執筆立于螭頭之下，宰相奏事，得以備録。宰臣既退，上召左、右史，更質證所奏是非，故開成政事最詳。張次宗傳〔二〕。帝嘗與宰相議事，適見鄭朗執筆螭頭下，謂曰：「向所論事，亦記之乎？朕將觀之。」朗引朱子奢事對曰：「史不隱善諱惡，人主或飾非護失，見之則史官無以自免，即不敢直筆。昔褚遂良亦稱史記天子言動，雖非法必書，庶幾自飭也。」帝曰：「朗可謂善守職者。朕恐平日之言不合治體，庶一見得以改之耳。」朗乃上之。朗傳〔三〕。後帝又欲觀魏謩起居注，謩曰：「陛下但爲善事，勿畏臣不書。」帝曰：「我嘗取觀之。」謩曰：「此史官失職也。陛下若一見之，自此執筆者，須有迴避，後世何以示信乎。」乃止。論者咎朗而是謩。謩傳〔四〕。

〔一〕見新一九八儒學朱子奢傳。
〔二〕見舊一二九張次宗傳。
〔三〕舊一七三、新一六五。亦見舊書，此用新書。
〔四〕舊一七六、新九七。末句乃趙加。

唐諸帝多餌丹藥

古詩云：「服食求神仙，多爲藥所誤。」〔一〕自秦皇、漢武之後，固共知服食金石之誤人矣。及唐諸帝，又惑于其説，而以身試之。貞觀二十二年，使方士那羅邇婆娑于金飆門造延年之藥。舊書本紀〔二〕。高士廉卒，太宗將臨其喪，房玄齡以帝餌藥石，不宜臨喪，抗疏切諫。士廉傳〔三〕。是太宗實餌其藥也。其後高宗將餌胡僧盧伽阿逸多之藥，郝處俊諫曰：「先帝令胡僧那羅邇婆娑，依其本國舊方合長生藥，徵求靈草異石，歷年而成，先帝服之無效，大漸之際，高醫束手，議者歸罪于胡僧，將申顯戮，恐取笑外夷，遂不果。」處俊傳〔四〕。李藩亦謂憲宗曰：「文皇帝服胡僧藥，遂致暴疾不救。」憲宗本紀〔五〕。是太宗之崩，實由于服丹藥也。乃憲宗又惑長生之説，皇甫鎛與李道古等遂薦山人柳泌，僧大通，待詔翰林。尋以泌爲台州刺史，令其採天台藥以合金丹。帝服之日加燥渴。裴潾上言，金石性酷烈，加以燒煉，則火毒難制，不聽。帝燥益甚，數暴怒，責左右，以致暴崩。憲、穆二紀，及裴潾、王守澄傳〔六〕。

是又憲宗之以藥自誤也。穆宗即位，詔泌、大通付京兆府決杖處死，是固明知金石之不可服矣。乃未幾聽僧惟賢、道士趙歸真之説，亦餌金石。有處士張皋上書切諫，詔求之，皋已去，不可得〔七〕，尋而上崩。是穆宗又明知之而故蹈之也。敬宗即位，詔惟賢、歸真流嶺南，是更明知金石之不可服矣。尋有道士劉從政説以長生久視之術，請求異人，冀獲異藥。帝惑之，乃以從政爲光禄卿，號昇玄先生〔八〕。又遣使往湖南、江南及天台採藥〔九〕。敬宗本紀。是敬宗又明知之而故蹈之也。武宗在藩邸，早好道術修攝之事，及即位，又召趙歸真等八十一人，於禁中修符籙，鍊丹藥。武宗本紀。所幸王賢妃私謂左右曰：「陛下日服丹，言可不死，然膚澤日消槁，吾甚憂之。」王賢妃傳〔十〕。後藥發燥甚，喜怒不常，疾既篤，旬日不能言，宰相李德裕請見不得，未幾，崩。是武宗又爲藥所誤也。宣宗親見武宗之誤，然即位後，遣中使至魏州，諭韋澳曰：「知卿奉道，得何藥術，可令來使口奏。」澳附奏曰：「方士不可聽，金石有毒不宜服。」澳傳。帝竟餌太醫李玄伯所治長年藥，病渴且中燥，疽發背而崩。懿宗立，杖殺玄伯。崔慎由、畢諴二傳〔十一〕。是宣宗又爲藥所誤也。統計唐代服丹藥者六君，穆、敬昏愚，其被惑固無足怪，太、憲、武、宣皆英主，何爲甘以身殉之？實由貪生之心太甚，而轉以速其死耳。李德裕諫穆宗〔十二〕服道士藥疏云：「高宗朝有劉道合，玄宗朝有孫甑生，皆能以藥成黄金，二祖竟不敢服。」德裕傳。然則二帝可謂知養生矣。其臣下之餌金石者，如杜伏威好神仙術，餌雲母，被毒暴卒。伏威傳〔十三〕。李道古既薦柳泌，後道古貶循州，終以服藥歐血而卒。道古傳〔十四〕。李抱真好方術，有孫季長者爲治丹，云服此當仙去，抱真信之，謂人曰：「秦、漢君不遇此，我乃遇之，後升天不復見公等矣。」餌丹至二萬丸，不能食且死，道士牛洞玄以豬肪穀漆下之，病少間。季長來曰：「將得仙，何自棄也。」乃益服三千丸而卒。抱真傳。斯真愚而可憫矣。惟武后時，張昌宗兄弟亦曾爲之合丹藥，蕭至忠謂其有功於聖體〔十五〕，則武后之餌之可知，然壽至八十一〔十六〕。豈女體本陰，可服燥烈之藥，男體則以火助火，必至水竭而身槁耶？

〔一〕舊十四憲宗紀上元和五年八月條，李藩引古詩。

〔二〕舊三太宗紀下，紀作「娑婆」。

〔三〕舊六五、新五六。新書目作「高儉」，以字顯。

〔四〕舊八四、新一一五。舊、新傳均作「娑寐」。

〔五〕見舊十四憲宗紀元和五年八月條，藩傳略。

〔六〕四節分見：一：舊一七一、新一一八裴潾傳及新二〇八宦者王守澄傳、舊十六穆宗紀。二：舊十五憲宗紀下元和十三年十一月條。三：舊憲宗紀下元和十四年十一月條。四：新王守澄傳。

〔七〕舊十六穆宗紀末長慶四年正月條。「聽僧惟賢道士趙歸真之説」應删，趙歸真是敬宗時道士。

〔八〕舊十七上敬宗紀寶曆元年八月條。僧惟真、齊賢、道士趙歸真流嶺南是文宗紀事。文宗紀上與敬宗紀舊十七上同一卷，故誤。「惟真」，舊一七四李德裕傳作「惟貞」。
〔九〕舊敬宗紀寶曆二年五月條。
〔十〕舊五二妃傳作「事闕」，此見新七七下妃傳。
〔十一〕崔慎由，舊一七七，新一一四。畢諴，舊一七七，新一八三。均見新傳。「杖殺」原作「誅」。
〔十二〕當作「敬宗」。敬宗係穆宗子。
〔十三〕杜伏威，舊五六，新九二。此事見新傳。
〔十四〕李道古，舊一三一，新八十。此事二書均載。原作「服丹藥」。
〔十五〕「蕭至忠」爲「楊再思」之誤。語見舊九十、新一〇九再忠傳，又見新一〇四張昌宗傳。
〔十六〕舊紀年八三，新后妃傳年八一。

玄宗五代一堂

肅宗爲太子時，生代宗，爲嫡皇孫。生之三日，玄宗臨澡，嫡孫體弱，負姆嫌陋，更取他宮兒進。玄宗觀之不樂，姆叩頭言非是。玄宗曰：「非爾所知，趣取兒來。」於是見嫡孫，玄宗大喜，向日視之，曰：「福過其父。」顧力士曰：「一日見三天子，樂哉。」吴皇后傳〔一〕。此已屬盛事。又案舊書順宗紀，順宗生於肅宗上元二年，時玄宗尚爲太上皇，是玄宗、肅宗、代宗、德宗、順宗，凡五代共一堂，則不惟一日見三天子，且一堂有五代天子也。

〔一〕新七七吴皇后傳。代宗以開元十四年生，開元廿六年肅宗始立爲皇太子。新書據李德裕柳氏舊聞增入，其事不經。考異十一駁之。舊五二吴后傳作開元廿四年生代宗，與舊十一代宗紀不合。

唐有兩上元年號

年號重襲，已見叢考前編，皆異代之君，不知詳考，致有誤襲前代年號者〔一〕。至唐則高宗有上元年號，而肅宗亦以上元紀年，高之與肅，相去不過六七十年〔二〕，耳目相接，朝臣豈無記憶，乃以子孫複其祖宗之號，此何謂耶？元順帝慕元世祖創業致治，而用其至元紀年，故當時有「重紀至元」之稱，衰亂之朝，不知典故，固無論矣。

〔一〕曹魏有「太和」，拓跋魏亦有「太和」。

〔二〕後「上元」去前「上元」八十四年。

德宗好爲詩

唐諸帝能詩者甚多，如太宗、玄宗、文宗、宣宗，皆有御製流傳于後，而尤以德宗爲最。劉太真傳謂帝文思俊拔，每有御製，輒命朝臣畢和。今按本紀，貞元二年，宴羣臣於麟德殿，賦詩一章，令羣臣和。四年，賜百寮宴曲江亭，賦重陽賜宴詩六韻。六年，又宴曲江亭，賦中和節賜宴詩七韻。上巳節，又宴，賦上巳詩一章。九年正月，朝罷，賦退朝觀仗歸營詩。十年，曲江九日賜宴，又賦詩。十一年，賜宰臣兩省供奉官宴曲江，賦詩六韻。十二年，御製刑政箴一首。又製中和樂武曲，於御殿奏之。是年仲春，賜宴麟德殿，九日賜宴曲江，皆賦詩。十七年仲春及重陽，賜宴曲江，亦皆賦詩。十八年，九日宴馬嶙山池，亦賦詩，皆命羣臣屬和。此見於本紀者也〔一〕。貞元四年九日之宴，帝親爲詩序，令朝官和進，帝親考其詩，以劉太真、李紓等四人爲上，鮑防、于邵等四人爲次，張濛、殷亮等二十三人爲下，李晟、馬燧、李泌三宰相之詩不加優劣。見太真傳。韋綬在内直，帝作黄菊歌，顧左右曰：「不可不示韋綬。」即遣人持往，綬即附和進。綬傳〔二〕。又嘗製宸扆、台衡二銘賜馬燧。燧傳。杜希全赴鎮天德，獻體要八章，多所規諷，帝製君臣箴賜之。希全傳。張建封入朝，將還鎮，帝賦詩餞之。建封傳。此皆見於列傳者也。今載其數首。貞元四年曲江賜宴詩曰：「早衣對庭燎，躬化勤意誠，時此萬機暇，適與佳節并。曲池潔寒流，芳菊舒金英，乾坤爽氣澄，臺殿秋光清。朝野慶年豐，高會多歡聲，永懷無荒戒，良士同斯情。」〔三〕其賜建封詩曰：「牧守寄所重，才賢生爲時。宣風自淮甸，授鉞膺藩維。入覲展遐戀，臨軒慰來思。忠誠在方寸，感激陳清詞。報國爾所當，恤人予是資。歡宴不盡懷，車馬當還期。穀雨將應候，行春

猶未遲。勿以千里遥，而云無己知。」〔四〕

〔一〕皆見於舊書十三德宗紀下。有時是記載與不記載之關係，非事之有無關係。貞元「二年」爲「四年」之誤。十年「曲江九日賜宴」，應作「九月九日賜宴」。十二年下爲十四年二月事，九日賜宴曲江爲十三年九月事，十三、十四年互倒。

〔二〕新一六九附韋貫之傳，舊傳不載。

〔三〕舊一三七劉太真傳。「萬機」原作「萬樞」，不用「機」，避玄宗嫌名。「荒戒」原作「荒誡」。

〔四〕舊一四〇張建封傳。「陳清詞」原作「陳情詞」，「爾所當」原作「爾所尚」。

褒貶前代忠奸

式閭表墓，爲新朝激揚首務，所以表是非之公，新天下之耳目也。唐武德元年詔，隋高熲、賀若弼、薛道衡、宇文弢、黄純等，並抗節懷忠，陷於極刑，特贈官加謚〔一〕。貞觀元年詔，齊崔季舒、郭遵、封孝琰，以極言蒙難，褒叙其子孫。則不惟贈恤死者，且官其後人矣。麟德元年，又詔訪周宇文孝伯子孫，授以官。此皆褒忠令典也。貞觀元年，追論隋臣裴虔通手弑煬帝之罪，削爵流驩州〔二〕。七年，又詔宇文化及及弟智及、司馬德戡、裴虔通、孟景、元禮、楊覽、唐奉義、牛方裕、元敏、薛良、馬舉、元武達、李孝本、孝哲、張愷、許弘仁、令狐行達、席德方、李覆等弑煬帝者，其子孫並禁錮，勿得齒叙〔三〕。此亦足昭癉惡之公。然亂臣賊子人人得而誅之，化及等已死，錮其子孫是矣，裴虔通尚在，而徒以前代之事，不復正以誅殛，僅配流遐裔，尚不免失刑也。武后聖曆元年，又追貶隋楊素子孫，不許仕京官及侍衛〔四〕。

〔一〕舊一高祖紀，武德元年八月。「黄純」爲「董純」之誤。
〔二〕舊二太宗紀上，貞觀二年六月。「元年」誤。
〔三〕舊三太宗紀下。「孝哲」爲「孝質」之誤。
〔四〕舊六則天紀，聖曆三年七月。「元年」誤。原文爲「楊素及兄弟子孫已下，並不得令任京官及侍衛」。

謚兼美惡

唐制，三品以上，皆得請謚，而其人之賢否不同，則必核其生平以定之，蓋猶存古道也。皇甫無逸官於蜀，其母卒於京，無逸奔喪歸，在途而死，太常謚曰「孝」。王珪駁之，謂無逸赴官，不與母偕，不可稱孝，乃更謚「良」。蕭瑀卒，太常謚曰「肅」，太宗以其多忌，改謚「貞褊」。裴矩卒〔一〕，初謚曰「恭」，劉洎以其佞肆駁之，乃改謚「繆」。封倫卒後〔二〕，奸邪事發，改謚曰「繆」。許敬宗卒，博士袁思古議，敬宗棄子荒徼，嫁女蠻落，謚曰「繆」。敬宗孫彦伯請改謚，博士王福時執不可，詔尚書省更議，以既過能改爲恭，乃請謚曰「恭」。新書謂更謚「蔡」〔三〕。韋巨源卒，太常謚曰「昭」，李邕以其附武、韋爲相〔四〕，不當得美謚，雖不聽，而議者是之。楊炎卒，謚「肅愍」，孔戣駁之，改謚「平厲」〔五〕。高璩卒，博士曹鄴議其爲相時交游醜雜，請謚爲「刺」，從之〔六〕。皆見各本傳。是俱能存彰癉之公，不專以美譽阿人者。然其時已多請囑失實之弊。李虞仲奏言，古者將葬請謚，今近或二三年，遠或數十年方請，人歿已久，採諸傳聞，不可考信，取諸誄狀，亦多浮詞。請自今凡應得謚者，前葬一月，請考功、太常定謚。在京者不得過半期，在外者不得過一期，若不請者，許考功即察行謚之。虞仲傳〔七〕。蓋唐猶詳慎謚法如此。後世惟賜謚者始得謚，既邀恩賜，自必其人履行無虧，故謚皆有美而無惡也。

〔一〕「裴矩」爲「宇文士及」之誤。宇文與裴同卷，舊六三、新一百，裴在前。
〔二〕爲「封倫」之誤。舊六三、新一百。
〔三〕新二二三上敬宗傳亦作「恭」，「蔡」字誤。
〔四〕武三思、韋庶人。
〔五〕唐會要八十。
〔六〕高璩見新一七七附高元裕傳。元裕子。

〔七〕新一七七李虞仲傳，舊傳無。文字有改易。

唐追贈太子之濫〔一〕

子帝而追帝其父，禮也。弟而追帝其兄，兄而追帝其弟，已屬過當。如玄宗追册中宗子襄王重茂爲帝，以重茂本韋后所立爲帝，後退封襄王，故薨而仍以帝號還之，尚不失爲厚。玄宗又以兄憲讓己爲太子，得立，憲薨，追贈讓皇帝。肅宗以長兄琮早薨，追贈奉天皇帝。代宗以弟倓有功，被讒死，追贈承天皇帝。皆禮之過者，然猶有説以處此。至太子而追崇爲帝，必其子即位而追帝之，如金世宗太子允恭，以子章宗即位，而謚爲顯宗，元世祖太子真金〔二〕，以子成宗即位，而謚裕宗是也。乃唐高宗之太子弘薨，而贈孝敬皇帝，則以父而追帝其子，不經之甚矣。若追贈太子，必其曾爲太子，或早薨，或不得其死，則仍復其舊稱。如中宗子重潤，在高宗時已立爲皇太孫，後爲武后杖死，神龍初贈懿德太子。憲宗立子寧爲太子，薨，贈惠昭太子。文宗立子永爲太子，後廢死〔三〕，贈莊恪太子。此父之追贈其子也。太宗立子承乾爲太子，後廢，薨，不追封。高宗立子忠爲太子，後廢，死，封燕王。昭宗立子德王裕爲太子，後劉季述廢昭，立裕爲帝，反正後，仍以裕爲德王。中宗立子重俊爲太子，後起兵誅武三思，敗死，睿宗追贈節愍太子。此以叔而贈其姪〔四〕，亦以其曾爲太子也。高祖立子建成爲太子，太宗殺之，即位後，仍贈隱太子。高宗立子賢爲太子，爲武后廢，死，睿宗追贈章懷太子。玄宗立子瑛爲太子，以讒死，肅宗仍贈太子。此以弟而贈兄，亦以其曾爲太子，還其舊物也。敬宗子普，文宗時薨，贈悼懷太子。懿宗子佾，爲劉季述所殺，昭宗贈恭哀太子。此以叔而贈其姪，亦以普、佾本應爲太子〔五〕，特以年幼未得立，而還其舊物，尚不失爲厚也。至未爲太子而死後追贈者，如玄宗子琬，薨，贈靖恭太子；代宗子邈，薨，贈昭靖太子；宣宗子漢，薨，贈靖懷太子。此則其人本不應爲太子，而歿以太子之號榮之，已不免紊於禮，然此猶父之贈其子，於名分尚順也。若玄宗贈弟申王撝爲惠莊太子，岐王範爲惠文太子，薛王業爲惠宣太子。此三王者，將以爲睿宗之太子耶，則睿宗自有太子憲，睿宗在武后時爲帝，先立憲，後玄宗平内難，憲讓玄宗爲太子。繼又以玄宗爲太子。此三王初未身爲太子，則加以大國榮封可矣。太子之稱，究屬以子繼父而言，非同官爵之可加贈也，而以施於未爲太子之弟，轉似下儕於己子之列，此則苟欲以追崇見其友愛，而不知轉失禮甚矣。後穆宗子湊，文宗時以讒死，文宗贈懷懿太子。穆宗已有太子敬宗爲帝，湊未爲太子也，而文宗以從兄贈之爲太子〔六〕，亦同此失。顧寧人日知録内但舉秦文公太子卒，賜謚爲竫公，及代宗追謚弟承天皇帝二事〔七〕，尚未備。

〔一〕舊六四、七六、八六、九五、一〇七、一一六、一七五，不出此七卷。

〔二〕趙原依改定譯名作「珍戬」。

〔三〕議廢而未廢，應云「後議廢」。

〔四〕睿宗乃中宗弟。

〔五〕普爲敬宗長子，倚非長非嫡，與普相提並論，誤。

〔六〕文宗與湊均爲穆宗子，「從兄」之「從」應去。

〔七〕卷十四追尊子弟條。

帝號標后謚

以帝號標后謚，乃范蔚宗後漢書追書之例〔一〕，非當日本制也。光武陰后本謚「烈」，以光武謚合之，故曰「光烈」。明帝馬后本謚「德」，以明帝謚合之，故曰「明德」。章帝竇后之稱「章德」，和帝鄧后之稱「和熹」，安帝閻后之稱「安思」，桓帝竇后之稱「桓思」，靈帝何后之稱「靈思」，獻帝曹后之稱「獻穆」，皆仿此。其桓帝梁后謚「懿獻」二字，不便合帝謚并稱，則曰桓帝懿獻梁皇后，此可以見范史牽合之書法也。後世不察，乃遂於皇后定謚時，即係以帝號。如唐高祖崩，合帝謚曰太穆神皇后。文德皇后崩，始謚「文德」，及太宗崩，合謚曰文德聖皇后〔二〕，是反以夫從婦矣。睿宗竇后之謚，太常初謚曰「大昭成」，或援范史例，謂宜引「聖真」冠謚，以單言配之，應曰「聖昭」，或「睿成」；以雙言配之，應曰「大聖昭成」，或「聖真昭成」。以睿宗謚玄真大聖大興孝皇帝故也。謂此後漢「光烈」等謚例，且本朝「太穆」、「文德」故事也。太常駁之曰：「蔚宗以帝號標后謚，是史家記事體，婦人非必與夫同也。入廟稱后，義繫於夫，在廟稱太，義繫於子。文母生號也，文王謚也，周公豈以夫從婦乎。後漢書不可爲據。」詔曰：「可。」俱見皇后傳〔三〕。

〔一〕後漢書十。

〔二〕舊五一后傳不載。

〔三〕新書七六睿宗竇皇后傳。

後漢書皇后紀論曰：「漢世皇后無謚，皆因帝謚以爲稱。中興，明帝始建『光烈』之稱，其後定以德配，故馬、竇二后俱稱『德』焉。」〔一〕案蔡邕謚議〔二〕曰：「漢世母氏無謚，至明帝始建『光烈』之稱。自是轉因帝號加之以『德』，上下優劣，混爲一體，殊非禮制。謚法有功安人曰同〔三〕，帝后一體，禮亦宜同。大行皇太后謚宜爲『和熹』。」據此，則后之有專謚，始於明帝之謚陰后，繼成於蔡邕之謚鄧后。又案魏道武追謚先世皇后，皆無本謚。北史后妃傳序云，皆從帝謚爲皇后謚。今案如神元皇后竇氏、桓皇后惟氏、平文皇后王氏之類是也，神元、桓、平文皆帝謚也，其皇后無本謚，故即從帝之謚也。至道武以後，則后自有謚，如道武宣穆皇后劉氏、明元昭哀皇后姚氏是也。「道武」、「明元」，帝謚也，「宣穆」、「昭哀」，后謚也，其曰道武宣穆，及明元昭哀者，亦史家追書之例，以帝號標后謚也。

〔一〕卷十。

〔二〕應作「注引蔡邕集謚議」。

〔三〕注改「安民」爲「安人」。「同」爲「熹」之誤。

皇后哀册尊稱

德宗昭德皇后薨，侍郎李紓撰册文，曰「大行皇后」。帝以爲不典，命學士吴通玄爲文，又云「咨后王氏」。議者亦以爲非。宜如貞觀中岑文本撰文德皇后謚册，曰「皇后長孫氏」。

舊唐書〔一〕。

〔一〕卷五三。

祔葬變禮〔一〕

招魂而葬，本起於東漢。光武姊元，爲鄧晨妻，起兵時元被害，後晨封侯，卒，帝追尊姊爲公主，招其魂與晨合葬〔二〕，此招魂葬之始也。唐中宗和思趙皇后，先爲武后幽死，莫知瘞所。中宗崩，議者以韋后得罪，不宜祔葬，乃追謚趙爲皇后，欲行招魂祔葬之禮。博士彭景直上言，古無招魂之禮，不可備棺槨，宜據漢書郊祀志葬黄帝衣冠於橋山故事，以皇后褘衣於陵所寢宮招魂，置衣于魂轝，以太牢告祭，遷衣於寢宮，覆以夷衾而祔葬焉，從之〔三〕。睿宗劉后、竇后，亦皆爲武后所殺，莫知瘞所，後亦招魂葬之，蓋亦仿趙后例也。然古不墓祭，惟以立主於廟爲重。蓋魂氣歸於天，體魄歸於地，招魂而葬，是欲以歸天之魂使之入地，理難强通。即葬衣冠，而必先招魂於衣冠，然後葬之，是仍欲使魂入地也。既莫知瘞所，似不必復設祔葬之虛禮，但奉主祔廟可耳。按晉東海王越殁於項，其喪柩爲石勒所焚，妃裴氏渡江歸於元帝，欲招魂葬越。博士傅純曰：「聖人制禮，設冢槨以藏形，事之以凶，主廟祧以安神，事之以吉。送形而往，迎精而反，此墓廟之大分，形神之異制也。室廟、寢廟，祭非一處，所以廣求神之道，而獨不祭於墓，非神之所處也。」遂詔不許〔四〕。是晉人已有定議矣。

〔一〕招魂附葬也。

〔二〕後漢書四五。

〔三〕舊唐書五一。「招魂」下原有「葬」字。

〔四〕晉書五九。「主廟」爲「立廟」之誤。「事之」原文爲「奉之」。

代宗沈后德宗之母。陷賊，不知存亡。德宗即位，屢求不獲。至憲宗時，羣臣請仿晉庾蔚之議，尋求三年之後，又俟中壽而服之〔一〕。乃以是年九月發哀，先令造褘衣一副，擇日祔代宗陵。此亦無於禮者之禮也。案晉書李胤傳，胤祖敏避公孫度之命，浮海不知所終。胤父信追求積年不獲，欲行喪又恐父尚存，有鄰人與父同歲者死，乃以是時行喪。後因徐邈勸娶妻，既生子，遂絶房室。此亦一故事。南史沈洙傳〔二〕，建康令沈孝軌門生牒稱，主人父靈柩在周〔三〕，主人奉使關右，因欲迎喪，久而未返。今月晦即是再朞，主人弟息應以是月末除靈，抑或應待主人還除靈。江德藻云，禮久而不葬，惟主喪者不除，其餘各終月數而除，此家内有事未得葬者耳。孝軌既在異域，雖迎喪而無還期，諸弟若遂不除，則永絶婚嫁，宜咨沈洙。洙議曰：「禮有變正，有從宜，禮小記之文，禮之正也。但魏氏東關之役，失亡屍骨，葬禮無期，議者以爲無終身之喪，故制使除服。晉氏喪亂，或死於北庭〔四〕，無從迎柩，故又申明其制。今孝軌喪還未有定期，在此者應除服。若喪柩得還，别行改葬之禮。」禮記云，改葬之禮服緦。不忍無服送至親也。

〔一〕庾蔚之，宋書禮志二及四常引其議，通典凶禮引蔚之議更多，是宋人非晉人。此係舊唐五二沈后傳原文，非趙誤。會要三同舊唐。此實爲晉劉智議，見通典九八。百歲曰中壽，見文選注養生論，上壽百廿，下壽八十。

〔二〕卷七一。

〔三〕「主人」即沈孝軌。

〔四〕原文爲「虞庭」。

謚后於廟〔一〕

順宗王皇后崩，太常進謚，公卿欲告天地宗廟，禮院奏曰：「案禮曾子問，古者天子稱天以誄之，皇后之謚則讀於廟。江都集禮〔二〕亦曰謚皇后於廟，又曰皇后無外事，無爲於郊也。準禮，賤不誄貴，子不爵母，所以必謚於廟者，宜受成於祖也。故天子謚於郊，后妃謚於廟。」從之。

〔一〕舊五二。

〔二〕應添「引白虎通」四字。

兩太后並稱

文宗即位時，敬宗母王太后尚在，而文宗自有母蕭太后，乃號敬宗母曰寶曆太后。又以兩太后難於分別，乃詔以宫名别之，寶曆太后居義安宫，稱義安太后。後武宗即位，文宗母蕭太后尚在，徙居積慶殿，乃稱積慶太后〔一〕。

〔一〕敬、文、武三宗皆穆宗子。

皇太后不祔葬

穆宗久葬，其妃韋氏生武宗，亦已久亡，武宗立，欲以母祔葬于穆宗之光陵。宰臣奏，神道安於静，光陵葬已二十年，不可更穿，太后所葬之福陵亦崇築已久，不宜徙請，但奉主祔廟穆宗〔一〕，從之。

〔一〕應云「祔穆宗廟」。

又明世宗有三后，孝源〔一〕，元配也。繼張后，被廢。繼孝烈方氏薨，帝欲先以其神主祔太廟，羣臣請設位於皇妣睿皇后之次〔二〕，後寢藏主，則設幄於憲廟皇祖妣之右〔三〕，以從祔於祖姑之義。帝曰：「安有享從此而主藏彼，可祧仁宗，而以后主即列於朕之位次。」羣臣言后雖宜祔享，但遷及廟次，非臣子所敢言。帝怒，乃祔主於第九室。隆慶中，從羣臣議，仍以元配孝源后合葬永陵，孝烈主移於弘孝殿。

〔一〕「孝源」爲「孝潔」之誤，下同。

〔二〕世宗父祐杬，追謚睿宗。

〔三〕世宗係憲宗孫，改元嘉靖。

案明憲宗生母周，已尊爲皇太后，孝宗時始崩。孝宗問劉健等祔廟禮，健曰：「漢以前一帝一后，祔二后自唐始也，祔三后自宋始也。」三后者，一正后，一繼后，一生母也。帝曰：「事須師古，祖宗來一帝一后，今並祔則壞禮自朕始矣。」遂不祔廟〔一〕。嘉靖中移祀陵殿，題主曰皇后，不繫帝謚，以別嫡庶。自後穆宗母，神宗母，光宗、熹宗、莊烈帝母，咸用此制〔二〕。

〔一〕明史一一三英宗錢后傳。「三后」解釋，本謝遷語，趙引作解釋。

〔二〕明史一一三英宗周后傳。

建成元吉之子被誅

謀反者族誅，秦、漢、六朝以來，皆用此法。見崔仁師傳。太宗爲秦王時，殺建成、元吉，不過兄弟間互相屠害，其時太宗尚未爲帝，不可以反論也。乃建成子安陸王承道、河東王承德、武安王承訓、汝南王承明、鉅鹿王承義，元吉子梁郡王承業、漁陽王承鸞、晉安〔一〕王承獎、江夏王承裕、義陽王承度，俱坐誅，除其屬籍。是時高祖尚在帝位，而坐視其孫之以反律伏誅，而不能一救，高祖亦危極矣。

〔一〕舊書作「普安」，此從新書。

没入掖廷

族誅者，既誅其壯丁，而妻妾子婦及子孫之幼者，皆没入掖廷爲奴婢。如樊興、錢九隴俱以父犯罪配没爲皇家隸人。興等傳。武后殺唐宗室，壯者皆被戮，幼者皆没入爲官奴。巢王明傳〔一〕。李師道既誅，其小男没入掖廷，師道傳。此子孫之幼者也。齊王元吉被誅，其妃没入宫爲太宗妃。巢王明傳。廬江王瑗既誅，其姬入侍太宗。王珪傳。上官儀及子庭芝既被誅，庭芝妻鄭及女婉兒配入掖廷。儀傳〔二〕。吴元濟之妻沈氏，李師道之妻魏氏，敗誅後皆没入。元濟、師道傳。師道既誅，憲宗謂宰相曰：「李師古之妻，於師道叔嫂也，雖云逆族，亦宜降等，李宗奭妻，亦士族也，今俱在掖廷，於法似稍深。」崔羣奏此聖主仁惻之心也。於是師古妻裴氏，女宜娘，宗奭妻韋氏及男女皆釋。羣傳。御史李孝本，皇族也，坐李訓事誅，其女没入宫，魏謩諫出之。謩傳。又元載女真一，少爲尼，載敗没入宫，德宗時始告以載死，號泣投地。則女之出家者亦不免也。載傳〔三〕。韓滉過汴，語劉玄佐曰：「宜早見天子，不可使太夫人白首與新婦子孫填宫掖。」滉傳〔四〕。蓋當時法令如此。然其中亦有生貴子者。肅宗爲太子時，玄宗命高力士選良家子侍之，力士曰：「京兆料擇，人得藉口，不如掖廷衣冠女。」會有吴令珪坐事死，女没入宫，力士選以進，後生代宗，即章敬皇后也。李錡反被誅，其妾鄭氏没入宫，憲宗幸之，後生宣宗，即孝明皇后也。

〔一〕「巢王」應作「曹王」，下同。元吉先封齊王，追封巢王，復以曹王明爲其後。二事均見新八〇曹王明傳。

〔二〕儀傳不言鄭及婉兒，此蓋從昭容上官氏傳，舊五一、新七六。

〔三〕新一四五載傳。舊一一八元載傳不載。

〔四〕新一二六溷傳，原無「太」字。舊一二九溷傳不載。

按北史崔昂傳，律文，籍没者，婦人年六十以上免配官。

唐女禍

報應之説，本屬渺茫，然亦有不得不信者。唐高祖初爲晉陽留守時，宫監裴寂私以宫人入侍，後太宗起兵，使寂以此事脅高祖，謂二郎舉義旗，正爲寂以宫人侍公，恐事發族誅耳，高祖意乃決。寂傳。是高祖之舉兵，實以女色起也。及太宗殺弟元吉，即以元吉妻爲妃。廬江王瑗以反誅，而其姬又入侍左右。是兩代開創之君，皆以女色縱慾。孰知貞觀之末，武后已在宫中，其後稱制命，殺唐子孫幾盡，中冓之醜，千載指爲笑端。韋后繼之，穢聲流聞，并爲其所通之武三思，榜其醜行於天津橋，以傾陷張柬之等，尋又與安樂公主毒弑中宗〔一〕。宫闈女禍，至此而極。及玄宗平内難，開元之治，幾於家給人足，而一楊貴妃足以敗之。雖安史之變不盡由於女寵，然色荒志怠，惟耽樂之從，是以任用非人而不悟，釀成大禍而不知，以致漁陽鼙鼓，陷没兩京，而河朔三鎮從此遂失，唐室因以不競，追原禍始，未嘗非色荒之貽害也。然則以女色起者，仍以女色敗，所謂君以此始，亦以此終者，得不謂非天道好還之昭然可見者哉。

〔一〕事載舊九一桓彥範傳。「榜其醜行」原作「陰榜其穢行」。

武后之忍

古來無道之君，好殺者有石虎、苻生、齊明帝、北齊文宣帝、金海陵煬王，其英主好殺者，有明太祖，然皆未有如唐武后之忍者也。自其初搤死親女，以誣王皇后，后爲昭儀時，生女，皇后至，撫弄而去。昭儀潛斃女于衾下，伺帝至，陽歡笑，發衾，女死矣。左右曰「皇后適至」，昭儀悲啼，帝怒曰：「后殺吾女。」后無以自解，尋被廢〔一〕。絶毛裏之愛，奪燕昵之私，固已非復人理。及正位後，王后、蕭良娣被廢，各杖二百，反接投釀甕中，曰令二嫗骨醉。數日死，猶殊其屍〔二〕。并竄長孫无忌、褚遂良等至死。又殺上官儀〔三〕。其出手行事，即凶燄絶人，然此猶曰妒者常情，不得不害人以利己也。稱制後，欲立威以制天下，開告密之門，縱酷吏周興、來俊臣、邱神勣等起大獄，指將相俾相連染，一切按以反論，吏爭以周内爲能，于是誅戮無虚日。大臣則裴炎、劉禕之、鄧玄挺、閻温古、張光輔、魏玄同、劉齊賢、王本立、范履冰、裴居道、張行廉、史務滋、傅游藝、芩長倩、格輔元、歐陽通、樂思晦、蘇幹、李昭德、李元素、孫元亨、石抱忠、劉奇等數十人〔四〕；大將則程務挺、李光誼、黑齒常之、趙懷節、張虔勖、泉獻誠、阿史那元慶等，亦數十人〔五〕； 庶僚則周思茂、郝象賢、薛顗、裴承光、弓嗣業、弓嗣明、弓嗣古、郭正一、弓志元、弓彭祖、王令基、崔詧、劉昌從、劉延景、柳明肅、蘇踐言、白令言、喬知之、阿史那惠、杜儒童、張楚金、元萬頃、苗神客、裴望、裴璉、韋方質、劉行實、劉日瑜、劉行感、張虔通、雲弘嗣、李安靜、裴匪躬、范雲仙、薛大信、來同敏、劉順之、宇文全志、柳璆、閻知微等，數十百人〔六〕，皆駢首就戮，如封羊豕。 甚至邱神勣、來俊臣向爲后出死力以害朝臣者，亦殺之。其流徙在外者，又遣萬國俊至嶺南殺三百餘人，又分遣六御史至劍南、黔中等郡，盡殺流人。 皆惟恐殺人之少，劉光業所殺九百餘人，其餘少者亦不減五百〔七〕。 雖明祖之誅胡、藍二黨〔八〕，不是過也。 然此猶曰中外官僚，非戚屬也。 越王貞、瑯琊王沖起兵謀復王室，事敗被誅，于是殺韓王元嘉、魯王靈夔、范陽王藹、黄公譔、東莞公融、霍王元軌、江都王緒、舒王元名、汝南王瑋、鄱陽公諲、廣漢公謐、汶山公蓁、廣都王璹、恒山王厥、江王知祥及其子皎、嗣鄭王璥、豫章王亶、蔣王煒、安南郡王穎、鄅國公昭、滕王元嬰子六人、紀王慎之子義陽王琮、楚國公叡、襄陽公秀、廣化公獻、建平公欽、曹王明，及諸宗室李直、李敞、李然、李勳、李策、李越、李黯、李元、李英、李志業、李知言、李元貞、鉅鹿公晃等數十百人，除其屬籍，幼者流嶺表，又爲六道使所殺〔九〕，雖蕭鸞之殺高、武子孫，完顔亮之殺太祖、太宗子孫，亦不是過也。然此猶曰李氏宗室，非武族也。武元慶、元爽則后兄也，惟良、懷運則后兄子也，元慶、元爽尋坐事死。后姊之女爲高宗所私，封魏國夫人，后私毒之死〔十〕，又歸罪於惟良、懷運，殺之。然此猶曰異母兄姪，本不相睦也。若高宗子，則后之諸子也，後宮所生忠，已立爲皇太子，因武后有子弘，甘讓儲位，改封梁王，乃廢流黔州，賜死。澤王上金，後宮楊氏所生，許王素節，蕭淑妃所生，武三思諷周興誣以謀反，縊素節于驛亭，上金聞之亦自縊，上金七子，素節九子，並誅，幼者悉囚雷州〔十一〕。然此猶曰非己所生也。太子弘則后親子，立爲儲貳，賢德聞天下，以其請蕭淑妃女之幽于掖廷者出嫁〔十二〕，遂惡之，又以其聰睿不便於己，竟酖之死〔十三〕。弘既死，立其弟賢爲太子，亦后親子也，又以觸忌而使人發其陰事，高宗欲薄其罪，后曰：「大義滅親，不可赦。」乃廢爲庶人，流巴州，後又遣邱神勣逼殺之，并殺其子光順。僅一子守禮〔十四〕，亦幽于宮中，屢被杖。玄宗時，岐王嘗奏其能知雨暘，帝問之，對曰：「臣無他，天后時被杖創痕，雨則沈懣，霽而佳故耳。」又中宗子邵王重潤，則后孫也，永泰公主，則后女孫也，主壻武延基，則女孫壻也，三人嘗私言張易之等出入宮中，恐有不利，后聞之，咸令自殺。太平公主夫駙馬薛紹，則親女壻也，亦以私怒殺之。此則因縱慾而殺親子孫，天理滅矣。然此猶不便於縱慾而害之也。薛懷義入侍牀笫，寵冠一時，至命爲行軍大總管，率十八將軍擊默啜，以宰相李昭德、蘇味道爲其長史、司馬〔十五〕，可謂愛之極矣，後以嫌，即令太平公主伏有力婦人數十，縛而殺之，畚車載其屍還白馬寺。斯又情之最篤者，亦割愛而絶其命矣。新唐書謂其當忍斷，雖甚愛不少隱也〔十六〕。真千古未有之忍人也哉！

〔一〕事見新七六則天皇后傳。

〔二〕舊五一后妃傳。「殊屍」句見新書后傳。

〔三〕新后傳。

〔四〕舊六，新四，舊八一。劉齊賢，祥道子，附舊八一祥道傳，目無名。避章懷太子名，改名景先。

〔五〕舊六，新四。

〔六〕舊六，新七六，新四。「劉昌從」爲「易從」之誤，「劉日瑜」爲「行瑜」之誤，「張虔通」爲「劉虔通」之誤，行實兄子。

〔七〕六御史見舊一八六萬國俊傳，亦見新后傳。劉光業，六御史之一。

〔八〕胡惟庸，明史三〇八姦臣傳。胡黨有奸黨録，坐誅者三萬餘人，洪武廿三年。藍玉，明史一三二。有逆臣録，族誅者萬五千人，洪武廿六年。

〔九〕元嘉與譔，靈夔與藹，元軌與緒，元名與亶，均爲父子。「恒山王厥」應作「恒山郡王承乾子厥」。「知祥」爲「元祥」之誤。「蔣王煒」即前文之汝南郡王瑋，蔣王惲子也，此重出。「安南郡王」爲「南安郡王」之誤。「曹王明」下應補「二子」二字。其中元祥、元嬰善終，趙誤。見舊六、六四，新四、七九。

〔十〕魏國夫人，后姊韓國夫人之女賀蘭氏。韓國夫人與后同母，見新七六后傳。
〔十一〕舊八六。「武三思」爲「武承嗣」之誤。
〔十二〕義陽、宣城二公主。
〔十三〕新八一。
〔十四〕守禮，光順弟。
〔十五〕李昭德爲内史，趙從新七六后傳，故曰「宰相」。
〔十六〕新七六。

按古來太后以縱慾而殺子者，後魏文明馮太后，行不正，有内寵李奕，獻文帝因事誅之，馮太后遂害帝。然帝非馮后親子也。明帝母靈后胡氏，親生明帝，帝幼登極，太后恣行凶穢。後帝長，母子間起嫌隙，太后乃毒死明帝，後爲爾朱榮沈於河〔一〕。是徒有武后之失德，而無武后之雄才，更不足道也。

〔一〕魏書稱「顯祖」，北史稱「獻文」；魏書稱「肅宗」，北史稱「明帝」。

武后納諫知人

武后之淫惡極矣，然其納諫知人，亦自有不可及者。初稱制，劉仁軌上疏，以吕后爲戒，后即使武承嗣齎勑慰諭之。仁軌傳。大食國獻獅子，姚璹奏不貴異物，后即詔止其來使。九鼎成，欲以黃金塗之，亦爲璹諫而罷。璹傳。后欲以季冬講武，有司遷延至孟春，王方慶諫，孟春不可習武，即從之。方慶傳。季秋梨花開，后出以示宰相，皆以爲仁及草木，杜景儉獨以爲陰陽不和所致，后曰：「真宰相也。」景儉傳。河北民陷契丹者，武懿宗將奏殺之，景儉以爲皆迫脅所致，宜原之。王求禮并謂懿宗遇賊退縮，反加罪被脅之民，請斬懿宗以謝河北，后即爲赦河北。景儉、王求禮傳。張庭珪諫造大像，即允之，并召見面慰。庭珪傳〔一〕。朱敬則請改嚴刑，從寬政，亦從之。敬則傳。李嶠請雪舊爲酷吏破家者，后未聽，桓彥範等又上十疏，卒從之。嶠等傳。蘇安恒奏請歸政太子，后亦不怒。然此猶論列朝政也。至其所最寵倖而諱之者，宜莫如薛懷義、張易之、張昌宗，然蘇良嗣遇懷義於朝，命左右批其頰，懷義訴於后，后第戒其出入北門，毋走南牙觸宰相，而未聞罪良嗣也。良嗣傳〔二〕。懷義度白丁爲僧，御史周矩劾之，后曰：「朕即令赴臺。」懷義至，坦腹於牀，矩召吏將案之，懷義遽乘馬去。矩以聞，后曰：「此道人病風，不可苦問。其所度僧，聽卿勘。」矩悉配流之。後矩爲懷義所譖免官，亦未聞加以罪也。矩傳〔三〕。后晚年尤愛張易之、昌宗兄弟。易之誣奏魏元忠欲挾太子爲耐久朋，引張説爲證，及廷詰説，言元忠無此語。雖貶元忠爲高要尉，流説欽州，然未聞致之死也。易之贓賂事發，爲御史臺所劾，詔桓彥範、袁恕己等鞫之，彥範等奏罪當族。昌宗自陳爲后鍊丹有功，詔雖釋之，然尚以贓賂歸罪于其兄昌儀、同休而罷其官〔四〕，亦未聞罪彦範等也。昌宗引術者占己有天子分，宋璟劾奏請付獄，便窮究。后陽許，而令璟出使幽州，别令崔神慶鞫，免其罪。璟猶執奏昌宗當斬，李邕曰：「璟言是。」后雖不聽，亦未嘗罪璟、邕等也。昌宗傳〔五〕。易之引蜀商宋霸子等入宫，宴后前，韋安石奏賤類不宜預，顧左右逐出之。后更慰勉，不聞其罪安石也。安石傳。然此猶未直陳其淫穢之醜也。至朱敬則疏諫選美少年，則曰：「陛下内寵有薛懷義、張易之、昌宗矣，近又聞尚食柳模自言，其子良賓，潔白美鬚眉，長史侯祥云，陽道壯偉，堪充宸内供奉。」〔六〕桓彦範以昌宗爲宋璟所劾，后不肯出昌宗付獄，彦範亦奏云：「陛下以簪履恩久，不忍加刑。」此皆直揭后之燕昵嬖倖，可羞可耻，敵以下所難堪〔七〕，而后不惟不罪之，反賜敬則綵百段，曰：「非卿不聞此言。」而於璟、彦範亦終保護倚任。夫以懷義、易之等，牀笫之間，何言不可中傷善類，而后迄不爲所動摇，則其能别白人才，主持國是，有大過人者，其視懷義、易之等，不過如面首之類。人主富有四海，妃嬪動至千百，后既身爲女主，而所寵倖不過數人，固亦無足深怪，故后初不以爲諱，并若不必諱也。至用人行政之大端，則獨握其綱，至老不可撓撼。陸贄謂后收人心，擢才俊，當時稱知人之明，累朝賴多士之用〔八〕。李絳亦言后命官猥多，而開元中名臣多出其選〔九〕。舊書本紀贊謂，后不惜官爵，籠豪傑以自助，有一言合，輒不次用，不稱職亦廢誅不少假，務取實才真賢〔十〕。然則區區帷薄不修，固其末節。而知人善任，權不下移，不可謂非女中英主也。

〔一〕舊九四李嶠傳亦言諫造大像，疏奏不納。
〔二〕只見新一〇三良嗣傳。
〔三〕見舊一八三外戚薛懷義傳。兩書無矩傳也。「病風」原作「風病」。
〔四〕此事只見新一〇三易之傳。「罪當族」原作「罪當免官」。「罷其官」，其，昌儀、同休也。
〔五〕舊九六宋璟傳言，「昌宗引相工占吉凶，言涉不順」。九一桓彥範傳言，昌宗「遣術人占己有天分」。此段參璟傳及昌宗傳、桓彥範傳。李邕語只見新昌宗傳。
〔六〕舊七八易之、昌宗傳。「尚食」原作「上舍奉御」。
〔七〕「敵以下」三字不明。
〔八〕只見新一五七陸贄傳。
〔九〕只見新一五二李絳傳。
〔十〕此用舊本紀「史臣曰」語意，非原文。

按魏文明馮后雖毒死獻文帝，然能慈愛獻文之子孝文帝，迄於成立。孝文雖御極，而性謙謹，事皆決於太后。太后多智猜忍，殺戮賞罰，決於俄頃。王叡出入卧內，數年便爲宰輔。李沖以才見任，亦由幃幄之寵，錫賚不可勝計。然后性嚴明，左右有過，動加捶楚，尋又待之如初，或更加富貴。故人人懷于利，至死而不思退。太后又外禮人望，元丕、游明根等，每至奬美王叡等，輒引丕等參之，以示無私。

改惡人姓名

惡其人而改其姓名，蓋本於左傳所云檮杌、饕餮、渾沌、窮奇之類〔一〕，然此但加以惡稱，非易其氏名，且非朝制也。其改爲惡姓惡名者，王莽以單于囊知牙斯不順命，改匈奴單于爲降奴單于〔二〕，此已開其端。後漢桓帝誅梁冀，惡梁姓，時鄧后猶冒梁姓，乃改后姓爲薄，此改姓也。吳孫皓殺何定，以其惡似張布，乃改定名爲布，此改名也。孫峻、孫琳專權肆惡伏誅，吳主孫休削其宗室屬籍，但稱故峻、故琳，此另是一法。晉成帝時，南頓王司馬宗有罪誅，貶其族爲馬氏。宋竟陵王劉誕反，伏誅，孝武帝改其姓爲留氏。「留」與「劉」同音也。又改晉熙王母謝氏爲射氏〔三〕。齊明帝殺魚腹侯子響，改其姓爲蛸氏〔四〕。「蛸」與「蕭」同音也。梁武帝弟子正德奔魏，尋又亡歸，帝改其姓爲背氏〔五〕。豫章王綜奔魏，帝惡其悖逆，改其子直爲悖氏〔六〕。武陵王紀起兵，被誅，元帝改其姓爲饕餮氏〔七〕。隋楊玄感反，伏誅，煬帝改其姓爲梟氏。唐高宗王皇后、蕭良娣爲武后所殺，武后改王皇后姓爲蟒氏，蕭良娣姓爲梟氏。武后又殺其姪武惟良、武懷運，皆改姓蝮氏。革命後，琅琊王沖、越王貞起兵復唐〔八〕，事敗被殺，皆改姓虺氏；連坐之韓王元嘉、魯王靈夔、范陽王藹、黄公譔、東莞公融、常樂公主，亦改爲虺氏。契丹首領李盡忠及孫萬榮反，后遣兵討之，改李盡忠爲李盡滅，孫萬榮爲孫萬斬。突厥默啜入寇，改其名曰斬啜。又骨咄禄入寇，改其名曰不卒禄〔九〕。中宗時，成王千里欲誅武三思黨宗楚客等，不克，被誅，改姓蝮氏。玄宗初，太平公主謀逆，竇懷貞懼罪投水死，追戮其屍，改姓毒氏。宗室李晉亦與太平之謀，被誅，改姓厲氏。皆亂世不經之陋例也。

〔一〕左文十八。「渾沌」原作「渾敦」。與窮奇原在檮杌前。

〔二〕漢書九九中，稱囊知牙斯爲降奴服于知。知，即囊知牙斯也。作「降奴單于」誤。

〔三〕改謝氏者明帝。

〔四〕「齊明帝」爲「武帝」之誤。

〔五〕見魏書九八島夷傳。梁書言正德逃歸後，高祖不之過。南史言武帝泣而悔之，不言改姓。

〔六〕綜，武帝第二子，母原係東昏妃。此從南史五三，下有「俄有詔復之」。梁書言改其姓爲悖氏，不言改其子直。

〔七〕饕餮氏從梁書，南史不載。

〔八〕沖乃貞子。

〔九〕骨咄禄在默啜前，係默啜兄。

朝賀近臣先行禮

朝賀時，近御諸臣須于殿陛侍班，故先于内殿行禮，然後隨至正殿，此制蓋自唐武宗始。會昌元年〔一〕，中書省奏，元日御含元殿，百官就列，惟宰相及兩省官〔二〕，皆于未開扇之前立欄檻内，及扇開即侍立於御前，是宰相近臣轉不得行禮。請御殿日，宰相兩省官在香案前侍立，俟扇開即再拜，拜訖升殿侍立，然後百官行禮。從之。本紀。

〔一〕「元年」爲「二年」之誤，四月事。

〔二〕門下、中書謂之二省。

大臣搜檢

漢制，大臣劍履上殿者，例帶木劍，不得有兵刃，蓋防微杜漸之意。魏、晉以來，遂著令，進見者必先搜檢，雖宰相不免焉。唐文宗始命停之，詔曰：「任則不疑，疑則不任。乃自魏、晉以來，虚儀檢索，舊習尚存，朕方推大信，況吾台宰，又何間焉。自後紫宸坐朝，衆寮既退，宰臣復進奏事，其監搜宜停。」本紀〔一〕。可知此詔以前，大臣搜檢，久成故事。君臣一體，何至猜防若此，文宗可謂知政體矣。然如金熙宗時，海陵爲相，與十餘人帶刀入宫，侍衛等見以爲常，遂成弑逆，是亦不可過於闊略也。

〔一〕大和元年五月。

度牒

宋時凡賑荒興役，動請度牒數十百道濟用，其價值鈔一二百貫至三百貫不等，不知緇流何所利而買之。及觀李德裕傳，而知唐以來度牒之足重也。徐州節度使王智興奏准，在淮泗置壇，度人爲僧，每人納二絹〔一〕，即給牒令回。李德裕時爲浙西觀察使，奏言江淮之人聞之，户有三丁者，必令一丁往落髮，意在規避徭役，影庇貲産。今蒜山渡日過百餘人，若不禁止，一年之内即當失却六十萬丁矣。據此則一得度牒，即可免丁錢，庇家産，因而影射包攬可知，此民所以趨之若騖也。然國家售賣度牒，雖可得錢，而實暗虧丁田之賦，則亦何所利哉。

〔一〕「絹」爲「緡」之誤，見舊一七四德裕傳。

廿二史劄記批注　史事之屬

卷二十　新舊唐書

唐代宦官之禍

東漢及前明宦官之禍烈矣，然猶竊主權以肆虐天下，至唐則宦官之權反在人主之上，立君，弒君，廢君，有同兒戲，實古來未有之變也。推原禍始，總由於使之掌禁兵，管樞密，所謂倒持太阿，而授之以柄，及其勢已成，雖有英君察相，亦無如之何矣。身在禁闈，社鼠城狐，本易竊弄威福，此即不典兵，不承旨，而燕閒深密之地，單詞片語偶能移動主意，軒輊事端，天下已靡然趨之。如高力士貴幸時，儌倖者願一見如大人。肅宗在東宮，亦以兄事之，諸王公主呼爲翁，戚里諸家尊曰爹，將相大臣皆由之以進。嘗建佛寺道觀各一所，鐘成，宴公卿，一扣者納禮錢十萬，有至二十扣者〔一〕。李輔國貴幸時，人不敢斥其官，直呼爲五郎。李揆當國，以子姓事之。嘗矯詔遷上皇於西內，至憂鬱以崩〔二〕。他如魚朝恩忌郭子儀功高，譖罷其兵柄。程元振譖來瑱賜死，李光弼遂不敢入朝；又譖裴冕罷相，貶施州，以致方鎮解體，吐蕃入寇，代宗倉黄出奔，徵諸道兵，無一至者。此猶是未掌兵權未管樞要以前事也。按代宗欲除輔國而憚其握兵，是代宗時宦官已典兵，然代宗由廣平王爲元帥，即位後猶有帥府之名，令輔國爲元帥行軍司馬，程元振繼之，朝恩亦爲觀軍容使，俱係暫時管攝，未得常主兵柄。自德宗懲涇師之變，禁軍倉卒不及徵集，還京後不欲以武臣典禁兵，乃以神策、天威等軍置護軍中尉、中護軍等官，以内官竇文場、霍仙鳴等主之，於是禁軍全歸宦寺。其後又有樞密之職，凡承受詔旨，出納王命，多委之，於是機務之重又爲所參預。按李吉甫傳，憲宗初，有中書小吏滑涣，與樞密使劉光琦昵，頗竊權。又裴垍傳，李絳承旨翰林，有中人梁守謙掌密命。是樞密之職蓋始于德宗之末憲宗之初。又嚴遵美傳，樞密使無廳事，惟三楹舍藏書而已，其後遂有堂狀貼黄，決事與宰相等〔三〕。是二者皆極要重之地，有一已足攬權樹威，挾制中外，況二者盡爲其所操乎。其始猶假寵竊靈，挾主勢以制下，其後積重難返，居肘腋之地，爲腹心之患，即人主廢置亦在掌握中。僖宗紀贊謂，自穆宗以來八世，而爲宦官所立者七君〔四〕。今案本紀，憲宗時，太子寧薨，中尉吐突承璀欲立豐王惲，而惲母賤不當立，乃立遂王宥爲皇太子。憲宗崩，宦官陳弘志殺承璀及惲，以皇太子即位，是爲穆宗〔五〕。舊書王守澄傳，憲宗崩，守澄與馬進潭、梁守謙等册立穆宗，蓋皆與陳弘志同謀者。是穆宗之立，由陳弘志等之力也。然穆宗猶是憲宗時已立爲皇太子，而弘志等翊戴之，尚非擅立。敬宗夜獵還宫，與中官劉克明、田務成、許文端，軍將蘇佐明、王嘉憲、石定寬等二十八人飲，帝醉，入室更衣，殿上燭忽滅，劉克明等同害帝，蘇佐明等矯制立絳王。樞密使王守澄、中尉梁守謙率禁軍討賊，誅絳王，迎江王即位，是爲文宗。是文宗之立，由王守澄等之力也。然此猶敬宗未有太子，故討賊立君，亦尚出于正。至文宗在時，已立敬宗子成美爲皇太子矣，及大漸，宰相李珏、樞密使劉弘逸等又奉密旨，以成美監國，乃中尉仇士良、魚弘志矯詔廢成美，立潁王瀍爲皇太弟，即位，是爲武宗。是武宗之立，由仇士良等之力也。此則廢先帝所立之太子而擅易之，其惡更非陳弘志、王守澄等比矣。武宗崩，中尉馬元贄立光王怡爲皇太叔，即位，是爲宣宗。時武宗未有太子。是宣宗之立，由馬元贄之力也〔六〕。宣宗疾大漸，以夔王滋屬樞密使王歸長、馬公儒等，而中尉王宗實及丌元實矯詔立鄆王爲皇太子，即位，是爲懿宗。是懿宗之立，由王宗實等之力也〔七〕。懿宗大漸，中尉劉行深、韓文約立普王爲皇太子，即位，是爲僖宗。是僖宗之立，由劉行深等之力也。僖宗大漸，羣臣以吉王保最賢且長，欲立之，觀軍容使楊復恭率兵迎壽王爲皇太弟，即位，是爲昭宗。是昭宗之立，由楊復恭之力也。統計此六七代中〔八〕，援立之權，盡歸宦寺，宰相亦不得與知。且不特此也，憲、敬二帝至爲陳弘志、劉克明等所弒，昭宗又爲劉季述所幽，近侍之凶悖，至斯而極。其間非無賢哲之主，有志整飭。如憲宗無所寵假，吕全如擅取樟材治第，送獄自殺，郭旻醉觸夜禁，即杖殺之〔九〕，凶燄稍戢，然其後竟遭弑害。文宗欲倚李訓、鄭注誅宦官，甘露之變，反爲仇士良等肆逆，横殺朝士，横屍闕下，帝亦惴惴不保，僅而獲免〔十〕。宣宗始稍黜其權，初，延英奏事，帝與宰相可否，樞密使在旁，得與聞，及出，或矯上旨，有所改易。帝始令延英召對，兩中尉先降，樞密使候于殿西，俟宰相奏事畢，案前受事，稍防矯詐之弊〔十一〕。至懿、僖又如故矣。文宗嘗以周赧、漢獻受制强臣，而已受制家奴，謂不如赧、獻，對周墀泣下〔十二〕。學士崔慎由夜直，忽仇士良召至秘殿，令草詔更立嗣君，慎由以死拒之。士良引至小殿見帝，士良等歷數帝過，帝俯首而已〔十三〕。劉季述錮昭帝於少陽院，亦以杖畫地責帝曰：「某日某事，爾不從我，罪一也。」至數十不止〔十四〕。楊復恭之反也，既令其養子守信爲神策軍使，又令守貞、守忠及姪守亮爲節度使，以樹内外之援。與守亮書曰：「承天門乃隋家舊業，兒但積粟訓兵，不必進奉。吾於荆榛中立壽王，既得位，乃廢定策國老，有如此負心門生天子。」〔十五〕此可見下陵上替之極也。卒之朝廷綱紀爲所敗裂，國勢日弱，方鎮日强，宦寺雖握兵，轉不得不結外藩爲助。於是韓全誨等劫天子遷鳳翔，倚李茂貞。致朱全忠攻圍逾年，力窮勢迫，帝與茂貞乃殺全誨等四人，韋處廷等二十二人，以求和，又殺小使李繼彝等十人。城門既開，又殺中官七十餘人，全忠又令京兆誅黨與百餘。既還京師，遂盡殺第五可範以下八百餘人，哀號之聲聞於路。諸道監軍亦即所在賜死〔十六〕。蓋不減東漢末之誅宦官，至有無鬚而誤死者〔十七〕。唐室宧官之局，至此始結，而國亦亡矣。宋景文謂灼木攻蠹，蠹盡而木亦焚也〔十八〕。而抑知其始實由于假之以權，掌禁兵，筦樞要，遂致積重難返，以至此極也哉。

〔一〕高力士傳用新二〇七宧者傳。二十扣，二百萬錢。

〔二〕輔國傳亦用新二〇八。

〔三〕嚴遵美舊無傳，新二〇七。

〔四〕穆、敬、文、武、宣、懿、僖、昭，除敬宗。

〔五〕新八穆宗紀。「豐王」爲「澧王」之誤。惲本名寬，舊一七五。

〔六〕馬元贄，見新紀八。

〔七〕王宗實，見新紀九。

〔八〕「六」字應删。

〔九〕「吕全如」爲「吕如全」之誤。吕、郭俱見新二〇七宧者　劉貞亮傳。

〔十〕大和九年十一月事。

〔十一〕注見新二〇八宧者　劉季述傳末。

〔十二〕周墀事見新二〇七仇士良傳。

〔十三〕亦見新　士良傳。

〔十四〕新　季述傳，但責先於錮。「昭帝」應作「昭宗」。

〔十五〕舊、新復恭傳參用。

〔十六〕二書全晦傳均同。

〔十七〕後漢書九九何進傳。

〔十八〕新二〇七宦者傳序。

中官出使及監軍之弊

中官出使及監軍，累朝皆有之，然其害亦莫有如唐之甚者。小則索賄賂，大則釀禍端。今就新、舊唐書按之。高力士傳，是時中人出使，或修功德，市鳥獸，使還，所獲動巨萬計。京師甲第名園，良田美産，占者什六七〔一〕。此猶不過藉禁近之勢以黷財也。安禄山將反，楊國忠等力言於帝前，帝使宦官輔璆琳覘之，得厚賂歸，言禄山不反，於是禄山益得征繕稱兵矣〔二〕。封常清在東都戰敗，奔陝，勸高仙芝退守潼關，中人邊令誠奏其敗退狀，而二大將同日受戮矣。僕固懷恩負氣訴冤，代宗使中人駱奉先諭之，奉先不受宴，竊馬馳歸，而懷恩以疑懼而決反矣。李寶臣方奉命討田承嗣有功，代宗使中人馬承倩勞之，寶臣贈絹少，承倩詢而擲於途，寶臣顧左右有慚色，於是轉與承嗣連衡拒命矣〔三〕。德宗晚年，姑息藩鎮，每帥守物故，必先遣中使往覘軍情，其副貳有物望者，輒厚賂使之保奏，德宗因而授之，由是節度使之除拜亦出其口矣〔四〕。武宗討澤潞時，太原將楊弁激衆叛，武宗使中人馬元貫往諭，得其賄歸，言太原有十五里明光甲，不可討，賴李德裕折之，始語塞〔五〕，是轉爲叛者脅授旄節矣。此中官出使，徒縱其納賄，而無益于國事，且反以釀禍者也。又有中使監軍之弊。自開元、天寶間討吐蕃諸國，已有宦者監大將之軍，至魚朝恩爲觀軍容使，邙山之戰，李光弼欲據險而陣，朝恩令陣於平地，遂致大敗。光弼傳〔六〕。據裴度、韋皋、李德裕等所奏，大概監軍者先取鋭兵自衛，懦者出戰，戰勝則先報捷，偶衄則淩挫百端，侵撓軍政，將帥不得專主。每督戰輒建旗自表，小不勝則捲旗去，大軍往往隨之奔北〔七〕。故劉闢之叛，杜黄裳請不用監軍，專委高崇文討之。然白居易疏謂，韓全義討淮西，賈國良監之；高崇文討蜀，劉貞亮監之。是黄裳雖奏，而監軍仍未撤也。居易傳〔八〕。裴度討吴元濟，始奏去監軍，主將得專兵柄，法令既一，戰皆有功，遂平淮蔡。度傳〔九〕。其後會昌中討劉稹，李德裕亦奏監軍不得干軍事，每兵百人聽以一人爲衛，由是號令精整，遂平澤潞。德裕傳〔十〕。觀此則中使監軍有害無利，昭然可見。此猶是臨戰時用以監察，尚有説也。其尋常無事時，各藩鎮亦必有中使監軍。如陸長源死，監軍俱文珍密召宋州刺史劉全諒入汴，以靖其亂。長源傳〔十一〕。王承宗死，諸將請王承元主留務，承元曰：「天子使中貴人監軍，當與議。」監軍以衆意贊之，承元乃受。承元傳。是亦未嘗無靖難解紛之益，然其中賢者百不一，而恃勢生事之徒踵相接也。在河朔諸鎮者既不能制其叛亂，徒爲之請封請襲，而在中州各鎮者則肆暴作威，或侵撓事權，或誣搆罪戾。姚南仲帥鄭滑，爲監軍薛盈珍誣奏，有裨將曹文洽不平，殺其奏事者而自刎，以明南仲之枉。南仲入朝，德宗曰：「盈珍擾軍政邪？」南仲曰：「如盈珍者，在在有之，雖羊、杜復生，不能治軍理人也。」南仲傳。洪州監軍誣奏刺史李位謀逆，追赴京，付仗内訊，賴薛存誠力請付外，始得白。存誠傳。楊於陵帥嶺南，爲監軍許遂振誣奏，憲宗即令貶於陵官，賴裴垍諫，始改吏部侍郎。垍傳。此牽掣藩臣之弊也。監軍王定遠，有德於節度使李説，軍政皆專決，將吏悉自補授。以田宏代彭令茵，令茵不伏，定遠即斬之，埋屍馬糞中，家人請屍不得。説奏之，定遠抽刀刺説，説走而免。説傳〔十二〕。劉承偕監澤潞軍，侮節度使劉悟，三軍憤噪，欲殺承偕，悟救而免。穆宗問裴度何以處之，度奏惟有斬承偕耳。度傳。此激變軍士之弊也。嚴綬在太原，軍政一出監軍李輔光，綬但拱手而已。後入朝，適賜食廊下，有中使馬江朝來賜櫻桃，綬在鎮時，曾識江朝，至是不覺屈膝。綬傳。可見監軍之積威肆横，非一朝一夕之故，其所由來者漸矣。因記宦官掌兵承旨之禍，而并及出使、監軍二事，亦前代得失之林也。

〔一〕舊一八四、新二〇六。「占者什六七」，舊傳作「參半」，新傳作「什六」，「七」字應删。

〔二〕新二〇六國忠傳。

〔三〕新二一一竇臣傳。「馬承倩」作「馬希倩」。
〔四〕舊一四七杜黄裳傳。
〔五〕舊一七四、新一八〇德裕傳。舊傳作「馬元貫」，新傳作「元實」。
〔六〕見新書一三六李光弼傳。「朝恩令陣於平地」，原作「僕固懷恩陣於平地」。
〔七〕舊一七〇裴度傳，新一八〇德裕傳。
〔八〕新一一九居易傳，「賈國良」應爲「賈良國」。
〔九〕舊 裴度傳。
〔十〕新 德裕傳。
〔十一〕見舊一四五劉全諒傳，新一五一陸長源傳。
〔十二〕舊一四六李説傳。「不伏」原作「不服」，「請屍不得」，「得」原作「與」。

唐宦官多閩廣人

唐時諸道進閹兒，號私白，閩、嶺最多〔一〕。如高力士本高州馮盎之後，嶺南討擊使李千里進之。後吐突承璀及楊復光皆閩人，時號閩爲中官區藪。咸通中，杜宣猷爲閩中觀察使，每歲時遣吏致祭其先，時號爲勑使墓户。宣猷傳〔二〕。

〔一〕起三句見新二〇七吐突承璀傳末。

〔二〕宣猷附新吐突承璀傳末。

唐節度使之禍

唐之官制，莫不善於節度使。其始察刺史善惡者有都督，後以其權重，改置十道按察使，開元中或加採訪、觀察、處置、黜陟等號，此文官之統州郡者也。其武臣掌兵，有事出征，則設大總管，無事時鎮守邊要者曰大都督。自高宗永徽以後，都督帶使持節者謂之節度使，然猶未以名官。景雲二年，以賀拔延嗣爲涼州都督、河西節度使，節度使之官由此始。然猶第統兵，而州郡自有按察等使司其殿最。至開元中，朔方、隴右、河東、河西諸鎮，皆置節度使，每以數州爲一鎮，節度使即統此數州，州刺史盡爲其所屬，故節度使多有兼按察使、安撫使、支度使者。既有其土地，又有其人民，又有其甲兵，又有其財賦，於是方鎮之勢日强。安禄山以節度使起兵，幾覆天下。及安、史既平，武夫戰將以功起行陣爲侯王者，皆除節度使，大者連州十數，小者猶兼三四，所屬文武官，悉自置署，未嘗請命於朝，力大勢盛，遂成尾大不掉之勢。或父死子握其兵而不肯代，或取舍由於士卒，往往自擇將吏，號爲留後，以邀命於朝。天子力不能制，則含羞忍耻，因而撫之。姑息愈甚，方鎮愈驕。其始爲朝廷患者，祇河朔三鎮，其後淄青、淮蔡，無不據地倔强。甚至同華逼近京邑，而周智光以之反。澤潞亦連畿甸，而盧從史、劉稹等以之叛。迨至末年，天下盡分裂於方鎮，而朱全忠遂以梁兵移唐祚矣〔一〕。推原禍始，皆由於節度使掌兵民之權故也。自宋以文臣知州事，歷代因之，遂無復弱幹强枝之患。宋太祖及趙普之計慮深矣，而議者徒謂宋之弱由此，是但知禦侮力薄，不足以自强，而不知消患於未萌。苟非外有强敵，内有流寇，則民得安耕牧，不至常罹兵革之苦，其隱然之功，何可輕議也。

〔一〕見新五〇兵志，稍易其文。

方鎮兵出境即仰度支供餽

諸方鎮各擅土地，賦税足以養軍，乃朝廷用之討叛，則一出本境，即須朝廷給以衣糧，此國力所以困于用兵也。討王廷湊時，諸鎮兵十五萬，纔出境即仰度支，乃置南北供軍院。由度支轉運，往往多爲賊所截，不得至院。廷湊傳。討李同捷時，諸軍在野，朝廷特置供軍糧料使，日費寖多。諸帥每有小捷，輒張其數以邀賞，實欲困朝廷而緩賊也。繒帛征馬，賜之無算。同捷傳。劉總出軍討王承宗，取其武强縣，遂持兩端，以利朝廷賞賜。承宗傳〔一〕。其實心爲國者惟李鄘，以淮南兵二千討李師道〔二〕，糧餉未嘗仰給于有司。鄘傳。王智興之討李同捷，亦自備五月糧。智興傳。朝廷皆特褒之。伐叛討逆，國家固不可惜費，而如唐之驕藩鎮，則國力爲之敝，而賊勢亦益以張。故討李師道時，魏博田弘正請自黎陽渡河，裴度以爲不可，曰：「黎陽渡河，既離本界，便至滑州，徒仰度支供饋，不如且在河北養威。俟霜降後，於揚劉渡河，即可直抵鄆州賊境也。」度傳。討劉稹時，李德裕亦奏言：「向來朝廷伐叛，兵纔出界，便費度支供餉，故逗撓以困國力。或密與賊通，取一縣一栅，以爲勝捷，所以師出無功。今當令王元逵、何弘敬只取州，勿取縣。」未幾，果平賊。德裕傳。此亦伐謀之術也。

〔一〕見舊一四三劉總傳。

〔二〕「以淮南兵二千討李師道」，舊書作「二萬餘」，新書作「二萬」，「千」應改「萬」。

方鎮驕兵

秦、漢六朝以來，有叛將，無叛兵。至唐中葉以後，則方鎮兵變，比比而是。蓋藩帥既不守臣節，毋怪乎其下從而效之，逐帥殺帥，視爲常事。爲之帥者，既慮其變而爲肘腋之患，又欲結其心以爲爪牙之助，遂不敢制以威令，而徒恃厚其恩施，此驕兵之所以益横也。今就新、舊書各傳觀之。劉玄佐傳，汴軍自李忠臣以來，士卒驕甚，至玄佐益厚賞賜，故百姓重困。其後殺大帥，肆抄劫，皆狃於利而然也。李質傳，汴軍牙兵二千人，皆日給酒食，物力爲之屈。郗士美傳，澤潞自盧從史以來，日具三百人膳以食牙兵。王式傳〔一〕，徐州自王智興召募凶豪之卒二千，號銀刀、鵰旗、門槍、挾馬等軍，後漸驕，節度使姑息不暇。田牟鎮徐州，與之雜坐，酒酣撫背，時把板爲之唱歌。其徒日費萬計，每有賓宴，必先飫以酒食，祁寒暑雨，巵酒盈前，然猶諠噪，動謀逐帥。温璋來爲節度，士卒素聞其嚴，皆憂疑。璋開誠撫諭，終不釋，給以酒食，未嘗瀝口，不期月遂逐璋。適王式以義成、忠武軍破浙東賊仇甫而歸，上即以式來鎮徐，徐卒頗懼。居三日，式勞兩鎮兵使還，既擐甲執兵，即令圍驕卒盡殺之，凡三千餘人，由是凶徒盡殄。又温造傳，興元軍殺節度使李絳，詔造爲節度使，途遇征蜀兵回，造諭以自從。至則大宴，問興元軍殺絳狀，即令征蜀兵盡殺之，凡八百餘人。以百級祭絳，三十級祭死事官，餘投之漢江。蓋驕之極至於肆无忌憚，則亦不得不草薙而禽獮之矣。然主帥有能以正自持，亦有不恃殺戮而能靖之者。李質爲汴軍兵馬使，以日給二千人食爲多費，會新帥韓充將至，質曰：「若俟韓公至，頓去二千人食，人情必怨。」乃停日膳而迎充。郗士美以澤潞日給牙兵三百人食爲非法，曰：「兵衛，牙職也，安得廣費。」遂罷之。而二軍亦未有敢鼓噪者，此又在乎主將之足以服人也。

〔一〕非王式傳。自此至「凶徒盡殄」，見舊十九上懿宗紀咸通三年七月條。

盜殺宰相有二事

唐代盜殺宰相有二事，一元和十年，盜殺武元衡，刺裴度，傷而免；一開成三年，盜射傷李石，以馬逸得脱。按元和中，朝廷討吴元濟，而王承宗請赦之，使人白事中書，頗不恭，元衡叱去。未幾，元衡早朝，出靖安里第，夜漏未盡，賊乘暗呼曰滅燭，射元衡中肩，又擊其左股，徒御格鬭不勝，皆駭走，遂害元衡，批顱骨持去，邏司傳噪，盜殺宰相，連十餘里，達朝堂，未知主名，少頃馬逸歸，乃審知。元衡傳。裴度出通化里，盜三以劍擊度，初斷鞾帶，次中背，纔絶單衣，復微傷其首，度墮馬，會度帶氊帽，故瘡不至深。賊又揮刃追度，度從人王義持賊，連呼甚急，賊斷義手而逸。度已墮溝中，賊謂度已死，乃捨去。度傳。是日，憲宗駭悼，罷朝哀慟，詔金吾府縣大索。或傳言曰，無捜賊，窮必亂。又投書於道曰：「毋急我，我先殺汝。」許孟容言於帝曰：「國相横屍路隅，而盜不獲，爲朝廷辱。」帝乃下詔，能得賊者，賞錢千萬，授五品官，積錢東、西市以募告者。於是神策將王士則、王士平等捕得張晏等十八人，言爲承宗所遣者，皆斬之。元衡傳。時王承宗、李師道皆遣人在京竊發，斷陵廟之戟，焚芻藁之積。未幾，東都防禦使吕元膺執李師道留邸賊門察、訾嘉珍，自言始謀殺元衡者，會晏先發，故藉以告師道而竊其賞。帝令密誅之。元膺傳〔一〕。而李師道傳則謂察、嘉珍即害元衡者，後田弘正誅李師道，閱其簿書，果有賞殺元衡之款。張弘靖傳。此元和中事也。文宗遭甘露之變，宰相王涯等皆爲宦官仇士良所殺，遂以李石爲相。石持正立朝不少貶，朝廷賴之。石居親仁里，將曙入朝，盜發於尚父郭子儀宅，引弓追及，矢纔及膚，馬逸而回，盜已伏坊門，斷石馬尾，石竟以馬逸得還私第。上聞駭愕。是日京師大恐，常參官入朝者九人而已。已而知仇士良遣人所爲也，帝亦知之，而無可如何，石遂乞罷相去。此開成中事也。而開成之賊終不得。蓋元和係藩鎮遣人竊發，故神策將士得捕誅之，開成則宦者所爲，而神策軍即宦官所掌，故不能得賊也。

〔一〕此段見新一五二武元衡傳，「李師道」作「淄青」。新一六二吕元膺傳言李師道留邸兵與山棚謀竊發，事覺，元膺禽破之。乃另一事。

六等定罪三日除服之論

安禄山之變，唐臣貴如宰相陳希烈，親如駙馬張垍，皆甘心從賊，靦顔爲之臣，此即處以極刑，豈得爲過。乃廣平王收東京後，希烈等數百人押赴長安，崔器定儀注，陷賊官皆露頭跣足，撫膺頓首於含元殿前，令扈從官視之，并概請誅死。李峴争之，謂非維新之典，僞官内或陛下親戚，或勳舊子孫，概處極法，恐乖仁恕，況殘寇未平，尚多陷賊者，若盡行誅，是益堅其從賊之心。乃議六等定罪。器、峴等傳〔一〕。舊書謂峴此奏全活無算，新書亦謂因此衣冠更生，賊亦不能使人歸怨天子，皆峴力也。是皆以器爲過當，峴爲持平。按是時蕭華自賊中歸，奏云，仕賊官有爲安慶緒驅至河北者，聞廣平王宣恩命釋放，皆相顧悔恨。及聞崔器議刑太重，衆心又揺。器傳。李勉亦奏肅宗曰：「元惡未除，點污者衆，皆欲澡心歸化，若盡殺之，是驅天下以資凶盗也。」由是全活者衆〔二〕。蓋當日時勢或有不得不從輕典者。然一時權宜，用以離攜賊黨則可，若竟以峴所奏爲正論，則非也。堂堂大一統之朝，食禄受官，一旦賊至，即甘心從賊，此而不誅，國法安在！乃當時無不是李峴而非崔器，何也？又如代宗崩，遺詔，吏民三日釋服。常衮以爲吏者府史之類，固當與庶民同例，至朝臣則宜以二十七日爲準。崔祐甫謂吏即指官僚而言，百官皆當三日除服。夫大行甫殯，遏密方深，雖有遺詔，臣子何忍遽行即吉，常衮之議，自是正論，而當時又無不是祐甫而非常衮者。蓋自六朝以來，君臣之大義不明，其視貪生利己背國忘君已爲常事。有唐雖統一區宇已百餘年，而見聞習尚猶未盡改，顔常山、盧中丞、張睢陽輩，激於義憤者，不一一數也。至宋以後，始知以忠義爲重，雖力所不及者，猶勉以赴之，豈非正學昌明之效哉。

〔一〕崔器，舊一一五，新二〇九酷吏。李峴，舊一一二，新一三一。吕諲，舊一八五下良吏，新一四〇。李栖筠，舊無，新一四六。

〔二〕李勉，舊一三一，新一三一。「點污者衆」，「衆」原作「半」。

間架除陌宫市五坊小使之病民

德宗初，用楊炎爲相，定兩税之法，天下受其利。初唐制租庸調法，自開元以來，不爲版籍，丁口轉死，田畝换易，貧富升降，悉非向時，而户部歲以空文上之。又戍邊者蠲其租庸，六歲免歸。玄宗事夷狄，戍者多死，邊將諱不以聞，故貫籍不除。王鉷爲户口使〔一〕，以其籍存而丁不在，是隱課不出，乃按舊籍，積三十年責其租庸，民遂大困。至德後，天下兵起，科斂凡數百，名廢者不削，重者不去，百姓旬輸月送，無有休息。吏因爲奸，富人丁多者，以宦、學、釋、老得免，貧人無所託則丁存，故課免於上而賦增於下，天下盡蕩爲浮人，鄉居地著者百不四五。楊炎乃請爲兩税法，凡百之費，先度其數而賦于民，秋夏兩入之，其租庸雜徭悉省而丁額不廢，其田畝之税，以大曆十四年爲準而均收之。天下果便之。炎傳〔二〕。是帝頗能用人理財，稍紓民患矣。乃後因用兵河南、北，月費百餘萬緡，聽盧杞、趙贊等計，令商賈本錢過千萬者,貸其餘以濟軍,軍罷取償於官。乃令京兆暴責大搜,疑占列不盡則笞掠之,人自經者相望,然僅得八十萬。又質庫及儲粟者,四貸其一,亦僅至二百萬,而市已皆閉肆。於是設間架除陌之令,屋二架爲間,上者二千,中千,下五百,吏執筭入室計之,隱不盡者,二架即抵罪,告者以錢五萬賞之。其公私貿易,舊法率千錢算二十,乃請加至五十,主儈注所售入其算,其自相市者令自言,有隱不盡,率千錢没二萬,告者以萬錢賞之。由是主儈得操其權,告訐紛起,上所入不得半,而恨誹之聲滿天下。及涇師亂,呼於市曰:「不奪爾商人僦質矣!不税爾間架除陌矣!」于是帝奔奉天,長安失守。李晟收京,始歸宫闕。是亦可稍鑒前車,以求民莫,乃又用裴延齡、李實等,横征百出。延齡詭言,左藏乾隱二千萬,請置别庫爲羨餘,以充天子私費。乃大搜市廛,奪所入進獻,以實其言。逮捕匠徒,迫脅就功。號曰勅索,弗酬其直,名曰和雇,弗與之庸。延齡傳〔三〕。李實爲京兆尹,暴斂苛索,民不聊生,優人成輔端戲作誹語曰:「秦地山河二百年,何期如此賤田園,一頃麥苗五石米,三間堂屋二千錢。」謂民皆賣田屋以輸賦也。實奏劾以賤工謗國,殺之。實傳〔四〕。此朝官之以掊克爲事也。又聽宦官主宫市,置數十百人,閲物廛左,謂之白望,無詔文驗核,但稱宫市,則莫敢誰何,大率與直,十不償一,又邀閽闥所奉及脚直,至有重荷趨肆而徒返者。有民賣一驢薪,宦人以數尺帛易之,又取它費,且驅驢入官〔五〕。民願納薪辭帛而去，不許，民恚曰：「惟有死耳！」遂擊宦者。有司執之以聞，帝黜宦者，賜民帛十匹，然宮市不廢也。諫臣交章論，皆不納。京兆吳湊奏，宮中所須，責臣可辦，不必差宮使，亦不報。會張建封入朝言之，始稍戢。建封、湊傳。且不特此也，又聽宦官縱五坊小使，肆毒於外。每歲秋，案鷹犬於畿甸，所至邀索供饋。小不如意，至張羅網于民家門及井，不令出入汲井水，曰驚我供奉鳥雀。又羣聚於酒食家肆飲啖，將去，留蛇一篋，誡之曰：「吾以此蛇供鳥雀，可善飼之，無使飢渴。」主人重賂之，乃肯攜蛇去。裴度傳。鄠縣令崔發，聞門外喧鬭聲，吏白五坊小使擊百姓，發命吏捕之，時已曛黑，天子聞之怒，收發繫獄。御樓之日，囚發雞竿下，有内官五十餘人持杖毆發，破面折齒，詔囚皆釋，而發不放。李渤具疏極論之。渤傳。德宗非甚暗，乃縱其下虐民至此，蓋由於天資好利，而喜昵小人，其流毒遂至於此也。

〔一〕天寶中。

〔二〕舊一一八楊炎傳。「凡百之費」，「百」下原有「役」字。

〔三〕舊一三五、新一六七裴玄齡傳。「延齡詭言」以下乃陸贄奏疏中語。「左藏乾隱二千萬」，「左藏」原作「勾獲」。舊書作「二十萬」，此用新書。

〔四〕只見舊書一三五實傳。「山河」原作「城池」，「五石」原作「石五」。

〔五〕新一五八張建封傳。「入官」原作「入宮」。

豪宴

大曆二年，郭子儀入朝，代宗詔賜輭腳局，宰臣元載、王縉，僕射裴冕、第五琦、黎幹等，各出錢三十萬，宴於子儀之第。時田神功亦朝覲在京，并請置宴，於是魚朝恩及子儀、神功等更迭治具，公卿大臣列於席者百人，一宴費至十萬貫。子儀傳〔一〕。亦可見是時將相之侈也。

〔一〕舊一二〇郭子儀傳只記子儀事。此條見舊十一代宗紀。左僕射裴冕、户部侍郎第五琦、京兆尹黎幹。「各出錢三十萬」，「各」原作「共」。

李勣子孫

李勣子孫，舊書本傳謂，勣子敬業〔一〕，起兵討武后，既敗死，坐夷族，而其子孫有逃入吐蕃者。貞元中，有蕃將徐舍人掠延州〔二〕，謂僧延素曰：「我本英公五代孫也，遭武后之變，吾祖舉義不成，子孫流落，如此三世矣。雖代居職任，而思本之心未嘗忘。」是世勣子孫無復有在中國者。然衛次公傳，次公爲兵部侍郎，故英公李勣、大理卿徐有功之孫，皆有累不得調，次公曰：「子之祖勣在王室，寧限常格乎？」即優補之。是勣之後人仍有仕於唐者。

〔一〕敬業爲勣孫。

〔二〕舊六七敬業傳原文爲「徐舍人環集漢俘於呼延州」。

安禄山執送京師之事

張九齡傳，范陽節度使張守珪以裨將安禄山討奚、契丹敗衄，執送京師，請行朝典。九齡判云：「穰苴出軍，必誅莊賈。孫武教戰，亦斬宫嬪。守珪軍令若行，禄山不宜免死。」上特捨之。九齡奏禄山面有反相，請因罪誅之。上曰：「卿勿以王夷甫知石勒故事，誤害忠良。」遂放歸。是禄山以罪送京，實有其事。然考張守珪傳，並無此事。新、舊書皆同。禄山傳亦但云，禄山敗當斬〔一〕，禄山呼曰：「公不欲滅兩蕃耶，奈何殺壯士！」守珪遂宥之。後以其捉生多獲，拔爲裨將，并養之爲子。新、舊書亦同。是亦無執送京師之事也。是時大將生殺在手，欲殺則殺，既不殺而宥之，何又送京請行朝典？疑此乃傳聞之訛，非實事也。然禄山反後，玄宗在蜀，思九齡之先見，下詔褒贈，詔詞有云：「先覺合于蓍策。」即指此事也。又劉禹錫貶逐在外，以逐臣不得與善地之例，係九齡爲相時所奏，故追怨之，謂：「曲江能識胡雛有反相，足爲名臣。然迄無後，豈非建言禁錮逐臣之報耶？」是禄山送京當斬被赦，又係當時共見共聞之實事矣。

〔一〕原文爲「禄山盗羊當斬」。

睢陽殉節尚有姚誾

睢陽之難，張巡、許遠，固千古共知，其次則南霽雲、雷萬春，尚在人口，而不知殉難者尚有姚誾也。誾本姚崇之從孫，與巡、遠同守。據舊書本紀云，尹子奇陷睢，害張巡、姚誾、許遠，是誾尚叙在遠之上。新書本紀亦云，安慶緒陷睢陽，太守許遠、張巡，鄆州刺史姚誾，左金吾衛將軍南霽雲，皆死之。是本紀皆有誾也。即新、舊書巡傳内亦稱與誾同被執見殺，遠傳内又稱與誾同守經年，巡、遠傳後又皆有誾傳。未死之前，詔拜巡御史中丞，遠侍御史，誾吏部郎中。既死之後，詔贈巡揚州大都督，遠荆州大都督，誾潞州大都督。是三人者，同守城，同殉難，同加官，同贈恤，無一不同，而今但傳巡、遠二人，誾則莫有舉其姓氏者，豈所謂幸不幸耶。案巡、遠並傳本始于韓愈，而新書巡、遠傳末謂睢陽人至今祠享，號雙廟云，則稱巡、遠爲雙忠，而不及閭者，自唐已然，或守城之功稍遜故耶？然既同死於守城，而身後名迥異，未免向隅，故特表而出之。案巡遣南、雷二將敗賊寧陵時，尚有別將二十五人，石承平、李辭、陸元鎮、朱珪、宋若虛、楊振威、耿慶、馬日升、張維清、廉坦、張重孫、景趨、趙連城、王森、喬紹俊、張恭默、祝忠、李嘉隱、翟良輔、孫廷皎、馮顏〔一〕，見新書巡傳，餘四人失其名。後皆死巡之難。則巡死時同被戮之三十六人中，石承平等亦皆在內。今既尚有姓名在巡傳，則巡、遠廟內應增祀閭在正位，又增祀石承平等在從祀班也。

〔一〕「陸元鎮」應作「陸元鍠」，「耿慶」應作「耿慶禮」，「張維清」應作「張惟清」。

唐初三禮漢書文選之學

六朝人最重「三禮」之學，唐初猶然。張士衡從劉軌思受毛詩、周禮，又從熊安生、劉焯受禮記，皆精究大義。當時受其業者推賈公彥，士衡傳。公彥撰周禮義疏五十卷，儀禮義疏四十卷。公彥子大隱，亦傳其業。又有李玄植，從公彥受禮學，撰三禮音義行於世。公彥傳。王恭精「三禮」，別爲義證，甚精博。蓋文懿、文達皆當世大儒，每講必偏舉先儒義而暢恭所說。孔穎達傳。王玄感嘗撰禮記繩愆，徐堅、劉知幾等深歎賞之。玄感傳。王方慶尤精「三禮」，學者有所咨質，必究其微，門人次爲雜禮答問〔一〕。方慶傳。他如褚无量、韋逌、高仲舒、唐休璟、蘇安恒皆精「三禮」，見各本傳。今諸儒論著見於新、舊書者，如王方慶、張齊賢論每月皆告朔之説。舊方慶傳，新齊賢傳。王玄感三年之喪以二十七月，張柬之以二十五月，一本鄭康成説，一本王肅説也〔二〕。舊柬之傳，新玄感傳。史玄燦議禘祫三年五年之别。韋縚傳。朱子奢議七廟九廟之制〔三〕。子奢傳。韋萬石、沈伯儀、元萬頃、范履冰等議郊丘明堂之配。沈伯儀傳。皆各有據依，不同勦説。其據以論列時政者，如盧履冰、元行沖論父在爲母三年服之非，彭景直論陵廟日祭之非，康子元駮許敬宗先燔柴而後祭之非，黎幹駮歸崇敬請以景皇帝配天地之非〔四〕，唐紹、蔣欽緒、褚无量駮祝欽明皇后助祭郊天之非，陳貞符論隱、章懷、懿德、節愍四太子廟四時祭享之非〔五〕，皆見各本傳。李淳風辨太微之神不可爲天，見蕭德言傳〔六〕。韋述議堂姨舅不宜服，見韋縚傳。無不援引該博，證辨確切，可爲千百世之準。其後元行沖奉詔，用魏徵類禮列於經，與諸儒作疏，成五十篇，將立之學官，爲張説所阻，行沖又著論辨之。大曆中，尚有仲子陵、袁彝、韋彤、韋茝，以禮名其家學。此可見唐人之究心「三禮」，考古義以斷時政，務爲有用之學，而非徒以炫博也。次則漢書之學，亦唐初人所競尚。自隋時蕭該精漢書，嘗撰漢書音義，爲當時所貴。該傳。包愷亦精漢書，世之爲漢書學者，以蕭、包二家爲宗。愷傳。劉臻精於兩漢書，人稱爲「漢聖」。臻傳。又有張沖撰漢書音義十二卷，于仲文撰漢書刊繁三十卷，是漢書之學，隋人已究心，及唐而益以考究爲業。顔師古爲太子承乾注漢書，解釋詳明，承乾表上之，太宗命編之秘閣。時人謂杜征南、顔秘書爲左邱明、班孟堅忠臣。其叔游秦先撰漢書決疑，師古多取其義。此顔注漢書，至今奉爲準的者也。師古傳。房玄齡以其文繁難省，又令敬播撮其要成四十卷。當時漢書之學大行。又有劉伯莊撰漢書音義二十卷。秦景通與弟暐皆精漢書，號大秦君、小秦君，當時治漢書者，非其指授，以爲無法。又有劉納言，亦以漢書名家。敬播傳〔七〕。姚思廉少受漢書學於其父察。思廉傳。思廉之孫班，以察所撰漢書訓纂，多爲後之注漢書者隱其姓氏，攘爲己説，班乃撰漢書紹訓四十卷，以發明其家學。姚璹傳。又顧胤撰漢書古今集二十卷。胤傳。李善撰漢書辨惑三十卷。善傳。王方慶嘗就任希古受史記、漢書，希古遷官，方慶仍隨之卒業。方慶傳。他如郝處俊好讀漢書，能暗誦。處俊傳。裴炎亦好左氏傳、漢書。炎傳。此又唐人之究心漢書，各禀承舊説，不敢以意爲穿鑿者也。至梁昭明太子文選之學，亦自蕭該撰音義始。入唐則曹憲撰文選音義，最爲世所重，江淮間爲選學者悉本之。又有許淹、李善、公孫羅，相繼以文選教授，由是其學大行，淹、羅各撰文選音義行世〔八〕，善撰文選注解六十卷，表上之，賜絹一百二十匹。至今言文選者，以善本爲定。杜甫詩亦有「熟精文選理」之句，蓋此固詞學之祖也。

〔一〕應爲禮雜答問。
〔二〕王玄感主三十六月，張柬之主二十五月，從鄭玄則二十七月。
〔三〕應云「朱子奢議五廟七廟之制」。
〔四〕黎幹議見舊書禮儀志。
〔五〕「陳貞符」爲「陳貞節」之誤。
〔六〕應云「見許子儒傳」。
〔七〕見敬播、劉伯莊、秦景通傳。
〔八〕許淹所撰是文選音。

唐古文不始于韓柳

新書文苑傳序〔一〕，唐興百餘年，諸儒争自名家。大曆、貞元間，美才輩出，擩嚌道真，涵泳聖涯，於是韓愈倡之，柳宗元、李翺、皇甫湜等和之，唐之文完然爲一代法，此其極也。是宋景文謂唐之古文由韓愈倡始，其實不然。案舊書韓愈傳，大曆、貞元間，文士多尚古學，效楊雄、董仲舒之述作，獨孤及、梁肅最稱淵奥。愈從其徒游，鋭意鑽仰，欲自振於一代，舉進士，投文公卿間，故相鄭餘慶爲之延譽，由是知名。是愈之先早有以古文名家者。

今獨孤及文集尚行於世，已變駢體爲散文，其勝處有先秦、西漢之遺風，但未自開生面耳。又如陸宣公奏議，雖亦不脱駢偶之習，而指切事情，纖微畢到，其氣又渾灝流轉，行乎其所不得不行，此豈可以駢偶少之。此皆在愈之前，固已有早開風氣者矣。

〔一〕應作「文藝傳」。

唐前後米價貴賤之數

貞觀時，斗米三錢。魏徵傳。玄宗東封泰山之歲，東郡米斗十錢〔一〕，青、齊米斗五錢。本紀。自安、史之亂，兵役不息，田土荒蕪，兼有攤户之弊。如李渤疏所言，渭南縣長源鄉本有四百户，今纔百户〔二〕。閿鄉縣本有三千户，今纔千户。由於均攤逃户，十家之内，五家逃亡，即令未逃之五家均攤其税，如石投井，不到底不止。渤傳。是以逃亡愈多，耕種愈少。代宗永泰元年，京師米斗一千四百。本紀。畿甸挼穗以供宫厨。劉晏傳。至麥熟後，市有醉人，已詫爲祥瑞。較貞觀、開元時，幾至數十百倍，讀史者於此可以觀世變也。至如攻戰之地，城圍糧絶，尤有不可以常理論者。魯炅守南陽，賊將武令珣、田承嗣等攻之累月，米斗至四五十千〔三〕，有價無米，一鼠值四百。炅傳。安慶緒被圍于相州，斗米錢七萬。慶緒傳。

黄巢據長安，百姓遁入山砦，累年廢耕耘，賊坐守空城，穀價涌貴，斗米三十千。官兵皆執山砦民，賣於賊爲食，一人直數十萬。巢傳。楊行密圍揚州，城中草根、木實、皮囊、革帶俱盡，外軍掠人來賣，人五十千。張雄有軍糧，相約交市，金一斤通犀帶一條，得米五升。高駢傳〔四〕。

〔一〕「東郡」原作「東都」。
〔二〕舊渤傳作「百餘户」，新作「四十」。
〔三〕新作「五十千」。
〔四〕高駢傳末附秦彦傳，舊一八二。

長安地氣

地氣之盛衰，久則必變。唐開元、天寶間，地氣自西北轉東北之大變局也。秦中自古爲帝王州，周、秦、西漢遞都之，苻秦、姚秦、西魏、後周相間割據，隋文帝遷都於龍首山下，距故城僅二十餘里，仍秦地也。自是混一天下，成大一統。唐因之，至開元、天寶，而長安之盛極矣。盛極必衰，理固然也。是時地氣將自西趨東北，故突生安、史以兆其端。自後河朔三鎮名雖屬唐，僅同化外羈縻，不復能臂指相使，蓋東北之氣將興，西方之氣已不能包舉而收攝之也。東北之氣始興而未盛，故雖不爲西所制，尚不能制西；西之氣漸衰而未竭，故雖不能制東北，尚不爲東北所制。而無如氣已日薄一日，帝居遂不能安，於是玄宗避禄山有成都之行，代宗避吐蕃有陝州之行，德宗避涇師有奉天、梁、洋之行。地之𣄽䠞不安，知氣之消耗漸散。迨僖宗走成都，走興元，走鳳翔，昭宗走莎城，走華州，又被劫於鳳翔，被遷於洛，而長安自此夷爲郡縣矣。當長安夷爲郡縣之時，契丹阿保機已起于遼，此正地氣自西趨東北之真消息。特以氣雖東北趨，而尚未盡結，故僅有幽薊，而不能統一中原。而氣之東北趨者，則有洛陽、汴梁爲之迤邐潛引，如堪輿家所謂過峽者。至一二百年，而東北之氣積而益固，於是金源遂有天下之半，元、明遂有天下之全。至我朝不惟有天下之全，且又擴西北塞外數萬里，皆控制于東北，此王氣全結于東北之明證也。而抑知轉移關鍵，乃在開元、天寶時哉。今就唐書所載開、寶以後，長安景象日漸衰耗之處，撮而叙之，可以驗地氣之變也。

唐人詩所咏長安都會之繁盛，宮闕之壯麗，以及韋曲鶯花，曲江亭館，廣運潭之奇珤異錦，華清宮之香車寶馬，至天寶而極矣。安禄山兵陷長安，宮殿未損，收京時戰於香積寺，賊將張通儒守長安，聞敗即遁，未暇焚剽，惟太廟久爲賊所焚，故肅宗入京，作九廟神主，告享于長樂殿。都會之雄麗如故也。代宗時，吐蕃所燔惟衢街廬舍，而宮殿仍舊。朱泚之亂，李晟收京時，諸將請先拔外城，然後北清宫闕。晟曰：「若收坊市，地隘人囂，非計也。賊兵皆在苑中，自苑擊之，賊走不暇，則宫闕保安。」乃自光泰門入，泚果遁去。遠方居人〔一〕至有越宿始知者，則并坊市亦無恙矣。故晟表有云：「鍾簴不驚，廟貌如故。」蓋地運尚有百餘年，故不至一旦盡掃也。黄巢之亂，九衢三内，宫室尚宛然，自諸道勤王兵破賊後入城，争貨相攻，縱火焚掠，市肆十去六七，大内惟含元殿獨存，此外惟西内、南内及光啟宫而已。僖宗在蜀，詔京兆尹王徽修復，徽稍稍完聚。及奉表請帝還，其表有云：「初議修崇，未全壯麗。」則非復舊時景象可知也。及昭宗時，因王重榮、李克用沙苑之戰，田令孜劫帝出奔，焚坊市，并火宫城，僅存昭陽、蓬萊二宫。還京後，坐席未暖，又因李茂貞之逼奔華州，岐軍入京，宫室鄽閭，鞠爲灰燼。自中和以來，王徽葺構之功，至是又掃地而盡，於是長安王氣衰歇無餘矣。見李晟、王徽、田令孜及黄巢等傳。

〔一〕「遠方居人」爲「遠坊居人」之誤。

黄巢李自成

流賊有適相肖者。黄巢初從王仙芝爲盗，仙芝被戮，巢始爲盗魁。李自成亦先從高迎祥爲盗，迎祥被擒，自成始爲盗魁。相似一也。巢以草賊起事，陷京師，據京闕，僭號改元。自成亦以草賊起事，陷京師，據宫闕，僭號改元。相似二也。巢未入京以前，其鋒不可當，入京僭位後，逆運已滿，未幾遂一敗塗地。自成自襄、陝向京，凶威亦無敵，入京僭位後，逆運亦滿，未幾亦一敗塗地。相似三也。巢因民謡有「逢儒則肉師必覆」之語，遂戒軍中不得害儒者，所俘民稱儒者輒捨之。至福州，殺人如麻，遇校書郎董樸家〔一〕，令曰：「此儒者。」乃滅火弗焚。自成所用牛金星，乃舉人不第者，每肆毒於進士官，而戒軍中勿害舉人。至河南，賊將誤殺一縣令，或告曰：「此舉人也。」羣駭而去。其相似四也。巢入長安，令唐官三品以上並停，四品以下俱復舊任。自成入京，亦令三品以上並停，四品以下仍舊。其相似五也。豈賊中有人知巢之故事而仿之耶？又巢敗奔狼虎谷，爲林言所斬，事見唐書及通鑑，而小説家謂巢實未死，後爲僧於嵩、洛間，自題其像，有「鐵衣着盡着僧衣」之句。自成竄九宫山，爲村民擊死，事見明史，而論者謂其部兵尚有數十萬，何至斃於村民之手，遂亦有傳其爲僧於武當者。此二賊先後事跡，何適相肖也。

〔一〕「董樸」應作「黄樸」。

廿二史劄記批注　史事之屬

卷二十二　五代史

五代藩帥劫財之習

五代之亂，朝廷威令不行，藩帥劫財之風，甚於盜賊，强奪枉殺，無復人理。李匡儔爲晉軍所敗，遁滄州，隨行輜重妓妾奴僕甚衆，滄帥盧彥威殺之於景州，盡取其貲。晉紀。張筠代康懷英爲永平節度使，懷英死，筠即掠其家貲。有侯莫陳威者，嘗與温韜發唐諸陵，多得珍寶，筠又殺威而取之。筠弟籛守京兆，值魏王繼岌滅蜀歸，而明宗兵起，籛即斷咸陽橋，繼岌不得還，自縊死，遂悉取其行橐。先是王衍自蜀入京，莊宗遣宦者向延嗣殺之於途，延嗣盡得衍貲。至是明宗即位，誅宦者，延嗣亡命，籛又盡得其貲。由是筠、籛兄弟皆擁貲鉅萬。筠傳。馬全節敗南唐將李承裕，擒以獻闕下，承裕曰：「吾掠城中，所得百萬，將軍取之矣。吾見天子，必訴而後就刑。」全節懼，遂殺之。全節傳。高允權爲延州令，其妻劉景巖孫女也，景巖家於延，良田甲第甚富，允權心利之，乃誣景巖反而殺之。允權傳。李金全討安州，至則亂首王暉已伏誅，金全聞其黨武彦和等爲亂時刦貲無算，乃又殺而奪之。金全傳。張彦澤降契丹，奉德光命先入京，乃縱軍大掠，又縊死桑維翰，悉取其貲。彦澤傳。成德節度使董温其爲契丹所擄，其牙將秘瓊殺其家而取其貲。瓊爲齊州防禦使，道出於魏，范延光伏兵殺之，以成卒悞殺聞。後延光叛而又降，挈其帑歸河陽，楊光遠使子承勳推之墮水死，盡取其貲。延光傳。楊光遠後亦叛而復降，其故吏悉取其寶貨名姬善馬，獻李守貞。光遠傳。歐史謂瓊殺温其取其貲，延光殺瓊而取之，延光又以資爲光遠所殺，而光遠亦不能有也〔一〕。可見天道報施，雖亂世亦不爽。且多財爲害，亂世尤易召禍。白再榮在鎮州，刦奪從契丹之官吏，鎮人謂之白麻荅。及歸京師，遇周祖兵入，軍士至其家，悉取其財。已而前啟曰：「我輩嘗事公，一旦無禮至此，何面目見公乎。」乃斬之而去。再榮傳。則以人事言之，非分取財，更殺身之道也。

〔一〕新五代史五一楊延光傳。原文爲：「秘瓊殺董温其取其貲，延光又殺瓊而取之，而終以貲爲光遠所殺，而光遠亦不能免也。」

張全義馮道

張全義媚事朱温，甚至妻妾子女爲其所亂，不以爲愧。及唐滅梁，又賄賂唐莊宗、劉后、伶人、宦官等，以保禄位。馮道歷事四姓十君，視喪君亡國，未嘗屑意，方自稱長樂老，叙己所得階勳官爵以爲榮。二人皆可謂不知人間有羞耻事者矣。然當時萬口同聲，皆以二人爲名臣，爲元老。晉天福中，全義子繼祚同張從賓等謀反，當族誅，李濤上言，全義有再造洛邑之功，乞免其族。通鑑。詔繼祚顯從叛亂，難貸刑章，乃睠先臣，實有遺德，遽兹乏祀，深所軫懷。所有祖父墳墓祠堂，可交付其骨肉。晉紀。此全義之宥及後嗣也。耶律德光入汴，責劉繼勳爲晉出帝謀，絶兩國之好，繼勳諉之馮道，德光曰：「此老子不是好鬧人，毋相引。」繼勳傳。郭忠恕亦謂道曰：「公累朝大臣，誠信著於天下，四方談士，無賢不肖，皆以爲長者。」五代會要。道死年七十三，論者至謂與孔子同壽。本傳。此道之望重一世也。以朝秦暮楚之人，而皆得此美譽，至身後尚繫追思，外番亦知敬信，其故何哉？蓋五代之亂，民命倒懸，而二人獨能以救時拯物爲念。除本傳所載，不必再述外，其見於他書及别傳者：全義事朱梁以免兵革，招復流亡，使得仰父俯子。每出行，見新麥新繭輒喜，民竊言王不好聲伎，惟見好蠶麥則笑耳。洛陽縉紳舊聞記。楊凝式贈全義詩曰：「洛陽風景實堪哀，昔日曾爲瓦子堆，不是我公重葺理，至今猶是一堆灰。」五代詩話。觀此亦可見其勞來安集之功也。馮道在唐明宗時，以年歲頻稔，勸帝居安思危。以春雨過多，勸帝廣敷恩宥。唐紀。對耶律德光則言，此時百姓，佛出救不得，惟皇帝救得。論者謂一言而免中國之人夷滅。通鑑。在漢祖時，牛皮禁甚嚴，匿者死，有二十餘人當坐，道力爭得免。洛陽縉紳舊聞記。且秦王從榮敗時，其僚屬俱應坐罪，道獨以任贊、王君敏等素以正直爲從榮所惡，力言出之。唐紀。史圭以銓事與道不協，道反薦圭爲刑部侍郎。圭傳。韓惲性謹厚，道爲相，嘗左右之。惲傳。是道之爲人，亦實能以救濟爲心，公正處事，非貌爲長厚者。統核二人之素行，則其德望爲遐邇所傾服，固亦有由。至於歷事數姓，有玷臣節，則五代之仕宦者，皆習見以爲固然，無足怪。鄭韜光傳謂，自襁褓迄懸車，凡事十一君，越七十載，無官謗，無私過，士無賢不肖皆頌之〔一〕。以歷事十一君之人，而尚謂無官謗，可見當時風氣，絶無有以更事數姓爲非者，宜全義及道之訾議不及也。

〔一〕是蓋以民爲單位，不以君爲單位者乎！

五代人多以彦爲名〔一〕

彦本美名，故人多以之爲名，然未有如五代時之多者。（下略）

〔一〕六朝人多以「之」爲名。

廿二史劄記批注　史事之屬

卷二十四　宋史

王　倫〔一〕

王倫使金，間關百死，遂成和議。世徒以胡銓疏斥其狎邪小人，市井無賴，張燾疏斥其虛誕，許忻疏斥其賣國，遂衆口一詞，以爲非善類；甚至史傳〔二〕亦有家貧無行，數犯法幸免之語。不知此特出於一時儒生不主和議者之詆諆，而論世者則當諒其心，記其功，而憫其節也。倫本王旦弟勖之後，初非市儈里魁。其奉使在建炎元年，是時金人方擄二帝北去，凶燄正熾，誰敢身入虎口，倫獨慷慨請行，其膽勇已絶出流輩。及至金，被留。久之，粘罕使烏陵思謀至，倫即以和議動之，欲使其還兩宫，歸故地。粘罕雖不答，然和議實肇端於此，即洪皓之以「畏天、保天」語悟室，猶在後也。已而粘罕有許和意，紹興二年，先遣倫歸，次年即遣李永壽、王翊來，值劉豫内犯，議遂中格。七年，徽宗、鄭后訃至，復遣倫充使奉迎，并乞河南、陝西地。是冬，豫既廢，倫入見金主，金遂以烏陵思謀、石慶偕倫來議。八年，再使金，金即遣張通古等來，許歸梓宫、母后及河南、陝西地。九年，倫充使再往，金竟以河南、陝西地先付之，設使金不渝盟，則存殁俱歸，境土得復，倫之功豈南渡文武諸臣所可及哉！祇以金人自悔失策，旋毁前議，倫遂被拘於河間。其後和議再成，遂不得身預其事。然創議於敵勢方張之時，與收功於兩國將平之日，其難易既不同，且倫之議和則請帝后疆土全歸，而未議及歲幣，迨秦檜主和，則寸土不歸，反歲輸銀絹二十五萬兩匹，徒得一母后、二旅柩而已，其難易更不可以道里計。而況李永壽等之來，賴倫以雲中舊識，稍損其驕倨。張通古等之來，又賴倫委曲調護，使秦檜就館受書，以免屈萬乘之尊。是其周旋於事勢難處之會，即朱弁、洪皓輩有不能及者。蓋弁、皓僅完臣節，倫則兼濟國事，其所任爲獨難。故皓歸亦極言倫以身徇國，棄之不取，緩急何以使人，實深服其心力俱殫也。及被拘六年，金人欲用爲平灤三路都轉運使。其時兩國和議久成，化讎爲好，即受金官職，亦非反顔事仇〔三〕，況家本莘縣，鄉土已屬於金，於私計亦甚便〔四〕，乃力拒不受，甘被其縊死。金史謂倫已受官，又辭，乃縊死。宋史則謂不受官而被害。按倫如果受官，豈復抗辭，是必未受官也。是不惟謀國之忠，歷百艱而不顧，而徇國之烈，甘一死而不撓，視弁、皓等得歸故國，身受寵榮者，其身世尤不幸，志節尤可悲也。而區區身後之名，又以市井無賴數語傳爲口實，至今耳食者幾視爲倖功捭闔之人，此不可不急爲別白也。

〔一〕爲王倫辨誣。
〔二〕宋史三七一、金史七九皆有王倫傳。
〔三〕？
〔四〕？

宋初嚴懲贓吏

宋以忠厚開國，凡罪罰悉從輕減，獨於治贓吏最嚴。蓋宋祖親見五代時貪吏恣横，民不聊生，故御極以後，用重法治之，所以塞濁亂之源也。按本紀，太祖建隆二年，大名府主簿郭顗坐贓棄市。乾德三年，員外郎李岳、陳偃，殿直成德鈞，皆坐贓棄市。蔡河綱官王訓等以糠土雜軍糧，磔於市〔一〕。太子中舍王治坐受贓殺人，棄市。開寶三年，將軍石延祚坐監倉與吏爲姦贓，棄市。四年，將軍桑進興，洗馬王元吉，侍御史張穆，左拾遺張恂，皆坐贓棄市。劉祺贓輕，杖流海島〔二〕。六年，中允郭思齊，觀察判官崔絢，録事參軍馬德林，俱坐贓棄市〔三〕。此太祖時法令也。太宗太平興國三年，泗州録事參軍徐璧坐監倉受賄，出虚券，棄市。侍御史趙承嗣隱官錢，棄市。又詔諸職官以贓論罪，雖遇赦不得叙，永爲定制。中書令史李知古坐受贓改法，杖殺之。詹事丞徐選坐贓，杖殺之。御史張白以官錢糴賣，棄市。汴河主糧吏奪漕軍糧，斷其腕，徇河干三日，斬之。是太宗法令猶未弛。然寇準謂祖吉、王淮皆侮法受贓，吉贓少乃伏誅，淮以參政王沔之弟，盗主守財至千萬，止杖，豈非不平耶？則是時已有骫法曲縱者。至真宗時，棄市之法不復見，惟杖流海島。如員外郎盛梁受贓，流崖州。著作郎高清以贓杖脊，配沙門島。蓋比國初已弛縱矣。仁宗本紀則并杖流之例亦不復見。蘇頌傳，知金州張仲宣坐枉法贓應死，法官援李希輔例，杖脊黥配海島，頌奏仲宣贓少應減，神宗曰：「免杖而黥之可乎？」頌引「刑不上大夫」爲對，遂免黥，永爲定制。自是宋代命官犯贓抵死者，例不加刑，當時論者謂頌一言而除黥刺，以爲仁人之言其利溥。見頌傳。益可見姑息成風，反以庇奸養貪爲善政，其於不肖官吏之非法横取，蓋已不甚深求。繼以青苗、免役之掊克，花石綱之攘奪，遂致民怨沸騰，盗賊競起。宋江等三十六人横行河朔，官軍萬人不敢捕。方臘之亂，凡得官吏，必恣行殺戮，斷截肢體，探取肺肝，或熬以鼎油，或射以勁矢，備極慘毒，以泄其憤。陳遘疏所謂貪污嗜利之人，倚法侵牟，不知紀極，怨痛結於民心，故至此也。見陳遘及方臘傳〔四〕。南渡後，高宗雖有詔，按察官歲上所發摘贓吏姓名以爲殿最，然本紀未見治罪之人。惟孝宗時，上元縣李允升犯贓，貸死，杖脊刺面，配惠州牢城，籍其貲，失察上司俱降黜。廣東提刑石敦義犯贓，刺面配柳州，籍其家。知潮州曾造犯贓，貸死，南雄編管，籍其家。參知政事錢良臣以失舉贓吏，奪三官。是時法令雖比國初稍輕，而從積玩之後有此整飭，風氣亦爲之一變。真德秀所謂乾道、淳熙間，有位於朝者以饋賂及門爲恥，受任於外者以苞苴入都爲恥，皆孝宗之遺烈也。理宗雖亦詔監司以半歲將劾去贓吏之數來上，視多寡爲殿最，守臣助監司所不及，則以一歲爲殿最，見本紀。是亦頗能留意綜核者。然是時湯燾疏言，苞苴有昔所未有之物，故民罹昔所未有之害。苞苴有不可勝窮之費，故民有不可勝窮之憂。見燾傳〔五〕。則知廟堂之詔已爲具文，而官吏之朘削如故也。賈似道亦疏言，裕財之道，莫急於去贓吏，藝祖杖殺朝堂，孝宗真決刺面，今當仿而行之。見似道傳。以似道之狂謬，尚知贓吏之不可不重懲，而追思藝祖、孝宗之遺法，然則是二帝者，可謂知所務者哉。

〔一〕陳偃事在乾德五年，王訓事在建隆三年。

〔二〕張穆、張恂事均在開寶五年，劉祺事在七年。

〔三〕郭思齊事在開寶九年，崔絢、馬德林事均在八年。

〔四〕陳遘，四四七忠義傳；方臘，四六八宦者童貫傳附。

〔五〕「湯燾」當作「蔣重珍」，因同在卷四一一致誤。「燾」原作「燽」。

廿二史劄記批注　史事之屬

卷二十五　宋史

宋遼金夏交際儀

金史有交聘表，凡與宋、夏、高麗和戰慶弔之事，開卷瞭如。然宋之與爲鄰者，比金較多，則宋史益宜有交聘表，乃反無之，此修史者之疏也。大概兩國交際，每重在儀節之間。澶淵之盟，宋爲兄，遼爲弟，故遼使常稍屈。宋史程琳傳，契丹遣蕭蘊、杜防來，蘊出坐位圖示琳曰：「中國使者坐殿上高位，今我位乃下，請升之。」琳曰：「此真宗所定，不可易也。」乃已。然則真宗初定和議時，宋使至遼，燕享之禮較尊於遼使之至宋矣。然遼人亦往往故自尊大，不肯稍屈。程師孟使遼，至涿州，契丹來迓者正席南面，涿州官西向，而設宋使席東向，師孟不肯就坐，叱儐者易之，乃與迓者東西相向。見師孟傳。吳奎使契丹歸，遇契丹使於途，契丹以金冠爲重，紗冠次之，舊時兩使相見必重輕適均，至是契丹使服紗冠，奎乃亦殺其儀以見。見奎傳。沈立使契丹，適其國行册禮，欲令從其國服，否則見於門。立曰：「北使來南，未嘗令其變服，況門見耶？」乃止。見立傳。哲宗崩，遼使來弔祭，胡宗炎迓境上，使者不易服，宗炎以禮折之，須其聽命，乃相見。見宗炎傳。遼道宗遣使以己像來求徽宗畫像，未報而道宗殂，天祚帝立，復以爲請。宋使張昇往，欲先得其新主像，乃諭之曰：「昔文成弟爲兄屈，尚先致敬，況今伯父耶？」天祚帝乃以己像先來。見昇傳。此宋、遼兄弟之國使命往來故事也〔一〕。至宋與金交際之儀，則前後不同。據金史，使張通古至江南，宋主欲南面，使通古北面，通古不肯，索馬欲北歸，宋主乃設東西位，使者東面，宋主西面，受書詔拜起皆如儀。見金史張通古傳。然宋史本紀，通古至，帝以方居諒闇，難行吉禮，命秦檜攝冢宰，受書以進。又檜傳及王倫、李彌遜、勾龍如淵等傳皆言金使來，朝議洶洶，檜迫於公議，屬王倫力言於通古等，聽檜就館受書，以省吏朝服導引，納其書禁中，自是當日實事。而通古傳所云拜詔如儀者，或通古歸自詡之詞也。至宋孝宗與金世宗重定和議，則改奉表爲國書，稱臣爲姪，凡報聘皆用敵國禮。孝宗紀。然金使至宋，宋主尚有起立受書之儀。金完顏仲初爲報問使，仲奏請與宋主相見儀，世宗曰：「宋主起立接書則授之。」及至宋，如禮。金史完顏仲傳。孝宗嘗欲改受書儀，遣范成大至金陳奏，世宗不允。後金遣完顏璋賀宋正旦，宋使人就館取書而去，璋還，杖一百，除名。金遣梁肅來詰問，宋仍以書謝。見金史完顏璋傳。次年，劉仲誨來賀正旦，宋仍欲變接書儀，仲誨不可，乃仍用舊儀。按此事宋史有錯誤處。孝宗紀云，璋來賀正旦，以議受書儀不合，詔俟改日，別以太上皇旨，姑聽仍舊，是璋初未嘗失禮也。而金史璋傳以使事失禮歸杖黜，則在宋虧禮之處自是實事。宋史所云，以太上皇詔姑仍舊禮者，蓋次年劉仲誨賀正旦之事，誤記於璋至之日耳。已而金使烏林答天錫來賀會慶節，要孝宗降榻問金主起居，帝不許，天錫跪不起，宰相虞允文請帝還內，令使者明日隨班上壽。見宋史孝宗紀及允文傳。蓋又因宋就璋館取書之事，故欲宋加禮，以爲報復，而孝宗遽起入內，亦一時機變也。又金黃久約爲賀宋生日副使，適宋館伴正使病，欲以館伴副使代正使行事，久約曰：「倘副使亦病，則將以都轄、掌儀等行禮乎？」竟令正使獨前行，已與館伴副使聯騎。見金史黃久約傳。蓋兩國交際儀節有關國體，故各不肯自屈耳。至兩國使臣朝賀時，則皆有山呼舞蹈之禮。金海陵愛宋使山呼聲，使神衛軍習之。見金史蔡松年傳。是宋使至金山呼也。金張暐使宋，以世宗大行在殯，受賜不舞蹈。見金史張暐傳。是金使至宋，非國喪亦舞蹈也。又兩國彼此有避諱之法，金海陵立太子光英，宋改光化軍爲通化軍，光州爲蔣州。金章宗以完顏匡爲賀宋正旦使，命權易名弼，以避宋諱。見金本紀。此又彼此避諱故事也〔二〕。至西夏之於宋，初李繼遷、德明父子本臣屬於宋，自元昊自立爲帝，不復稱臣，後議和，但稱「男邦泥定國兀卒」。兀卒者，譯言吾祖也。宋以詞不順，未之許。後再定和議，宋册爲夏國主，約稱臣，奉正朔，改所賜勅書爲詔而不名，使至其國，用賓客禮。然使至常館於宥州，不令至興、靈，而元昊自帝其國中自若也。宋史楊告傳，告爲西夏旌節官告使，元昊專席自尊，告徙坐賓位，元昊不能屈。此蓋初册封時之事。其於遼、金二朝亦稱臣，而交際之儀稍異。金世宗問張汝弼曰：「夏、高麗皆稱臣，我使者至高麗，與王抗禮，夏王則立受使者拜，何也？」左丞完顏襄曰：「遼、夏本甥舅國，夏以遼公主故，受使者拜。本朝與夏約，遵用遼禮故耳。」汝弼曰：「行之已數十年，不可改也。」世宗從之。見金史張汝弼傳。此可見西夏之於遼、金，雖稱臣而受其使拜，與宋所定與使臣賓主相見之禮不同矣。及金哀宗時，重與夏國議和，則夏并不復稱臣，但以兄事金，各用本國年號，遣使來聘，奉書稱弟而已。見金哀宗本紀。劉豫受金册爲齊帝時，金宗翰等議，既爲藩輔，奉表稱臣，則朝廷詔至，當避正殿，與使者抗禮。金太宗詔曰：「既爲鄰國之君，又爲大朝之子，惟使者始至躬問起居，及歸時有奏，則起立，餘並行帝禮。」此又劉豫爲子皇帝之儀注也。

〔一〕以上宋遼。

〔二〕以上宋金。

廿二史劄記批注　史事之屬

卷二十六　宋史

西夏番鹽

鄭文寶傳，諸羌少樹藝，但用池鹽與邊民交易穀麥，後餽運爲李繼遷所鈔，文寶乃建議，請禁番鹽入邊，令商人販安邑、解縣兩池鹽以給陝西民食，則戎人困而繼遷可不戰而屈。詔從之，乃設禁，有私市者抵死。行之數月，犯者益衆，戎人乏食，屢入寇掠，而商人販解鹽者多出唐、鄧、襄、汝間，得善價，關、隴民轉至無鹽以食。太宗知其事，遣錢若水視之，遂弛其禁。此宋初聽番鹽入邊故事也。其後因元昊强肆，則又禁番鹽以困之。孫甫傳，元昊稱臣，乞歲賣青鹽十萬石。甫疏言，自德明時已乞放行青鹽，先帝以其亂法不聽。及再請，乃追其弟入質而許之。蓋鹽乃中國之利，西戎之鹽味勝解池〔一〕，既開其禁，則流於民間，無所隄防。梁鼎亦疏云，議者多謂邊民舊食西夏青鹽，其價甚賤，及禁青鹽以困賊，令商賈入粟，運解鹽於邊，其價與番鹽不相遠，故番鹽不能售。今若令解鹽與内地同價，則民必冒禁復市青鹽，乃資盜糧也。是二説者，皆以禁斷番鹽爲邊界要策。按夏國傳，元昊既納欵，宋許置榷場於保安軍及高平砦，第不通青鹽。是宋自西夏用兵後，不復許番鹽入境也。然當中外分界之時，固不可不嚴其禁。若中外一統之世，又不妨聽其入邊。在番人既可藉以資生，而邊民又得免於食貴，亦良法也。所慮番鹽與中國鹽價貴賤太懸，則日久不能無弊耳。

〔一〕青鹽味美而價廉。

三入相

宋史呂蒙正傳贊〔一〕謂國朝三次入相者，惟趙普及蒙正。然蒙正後又有王欽若、張士遜、呂夷簡、文彦博、陳康伯，亦皆三次入相，蔡京并至四次入相，宋史所云尚未深考也。今録於左：

〔一〕「贊」字衍。宋史無贊，此是卷二六五傳中語。

趙普乾德三年，爲門下侍郎平章事，後出爲河陽三城節度使。太平興國初，再入相，拜司徒兼侍郎，八年，出爲武勝軍節度使。雍熙三年，再入相，拜太保兼侍中。

呂蒙正太平興國中，拜中書侍郎兼户部尚書平章事，淳化初，罷爲吏部尚書。四年，又以本官入相，至道中，出判河南府。真宗咸平四年，又以本官同平章事。

王欽若大中祥符中，檢校太傅同中書門下平章事，以與馬知節争論罷。尋又拜左僕射兼中書侍郎同平章事，尋出判杭州。仁宗初，復拜司空、門下侍郎同平章事。

張士遜仁宗初，由禮部尚書同中書門下平章事，後出知江寧。明道初，再入相，進中書侍郎，尋出爲山南東道節度使。寶元初，又入爲門下侍郎，封郢國公。

呂夷簡由尚書拜中書同平章事，後出判陳州。未幾復相，封申國公，再出判許州。未幾又以右僕射入相，進位司空。

文彦博平貝州歸，拜同中書門下平章事，爲唐介劾罷，出知許州。至和二年，又以吏部尚書入相，久之出判河南，以太師致仕。元祐初，召平章軍國重事，六日一朝。

陳康伯紹興三十一年，拜尚書右僕射，出判信州。隆興初，又拜尚書左僕射同中書平章事，出知建康府。淳熙九年，拜右丞相。時孝宗以僕射名不正，改爲丞相。

王安石之得君〔一〕

王安石以新法害天下，引用奸邪，更張法令，馴至靖康之難，人皆咎安石爲禍首，而不知實根柢於神宗之有雄心也。帝自命大有爲之才，嘗欲克復燕雲，恢張先烈。當其爲潁王時，已與韓維論功名。見維傳。及即位，富弼因奏對，即曰：「願陛下二十年不談兵。」蓋已窺見意旨矣。見弼傳。帝又與王安禮論漢文帝，恨其才不能立法更制。見安禮傳。蘇頌使契丹歸，帝問以山川人情，頌曰：「彼講和日久，未有他意。若漢武久勤征討，匈奴終不服，至宣帝時，呼韓邪單于稽首稱藩。唐中葉以後，河湟陷於吐蕃，憲宗欲復之而不能，至宣宗時，乃以三關七州來歸。蓋外國之叛服不常，不繫乎中國之盛衰也。」頌意蓋有所諷云。見頌傳。初藝祖嘗欲積縑帛二百萬以取幽、薊，別儲于景福殿，後神宗題此庫云：「五季失圖，玁狁孔熾。藝祖造邦，思有懲艾，爰設內府，基以募士，曾孫保之，敢忘厥志。」又詩曰：「每虔夕惕心，妄意遵遺業，顧予不武姿，何日成戎捷！」見食貨志。是帝久有取燕雲之志。後帝與大臣定議，將遂舉兵，朝慈聖光獻太后白其事，太后曰：「吉凶悔吝生乎動，得之不過南面受賀而已。萬一不諧，生靈所係，可勝言哉！苟可取，則太祖、太宗已取之，何待今日。」見慈聖光獻曹后傳。觀此數傳，則帝意在用武開邊，復中國舊地，以成蓋世之功，而環顧朝臣，皆習故守常，莫有能任其事者。安石一出，悉斥爲流俗，别思創建非常，突過前代，帝遂適如所願，不覺如魚得水，如膠投漆，而傾心納之。欲用兵必先聚財，於是青苗、免役之法行。欲聚財必先用人，於是吕惠卿、章惇之徒進。雖舉朝争之甚至，内而慈聖光獻太后，外而韓琦、富弼諸老臣，俱以安石爲不可用，而帝持之愈力，護之愈堅，故當時有謂帝與介甫如出一人者。史臣亦謂神宗以好大喜功之資，王安石出而與之遇，宜其流毒不能止。然則非安石之誤帝，實帝一念急功名之心自誤也。厥後兵不敢用於北，而稍試於西，靈武之役，喪師覆將，塗炭百萬，帝中夜得報，起環榻行，徹旦不寐。見宣仁高后傳。蓋至是始知非常之事之不可倖成也，已晚矣。善乎韓維之論曰：「聖人功名，因事而見，不可先有功名心。」此真深識治道之論也哉！

〔一〕宋神宗之壯志。

同文館之獄

神宗不豫時，邢恕與蔡確密謀援立，誘宣仁后姪公繪〔一〕曰：「延安幼沖，即哲宗。雍、曹皆賢王也。」公繪驚趨出，恕計不行，反揚言太后屬意雍王，使首相王珪知之。確乃約珪同入問疾，陽以語勾致珪，使開封府蔡京伏劍士於外，俟珪語小異即誅之。既而珪言上自有子，恕計無所施。而語稍聞於宣仁后，遂黜恕出知隨州。恕與確則又揚言太后有廢立意，給司馬光子康手書，謂其父光曾語范祖禹曰：「方今主少國疑，宣訓事尤可慮。」宣訓者，北齊婁太后宮名，婁太后嘗廢孫濟南王，而立少子演，以比宣仁后欲廢哲宗而立雍王也。司馬光爲天下所信服，故欲以此語爲出自光，又恐人疑非光言，故必給其子康手書而後可使人信，其設心可謂黠矣。會確貶新州，恕亦遠謫，事不果行。紹聖初，章惇、蔡卞當國，欲甘心元祐諸賢，引恕入爲御史中丞，於是恕追理前説，并怵高遵裕之子士京，追訟其父在日知王珪謀立雍王，以實其言，總欲以此爲題，陷害諸正人，并誣宣仁后，以見己與確有擁護哲宗之功也。先是劉摯、吕大防爲相時，文潞公之子及甫居喪，恐服除不得京官，抵書邢恕曰：「改月遂除，入朝之命未可必。司馬昭之心，路人所知也，濟之以粉昆，必欲以藐躬爲甘心之地，可爲寒心。」其謂司馬昭者，本指吕大防。粉昆者，世以駙馬都尉爲粉侯，時韓忠彦執政，其弟嘉彦尚主，故以忠彦爲粉昆也。至是恕以此書示蔡確之子渭，（劉摯傳謂蔡渭，邢恕傳謂蔡懋，皆確子也。）使上其書，訟當時宰相劉摯、吕大防等，陷其父確謀危宗社，引此書爲證。惇、卞遂欲因是誣摯及梁燾、王巖叟等，以爲有廢立意，置獄於同文館，用蔡京、安惇雜治之。及甫乃變詞，託其亡父嘗説司馬昭指劉摯，粉謂王巖叟面白如粉，昆謂梁燾字况之，况猶兄也。將鍛成廢立之事，以殺摯等，并以悖逆坐司馬光、吕公著，甚至欲追廢宣仁后。會無實據，及甫但云，疑其事勢如此，而向太后〔二〕及太妃等亦力言宣仁后之誣於哲宗，乃止。章惇又疏言，司馬光、劉摯、梁燾、吕大防等變神宗成法，懼陛下一日新政，必有欺君之誅，乃密爲傾摇之計。帝曰：「元祐諸臣果如是乎？」惇、京曰：「誠有是心，但反形未具耳。」帝乃錮摯、燾等子孫。見劉摯、邢恕、蔡確、章惇、安惇等傳。嗚呼，固一己之權位，而欲以悖逆誣正人，以圖一網打盡，甚至誣及母后，奸人之處心設計，真可畏哉！

〔一〕宣仁，英宗后。姪，高公繪。

〔二〕神宗向后。

秦檜史彌遠之攬權

蔡京、章惇之奸惡，猶第諧臣媚子伎倆，長君逢君，竊弄威福，人主能用之，亦尚能罷之。若秦檜、史彌遠之柄國，則誅賞予奪，悉其所主持，人主反束手於上，不能稍有可否，幾如曹操之於漢獻帝矣。姑不必一一實指其事，但觀宋史各列傳可見也。李浩傳，自秦檜用事，塞言路。及上總攬威權，浩與王十朋等始相繼言事。王綸傳，紹興二十六年，高宗躬親政事，收攬威柄，召諸賢於散地。甚至虞允文疏謂，秦檜盜權十有八年，檜死，權歸陛下。此語直奏於高宗之前，則檜未死以前，高宗不能有權可知也。洪咨夔傳，史彌遠死，帝始親政。崔與之傳，端平初，帝始親政。鄭清之傳，端平元年，上既親總庶政，赫然獨斷。真德秀傳，彌遠卒，上親政。魏了翁傳，彌遠卒，上親庶政。則彌遠未死以前，理宗不能有權可知也。統觀古今來權臣當國，未有如二人之專者。然檜十八九年，威福由己，名入奸臣傳，至今唾駡未已。彌遠相寧宗十七年，相理宗又九年，其握權既久於檜。檜僅殺岳飛，竄趙鼎等，彌遠則擅廢寧宗所建皇子，而別立嗣君，其無君之罪更甚於檜。乃及身既少詬詈，死後又不列奸邪〔一〕，則以檜讐視正人，翦除異己，爲衆怨所叢，而彌遠則肆毒於善類者較輕，遂無訾之者。然則彌遠之黠，豈不更勝於檜哉。至如賈似道專國，威權震主，至度宗爲之下拜，其權更甚於檜與彌遠。斯則亡國之運，主既昏庸，臣亦狂謬，實無大奸大惡之才，固無足論矣。

〔一〕錢先生宋史考異十四亦言之，又見養新録七。西湖遊覽志餘五言彌遠廢立事甚詳，並見宋史寧宗楊后及竑傳。

宋南渡諸將皆北人〔一〕

宋南渡諸將，立功雖在江南，而其人皆北人也。張俊，鳳翔府成紀人。韓世忠、張宗顔，皆延安人。岳飛，湯陰人。劉光世，保安軍人。劉錡，德順軍人。吴玠、吴璘、郭浩，皆德順軍隴干人。楊存中，代州崞縣人。王德，通遠軍熟羊砦人。王彦，上黨人。楊政，原州臨涇人。牛皋，汝州魯山人。曲端，鎮戎人。成閔，邢州人。解元，保安軍德清砦人。王淵，熙河人。趙密，太原清河人。李寶，河北人。魏勝，宿遷人。王友直，博州高平人。李顯忠，綏德軍青澗人。統計諸名將，無一非出自山陝者，是南宋之偏安，猶是北宋之餘力也。其他不甚著名而守城抗節者，亦多係北人。如守建寧死者楊震，代州崞人。守隆德府死者張確，邠州宜禄人。守震武死者朱昭，府谷人。守代州死者史抗，濟源人。守永興死者郭忠孝，河南人。其後德祐國亡時，能戰之將尤推張世傑，世傑亦范陽人，從張柔戍杞，有罪奔宋者。

〔一〕朝野雜記乙集十二有南渡後名將皆西北人一條。

端平入洛之師

宋理宗端平元年，金哀宗天興三年，元太宗六年。與蒙古共滅金。時蒙古乏糧，宋助以三十萬石。張柔中矢，宋孟珙力救出之。兩國方敦鄰好，初無嫌隙。宋果欲復三京八陵，宜先令孟珙等即在軍前定議。乃計不出此，兵退之後，鄭清之、趙范、趙葵等忽欲乘虛復中原，以致兵連禍結，當時議者皆歸咎入洛之師。趙范奏，趙葵、全子才輕遣偏師復西京，趙楷、劉子隆參贊失計，師退無律，致後陣敗覆。又言楊義之敗皆由徐敏子、范用吉怠於赴援，致不能支。此即所謂入洛之師也。今以宋、金二史考之，則宋師先入汴，而入洛猶在後也。是年正月滅金，三月即遣朱揚祖、林拓詣洛陽謁陵寢，此不過遣官省視，未即爲召釁之端。然宋史孟珙傳，是時淮閫刻日進師，蒙古聞宋來争河南，已設哨至孟津，并增戍潼關。謁陵使諜知此信，疑畏不前，珙曰：「淮師泝汴，非旬餘不達。吾以輕騎疾馳，不十日可竣事。」乃與二使晝夜兼行，至陵下成禮而歸。此雖未知何月日，然陵使未到而宋兵已發可知也。又金史崔立傳，天興二年正月，哀宗走歸德，立在汴，以汴降蒙古。立恃勢恣横，李伯淵、李琦、李賤奴等惡之。明年正月，金亡。六月，伯淵等聞近境有宋兵，陽與立謀備禦，偕立巡城，遂殺之。是六月中宋兵已至汴也。其後趙范守襄陽，與伯淵等酗狎，以致襄陽失守。可見伯淵殺崔立後，即投入宋軍。

宋軍於是年六月到汴，無可疑者。宋史趙葵傳亦謂是時盛暑行師。續通鑑綱目謂全子才既至汴，趙葵自滁州以淮兵五萬來會，謂子才曰：「本謀據關守河，今抵汴已半月，不急攻洛陽、潼關，何待耶？」乃檄范用吉等率兵西上，徐敏子爲監軍。到洛陽，寂然無應者。至晚，有殘民三百餘家登城投降。是宋師先入汴再入洛之明證。到洛之次日，所齎糧已盡，而蒙古兵已到，宋兵遂敗而歸。此事宋、金二史紀傳俱不明晰，惟續通鑑綱目較詳〔一〕。再證之元史劉亨安傳，歲甲午平蔡，既而宋師二十萬攻汴，將趨洛，元帥塔察兒使亨安拒之，宋師奔潰。此又可了然於當日宋師先汴而後洛也。而宋史紀傳但謂入洛之師起釁，則以宋兵之敗在洛而不在汴耳。

〔一〕續綱目據齊東野語五端平入洛條。

宋史缺傳

宋史各列傳，自理宗以後，大概又詳於文臣而略於武臣，不特缺漏彭義斌諸人也。王堅守合州最有功，其見於理宗本紀者，詔叙堅合州功，與官兩轉。及合州圍解，又詔擢堅寧遠節度使，駐興元，兼知合州，封清水縣伯。其見於各傳者，張珏傳謂，珏與堅協力拒元兵，攻九月不能下。王安節傳謂，安節，堅之子也，其父守合州有功，爲賈似道所忌，移知和州，鬱鬱以死。及安節守常州，城破被執，元人問其姓名，曰我節度使王堅子也，遂遇害。此見於宋史者也。其見於元史者，憲宗紀，帝攻合州，遣宋降人晉國寶招諭堅，堅不應，國寶去，堅又追還殺之。帝悉率諸軍戰城下，攻一字城，攻鎮西門，攻東新門，攻奇勝門，攻護國門，皆不克。汪田哥又選兵登其外城，堅率衆來拒，遇雨，元兵梯折，後軍不克進，乃止。趙阿哥潘傳亦謂，憲宗駐釣魚山，守將王堅夜來斫營，阿哥潘拒却之。汪德臣傳，王堅負險，五月不下，德臣至城下呼曰：「王堅，我來活汝一城軍民，宜速降！」語未既，幾爲飛矢所中。此見於元史者也。是堅之守合州，幾不減張巡之守睢陽，乃竟無專傳。王佐守利州，父子皆死難。理宗紀謂，佐堅守孤壘，元使降將南永忠來説降，佐罵之，永忠流涕而去。王翊、張珏傳亦俱謂，元兵拔長寧，佐父子俱死。元史憲宗紀，帝圍長寧，守將王佐及裨將徐昕等出戰，敗之。帝又督軍力戰於望喜門，破其城，王佐死焉，又誅佐之子及徐昕等四十餘人。是王佐之守長寧，亦必宜有專傳，而宋史無之。元史伯顔傳，伯顔自鄂順流下，蘄將趙文義、范興。師至沙洋，遣人持黄榜及文義首入城招降，守將王虎臣、王大用焚榜斬使，有私謀出降者，虎臣殺之。伯顔又命吕文焕來招，亦不應，遂攻破其城，擒虎臣、大用殺之。是王虎臣、王大用，皆力守孤城，抗節不屈，宋史皆無傳，并不附見其姓名於他傳中〔一〕。又尹玉、麻士龍，皆文天祥所遣救常州者，玉戰死五牧，士龍戰死虞橋，見德祐紀及元史伯顏傳。乃宋史玉有傳而士龍無傳，并不附姓名於玉傳中，亦皆缺事也。

〔一〕王佐、王虎臣、王大用等，宋季忠義録七均爲補傳，惟王堅名只見於卷五其子安節傳。

廿二史劄記批注　史事之屬

卷二十七　遼史金史

元築燕京

元太祖十年已取燕京，然未嘗駐蹕。世祖即位，尚在開平，中統二年，始命修燕京舊城。蓋自金宣宗遷汴後，燕京入於蒙古，宫室爲亂兵所焚，火月餘不滅，至是已四十餘年，班朝出治之所無復存者，故中統元年車駕來燕，只駐近郊。本紀。王磐傳所謂宫闕未定，凡遇朝賀，臣庶雜至帳殿前，喧擾不能禁也。至元元年，詔改燕京爲中都，始建宗廟宫室。劉秉忠傳。八年，發中都、真定、順天、河間、平灤民二萬八千人築宫城。又敕修築之費悉從官給，并免伐木夫役税賦。是年初，建東、西華及左、右掖門。十年初，建正殿、寢殿、香閣，周廡兩翼室。十一年正月，宫殿告成，帝始御正殿受朝賀。此俱見本紀。時詔舊城居民之遷京城者，以貲高及有官者爲先，仍定制以八畝爲一分，其或地過八畝及力不能築室者，皆不得冒據，聽他人營築。此元時遷築燕京之明據。朱竹垞所謂元建大都，在金燕京北之東，大遷民以實之，燕城以廢是也。二十年，以侍衛親軍萬人修大都城。二十六年，又修宫城，乃立武衛繕理，以留守段天祐兼指揮使治之〔一〕。大概元之遷築，先宫城而後及於都城，事皆散見紀傳。今其故址有可以意得者，德勝門外八里土城，本元之健德門，是元之都城北面在今德勝門外八里也。郭守敬引白浮泉水入都城，匯於積水潭，置牐以運通州之米，世祖還自上都，見積水潭舳艫蔽水，大悦。見守敬傳。積水潭即今之西海子，其時糧船可泊於此，知此潭尚未爲禁地也。永樂初封於燕，因元故宫，即今之西苑，開朝門於前，事見劉侗帝京景物略。是元故宫乃在今西苑之西宣武門以内也。

〔一〕元史一七七吴元珪傳。

廿二史劄記批注　史事之屬

卷二十八　金史

金制追謚帝后之濫

有天下者，追尊其祖，唐、宋舊制皆四代，惟後魏追尊至二十八代，最爲褻濫。金之追謚，亦無限制。金之先本甚微，始祖函普始居完顔部，第四世綏可始定居按出虎水，有室廬之制。第五世石魯始官惕隱。第六世烏古迺始爲女直節度使。皆遼所授。遼以縣令爲刺史，刺史爲節度使，故節度與唐同名而寔異。第七世劾里鉢及弟頗刺淑，弟盈歌，盈歌又傳劾里鉢長子烏雅束，皆相繼襲節度使。至烏雅束傳其弟阿骨打，始建號稱帝。蓋至是已八世十二君矣，乃天會十五年，熙宗一一追尊謚〔一〕，函普曰始祖景元皇帝，妣曰明懿皇后。始祖子烏魯曰德帝，妣曰思皇后。德帝子跋海曰安帝，妣曰節皇后。安帝子綏可曰獻祖，妣曰恭靖皇后。

獻祖子石魯曰昭祖，妣曰威順皇后。昭祖子烏古迺曰景祖，妣曰昭肅皇后。景祖子劾里鉢曰世祖，妣曰簡翼皇后。世祖弟頗剌淑曰肅宗，妣曰靖宣皇后。肅宗弟盈歌曰穆宗，妣曰貞惠皇后。穆宗從子烏雅束曰康宗，妣曰敬僖皇后。凡此皆及身未爲帝者，而追謚尊稱至十一君，可謂濫矣。熙宗又定始祖、景祖、太祖、太宗四廟，皆百世不祧。事俱見本紀。

〔一〕以下應列表。

按松漠紀聞，金九代祖名堪布，號始祖。八代祖名額嚕。七代祖名雅哈。六代祖名蘇赫。五代祖名舒嚕。高祖太師名呼蘭。曾祖名哈里。曾叔祖太師名富勒敏。曾季祖太師名措格。伯祖太祖名烏嚕斯。諸名皆與金史不同，蓋當時國語本無漢字，惟以音相傳故也。

金一人二名

金未滅遼以前，其名皆本其國語，及入中原，通漢文義，遂又用漢字製名。如太祖本名阿骨打，而又名旻也。太宗本名吴乞買，而又名晟也。熙宗本名合剌，而又名亶也。海陵本名迪古乃，而又名亮也。世宗本名烏禄，而又名雍也。章宗本名麻達葛，而又名璟也。宣宗本名吾睹，而又名珣也。哀宗本名寧甲速，而又名守緒也。此帝王之二名也〔一〕。他如烏也之名勖也，斜也之名杲也，撒改之名思敬也，粘没喝又名粘罕。之名宗翰也，斡離不之名宗望也，訛魯觀之名宗峻也，訛里朵之名宗輔也，斡本之名宗幹也，兀术之名宗弼也，謀良虎之名宗雄也，阿魯補之名宗敏也，塔不也之名宗亨也，此皇族之一人二名也。又如僕散忠義之本名烏者也，紇石烈志寧之本名撒曷輦也，紇石烈良弼之本名婁室也，唐括安禮之本名斡魯古也，移剌慥之本名移敵列也，蒲察世傑之本名阿散也，紇石列執中之本名胡沙虎也，阿勒根彦忠之本名窊合山也，此又庶姓之一人二名也。蓋國語之名便於彼此相呼，漢名則用之詔令章奏，亦各有所當也。其避諱之法，則專避漢名，而國語之名不避，蓋國語本有音而無正字也。章宗避睿宗宗堯。諱，凡太祖諸子以「宗」字排行者，皆加山爲「崇」。民間宗姓者，悉改姬氏。又謂孫即康曰：「宗改崇字，其下尚有本字全體，應將『示』字依蘭亭帖寫作『未』字。」即康奏曰：「唐太宗世民，偏傍之犯，如『葉』字作『𦯧』，『泯』字作『汦』，正是如此。」乃擬熙宗廟諱，「亶」字從面、從旦；世宗廟諱，「雍」字從系，自此不勝曲避矣。

〔一〕仍是以表列之爲佳。

金元俱有漢人南人之名〔一〕

金、元取中原後，俱有漢人、南人之別。金則以先取遼地人爲漢人，繼取宋河南、山東人爲南人。元則以先取金地人爲漢人，繼取南宋人爲南人〔二〕。金史完顏勖傳，女直無文字，及破遼獲契丹漢人，始通契丹漢字，此以遼地爲漢人也。賀揚庭傳，世宗謂揚庭曰：「南人礦直敢爲，漢人性姦，臨事多避。異時南人不習詩賦，故中第者少，近年河南、山東人中第者多，殆勝漢人。」此以河南、山東人爲南人也。元史百官志序，諸官職皆以蒙古人爲之長，而漢人、南人貳焉。文宗詔，各道廉訪司官，用蒙古二人，畏兀、河西、回回、漢人、南人各一人。是漢人、南人亦各分名目。程鉅夫傳，世祖命鉅夫爲御史中丞，臺臣言鉅夫南人不宜用，帝曰：「汝未用南人，何以知南人不可用？自今省部臺院必參用南人。」按鉅夫由南宋人入附，故稱南人。此以南宋人爲南人也〔三〕。

〔一〕東西南北本無定，河南古亦稱東京。

〔二〕應云「金則以先取遼地之漢人爲漢人」，下同。

〔三〕其實漢人、南人一也。在今粤人則以山東、河南人爲北人矣。金元在中國之東極北，故凡中國人，無論直隸、山陝等，皆謂爲南。超案：此條批語皆早年所作。

宋金齊交割地界守土官隨地爲屬

宋、金、齊分畫地界，前後不同，守土官亦隨地爲所仕之朝〔一〕。如張孝純以宋臣降金，金使之相劉豫，豫廢，仍爲金行臺丞相。酈瓊、李成、孔彦舟、徐文，皆自宋降豫，豫廢，皆仕金，瓊爲博州防禦使，成爲安武軍節度使，彦舟爲鄭州防禦使，文爲南京都虞候是也。豫本金所册立，豫官即金官，豫廢仍仕於金，固無足怪。至金以河南、陝西地與宋，後仍取之，其時守土官吏並不遷改，地在金則官屬金，地入宋則官屬宋，及再入金，則官又屬金。如鄭建充先爲金知延安軍事，齊國建，累遷刺史，齊廢，以地與宋，爲宋環慶路經略安撫使，金再取陝西，仍以爲經略安撫使，知慶州〔二〕。張中孚仕宋，知鎮戎軍，以原州叛降於金，爲涇原路安撫使，齊國建，即屬齊，爲陝西諸路節度使，金以陝西與宋，又仕宋，官開府儀同三司，後金人來索，又歸金，爲行臺兵部尚書〔三〕。李上達爲金東平府司户，齊國建，爲豫史部員外郎，齊廢，以地與宋，上達隨地入宋，金再取河南，上達又入金，爲同知大名尹〔四〕。如此類者，不一而足，一似邊外番部之類，换朝而不换官。蓋金以地歸宋時，宋高宗本未易置官吏，并慮新復州縣官吏懷不自安，降詔開諭，又命檢詳劉豫僞官，换給告身，未幾金又取舊地，故其官亦隨地歸金也。然亦可見是時仕宦之傳遽矣。亦有宋所補放，而隨地歸金者。宋史柳約傳，金人歸侵疆，約出知蔡州。既而金渝盟，傳檄河南，守臣皆以城降，獨約遣使武昌，得報而返〔五〕。是約之外多降金也。

〔一〕盡力爲民，不盡忠於一姓一家，深得保境安民之旨者耶。
〔二〕鄭建充，金史八二。
〔三〕張中孚，金史七九。
〔四〕李上達，金史九二。
〔五〕柳約，宋史四〇四。

海陵荒淫

海陵荒淫，最爲醜穢，身爲帝王，採取美艷，何求不得，乃專於宗族親戚中恣爲姦亂，甚至殺其父殺其夫而納之，此千古所未有也〔一〕。金史所載，除一后三妃外，諸嬖幸有名字者已二十餘人。凡宗室被殺者，皆納其婦女。曹王宗敏妻阿懶，海陵叔母也；宗磐子阿虎迭妻阿里虎，從嫂也；其女重節，則從姪女也；宗本子莎魯剌妻，宗固子胡里剌妻，胡失來妻，秉德弟糺里妻，皆從嫂也；壽寧縣主什古，宗望女也，靜樂縣主蒲剌及習撚，宗弼女也，師姑兒，宗雋女也，皆從姊妹；混同郡君莎里古真及其妹餘都，宗本女也，皆再從姊妹；奈剌忽，皇太后表兄張定安妻也，蒲魯胡只，麗妃妹也，海陵皆私之。其納之宮中者，則封爲妃嬪，在外則分屬於諸妃位下出入。奈剌忽出入元妃位，蒲魯胡只出入麗妃位，莎里古真、餘都出入貴妃位，什古、重節出入昭妃位，蒲剌、師姑兒出入淑妃位。習撚夫稍喝，莎里古真夫撒速，皆爲近侍，每值宿，海陵謂之曰：「爾妻年少，遇爾值宿，不可令宿於家。」每召入，海陵親候廊下，立久則坐於侍婢高師姑膝上。高師姑曰：「天子何勞苦如是。」海陵曰：「我固以天子爲易得耳，此等期會乃難得也。」莎里古真在外淫佚，海陵責之曰：「爾愛娛樂，有豐富偉岸如我者乎。」然亦不之罪也。此外如沈璋妻，爲太子光英保母，及耶律徹妻侯氏，皆以入宮侍皇后而姦之者也。節度使烏古帶之妻定哥，與海陵有私，海陵即位，使定哥殺其夫而納之者也。秘書監文之妻石哥，海陵使文出之而納於宮中者也。蕭拱妻擇特懶之妹曰彌勒，海陵使拱迎之於汴，既入宮，非處女，遂以疑殺拱，而以拱妻妻文，既又以彌勒之命召拱妻入宮而亂之者也。亦有先寵幸而後殺之者，阿里虎既入，海陵又私其女重節，阿里虎責重節，遂縊殺阿里虎。又蕭堂古帶妻察八，既入宮，封昭媛。時堂古帶爲護衛，察八使侍女遺以雜佩，海陵遂手刃察八，以徇于宮。每幸婦人，則教坊奏樂，撤帷帳，或妃嬪列坐，率意亂之，以爲笑樂。幸室女不得遂，則使元妃以手左右之。女使闢懶有娠，欲幸之,則以麝香水揉腹而墮其胎。甚至徒單皇太后侍婢高福娘,亦與淫亂,使伺太后動静,福娘增飾語言,遂成弑逆之禍。此皆載在后妃傳後者。海陵之惡固不足道,然著其大者可矣,此等中冓之醜亦瑣瑣書之,毋乃穢史乎〔二〕。按本紀,世宗嘗曰:「海陵以近習掌記注,故當時行事,實録不載,當訪求書之。」又賈益謙傳,當時禁近能暴海陵蟄惡者,輒得美遷,故史官修實録,不免附會云〔三〕。然則金史所載,皆世宗時編訂者也。

〔一〕順治董妃猶是也。

〔二〕又何爲瑣瑣述之。

〔三〕所謂紂之不善,不如是之甚也。

海陵兼齊文宣隋煬帝之惡

海陵在位,蓋兼齊文宣、隋煬帝之惡而更過之。北齊書稱,文宣狂暴,嘗姦其嫂文襄后,凡高氏婦女,無親疏皆與之亂,或以賜左右。彭城王浟母爾朱氏,其父神武之庶妻也,欲烝之不從,則手刃之。皇后李氏之妹嫁元昂,帝數幸之,欲納爲昭儀,則以鳴鏑射殺昂。斯固已滅絶倫理,然以海陵視之,奚啻十倍。隋煬帝弑父殺兄弟,海陵則弑君弑母,殺伯叔兄弟及宗室數百人，煬帝猶不若是之慘也。然以其權譎剛厲之資，智足以飾非，威足以馭下，其時國運方强，使僅守其故業，雖淫恣亂倫，或尚不至隕踣。正如齊顯祖强記威斷〔一〕，羣下不敢爲非，所謂主昏於上，政清於下者。乃又大舉伐宋，空其國以争人之國，與隋煬之征高麗如出一轍，此所以土崩瓦解，自速滅亡也。隋書記煬帝征高麗，總徵天下兵皆會涿郡。又發江淮水手一萬，弩手三萬，嶺南排鑹手三萬，河南、淮南、江南造戎車五萬兩，送高陽載衣甲。又發江淮民夫及船，運黎陽及洛口倉米至涿。其陸路夫役往來者亦常數十萬人，晝夜不絶，死者相枕，臭穢盈路。東萊海口造船，官吏督役，日夜立水中，腰以下皆生蛆，死者十三四。耕稼失時，民不聊生，於是天下大亂，帝亦被害於揚州。而海陵之伐宋也，盡起諸路招討司及猛安謀克軍，年二十以上，五十以下，雖親老丁多亦不得留侍。所造軍器，皆賦於民，箭翎一尺至千錢，村落間往往椎生牛以供筋革，至於烏鵲狗彘無不被累。籍民馬，在東者給西軍，在西者給東軍，死者不絶於道。所至芻粟無給，有司以爲請，海陵曰：「民間儲蓄尚多，今禾稼滿野，可就牧田中。」共調馬五十六萬匹，官七品者準留一匹，其上以是爲差，富民有調至五六十匹者，仍令養飼以俟。由是盗賊並起，大者連城邑，小者保山澤，或以十數騎張旗幟而行，官軍莫敢近。海陵又惡聞盗賊，言者輒罪之。將士自軍中亡歸者，相屬於道。東海張旺、徐元等反於南，契丹移剌窩斡等反於北，曷蘇館猛安福壽，東京謀克金住等，始授甲於大名，即舉部亡歸，公言於路曰：「我輩往東京，立新天子矣！」海陵自將三十二總管兵，至瓜洲，爲其下所弑，與隋煬之被害亦如出一轍。自古大兵大役，未有不民怨沸騰，喪國亡身者。海陵既竭天下之力，先築燕京，次營汴京，工役甫畢，又興此大衆，以極無道之主，行此大肆虐之事，豈有不自速其斃者。金史一一書之，所以垂戒千載也。

〔一〕顯祖，即文宣。

按石虎起河橋於靈昌津，采石爲之，石無大小，輒隨流去，用工五百餘萬而不成。又發雍、洛、秦、并州十六萬人，城長安未央宫。性好獵，體重不能跨鞍，造獵車千乘，轅長三丈，高一丈八尺，置高一丈七尺，格獸車四十乘，立三級行樓於其上。自靈昌津南至滎陽，東極陽都，使御史監察其中禽獸，有犯者，以大辟論。御史因之作威，有美女好牛馬者，求之不得，便誣以犯獸，死者百餘家。又發諸州二十六萬人，修洛陽宫。發百姓牛二萬頭，配朔州。增置女官二十四等，東宫十二等，諸侯王九等，發百姓女年二十以下十三以上三萬人以充之，郡縣乘此奪人婦女九千餘人。其子石宣又私令採亦及萬，縊死者三千餘人。又發近郡男女十六萬，車十萬乘，運土築華林苑及長牆於鄴北。命子宣出獵，建天子旌旗，戎卒十八萬，出金明門。石虎升淩霄觀望之，笑曰：「我家父子如是，自非天崩地陷，夫復何憂！」宣校獵既遍，又令石韜出獵，亦如之。後宣殺韜，虎又殺宣，極慘酷。其子石世、石沖、石遵、石鑒等皆不得其死。冉閔乘亂誅諸羯，於是趙人悉入城，羯人悉出城。閔下令，趙人斬一羯，文官進位三等，武職悉拜牙門，一日之中，斬首數萬，羯人無貴賤男女少長皆死，凡二十餘萬，亦有高鼻多鬚而濫死者。虎十三子，五人爲冉閔所殺，八人皆自相殘害。晉書載記。此又隋煬帝、金海陵以前之最無道者也。

金末種人被害之慘

一代敝政，有不盡載於正史，而散見於他書者。金制，以種人設猛安謀克分領之，使散處中原。世宗慮種人爲民害，乃令猛安謀克自爲保聚，其土地與民犬牙相入者互易之，使種人與漢民各有界址，意至深遠也。其後蒙古兵起，種人往戰輒敗。承安中，主兵者謂種人所給田少，不足豢身家，故無鬭志，請括民田之冒稅者給之。於是武夫悍卒，倚國威以爲重，有耕之數世者，亦以冒占奪之。及宣宗貞祐間南渡，盜賊羣起，向之恃勢奪田者，人視之爲血讐骨怨，一顧盼之頃，皆死於鋒鏑之下，雖赤子亦不免。事見元遺山所作張萬公碑文〔一〕。又完顔懷德碑亦云〔二〕，民間讐撥地之怨，睚眦種人，期必殺而後已。尋蹤捕影，不三二日，屠戮淨盡，甚至掘墳墓，棄骸骨。惟懷德令臨淄有惠政，民不忍殺，得全其生。可見種人之安插河北諸郡者，盡殲於貞祐時。蓋由種人與平民雜處，初則種人倚勢虐平民，後則平民報怨殺種人，此亦一代得失之林也。然金史絶不載此事，僅於張萬公傳中略見之，則知金史之缺漏多矣。

〔一〕集十六。

〔二〕集廿八。

又金末僉軍之弊，見劉祁歸潛志。金制，每有征伐，輒下令僉軍。民家有數丁者，盡揀取無遺。貞祐初，有任子爲監當者，正赴吏部選，亦僉監官軍。其人訴於宰相僕散七斤，七斤怒，命左右以弓矢射之〔一〕，已而上知其不可，乃止。元光末，備黄河，修潼關，又下令僉軍。祈之父劉元規，曾官户部郎中，家居在籍，又監察御史劉從益，亦家居，俱選爲千户，既立部曲，當以次相鈐束，後亦罷之。此可見衰世一切苟且之法也。

〔一〕「射之」，「之」指何人？

廿二史劄記批注　史事之屬

卷二十九　元史

元代叛王

元封諸王於西北，固收宗支蕃衍之效，然多有據地叛亂者。其見於本紀者，世祖時，諸王乃顔反，帝自將討擒之。已而其黨哈丹、秃魯又叛，再出師敗之。而諸王中有海都者尤强盛，屢稱兵内犯，詔以安童佐皇子北平王那木罕鎮北邊。諸王昔里吉劫北平王，拘安童，脅宗王以叛。帝命伯顔討之，雖敗其兵，而海都仍逸去。故常命皇子鎮北邊以備之，成宗及晉王、武宗爲皇子時，皆守邊十餘年，未嘗帖服也。此外見於各列傳者，土土哈傳，有叛王脱脱木、失烈吉及鐵哥，皆爲土土哈所敗；又擒叛王哈兒魯；誅叛王兀塔海；又敗叛王火魯哈孫於兀魯灰之地；夜渡貴烈河，敗叛王哈丹。又阿沙不花傳，有叛王納牙等，爲阿沙不花所敗。伯顏傳，有諸王明里鐵木兒，從海都叛，伯顏以書喻之，明里鐵木兒感泣來歸。阿术傳，有叛王昔剌木，爲阿术所敗。阿剌罕傳，有世祖母弟阿里不哥搆兵。塔出傳，有叛王曲迭兒，爲塔出所敗。暗伯傳，有叛王哈魯，爲暗伯所擒。昔班傳，有火和大王叛，爲昔班所敗。玉哇失傳，有諸王和林及失剌等叛。麥里傳，有諸王霍忽叛，掠河西，麥里擊敗之。忽林失傳，有叛王斡羅斯等，爲忽林失所敗。失剌拔都兒傳，有叛王脱脱，爲失剌拔都兒所擒。洪重喜傳，有叛王八剌哈赤，爲重喜所敗。劉國傑傳，有諸王脱脱木反，國傑襲敗之。孔元傳，有叛王失里木等，元出兵敗之於兀速洋。劉哈剌八都魯傳，有叛王昔里吉及脱忽，皆戰敗被擒。蓋即劫北平王者。汪惟正傳，有叛王土魯，叛據六盤山，爲惟正所擒。忙哥撒兒傳，有叛王察哈台，爲忙哥撒兒所誅。鐵哥傳，有叛王塔不台。月赤察兒傳，有叛王滅里鐵木兒，屯於金山，武宗爲皇子鎮北邊時，出其不意，以師壓之，滅里乃降。成宗元貞二年，猶有諸王都哇、徹徹禿潛師襲火兒哈禿之地，又叛王禿麥、斡魯思等犯邊。直至元貞九年〔一〕，海都子察八兒及都哇、明里帖木兒等相聚謀曰：「昔我太祖，艱難以成帝業。我子孫乃自相殘殺，是隳祖宗之業也。今鎮邊者皆吾世祖之孫，吾與誰爭哉！不若遣使請命罷兵，通一家之好。」乃遣使來，帝許之，於是諸王皆罷兵入朝。牀兀兒傳。諸王入朝，大宴時，脱脱即席陳西北諸王始終離合之跡，去逆效順之義，聽者傾服。脱脱傳。此元一代分封諸王得失之林也。王思廉傳，帝親征乃顏時，思廉謂段貞曰：「諸王反，由地大故也。漢鼂錯削地之議，實爲良圖。」貞以聞，帝嘉之。其時博羅歡亦謂，太祖分封諸王，其地與户以二十分爲率，忙兀、兀魯、扎剌兒、弘吉剌、亦其列思五部共得十一，乃顏獨得其九，故最强。然則衆建而分其勢，又析圭分土時所當早計歟。

〔一〕「元貞」爲「大德」之誤。元貞只有二年。

廿二史劄記批注　史事之屬

卷三十　元史

元初用兵多有天助

元太宗時，使皇子蒙哥即憲宗。征欽察，其酋八赤蠻逃於海島。蒙哥亟進師，適大風刮海水去，甚淺可渡，蒙哥喜曰：「此天開道也。」進擒八赤蠻，囚之。八赤蠻曰：「水迴期且至，宜早還。」蒙哥即班師，而水已至，後軍有浮渡者。見憲宗紀。太宗又使弟拖雷入宋武休關，渡漢江而北，至禹山。金完顏合達等拒戰，北兵襲之，金恒山公武仙一軍殊死鬬，北騎退走。追奔之際，忽大霧四塞，合達命收軍，頃之霧散乃前，則前有一大澗，闊數里，非此霧則北兵人馬滿中矣。金史完顏合達傳。憲宗即位之八年二月，伐宋，師次於河，適河冰合，以土覆之遂渡。憲宗紀。世祖時，遣伯顏伐宋，軍至錢塘江，觀潮，遂駐沙岸。杭人方以爲潮至當盡溺，乃潮不至者二日。伯顏傳〔一〕。可見興王之運，山川效靈也。

〔一〕元史一二七伯顏傳，「二日」原作「三日」。此傳本元文類廿四元明善撰碑。

元代專用交鈔

交鈔之起，本南宋紹興初，造此以召募商旅，爲沿邊糴買之計，較銅錢易齎，民頗便之。稍有滯礙，仍用現錢，尚存子母相權之意。元史劉宣傳。金章宗時，亦以交鈔與錢並行。而有司以出鈔爲利，收鈔爲諱，謂之老鈔，至以萬貫易一餅〔一〕，民力困而國用亦窮，耶律楚材傳。此鈔之極弊也。（下略）

〔一〕下文元季風雅相尚條言「黃金一餅」。

一母生數帝

前代有一母生數帝者，陔餘叢考所載尚未備，今更詳録於此〔一〕。晉庾后生成帝、康帝。章太妃生哀帝、廢帝。陳后生安帝、恭帝。北齊婁后生文襄、文宣、孝昭、武成，一追謚之帝，三及身爲帝。唐武后生中宗、睿宗。宋杜太后生太祖、太宗。遼史，太祖后述律氏生長子倍，封東丹國，爲人皇王，後追謚義宗。次子德光，即皇帝位，是爲太宗。幼子李胡，後亦追謚章肅皇帝。是一母生三帝，一及身爲帝，二追尊之帝也。金史，景祖后唐括氏生劾里鉢，是爲世祖；頗刺淑，是爲肅宗；盈歌，是爲穆宗，此猶是追尊之帝。而世祖后拏懶氏生烏雅束，是爲康宗；阿骨打，是爲太祖；吴乞買，是爲太宗。烏雅束猶是追尊之帝，太祖、太宗則創業之君，及身有天下，是一母生三帝，一追尊之帝，二創業之帝也。又檢元史，此事尤多。太祖第四子拖雷之妃唆魯禾帖尼後追謚莊聖皇后。生二子，長蒙哥，是爲憲宗；次忽必烈，是爲世祖。又世祖太子真金後追謚裕宗。之第二子達刺麻八刺，其妃荅吉後追謚元聖皇后。生二子，長曰海山，是爲武宗；次愛育黎拔力八達，是爲仁宗。是皆一母生二帝也。他如太祖光獻后生窩闊台，是爲太宗；又生拖雷，雖未爲帝，後以子蒙哥登極，追尊曰睿宗，是亦一母生二帝。又真金之妃弘吉刺氏生鐵木兒，是爲成宗。而其長子甘麻刺雖未爲帝，後以子也孫鐵木兒入繼大統，是爲泰定帝，追尊甘麻刺爲顯宗。又次子達刺麻八刺亦未爲帝，後以子武宗、仁宗登極，亦追尊達刺麻八刺爲順宗。是弘吉刺氏生三子，及身爲帝者一，死後謚帝者二，且一母生三帝矣。至如明宗、文宗，雖皆武宗子，而明宗母亦乞烈氏，文宗母唐兀氏，實不同母。寧宗、順帝，雖皆明宗子，而寧宗母八不沙，順宗母邁來的，亦不同母。

〔一〕然則劄記蓋成於叢考之後也。

庚申帝

世傳元順帝爲宋德祐帝之子。其見於記載者，程克勤宋遺民録謂，德祐帝降元，封瀛國公。稍長，世祖妻以公主。世祖夜夢金龍繞殿柱，明日瀛國來朝，正立所夢柱處，世祖陰欲除之，公主以告，瀛國懼，遂乞從釋，號合尊大師〔一〕。權衡庚申帝大事記謂，瀛公降後，爲僧白塔寺中。後徙甘州，有趙王憐之，贈以回回女。延祐七年四月十六日夜，生男，明宗周王和世㻋。適過其地，見寺上有龍文五采，訪知其故，因求爲子，並載其母歸。袁忠徹符臺外集謂，瀛國學佛於土蕃，娶邁來的爲妻，元史作邁來迪。有娠。適明宗逃於漠北，與瀛國善，索邁來的爲妻，遂生順帝。西湖志餘謂，虞集在文宗時草詔，有曰明宗在北之時，自謂非其子。及順帝立，捕集赴大都，以皮繩縛腰，以馬尾縫眼。既至，集以文宗親改詔稿呈上，遂得釋。時有人作十七字詩嘲集曰：「自謂非其子，如今作天子，傳語老蠻子，請死。」庚申外史謂，順帝時，尚書高保哥奏，文宗在時，謂陛下非明宗子。帝大怒，究當時作詔者，欲殺虞集、馬祖常二人。

二人呈上文宗御筆，脱脱在旁曰：「彼負天下名，後世只謂陛下殺此秀才。」乃捨之。余應撰合尊大師詩云：「皇宋第十六飛龍，元朝降封瀛國公。元君詔君尚公主，時蒙賜宴明光宮。酒酣舒指爬金柱，化爲龍爪驚天容。侍臣獻謀將見除，公主夜泣沾酥胸。幸脱虎口走方外，易名合尊沙漠中。是時明宗在沙漠，締交合尊情頗濃。合尊之妻夜生子，明宗隔帳聞笙鏞，乞歸行營養爲嗣，皇考崩時年甫童。文宗降詔移南海，五年仍歸居九重。至今兒孫主沙漠，吁嗟宋德何其隆。」以上皆野史所載，未必可盡信。然元史本紀，文宗至順元年，以順帝乳母夫言，明宗在日，素謂長子非己子，命翰林書其事於史館。明年，復詔奎章閣學士虞集作詔，播告中外。順帝登極，以此事徹去文宗廟主，詔曰：「文宗私圖傳子，乃搆邪言，謂朕非明宗子，俾出居遐陬。」虞集傳亦見此事。是順帝之非明宗子，當時已播人口。故文宗崩後，皇后卜荅失里寧立明宗次子寧宗，而不立順帝。迨寧宗夭而順帝始立。則遺民録等書所載，未必無因也。案至元十三年瀛國公降，年六歲。至元二十五年瀛國學佛於土蕃，年十八歲。延祐七年〔二〕順帝生之歲，瀛國公年五十。計其年歲，亦不懸殊。作史者縱不便確指其故，而於明宗后邁來的傳，何妨略見其由瀛國公歸於明宗之源委，所謂疑以傳疑也。乃並不書，豈以其不經耶？然南史梁武帝納東昏妃，七月生豫章王綜，亦未嘗不書也。

〔一〕已見金元二朝待宋厚薄不同條。

〔二〕庚申。

郝經昔班帖木兒

奇聞駭見之事，流傳已久，在古未必真，而後人仿之，竟有實有其事者。蘇武雁書，事本烏有，特常惠教漢使者，謂天子射上林，得武繫帛書於雁足，使匈奴不得匿武耳。而元時郝經使宋，被拘於真州，日久，買一雁，題帛書繫其足，放去。汴中民射雁金明池，得之，以進世祖。其詩云：「霜落風高恣所如，歸期回首是春初。上林天子援弓繳，窮海纍臣有帛書。」後題「至元五年九月一日放雁，獲者弗殺，國信大使郝經書於真州忠勇軍營新館。」後經竟得歸國，卒於途。是蘇武雁書之事虛，而郝經雁書之事實也〔一〕。程嬰、公孫杵臼存趙氏孤之事，本史記采無稽之談以新聽聞，未必實有其事也。而元順帝時，有昔班帖木兒者，在趙王位下，其妻嘗保育趙王。後部落滅里叛，欲殺趙王。昔班帖木兒與妻謀，以己子觀音奴服王服，居宮內，夜半夫妻二人衛趙王遁去。賊至，遂殺觀音奴，而趙王得免。事聞，授昔班帖木兒同知河東宣慰司，其妻剌八哈敦雲中郡夫人，觀音奴亦贈同知大同路事，仍旌其門。是嬰、杵臼存趙氏孤之事猶虚，而昔班帖木兒夫妻存趙王之事實也。元史各有傳。郝經事人猶或知之，昔班帖木兒事則鮮知者，故摘書於此。按宋史侯延廣在襁褓時，遭王景崇之難，乳母劉氏以己子代延廣死，劉氏行丐，抱延廣至京師，還其祖侯益。此又與嬰、杵臼之事相類，而出於一婦人，尤爲甚難。

〔一〕郝經事亦做作耳。

廿二史劄記批注　史事之屬

卷三十四　明史

成化嘉靖中方技授官之濫

憲宗好方技，初即位，即以道士孫道玉爲真人。其後李孜省以符籙進，官至禮部侍郎，鄧常恩、趙玉芝、凌中、顧玒亦皆以方術得幸，官至太常卿，其他雜流加侍郎、通政、太常、太僕、尚寶者，不可勝計。每令中官傳旨，一傳至百十人，時謂之傳奉官。王瑞疏所謂，一日而數十人得官，一堂而數百人寄俸也。是時孜省尤寵倖，朝臣毁譽多出其口，士大夫遂多附之。又有僧繼曉，以秘術進，賜號通元翊教廣善國師。其後西番僧劄巴堅參封萬行莊嚴功德最勝智慧圓明能仁感應顯國光教弘妙大悟法王、西天至善金剛普濟大智慧佛，其徒劄實巴、鎖南堅參、端竹也失皆爲國師。已而劄實巴進封法王，班卓兒藏卜封國師，又封領占竹爲萬行清修真如自在廣善普慧弘度妙應掌教翊國正覺大濟法王、西天圓智大慈悲佛，又封西天佛子劄失藏卜、劄失堅參、乳奴班丹、鎖南堅參、法領占五人爲法王，其他授西天佛子、大國師、國師、禪師者，亦不可勝計。服食器用僭擬王者，出則金吾仗呵導，錦衣玉食者幾千人。羽流加號真人、高士者亦盈都下。大國師以上金印，真人玉冠、玉帶、玉珪、銀章。而繼曉尤奸黠竊權，所奏請無不允。迨孝宗即位，始盡汰傳奉官千百人，又詔禮官議汰諸寺法王至禪師四百三十七人，刺麻僧七百八十九人，華人爲禪師及善世、覺義諸僧官一百二十人，道士自真人、高士及正一演法諸道官一百二十三人。可見成化中授官之濫也。孜省下獄死，常恩等遣戍，繼曉棄市。　其後嘉靖中，又有方技濫官之秕政〔一〕。道士邵元節，以禱祠有驗，封爲清微妙濟守靜修真凝元演範志默秉誠致一真人，統轄朝天、顯靈、靈濟三宮，總領道教，錫金、玉、銀、象牙印各一，班二品，紫衣玉帶，以校尉四十人供洒掃。尋又賜闡教輔國玉印，進禮部尚書，給一品服。廕其孫啟南爲太常丞，進少卿；曾孫時雍爲太常博士。其徒陳善道亦封清微闡教崇真衛道高士。又有陶仲文，以符水治鬼，封神霄保國弘烈宣教振法通真忠孝秉一真人，累進禮部尚書、少保、少傅、少師，明代一人兼三孤者，惟仲文一人而已。尋又封恭誠伯，歲禄千二百石。廕其子世同爲太常丞，世恩爲尚寶丞，壻吴濬、從孫良輔爲太常博士。其他段朝用、龔可佩、藍道行、王金、胡大順、藍田玉、羅萬象之屬，亦皆以符呪燒鍊扶鸞之術，競致榮顯。甚至顧可學官浙江參議，亦以煉秋石得幸，超拜工、禮二部尚書。盛端明官副都御史，亦以通曉藥術，拜工、禮二部尚書。朱隆禧官順天府丞，亦以長生秘術，加禮部侍郎。以上諸官，皆食俸而不治事。則不惟方士藉以干進，即士大夫亦以之希榮邀寵矣。皆佞倖傳。是嘉靖時之優待方技，較成化更甚。其何故也？蓋憲宗徒侈心好異，兼留意房中秘術，故所昵多而尚非誠心崇奉。世宗則專求長生，是以信之篤而護之深，與漢武之寵文成、欒大遂同一轍，臣下有諫者必坐以重罪，後遂從風而靡，獻白兔、白鹿、白雁、五色龜、靈芝、仙桃者，幾遍天下。貽譏有識，取笑後世，皆貪生之一念中之也。

〔一〕世宗時，楊最等以諫齋醮杖死，見本傳。張居正久病，百官多爲之齋禱，見下卷。世宗晚年服方士藥，及崩，法官坐方士王金等罪，見高拱傳。

成化嘉靖中百官伏闕争禮凡兩次

成化中，慈懿錢太后崩，憲宗以生母周太后意，不欲慈懿祔葬英宗陵，乃議別葬。羣臣咸疏諫，帝重違太后意，皆不允。給事中魏元偕同官三十九人疏争，御史康永韶亦偕同官四十一人疏争，未得俞旨。給事中毛弘倡言，大小臣工當伏闕争，衆許諾。有退者，給事中張賓呼曰：「君輩獨不受國恩乎！」乃共伏哭文華門。周太后亦心動，竟得如禮。魏元、毛弘等傳〔一〕。世宗由藩邸入繼大統，廷臣欲帝以孝宗爲父，本生父興獻王爲皇叔父，帝不許。駁詰再三，舉朝争之，疏不下，皆洶洶。會朝罷，何孟春倡言於衆曰：「憲宗朝百官哭文華門，争慈懿皇太后葬禮，憲宗從之，此故事也。」修撰楊慎曰：「仗節死義，正在今日！」編修王元正、給事中張翀等遂遮羣臣於金水橋，謂今日有不争者共擊之。孟春等又相號召，於是九卿則尚書金獻民等，侍郎孟春等，都御史王時中等，寺卿汪舉等，凡二十三人。翰林則賈詠等二十二人，給事中則張翀等二十一人，御史則王時柯等三十人，諸郎官吏部則余寬等十二人，户部則黄待顯等三十六人，禮部則余才等十二人，兵部則陶滋等二十人，刑部則相世芳等二十七人，工部則趙儒等十五人，大理之屬則毋德純等十一人，俱跪伏左順門。帝命中官諭退，衆曰：「必得俞旨乃敢退。」自辰至午，凡再傳諭猶不起。帝大怒，遣錦衣官先執爲首者豐熙等八人繫獄。楊慎、王元正乃撼門大哭，衆皆哭，聲震闕廷。帝益怒，命收四品以下官。明日，編修王相等十八人杖死，熙、慎、元正俱謫戍。何孟春傳〔二〕。而帝本生父興獻帝卒稱皇考。同一伏闕，而從違各異，固由憲宗仁厚，世宗剛決，性各不同，然亦以所争典禮有當有不當也。慈懿本英宗正后，禮宜祔葬，憲宗特以生母故欲别葬，其事本不順於理，故羣臣争而周太后亦心折，遂得如禮。世宗生於孝宗崩後二年，孝宗初未立爲子，而欲使之考孝宗，而抹其本生之親，情理皆不協，故愈争而愈激成事變也。説見大禮之議條内。

〔一〕魏元、毛弘均一八〇。

〔二〕卷一九一。

廿二史劄記批注　史事之屬

卷三十六　明史

明代宦官先後權勢

明内監故事，永樂中，差内官至五府、六部稟事，内官離府部官一丈作揖。途遇公侯駙馬，則下馬旁立。今則呼府部官如屬吏，公侯駙馬途遇内官，轉廻避矣。陸容菽園雜記〔一〕。張吏侍延祥云，内閣待中官之禮凡幾變，天順間，李賢爲首相，司禮監巨璫至者，以便服接見之，事畢，揖之而退。彭文憲繼之，門者來報，必衣冠見之，與之分列而坐，太監第一人對閣老第三位，常虛其二位。後陳閣老文則送之出閣，商閣老輅又送之下階，萬閣老安則送至内閣門矣。今凡調旨等事，司禮者間出，或使少監等傳命而已。陸深金臺記聞。太監至，閣臣迎之於花臺，送之止中門。李西涯告王鏊云，此定例也。陸深玉堂漫筆，又見王鏊震澤長語。朱象元云，有一順門上内官云，我輩在順門上久，見時事凡幾變，昔日張先生孚敬。進朝，我輩俱要打恭。後來夏先生，言。我們只平眼看著。今嚴先生，嵩。與我們恭恭手纔進。何良俊四友齋叢説〔二〕。此閣部大臣與内官交接先後不同之大概也。至王振、汪直、劉瑾、魏忠賢，則有長跪叩頭呼九千歲者矣。

〔一〕已見前卷明代宦官條。
〔二〕已見前卷明代宦官條。

〔批注所用廿二史劄記底本，扉頁署「湛貽堂藏板」。援庵先生一九〇三年（光緒二十九年）得此書後，將全書分爲「史法」與「史事」兩類，拆開重訂，并重點閱讀了後漢及遼金元部分，有圈點，只有個別批語。三十年代中期，他以此書作爲「史源學實習」課的教材之一，作了大量批注。此次即將全部批注過録，置於每段之後。批注只有斷句，我們加了標點符號，標點曾參考王樹民先生的廿二史劄記考證。讀者閱讀本書時，可參考援庵先生的廿二史劄記考正稿及有關史源學論文。〕

陳垣全集之二十三

廿二史劄記考正

安徽大學出版社

廿二史劄記考正之一

三國志注引書目

裴松之三國志注（劄記卷六）

帝命采三國異同以注國志　卷首表文
此可謂不朽矣　宋書六四松之本傳
松之所引書凡五十餘種　下列所引書凡百五十一種，則「五十」上當有「百」字。然松之所引書在二百三十種以上，趙未列入者尚多也。
謝承後漢書、司馬彪續漢書、九州春秋　魏志一武紀
戰略　魏志六劉表傳作「司馬彪戰略」
序傳　魏志一武紀作「司馬彪序傳」
張璠漢紀、袁暐獻帝春秋　魏志一武紀。袁暐見興平元年。
孫思光獻帝春秋　吳志十二陸瑁傳「廣陵袁迪」注：「迪孫曄，字思光，作獻帝春秋。」

趙誤以「孫」爲姓，又避清諱「燁」，稱其字，故曰「孫思光」。其實袁曄即袁暐，因下文注有「瑁孫曄，字士光」語，後人傳寫遂誤「暐」爲「曄」歟？ 然隋志亦作「曄」也。

袁宏漢紀　魏志二文紀

習鑿齒漢晉春秋、孔衍漢魏春秋　魏志一武紀

華嶠漢書　魏志六董卓傳

靈帝紀　魏志一武紀作「劉艾靈帝紀」

獻帝紀、獻帝起居注、山陽公載記　魏志一武紀

三輔決録　魏志一武紀作「三輔決録注」，三明紀作「三輔決録」。録，趙岐撰，摯虞注。

獻帝傳　魏志一武紀

漢書地理志　魏志廿二陳羣傳

續漢書郡國志　魏志一武紀　前文既列續漢書，則郡國志似不必列入。

蔡邕明堂論　魏志四高貴鄉公紀

漢末名士録　魏志六袁紹傳

先賢行狀　魏志一武紀

汝南先賢傳　魏志二三和洽傳

陳留耆舊傳　魏志二四高柔傳

零陵先賢傳　魏志六劉表傳

楚國先賢傳　魏志四高貴鄉公紀

荀綽冀州紀　魏志九夏侯玄傳

襄陽記　蜀志五諸葛亮傳

英雄記、王沈魏書　魏志一武紀

夏侯湛魏書　晉書八二陳壽傳：「夏侯湛著魏書，見壽所作，便壞己書而罷。」是湛書未成。趙見國志卷首附晉書陳壽本傳，因

誤爲裴注引書耶?
陰澹魏紀　魏志十九陳思王傳
魏文帝典論　魏志二文紀
孫盛魏世籍　魏志四齊王芳紀
孫盛魏氏春秋、魏略　魏志一武紀
魏世譜　魏志四齊王芳紀
魏武故事　魏志一武紀
魏名臣奏、魏末傳　魏志三明紀。又魏志一武紀有褒賞令,二文紀有魏郊祀奏,九夏侯玄傳有晉武帝太始元年詔,廿二衛臻傳有舊事,蜀志一劉璋傳有魏臺訪議,吴志六孫匡傳有三朝録,均應列入。
吴人曹瞞傳、魚氏典略　魏志一武紀
王隱蜀記　魏志十八龐悳傳
益都耆舊傳　蜀志一劉焉傳作「陳壽益都耆舊傳」
益部耆舊雜紀　蜀志一劉焉傳、又十一楊洪傳作「益都耆舊傳雜記」。
華陽國志、蜀本紀　蜀志二先主傳
汪隱蜀記　當即「王隱蜀記」之譌
郭仲記諸葛五事　蜀志五諸葛亮傳,應作「郭沖」。
郭頒魏晉世語　魏志一武紀
孫盛蜀世譜　蜀志四二主妃子傳
韋曜吴書　魏志一武紀
胡沖吴曆　魏志二文紀,又吴志十四孫和傳有胡沖答問,應列入。
張勃吴録　蜀志七龐統傳
虞溥江表傳　魏志一武紀
吴志　蜀志八許靖傳,張子雲注:「子雲名

律，交州刺史，見吴志。」即壽本書吴志四士燮傳，不當列入。

環氏吴紀　吴志八張紘傳

虞預會稽典録　吴志一孫策傳

王隱交廣記　吴志十五吕岱傳　又吴志一孫策傳有王範交廣二州春秋，應列入。

王隱晉書　魏志一武紀

虞預晉書　魏志廿一王粲傳

干寶晉紀　魏志三明紀

晉陽秋　魏志八公孫度傳

傅暢晉諸公贊　魏志四高貴鄉公紀

陸機晉惠帝起居注　魏志八張燕傳

晉泰始起居注　蜀志五諸葛瞻傳

晉百官表　蜀志五董厥傳

晉百官名　魏志十六蘇則傳　又魏志十二司馬芝傳有百官名，十五司馬朗傳有百官名志，十八臧霸傳有武帝百官名，廿八鍾會傳有咸熙元年百官名，吴志一孫堅傳有應氏漢宮，「宮」爲「官」之譌，均應列入。

太康三年地理記　魏志廿二陳羣傳，「理」字衍。

帝王世紀、河圖括地象　蜀志八泰宓傳　又吴志二吴主傳有瑞應圖，應列入。

皇甫謐逸士傳　魏志一武紀

列女傳　魏志九曹爽傳作「皇甫謐列女傳」

張隱文士傳　魏志九曹休傳

虞喜志林　吴志一孫堅傳

陸氏異林　魏志十三鍾繇傳　又魏志三明紀有毌丘儉志記，十六蘇則傳有山濤啟事，廿五高堂隆傳有應璩書林，應列入。

荀勗文章叙録　魏志九夏侯淵傳　又魏志十三王肅傳有晉武帝中經簿，蜀志八秦宓傳有劉向七略。

文章志　魏志六劉表傳作「摯虞文章志」

異物志　魏志四齊王芳紀　又同紀有東方朔神異經，應列入。

博物記　魏志一武紀作「張華博物志」，十一涼茂傳作「博物記」。

列異傳　魏志十三華歆傳

高士傳　魏志十一管寧傳作「皇甫謐高士傳」

文士傳　魏志十荀彧傳作「張衡文士傳」

孫盛雜語、孫盛雜記、孫盛同異評　魏志一武紀作「孫盛異同雜語」，又作「孫盛雜記」，又作「孫盛異同評」，又作「孫盛評」。魏志九夏侯玄傳作「孫盛雜語」，蜀志五諸葛亮傳又作「孫盛異同記」。

徐衆三國評　魏志七臧洪傳　又十四程昱傳作「徐衆評」，又蜀志十二譙周傳有孫綽評。

袁子　魏志二十廣平哀王傳

傅子　魏志一武紀

干寶搜神記　魏志二文紀

葛洪抱朴子　吴志三孫休傳

葛洪神仙傳　蜀志二先主傳

衛恒書勢序　魏志一武紀作「衛恒四體書勢序」　又同紀有王昶家誡，三明紀有顧愷之啟蒙注，應列入。

張儼默記　蜀志五諸葛亮傳

殷基通語　蜀志十四費禕傳

顧禮通語　吳志七顧邵傳，「雲陽殷禮」注：「禮子基，作通語。」趙誤「基」爲「禮」，又誤「殷」爲「顧」也。

摯虞決疑　魏志二一王粲傳作「摯虞決疑要注」

曹公集　蜀志八麋竺傳

孔融集　魏志十荀攸傳

傅咸集　魏志廿二衛臻傳

嵇康集　魏志廿一王粲傳

高貴鄉公集　魏志四高貴鄉公紀

諸葛亮集　蜀志二先主傳

王朗集　魏志十三王朗傳　又魏志一武紀有張超集、王粲集，三文紀有曹植集、應璩集，十一管寧傳有左思集，十六蘇則傳有金谷集，二十楚王彪傳有曹嘉集，廿一劉劭傳有繆襲集，廿六田豫傳有潘岳集，吳志三孫皓傳有陸機集，十二陸績傳有姚信集，均應列入。

庾闡揚都賦　吳志二孫權傳作「庾闡揚都賦注」

孔氏譜　魏志十六倉慈傳

庾氏譜　魏志十一管寧傳

孫氏譜　魏志十四劉放傳

嵇氏譜　魏志二十沛穆王傳

劉氏譜　魏志廿一劉廙傳

王氏譜　魏志廿四崔林傳

郭氏譜　魏志廿六郭淮傳

陳氏譜　魏志廿二陳泰傳

諸葛氏譜　蜀志五諸葛瞻傳

崔氏譜　蜀志五諸葛亮傳　又魏志十六杜

恕傳有阮氏譜，廿七胡質傳有胡氏譜，應列入。

華嶠譜叙　魏志十三華歆傳

袁氏世紀　魏志十一袁渙傳

鄭元別傳　魏志四高貴鄉公紀　本作「玄」

荀彧別傳、禰衡傳、荀氏家傳　魏志十荀彧傳

邴原別傳　魏志十一邴原傳

程曉別傳　魏志十四程昱傳

王弼傳　魏志十四劉曄傳，當即何劭作。

孫資別傳　魏志十四劉放傳

曹志別傳　魏志十九陳思王傳

陳思王傳　魏志廿一王粲傳「丁儀、丁廙、楊脩」注：「儀、廙、脩事並在陳思王傳。」即壽本書，不當列入。

王朗家傳　魏志十三王朗傳

何氏家傳　魏志廿一劉劭傳，作「廬江何氏家傳」。

裴氏家記　蜀志十二孟光傳，作「傅暢裴氏家記」。

劉廙別傳　魏志廿一劉廙傳

任昭別傳　魏志廿七王昶傳「樂安任昭先」注：「昭先名嘏。」趙誤以「先」字屬下讀，故曰「任昭」，實應作「任嘏」也。

鍾會母傳　魏志廿八鍾會傳

虞翻別傳　吴志十二虞翻傳

趙雲別傳　蜀志六趙雲傳

費禕別傳　蜀志十四費禕傳

華佗別傳　魏志廿九華佗傳

管輅別傳　魏志廿九管輅傳

諸葛恪別傳　吴志十九諸葛恪傳

何劭作王弼傳　魏志廿八鍾會傳　又魏志十荀彧傳有何劭作荀粲傳，十六杜畿傳有杜氏新書，廿一王粲傳有嵇康別傳、吴質別傳、山濤行狀，衛覬傳有潘尼別傳、潘岳別傳，廿二盧毓傳有盧諶別傳，廿五辛毗傳有夏侯湛作辛憲英傳，吴志六孫賁傳有孫惠別傳，均應列入。

繆襲撰仲長統昌言表　魏志廿一劉劭傳

傳元撰馬先生序　魏志廿九杜夔傳

會稽邵氏家傳　吴志三孫皓傳

陸機作顧譚傳　吴志七顧譚傳

陸氏世頌、陸氏祠堂像贊、陸機所作陸遜銘　吴志十三陸遜傳　又魏志九曹爽傳有夏侯湛作魯芝銘。

機雲別傳　吴志十三陸抗傳

蔣濟萬機論　蜀志七龐統傳

陸機辨亡論　吴志三孫皓傳

易　魏三明紀

今文尚書　魏十一管寧傳

馬融注尚書　吴二吴主傳

尚書鄭玄注　魏一武紀

詩鄭玄注　魏一武紀

周禮　魏二文紀

禮記鄭玄注　魏二文紀

孔子三朝記　蜀八秦宓傳

禮論　吴十四孫奮傳

左傳服虔注　魏一武紀

公羊傳何休注　魏一武紀

論語　蜀八秦宓傳

孟子　魏廿四崔林傳

國語韋昭注　魏一武紀

戰國策　魏廿一劉廙傳

三蒼　魏一武紀

揚雄方言郭璞注　蜀十彭羕傳

字林　蜀十一張裔傳

史記　魏廿八王凌等傳評

漢書應劭音義　魏二文紀

蘇林漢書音義　蜀十李嚴傳

鍾會爲其生母傳　魏廿八鍾會傳

魯連子　魏十九陳思王傳

劉向説苑　魏十九陳思王傳

劉向新序　魏廿二陳矯傳　魏廿一劉廙傳

桓譚新論　蜀十二却正傳

莊子　魏十一管寧傳

管子　魏一武紀

吕氏春秋　魏三文紀

淮南子　蜀十二却正傳

風俗通　魏六董卓傳

皇覽　魏十九陳思王傳

孫子兵法　魏廿七王昶傳

相書　魏廿九管輅傳

解寒食散方　魏廿東平靈王傳

頭責子羽　魏十四劉放傳

廿二史劄記考正之二

史法之屬：南北朝

南史增齊書處（劄記卷十）

王儉傳（南二二　齊二三）

齊高　南五・九〔一〕

更定　南六・六

又引　南六・一〇

引春　南六・一一

及受　南八・一二

立春　南八・二〇，九・一

〔一〕編者案：五・九表示第五頁第九行。下同。

褚淵傳（南二八　齊二三）

幼時　南四・八

湛之　南四・一三　「兩厨」，劄記作「兩

府」。

山陰　南四・一六

時淮　南六・一五

後廢　南七・一一　「黃鉞」，劄記作「九錫」。

張敬兒傳 南四五　齊二五

敬兒　南一〇・一〇　「及在鵲尾洲」，劄記作「及建鵲尾軍功」。

王敬則傳 南四五　齊二六

生時　南一・六

又嘗　南一・一二

後果　南一・一八

禪位　南三・四

敬則　南四・八

柳世隆傳 南三八　齊二四

世隆　南七・一

世隆　南九・二

韋祖　南九・五

張瓌傳 南三一　齊二四

安陸　南一一・一四

後拜　南一一・一七

周奉叔傳 南四六　齊二九

奉叔　南一一・八

王廣之傳〔南四六　齊二九〕

廣之〔南一二·七〕

豫章王嶷傳〔南四二　齊二二〕

是時〔南五·一七〕

又增〔南九·一〕

又嘗〔南九·五〕

武陵王曄傳〔南四三　齊三五〕

幼時〔南二·一九〕

帝時〔南三·二〕

後侍〔南三·一〇〕

又嘗〔南三·一五〕

江夏王鋒傳〔南四三　齊三五〕

其母〔南九·八〕

武帝〔南九·一四〕

鋒善〔南九·一九〕「鏘曰」，〈劄記〉誤「鋒曰」。

善與〔南九·二〇〕

鋒工〔南一〇·三〕

明帝〔南一〇·六〕

見明〔南一〇·一五〕

後被〔南一〇·二〇〕

宜都王鏗傳〔南四三　齊三五〕

三歲〔南一一·八〕

善射〔南一一·一九〕

明帝　南一二・三

又死　南一二・一一

河東王鉉傳 南四三　齊三五

幼時　南一二・二〇

被殺　南一三・六

竟陵王子良傳 南四四　齊四〇

幼時　南五・一〇　「武帝」，劄記作「高帝」。

子良　南九・三

魚復侯子響傳 南四四　齊四〇

子響　南一一・一九

晉安王子懋傳 南四四　齊四〇

幼時　南一四・二

子懋　南一五・一五　「玄邈」，劄記作「元邈」。

子懋　南一六・一　「方二寸」，劄記作「方寸」。

建安王子真傳 南四四　齊四〇

明帝　南一七・一

海南王子罕傳 南四四　齊四〇

母樂　南一七・八　「樂容華」，劄記漏「華」字。

巴陵王子倫傳（南四四　齊四〇）

明帝　南一七・一六

其下　南一八・四

竟陵王子良傳（南四四　齊四〇）

諫遣臺使督租疏　齊一・二〇・五六三〔一〕

請墾荒田表　齊三・一三・一一五

陳時政一啟　南「亦刪」，劄記漏。　齊四・九・五八三

諫租布折錢啟　齊五・一七・六六〇

諫射雉啟一　齊七・一二・三三〇

諫射雉啟二　齊八・九・三三八

六首共二五八九字，南史刪。

〔一〕編者案：本條第三組數字表示疏、表、啓之字數。下同。

南史增梁書有關係處（劄記卷十）

武帝紀（南六、七　梁一、二、三）

皇考　南卷六・三・五

齊明　南五・三

晚年　南卷七・一八・七

元帝紀南八　梁五

帝性　南一四·四　「王氏兄王珩名琳」，劄記作「王氏之父名琳」。
忌劉　南一四·七
始居　南一四·八
武陵　南一五·五
西魏　南一五·一三
在幽　南一六·二

徐妃傳南一二　梁七

妃不　南五·九
妃性　南五·一三
先與　南五·一二
又與　南五·一四
又有　南五·一六　「白角枕」，劄記作「白角扇」。

昭明太子傳南五三　梁八

後爲　南五·一八

南康王會理傳南五三　梁二九

丁貴　南六·一四

武陵王紀傳南五三　梁五五

會理　南一三·一九

臨賀王正德傳南五一　梁五五

紀在　南二七·四　在紀子圓正傳内。
正德　南二〇·一三

武帝 南二一・七

又正 南二三・一

蕭懿傳 南五一 梁二三

懿在 南八・六

蕭藻傳 南五一 梁二三

藻出 南九・七

元起 南九・一三

臨川王宏傳 南五一 梁二二

宏統 南一六・二 「朱僧勇」，劄記作「朱僧」。

宏敗 南一七・一三 「伏於驃騎航」，劄記作「伏於朱雀航」。

宏恣 南一八・一一

宏又 南一九・四

南平王偉傳 南五二 梁二二

其世 南六・一一 在偉子恪傳内

鄱陽王恢傳 南五二 梁二二

其子 南一四・一 「令還江陵」，劄記作「令還金陵」。此段在恢子修傳。

其子 南一二・五 在恢子諮傳

沈約傳 南五七 梁一三

約之 南三・一六

范雲傳　南五七　梁一三

雲在　南一五・一二

梁武　南一九・五

任昉傳　南五九　梁一四

謂昉　梁八・二〇

諸子　南九・一八

徐勉傳　南六〇　梁二五

勉掌　南一二・一二

朱异傳　南六二　梁三八

异貪　南一〇・五

蕭藻　南五一・九・六

臨川王宏　南五一・一五・九

南平王偉　南五二・四・一三

鄱陽王恢　南五二・八・一三

始興王憺　南五二・一四・一六

任昉　南五九・五・一九

南史增梁書瑣言碎事劄記卷十一

武帝紀南六、七　梁一

帝兵　南卷六・九・六

帝東　南九・二〇

軍至　南一〇・一五　「桓和」，劄記作「檀和」。

帝少　南卷七・一七・一七至一八・二〇

及在　南一八・二〇

又海　南一九・三

簡文紀南八　梁四

昭明　南一・七

元帝紀南八　梁五

生時　南五・一八

帝工　南一四・二

自承　南一一・一八

未幾　南一三・七　梁二三・七　「辛亥」，梁書作「辛卯」。承聖三年十一月癸未朔，廿九辛亥，初九辛卯，「辛卯」誤。

郗皇后傳南一二　梁七

后酷　南一一・一七

丁貴嬪傳 南一二 梁七

郗后 南三・九

昭明太子傳 南五三 梁八

武帝 南一・一〇

又太 南一・一八

南康王會理傳 南五三 梁二九

會理 南一三・三

廬陵王續傳 南五三 梁二九 「廬陵」，劄記誤「廣陵」。

元帝 南一五・一一

又續 南一五・一九

武陵王紀傳 南五三 梁五五

紀初 南二三・七

後使 南二三・一〇

臨賀王正德傳 南五一 梁五五

正德 南二〇・八 「楨榦」，劄記作「楨幹」。

蕭昂傳 南五一 梁二四

有一 南五・一八

蕭業傳 南五一 梁二三

其父 南八・一四

業以 南八・一七

出刺　南八・一八

蕭藻傳　南五一　梁二三

其從　南一一・九　在蕭韶傳內。

永陽王敷傳　南五一　梁二三

敷仕　南一四・四

南平王偉傳　南五二　梁二二

其世　南六・五　「仲容」，劄記作「仲雍」；「江千萬」作「江十萬」。此段在世子恪傳內。

范雲傳　南五七　梁一三

雲在　南一六・七

江祏　南一六・一一

梁武　南一七・五

又嘗　南一七・七　「顧嵩之」，劄記作「顧僧暠」。

江淹傳　南五九　梁一四

晚年　南五・一〇

又夢　南五・一四

任昉傳　南五九　梁一四

昉在　南七・一一

時人　南九・一〇

王僧孺傳　南五九　梁三三

僧孺　南一五・一四

又載南一五・一八
又附南一七・五
胡僧祐傳南六四　梁四六　「祐」，劄記誤「祜」。
僧祐南三・七
陰子春傳南六四　梁四六
青州南四・一七
杜岸傳南六四　梁四六
岸爲南七・七
羊侃傳南六三　梁三九
武帝南一〇・一六　梁六・一二　「刃稍」，劄記誤「刀稍」。
侃挽南一三・一四　梁九・八
豫章王綜傳南五三　梁五五　魏五九　北二九
綜奔南一一・七
王僧辨傳南六三　梁四五
其攻南三・一四
平郢南三・一九
及師南四・七
既復南五・七
又有南五・一七

梁南二史歧互處（劄記卷十一）

長沙嗣王業傳（梁二三　南五一）

其父　梁一・一八　南七・一一　「寶玄」，劄記作「寶元」。

趙祖悅　南七・八　「趙景悅」，劄記作「趙祖悅」。

邵陵王綸傳（梁二九　南五三）

其少　梁五・一二　南一六・一三

又因　南二〇・六　「張僧胤」，劄記作「僧倖」。

又獻　南二〇・九

勸湘東　梁六・一五　南一八・一七

武陵王紀傳（梁五五　南五三）

侯景　梁三・一六　南二二・一八

王僧孺傳（梁三三　南五九）

南康王　梁三・三　南一五・一一　辭王府牋二三六字，與何炯書一一八〇字。「去矣何生」句在梁書與何炯書內。

任昉傳（梁一四　南五九）

新安　梁八・五　南八・一一

絶交論　梁八・二〇　南一〇・一　絶交論，梁一四九二字，南一四九六字。

南史於陳書無甚增删 劄記卷十一

杜僧明　陳八・一　南六六・一

周文育　陳八・三　南六六・三

侯安都　陳八・九　南六六・一〇

侯瑱　陳九・一　南六六・八

歐陽頠　陳九・四　南六六・一五

吴明徹　陳九・八　南六六・二三

黄法𣰰　陳一一・一　南六六・一七

淳于量　陳一一・三　南六六・一九

章昭達　陳一一・五　南六六・二〇

程靈洗　陳一〇・三　南六七・五

周鐵虎　陳一〇・二・一八

任忠　陳三一・七・二

華皎　陳二〇・七・一四　「錢明」，劄記誤作「錢明本」，又漏「潘智虔」。

傅縡　陳三〇・六・一三　明道論二〇五四字

沈炯　陳一九・二・三　請終養疏五九六字，答詔一四七字。

江總　陳二七・二・六　修心賦五一一字

蕭摩訶　南六七・二〇・一五　「七十三人」，劄記作「七十餘人」。

陳慧紀　南六五・二・九　「解甲」，劄記漏

「甲」字。

任忠　南六七・二三・一六　「弘演」，劄記作「宏演」。

傅縡　南六九・一一・一一

南史與陳書歧互處 劄記卷十一

衡陽王昌　陳一四・二・一八　南六五・三・一七

始興王伯茂　陳二八・三・一四　南六五・八・三

劉師知　南六八・八・六

吴明徹　南六六・二四・一七

陳叔達　陳二八・一六・五　南六五・一八・六

長沙王叔堅　陳二八・一一・六　南六五・一五・一一

江總　陳二七・四・一五　南三六・一五・八　江總自序陳書二七二字

魏書多曲筆（劄記卷十三）

建義元年　魏一〇・七・六　應作「永安元年」

二年　魏一〇・八・八

廢帝紀　魏一一・五・一二　「爾朱」，劄記作「爾朱榮」。

爾朱榮　魏七四・六・一九

孝武　魏一二・二・一〇

斛斯椿　魏八〇・六・一三　北四九

賀拔勝　北四九・一六・五

玉璧之戰　北四九・一六・一二　殿本北史作「王璧」

垂翅江左　語見本卷末傳論二七・一八

魏收書　魏八〇・一三・一五

孝静帝　魏一二・一六・一二

帝遜位　魏一二・一七・一五

孝静帝后　魏一三・一九・八　「齊獻武」，劄記作「齊神武」。

出帝紀　魏一一・二〇・一六

魏書紀傳互異處〔劄記卷十三〕

穆皇后傳　〔魏一三·四·一一

一明元　〔魏三·一·八

爾朱榮傳〔劄記卷十三〕

榮子文暢　〔北五六·九·一四　四八·一
四·一二　未省文暢名字，作「文略」。
討破萬子　〔魏七四·二·二〇
葛榮作亂　〔魏七四·三·二〇　請討一疏
共二七七字
請誅徐紇　〔魏七四·四·一五　誅徐紇鄭
儼一疏共四三四字
加以柱國　〔魏七四·八·二　加柱國將軍

一詔共九三字
大丞相　〔魏七四·九·四　加大丞相一詔
共一八二字
進太師　〔魏七四·九·一九　進位太師一
詔共三六八字
加以天柱　〔魏七四·一一·一三　加天柱
大將軍共二八〇字
追贈三詔　〔魏七四·一四·一二　第一詔

九十五字。第二詔一三四字。第三詔八十六字。

河陰之殺 魏七四·六·一一 北四八·三·一三

西魏書 劄記卷十三

李弼 周一五 北六〇

宇文導 周一〇 北五七

王雄 周一九 北六〇

獨孤信 周一六 北六一

達奚武 周一九 北六五

盧辨 周二四 北三〇

趙貴 周一六 北五九

李遠 周二五 北五九

莊帝 魏四八·四·一六

河陰之役 魏七四·六·一〇

榮女 魏四八·四·一八

侯莫陳崇 周一六 北六〇

豆盧寧 周一九 北六八

元育 周三八

侯莫陳順 周一九 北六〇

宇文貴 周一二

元贊 周三八

楊忠 周一九

尉遲迥 周二一 北六二

西魏書目録

卷八　考三下

地域

卷九　考四上

百官

卷十　考四下

百官

卷十一　列傳一

孝武帝皇后高氏　北一三

文帝文皇后乙弗氏　北一三

文帝悼皇后郁久閭氏　北一三

廢帝皇后宇文氏　北一三

恭帝皇后若干氏　北一三

卷十二　列傳二

扶風王孚　子端　魏一八　北一六　魏二一有同名

陳郡王玄　周三八　魏一五

北平王懋　子陟、順　順，魏一五、一九有同名。

濮陽王順　子偉　周三八

洛平王最

魏郡王毗

馮翊王季海　子亨　周三八

固道公羅　魏一六　北一六

安昌王均　子則、矩　魏一九　北一七　魏一六有同名

順陽王仲景　魏一九　北一七

博陵王暢　子敏

魏興王融　魏一九上　北一七　魏一九下

有同名

儀陽王子孝　周三八　魏一九　北一七

華山王紀

宋安王琰

廣陵王欣　周三八

潁川王斌之　魏二〇　北一九

東陽王榮

長湖公定　淮安王育等　周三四　北六九

文七王

公主

卷十三　列傳三上

宇文泰　周一　北九

卷十四　列傳三下

宇文泰

卷十五　列傳四

斛斯椿　魏八〇　北四九

長孫冀歸　魏二五　北二二　子子彥　魏

二五　紹遠　周二六　北二二　澄　周

二六　北二二

賈顯度　魏八〇　北四九

樊子鵠　魏八〇　北四九

賀拔勝　魏八〇　北四九

念賢　周一四　北四九

卷十六　列傳五

王羆　周一八　北六三
宇文顯和
宇文測　周二七　北五七
婁寶　北二〇
毛遐　北四九
楊儉　周二二

卷十七　列傳六

董紹　魏七九　周三八　北四六
乙弗朗　北四九
寇洛　周一五　北五九
梁禦　周一七　北五九
若干惠　周一七　北六五
怡峰　周一七　北六五
劉亮　周一七　北六五
雷紹　北四九
耿豪　周二九　北六六
陸政
唐永　北六七

卷十八　列傳七

王德　周一七　北六五
王盟　子勱　周二〇　北六一　勱同。
王子直　周三九　北七〇
李虎
宇文導　周一〇　北五七
張軌　周三七　北七〇

令狐虯　周三六作「虬」

趙肅　周三七　北七〇

蔡襲　周二七

徐招　周三七　北七〇

裴邃　周三七　北三八

叱列伏龜　周二〇　北六一

檀翥　周三八　北七〇

卷十九　列傳八

李長壽　周四三　北六六　子延孫　周四三

韋祐　周四三　北六六

郭琰　北八五

沓龍超　北八五

乙速孤佛保　北八五

李棠　周四六

柳檜　周四六

宋球

卷二十　列傳九

蘇綽　周二三　北六三

卷廿一　列傳十

周惠達　周二二　北六三

辛慶之　周三九　北七〇

蘇亮　讓　周三八　北六三　弟湛　魏四五　周三八

柳虯　周三八作「虬」，北六四作「蚪」。

呂思禮　崔騰　周三八　北七〇（崔騰同）

卷廿二　列傳十一

毛鴻賓　弟鴻顯（無傳）　北四九

泉企　子元禮、仲遵　周四四　北六六「企」作「屳」

趙善　周三四　北五九

王思政　周一八　北六二

卷廿三　列傳十二

楊騰　北八〇

乙弗繪　北八〇

李順興　北八九

蔣昇　周四七　北八九

檀特師　北八九

孫道温妻趙氏　北九一

孫神妻陳氏　北九一

高愼　鄭敬道等廿七人　北齊二一

卷廿四　載記

善見　魏一　北五

蕭詧　周四八

北史魏書多以魏收書爲本 劄記卷十三

昭成帝　魏一・一六・六　北一・八・五一　魏書、北史均爲「三十九年」，劄記誤作

「二十九年」。

道武　魏二·二四·七　北一·二二·一二

太武　魏四下·一三·一一　北二·一九·一〇

獻文　魏六·七·十五　北二·三二·三

鄧淵　魏二四　北二一作「鄧彥海」

崔浩　魏三五　北二一

高允　魏四八　北三一

李彪　魏六二　北四〇　魏典

崔光　魏六七　北四四

邢巒　魏六五　北四三

崔鴻　魏六七　北四四

王遵業　魏三八　北三五

温子昇　魏八五　北八三

元暉業　魏一九上　北一七

明帝之崩　魏九·二八·一三　北四·二一·八

苻堅　晉一一三·一八·六「圭」，劄記作「珪」。

北史改編各傳（劄記卷十三）

劉羅辰　魏八三上·三·一四　北二〇·四·一四

李峻　魏八三上·一三·一二　北

于勁　魏八三下·四·八　北二三·八·

一一

李延實　魏八三下・八・一七　北

婁叡　北齊四八・一・九　北五四・一三・二

爾朱文暢　北齊四八・二・六　北四八・一三・一〇

鄭仲禮　北齊四八・三・七　北

李祖昇　北齊四八・三・一一　北

元蠻　北齊四八・三・一七　北

獨孤羅　隋七九・二・一六　北六一・八・一九

蕭巋　隋七九・五・一七　北

賀訥　魏八三上・一・一四　北八〇・三・一

姚黃眉　魏八三上・四・六　北八〇・四・一五

杜超　魏八三上・四・一一　北八〇・四・二〇

賀迷　魏八三上・五・一四　北八〇・六・一

閭毘　魏八三上・五・一七　北八〇・六・四

馮熙　魏八三上・七・一八　北八〇・八・四

李惠　魏八三上・一三・一六　北八〇・一三・五

高肇　魏八三下・一・五　北八〇・一五・七

胡國珍　魏八三下・五・一　北八〇・一八・六

趙猛　北齊四八・一・一六　北八〇・二四・一五
胡長仁　北齊四八・三・二　北八〇・二四・一六
袁躍　魏八五・一・一六　北四七・七・一二
裴敬憲　魏八五・二・九　北三八・三・六
盧觀　魏八五・二・二〇　北三〇・一九・一四
封肅　魏八五・三・四　北二四・三〇・二
邢臧　魏八五・三・一〇　北四三・一九・一三
裴伯茂　魏八五・四・四　北三八・八・九
邢昕　魏八五・五・一二　北四三・一七・七
温子昇　魏八五・六・一一　北八三・七・一四
祖鴻勳　北齊四五・五・八　北八三・一〇・一八
李廣　北齊四五・七・五　北八三・一一・九
樊遜　北齊四五・七・二〇　北八三・一一・二〇
劉逖　北齊四五・一五・一〇　北四二・一四・一一
荀士遜　北齊四五・一七・一　北八三・一四・一五

顏之推　北齊四五·一七·八　北八三·一八·三　北史有傳，在王褒、庾信後。

王褒　周四一·一·六　北八三·一五·二

庾信　周四一·五·四　北八三·一六·一九

顏之儀　周四〇·一一·一〇　北八三·一九·一五

劉臻　隋七六·三·五　北八三·三二·八

崔儦　隋七六·五·六　北二四·一〇·二〇

王頍　隋七六·四·三　北八四·一〇·一五

諸葛穎　隋七六·六·四　北八三·三三·四　「穎」，劄記作「穎」。

王貞　隋七六·八·一三　北八三·三三·一九

孫萬壽　隋七六·六·二〇　北八一·一六·一三

虞綽　隋七六·一〇·一〇　北八三·三四·七

王胄　隋七六·一三·三　北八三·三五·一六

庾自直　隋七六·一四·五　北八三·三六·一三

潘徽　隋七六·一四·一四　北八三·三七·一

虞世基　隋六七·一·五　北八三·二〇·二〇

許善心 隋五八・九・二〇 北八三・二
四・一〇
柳䛒 隋五八・八・一八 北八三・二三
・一〇 「䛒」，劄記作「䛒」。
明克讓 隋五八・一・六 北八三・三一
・一〇
趙談 魏八六・一・一二 北三四・一〇
・一九 「琰」，劄記作「談」。
長孫慮 魏八六・二・六 北八四・三
・四
乞伏保 魏八六・二・一四 北八四・三
・一二
孫益德 魏八六・三・二 北八四・三・
二〇
董洛生 魏八六・三・五 北八四・四
・三
楊引 魏八六・三・八 北八四・四・六
閻允明 魏八六・三・一三 北八四・四
・一一 「元明」，劄記作「允明」。
吴悉達 魏八六・四・五 北八四・五
・三
王續生 魏八六・四・一九 北八四・五
・一七
李顯達 魏八六・五・一 北八四・五・
一九
倉跋 魏八六・五・六 北八四・六・二
張昇 魏八六・五・四 北八四・六・四
王崇 魏八六・五・八 北八四・六・七
郭文恭 魏八六・五・一八 北八四・六
・一七

李棠 周四六・二・八 北八五・九・一四

柳檜 周四六・三・一二 北六四・二一・一三

杜叔毘 周四六・五・四 北八五・一〇・四

荊可 周四六・六・八 北八四・七・一

秦族 周四六・六・二〇 北八四・七・一二

皇甫遐 周四六・七・一三 北八四・八・二

張元 周四六・八・三 北八四・八・一二

陸彥師 隋七二・一・二〇 北二八・一三・一

田德懋 隋七二・三・一 北六五・一五・一 北史附田弘傳，劄記誤作「在孝行傳」。

薛濬 隋七二・三・一一 北三六・八・一三 北史附薛辯傳，劄記誤作「在孝行傳」。

王頒 隋七二・五・八 北八四・九・一四

田翼 隋七二・七・七 北八四・一二・二

楊慶 隋七二・六・一三 北八四・一一・一六

郭世俊 隋七二・七・一 北八五・二〇・二 隋作「郭儁」，北史作「郭世儁」，劄記作「世俊」。

紐因　隋七二・七・一二　北八四・一二・六　「因」，應作「回」。

劉仕儁　隋七二・八・一　北八四・一二・一四

郎方貴　隋七二・八・五　北八五・二〇・七　北史在節義傳，劄記誤作「在孝行傳」。

翟普林　隋七二・八・一四　北八四・一二・一七

李德饒　隋七二・九・二　北三三・一〇・三

華秋　隋七二・一〇・二　北八四・一三・四

徐孝肅　隋七二・一〇・一一　北八四・一三・一二

晁崇　魏九一・一・一〇　北八九・三・三

張勝　魏九一・二・一三　北八九・三・一四　魏書作「張淵」，北史作「張深」。

殷紹　魏九一・一二・九　北八九・四・一六

王早　魏九一・一四・一　北八九・五・一七

耿元　魏九一・一五・四　北八九・六・一八　「元」應作「玄」

劉靈助　魏九一・一五・一八　北八九・七・四

江式　魏九一・一七・一六　北三四・二六・三

周澹　魏九一・二二・一七　北九〇・一

・八

李修　魏九一・二三・五　北九〇・一・一三

徐謇　魏九一・二四・二　北九〇・二・六

王顯　魏九一・二六・一　北九〇・七・一八

崔彧　魏九一・二七・一四　北二四・二・一九

蔣少游　魏九一・二八・二　北九〇・一七・三

由吾道榮　北齊四九・二・四　北八九・一〇・一三

王春　北齊四九・二・一九　北八九・一二・一四

信都芳　北齊四九・三・四　北八九・一二・二〇

宋景業　北齊四九・三・一六　北八九・一四・一三

許遵　北齊四九・四・一二　北八九・一五・六

吴遵世　北齊四九・五・三　北八九・一六・五

趙輔和　北齊四九・五・一二　北八九・一七・五

皇甫玉　北齊四九・六・三　北八九・一七・一七

解法選　北齊四九・六・二〇　北八九・一九・三

魏寧　北齊四九・七・二　北八九・一九

・一〇
綦母懷文　北齊四九・七・八　北八九・一九・一五
張子信　北齊四九・七・二〇　北八九・二〇・一
馬嗣明　北齊四九・八・九　北九〇・九・八
冀儁　周四七・一・一八　北八二・一〇・六
蔣昇　周四七・二・一六　北八九・二五・一四
姚僧垣　周四七・三・一二　北九〇・一〇・一一
黎景熙　周四七・八・二〇　北八二・七・一

趙文深　周四七・一二・一一　北八二・一〇・一八
褚該　周四七・一三・六　北九〇・一四・三
强練　周四七・一三・一五　北八九・二六・六
庾季才　隋七八・二・四　北八九・二七・五
盧太翼　隋七八・七・三　北八九・三〇・五
耿詢　隋七八・八・三　北八九・三一・一一
韋鼎　隋七八・九・一　南五八・一一・一一　附南史韋叡傳。劄記作「北史藝術傳」，誤。

來和　隋七八・一一・五　北八九・三二・七

蕭吉　隋七八・一二・一四　北八九・三三・八

張冑元　隋七八・一七・一二　北八九・三八・三　「元」應作「玄」

許智藏　隋七八・二〇・一九　北九〇・一四・一〇　隋書「許」誤作「劉」

萬寶常　隋七八・二一・一七　北九〇・一五・六

劉靈遠　北八九・八・一一

李順興　北八九・八・一八

檀特師　北八九・九・一九

顏惡頭　魏九一・一五・一六　北八九・一一・一三

陸法和　北齊三二・一・六　北八九・二〇・二〇

徐之才　北齊三三・四・二　北九〇・三〇・八

何稠　隋六八・九・二〇　北九〇・一八・一五

于洛侯　魏八九・一・九　北八七・二・八

胡泥　魏八九・一・七　北八七・二・一六

李洪之　魏八九・二・四　北八七・三・三

高遵　魏八九・四・八　北三一・一七・一〇

張赦提　魏八九・五・一八　北八七・五

·一一

羊祉　魏八九·七·四　北三九·二〇·一三

崔暹　魏八九·八·二〇　北八七·六·一五

酈道元　魏八九·九·一六　北二七·二二·一八

谷楷　魏八九·一〇·一一　北二七·三·八

邸珍　北齊四七·一·一四　北八七·七·九

宋游道　北齊四七·一·一七　北三四·二〇·三

盧斐　北齊四七·七·一六　北三〇·二六·四

畢義雲　北齊四七·八·四　北三九·一七·一

王文同　隋七四·一一·一七　北八七·一〇·一八　「周書」應作「隋書」。酷吏傳不止王一人。

北史全用隋書（劄記卷十三）

文帝之篡　隋一·六·七及一一·一五　北一一·八·一三

文帝殺宇文　周一三·一至八　北一一·七·一七

帝即位後　周八・六・一〇　北一一・一一・八　周書作「元年崩」，劄記作「元年殂」。

文帝之崩　隋二・二一・四　北一一・三〇・一四

遺詔一篇　隋二・二一・五　北一一・三〇・一六　隋書爲五三〇字，北史爲五二一字。

煬帝紀　隋三・二・八　北一二・二・七

張衡　隋五六・一一・一七　北七四・九・一五　「何物事」，劄記作「何事」。

宣華夫人　隋三六・六・一四　北一四・一九・一六

南北史兩國交兵不詳載　劄記卷十三

許善心　隋五八・一〇・一七　北八三・二五・三　隋書　神雀賦九〇三字

宋子京　新唐書一〇二卷李延壽傳。

泰常七年　魏三・一三・一七　北無　宋四・一・一四　南一・三〇・三

八年　魏三・一四・一二　北一・三〇・一〇　宋四・二・六　南一・三〇・一〇

神䴥元年　魏四上・六・一　北無　宋無　南無

四年　魏四上・一〇・一三　北二・五・一四　宋五・八・一二　南二・四・一五

太平真君　魏四下・三・一八　北無　宋無　南

七年　魏四下・八・一　北無　宋無　南無

十一年　魏四下・一一・一三　北二・一八・五　宋五・二四・一四　南無　魏書「臧質」，劄記作「臧盾」，「玄」作「元」。「劉康祖」，劄記作「唐德祖」。「進女於皇孫」，劄記作「進女皇孫」。

太和四年　魏七上・一四・一一、一五・一五、一五・二〇、一六・一四　北三・一〇・三　南無　「義陽」，劄記作「正陽」。

元嘉破齊軍，北史在太和五年。諸將擊破齊將一段，魏書在太和五年。

十三年　魏七下・三・一六　北三・一五・一三　南無　魏書、北史皆在太和十二年，劄記謂北史不書，誤。

十五年　魏七下・四・一二　北三・一六・四　南無　魏書、北史皆在太和十三年，劄記謂北史不書，誤。

二十一年　魏七下・二三・一〇　北三・二九・二〇　南五・一二・四　劄記謂北史不書，誤。南史只載一句。

二十二年　魏七下・二四・七、二四・一一及二四・一七　北無　南無

二十三年　魏七下・二五・一七及二六・一　北三・三一・六　南五・一四・一

三 「寇荊州」，劄記作「寇潁州」。北史所書不詳，劄記謂不書，誤。南史只載一句。

正始元年　魏八・六・一九及七・一四　北四・四・八　南無

二年　魏八・九・一及九・一四　北四・五・一　南無

是年　魏八・一〇・八　北四・五・三　南無

三年　魏八・一一・一五、一二・三、一二・八及一二・一二　北四・五・一七　南無　魏書「拔其五城」，劄記作「拔其王城」。

四年　魏八・一三・一五　北四・六・四　南無

淮陽之役　魏八・一三・二　北無　南無

齊神武　北齊二・九・一二　周二・七・一　北六・一九・二〇、九・一四・七

芒山之戰　北齊二・九・一六　周二・七・六　北六・二〇・五、九・一四・一一　周書「芒山」作「邙山」

此戰之後　北齊二・一〇・五　周二・七・一一　北六・二〇・一四、九・一四・一五　「宏農」，北史作「恒農」。

魏宣武帝　魏八・二・八　北四・二・二

正始三年　魏八・一一・一三　北四・五・一二

景明三年　魏八・四・一四　北無

正始元年　魏八・六・一八及一一・九　北無　破昌義之在正始三年，劄記在正始元年，誤。

三月 魏八・一一・一三 北無 三月在

正始三年，劄記書在正始元年，誤。

北史與魏齊周隋書歧互處劄記卷十三

神元帝 魏一・三・一七 北一・二・二

○魏書、北史皆作「魏景元」，劄記謂北史作「晉景元」，誤。

元觚 魏一五・六・六 北一五・二一・

一三

元儀 魏一五・二・六 北一五・一七・

一九

元題 魏一四・一・一〇 北一五・一・

一六

爾朱榮 魏七四・六・九 北四八・三・

正始元年 魏八・八・一一 北四・四・

一五

一四

楊忠 周一九・一三・八 北一一・一一・

一六

魏孝文 魏七下・一二・一四 北三・二

二・二

齊文宣 魏一二・一七・六 北五・三一

・八

克南鄭 周二・一一・一四 北九・一六

・一六

文帝紀 周一・一・一七 北九・一・

一五

北史書法與周隋書不同處（劄記卷十三）

十二年　周二・九・一〇　北五・一七・九

十三年　周二・九・一三　北五・一七・一三

十五年　北五・一八・二　侯景弒梁武帝載在北史魏紀，周書闕。

十六年　周二・一一・三　北五・一八・六

文帝紀　周一九・一三・八（楊忠傳）　北一一・一一・一六

文帝　周二・一五・六　北九・二六・一八

孝閔帝　周三・六・七　北九・二七・

—宏農之戰　周二・三・一　北九・一一・一五

明帝　周四・八・九　北九・二七・一五

武帝　周六・一七・一七　北一〇・三六・九

宣帝　周七・一二・六　北一〇・三六・九

靜帝　周八・六・一四　北一〇・三六・二〇

隋文帝　隋二・二四・一　北一一・三三・一二　隋書、北史文帝紀論，間有數字不同，劄記謂一字不易，誤。

煬帝　隋四・一六・一七　北一二・三五
・七　隋書、北史煬帝紀論，間有數字不
同，劄記謂一字不易，誤。

北史紀傳互異處 劄記卷十三

文帝本紀　隋一・四・九　北一一・七
・四
元胄　隋四〇・一四・一七　北七三・六

大業十四年 劄記卷十三

隋煬帝　隋四・一五・二　北一二・三〇
・二〇

恭帝　隋五・四・六　北一二・三六・
一五
・一二
趙王招　周一三・三・九　北五八・九
・三
唐高祖　隋四・一四・一三　北一二・三
〇・一三

廿二史劄記考正之三

史事之屬：魏晉南北朝

八王之亂〔劄記卷八〕

武帝　太熙元年　〔晉三・二六・一（一）〕

惠帝　元康元年　〔晉四・二・五〕

亮與　元康元年　〔晉四・二・一八〕

弒楊后　元康二年　〔晉四・三・一〇〕

廢太子　元康九年　〔晉四・五・一四〕

趙王倫　永康元年　〔晉四・五・一九〕

倫僭位　永寧元年　〔晉四・六・一六〕

冏入京　永寧元年　〔晉四・八・二〕

冏大權　太安元年　〔晉四・九・一〕

容本以　太安二年　〔晉四・九・一七〕

東海王　太安二年　〔晉四・一〇・一四〕

穎入京　永興元年　〔晉四・一一・四〕

陳眕　永興元年　〔晉四・一一・一四〕

（一）「容」，本作「顒」，下同。

王浚　永興元年　晉四・一二・一六　「平北」，應作「安北」。

時容遣　永興元年　晉四・一二・一五

容廢穎　永興元年　晉四・一三・六

東海王越　永興二年　晉四・一四・二

越兵入關　光熙元年　晉四・一五・一六

容亦單騎　光熙元年　晉五・二・二

懷帝即位　永嘉五年　晉五・七・一一

淮南王允　永康元年　晉四・六・七

吳王晏　永康元年　晉六四・六・三

〔一〕編者案：三組數字依次爲卷、頁、行。下同。

晉書所記怪異（劄記卷八）

劉聰　晉一〇二・九・一五　「數里」，應作「十里」。

聰后　晉一〇二・一〇・一　「虎」，應作「猛獸」。

又豕與　晉一〇二・一九・一

聰子約　晉一〇二・一九・一〇　「敬寄」，應作「敬信」。

劉曜　晉一〇三・四・三　「二寸」，應作「三寸」。「柯條」上漏「生」字。

石虎　晉一〇六・一三・二〇

干寶　晉八二・一三・一八

東晉多幼主〔劄記卷八〕

元帝　晉六·七·八、六·一三·一九　大興元年即位，永昌元年崩，年四十七；在位五年，即位時應年四十三。劄記作「四十二」，誤。

明帝　晉六·一六·一一、六·二二·一六　永昌元年即位，太寧三年崩，年二十七，在位四年，即位時年二十四。

成帝　晉七·一·六、七·一二·五　太寧三年即位，咸康八年崩，年二十二，在位十八年，即位時年五歲。

康帝　晉七·一二·一九、七·一四·一八　咸康八年即位，建元二年崩，年二十三，在位三年，即位時年二十一。

穆帝　晉八·一·六、八·一一·四　建元二年即位，升平五年崩，年十九，在位十八年，即位時年二歲。

哀帝　晉八·一一·一三、八·一四·二〇　升平五年即位，興寧三年崩，年二十五，在位五年，即位時應年二十一。劄記作「二十三」，誤。

廢帝　晉八·一五·一〇、八·一九·一四　興寧三年即位，太和六年廢，太元十一年薨，年四十五，即位時應年二十四。劄記作「二十一」，誤。

簡文帝　晉九・二・一〇、九・五・六　咸安元年即位，二年崩，年五十三，即位時應年五十二。劄記作「五十一」，誤。

孝武帝　晉九・六・六、九・一八・六　咸安二年即位，太元二十一年崩，年三十五，在位二十五年，即位時應年十一。劄記作「十二」，誤。

安帝　晉一〇・一・七、一〇・一四・一一　太元二十一年即位，義熙十四年崩，年三十七，在位二十三年，即位時應年十五。劄記作「二十二」，誤。

恭帝　晉一〇・一六・四、一〇・一六・二〇　義熙十四年即位，永初二年崩，年三十六，在位四年，即位時應年三十三。劄記作「三十二」，誤。

晉帝多兄終弟及劄記卷八

後惠帝　晉五・一・一〇

成帝　晉七・一二・一六

哀帝　晉八・一五・六

安帝　晉一〇・一四・一七

愍元二帝即位（劄記卷八）

永嘉五　晉五・八・一一
次年　晉五・九・一六
七年　晉五・一一・四
建興四　晉五・一五・五
次年　晉五・一五・二〇
又明年　晉六・七・五

僭僞諸君有文學（劄記卷八）

劉淵　晉一〇一・二・五
劉和　晉一〇一・九・二〇
和弟宣　晉一〇一・一〇・二〇
劉聰　晉一〇二・一・八
劉曜　晉一〇三・一・一〇
從崔岳　晉一〇三・六・二〇
立大學　晉一〇三・七・四
慕容皝　晉一〇九・一・六
即位後　晉一〇九・一一・一九
太上章　晉一〇九・一二・二
慕容儁　晉一一〇・一・七
慕容寶　晉一二四・一・七

苻堅　晉一一三・一・一七　「戎狄異類」，劄記作「氐人」。

及長　晉一一三・二・二

既即位　晉一一三・六・一六　「劉石擾覆華畿」，劄記作「永嘉之亂」。

苻登　晉一一五・八・一

姚興　晉一一七・一・七

時姜龕　晉一一七・四・一五

九品中正 劄記卷八

魏文帝　魏志二二・四・一八

魏武　魏志一二・一三・一二　「叙」，劄記作「序」。

姚泓　晉一一九・一・七

淳于岐　晉一一九・一・一三　「泓」，劄記作「興」。

李流　晉一二〇・九・二〇

李庠　晉一二〇・一一・一六

沮渠蒙遜　晉一二九・一・六

赫連勃勃　晉一三〇・八・九　「裕」，劄記作「裕」。

杜恕　魏志一六・一一・一七　恕仕明帝太和中，在陳羣後，劄記作陳羣前，誤。

夏侯元　魏志九・二七・七　「玄」，劄記作

「元」。「機」，劄記作「權」。

衛瓘　晉三六・四・五

陳壽　晉八二・一・七

閻乂　晉四五・二一・一〇

卞粹　晉七〇・一一・九

韓預　晉六〇・八・二〇

陳壽　晉八二・二・一　「御史治書」，劄記作「治書侍御史」。

劉頌　晉四六・一七・一九

李含　晉六〇・一〇・一二

王式　晉七〇・一三・三　劄記漏「於是制出母、齊衰朞」八字。

温嶠　晉七八・二・三

石虎　晉一〇六・四・六

劉毅　晉四五・七・一八、八・一八

王渾　晉六一・六・二〇

劉沉　晉四六・二〇・一九（李重傳）、九四・一一・九（霍原傳）。

張華　晉八六・一・一〇

王濟　晉五六・一五・一四　「者論」，劄記作「銓」。

華恒　晉四四・一五・一〇

韓康伯　晉七五・三五・二

陳慶之　南六一・一一・四

晉武　晉四四・三・一四

劉卞　晉三六・二五・七　「爲臺四品」，劄記作「當爲四品臺」。

孫秀　晉四三・一三・一三

何劭　晉三三・一三・一二

段灼　晉四八・一四・四　「當塗」，劄記作

「當途」。

劉毅　晉四五・三・一一、四・八　「勢族」，劄記作「世族」。

六朝清談之習 劄記卷八

王衍　晉四三・一四・一三　劄記漏「爲」字

裴頠　晉三五・九・一九

阮籍　晉四九・四・一

樂廣　晉四三・二三・六

王衍　晉四三・一五・一

愍帝紀　晉五・二〇・五　「進仕」，劄記作「仕進」。

劉頌　晉四六・一・二〇　頌上疏一首六

只陳慶之一條係陳後主時事，餘皆晉故事，無宋、齊、梁。

二〇三字

傅咸　晉四七・七

裴頠　晉三五・一〇・二　崇有論一二六八字

江惇　晉五六・一一・一四

卞壼　晉七〇・一五・二〇

范甯　晉七五・二六・六

應詹　晉七〇・二・一七

熊遠　晉七一・四

陳顥 晉七一・一二

裴遐 晉三五・一八・七 「玄」，劄記作「元」。

衛玠 晉三六・一三・一二、一四・四

阮修 晉四九・八・七

阮瞻 晉四九・五・一三 「旨」，劄記作「指」。

庾敳 晉五〇・七・一九 「敳」，劄記作「敱」。

劉惔 晉七五・三三・八

張憑 晉七五・三四・六

向秀 晉四九・一六・八

潘京 晉九〇・九・一五

王僧虔 南齊三三・八・一六

岑之敬 陳三四・九・一 南七二・二四・四

張譏 陳三三・一一・一二、一一・一七 南七一・二一・五、二一・九 「弘」，劄記作「宏」。

戚衮 陳三三・八・一三 南七一・一九・三

張正見 陳三四・一六・一四 南七二無

伏曼容 梁四八・三・八 南七一・三・八

袁憲 陳二四・八・二 南二六・二二・九 「弘」，劄記作「宏」。

嚴植之 梁四八・一〇・一八 南七一・七・六

紀少瑜 南七二・二二・一〇

崔靈恩 梁四八・一五・一九 南七一・

一〇·一九「拙朴」，劄記作「拙樸」。

沈峻　梁四八·一七·一四　南七一·一二·八

顧越　陳三三無　南七一·二三·八

簡文　陳三三·八·一二　南七一·一九·一

邵陵王　陳一九·一二·一〇　南七六·一九·一三

宣帝　前漢八·二四·三

施讐　前漢八八·八·五

章帝　後漢三·七·一一　「五官中郎將」，劄記漏「郎」字。

岑之敬以下雜見陳書，實梁時事。

清談用麈尾（劄記卷八）

王衍　晉四三·一四·一九　「玄言」，劄記作「元言」，「玉柄」，劄記作「白玉柄」。

孫盛　晉八二·一一·八　「談論對食奮擲麈尾毛盡落」，劄記作「談奮麈尾盡落」，共漏五字。

王僧虔　齊三三·八·一七　「南齊書」，劄記誤作「宋書」。

周顒　齊四一·一一·一〇　南三四·一七·一八　「周顒」，劄記作「戴容」。「四十餘年」，劄記作「三十年」。

謝舉　梁三七・二・四　南二〇・一五・二

張孝秀　梁五一・二一・一四　南七六・一八・一〇　「栟櫚皮」，陳書作「并櫚皮」，南史作「并閭皮」。

張譏　陳三三・一二・三、一二・八　南七一・二一・一四　「玉柄」，陳書作「王柄」。

石勒　晉一〇四・一七・一四

何充　晉七七・六・一〇

王濛　晉九三・一〇・一八

騶虞幡劄記卷八

楚王瑋　晉五九・八・二〇　劄記「宰相楊駿」應作「太保衛瓘」。

淮南王允　晉六四・三・一二　「自辰至未」，劄記作「自辰至申」，「允兵散被殺」五字應刪去。

倫既篡　晉五九・一七・五

齊王冏　晉五九・二三・一九　「稱大司馬謀反」，劄記作「稱齊王謀反」。

南渡後　晉五九・二四・六　「玄」，劄記作「元」。「司馬」應作「侍中」。

甘卓　晉七〇・九・一六

桓溫　晉九八・一八・一一

建業有三城（劄記卷八）

王敦　晉九八·七
周札　晉五八附周處傳七
成帝　晉七·四
劉裕　宋一·二〇
袁粲　南二六·九
侯安都　陳八·九　南六六·一〇
晉會稽王道子　晉六四簡文子

南朝多以寒人掌機要（劄記卷八）

刁協　晉六九·四
劉隗　晉六九·四

劉穆之　宋四二·三
卞彬　南七二·六
劉師知　陳一六·一〇　南六八·九
阮佃夫　宋九四·一四　南七七·一〇
范雲　南五七·一五
徐嗣徽　陳八·九·一七　南六六·一一
·二

姚興　晉一一七
戴法興　宋九四·三　南七七·三

巢尚之 無傳，見戴傳。
劉係宗 南齊五六・五 南七七・一五
阮佃夫 宋九四 南七七・一〇
王道隆 宋九四 南七七附佃夫傳
茹法亮 南七七・一六 又語見七七呂文顯傳
朱异 南六二・一〇

相墓 劄記卷八

秦始皇 史八高紀
金陵 宋二七符瑞志 孫權條 晉六元帝紀末
陳訓 晉九五・一藝術傳
陳敏 見陳訓傳

說者謂 南七七茹法亮傳
虞玩之 南四七・一一
呂文度 南齊五六
周石珍 南七七・二三
施文慶 南七七・二七
公孫瓚 三國八注引英雄記

郭璞 晉七二・一一
袁安 後漢七五・五
周訪 晉五八・一八周光傳末
宋武帝 本紀一・一
齊高帝 本紀一・一七 南四・一七

劉氏　齊二〇・二　南一一・一三

荀伯玉　南齊三一・六　南四七・三

柳世隆　南齊二四・九　南三八・九附柳元景傳

唐人避諱之法 劄記卷八

公孫文懿　晉一・九宣帝紀　三國三作「淵」

劉淵元海　晉一〇一・一

褚淵彦回　南齊二三・一　南二八附褚裕傳

石虎季龍　晉一〇六、一〇七・一

蕭明　北齊三三　南五一附蕭懿傳

蕭藻　梁二三　南五一

沈文季　南齊四四・七

梁昭明太子　南五三・六

杜嶷　南六四・六附弟崱傳

吴明徹　陳九・八　南六六・一二

韓擒　北六八　隋五二

李叔彪　北四五　魏七二作「叔虎」

殷浩淵源　晉七七・二二　殷浩，字深源。

陶潛淵明　晉九四字元亮　宋九三字淵明

南七五或云字深明

魏廣陽王淵　魏十八亦作「深」　闕由北史補也　北十六

蕭淵明、淵業、淵藻均武帝兄懿子。

紀作「深業」，傳作「業」，梁二三、世説上之一　下稱「淵源」。

宋齊多荒主（劄記卷十一）

宋武帝　宋三・一　南一・二四

宋文帝　南二・一三

宋孝武帝　宋六・二　南二・一四

宋明帝　宋八・三　南三・一

齊高帝　齊二・一　南四・一三

齊武帝　齊三・二　南四・二一

齊明帝　齊六・二　南五・九

宋少帝　宋四・一・三　南一・二九・三一

宋前廢帝　宋七・七　南二・二六・二四

新蔡公主　宋七前廢帝紀五　南二前廢帝紀二四　宋四一何后傳二二　南一一何后傳九

建安王休仁　宋七二・一七　南一四・二一

南平王敬猷母　宋七二鑠傳三　南一四鑠傳一二

前廢帝　宋七・五　南二・二五

後廢帝　宋九・一一・一三　南三・一〇・一一

齊廢帝　齊四・五・六　南五・三・五

齊廢帝東昏侯　齊七・五・一〇　南五・

一七・二五
江祏 齊四三 南四七
陳後主 南一〇・一二・一五
魏徵史論 陳七・七・八 南一二張貴妃
傳一〇・一一

宋世閨門無禮 劄記卷十一

海鹽公主 宋四六趙倫之傳・二 南一八
趙倫之傳・二
孝武帝 宋四一路淑媛傳・一五 南一一
路淑媛傳・六
南郡王義宣 宋六八・一三 南一三・
二四
殷淑儀 南一一・八
前廢帝 宋七・五 南二・二四
山陰公主 宋七廢帝紀七・八 南二廢帝
紀二六 宋四一何后傳二三 南一一何
后傳九
褚彥回 南二八
建安王休仁 宋七二・一八・二五 南一
四・二一・二三
王皇后 宋四一・二三 南一一・一〇
陳太妃 宋四一・二四 南一一・一一
陳昭華 宋四一・二五 南一一・一一
江斅 宋四一文穆皇后傳一八

王皇后　南一一・一四

宋子孫屠戮之慘 劄記卷十一

宋少帝義符　宋四・三　南一・三一
徐羨之　宋四三・四　南一五・一一
廬陵王義真　宋六一・五　南一三・一四
文帝義隆　南二・一二
彭城王義康　宋六八・九　南一三・一七
江夏王義恭　宋六一・一九　南一三・
二二
南郡王義宣　宋六八・二〇　南一三・
二六
朱修之　宋七六・二　南一六・一〇
衡陽王義季　宋六一・二三　南一三・二

一　殷鈞　南六〇・二二

八　未載飲酒致殞
元凶劭　宋九九・一八　南一四・八
始興王濬　宋九九・一八　南一四・一〇
南平王鑠　宋七二・三　南一四・一二
廬陵王紹　宋六一・七　南一三・一四
竟陵王誕　宋七九・一三　南一四・一五
建平王宏　宋七二・六　南一四・一七
未載景素二少子
廬江王褘　宋七九・一九　南一四・一九
晉熙王昶　宋七二・一五　南一四・一九
魏五九・五　北二九・八

武昌王渾　宋七九・二〇　南一四・二〇
始安王休仁　宋七二・一九　南一四・二二
晉平王休祐　宋七二・二七　南一四・二四
海陵王休茂　宋七九・二一　南一四・二五
鄱陽王休業　宋七二・二八　南一四・二五
臨慶王休倩　宋七二・二八　南一四・二五
新野王夷父　宋七二・二八　南一四・二五
桂陽王休範　宋七九・二八

巴陵王休若　宋七二・三〇　南一四・二八
孝武帝二十八子　見南史誤處條
武陵王贊　宋八〇・一二　南一四・三二
劉休　南齊三四・六
後廢帝昱　宋九・一三　南三・一〇
順帝紀　宋一〇・七　南三・一四
隨陽王翽　宋九〇・二
新興王嵩　宋九〇・二
始建王禧　宋九〇・二　南一四・三三
劉法良　宋九〇・一　南一四・三二
邵陵王友　宋九〇・一　南一四・三二
順帝　南三・一四
前廢帝　宋七・七　南二・二六

- 武帝
  - 少帝義符（無子）
  - 廬陵王義真（無子）
  - 文帝義隆（十九男）
    - 元凶劭（四男）
    - 濬（三男）
    - 孝武帝（二十八男）
    - 南平王鑠—敬猷敬淵敬先
    - 廬陵王紹出繼義真
    - 竟陵王誕
    - 建平王宏—景素
    - 廬江王禕—克明
    - 晉熙王昶—思遠懷遠承緒
    - 武昌王渾
    - 明帝（十二男）
    - 始安王休仁—伯融伯猷
    - 晉平王休祐（十三男）

海陵王休茂
鄱陽王休業
臨慶王休倩
新野王夷父
桂陽王休範—德宣德嗣青牛智藏
巴陵王休若—沖

彭城王義康（六男）—允
江夏王義恭（十五男）—叡
南郡王義宣（十八男）—恢—善藏
　　　　　　　　　　愷
衡陽王義季（一男）—嶷—伯道伯玉

武帝七子，孫五十九人，曾孫見記載者七十八人。

人君即位冠白紗帽（劄記卷十二）

宋明帝　宋八・二　南三・一

蕭道成　南齊一・一一　南四・六

柳世隆　南齊二四・六

齊梁之君多才學（劄記卷十二）

齊高帝　南齊三九劉瓛傳論一〇

齊高帝　南齊一・三　南四・一

謝超宗　南齊三六・一　南一九・二二

武陵王奕　南齊三五・四　南四三・三

（史作「曅」）

王僧虔　南齊三三・六　南二二・一六

臨川王映　南齊三五・二　南四三・一

鄱陽王鏘　南齊三五鑠傳　南四三鑠傳

桂陽王鑠　南齊三五・八　南四三・六

江夏王鋒　南四三・九

文惠太子　南齊二一・三　南四四・三

竟陵王子良　南齊四〇・七　南四四・七

晉安王子懋　南齊四〇・一七　南四四・一四

隨郡王子隆　南齊四〇·一九　南四四·一六

蕭子範　梁三五·四　南四二·一三

蕭子顯　梁三五·五·七　南四二·一四

蕭子雲　梁三五·九　南四二·一六·一七

梁武帝　梁三·二九　南七·一六

昭明太子　梁八·一·七　南五三·一·六

簡文帝　梁四·七　南八·四

元帝　梁五·二三·二四　南八·一七

南康王績　梁二九·一　南五三·一二

邵陵王綸　梁二九·六　南五三·一七·一八

武陵王紀　梁五五·三　南五三·二二

南平王偉　梁二二·一〇　南五二·六

鄱陽王恢　梁二二·一二　南五二·八

安成王秀　梁二二·七　南五二·三

蕭大心　梁四四·一　南五四·二

蕭大臨　梁四四·二　南五四·三

蕭大連　梁四四·三　南五四·四

蕭大鈞　梁四四·五　南五四·六

蕭方等　梁四四·六·七　南五四·七

蕭方諸　梁四四·七　南五四·九

蕭會理　梁二九·二　南五三·一三

蕭乂理　梁二九·三　南五三·一四

「乂」，趙誤「通」，通係乂兄。

蕭堅　梁二九·一〇　南五三·二〇

蕭確　南五三·二一　梁書無「工楷隸」語

蕭圓正　南五三·二六作「圓正」

蕭淵藻　梁二三・三　南五一・九
蕭孝儼　梁二三・三　南五一・九
蕭靜　梁二二・一二　南五二・八
蕭範　梁二二・一四無此事　南五二・一
〇　齊竟陵世子　南齊四〇・一一　南四四不稱「世子」

蕭映　梁（無傳）　南五二・一六（史作「暎」）
蕭奕　梁（無傳）　南五二・一七（史作「曄」）
蕭機　梁二二・七　南五二・四
蕭推　梁二二・七　南五二・四

齊明帝殺高武子孫（劄記卷十二）

齊明帝　南齊四〇・二二　南四四・一九
鄱陽王鏘　南齊三五・七　南四三・六
桂陽王鑠　南齊三五　殿本有缺一頁　南四三・六
江夏王鋒　南齊三五・九　南四三・一一
南平王銳　南齊三五・九　南四三・一一

宜都王鏗　南齊三五・一〇　南四三・一二
晉熙王銶　南齊三五・一〇　南四三・一二
河東王鉉　南齊三五・一〇　南四三・一三

衡陽王鈞　南齊四五・一　南四一・二

盧陵王子卿　南齊四〇・一三　南四四・一一

安陸王子敬　南齊四〇・一七　南四四・一三

晉陵王子懋　南齊四〇・一八　南四四・一五

隨郡王子隆　南齊四〇・二〇　南四四・一六

建安王子真　南齊四〇・二〇　南四四・一七

西陽王子明　南齊四〇・二一　南四四・一七

南海王子罕　南齊四〇・二一　南四四・一七

巴陵王子倫　南齊四〇・二一　南四四・一八

邵陵王子貞　南齊四〇・二二　南四四・一九

臨賀王子岳　南齊四〇・二二　南四四・一九

西陽王子文　南齊四〇・二〇　南四四・一九

衡陽王子峻　南齊四〇・二二　南四四・一九

南康王子琳　南齊四〇・二二　南四四・二〇

湘東王子建　南齊四〇・二二　南四四・二〇

永陽王子珉　南齊四五・一　南四一・二

南郡王子夏　南齊四〇・二三　南四四・
二〇
鬱林王昭業　南齊四・六　南五・六
海陵王昭文　南齊五・四　南五・八
巴陵王昭秀　南齊五〇・一　南四四・
二〇
桂陽王昭粲　南齊五〇・一　南四四・
二〇
蕭昭胄　南齊四〇・一一　南四四・一〇
蕭昭穎　南齊四〇・一二　南四四・一〇
齊高帝　南齊一・七　南四・三
齊明帝　南齊四〇・一二　南四四・九
（見蕭昭胄傳）
巴陵王寶義　南齊五〇・二　南四四

東昏侯寶卷　南齊七・一〇　南五・二五
和帝　南齊八・四　南五・二八
江夏王寶玄　南齊五〇・三　南四四・
二二
鄱陽王寶寅　南齊五〇・五　南四四・二
二　魏五九　北二九
邵陵王寶攸　南齊五〇・五　南四四・二
二（史作「修」）
晉熙王寶嵩　南齊五〇・五　南四四・
二二
桂陽王寶貞　南齊五〇・五　南四四・
二三
始安王遙光　南齊四五・二・四　南四一
・三・五

齊制典籤之權太重（劄記卷十二）

武帝諸子傳論　南齊四〇・二三　南四四・二三

武陵王曅　南齊三五・五　南四三・四

隨郡王子隆　南齊四〇・二〇

蔡約　南齊四六・六　南二九・一二

劉暄　南齊四二・一一　南四七・一五（均見江祏傳）

武陵王曅　南齊三五・五　南四三・四

宜都王鏗　南四三・一一

南海王子罕　南四四・一八（見子倫傳）

邵陵王子貞　南齊四〇・二二　南四四・一九

西陽王子明　南四四・一八（見子倫傳）

長沙王晃　南齊三五・三　南四三・一一

魚復侯子響　南齊四〇・一四　南四四・一二

戴僧静　南齊三〇・四　南四六・四　南四四・一八（見子倫傳）

竟陵王子良　南四四・一八（見子倫傳）

明帝殺諸王　南齊五三・九　南二七・三（孔琇之傳）

蕭堪　南齊四二・五　南四一・一四

巴陵王子倫　南四四・一七

南平王銳　南四三・一一

呂文顯　南七七恩倖傳・二〇

南朝以射雉爲獵剳記卷十二

褚炫　南齊三二・五　南二八・一二

晉平王休祐　宋七二・二六　南一四・
二四

江左世族無功臣剳記卷十二

陶侃　晉六六・七

郗鑒　晉六七・一三

楊方　晉六八・二二

王僧虔　南齊三三・二

張敬兒　南齊二五・七　南四五・一〇・

江革　梁三六・六　南六〇・八

竟陵王子良　南齊四〇・七・八　南四四
・七

東昏侯　南齊七・七　南五・一八

一一

侯景　南八〇・四

陳顯達　南齊二六・一二　南四五・八

王敬則　南四五・四

王琳　北齊三二・七　南六四・九

褚淵　南齊二三・二
齊高帝　南齊二・八
宋武帝　南一・一
陳武帝　陳一・一　南九・一

梁武存齊室子孫 劄記卷十二

蕭順之　南齊四〇・一五　南四四・一二
（蕭子響傳）
梁武帝　南六・三
蕭懿　梁二三・一（附業傳）　南五一・八
蕭子恪　梁三五・三　南四二・一二
蕭子範　梁三五・四　南四二・一三
蕭子顯　梁三五・六　南四二・一五　出
吳興太守卒
蕭子雲　梁三五・八　南四二・一六
蕭子暉　梁三五・一〇　南四二・一八
蕭子恪　梁三五・二　南四二・一一
曹志　晉五〇
姚察論　梁三五・一〇
劉曄　三國魏一四

陳武帝多用敵將（劄記卷十二）

杜僧明　陳八・二　南六六・二
周文育　陳八・二　南六六・二
歐陽頠　陳九・六　南六六・一七
侯瑱　陳九・三　南六六・九
周鐵虎　陳一〇・一　南六七・四
程靈洗　陳一〇・三　南六七・五
孫瑒　陳二五・三　南六七・一〇
周炅　陳一三・七　南六七・一四
樊毅　陳三一・八　南六七・二四
樊猛　陳三一・九　南六七・二五
王琳　北齊三二・八　南六四・一一
魯悉達　陳一三・二
魏徵論　陳六・一三

齊梁臺使之害（劄記卷十二）

竟陵王子良　南齊四〇・二
賀琛　梁三八・一七
劉瑾　明三〇四・二五
陳忠　後漢七六・一六

六朝多以反語作讖 劄記卷十二

諸葛恪　三國吴志一九·一二

孝武帝　晉九·一八

始興王鑑　南齊三五（缺頁），百衲本不缺，亦無此文。南四三·七

文惠太子　南齊二一·五　南四四·四

鬱林王　南五·六

梁武帝　南七·三

昭明太子　南五三·七

哀策文 劄記卷十二

景帝　前漢書五·五

郭后　魏志五·一一

文明王皇后　晉三一·五

楊后　晉三一·七

愍懷太子　晉五三·七

李胤　晉四四·六

王珣　晉六五·一二

文帝袁皇后　宋四一·一三　南一一·五

孝武殷貴妃　南一一·八　宋無

齊武裴后　南一一·一四

武丁貴嬪　梁七·七　南一二·四

昭明太子　梁八·五　南五三·六

簡文后　梁七·四，並見三五子範傳。

獨孤后　舊五二·一〇　唐七七

南朝陳地最小 劄記卷十二

劉裕　宋一·一七　宋二·一〇、一六　南一·一〇、一六、二〇

赫連勃勃　晉一三〇·九　魏九五·一六（附鐵弗劉虎傳）

尉建　魏三魏明元帝紀·八　北史一魏明元帝紀·二六

崔浩　魏三五·八　北史二一·一二

長孫道生　魏二五·三　北史二二·七

宋元嘉十九年　宋五·一六　南二·八

魏太武帝　魏四上·八·一〇　北史二·五

薛安都　宋八八·五　魏六一·一　南四〇·五　北史三九·一

畢衆敬　魏六一·八　北史三九·一五

常珍奇　魏六一·一四（附畢衆敬傳）

張永　宋五三張茂度傳·六　南三一張裕傳·三

裴叔業　南五一·三　北史四五·二　魏七一·二

梁武帝　梁二·一〇

張惠紹　梁一八・一（作「惠紹」）
元法僧　梁三九・一
蕭綜　梁五五・二　魏五九・二〇　南五
三・一一　北史二九・一一
爾朱榮　魏七四・一〇　北史四八・三
北海王顥　魏二一上・三三、三四　北史一
九・二九（附詳傳）
陳慶之　梁三二・三　南六一・六
柳仲禮　南三八・一七
鄱陽王範　南五二・一一
侯景　梁五六・一八、二八
蕭繹　梁五・一九　南八・一〇
武陵王紀　梁五五・四　南五三・二三
尉遲迥　周二一・二　北史六二・一〇
岳陽王蕭詧　周四八・五

于謹　周一五・一二　北史二三・一一
蕭方智　梁六・一　南八・一七
文宣帝　北齊四・一七　北史七・一〇
蕭詧　周四八・五
賀若敦　周二八・一二　北史六八・一五
陳宣帝　陳五・一〇　南一〇・三
吴明徹　陳九・一〇、二一　南六六・二四
王琳　南六四・一三　北齊三二・一〇
韋孝寬　周三一・八　北史六四・八
晉王廣　隋二高祖紀・三
韓擒虎　隋五二・一　北史六八・九（附韓
雄傳）
賀若弼　北史六八・一七（附賀若敦傳）
滅慕容超　晉安帝義熙六年二月

降姚洸　晉安帝義熙十二年十月
滅姚泓　晉安帝義熙十三年七月
赫連勃勃陷關中　義熙十四年十一月
魏太武帝尅滑臺　神䴥四年二月
帝起行宫于瓜步宋餽百牢　見魏書卷四下太平真君十一年十二月
薛安都常珍奇屬魏　魏書卷六獻文帝天安元年九月
畢衆敬屬魏　魏書卷六獻文帝天安元年十一月
張永沈攸之與魏戰　在魏皇興元年正月、宋明帝泰始三年。
裴叔業降魏　在魏宣武帝景明元年
張紹惠　天監五年五月
元法僧以徐州降梁　梁武普通六年正月

蕭琮降魏　梁武普通六年六月
北海王顥　魏書二一上
柳仲禮事　梁簡文帝大寶元年正月　「司州刺史」，書作「同州刺史」。
鄱陽附魏　太清二年或三年
侯景攻陷廣陵　簡文帝大寶元年二月　景敗在承聖元年
劉裕相晉復地事
滅慕容超而復青州　宋一・一五・一七
滅慕容超而復齊　晉一〇・一〇
降姚洸而復洛陽事　晉一〇・一三　「姚洸」，晉書作「姚光」。
滅姚泓而復關中　南史一・二〇
關中爲赫連勃勃所奪　晉一〇・一四

裴叔業以壽春降魏　魏八・一　北史四
・一
張惠紹取宿豫　魏八・一二
蕭容取梁城　魏八・一二
韋叡取合肥　魏八・一二

義陽之戰　魏八・一三
魏孝明帝時　魏九・一九・二一　北史四
・一八
魏孝莊帝　魏一〇・八　北史五・四

太上皇帝劄記卷十三

高帝詔　前漢二下・一〇　六年
蔡邕注　前漢一下・一一
顔師古注　前漢一下・一〇
王肅　魏志一三・二四
裴松之注　魏志一三・二四
呂光　晉一二二・八・一二
獻文帝　後魏六・七　北史二・三一

孝文帝　後魏七・三・八　北史三・二
・五
武成帝　北齊七・五　北史八・五
祖珽　北齊三九・七　北史四七附祖瑩傳
・二九
武成帝　北齊七・五・六　北史八・六
後主緯　北齊八・一二　北史八・一七

幼主恒　北齊八・一二・一三　北史八・一八

宣帝　周七・四・一〇　北史一〇・二七・三一

唐高祖　舊唐一・一五　唐一・一七

睿宗　舊唐七・一七　唐五・一

中宗　舊唐七・一七　唐五・一

睿宗　舊唐七・一九・二一、二六、二八　唐五・二・五

玄宗　舊唐九・二三・二五　唐五・二八・二九、六肅宗紀・二

肅宗　舊唐一〇・一一・一七、二六　唐六・四・五、九、一〇

李輔國　舊唐一八四・八　唐二〇八・二

順宗　舊唐一四・二・五、六　唐七・一七・一八

宋徽宗　宋史二二・一三

宋孝宗（昚）　宋史三三・一至四　宋史三五・二〇

宋光宗　宋三六・二

宋寧宗　宋三七・一至三

孝恭孫皇后　明一一三・一二

明景帝　明一一・一・四、五、七、八、九

皇太孫 劄記卷十四

漢成帝　前漢書一〇・一
晉惠帝　晉四・一・五至八
齊武帝　南齊三・一七　南史四・二七
魏太武帝　魏四上・一一、四下・一三　北史二・六・一九
文成帝　魏五・一　北史二・二一
唐高宗　舊唐五・一五・一七　唐三・一七・一八
李重照　舊唐八六・一三　唐八一・八
遼道宗　遼史二三・六
天祐帝　遼史二七・一（史作「天祚」）

金世宗　金史六・八、八・一一（卷六作「允迪」）
章宗　金史九・一・二
元珍戩皇太子　元史一一五・四・九（史作「真金」）
成帝　元史一八・一
明太祖　明史二・一、三・一〇・一一
成祖　明史六・三
明宣宗　明史九・一
梁武帝　梁三・一一　南史七・六
唐高宗　舊唐五・一六

皇太弟 劄記卷十四

晉惠帝　晉四・六・八

成都王穎　晉五九・三一・三二

劉和　晉一〇一・一〇

劉聰　晉一〇二・一・二、二一

北海王乂　無傳

苻堅　晉一一四・一四・一五

苻登　晉一一五・八・一〇

仇士良　唐二〇七・二〇

唐武宗　舊唐一八上・一　唐八・一三

楊復恭　舊唐一八四・二三　唐二〇八・一二

唐昭宗　舊唐二〇上・一　唐一〇・一

南唐元宗

唐宣宗　舊唐一八下・一　唐八・一七

安樂公主　舊唐無傳　唐八三・一二

元武宗　元史二二・二・四

元明宗　元史三一・二・三、六、九

帝王行三年之喪 劄記卷十四

晉武帝　晉三・一・六、九　晉二〇・二

羊祜　晉三四・一〇

杜預　晉三四・一六

康帝　晉七・一三

姚興　晉一一七・三

魏孝文帝　魏七下・六　北史三・一七

後周武帝　周五・一九

北漢劉承鈞　十國春秋

宋孝宗　宋三五・二〇至二二

光宗　見朱子語類

女后之賢 劄記卷十四

漢平帝后　容齋隨筆三・八

周宣帝后　容齋隨筆三・八

吴太子璉妃李氏　容齋隨筆三・八

漢少帝　後漢書十下附王美人傳・一三

少帝妻唐姬　後漢書十下附王美人傳・一四

晉愍懷太子妃王氏　晉九六・五

苻堅妾張夫人　晉九六・一五

苻登妻毛氏　晉九六・一六
呂紹妻張氏　晉九六附呂纂妻楊氏傳・一九

南北朝通好以使命爲重（劄記卷十四）

游明根　魏五五・一
李彪　魏六二・一一　北史四〇・一九
裴昭明　南齊五三・六　南三三附裴松之傳・一九
李諧　北史四三附李崇傳・三七
邢卲　北齊三六・四　北史四三附邢巒傳・二五
李緯　北史三三附李渾傳・八
崔暹

呂纂妻楊氏　晉九六・一八　魏書九五呂隆傳・四八
西魏廢帝后宇文氏　北史一三・一三

崔瞻　北齊二三附崔㥄傳・九　北史二四附崔逞傳・九
游明根　魏五五・一　北史三四附游雅傳・二
高推　魏四八附高允傳・二四
李彪　魏六二・一一　北史四〇・一九
李業興　魏八四・二三　北史八一・二〇
李諧　北史四三附李崇傳・三七
李渾　北齊二九・一　北史三三附李靈傳

・六
魏收　北齊三七・二　北史五六・五
王昕　北史二四附王憲・一六
崔彥穆　周三六・八　北史六七・二
宗夬　梁一九・一　南三七附宗慤傳・二一
王融　南齊四七・五　南二一・七
房景高　無傳
宋弁　魏六三・八　北史二六附宋隱傳・二
劉繪　南齊四八・九　南三九・一一
范岫　梁二六・一　南六〇・一
王錫　梁二一附王份傳・一〇　南二三附王彧傳・二五
張纘　梁三四附張緬傳・三　南五六附張宏策傳・五
劉纘　無傳
李安世　魏五三附李孝伯傳・九　北史三三附李孝伯傳・二二
蕭撝　周四二・一　北史二九・二〇
陸卬　北齊三五・五　北史附陸俟傳・一一
劉孝儀　梁四一・一三
邢昕　魏八五・六　北史四三附邢巒傳・一七
徐君房　無傳
庾信　周四一・五　北史八三・一七
盧元景　北齊三九見祖珽傳・一二　北史四七見祖珽傳・三四
裴讓之　北齊三五・一　北史三八附裴佗

傳・一一
傳綽　陳三〇・一一　南六九・一〇
薛道衡　隋五七・一〇　北史三六附薛辯
傳・一五
賀徹　無傳
周濆　無傳
盧昌衡　隋五七附盧思道傳・八　北史三
〇附盧元傳・八
陸爽　隋五八・六
李安世　魏五三・一〇　北史三三・二二
李繪　北齊二九附李渾傳・三　北史三附
李渾傳・七
袁狎　無傳
李業興　魏八四・二三　北史八一・二〇
徐陵　陳二六・一　南史六二附徐摛傳・
一六
魏太武帝　魏四下・一一　北史二・一八
宋江夏王義恭　宋六一・六一　南一三・
一九
宋武陵王駿　宋六・一　南史二・一三
李孝伯　魏五三・二　北史三三・二〇
張暢　宋五九・四・九　南史三二附張邵
傳・七
李安世　魏五三・一〇　北史三三・二三
車僧朗　齊書、南史皆無傳。
裴昭明　南齊五三・六　南史三三附裴松
之傳・二〇
成淹　魏七九・一一・二　北史四六・一二
李彪　魏六二・一〇　北史四〇・一八
齊明帝　南齊六・五　南史五・一一

魏孝文　魏七下・一五・一六　北史三・二四

崔慶遠　見南齊四五蕭遥昌傳・六

安成王頊　陳五・一　南一〇・一

宇文泰　周五武帝紀・三

杜杲　周三九・九・一〇　北史七〇・一三・一四

陳文帝　陳三・一一　南史九・二三

後魏追謚之濫 劄記卷十四

道武帝　魏二・一四　北史一・一六

神元皇帝　魏一・三　北一・二

文帝　魏一・三　北一・三

章帝　魏一・五　北一・三

平帝　魏一・五　北一・三

思帝　魏一・五　北一・三

昭帝　魏一・五　北一・三

桓帝　魏一・五　北一・三

穆帝　魏一・七　北一・四

太祖平文帝　魏一・九　北一・五

惠帝　魏一・一〇　北一・五

煬帝　魏一・一〇　北一・六

烈帝　魏一・一〇　北一・六

昭成帝　魏一・一一　北一・六

成帝　魏一・一　北一・一

節帝　魏一・一　北一・一

莊帝　魏一・一　北一・一
明帝　魏一・一　北一・一
安帝　魏一・一　北一・一
宣帝　魏一・一　北一・一
景帝　魏一・二　北一・一
元帝　魏一・二　北一・一
和帝　魏一・二　北一・一
定帝　魏一・二　北一・一
僖帝　魏一・二　北一・一
威帝　魏一・二　北一・一
獻帝　魏一・二　北一・一
聖武帝　魏一・二　北一・一
魏澹　隋五八・四　北史五六・二三
武帝　魏志三・一六
文帝　魏志三・一六

明帝　魏志三・一六
高祖　晉一・一八
太祖　晉二・二〇
世祖　晉三・二六
高祖　晉一〇・四
太祖　晉一〇・四
烈祖　晉一〇・一二
始祖　晉一六・三
太祖　晉一六・一五
高祖　晉一八・一四
太祖平文帝　魏一・一〇　北一・五
太祖道武帝　魏二・一　北一・八
世祖太武帝　魏四上・一　北二・一
顯祖獻文帝　魏六・一　北二・二八
高祖孝文帝　魏七上・一　北三・一

高祖　北齊一·一　北六·一
顯祖　北齊四·一　北七·一
世祖　北齊七·一　北八·一
太祖　周一·一　北九·一
高祖　周五·一　北一〇·一
高祖　宋一·一　南一·一
太祖　宋五·一　南二·一
世祖　宋六·一　南二·一三
太祖　齊一·一　南四·一
世祖　齊三·一　南四·二〇
高祖　梁一·一　南六·一
世祖　梁五·一　南八·五
高祖　陳一·一　南九·一
世祖　陳三·一　南九·二〇

保太后（劄記卷十四）

禮記曾子問篇
魯昭公
顧和　晉八三·二
後魏道武帝　魏三·一　北史一·二二
太武帝　魏四上·二　北史二·一
保太后竇氏　魏一三附密皇后傳·五　北史一三附密皇后傳·九
文成帝　魏五·一　北史二·二二
保太后常氏　魏一三·六　北史一三附恭皇后傳·一〇

文成妃李氏　魏一三・九　北史一三・一三

異姓封王之濫自後魏始（劄記卷十四）

長孫嵩　魏二五・二　北史二二・二

奚斤　魏二九・三　北史二〇・一七

長孫翰　魏二六附長孫肥傳・三　北史二二

叔孫建　魏二九・九　北史二〇・二〇

司馬楚之　魏三七・三　北史二九・二

杜超　魏八三上・四　北史八〇・五

穆壽　魏二七附穆崇傳・四　北史二〇附穆崇傳・一一

長孫道生　魏二五・三　北史二二・八

文成帝　魏五・五　北史二・二四

常英　魏八三上附閭毗傳・六

樓伏連　魏三〇・九　北史二〇・二六

周忸　魏五高宗紀・一　北史二高宗紀・二二

杜遺　魏五高宗紀・二　北史　高宗紀・二二

閭若文　魏五高宗紀・二　北史二高宗紀・二二

劉尼　魏三〇・一三　北史二八

杜元寶　魏八三上附杜超傳・五又五・二

源賀　魏四一・二　北史二八・一七

閭武皮　魏五高宗紀・二(書作「虎皮」)
北史二高宗紀・二二
常英　魏八三上附閭毗傳・六
閭毗　魏八三上・五　北史八〇・六
閭紇　魏八三上附閭毗傳・五　北史八〇
附閭毗傳・六
尉眷　魏二六・七　北二〇・六
乙渾　魏五・九　北二・二六
李峻　魏八三上・一三
陸麗　魏四〇附陸俟傳・四　北史二八附
陸俟傳・八
陸俟　魏四〇・八　北史二八・三
陸叡　「叡」,劄記誤,應作「定國」。　魏四
〇・九　北史二八・九
慕容白曜　魏五〇・一二　北史二五・
二〇
韓頹　魏六顯祖紀・五　北史二顯祖紀・
三一
陳建　魏三四・五　北史二五・一〇
苟頹　魏四四・七　北史二五・二一
王叡　魏九三・二　北史九二・三
張祐　魏九四・一〇　北史九二・一八
太和十六年　魏七下・九　北史三・一九
鄧長容　北齊五〇韓寶業傳・一〇,書作
「長顒」　北史九二・三八
韓寶業　北齊五〇・一〇　北史九二・
三八
盧勒叉　北齊五〇韓寶業傳・一〇　北史
九二・三八
齊紹　北齊五〇韓寶業傳・一〇　北史九

二・三八

秦子徵　北齊五〇韓寶業傳・一〇　北史九二・三八

陳德信　北齊五〇韓寶業傳・一〇　北史九二・三八

穆提婆　北齊五〇・六　北史九二・三一

高阿那肱　北齊五〇・六　北史九二・三三

韓長鸞　北齊五〇・八　北史九二・三六

張景仁　北齊四四・一二　北史八一・二七、二八

陳山提　北史九二・三九　北齊五〇・一〇

蓋豐樂　北史九二・三九　北齊五〇・一〇

劉郁斤　北史九二・三九

趙道德　北史九二・三九

劉桃枝　北史九二・三九　北齊五〇・一〇

梅勝郎　北史九二・三九

辛洛周　北史九二・三九

高舍盛　北史九二・三九　史作「舍洛」。

曹僧奴　北史九二・三九

曹妙達　北史九二・三九

齊書謂諸倉頭　北齊五〇・一〇

開府千餘　北齊八・一四　北史八・一九

馬及鷹犬　北齊八・一五　北史八・二〇

陽休之　北齊四二・一二

後魏以鑄像卜休咎（劄記卷十四）

魏后妃傳序　北史一三·二

道武帝妃慕容氏　魏一三·四　北史一三·八

道武帝妃劉氏　魏一三·四　北史一三·八

明元帝妃姚氏　魏一三·四　北史一三·八

爾朱榮　魏七四·六　北史四八·三、四

齊高洋　北史七·一六

慕容儁　晉一一〇·一、二

後魏百官無禄（劄記卷十四）

高允　魏四八·一〇　北史三一·八

崔寬　魏二四附崔玄伯傳·一七　北史二一附崔宏傳·二七

文成帝　魏五·八　北史二·二六

明元帝　魏三·六　北史一·二五

孝文帝　魏七上·二〇、二一、一八　北史三·一二·二六

于忠　魏三一附于栗磾傳·九

後魏刑殺太過 劄記卷十四

猗盧 魏一・九 北史一・五

道武帝 魏二・五・二四 北史一・一一・二二

秦王觚 魏一五・六 北史一五・二二

太武帝 魏四下・一二 北史二・一八

崔浩 魏三五・二二 北史二一附崔宏傳・二四

史臣謂

孝文帝 魏七上・六・一六 北史三・四・一〇

猗盧 魏一四六脩傳・四 北史一五六脩傳・三

道武帝 魏一六清河王紹傳・一 北史一六清河王紹傳・一

元韶 北齊二八・六 北史 高洋本紀七・一四

元黃 無傳（文宣本紀亦不載）

高允 魏四八・二三 北史三一・一五

史臣亦謂 周二・一六 北史九・二七

漢高祖 前漢書一上・一六

楊終 後漢書七八・一

韓彭之誅 前漢書三四・一三・一五

季布 前漢書三七・一

貫高 前漢書三二附陳餘傳・九

崔實政論　後漢書八二附崔駰傳·一九
李陵　前漢書五四附李廣傳·一四
王温舒　前漢書九〇·九
曹爽　三國志九附曹真傳·二一
郭淮　三國志二六·一六
毋丘儉　晉三〇刑法志·一三
劉子元　無傳
程威　無傳　晉書作「咸」
解結　晉六〇·二
爾雅内宗曰
張晏三族注
如淳注
崔浩　魏三五·二三　北史二一·二四

魏以奄人爲外史（劄記卷十四）

楊範　魏九四·一九　北史九二·二三
仇洛齊　魏九四·三　北史九二·一五
王瑀　魏九四·五　北史九二·一五　魏書、北史皆作「王琚」。
趙黑　魏九四·五·六　北史九二·一六　北史作「趙默」
孫小　魏九四·八　北史九二·一七
抱嶷　魏九四·一一　北史九二·一九
王質　魏九四·一五　北史九二·二一
楊範　魏九四·一九

王温　魏九四・二〇　北史九二・二四

魏孝文遷洛 劄記卷十四

孝文帝　魏七下・一三、一四　北史三・二二、二三。

彭城王澄　魏一九中・四、五　北史一八・三　北史、魏書作「任城王」。

元贊　魏二一上・一八　北史一九・一五

于烈　魏三一附于栗磾傳・三、四　北史二三附于栗磾傳・二

穆泰　魏二七附穆崇傳・三

廢太子恂　魏二二・二　北史一九・三〇、三一。

咸陽王禧　魏二一上・三、四　北史一九・七

孝文帝　魏七下・一八、一九　北史三・二六、二七

賀狄干　魏二八・五　北史二〇・二九

崔浩　魏三五・二　北史二一附崔宏傳・六

遼史言

金史世宗曰　金史七・九、八・二一。

金史食貨志　金史四六・四

魏孝文帝文學 劄記卷十四

孝文帝 魏七下・二八 北史三・三二

史論 魏七下・二八 北史三・三三

任城王澄 魏一九中・四 北史一八・二一

鄭道昭 魏五六附鄭羲傳・四 北史三五附鄭羲傳・一八

馮熙 魏八三上・九、一〇 北史八〇・九、一〇。

馮誕 魏八三上附馮熙傳・一一、一二 北史八〇附馮熙傳・一一、一二。

彭城王勰 魏二一下・二、三 北史一九・一九

劉昶 魏五九・四 北史二九・七

崔挺 魏五七・六 北史三二・一二

北朝經學 劄記卷十五

鄭康成 無傳 見北史八一・六、北齊四四・三。

徐遵明 魏八四・一五 北史八一・一七

劉炫 隋七五・一六 北史八二・二三

劉焯　隋七五・一五　北史八二・二一
崔瑾　無傳
李周仁　無傳
李鉉　北齊四四・五　北史八一・二三
祖雋　無傳
熊安生　周四五・八　北史八二・三
劉子猛　無傳
房蚪　無傳
鮮于靈馥　無傳
楊汪　隋五六・一二　北史七四・一〇
劉焯　隋七五・一四　北史八二・二〇
郭懋　無傳
劉智海　無傳
鄭元　後漢書六五・一六
劉芳　魏五五・一五　北史四二・一三

干寶　晉八二・一五
何休　後漢書一〇九下・一三
范甯　晉七五・三一
韋昭　無傳
衛冀隆　無傳
賈思同　魏七二附賈思伯傳・一六　北史四七附賈思伯傳・二三
姚文安　無傳
李崇祖　北史八一附李興業傳・二三
劉獻之　魏八四・一〇　北史八一・二二
李鉉　北齊四四・五　北史八一・二三
沈重　周四五・七　北史八二・二
樊深　周四五・八　北史八二・三
熊安生　周四五・九　北史八二・四
樂遜　周四五・一四　北史八二・六

劉炫　隋七五·一九　北史八二·二六
魯世達　隋七五·二〇　北史八二·二六
張仲　隋七五·二〇　北史八二·二七
　隋書、北史皆作「張沖」。
梁越　魏八四·三　北史八一·八
盧醜　魏八四·三　北史八一·八
張偉　魏八四·三　北史八一·八
張靈暉　北齊四四·一六　北史八一·一
五　北齊書、北史皆作「孫靈暉」。
孝文帝　魏七下·二八、八四·二　北史三
·三二、八一·二。
劉芳　魏五五·八　北史四二·六
李彪　魏六二·一　北史四〇·一
董徽　魏八四·一七　北史八一·一八
　魏書、北史皆作「董徵」。

李鉉　北齊四四·六　北史八一·二四
邢峙　北齊四四·九　北史八一·二五
馮敬德　北齊四四·一〇　北史八一·二
七　北齊、北史皆作「馬敬德」。
馮元熙　北齊四四·一一　北史八一·
二七
沈重　周四五·六　北史八二·二
熊安生　周四五·九　北史八二·四
樂遜　周四五·一〇　北史八二·五
姚興　晉一一七·四
姜龕　無傳
淳于岐　無傳
胡辨　無傳　姚興載記
劉延明　魏五二·一六　北史三四·一七
涼武昭王　晉八七·八

宋繇　魏五二·九　北史三四·一九

闞駰　魏五二·一五　北史三四·一六

程駿　魏六〇·一五　北史四〇·一一

南朝經學 劄記卷十五

劉瓛　南齊三九傳論·一〇　南史五〇

齊高帝　南齊一·三、二·八　南史四·一

·一六、一七。

姚察論曰　梁四八·一九

陳書儒林傳序　陳三三·一

伏曼容　梁四八·三　南史七一·三

何佟之　梁四八·四　南史七一·六

嚴植之　梁四八·一一　南史七一·七

賀瑒　梁四八·一二　南史六二·一

賀革　梁四八附賀瑒傳·一二　南史六二·二

崔靈恩　梁四八·一六　南史七一·一一

孔子袪　梁四八·一九　南史七一·一五

皇侃　梁四八·一九（書作「偘」）　南史七一·一五

何允　梁五一附何點傳·九　南史三〇附何尚之傳·一三

王元規　陳三三·一七　南史七一·二六

張譏　陳三三·一二　南史七一·二三

顧越　南史七一·二四

沈不害　陳三三・一五　南史七一・二五
宋懷方　見戚衮傳
戚衮　陳三三・八　南史七一・一八
孫祥　見盧廣傳
蔣顯　見盧廣傳
盧廣　梁四八・一七　南史七一・一一

後魏多家庭之變 劄記卷十五

穆帝　魏一・九　北史一・五
六脩　魏一四・四　北史一五・三
昭成帝　北史一・八
實君　魏一五・一　北史一五・一七
道武帝　北史一・二二
清河王紹　魏一六・一　北史一六・一
太武帝　北史二・一九
宗愛　魏九四・二　北史九二・一三
獻文帝　北史二・三二
文明太后　魏一三・六　北史一三・一一
胡太后　魏一三・一八　北史一三・二一

魏齊諸帝皆早生子（劄記卷十五）

道武帝　代建國三十四年生（魏二・二四　北史一・二二），明元帝魏登國七年生（魏三・一　北史一・二二），時道武帝應二十二歲，劄記作「十五歲」，誤。

景穆太子　魏神麚元年生（魏四下・一六　北史二一・二），文成帝真君元年生（魏五・一　北史二・二一），時景穆太子十三歲。

文成帝　魏真君元年生（魏五・一・一二　北史二・二一・二八），獻文帝興光元年生（魏六・一　北史二・二八），時文成帝十五歲。

獻文帝　魏興光元年生（魏六・一・七　北史二・二八・三二），孝文帝皇興元年生（魏七上・一　北史三・一），時獻文帝應十四歲，劄記作「十三歲」，誤。

後主緯　北齊天保七年生（北齊八・一　北史八・六），恒武平元年生（北齊八・一二　北史八・一七），時後主緯應十五歲，劄記作「十四歲」，誤。

琅邪王儼　北齊一二・一〇　北史五二・一七、一八。

高澄　北齊三・一　北史六・二四

魏諸帝多幼年即位（劄記卷十五）

道武帝　代建國三十四年生，年六歲，昭成崩（魏二・一　北史一・八）。

太武帝　魏天賜五年生，泰常八年即位（魏四上・一　北史二・一），十六歲。

文成帝　魏真君元年生，正平二年即位（魏五・一　北史二・二一），十三歲。

獻文帝　魏興光元年生，和平六年即位（魏六・一　北史二・二八），十二歲，劄記作「十一歲」，誤。

孝文帝　魏皇興元年生，五年即位（魏七上・一　北史三・一），五歲。

宣武帝　魏太和七年生，二十三年即位（魏八・一　北史四・一），十七歲。

孝明帝　魏永平三年生，延昌四年即位（魏九・一　北史四・一一），六歲。

元魏時人多以神將爲名（劄記卷十五）

鍾葵　陽平王熙孫，淮南王他子，吐萬弟。——劄記作「北地王」，誤。魏一六・二、三、五

北史一六・二

元叉　魏一六・一九　北史一六・九

元羅　魏一六元叉傳・一九　北史一六元叉傳・九

高菩薩　無

叉羅　魏七四・一五　北史四八・一三

文殊　魏七四・一五　北史四八・一三

財婚 劄記卷十五

魏文成帝　魏五・一一　北史二・二七

封述　北齊四三・四　北史二四附封懿傳・三三

蕭淵藻　梁二三・四（書作「藻」）

漢王諒　隋四五・一八　北史七一・二四

喬鍾葵　無傳

宋金剛　無

金剛　舊唐一八四高力士傳・四　唐二〇七高力士傳・三

高力士　舊唐一八四・四　唐二〇七・三

高門士女 劄記卷十五

郭瓊　無傳

陳元康　北齊二四・三　北史五五・三

孫搴　北齊二四・一　北史五五・一

魏收　北齊三七・八　北史五六・一一

魏齊斗秤 劄記卷十五

嚴尤　前漢書九四下・一二三

傅元　晉四七・五

劉勔　宋書八六・五

摯虞　晉五一・一七

陳勰　無傳

孔穎達正義

顧寧人日知録

孝文帝　魏七下・一八　北史二・六

張普惠　魏七八・一四　北史四六・九

周隋唐皆出自武川（劄記卷十五）

楊堅五世祖元素家於武川　據隋書、北史堅本紀，「元素」應爲「元壽」。

北齊以厮役爲縣令（劄記卷十五）

太武帝行幸中山免守宰貪污者數十人　按魏書、北史太武紀均爲「十數人」。

茹千秋本捕賊吏爲諮議參軍　按晉書道子傳，爲「驃騎諮議參軍」。

北齊宮闈之醜（劄記卷十五）

崔修妻王氏文宣幸之納爲嬪　按北史后妃傳，當爲王氏之妹。

使蒼頭劉郁捷殺浚即以浚妃妻之　據北齊書、北史浚傳，劉郁捷時爲儀同，爲帝舊時蒼頭，不當僅言蒼頭。

北齊百官無妾（劄記卷十五）

按西漢時王吉上疏言使男事女夫拙於婦——據漢書王吉傳，「拙」應爲「詘」。

誦經獲報（劄記卷十五）

盧景裕繫獄（北齊書盧景裕傳） 按盧景裕傳在魏書八四卷，北齊書無。

張元以祖喪明誦藥師經後左目果明 按周書、北史張元傳均未單言「左目」。

鳩摩羅什龜茲王迎之其母辭去 按晉書鳩摩羅什傳，龜茲王迎之，羅什乃與其母具返國，後其母辭往天竺。此處似當言其母返國後方辭去，其義較明顯。

鳩摩羅什著實相二論 據晉書羅什傳，當爲「實相論二卷」。

後周詔誥用尚書體 劄記卷十五

告我諸侯王列侯卿大夫元士御事　據漢書翟義傳，爲「諸侯王公列侯大夫元士御事」。

魏恭帝禪位於周孝閔帝詔曰惟予罔弗知禪位於周庸布告爾焉我封大小罔弗知今其可亢拂於天道而不歸於有德歟　據周書孝閔紀，「予」應爲「爾」，「爾」應爲「遐邇」，「封」應爲「邦」，「亢」應爲「久」。

隋文帝殺宇文氏子孫 劄記卷十五

并殺招子員貫乾銑乾鈴乾鑑等　據周書、北史招傳，「乾鑑」應爲「乾鏗」。

節閔帝一子康先死其子湜亦被殺于是節閔帝子孫又盡矣　「節閔帝」應爲「孝閔帝」，據周書、北史康傳，「死」字上脱一「賜」字。

并殺賢子宏文恭道樹孃等　據周書、北史明帝諸子傳，「宏文」應爲「宏義」。

并殺贇子忠誠靖智靖仁等　據周書、北史武帝諸子傳，「忠誠」非人名，乃靖智之封號。但用「忠誠」二字，其下則當加「公」

字。但此篇皇帝之孫均未言封號，此處亦不當言。

惟宇文洛以疏屬幼年得封介國公以爲隋賓未幾又斃之　據周書、北史洛傳，洛並未被斃。

裕筠嶷惟該㬅孝實孝範皆貶嶺外杖死　據隋書四五、北史，爲裕、筠、嶷、恪、該、韶、㬅勅死。

煬帝三子長太子昭先卒次齊王暕次趙王杲皆死江都之難無子　按隋書齊王暕傳，暕有二子同被害，不得謂無子。況又有遺腹子政道，非愍。劄記言「愍」，不知本於何處？

隋獨孤后妒及臣子　劄記卷十五

尉遲迥女没入宮帝私幸之　按隋書后妃傳，當爲尉遲迥女孫。

高熲妻死后欲爲娶繼室熲辭以老後熲妾生子后惡之譖熲于帝遂黜死（隋書后妃傳）　按此條不出于獨孤后傳，實出四一高熲傳。

帝由是疏熲以至賜死　按隋書高熲傳，熲之賜死在煬帝時，不在文帝時。

廿二史劄記考正之四

史事之屬：唐

德宗好爲詩劄記卷十九

劉太真　舊一三七

德宗貞元二年　舊一三·二　趙誤，應作「貞元四年」。

貞元四年　舊一三·四

貞元六年　舊一三·七又七

貞元九年　舊一三·一四

貞元十年　舊一三·一八

貞元十一年　舊一三·二〇

貞元十二年　舊一三·二三

中和樂武曲　舊一三·二五、二四　應作「十四年」，趙誤「十三年」。

貞元十七年　舊一三·三二

貞元十八年　舊一三·三五

劉太真　舊一三七·四、五　新二〇三文

學傳

韋綬　舊一五八附韋貫之傳　新一六九附韋貫之傳・二〇

馬燧　舊一三四・一一　新一五五

杜希全　舊一四四・一三　新一五六

張建封　舊一四〇・一三　新一五八

褒貶前代忠奸 劄記卷十九

武德元年詔　舊一・九

貞觀元年詔　舊二・一三

麟德元年詔　舊四・二〇

貞觀元年詔　舊二・一六　趙「元年」誤，應作「二年」。

貞觀七年詔　舊三・四

聖曆元年　舊六・二〇　趙「元年」誤，應作「三年」。

謚兼美惡 劄記卷十九

皇甫無逸　舊六二・一四　新九一

蕭瑀　舊六三・一〇　新一〇一

宇文士及　舊六三・一八　新一〇〇　趙誤「裴矩」

封倫　舊六三・四　新一〇〇　趙誤「封儉」

許敬宗　舊八二・五　新二二三上姦臣傳

韋巨源　舊九二附韋安石傳・二五　新一二二

楊炎　舊一一八　新一四五　會要八〇・二二・一六　沈鈔無

高璩　舊一七一附高元裕傳　新一七七附元裕傳・一九

李虞仲　舊一六三　新一七七・一一

唐追贈太子之濫（劄記卷十九）

殤帝重茂　舊八六・一八

讓皇帝憲　舊九五・五　新八一

奉天皇帝琮　舊一〇七・二　新八二

承天皇帝倓　舊一一六・六　新八二

金太子允恭　金史一九

元太子真金　元史一一五

孝敬皇帝弘　舊八六・八　新八一

懿德太子重潤　舊八六・一三　新八一

惠昭太子寧　舊一七五・一　新八二

莊恪太子永　舊一七五・八　新八二

恒山王承乾　舊七六

燕王忠　舊八六

德王裕　舊一七五

節愍太子重俊　舊八六・一八　新八一

隱太子建成　舊六四・八　新七九

章懷太子賢　舊八六・一一　新八一

廢太子瑛　舊一〇七・四　新八二

悼懷太子普　舊一七五・六　新八二

恭哀太子倚　新八二・一二

靖恭太子琬　舊一〇七・六　新八二

昭靖太子邈　舊一一六・一一　新八二

帝號標后謚 劄記卷十九

後漢書　一〇

太穆神皇后　新七六・一九

文德聖皇后　新七六・一九

睿宗竇皇后　新七六・一九

靖懷太子漢　舊一七五・一一　新八二

惠莊太子撝　舊九五・八　新八一

惠文太子範　舊九五・九　新八一

惠宣太子業　舊九五・一一　新八一

懷懿太子湊　舊一七五・五　新八二

日知録　十四追尊子弟條

後漢書皇后紀論　一〇下・一七

蔡邕集謚議　後漢書一〇下注引

北史后妃傳序　舊一三・二

皇后哀册尊稱 劄記卷十九

德宗昭德王皇后　舊五二·一二

祔葬變禮 劄記卷十九

鄧晨　後漢書四五·一〇

唐中宗和思趙皇后　舊五一·一二

漢書郊祀志　二五上·三〇

唐睿宗劉后竇后　舊五一·一八

司馬越　晉書五九·三九

代宗睿真沈皇后　舊五二·九

李胤　晉書四四·五

沈洙　南史七一儒林傳·一六

晉庾蔚之　宋，無傳。

謚后於廟（劄記卷十九）

唐順宗莊憲王皇后　舊五二·一四

兩太后並稱（劄記卷十九）

義安王太后　舊五二·一九

積慶蕭太后　舊五二·二二

皇太后不祔葬（劄記卷十九）

魏宗妃韋氏　新七七·二三

英宗孝莊錢皇后　明史一一三·一四、一五

明孝烈方皇后　明史一一四·六

英宗孝肅周太后　明史一一三·一六

建成元吉之子被誅 劄記卷十九

崔仁師 舊七四・一六 新九九

隱太子建成 舊六四・八 新七九

没入掖廷 劄記卷十九

樊興 舊五七附劉文静傳・一六 新八八附裴寂傳

錢九隴 舊五七附劉文静傳・一五 新八八附裴寂傳

巢王明 舊七六・二二 新八八・二二

趙誤，應作「曹王」。先封齊王，進封巢王，又以曹王明爲巢王後。

巢王元吉 舊六四・一二 新七九

李師道 舊一二四附正己傳・一九 新二一三附正己傳

王珪 舊七〇・二 新九八

上官儀 舊八〇・一七 新一〇五

中宗昭容上官氏 舊五一・一七

吴元濟 舊一四五附少誠傳・二六 新二一四附少誠傳

崔羣　舊一五九・一一　新一六五

魏謩　舊一七六・一九　新九七附徵傳

元載　舊一一八　新一四五・六

韓滉　舊一二九　新一二六附休傳・五

唐女禍 劄記卷十九

裴寂　舊五七・一　新八八

中宗韋后　舊五一・一三

武后之忍 劄記卷十九

搤女誣后　新七六則天皇后傳・一

高宗廢后王氏　舊五一・一一　新七六・一一

肅宗章敬皇后　舊五二・五

憲宗孝明皇后　舊五二・一七

崔昂　北史三二附挺傳・二三

榜穢行　舊九一桓彥範傳・五　新一二〇

蕭良娣　舊五一・一一

長孫无忌　新七六・一

褚遂良　新七六・一

上官儀 新七六・二
周興 舊一八六酷吏・八 新二〇九
來俊臣 舊六・一七 萬歲通天二年六月
邱神勣 新一八六・一一 天授二年正月
裴炎 舊六・四 新四 嗣聖元年十月
劉禕之 舊六・六 新四 垂拱三年四月
鄧元挺 新四・八 永昌元年四月
閻温古 新四・八 永昌元年七月
張光輔 舊六・八 新四 永昌元年八月
魏玄同 舊六・九 新四 永昌元年九月
劉齊賢 舊八一・七 永昌中 新一〇六
　附祥道傳・一三
王本立 新四・九 載初元年二月即天授
　元年
范履冰 新四・九 載初元年五月

裴居道 新四・一〇 載初元年八月
張行廉 新四・一〇 載初元年八月
史務滋 新四・一一 天授二年正月
傅游藝 舊六・一一 新四 天授二年
　九月
岑長倩 舊六・一一 天授二年十月
格輔元 舊六・一一 新四 天授二年
　十月
歐陽通 舊六・一一 新四 天授二年
　十月
樂思晦 新四・一一 天授二年十月
蘇幹 新四・一三 長壽二年三月
李昭德 舊六・一七 新四 萬歲通天二
　年六月
李元素 舊六・一六 新四 萬歲通天二

年正月

孫元亨　舊六・一六　新四　萬歲通天二年正月

石抱忠　新四・一七　萬歲通天二年正月，即神功元年。

劉奇　新四・一七　萬歲通天二年正月

程務挺　舊六・四　新四　光宅元年十二月，即嗣聖元年。

李光誼　新四・九　永昌元年十月

黑齒常之　新四・九　永昌元年十月

趙懷節　新四・九　永昌元年十月

張虔勗　新四・一一　天授二年八月

泉獻誠　新四・一二　天授三年正月，即長壽元年

阿史那元慶　新四・一三　長壽二年三月

周思茂　新四・六　垂拱四年三月

郝象賢　新四・六　垂拱四年四月

薛顗　新四・七　垂拱四年十一月

裴承光　新四・七　垂拱四年十二月

弓嗣業　新四・八　永昌元年八月

弓嗣明　新四・八　永昌元年八月

弓嗣古　新四・八　永昌元年八月

郭正一　新四・九　永昌元年八月

弓志元　新四・九　永昌元年八月

弓彭祖　新四・九　永昌元年八月

王令基　新四・九　永昌元年八月

崔詧　新四・九　永昌元年閏九月

劉易從　新四・九　紀作「易從」。永昌元年閏九月。

劉延景　新四・九　永昌元年十月

柳明肅　新四・九　載初元年六月，即天授元年。

蘇踐言　新四・一〇　載初元年七月

白令言　新四・一〇　載初元年八月

喬知之　新四・一〇　載初元年八月

阿史那惠　新四・一〇　載初元年八月

杜儒童　新四・一〇　載初元年八月

張楚金　新四・一〇　載初元年八月

元萬頃　新四・一〇　載初元年八月

苗神客　新四・一〇　載初元年八月

裴望　新四・一〇　載初元年九月

裴璉　新四・一〇　載初元年九月

韋方質　新四・一一　天授元年十月

劉行實　新四・一一　天授二年正月

劉日瑜　新四・一一　紀作「行瑜」　天授二年正月

劉行感　新四・一一　天授二年正月

劉虔通　新四・一一　天授二年正月

雲弘嗣　新四・一一　天授二年九月

李安靜　新四・一二　天授二年十月

裴匪躬　舊六・一三　長壽二年一月

范雲仙　新七六・一三　長壽二年一月

薛大信　新四・一三　長壽二年三月

來同敏　新四・一三　長壽二年三月

劉順之　新四・一六　萬歲通天二年正月，即神功元年。

宇文全志　新四・一六　萬歲通天二年正月

柳璆　新四・一六　萬歲通天二年正月

閻知微　舊六・一八　聖曆元年十月

萬國俊　舊一八六上酷吏傳・一三

六御史　舊一八六上酷吏萬國俊傳・一三　亦見新七六后傳

胡惟庸　明史三〇八姦臣傳・五

藍玉　明史一三二・八

越王貞　舊六・七　垂拱四年九月

瑯琊王沖　舊六・七　垂拱四年九月　貞子

韓王元嘉　舊六・七　垂拱四年九月

魯王靈夔　舊六・七　垂拱四年九月

范陽王靄　舊六・七　垂拱四年九月　靈夔子

黃國公譔　舊六・七　垂拱四年九月　元嘉子

東莞公融　舊六・七　垂拱四年九月　元鳳子

霍王元軌　新四・七　垂拱四年十二月

江都王緒　元軌子　新四・七　垂拱四年十二月

舒王元名　舊六四・二三　永昌中　新七九

汝南郡王瑋　蔣王惲子，傳作「煒」。新四・八　永昌元年四月

鄱陽郡公諲　新四・八　永昌元年四月

廣漢郡公謐　新四・八　永昌元年四月

汶山郡公蓁　新四・八　永昌元年四月

零陵郡王俊　新四・八　永昌元年四月

廣都郡王璹　新四・八　永昌元年四月

恒山郡王厥　承乾子　新四・九　永昌元年九月

江王元祥及子皎　「元」，趙誤「知」。新七九・二五

嗣鄭王璥　新四・九　永昌元年十月

豫章王亶　舊六・九　載初元年七月　元名子

蔣王煒　舊七六・一五　惲子　新四　永昌元年四月　即前文之汝南郡王瑋。惲子有从「火」，有从「玉」，惟惲兄恪有子名瑋，知惲子當名「煒」也。

南安郡王潁　新四・一〇　載初元年八月

鄅國公昭　新四・一〇　載初元年八月

滕王元嬰子六人　舊六四・二七　垂拱中

紀王慎子五人　見下

義陽王琮　舊七六附慎傳・二〇　垂拱中　新八〇附慎傳

楚國公叡　舊七六附慎傳・二〇　垂拱中　新八〇附慎傳

襄陽郡公秀　舊七六附慎傳・二〇　垂拱中

廣化郡公獻　舊七六附慎傳・二一　垂拱中

建平郡公欽　舊七六附慎傳・二一　垂拱中　新八〇附慎傳

曹王明　二子：零陵王俊　黎國公傑　舊七六・二二　新八〇　垂拱中

李直　新四・一〇　載初元年八月

李敞　舊六　新四・一〇　載初元年八月

李然　舊六　新四・一〇　載初元年八月

李勳　舊六　新四・一〇　載初元年八月

李策　舊六　新四・一〇　載初元年八月

李越　舊六　新四・一〇　載初元年八月
李黯　舊六　新四・一〇　載初元年八月
李玄　舊六　新四・一〇　載初元年八月
李英　舊六　新四・一〇　載初元年八月
李志業　舊六　新四・一〇　載初元年八月
李知言　舊六　新四・一〇　載初元年八月
李玄貞　舊六　新四・一〇　載初元年八月
鉅鹿公晃　新四・一〇　載初元年九月
武元慶　舊一八三附外戚承嗣傳・八　新二〇六　武后兄
武元爽　舊一八三附武承嗣傳・八　新二〇六　武后兄
武惟良　舊一八三附武承嗣傳・八　乾封年　新二〇六　武后兄子
武懷運　舊一八三附武承嗣傳・八　乾封年　新二〇六　武后兄子
魏國夫人　舊一八三附武承嗣傳・八　傳作「韓國夫人」，武后姊。
皇太子忠　舊八六・二　麟德元年
孝敬皇帝弘　舊八六・七　上元二年　新八一
澤王上金　舊六・一〇　載初元年七月　新四並七子
許王素節並九子　舊六・一〇、八六・四　新四・一一、八一　載初元年七月
皇太子賢　舊六・三、八六　文明元年三月　新四、八一・一〇

李光順　舊八六附賢傳・一一　天授中

李守禮　舊八六・一二　新八一

邵王重潤　舊六・二一　大足元年九月　新四

永泰公主　中宗女　新四・二一、八三・一二　大足元年九月

武延基　新四・二一　大足元年九月

薛紹　新四・七　垂拱四年十一月

薛懷義　舊一八三附外戚武三思傳・二六　新四・一四　證聖元年二月

新唐書謂　新七六后傳首二頁

後魏文明馮太后　魏書一三・六　北史一三・一一

魏明帝母靈后胡氏　魏書・一八　北一三・二一

武后納諫知人 劄記卷十九

劉仁軌　舊八四・八　新一〇八

姚璹　舊八九・二二　新一〇二附思廉傳

王方慶　舊八九・一七

杜景儉　舊九〇・三、四

王求禮　舊一〇一・二三　新一一二

張庭珪　舊一〇一・一九　新一一八

朱敬則　舊九〇・五　新一一五

李嶠　舊九四・二　新一二三

桓彥範　舊九一・二
蘇安恒　舊一八七上忠義傳・二〇　新一一二
蘇良嗣　舊七五附世長傳　新一〇三附世長傳・四
周矩　舊一八三薛懷義傳・二五
張易之張昌宗　舊七八附行成傳・一五　新一〇四附行成傳・一五

宋璟　舊九六・一一　新一二四
韋安石　舊九二・一四　新一二二
張昌宗　舊七八・一四
桓彥範　舊九一・一　新一二〇
陸贄　新一五七・一四、一五　合鈔無
李絳　新一五二・一四　合鈔無
舊書本紀贊　無

改惡人姓名 劄記卷十九

渾敦窮奇檮杌饕餮　均見左傳文十八年
降奴單于　漢九九中・一六　始建國二年十二月
後漢桓帝鄧皇后　後漢書一〇下・八

何定　吴志三・一八　鳳凰元年誅
張布　吴志三・一三　元興元年誅
孫峻孫琳　吴志一九琳傳末・二二
司馬宗　晉書五九附亮傳・七

劉誕　宋書七九·一三　南史一四·一五

晉熙王昶母謝氏　宋七二·一六　南一四·二〇

蕭子響　南齊書四〇·一五　南史四四·一二

蕭正德　魏九八·一七　言改爲背氏，既而復焉。魏五九蕭正表傳亦言正表兄奔洛逃歸，衍不之罪，則何有改姓之事。明係綜事誤傳，又誤「悖」爲「背」也。

蕭綜　梁書五五·二　南史五三·一一魏五九不載此事

蕭紀　梁書五五·六

楊玄感　隋書七〇·五　北史四一附敷傳·三九

唐高宗王皇后　舊五一·一一

蕭良娣　舊五一·一一

武惟良　舊一八三外戚·八　新二〇六

武懷運　舊一八三·八　新二〇六

琅琊王沖　舊六·七　新四　垂拱四年九月

越王貞　舊六·七　新四　沖父

韓王元嘉　舊六·七　新四

魯王靈夔　舊六·七　新四

范陽王藹　舊六·七　新四　靈夔子

黄公譔　舊六·七　新四　元嘉子

東莞公融　舊六·七　新四

常樂公主　新四·七

李盡忠　舊六·一六　新四無　萬歲通天元年七月

孫萬榮　舊六·一六　新四無

默啜　舊一九四突厥傳上・二七
骨咄禄　舊一九四上・二五
成王千里　舊七六・五　新八八附恪傳
竇懷貞　舊一八三外戚傳・六　新一〇九

朝賀近臣先行禮劄記卷十九

唐武宗會昌二年　舊一九・九

大臣搜檢劄記卷十九

唐文宗本紀　舊一七・二一　大和元年五月

李晉　舊六〇・九宗室傳　新七八附叔良傳

雍正改皇八子允禩爲阿其那，猪；九子允禟爲塞思黑，狗。

金熙宗本紀　金史四・一六　皇統九年十二月

度牒（劄記卷十九）

李德裕　舊一七四・六　新一八〇

唐代宦官之禍（劄記卷二十）

高力士　舊一八四・六、七　新二〇七

李輔國　舊一八四・九　新二〇八

魚朝恩　舊一八四・一三　新二〇七

程元振　舊一八四・一二　新二〇七

竇文場　舊一八四・一八　新二〇七

霍仙鳴　舊一八四・一八　新二〇七

李吉甫　舊一四八・六　新一四六附栖筠傳

裴垍　舊一四八・三作「裴垍」，趙誤「洎」　新一六九

嚴遵美　新二〇七附馬存亮傳・二二

僖宗紀贊　舊二二　新九・四九

穆宗紀　新八・一

吐突承璀　舊一八四・二一　新二〇七

穆宗　舊一六　新八・一

王守澄　舊一八四・二四　新二〇八

敬宗　舊一七・一七　新八

文宗　舊一七・一八　新八

劉克明　新二〇八

仇士良　舊一八四・二八　新二〇八

武宗　舊一九・一　新八

宣宗　舊二〇・一　新八

懿宗　鄆王温　舊二一・一

僖宗　普王儼　舊二二・一

昭宗　壽王傑　舊二三・一

劉季述　舊一八四・四〇　新二〇八

吕如全　新二〇七劉貞亮傳

郭旻　舊一四憲宗紀元和三年四月條作「郭里旻」　新二〇七劉貞亮傳

周墀仇士良　舊一八四・二九　新二〇七

延英奏事　舊一八四・四〇劉季述傳　新二〇八

楊復恭　舊一八四・三八　新二〇八

韓全誨　舊一八四・四八、四九　新二〇八

無鬚誤死　後漢九九何進傳

宋景文論　新二〇七宦者傳序

中官出使及監軍之弊劄記卷二十

高力士　舊一八四・五　新二〇八

—楊國忠　舊一〇六　新二〇六・一四

封常清　舊一〇四・八　新一三五
僕固懷恩　舊一二一・七　新二二四上
李寶臣　舊一四二　新二一一・二
田承嗣　舊一四一　新二一〇・五
德宗　舊一四七杜黃裳傳
李德裕　舊一七四・二一　新一八〇
李光弼　舊一一〇・九　新一三六
裴度　舊一七〇・六　新一七三
李德裕　舊一七四無　新一八〇・一七
劉闢　舊一四〇附韋皋傳・八　新一五八
杜黃裳　舊一四七・一　新一六九
白居易　舊一六六　新一一九・一九
裴度　舊一七〇・六、七　新一七三

李德裕　舊一七四　新一八〇・二二
陸長源　舊一四五無　新一五一
劉全諒　舊一四五・一〇　新一五一
王承元　舊一四二附王武俊傳・二二　新
一四八
姚南仲　舊一五三・二、三　新一六二
薛存誠　舊一五三・一〇　新一六二
裴垍　舊一四八・二　新一六九
李説　舊一四六・四、五
裴度　舊一七〇・一三、一四　新一七三
嚴綬　舊一四六・六　新一二九附挺之傳
李輔光　不見

唐代宦官多閩廣人 劄記卷二十

高力士　舊一八四・四　新二〇八

吐突承璀　舊一八四・二〇　新二〇八

楊復光　舊一八四・三三　新二〇七

杜宣猷　新二〇七附吐突承璀傳末・一六

唐節度使之禍 劄記卷二十

十道按察使　見新四八百官志

賀拔延嗣　唐會要七八　舊新睿宗紀景雲二年條無

周智光　舊一一四・九　新二二四上叛臣傳

盧從史　舊一三二・九　新一四一

劉稹　舊一六一附劉悟傳・二二　新二一四附劉悟傳

趙普　宋史二五六

方鎮兵出境即仰度支供餽（劄記卷二十）

王廷湊　舊一四二·二六　新二一一

李同捷　舊一四三附全略傳·一七　新二一三附全略傳

劉總　舊一四三·一〇、一一　新二一二

李鄘　舊一五七·六　新一四六

王智興　舊一五六·一二　新一七二

裴度　舊一七〇·九　新一七三

李德裕　舊一七四·二一　新一八〇

方鎮驕兵（劄記卷二十）

劉玄佐　舊一四五·二　新二一四

李質　舊一五六附韓宏傳·一〇

郗士美　舊一五七　新一四三·四

王式傳　應爲舊懿宗紀，十九上五、咸通三年七月條。

温造　舊一六五·二四、二五　新九一附大雅傳

李質　舊一五六附韓宏傳·一〇

郗士美　舊一五七　新一四三·四

盜殺宰相有二事 劄記卷二十

元和十年 舊一五憲宗本紀下・一四

開成三年 舊一八文宗本紀下・四一

武元衡 舊一五八・四 新一五二

裴度 舊一七〇・二 新一七三

武元衡 舊一五八 新一五二・四

呂元膺 舊一五四・一二、一三 新一六二

李師道 舊一二四附正己傳・一七、一八 新二一三附正己傳

張宏靖 舊一二九附延賞傳・一五 新一二七附嘉貞傳

王涯 舊一六九・一二 新一七九

李石 舊一七二・三一 新一三一

六等定罪三日除服之論 劄記卷二十

崔器 舊一一五・一、二 新二〇九酷吏傳

李峴 舊一一二附李峘傳・一三 新一三一

崔器 舊一一五・二 新二〇九酷吏傳

李勉 舊一三一・一 新一三一

崔祐甫 舊一一九・一一 新一四二

間架除陌宮市五坊小使之病民（劄記卷二十）

楊炎　舊一一八・一三、一四　新一四五

盧杞　舊一三五・三、四　新二二三下姦臣傳

裴延齡　舊一三五　新一六七・一一

李實　舊一三五・二〇　新一六七

吴湊　舊一八三附吴溆傳・三一　新一五九

張建封　舊一四〇・一二、一三　新一五八

裴度　舊一七〇・一　新一七三

李渤　舊一七一・六　新一一八

豪宴（劄記卷二十）

郭子儀　舊一二〇・一六　新一三七

軟脚　舊一〇六楊國忠傳・一四「出有餞路，還省軟脚。」新二〇六

代宗紀　舊一一・二二

名父之子多敗德（劄記卷二十）

房遺愛　舊六六・一〇　新九六附元齡傳

杜荷　舊六六附如晦傳・一二　新九六附如晦傳

上官儀　舊八〇・一七　新一〇五

中宗昭容上官氏（婉兒）　舊五一・一七

狄景暉　舊八九附仁傑傳・一二　新一一五附仁傑傳

宋渾　舊九六・一九　新一二四附璟傳

李繁　舊一三〇附泌傳・一一　新一三九附泌傳

李湛　舊八二附義府傳・一二　新一一〇附多祚傳　韻編誤

李世勣　舊六七・一六　新九三

李敬業　舊六七附勣傳・二〇　新九三附勣傳

李勣子孫（劄記卷二十）

徐舍人三無　舊六七附李勣傳・二一　新九
衛次公　舊一五九・二　新一六四

安禄山執送京師之事（劄記卷二十）

張九齡　舊九九・一五　新一二六
安禄山　舊二〇〇上・一　新二二五上逆臣傳
張九齡　舊九九・一七　新一二六
劉禹錫　舊一六〇・二一　新一六八

睢陽殉節尚有姚誾（劄記卷二十）

肅宗紀　舊一〇・一〇
張巡　舊一八七下・二四、二五　新一九二

・二六

許遠　舊一八七下・二七　新一九二

姚誾　舊一八七　新一九二

別將廿五人　舊一八七下　新一九二・二六附姚誾傳

唐初三禮漢書文選之學 劄記卷二十

張士衡　舊一八九上儒學傳・一一　新一九八儒學傳

賈公彥　舊一八九上・一二

孔穎達　舊七三・一八（王恭附傳）　新一九八

王元感　舊一八九下・七　新一九九

王方慶　舊八九・一九

褚无量　舊一〇二・三　新二〇〇

韋逌　舊一〇二附述傳・二八

高仲舒　舊一八七上附叡傳・一七　新一九一

唐休璟　舊九三・四　新一一一

蘇安恒　舊一八七上忠義傳・一九　新一一二

王方慶　舊八九・一六

張齊賢　新一九九儒學傳・一三

王元感　新一九九・八

張柬之　舊九一・一三

韋縚　舊無傳　新一二二附安石傳・二二
朱子奢　新一九八儒學傳・一一
沈伯儀　新一九九儒學傳・六
盧履冰　新二〇〇儒學傳・一二
元行沖　舊一〇二無　新二〇〇
彭景直　新一九九儒學傳・一〇
康子元　新二〇〇儒林傳・一五
黎幹　舊一一八無，見禮儀志　舊一四九歸
崇敬傳・一一，不詳。
唐紹　舊八五附臨傳・三　新一一三附
臨傳
蔣欽緒　新一一二・二〇
褚无量　舊一〇二・三、四　新二〇〇
陳貞符　趙誤，應作「貞節」。新二〇〇・七
蕭德言　舊一八九上無此言　新一九八許

子儒傳・一八
韋縚　舊無傳　新一二二附安石傳・二〇
元行沖　舊一〇二・一九　新二〇〇
仲子陵　新二〇〇附啖助傳・二〇
袁彝　新二〇〇附啖助傳・二〇
韋彤　新二〇〇附啖助傳・二〇
韋茝　新二〇〇附啖助傳・二〇
蕭該　隋七五附何妥傳・一二　北八二附
何妥傳・一八
包愷　隋七五附何妥傳・一二　北八二附
何妥傳・一九
劉臻　隋七六文學傳・三　北八三文學傳
・三三
張沖　隋七五・二〇　北八二・二七
于仲文　隋六〇・一〇　北二三・二〇

顏師古　舊七三・九、一〇（叔遊秦附傳）新一九八儒學傳

房元齡　舊六六　新九六

敬播　舊一八九・一七　新一九八

劉伯莊　舊一八九上儒學傳・一八　新一九八附敬播傳

秦景通　舊一八九・一八　新一九八

劉納言　舊一八九附秦景通傳・一八　新一九八附敬播傳

姚思廉　舊七三・六　新一〇二

姚班　舊八九附璹傳・二六　新一〇二附思廉傳

顧允　舊七三附令狐德棻傳・一四　新一〇二附令狐德棻傳

李善　舊一八九附曹憲傳・九　新二〇二附邕傳

王方慶　舊八九・一四

郝處俊　舊八〇・一〇　新一一五

裴炎　舊八七・一　新一一七

梁昭明太子　梁書八・一・七

曹憲　舊一八九上・八　新一九八

許淹　舊一八九上附曹憲傳・八

李善　舊一八九附曹憲傳・九　新二〇二附邕傳

公孫羅　舊一八九上附曹憲傳・九

唐古文不始于韓柳 劄記卷二十

文藝傳序　新二〇一・一　—韓愈　舊一六〇・一　新一七六

唐前後米價貴賤之數 劄記卷二十

魏徵　舊七一　新九七・四

玄宗紀　舊八・二五開元十三年　新無

李渤　舊一七一・二　新一一八

代宗紀　舊一一・一五

劉晏　舊一二三・二　新一四九

魯炅　舊一一四・二　新一四七

安慶緒　舊二〇〇上附祿山傳・一二　新二二五上附祿山傳

黃巢　舊二〇〇下・一七　新二二五下逆臣傳

秦彥　舊一八二・二八　新二二四下叛臣傳

長安地氣 劄記卷二十

肅宗紀　舊一〇・一〇、一二

李晟　舊一三三・八、一〇　新一五四

黃巢　舊二〇〇下　新二二五下逆臣傳・二〇

王徽　舊一七八・二四　新一八五

田令孜　舊一八四　新二〇八・三二

僖宗紀　舊二二・四〇

昭宗紀　舊二三・二九

黃巢李自成 劄記卷二十

黃巢　舊二〇〇下・一〇、一二、一六、二三　新二二五下逆臣傳・一三、一六。

李自成　明史三〇九流賊傳・九、一八、二一、二四。

〔上世紀三十年代後期至四十年代，援庵先生在北京大學、北平師範大學、輔仁大學開設「史源學實習課」，廿二史劄記一書是本課教材之一。與此相配合，他計劃撰寫一部廿二史劄記考正。這是已完成的四篇，作者生前未曾發表。〕